Die deutsche Literatur 1945 – 1960
In 4 Bänden

Die deutsche Literatur 1945 – 1960
Gesammelt und herausgegeben
von Heinz Ludwig Arnold

Band 1
»Draußen vor der Tür«
1945 – 1948

Band 2
»Doppelleben«
1949 – 1952

Band 3
Im Treibhaus
1953 – 1956

Band 4
Die Wunderkinder
1957 – 1960

Die deutsche Literatur 1945 – 1960
Band 3

Im Treibhaus
1953 – 1956

Gesammelt und herausgegeben
von Heinz Ludwig Arnold

Verlag C. H. Beck

Die Deutsche Bibliothek – CIP-Einheitsaufnahme

Die *deutsche Literatur 1945 – 1960* / ges. und hrsg. von Heinz Ludwig Arnold. – München : Beck.
 ISBN 3 406 39888 x
NE: Arnold, Heinz Ludwig [Hrsg.]
Bd. 3. Im Treibhaus : 1953 – 1956. – 1995

ISBN (für die Bände 1 – 4) 3 406 39888 x
Lizenzausgabe für die C. H. Beck'sche Verlagsbuchhandlung
(Oscar Beck), München 1995
Die Copyright-Vermerke sind im Anhang des Bandes zu finden.
© für die Ausgabe: 1995 Deutscher Taschenbuch Verlag, München
Satz: Wallstein Verlag, Göttingen
Druck: C. H. Beck'sche Buchdruckerei, Nördlingen
Einbandgestaltung von Bruno Schachtner, Dachau
Printed in Germany

Inhalt

Vorbemerkung 11

1953
WOLFGANG KOEPPEN: Das Treibhaus 13
WILLI BREDEL: Die Enkel 18
HEINRICH BÖLL: Und sagte kein einziges Wort 24
ANNA SEGHERS: Die Umsiedlerin 27
WERNER HELWIG: Auf der Knabenfährte 32
ERICH LOEST: Einladung von drüben 40
PAUL SCHALLÜCK: Ankunft null Uhr zwölf 45
HEINZ PIONTEK
    Wenn die Nacht kommt 53
    Unablässiges Gedicht 53
WOLFGANG HILDESHEIMER: Paradies der falschen Vögel . . . 54
GREGOR VON REZZORI: Maghrebinische Geschichten 59
ALBERT VIGOLEIS THELEN: Die Insel des zweiten Gesichts . . 61
ARNO SCHMIDT: Aus dem Leben eines Fauns 65
EMIL BELZNER: Der Safranfresser 70
STEFAN ANDRES: Der Knabe im Brunnen 76
GERTRUD VON LE FORT: Du kennst das Geheimnis 81
INA SEIDEL: Elegie auf Schmetterlinge 82
ODA SCHAEFER: Mitleiden 83
RUDOLF HAGELSTANGE: Das Wort 84
OSKAR MARIA GRAF: Und doch 84
GERD GAISER: Die sterbende Jagd 85
HANS BENDER: Der junge Soldat 90
HANS BENDER: »Forgive me« 91
INGEBORG BACHMANN
    Fall ab, Herz 94
    Alle Tage 94
EUGEN GOMRINGER: konstellationen 95
GOTTFRIED BENN
    Schmerzliche Stunde 96
    Nur zwei Dinge 97
BERTOLT BRECHT
    Der Rauch 97
    Bei der Lektüre eines sowjetischen Buches 97
PETER HUCHEL: Eine Herbstnacht 98

Ernst Meister: Im Traume übersprang ich meinen Tod ... 99
Günter Eich: Träume. *Schlußgedicht* 99
Günter Eich: Rede vor den Kriegsblinden 101
Ilse Aichinger: Knöpfe 104
Max Frisch: Herr Biedermann und die Brandstifter 114
Erwin Strittmatter: Katzgraben 119

1954
Bertolt Brecht: Der kaukasische Kreidekreis 125
Ernst Bloch: Das Prinzip Hoffnung 132
Georg Lukács: Über den Irrationalismus
   der Nachkriegszeit 133
Theodor Plievier: Berlin 138
Hans Hellmut Kirst: Null-acht fünfzehn 144
Albrecht Goes: Das Brandopfer 149
Franz Carl Weiskopf: Die Geschwister von Ravensbrück . 154
Reinhold Schneider: Verhüllter Tag 157
Hans Bender: Die Wölfe kommen zurück 161
Günter Bruno Fuchs: Fischlegende 167
Erich Arendt: Hiddensee 169
Jürgen Eggebrecht: August 171
Wolfgang Bächler: Lichtwechsel 171
Carl Guesmer: Mond im September 172
Peter Hamm: Katja vor dem Spiegel 173
Herbert Heckmann: Memoire involontaire 173
Karl Schwedhelm: Blau wilden Schwalbenschreis 174
Karl Krolow: Orte der Geometrie 174
Helmut Heissenbüttel
   Geräusche der Stille: 175
   Einfache Sätze: 175
Dagmar Nick: Wir 175
Robert Neumann: An den Wassern von Babylon 176
Stephan Hermlin: Die Kommandeuse 191
Wolfgang Koeppen: Der Tod in Rom 202
Carl Amery: Der Wettbewerb 209
Max Frisch: Stiller 213
Gottfried Benn: Teils-Teils 221

1955
Walter Benjamin: Kleine Kunst-Stücke 222
Robert Musil: Vermächtnis II 224

Inhalt

ERICH WEINERT: In meinem Element 229
HANS ERICH NOSSACK: Spätestens im November 233
GOTTFRIED BENN
    Eure Etüden 238
    Menschen getroffen 239
    Aprèslude 239
GEORG MAURER
    Feuer 240
    Flammen 241
    Gluten 242
    Schmelze 243
MARTIN WALSER: Ein Flugzeug über dem Haus 244
SIEGFRIED LENZ: Füsilier in Kulkaken 248
MAX TAU: Denn über uns ist der Himmel 253
HEINZ PIONTEK: Oberschlesische Prosa
    Die Stadt 260
    Die Siedlung 262
    Der Wald 264
ROBERT NEUMANN: Mit fremden Federn 266
ALBERT VIGOLEIS THELEN
    Fremd in Fels und Feme 268
    Abendsegen 269
    Der Mond 269
HANS HENNY JAHNN: Vor der eisernen Gittertür des Parks . . 269
GÜNTER GRASS: Polnische Fahne 273
WOLFGANG WEYRAUCH: Beim Häherstrich 274
GÜNTER EICH
    Ende eines Sommers 274
    Tage mit Hähern 275
JOHANNES BOBROWSKI
    Die Spur im Sand 275
    Pruzzische Elegie 276
    Ode auf Thomas Chatterton 278
HANS HENNY JAHNN: Thomas Chatterton 280
INGEBORG BACHMANN: Die Zikaden 285
LEOPOLD AHLSEN: Philemon und Baukis 292
PAUL CELAN
    Der Gast 296
    Abend der Worte 296
    Inselhin 297
WERNER KRAFT: Zwischen den Zeiten 297

H. G. Adler: Die jüdische »Selbstverwaltung«
   in Theresienstadt 298
Herbert Otto: Weg in die Gefangenschaft 304
Willi Heinrich: Das geduldige Fleisch 311
Gert Ledig: Die Stalinorgel 321
Geno Hartlaub: Die Geschichte vom letzten Soldaten . . . 329
Peter Härtling: Fluß aus Yamin 334
Wolfdietrich Schnurre: Kassiber 335
Hans Magnus Enzensberger
   lock lied 340
   erinnerung an die schrecken der jugend 340
Arno Schmidt: Seelandschaft mit Pocahontas 341
Friedrich Dürrenmatt: Theaterprobleme 347
Bertolt Brecht: Kann die heutige Welt
   durch Theater wiedergegeben werden? 349
Walter Benjamin: Das Kunstwerk im Zeitalter
   seiner technischen Reproduzierbarkeit 351
Bertolt Brecht: Leben des Galilei 353
Carl Zuckmayer: Das kalte Licht 365
Peter Hacks: Eröffnung des indischen Zeitalters 376
Richard Hey: Thymian und Drachentod 383
Hans Scholz: Am grünen Strand der Spree 390
Franz Fühmann: Die Seefahrer 401
Günter Kunert: Erwacht, aber noch nicht wach 403
Heiner Müller: Wohin? 404
Adolf Endler: Flugblattlied 404
Heinz Kahlau: Das Lied von den Männern im Steinbruch . 405
René Schwachhofer: Im Park von Wiepersdorf 406
Uwe Berger: Gewitter am Kochelsee 407
Peter Huchel: Der Heuweg 407
Ingeborg Bachmann: Anrufung des Großen Bären 408

1956
Erich Arendt: Über Asche und Zeit dein Lächeln 409
Friedrich Sieburg: Napoleon. Die hundert Tage 416
Arno Schmidt: Das steinerne Herz 420
Karl Krolow
   Scharade 425
   Die Zeit verändert sich 426
   Auf verlorenem Posten 426

Inhalt

PETER RÜHMKORF: Song deiner Niederlagen
    Mit unsern geretteten Hälsen 427
    Nachts im Güterwaggon 428
    Fromms Gummischwamm, Wasser im Haar 428
WERNER RIEGEL: Feldweg hinter Sodom
    Wir gehen weiter vor 429
    Aus der Hand was zu fressen 430
    Abendlaub, ein Dunkelblau 430
ASTRID CLAES
    Der Rabe 431
    Der Schwan 432
CHRISTINE BUSTA
    Verfinsterung 433
    Die böse Nacht 433
    Frühling in der Ebene 433
ERNST KREUDER
    Vergänglichkeit 434
    Der Dichter 434
KUNO RAEBER
    Der tote Vogel 435
    Am Flußhafen 435
RAINER M. GERHARDT: fragmente 436
PETER GAN: Ein Traum 437
MAX HÖLZER: Ein Schatten liegt neben mir 438
JOCHEN KLEPPER: Unter dem Schatten deiner Flügel 439
GERD GAISER: Revanche 448
JENS REHN: Feuer im Schnee 449
HORST LANGE: Verlöschende Feuer 452
GERT LEDIG: Vergeltung 457
WOLFGANG WEYRAUCH: Lidice und Oradour 461
WOLFGANG KOEPPEN: Schön gekämmte, frisierte Gedanken . 461
GÜNTER KUNERT: Du kannst nicht entfliehen 467
ERICH FRIED: Logos 468
FRIEDRICH DÜRRENMATT: Die Panne 468
ERICH KÄSTNER: Die Schule der Diktatoren 474
KARL WITTLINGER: Kennen Sie die Milchstraße? 479
HANS MAGNUS ENZENSBERGER: konjunktur 485
FRIEDRICH DÜRRENMATT: Der Besuch der alten Dame . . . 486
HEIMITO VON DODERER: Die Dämonen 493
GÜNTHER ANDERS: Die Antiquiertheit des Menschen 503

GÜNTER EICH: Einige Bemerkungen
zum Thema »Literatur und Wirklichkeit« 506
ILSE AICHINGER: Befehl des Baumeisters
beim Bau der Prinz-Eugen-Straße 508
INGEBORG BACHMANN
    Landnahme 508
    Erklär mir, Liebe 509
    Reklame 510
GÜNTER GRASS
    An alle Gärtner 511
    Sophie 511
    Prophetenkost 512
HANS MAGNUS ENZENSBERGER
    fremder garten 512
    call it love 513
    security risk 513
KARLHEINZ DESCHNER: Die Nacht steht um mein Haus . . . 514
FRIEDERIKE MAYRÖCKER
    Die Sphinx tötet 517
    Die Sirenen des Odysseus 517
PETER HAMM: Wehen fort 518
ALBERT VON SCHIRNDING: Die Wiederkehr 519
CHRISTOPH MECKEL: Tarnkappe 519
GÜNTER BRUNO FUCHS
    Zigeunertafel 520
    Der Zigeuner singt 521
CYRUS ATABAY
    Mohnweg 521
    Never come back liner 522
    Paar 522
HELMUT HEISSENBÜTTEL
    Tagesklammern 523
    Starnberger See 523
HANS MAGNUS ENZENSBERGER: Die Kunst und
das Meerschweinchen oder: Was ist ein Experiment? . . 524
HELMUT HEISSENBÜTTEL: Topographien 526
GISELA ELSNER/KLAUS ROEHLER: Triboll.
Lebenslauf eines erstaunlichen Mannes 527
HEINRICH BÖLL: Es wird etwas geschehen 529

Editorische Notiz 537
Nachweise 539

Vorbemerkung

Als ich die Arbeit an dieser Dokumentation begann, war ein Band zur westdeutschen Literatur 1945 bis 1985 geplant, mit Texten auch aus Österreich, der Schweiz, später der DDR, sofern sie für den literarischen Entwicklungsprozeß in der alten Bundesrepublik wesentlich waren. Chronologisch wollte ich diesen Prozeß in der Spannung seiner Texte, in Spruch und Widerspruch, und mit ihrem Zeitgeist dokumentieren: Ein Zeitroman sollte entstehen, in wachsenden Bezügen und Verflechtungen.

Entstanden ist ein opulentes Lesewerk bereits für die Jahre 1945 bis 1960: eine Mischung, gewonnen aus subjektiver Einschätzung und objektivem Anspruch, ein Querschnitt, der keinen literarischen Kanon vorstellen, aber doch auch bis in kleinere Verästelungen des literarischen Entwicklungsprozesses hinein repräsentativ sein will. Es könnte das literarische Gedächtnis dieser Zeit sein.

Neben der traditionellen entwickelte sich seit Ende der vierziger Jahre eine neue Literatur, die sich bis tief in die fünfziger Jahre fast obsessiv abarbeitete an den Verbrechen im »Dritten Reich«, am Krieg und an den darin wurzelnden Problemen der Nachkriegszeit. Diese Literatur gewann zunehmend Welthaltigkeit und entfaltete ab Mitte der fünfziger Jahre immer reichere Formen. Sie schloß damit wieder an jene Moderne an, die 1933 so abrupt zuschanden gemacht worden war.

Nach 1989 wurde die Dokumentation, indem sie nun als gesamtdeutsche möglich wurde, als nur noch westdeutsche unmöglich. Da ich nur den geringen, zwischen 1949 und 1960 in der Bundesrepublik verbreiteten Anteil der DDR-Literatur berücksichtigt hatte, besorgte Eckhard Thiele 1991 noch die Auswahl der Texte aus der DDR – dafür danke ich ihm.

Ich habe die Literatur der DDR freilich nicht als gesonderten Teil ausgewiesen, sondern ihre Texte in die Sammlung integriert. Das macht Spannungen sichtbar, die nun einmal zum historischen Bild des gesamten geteilten Deutschland gehören.

Göttingen, im März 1995   Heinz Ludwig Arnold

Wolfgang Koeppen
Das Treibhaus

Und wenn er nicht wieder gewählt wurde? Ihm graute vor der Ochsentour der Wahlschlacht. Immer mehr scheute er Versammlungen, die häßliche Weite der Säle, den Zwang, durch das Mikrophon sprechen zu müssen, die Groteske, die eigene Stimme in allen Winkeln verzerrt aus den Lautsprechern bullern zu hören, ein hohlklingendes und für Keetenheuve schmerzlich hohnvolles Echo aus einem Dunst von Schweiß, Bier und Tabak. Als Redner überzeugte er nicht. Die Menge ahnte, er zweifele, und das verzieh sie ihm nicht. Sie vermißten bei Keetenheuves Auftritt das Schauspiel des Fanatikers, die echte oder die gemimte Wut, das berechnete Toben, den Schaum vor dem Maul des Redners, die gewohnte patriotische Schmiere, die sie kannten und immer wieder haben wollten. Konnte Keetenheuve ein Protagonist des Parteioptimismus sein, konnte er die Kohlköpfe im abgesteckten Beet der Parteilinie nach der Sonne des Programms ausrichten? Phrasen sprangen vielen wie quakende Frösche vom Mund; aber Keetenheuve grauste es vor Fröschen.

Er wollte wieder gewählt werden. Gewiß, das wollten sie alle. Aber Keetenheuve wollte wieder gewählt werden, weil er sich für einen der wenigen hielt, die ihr Mandat noch als eine Anwaltschaft gegen die Macht auffaßten. Aber was war dazu zu sagen? Sollte er die Hoffnung malen, den alten Silberstreifen aufziehen, der vor jeder Wahl aus der Kiste geholt wird wie der Baumschmuck zu Weihnachten (die Partei verlangte es), die Hoffnung, daß alles besser wird, diese Fata Morgana für Einfältige, die sich nach jedem Plebiszit in Rauch auflöst, als wären die Stimmzettel in des Hephaistos Esse geworfen? Doch konnte er es sich leisten, sich nicht anzupreisen? War er eine gesuchte Ware, ein Star des politischen Kientopps? Die Wähler kannten ihn nicht. Er tat, was er tun konnte, aber das meiste tat er in den Ausschüssen, nicht im Plenum, und die Arbeit der Ausschüsse geschah geheim und nicht vor den Augen der Nation. Korodin von der anderen Partei, sein Gegner im Ausschuß für Petitionen, nannte Keetenheuve einen Menschenrechtsromantiker, der Verfolgte suchte, Geknechtete, um ihnen die Ketten abzunehmen, Leute, denen Unrecht widerfahren, Keetenheuve war immer auf der Seite der Armen und der Sonderfälle, er stand den Unorganisierten bei und nie den Kirchen und Kartellen, doch auch den Parteien nicht, nicht unbedingt selbst der eigenen Partei, und das verstimmte die Parteifreunde, und manchmal schien es Keetenheuve, als ob Korodin, sein Gegner, ihn am Ende noch besser verstand als die Fraktion, mit der er sich verbunden hatte.

Keetenheuve lag ausgestreckt und gerade unter dem Bettuch. Bis zum Kinn zugedeckt, sah er wie eine Mumie des alten Ägyptens aus. Im Abteil stagnierte Museumsluft. War Keetenheuve ein Museumsstück?

Er hielt sich für ein Lamm. Aber er wollte vor den Wölfen nicht weichen. Diesmal nicht. Fatal war, daß er faul war; faul, auch wenn er sechzehn Stunden am Tage arbeitete, und das nicht schlecht. Er war faul, weil er ungläubig, zweifelnd, verzweifelt, skeptisch war, und sein eifriges und aufrichtiges Vertreten der Menschenrechte war nur noch ein letzter eigensinnig spielerischer Rest von Oppositionslust und Staatswiderstand. Ihm war das Rückgrat gebrochen, und die Wölfe würden es nicht schwer haben, ihm alles wieder zu entreißen.

(...)

Keetenheuve trat in den Gang hinaus. Viele Wege führten zur Hauptstadt. Auf vielen Wegen wurde zur Macht und zur Pfründe gereist.

Sie kamen alle, Abgeordnete, Politiker, Beamte, Journalisten, Parteibüffel und Parteigründer, die Interessenvertreter im Dutzend, die Syndiken, die Werbeleiter, die Jobber, die Bestecher und die Bestochenen, Fuchs, Wolf und Schaf der Geheimdienste, Nachrichtenbringer und Nachrichtenerfinder, all die Dunkelmänner, die Zwielichtigen, die Bündlerischen, die Partisanwahnsinnigen, alle, die Geld haben wollten, die genialen Filmer *zu Heidelberg am Rhein auf der Heide in der Badewanne für Deutschland am Drachenstein*, die Schnorrer, Schwindler, Quengler, Stellenjäger, auch Michael Kohlhaas saß im Zug und Goldmacher Cagliostro, Fememörder Hagen witterte ins Morgenrot, Krimhild hatte Rentenansprüche, das Geschmeiß der Lobby lugte und horchte, Generäle noch im Anzug von Lodenfrey marschierten zur Wiederverwendung auf, viele Ratten, viele gehetzte Hunde und viele gerupfte Vögel, sie hatten ihre Frauen besucht, ihre Frauen geliebt, ihre Frauen getötet, sie hatten ihre Kinder in den Eisladen geführt, sie hatten dem Fußballspiel zugesehen, sie waren im Meßgewand dem Priester zur Hand gegangen, sie hatten Diakondienste geleistet, sie waren von ihren Auftraggebern gescholten worden, von ihren Hintermännern angetrieben, sie hatten einen Plan entworfen, eine Marschroute aufgestellt, sie wollten ein Ding drehen, sie machten einen zweiten Plan, sie hatten am Gesetz gearbeitet, in ihrem Wahlkreis gesprochen, sie wollten oben bleiben, an der Macht bleiben, beim Geld bleiben, sie strebten der Hauptstadt zu, der Hauptstadt der Kleinstadt, über die sie witzelten, und sie begriffen nicht das Wort des Dichters, daß die innerste Hauptstadt jedes Reiches nicht hinter Erdwällen liegt und sich nicht erstürmen läßt.

Freie Bahn dem Volksvertreter, Spott aus dem billigsten Ramschladen, schon zu des Kaisers Zeit mit Bart verkauft *ein Leutnant und zehn Mann Deutschland erwache an die Latrine geschrieben*, man sah vor lauter Bart den Witz nicht mehr. Was meinte das Volk, und wer war das eigentlich, das Volk, wer war es im Zug, wer auf der Straße, wer auf den Bahnhöfen, war es die Frau, die nun in Remagen die Betten ins Fenster legte, Geburtsbetten Kopulationsbetten Sterbebetten, Granatsplitter hatten das Haus getroffen, war es die Magd mit dem Melkeimer, die zum Stall wankte, so früh schon auf so früh schon müde, war er, Keetenheuve, das Volk? Er sträubte sich gegen den simplifizierenden Plural. Was sagte das schon, das Volk, war es eine Herde, zu scheren, zu scheuchen, zu leiten, setzte es sich aus Gruppen zusammen, die je nach Bedarf und nach der Sprechweise der Planer einzusetzen waren, in die Schlacht zu werfen, ins Grab zu treiben, der deutsche Junge im Einsatz, das deutsche Mädchen im Einsatz, oder waren Millionen von Einzelnen das Volk, Wesen ein jedes für sich, die für sich dachten, die selber dachten, die sich von einander fort dachten, auseinander dachten, zu Gott hin dachten, zum Nichts hin oder in den Irrsinn hinein, die nicht zu lenken, nicht zu regieren, nicht einzusetzen, nicht zu scheren waren? Keetenheuve wäre es lieber gewesen. Er gehörte einer Partei an, die auf die Mehrheit setzte. Was meinte also das Volk? Das Volk arbeitete, das Volk bezahlte den Staat, das Volk wollte vom Staat leben, das Volk schimpfte, das Volk frettete sich so durch.

Es sprach wenig von seinen Deputierten. Das Volk war nicht so artig wie das Volk im Schullesebuch. Es faßte den Abschnitt Staatsbürgerkunde anders als die Verfasser auf. Das Volk war neidisch. Es neidete den Abgeordneten den Titel, den Sitz, die Immunität, die Diäten, den Freifahrschein. Würde des Parlaments? Gelächter in den Schenken, Gelächter auf den Gassen. Die Lautsprecher hatten das Parlament in den Stuben des Volkes entwürdigt, zu lange, zu willig war die Volksvertretung ein Gesangverein gewesen, ein einfältiger Chor zum Solo des Diktators. Das Ansehen der Demokratie war gering. Sie begeisterte nicht. Und das Ansehen der

Diktatur? Das Volk schwieg. Schwieg es in weiterwirkender Furcht? Schwieg es in anhänglicher Liebe? Die Geschworenen sprachen die Männer der Diktatur von jeder Anklage frei.

Und Keetenheuve? Er diente der Restauration und reiste im Nibelungenexpreß.

(...)

Zum erstenmal stand Keetenheuve auf der Galerie des Plenarsaals und sah die ungepolsterten, die dem Volk und der Presse vorbehaltenen Sitze. Unten war alles Gestühl schön grün aufgeplustert, selbst die Kommunisten durften sich der grünen Bequemlichkeit des Polsters erfreuen. Der Saal war leer. Ein leeres großes Klassenzimmer mit aufgeräumten Schülerpulten. Der Katheder des Herrn Lehrers war erhöht, wie es sich gehörte. Der Kanzler-Kanzlist erwähnte das Bemerkenswerte. Er sagte, der Saal habe tausend Meter Neonröhren. Schwerhörige Abgeordnete, sagte der Kanzler-Führer, könnten sich einer Kopfhöranlage bedienen. Ein Witzkopf wollte wissen, ob man den Kopfhörer auf Musik schalten konnte. Der Kanzler-Cicerone überhörte den Zwischenruf mit überlegener Ruhe. Er deutete auf die Abstimmungstüren des Hauses und erwähnte die Gepflogenheit des Hammelsprunges. Keetenheuve hätte hier mit einer Anekdote zur Unterhaltung der Gäste beitragen können, mit einer reizenden kleinen Anekdote aus dem Leben eines Parlamentariers. Keetenheuve, der Hammel, war einmal falsch gesprungen. Das heißt, er wußte nicht, ob er falsch gesprungen war, ihm waren auf einmal Zweifel gekommen, und er war durch die Ja-Tür gehüpft, während seine Fraktion sich zum Nein entschlossen hatte. Die Koalition hatte ihm applaudiert. Sie irrte sich. Korodin hatte den ersten Erfolg seines Bekehrungswahns gesehen. Er irrte sich. Im Fraktionszimmer hatte man Keetenheuve erregt gerügt. Auch dort irrten sie sich. Keetenheuve hatte die Frage, über die abgestimmt wurde, ziemlich belanglos gefunden und nach der Intuition des Augenblicks gehandelt, ein Jasager und kein Neinsager, der einer unwichtigen Regierungsvorlage zustimmte. Warum sollte die Regierung nicht in manchen Fragen recht haben? Es schien ihm töricht, das zu verneinen und eine Opposition der Starrköpfigkeit zu treiben oder der politischen Grundsatztreue, was genau dasselbe war. Keetenheuve sah Schulbuben unten sitzen, Bauernbuben, Quadratschädel, zänkisch und gottergeben, zänkisch und aufmuckend, zänkisch und trägen Verstandes, und unter ihnen ein paar Streber. »Quasselbude«, sagte ein Besucher. Keetenheuve sah ihn an. Der Besucher war der üble Typ des Bierbanknationalisten, der sich mit Wollust von einem Diktator knechten ließ, wenn er nur selbst ein paar Stiefel bekam, um nach unten zu treten. Keetenheuve sah ihn an. In die Fresse, dachte er. »Na, meinen Sie etwa nicht?« sagte der Mann und blickte Keetenheuve herausfordernd an. Keetenheuve hätte erwidern können: Ich weiß nichts besseres, selbst dieses Parlament ist das kleinere Übel. Er sagte aber: »Halten Sie hier Ihr verfluchtes Maul!« Das Gesicht des Mannes lief rot an, dann wurde er unsicher und kuschte feige. Er drückte sich von Keetenheuve weg. Wenn er den Abgeordneten Keetenheuve erkannt hätte, würde er denken: Ich merk' Sie mir, Sie stehen auf der Liste, am Tage X, im Sumpf und auf der Heide. Aber niemand kannte Keetenheuve, und der Kanzler-Kanzlist führte seine Schar wieder ins Freie.

Die Journalisten arbeiteten in zwei Baracken. Die Baracken lagen langhingestreckt und einstöckig, dem Bundeshaus gegenüber; sie sahen von außen wie Militärbauten aus, wie eine für Kriegsdauer (und Kriege dauern lange) errichtete Unterkunft der Stäbe und der Verwaltung eines neuen Truppenübungsplatzes. Innen aber war in jedem Stockwerk ein Mittelgang, der an den Korridor eines Schiffes erinnerte, nicht gerade an das Luxusdeck, aber doch an die Touristenklasse, wo links und rechts des Ganges Kabine an Kabine geschichtet wurde, und das Geklapper der Schreibmaschinen, das Tikken der Fernschreiber, das unaufhörliche Schrillen der Telephone gab die Vorstellung, daß hinter den Zimmern der Redaktionen die erregte See war mit Möwengekreisch und Dampfersirenen, und so waren die Pressebaracken zwei Kähne, die von den Wogen der Zeit getragen, geschaukelt und erschüttert wurden. Wie Flut und Ebbe liefen über einen Tannenholztisch am Eingang die »Mitteilungen an die Presse«, blasse und verwischte Informationen auf billigem Papier, die dort achtlos hingeworfen wurden von den gemächlichen Boten der vielen Regierungsstellen, die sich mit den Anpreisungen des Tuns der Ämter, mit der Unterrichtung der Öffentlichkeit, mit der Bundespropaganda, der Verhüllung, Vernebelung und Verschweigung von Ereignissen, der Beschwichtigung, den Dementis von Lügen und Wahrheiten beschäftigten und zuweilen gar ins Horn der Entrüstung bliesen. Das Auswärtige Amt gibt bekannt, das Bundesministerium für den Marshallplan gibt bekannt, das Bundesministerium für Finanzen, das Statistische Bundesamt, Post und Bundesbahn, die Besatzungsämter, der Polizeiminister, die Justiz, sie alle gaben viel oder wenig bekannt, waren redselig oder schweigsam, zeigten die Zähne oder ein ernstes besorgtes Gesicht, und einige hatten auch ein Lächeln für die Öffentlichkeit, das aufmunternde Lächeln einer zugänglichen Schönen. Das Bundespresseamt gab bekannt, daß an der Behauptung einer Oppositionspartei, eine Regierungspartei habe den französischen Geheimdienst um Wahlhilfe gebeten, kein wahres Wort sei. Hier war man nun ernstlich böse, man drohte, den Staatsanwalt zu bemühen, denn der Wahlfonds, die Parteigelder waren tabu, ein immer heikles Kapitel; man brauchte Geld wie jedermann, und wo sollte es herkommen, wenn nicht von reichen Freunden. Korodin hatte reiche Freunde, aber wie das bei Wohlhabenden Sitte ist, sie waren geizig (Korodin verstand es) und wollten für ihr Geld etwas haben.

WILLI BREDEL
Die Enkel

VI
Spätabends kam noch Besuch. Friedas ehemaliger Einlogierer Ambrust wollte ihr zum neuen Jahr alles Gute wünschen.

Sie dankte und wies auf Walter: »Mein Sohn.«

»Was Sie nicht sagen?« Ambrust trat auf Walter zu. »Aus Moskau gekommen?«

Sie begrüßten sich, und Walter sagte: »Nicht gerade gestern.«

»Warum sind Sie nicht eher gekommen? Zu Ihrer Mutter, die all die Jahre gewartet und gewartet hat?«

»Wenn das so leicht wäre! Von Moskau nach Berlin zu kommen, ist doch heute einfacher, als von Berlin nach Hamburg zu gelangen ... Und außerdem: es gab in den beiden Jahren nach dem Schlamassel allerhand zu tun.«

»Sieht's nun in der Sowjetzone drüben wirklich anders aus als bei uns? Die Vereinigung der KPD und SPD – na ja, das ist 'ne große Sache. Bei uns hier vereinigen sich nur die anderen und – gegen uns.«

»Wer sind die Uns?« fragte Walter.

»Uns Kommunisten«, erwiderte Ambrust.

»Sie sind Mitglied der Kommunistischen Partei?«

»Das bin ich. Da, Ihre Mutter, die hat nicht wenig dazu beigetragen, daß ich es wurde.«

»Dann sind wir also Genossen.«

»Natürlich! Ihr müßt euch duzen«, rief Frieda Brenten, die in diesem Augenblick dazukam. »Darauf laßt uns gleich mal trinken.

Mich, Walter, hat er um keinen Preis in der Welt duzen wollen.«
»Aber Frieda?« rief Ambrust. »Wie kannst du so was sagen?«
Und nun lachten sie, denn es war das erstemal, daß Ambrust Mutter Brenten so anredete.

Sie sagte: »Nein, was du jetzt für schöne Zähne hast, Heinrich!«
Friedas Nachbarn, die beiden Klasings, stellten sich noch ein, um mit ihrer Nachbarin auf das neue Jahr anzustoßen. Eine große, kräftige Gestalt war dieser Stauereiarbeiter. Seine Frau hingegen war so klein und pummlig wie Frieda Brenten. Als Klasing hörte, daß Walter in Moskau gelebt hatte, wollte er wissen, wie es in der Sowjetunion aussehe und wie es sich dort leben ließe. »Das muß ich sagen«, erklärte er, »die Hälfte von dem, was man in den Zeitungen liest, ziehe ich sowieso ab, weil alle übertreiben und lügen. An dem, was bleibt, muß aber doch was dran sein, denn nur lügen können sie doch auch nicht.«

»Warum nicht?« fragte Walter. »Gewisse Zeitungen lügen nur, wenn sie über die Sowjetunion schreiben.«

Schon waren die drei Männer bei der Politik, aber selbst Frieda Brenten und Frau Klasing hörten aufmerksam zu. Walter erzählte von Moskau und der Sowjetunion. Er erklärte, daß seit Bestehen dieses ersten sozialistischen Staates in der Welt der Klassenkampf zwischen Kapitalismus und Sozialismus eine Angelegenheit der Weltpolitik geworden war.

»Ja, aber die Diktatur«, meinte der Hafenarbeiter.
»Sind Sie in der Gewerkschaft?« fragte Walter ihn.
»Selbstverständlich bin ich in der Gewerkschaft«, antwortete Klasing.

»Das ›Hamburger Fremdenblatt‹ schreibt wohl immer sehr wohlwollend und freundlich über die Tätigkeit der Gewerkschaft, wie?«

»Bilden Sie sich man keine Schwachheiten ein. Dies alte Kapitalistenblatt sollte gut über unsere Gewerkschaft schreiben? Die verdrehn und entstellen alles. Und wenn unsere Gewerkschaft mal 'ne Forderung aufstellt, fällt gerade dies Blatt über die Gewerkschaft her. So ist das.«

»Ich weiß«, antwortete Walter. »Was Sie sagen, stimmt Wort für Wort. Wie aber können Sie nun erwarten, daß solche Zeitungen über die Sowjetunion die Wahrheit berichten, wo die Arbeiter die Macht im Staate besitzen, den Kapitalismus beseitigt haben und den Sozialismus aufbauen?«

»Da geb ich Ihnen recht«, entgegnete Klasing. »Das Beispiel leuchtet mir ein. Aber wissen Sie, womit ich mich nicht befreunden kann, das ist die Diktatur, die da herrscht. Es gibt doch in Rußland keine Meinungsfreiheit, keine Handlungsfreiheit. Dort kann doch nicht jeder tun und machen, was er für richtig hält. Nee, so was gefällt mir nicht.«

»Haben Sie mal einen Streik mitgemacht?« fragte Walter.

»Einen?« Klasing lachte auf. »Mein Lieber, ich arbeite seit über dreißig Jahren im Hafen ... Im vorigen Jahr erst haben wir fünf Wochen gestreikt.«

»Und es hat keine Streikbrecher gegeben?«

»Wir haben Tag und Nacht Streikposten gestanden. Es gab einige, die wollten sich in den Hafen schleichen, wollten uns in den Rücken fallen. Die haben wir aber bannig fix auf 'n Trab gebracht. Selbst die Schupo konnte die nicht vor den Prügeln bewahren, die sie bezogen haben. Wissen Sie denn nicht, wie so 'n Streik vor sich geht?«

»O doch, ich weiß«, antwortete Walter lächelnd. »Ich bin doch auch schon solange wie Sie in der Arbeiterbewegung organisiert. Diese Frage habe ich nur gestellt, um Ihre Antwort zu hören. Ich bin nämlich der Meinung, wenn kämpfende Arbeiter so handeln, wie Sie es geschildert haben, dann handeln sie richtig. Aber – so frage ich Sie – wo bleibt dabei die von Ihnen geforderte Meinungs- und Handlungsfreiheit? Sie haben doch gewaltsam andere gehindert, das zu tun, was die nun einmal für richtig halten, nämlich Streikbrecherarbeit zu machen. Ist das Diktatur? Sie haben doch nicht zugelassen, daß jeder tun und machen kann, was er will.«

»Hm!« machte Klasing. »Dat is nun so 'n Sook« ... Er überlegte und meinte dann: »Natürlich kann nicht jeder machen, was er will. Die übergroße Mehrheit hat doch den Streik beschlossen. Wenn die Mehrheit bestimmt, ist das keine Diktatur!«

»Die überwältigende Mehrheit der Arbeiter Rußlands hat die sozialistische Revolution siegreich durchgeführt und den Sozialismus aufgebaut. Diese Mehrheit schützt ihren Sowjetstaat vor Feinden, so wie Sie und Ihre Kollegen ihren Streik vor solchen Elementen schützten.«

Ambrust beugte sich zu Frieda Brenten, die in ihrem Lehnstuhl saß, und flüsterte ihr zu: »Da kann man aber noch was lernen, Mutter Brenten.«

»Meinungsfreiheit«, fuhr Walter fort. »Ja! Aber für wen und wozu. Hier in Westdeutschland, wo die Amerikaner und die Engländer sind, gibt es angeblich Meinungsfreiheit, nicht wahr? Für wen eigentlich? – für alle Kapitalisten, die vor kurzem noch mit

Hitler durch dick und dünn gegangen sind. Sogar für die, die einen neuen Krieg wollen, gibt es Rede- und Meinungsfreiheit. Arbeiter aber, die unter Hitler schon im Konzentrationslager gesessen haben, die sperren sie ein. Da hört die Meinungsfreiheit der Kapitalisten auf. In der Sowjetunion – und auch bei uns in der Ostzone – gibt es für Imperialisten und Kriegshetzer keine Meinungsfreiheit. Das ist wahr.«

Ambrust mischte sich ins Gespräch. Er wollte von den Reformen wissen, die in der Ostzone durchgeführt wurden. »Die Bodenreform«, sagte er, »das ist mir klar. Das Junkertum mußte beseitigt werden, denn es ist seit jeher der Hort aller Rückständigkeit und auch das Rückgrat des preußischen Militarismus gewesen. Was sind noch für Reformen beabsichtigt?«

Frau Klasing wandte sich an Frieda Brenten und sagte leise: »Na, Oma Brenten, nun gehen Sie wohl mit Ihrem Sohn nach Berlin, nüch?«

»Nee, nee«, erwiderte die, »alte Bäume soll man nicht umpflanzen. In Hamburg hab ich nun so lange gelebt, in Hamburg will ich auch sterben.«

Walter legte dar, daß durch die demokratische Bodenreform nicht nur die Junkerkaste liquidiert worden sei, sondern auch hunderttausende Flüchtlinge und Umsiedler durch die Bodenaufteilung eine neue Existenz erhalten hatten. Er berichtete von der Enteignung der Großkapitalisten und der Schaffung einer volkseigenen Industrie. Als weitere wichtige Maßnahme erwähnte er die Schulreform, die Entlassung aller Nazilehrer und die Heranbildung tausender Junglehrer sowie die Öffnung der Universitäten für Arbeiter- und Bauernstudenten. »In einigen Jahren«, so erklärte er, »wird es in der Ostzone eine neue Intelligenz geben.«

»Und wo hinaus wollt ihr?« fragte Klasing.

»Ihr? Sie meinen uns Sozialisten in der Ostzone, nicht wahr? Nach der Vereinigung der Arbeiter – zur Vereinigung Deutschlands«, erwiderte Walter.

»Und das Ziel?«

»Das Ziel? Sozialismus!«

»Das ist leicht gesagt, aber nicht so leicht getan«, meinte Klasing.

»Richtig«, stimmte Walter zu. »Es wird nicht leicht sein. Aber es ist und bleibt doch das Ziel der sozialistischen Arbeiterbewegung.«

»Kinder! Kinder!« rief plötzlich Frieda Brenten. »Ihr redet und redet und vergeßt die Zeit. Es ist doch bestimmt schon längst zwölf Uhr!«

»Keine Aufregung, Mutter«, erwiderte Elfriede trocken. »Ich hab den Wecker in der Hand. Noch genau acht Minuten.«

»Dann aber schnell her mit dem Tropfen«, rief Frieda.

»Politisch sind Sie nicht organisiert?« fragte Walter den Nachbarn.

»Un op ick dat bün«, antwortete Klasing. »Seit sechsundzwanzig Jahren Mitglied der Sozialdemokratie.«

»Also ein Sozialist?«

»Na, selbstverständlich!«

»Dann wissen Sie sicher auch, daß es Kriege geben wird, solange der Kapitalismus besteht«, fuhr Walter fort. »Der letzte Krieg wird ja wohl noch nicht vergessen sein?«

»Da werden wir noch Jahrzehnte dran denken«, meinte der Hafenarbeiter. »Es gibt genug Ruinen, die uns lange daran erinnern werden, auch wenn wir die Toten vergessen sollten.«

»Bedenken Sie«, erinnerte Walter, »55000 Tote hat allein Hamburg durch Luftbombardements zu beklagen. Das sind – hab ich gestern in einer Zeitschrift gelesen – doppelt soviel Tote wie im Kriege 1870/71. Aber ich muß Ihnen offen sagen, wenn ich so einige Leute reden höre, dann haben viele schon alles wieder vergessen, die brennenden Stadtteile, den Massentod in den Bunkern, den Phosphortod im Asphalt, das Schreien und Wimmern Sterbender und den Geruch von Schwefel und Brand. Soll sich das alles wiederholen? ... Damit es sich nicht wiederholt, brauchen wir die Einheit der Arbeiter, brauchen wir den Sozialismus. Aber nicht nur immer davon reden, sondern verwirklichen müssen wir unsere Ideale.«

Frieda Brenten und Elfriede hatten die Gläser gefüllt. Alle erhoben sich, nahmen ihr Glas. Es böllerte unten auf der Straße. Man hörte Rufe: »Prost Neujahr! ... Prost Neujahr!«

»Auf was trinken wir?« fragte Klasing.

»Auf die Einheit der Arbeiterklasse!« antwortete Ambrust. »Und auf den Sieg des Sozialismus!«

Sie stießen an. Frieda Brenten, das Glas in der Hand, setzte hinzu: »Und auf den Frieden! Was wir erlebt haben, soll sich nie, nie wiederholen! ... Und möge Paul bald zurückkommen!«

»Prost, Mutter!« rief Walter und umarmte sie.

VII

Am nächsten Morgen, dem ersten Tag im neuen Jahr, als Walter in der kleinen Schlafkammer erwachte, war die Mutter schon auf. Er hörte sie in der Küche wirtschaften.

Im Nebenzimmer hatte also Mutters Einlogierer gewohnt. Ein guter Genosse, dieser Ambrust ... Hier war er Genosse geworden ... Und Mutter hatte dazu beigetragen, wie er sagte ... Walter würde seine Mutter gern mit nach Berlin nehmen, damit sie es auf ihre alten Tage im Leben noch einmal wirklich gut hätte.

»Aufgewacht?« Frieda steckte ihren Kopf durch den Türspalt.

»Guten Morgen, mein Junge! Und noch einmal: Prosit Neujahr!«

Sie beugte sich über das Bett und umarmte ihren »großen Jungen«.

»Weißt du eigentlich, daß heute ein ganz besonderer Tag ist, Junge?«

»Ja, Neujahrstag! Der erste Tag des Jahres 1948.«

»Der hundertste Geburtstag deines Großvaters.«

»Tatsächlich, Mutter! Deines Vaters – Johann Hardekopfs hundertster Geburtstag.«

»Seine Tochter ist nun schon eine alte Frau, und du, sein Enkel, auch bald ein fünfziger. So vergeht die Zeit.«

»Er würde sich wundern, könnte er heute sein geliebtes Hamburg sehen.«

»Tja, weit haben wir's gebracht ... Bleib noch liegen, ich bring dir den Kaffee ans Bett.«

›Weit haben wir's gebracht!‹ Walter erinnerte sich, daß er fast dieselben Worte damals auf der Anhöhe vor Paris dachte ...

›Traurig ist das, Großvater. Deine Söhne Otto und Emil sind waschechte Kleinbürger geworden. Dein Sohn Ludwig auf seine alten Tage Nachtwächter. Aber deines Sohnes Sohn, dein Enkel Herbert, hat im Krieg Gefangene, Sozialisten, in die Freiheit geführt und sich mit ihnen verbrüdert. Hat mit den Rotarmisten gekämpft, ihre und seine Heimat von den Feinden des Volkes zu befreien. Und dein Urenkel studiert in Moskau, der Hauptstadt des ersten sozialistischen Staates. In einem Teil Deutschlands haben wir Arbeiter nach langem Bruderkampf uns endlich wieder vereinigt, Großvater Hardekopf, und bauen gemeinsam einen Staat der Arbeiter und Bauern auf. Nichts war umsonst. Keine Enttäuschung, keine Niederlage, kein Opfer ... Nicht, daß immer alles gut war, so wie es war, beileibe nicht; aber nichts war umsonst; es hat sich doch gelohnt. Deine Sache, Johann Hardekopf, marschiert und siegt.‹

Heinrich Böll
Und sagte kein einziges Wort

III

Es dämmerte gerade, als ich den Bahnhof verließ, und die Straßen waren noch leer. Sie liefen schräg an einem Häuserblock vorbei, dessen Fassade mit häßlichen Putzstellen ausgeflickt war. Es war kalt, und auf dem Bahnhofsvorplatz standen fröstelnd ein paar Taxichauffeure: sie hatten die Hände tief in die Manteltaschen vergraben, und diese vier oder fünf blassen Gesichter unter blauen Schirmmützen wandten sich mir für einen Augenblick zu; sie bewegten sich gleichmäßig wie Puppen, die an der Schnur gezogen werden. Nur einen Augenblick, dann schnappten die Gesichter in ihre alte Position zurück, dem Ausgang des Bahnhofs zugewandt.

Nicht einmal Huren waren um diese Zeit auf den Straßen, und als ich mich langsam umwandte, sah ich, wie der große Zeiger der Bahnhofsuhr langsam auf die Neun rutschte: es war viertel vor sechs. Ich ging in die Straße hinein, die rechts an dem großen Gebäude vorbeiführt, und blickte aufmerksam in die Schaukästen: irgendwo mußte doch ein Café oder eine Kneipe offen sein, oder eine von diesen Buden, gegen die ich zwar einen Abscheu habe, die mir aber lieber sind als die Wartesäle mit ihrem lauen Kaffee um diese Zeit und der flauen aufgewärmten Bouillon, die nach Kaserne schmeckt. Ich klappte den Mantelkragen hoch, legte sorgfältig die Ecken ineinander und klopfte den schwärzlichen losen Dreck von Hose und Mantel ab.

Am Abend vorher hatte ich mehr getrunken als sonst, und nachts gegen eins war ich in den Bahnhof gegangen zu Max, der mir manchmal Unterschlupf gewährt. Max ist in der Gepäckaufbewahrung beschäftigt – ich kenne ihn vom Krieg her – und in der Gepäckaufbewahrung gibt es einen großen Heizkörper mitten im Raum, um ihn herum eine Holzverschalung, die eine Sitzbank trägt. Dort ruhen sich alle aus, die in der untersten Etage des Bahnhofs beschäftigt sind: Gepäckträger, Leute von der Aufbewahrung und die Aufzugführer. Die Verschalung steht weit genug ab, daß ich hineinkriechen kann, und unten ist eine breite Stelle, dort ist es dunkel und warm, und ich fühle Ruhe, wenn ich dort liege, habe Frieden im Herzen, der Schnaps kreist in meinen Adern, das dumpfe Grollen der ein- und ausfahrenden Züge, das Bumsen der Gepäckkarren oben, das Surren der Aufzüge – Geräusche, die mir im Dunkeln noch dunkler erscheinen, schläfern mich schnell ein.

Manchmal auch weine ich dort unten, wenn mir Käte einfällt und die Kinder, ich weine, wissend, daß die Tränen eines Säufers nicht zählen, kein Gewicht haben – und ich spüre etwas, das ich nicht Gewissensbisse, sondern einfach Schmerz nennen möchte. Ich habe schon vor dem Kriege getrunken, aber das scheint man vergessen zu haben, und mein tiefer moralischer Stand wird mit einer gewissen Milde betrachtet, weil man von mir sagen kann: Er ist im Krieg gewesen.

Ich säuberte mich, so sorgfältig ich konnte, vor dem Schaufensterspiegel eines Cafés, und der Spiegel warf meine zarte kleine Gestalt unzählige Male nach hinten wie in eine imaginäre Kegelbahn, in der Sahnetorten und schokoladenüberzogene Florentiner neben mir her purzelten: so sah ich mich selbst dort, ein winziges Männchen, das verloren dahinrollte zwischen Gebäck, mit wirren Bewegungen die Haare zurechtstreichend, an der Hose zupfend.

Ich schlenderte langsam weiter an Zigarren- und Blumenläden vorbei, vorbei an Textilgeschäften, in deren Fenstern mich die Puppen mit ihrem falschen Optimismus anstarrten. Dann zweigte rechts eine Straße ab, die fast nur aus Holzbuden zu bestehen schien. An der Straßenecke hing ein großes weißes Transparent mit der Aufschrift: Wir heißen euch willkommen, Drogisten!

Die Buden waren in die Trümmer hineingebaut, hockten unten zwischen ausgebrannten und eingestürzten Fassaden – aber auch die Buden waren Zigarren- und Textilgeschäfte, Zeitungsstände, und als ich endlich an eine Imbißstube kam, war sie geschlossen. Ich rappelte an der Klinke, wandte mich um und sah endlich Licht. Ich ging über die Straße auf das Licht zu und sah, daß es in einer Kirche leuchtete. Das hohe gotische Fenster war notdürftig mit rohen Steinen ausgeflickt, und mitten in dem häßlichen Mauerwerk war ein kleiner, gelblich gestrichener Fensterflügel eingeklemmt, der von einem Badezimmer stammen mußte. In den vier kleinen Scheiben stand ein schwaches gelbliches Licht. Ich blieb stehen und dachte einen Augenblick nach: es war nicht wahrscheinlich, aber vielleicht war es drinnen warm. Ich stieg defekte Stufen hinauf. Die Tür schien heil geblieben zu sein; sie war mit Leder gepolstert. In der Kirche war es nicht warm. Ich nahm die Mütze ab, schlich langsam nach vorne zwischen den Bänken hindurch und sah endlich in dem zurechtgeflickten Seitenschiff Kerzen brennen. Ich ging weiter, obwohl ich festgestellt hatte, daß es drinnen noch kälter war als draußen: es zog. Es zog aus allen Ecken. Die Wände waren zum Teil nicht einmal mit Steinen ausgeflickt, sie bestanden aus Kunststoffplatten, die man einfach aneinandergestellt hatte, die Klebemasse quoll aus ihnen heraus, die Platten begannen sich in einzelne Schichten aufzulösen und zu werfen. Schmutzige Schwellungen troffen von Feuchtigkeit, und ich blieb zögernd an einer Säule stehen.

Zwischen zwei Fenstern an einem Steintisch stand der Priester in weißem Gewand zwischen den beiden Kerzen. Er betete mit erhobenen Händen, und obwohl ich nur den Rücken des Priesters sah, merkte ich, daß ihn fror. Einen Augenblick lang schien es, als sei der Priester allein mit dem aufgeschlagenen Meßbuch, seinen blassen erhobenen Händen und dem frierenden Rücken. Aber in der matten Dunkelheit unterhalb der flackernden Kerzen erkannte ich jetzt den blonden Kopf eines Mädchens, das sich innig nach vorne geneigt hatte, so weit nach vorne, daß ihr lose hängendes Haar sich auf dem Rücken in zwei gleichmäßige Strähnen teilte. Neben ihr kniete ein Junge, der sich dauernd hin und her wandte, und am Profil, obwohl es dämmerig war, erkannte ich die geschwollenen Lider, den offenen Mund des Blöden, die rötlichen entzündeten Lider, die dicken Backen, den seltsam nach oben verschobenen Mund; und in den kurzen Augenblicken, in denen die Augen geschlossen waren, lag ein überraschender und aufreizender Zug von Verachtung über diesem blöden Kindergesicht.

Der Priester wandte sich jetzt, ein eckiger und blasser Bauer, seine Augen bewegten sich zu der Säule hin, an der ich stand, bevor er die erhobenen Hände zusammenlegte, sie wieder auseinanderfaltete und etwas murmelte. Dann wandte er sich um, beugte sich über den Steintisch, drehte sich mit einer plötzlichen Wendung und erteilte mit einer fast lächerlichen Feierlichkeit den Segen über das Mädchen und den blöden Jungen. Merkwürdig, obwohl ich in der Kirche war, fühlte ich mich nicht eingeschlossen. Der Priester wandte sich wieder zum Altar, setzte seine Mütze auf, nahm jetzt den Kelch und pustete die rechte der beiden Kerzen aus. Er ging langsam zum Hauptaltar hinunter, beugte dort die Knie und verschwand in der tiefen Dunkelheit der Kirche. Ich sah ihn nicht mehr, hörte nur die Angeln einer Tür kreischen. Dann sah ich das Mädchen für einen Augenblick im Licht: ein sehr sanftes Profil und eine einfache Innigkeit, als sie aufstand, niederkniete und die Stufen emporstieg, um die linke Kerze auszublasen. Sie stand in diesem sanften gelben Licht, und ich sah, daß sie wirklich schön war; schmal und groß mit einem klaren Gesicht, und es war nichts Törichtes daran, wie sie den Mund spitzte und blies. Dann fiel Dunkelheit über sie und den

Jungen, und ich sah sie erst wieder, als sie in das graue Licht trat, das aus dem eingemauerten kleinen Fenster oben fiel. Und wieder berührte mich die Haltung ihres Kopfes, die Bewegung ihres Nackens, als sie an mir vorbeiging, mich mit einem kurzen Blick prüfend und sehr ruhig ansah und hinausging. Sie war schön, und ich ging ihr nach. An der Tür beugte sie noch einmal die Knie, puffte die Tür auf und zog den Blöden hinter sich her.

Ich ging ihr nach. Sie ging in entgegengesetzter Richtung zum Bahnhof in die öde Straße hinein, die nur aus Buden und Trümmern bestand, und ich sah, daß sie sich ein paarmal umblickte.

Anna Seghers
Die Umsiedlerin

Eine Frau namens Anna Nieth, die Ende des Krieges beim Einzug der Polen aus ihrer Provinz mit vielen Schicksalsgefährten nach Westen gezogen und schließlich in dem kleinen Dorf Lossen hängengeblieben war, fühlte sich dort nach drei Jahren noch ebenso schlecht wie am ersten Tag. Der Bauer Beutler, der sie aufnehmen mußte, verstaute sie mit ihren zwei Kindern in einem Abstellraum hinter der Küche. Da er verarmt und verbittert war durch Krieg, Besatzung und Ungewißheit, bekamen sie schon zu den ersten drei Scheiben Brot am ersten Abend keinen anderen Belag als Redensarten: »Ihr habt uns gerade noch gefehlt«, und: »Wo vier nicht satt werden, können sieben verhungern«, und: »Das möchte ich wissen, wie lange gedenkt ihr zu bleiben?«

Das wußte die Nieth selbst nicht. Ihr Mann war gefallen, sie konnte nicht weiterziehen, der Ort war ihr nun mal zugewiesen. Die Kinder gingen auch bald in Lossen zur Schule. Sie selbst nahm jede Art Aushilfsarbeit an, um das Notwendigste zu erstehen. Der Beutler aber und seine drei Bäuerinnen, Frau, Mutter und Schwiegertochter – der Sohn war gefallen –, gönnten ihr nicht mal ein Eckchen des Küchenherdes, geschweige den Kochtopf. Frau Nieth kam jeden Tag müder und trauriger von der Arbeit, begierig auf etwas Wärme vom Herd und von Menschen, und wurde, wenn sie die Suppe kaum angerührt hatte, zurück in den Abstellraum gescheucht. Es war darin kalt und finster, und ihre Kinder kamen so spät wie möglich, um die Suppe zu schlucken; sie wurden immer scharf angefahren, wenn sie die Küche durchtrabten. Da hatten sie keinen anderen Zuspruch als den Hofhund. Der hatte sie durch eine Ritze herausgeschnüffelt; er hatte sich schnell mit den Nachbarn hinter der Wand befreundet, er begrüßte sie jeden Abend winselnd und jaulend. So daß seine Schnauze hinter dem Spalt das einzige auf dem Hof war, was ihnen Güte ersetzte.

Man nannte die Fremden auch immer weiter im Dorf »die Flüchtlinge« statt »die Umsiedler«, wie sie in den Gesetzen hießen; obwohl die meisten genau wie die armen Bauern des Dorfes ihr Feld bei der Landverteilung erhalten hatten und von der Maschinenausleihstation versorgt wurden und ganz besonders der Neulehrer sich ihrer Kinder annahm, der Niethschen und der übrigen fremden; denn wie ein guter Vater war er am meisten für die da, die ihn am meisten brauchten.

So gingen Sommer und Winter dahin, und Säen und Ernten, die Erde vergaß den Krieg, sie war besser eingeteilt als jemals zuvor, und mit Hilfe des Bauernberaters der MAS rascher und klüger gefurcht und gedüngt, sie dehnte sich vor Behagen in solchem Frieden und saugte ihn auf wie Regen und gab ihn in Frucht zurück.

Es gab aber nichts, was die Nieth zum Gedeihen brachte. Sie war zwar erschöpft, aber jung und kräftig hier angekommen, sie war bald abgewelkt, ihr Gesichtlein war spitzig geworden, ihre Augen glänzten nur bei einer Erinnerung. Sie wurde zwar nicht mehr mit Brocken und Almosen für ihre Aushilfsarbeit bezahlt, sondern nach dem vorgeschriebenen Tarif, sie hatte den Kindern Schuhe gekauft und sich eine Schürze und Wäsche. Sie fand allmählich heraus, daß dieses und jenes neue Gesetz ihr unter die Arme griff, von ihrem Glück war aber in keinem Gesetz die Rede. So stickig, so freudlos war ihre Kammer, und ohne Freude kann man nicht leben. Die Wirtsstube stand auch ihr manchmal offen zu einer Versammlung, zu einem Kino, sie hörte und sah sich alles an, sie dachte schon lange vor Schluß: Gleich muß ich wieder zurück in das Loch. Die Umsiedler saßen auch immer wie zur Strafe getrennt von den eingesessenen Bauern auf besonderen Bänken, und weil die Nieth vor Gram wie verstummt und ertaubt war, saß sie selbst unter den eigenen Leuten allein.

Es gab eine Bauernversammlung kurz vor der Ernte. Der Landrat kam aus der Stadt, um nach dem Rechten zu sehen. Da kamen ernste Dinge zur Sprache, die die ganze Republik betrafen. Die reichen Bauern saßen in einem Klumpen beisammen, sie hörten aufmerksam zu, sie wurden sich ohne Worte eins aus den Augenwinkeln.

Sie wußten, daß eine Kommission über ihnen schwebte. Die hatte die Absicht, anders als bisher das »Soll« zu bestimmen; nicht mehr nach der Anzahl der Hektar, sondern nach Ertragsfähigkeit dieser Hektar, nach Hilfsbedürftigkeit der Besitzers, nach dessen Vermögen an Pferden, Menschen, Maschinen.

Bei manchen Gesetzen war es vernünftig, sich breit wie ein Gaul davorzustellen, sie einzuspannen und umzuschmeißen, damit sie zunächst als unausführbar existierten, bei anderen Gesetzen war es vernünftig, zu einem Mäuschen zusammenzuschrumpfen und durch einen winzigen Spalt zu kriechen. Das neue Gesetz schien eins von dieser Sorte zu werden. Es war noch nicht schwarz auf weiß da, es stand nicht auf der Tagesordnung, es lag aber schon im Wirtshausrauch. Die einen erwarteten es mißtrauisch, die anderen zufrieden und erleichtert.

Der Landrat war der Sohn eines Landarbeiters, er hatte am eigenen Leib erfahren, was Eingesperrtsein und Befreiung bedeutet. Er wußte, was die Pflicht eines Landrats war: das Volk seines Landes zu beraten. Da kamen ernste Dinge zur Sprache, die ganz besonders das Dorf betrafen.

Bevor die Maschinenstation zur Ernte antrat, mußte Ordnung im Dorf sein. Was nützten die guten neuen Traktoren auf einer neueingeteilten Erde, wenn dieser Klumpen dahinten von listigen und verschlagenen Bauern gar nicht angerührt wurde? Wie konnte man den Frieden schützen, wenn man die Ernte nicht schützte? Und wie die Ernte einbringen, wenn man nicht dem Dorf zuerst Friede brachte? Was Ämter mit Ehren und Würden hier trug, war von jeher aus diesem Klumpen gekommen. Der Bürgermeister – derselbe Mensch aus demselben Klumpen, schon in der Hitlerzeit, schon in der Zeit der Weimarer Republik. Sein Schwager – von jeher in Ehren und Würden in jeder Art Vorstand. Jetzt war er der Vorstand der »Vereinigung gegenseitiger Bauernhilfe«. Darunter verstand ein solcher Mensch, daß er zuerst mal den Bauern der eigenen Sippschaft half.

Der Landrat und die Vertreter der Partei und der Gewerkschaft hörten sich alles geduldig an. Sie hatten auf einem Stück Papier alle Schliche und Listen und Gaunereien, zum Beispiel die Anklagen gegen den Lehrer, von dem sie aber genau wußten, daß er gut war. Zuerst, vor der Rede, hatte die ganze Bauernversammlung gerauscht. Dann hatte die Rede des Landrats sie wie mit Mähbindern umgelegt und gebündelt. Die einzelnen Menschenhäuflein, wie sie zusammengehörten nach ihren Meinungen, ihren Mienen.

Am äußersten Ende der Bank, auf der die Umsiedler saßen, hörte sich die Frau Nieth alles an. Sie saß überhaupt nur hier, um nicht in dem Dreckloch zu sitzen. Sie verstand nichts von Partei und von Gewerkschaft. Sie wußte, auf all diese Sachen schimpften die Leute, bei denen sie arbeiten mußte, genauso grob wie auf sie. Sie ging manchmal zum Bürgermeister, um im Stall und im Haushalt zu helfen. Er erlaubte ihr nie, einen Rest für die Kinder mitzunehmen, er verhöhnte sie. Sie wehrte sich nicht, sie dachte: Das ist nun mal so. Sie hörte jetzt mit großem Erstaunen zu, wie einer der reichen Bauern nach dem anderen gescholten wurde, als könnte man mit ihnen umgehen wie sonst diese Leute mit ihr. Der Landrat setzte sogar den Bürgermeister ab, den die Nieth für unangreifbar gehalten hatte, für unverrückbar in seinem schönen Haus.

Ihr spitzes Gesicht bekam einen Hauch, ihre Augen glänzten bei dem Gedanken, es sei vielleicht gar nicht alles wahr, was ihre Brotherren und Hausherren ihr erzählten. Es sei vielleicht doch was dran an der Republik. Die neuen Gesetze seien vielleicht nicht schlecht, der Landrat sei vielleicht ehrlich.

Der Landrat ermunterte nun die Versammlung, da er schon einmal in Lossen war, alle Sorgen zur Sprache zu bringen. Er drehte sogar seinen Kopf nach der Umsiedlerbank. Er fragte sogar die Umsiedler, ob sie alle schon in den Wohnungen säßen, die ihnen gesetzlich zustünden.

Bei dieser Frage sahen alle Dorfleute streng die Flüchtlinge an, als ob sie sie warnen wollten, hier eine Beschwerde verlauten zu lassen. Die nickten auch bloß, denn es war ihnen klar, das Dorf blieb zurück und der Landrat ging, und wer etwas sagte, der hatte dann nichts zu lachen.

Da war es still in der Wirtsstube, und der Landrat sah, daß die Listigen, die er vorhin gescholten hatte, zufriedener wurden und schmunzelten. Da drängte er noch einmal, und die Köpfe drehten sich noch einmal zu der Bank.

Die Nieth aber dachte, für sie könnte es gar nicht mehr schlimmer werden. Da könnte sie ruhig einmal versuchen, ob wirklich etwas an dieser Freiheit dran sei.

Sie stand plötzlich auf, was alle erstaunte, denn sie war sonst immer stumm. Sie sagte: »Wie ich hierherkam, da hat man mich mit meinen Kindern in ein Dreckloch gestopft, und ich habe gewohnt wie in einem Schweinestall, und ich wohne noch immer wie in einem Schweinestall, und mehr sage ich nicht.« Die Bauernburschen starrten sie an und dachten: Gar nicht schlecht sieht die aus, das hat man vorher gar nicht gemerkt.

Der Bauer Beutler und seine drei Frauen starrten die Nieth wütend an. Der Landrat schrieb auf: Frau Nieth bei dem Bauern Beutler.

Es war kein Vergnügen für die Nieth, abends nach Hause zu gehen. Der Beutler stellte ihr noch einen Fuß, bevor sie in ihre Tür witschte, und es prasselte auf sie los aus den vier Mäulern. Zu schlagen wagten sie nicht. Frau Nieth war auch alles eins, sie war erleichtert, weil sie ihrem Herzen Luft gemacht hatte, sie hoffte nicht einmal stark auf Hilfe, sie hatte schon alle Kraft verloren, sich eine Veränderung vorzustellen.

Am nächsten Morgen, als sie auf Arbeit war, kam einer zu Beutler, vom Landrat geschickt. Da er die Lebensumstände der Nieth so fand, wie sie es geschildert hatte, bestimmte er gleich ein neues Quartier. So daß die Nieth schon die folgende Nacht bei dem Bauern Donnarth mit ihren Kindern verbrachte. In einem kleinen, ganz guten Zimmer mit Fenstern. Nicht, daß der Donnarth ein Engel war! Er hatte sich zwar gefreut, als der Beutler geschimpft worden war, doch nur, weil die Donnarths von alters her mit den Beutlers in Fehde lebten. Jetzt, als er die Fremden selbst aufnehmen mußte, war er verärgert, besonders als man ihn zwang, einen Schrank in die Küche zu schieben. Er war ein brummiger Mensch, aber nicht so giftig wie Beutler. Sein Frau war kinderlieb. Seine zwei Jungens arbeiteten mit ihm auf dem Feld. Sie aßen immer alle zusammen an einem Tisch mit den neuen Bewohnern, und bald gewöhnte sich eins ans andere. Als eins der Niethschen Kinder Husten bekam, machte ihm die Frau Donnarth von selbst einen Brustwickel. Sie steckte beiden auch oft was Süßes zu.

Die Ernte begann. Es war regnerisch. Donnarth, der zu den armen Bauern gehörte und einen Vertrag mit der Maschinenstation abschloß, erwartete ungeduldig den Traktor. Denn dieses Jahr war alles früh reif. Die reichen Bauern, die eigene Traktoren besaßen und keine Verträge abschlossen, schimpften, höhnten und warnten. Sie triumphierten, als die Pause zwischen Gerste und Hafer kürzer als sonst war, als ein »russischer Traktor« versagte und kein Ersatzteil in Eile zu finden war, als ein Mähbinder, der in der Werkstatt geprüft worden war, schon auf dem dritten Feld steckenblieb. Sie sehnten jede Art von Versagen und Fehlern herbei.

Das Feld, auf dem der Mähbinder steckenblieb, gehörte dem Donnarth. Er schimpfte und klagte. Er sagte daheim, er bereue jetzt selbst, daß er nicht auf den Rat erfahrener Bauern gehört hätte. Die Nieth, die auch hier nicht viel sprach, legte plötzlich los: »Was die Ihnen Gutes raten, ist sicher nichts. Die raten nur immer sich selbst. Das Wetter kann man nicht ändern. An einer Maschine kann immer mal was nicht stimmen.« Das ganze Dorf, zumal ihre Landsleute waren erstaunt, wie sie plötzlich den Donnarths auf dem Felde half. Sie fragten sie abends: »Was ist denn in dich gefahren? Die ganze Zeit hast du gesagt, hier würdest du dich nie eingewöhnen. Warum strengst du dich jetzt an, als wärst du daheim?« Die Nieth erwiderte: »Weil es mir so ist.« Die Leute fragen: »Wieso denn?« Die Nieth erwiderte: »Weil man gerecht war.«

Sie half auch beim Dreschen und, als die Felder umgepflügt waren, da und dort in der Wirtschaft. Sie sang manchmal dabei. Die Söhne sahen sie dann verstohlen an und dachten, die fremde Frau sei ganz gut zu betrachten. Sie schämte sich nicht mehr, durchs Dorf zu gehen. Sie vermied nur, den Beutlers zu begegnen. Die Kinder schlichen sich manchmal an den Hof, nur um den Hund wiederzusehen.

Werner Helwig
Auf der Knabenfährte

Erstes Kapitel

Ich saß im Auto, einem kleinen Chrysler mit Sportverdeck. Der Wagen war etwas mitgenommen, und der Motor hämmerte. Es hörte sich überhaupt an, als wenn überall Sand im Getriebe wäre. Es war aber kein Sand. Es war kriegsmäßige Abgenütztheit. Neben mir saß Nechbe, ein junger Mann, den ich als Knabe gekannt hatte. Die Kennzeichen seines Charakters waren Verhaltenheit, spürbare Stille. Sein Gemüt war ein Spiegel, darin die Dinge schlicht und in einem reinen Licht erschienen.

War es vor zwanzig Jahren, daß ich seine Fährte zum erstenmal kreuzte? Ich weiß es nicht mehr genau. Ist auch nicht von Belang. In mancher Beziehung belangvoll war jedoch die Tatsache, daß ich jetzt hier neben ihm saß, zusammengekuschelt in einem alten Mantel. Es war nicht gerade mein bester. Man hatte mich im Ausland gewarnt: »Wenn du nach Deutschland reist, nimm nur alte Sachen mit. Abgeschabte Koffer. Unbrauchbare Kleider. Da wird nämlich fürchterlich gestohlen, mein Lieber. Das fängt schon im Eisenbahnabteil an.«

Und jetzt schämte ich mich, daß ich das geglaubt hatte, denn das zerstörte, ausgebrannte, waidwunde Vaterland war milde mit mir wie mit einem verlorenen Sohn. Trotzdem ich mir mein deutsches Gesicht beinah abgewöhnt hatte in den Jahren des Exils, fanden die Freunde, daß Erinnerung und Erscheinung sich in meinem Falle deckten. Und ich fing an, sie wahrzunehmen, wie man ein Bild wahrnimmt, dem man sich zögernd und suchend mit der Kamera nähert. Plötzlich ist die Einstellung richtig. Und man geht freudig über in den eben noch mühsam anvisierten Raum. Ja, freudig, – denn Freunde, wie man sie in Deutschland findet, sind selten in der Welt.

Im Ausland hatte ich geheiratet, – eine zarte, dunkelgetönte Frau, die mir zwei Söhne schenkte. Sie ist eine »Welsche«, wie man in der Schweiz sagt. Und ich lernte durch sie das französische Wesen verstehen als die schwierigste und schönste Ergänzung des Deutschen.

Von den Söhnen ist der eine dunkelgetönt wie seine Mutter. Und der andere blond, hell, schnell und von bohrender Gescheitheit. Es sind hübsche Knaben, der eine sieben-, der andere neunjährig. Das verschiedenartige Erbe aus ihren Eltern her ließ einen Mangel an ihnen offenbar werden. Sie sind im Schreiben und Rechnen sehr zurück. Mischehen aus verschiedener Rasse- und Sprachsubstanz zeitigen solche Ausfallserscheinungen, versichern mir die Pädagogen. Man muß Geduld haben. Mich stimmte dieses Urteil nachdenklich, denn es war ein Urteil.

Ich breitete meinen schäbigen Wollmantel fröstelnd über die Knie, denn es zog durch die klapperige Wagentür. Nechbe lag mit ruhiger Beflissenheit im Steuer. Es war ein kalter Abend. Wir hatten Koblenz am späten Nachmittag verlassen, um in den Hunsrück hinaufzufahren zur »Burg«. Der Wagen folgte in leichtem Steigen den weichen Schleifen, mit denen die Mosel den Schwierigkeiten des Geländes aus dem Wege geht. Die »Burg«, das war der lodernde Mittelpunkt meines Jugenderlebnisses. Jeder Mensch hat ein Jugenderlebnis, um das er insgeheim kreist. Um das herum er fruchtet, zur Fülle seiner selbst gelangt, ein Baum, der mehr und mehr Jahre ansetzt, reiche Jahre, arme Jahre, je nachdem dieses Jugenderlebnis ihn nährt, tränkt, durchtränkt. Bedauerlich all jene, in deren Mark es nicht schwärt, weiterschwärmt, Wärme und Wachstum gibt. Ich danke der »Burg« das, was ich bin, das Herz meines Herzens, die Sehnsucht, die mich nicht altern läßt.

Ja, es war eine Zauberautofahrt, neben Nechbe hockend, an der schwarzwässerigen Mosel aufwärts entlang gleitend mit dem kleinen schadhaften Surren des Motors vor meinen Knien, die leise bebten. Eingefangen von niedrigen runden Uferbergen, zu deren Füßen kleine Dörfer glommen, ließ der träumerische Fluß sich seinen Weg fließen in ruhiger Unbeirrbarkeit. Oben waren gebauschte Wolken, in denen letztes Westlicht rot verging. Die Namen der Dörfer, die der immer zitternde, nicht ganz vorschriftsmäßig funktionierende Scheinwerfer auf den Straßentafeln entzifferte, trafen mich wie weiche süße Schläge, verhüllte Schläge, weich und süß von Erinnerung. Lay, Dieblich, Burgen. In der zunehmenden Nächtlichkeit entstanden kleine Ausschnitte von mattem Gelb. Ein kindliches Gelb, wie von durchleuchteten Kürbissen. Das waren die Fenster der puppenstubenhaften Häuser. In Burgen führte Nechbe den Wagen links herum durch die Ortschaft.

»Jetzt kommt der schlimmste Teil«, sagte er, »Schlaglöcher und Pfützen. Hoffentlich schafft es der Motor. Wenn wir eine Panne haben, bevor wir oben auf dem Hunsrück sind, wird es schwer halten, Hilfe herbei zu schaffen.« Seine Stimme war im Dunkel des Wagens ganz die frühere, die Knabenstimme. Nur ihr Hauch war fremd. Es war ein männlicher Hauch, mit einer Spur von Zigarettengeruch darin. Während er diese gleichgültigen Worte sprach, in deren Klang ich mich badete, bewegte er mit geübter, ruhiger Hand die Kuppelung, und der Motor richtete sich auf eine strenge Steigung ein.

»Großartig, wie du mit dem Wagen fertig wirst«, sagte ich, »früher hätte ich dir nicht zugetraut, daß du jemals dieser technischen Fühlung fähig wärest.«

»Fünf Jahre draußen, als Lkw.-Fahrer«, sagte er, und ich spürte ein Lächeln in seiner Stimme. »Und es war noch das Beste, um sich durch den Krieg zu bringen.«

»Ich kann immer noch nicht richtig mit Motoren umgehen«, gestand ich kleinlaut. Fühlte mich ihm sehr unterlegen.

»Du hast ja auch den Krieg gespart«, sagte er. Und wieder war das Lächeln deutlich mit bei seinen Worten.

Du hast den Krieg gespart. Ja, das hatte ich. Doch um welchen Preis? Du flohst ins Ausland, mein Alter, als es brenzlich wurde und der »Bund« politisch verfolgt wurde. Unser Bund, dessen Herzstück die »Burg« war. Burg Waldeck, droben im Hunsrück, darin du eine Rolle spieltest, eine nicht immer leichte. Diejenige des Hofpoeten, der vom heiteren und weithin offenen Leben zeugte. Und von der Glut, die im Kerngehäuse der Nacht dämmert und lockt, dämmert und lockt und die Knaben anzieht, die auf der Suche sind nach dem Ziel ihrer Sehnsucht.

Du hast den Krieg gespart. Und dafür warst du in Sizilien, in Afrika, in Hellas, auf Capri und in der Schweiz, und innerhalb der Schweiz in Liechtenstein. Dort am längsten, nämlich für die ganze Dauer des Krieges. Und auch nachher noch. Bis jetzt. Was dich hielt, war das Leben, das sich um dich herum ansiedelte. Frau und Kinder. Und wie hielt dich das fest: in der rechtschaffenen Schweiz, im Banne der Autoritäten, im Kampf um Aufenthaltserlaubnis, in unmöglichen und verzehrenden Situationen, die sich aus dem Zwang ergaben, am Platz bleiben zu wollen, zu sollen. Situationen, die den Stolz zersetzten, die Selbstachtung. Situationen, die zeitweise einen grauen, gebückt einhergehenden Büßer aus mir gemacht hatten. Ich sah meine Frau vergehen und erkranken an dem Schicksal, das sie sich durch den Wechsel ihrer Papiere und ihrer Staatsbürgerschaft aufgeladen hatte.

Ach, ich sitze da und rauche eine Zigarette nach der andern, während ich schreibe, und ich überschlage im Geiste die Summen, die die Operation und der Spitalsaufenthalt verschlingen werden.

Geldmittel zu beschaffen war ja der eigentliche Anlaß zu meiner Reise gewesen, der eigentliche Grund, weswegen ich Eva Germaine für drei Wochen im Stich gelassen hatte mit der leichtsinnigen Hoffnung, es würde schon gehen. Aber hinter dem Vorwand verbarg sich eine starke Sehnsucht »nach Hause«, die ich mir gar nicht einzugestehen wagte. So, als ob es ein mächtigeres »zu Hause« geben könnte als jenes, das sich durch ein schwieriges, in schwierigen Jahren entstandenes Schicksal geformt hatte. Mein Gewissen, oder soll ich sagen, mein schlechtes Gewissen ließ mich vermuten, daß die Reise von Redaktion zu Redaktion, von Radio zu Radio nur der Vorwand war, um eine andere, schon längst in mir beschlossene Reise durchzuführen: Die Reise »nach Hause«, die Reise ans Ende meiner Erinnerung. Gleichwohl, es gelang mir, Vorwand und Wunsch zu verbinden. Die Redakteure zeigten sich von ihrer freundlichsten Seite. Ich konnte nach Liechtenstein mit zurückbringen, was wir so dringend benötigten. Und es kam keine Minute zu früh. Unsere Situation verzehrt es bereits. Unsere Situation hat Hunger.

*

Der Scheinwerfer streifte mit zuckender Wimper merkwürdige Ungetüme, die ins Gebüsch gewälzt am Straßenbord lagen. Zerbeulte, verrostete Camions, Militärwagen mit grüngrauem Anstrich. Der Scheinwerfer leuchtete in ihre schief und zerbeult aufgerichteten Chassis, wie in technische Eingeweide. »Das war eine der Rückzugstraßen«, erläuterte Nechbe die unheimliche Begleiterschaft. Der Wagen kurvte in weiten Halbkreisen bergan. Der Motor tat sein bestes, denn Nechbes fühlsame Hand lag an seinem Puls und ging auf ihn ein, wie man auf einen Kranken eingeht. Ich war weich und widerstandslos, von innen heraus milde und müde und ließ mich je nach Wagenlage mal an die Wagentür sacken, mal an den aufrechten, in ruhiger Aufmerksamkeit angespannten Körper von Nechbe. Fühlte, wie mein Blut sich magnetisch nach ihm orientierte. An ihn gelehnt, empfand ich wieder jene stille Woge, die mich damals, ich war so um die Zwanzig, zu dem Fünfzehnjährigen getragen hatte. Mit sanfter Unentrinnbarkeit waren wir für einander da, und mit einem Gesättigtsein, ohne verzehrt zu haben.

Getreuer Nechbe, dachte ich, welches Wunder, daß alles so ist zwischen uns, wie es war. Also war unsere Freundschaft keine müßige Schwärmerei, wie ich oft in den Jahren des Fernseins vermutete. Sie war in sich richtig, wie der Bund richtig war, unter dessen Stern wir aufeinander trafen, wie die Burg richtig war, dies »Schloß der Kavaliere«, dieser Schieferstollen mit dem »Goldenen Topf« am Grunde.

Meine Reise hatte mich von Konstanz aus über München nach Hamburg, von Hamburg aus nach Düsseldorf zu meinem Bundeskameraden Erich Zelven und seiner Frau Mascha geführt (die Schicksalsgenossen der reichen deutschen Jahre von 1927 bis 1932, der Ernst Fuhrmann-, Theodor Däubler- und Dreigroschenoper-Jahre) und von dort nach Köln, das nach nasser Brandasche roch, und wo ich einige anregende Tage im eben wieder aufgeführten Hause unseres Mexiko-Passionisten Wilhelm Pferdekamp verbrachte. Tage, die zeigten, daß ihm innerhalb des deutschen Kerkers so wenig an geistigen Regungen in der Welt entgangen war, wie mir außerhalb. Die gleichen Bücher, die mich beschäftigten, lagen bei ihm herum. Joyce, Saint-John Perse, T.S. Eliot und die neuesten Dokumentationen der Mayaforschung. Es war eine umfassende »Bestandaufnahme«, die wir gemeinsam durchführten. Aber erst von Koblenz an war ich in Deutschland wirklich daheim. Von Nechbe an war ich daheim.

Drittes Kapitel

»Hast du den kleinen Knacks im Ohr verspürt«, fragte mich Nechbe. – »Ja«, sagte ich, »es war wie in einer Telefonmuschel. Und jetzt strömt andere Luft nach, Höhenluft, die große, weithin bewegte Luft des Hunsrück.« – »Das ist jedesmal so«, meinte Nechbe,

»jedesmal, wie wenn man eine Zone durchmessen hätte. Und dann hört die Müdigkeit aus der Tiefe auf.«

Der Wagen verzehrte die Straße. Die Dunkelheit hatte hier etwas von einer breit entfalteten Schwinge. Ich zündete mir eine Zigarette an und nahm wahr, daß sie anders schmeckt, sich anders raucht als unten zwischen den Bergen der Mosel und des Rheins. Und während Nechbe sich zurücklehnte wie nach einer Anstrengung, sann ich den Tagen nach, da ich zum erstenmal wieder durch Deutschland reiste.

Wunderlich war das Gespräch, das ich im Abteil des Triebwagens belauscht hatte. Ein Kölner und ein Würzburger stritten sich darum, wessen Stadt mehr gelitten hätte. In wütenden Beteuerungen des Gräßlichen wollte einer den andern übertrumpfen. Fast hätten sie sich einen Zweikampf angetragen, um ihren Behauptungen mehr Nachdruck zu verleihen. Der Kölner erzählte unter anderem, daß man jüngst einen Keller abgeräumt habe, in welchem die Skelette von vierzig Toten so ineinander verfilzt waren, daß man sie mit dem Kran als Ganzes heben und aufs Lastauto schwenken konnte. Nur wenige Rippen und Ripplein seien herausgerieselt.

Wie anders hatte ich München empfunden, und noch anders Hamburg. Wenn man von der Schweiz aus über diese beiden Städte den Kreis ins Rheinland schlägt, jene zuerst, dieses zuletzt zu sehen bekommt, begreift man erst richtig die unüberwindbare Vitalität der Großstädte, denn im Rheinland, in den mittleren und kleinen Orten, geht einem auf, daß Deutschland an sich immer noch verdunkelt ist, und daß diese graudurchwälzte, hinreißende Lebendigkeit beispielsweise Hamburgs einfach Leistung ist. Leistung aus einem unausbombbaren Kern heraus. Eigenwuchs, wenn man so sagen kann. Über zahllosen und fürchterlichen Wunden erhebt sich das Leben, tags im Rhythmus einer strotzenden Geschäftigkeit, nachts elektrisch überstrahlt, fluktuierend, schnaufend, bebend.

Hamburg, meine Vaterstadt, immer noch in tausend Wunden schwelend, Daumenschrauben an den Verkehrsadern, die Wirtschaft auf dem Nagelbrett der Reparationen dahinsiechend, – ich liebe dich um deiner psychischen und physischen Unausrottbarkeit willen. Im Charme deiner Sprache, deines weltoffenen Witzes, deiner flutenden Geschäftigkeit trieb ich dahin. Eingespannt dem Pulsschlag deiner Eile, deiner Hochbahnen, deines sirenenüberdröhnten Verkehrs. Mir ist, ich könnte zu einem Bios der Großstadt die Formel finden, wenn ich das Ohr an deinen technischen Herzschlag lehne.

Aber in München sagten mir die Freunde, die ich besuchte, sagte mir Peter Urtel das traurigste Wort meiner Reise: daß ich Deutschland nie mehr ganz verstehen würde, nachdem ich so lange abseits gestanden hätte. Denn diese Jahre hätten der Sprache und dem Sein eine andere Richtung gegeben. Und diese Richtung sei nicht nachzulernen.

»Oh, bitte«, entgegnete ich gereizt, »bin ich etwa meinem Volk den KZ-Häftling schuldig geblieben, oder den Soldaten z. b. V.? Wissen die Götter denn, was sie mit uns vorhaben, wissen die es?« Nun, Peter Urtel wußte es auch nicht. Und Herbert List, der meine Betroffenheit verspürte, machte den Blitzableiter und zeigte mir seine neuesten Fotos von Picasso, Braque und Chagall. Fotos, die das Antlitz dieser Künstler buchstäblich erklären, auslegen, es in lesbare Schrift verwandeln. Herbert List, der nach wie vor mit verbindlicher Gelassenheit seine Weltbeziehungen verwaltet, ein Fürst der Freundschaft, ein ferner Wandelstern, in dessen Gesellschaft man sich selbst nicht mehr als Last empfindet.

Aber nun hier, nach Köln in Koblenz: es ist neun Uhr abends. Vereinzelte Schritte tappen durch die unbeleuchteten Straßen. Man findet nur an den erhellten Schaufenstern entlang den Weg. Unversehens gerate ich in ein ganzes Gefilde gähnender Ruinen. Und grade hier sollte es sein, wo Nechbe mit seinem Bruder haust. Grade hier.

»Die an den Wänden der stehengebliebenen Häuser gleichsam faltig herabhängenden eingestürzten Stockwerke«, hatte ich mit Bezug auf Köln schreiben wollen. In Koblenz aber enthüllt sich ein anderes Ruinenbild. Nachdem mich ein Bahnbeamter, der heimging, vor die Mauer geführt hatte, dahinter Nechbe hausen sollte, stand ich lange hilflos in einer großen, dicken Schwärze, bis ich den Rahmen eines eisernen Tores unterscheiden konnte. Ich riß ein Streichholz an, um eine Klingel zu suchen. Nichts. Aber der Name stand an der Mauer. Und darunter stand »Innenarchitekt«. Welch erbauliches Wort, dachte ich und pochte. Schweigen ohne Maß und ohne Ende. Ich trat mit dem Schuh an das Eisentor. Ein weithin schetterndes blechernes Rasseln antwortete meiner Ungeduld.

Dann wurde die ragende Schwärze über mir dadurch zur Hauswand, daß sich ein Fenster gelb erhellte.

»Ist da jemand«, rief die altvertraute Nechbestimme aus einer Höhe von ungefähr zwei Stockwerken. »Ja«, schrie ich zurück, »ich bin es, ich«, ohne mir darüber klar zu sein, daß das nichts Genaues war. Aber das Wunder hatte sich vollzogen. Nach soviel Jahren hatten wir uns an den Stimmen erkannt. Nach soviel Jahren, die voll waren von Not und Tod, von Veränderung und Verwandlung.

Und während ich wartend dastand, ein wanderndes Licht durch Bretterverschalungen treppenhinab blitzen und blinzeln sah, fielen mir die Verse ein, die Nechbe mir eingegeben hatte, damals, vor zwanzig Jahren. Verse ohne Gewicht, aber unsere kleine Ewigkeitssekunde war in ihnen:

> Stand gebückt
> zu stiller nächtiger Zeit
> ob eines Brunnens rundem Munde,
> sah verzückt
> feines Silber, durchgeseiht:
> Sternenspur am dunklen Grunde.

*

Nechbe öffnete die rasselnde Eisentür. Meine Augen, – obzwar sie ihn anstarrten wie er dastand im elektrischen Licht eines Schuppens, aus dem ein warmer, säuerlicher Geruch von aufgestapelten Brettern drang, – meine Augen sahen ihn nicht. Mein Mund äußerte ohne mein Zutun belanglos Scherzhaftes. Dann nahm er mir den Koffer ab und leitete mich über eine Betonwendeltreppe mit einem provisorischen Geländer in die Höhe des zweiten Stockwerkes. Sobald die Wohnungstür sich hinter uns schloß, befanden wir uns in einem unerwarteten Bezirk modernen Komforts. Inmitten einer Ruinenlandschaft von lauter einzelnen Wänden, Mauern, Kaminen, war ein Stück Wohnexistenz, vollständig wieder hergestellt. In einem weiterstreckten, angenehm eingerichteten Studio sank ich auf eine Couch. Und fand das alles nach kurzen Augenblicken der Verblüffung merkwürdig selbstverständlich. Vertraute Dinge blickten von den Wänden zu mir herab: Bilder, wie ich sie früher zu malen pflegte, in verglühenden roten, goldenen und grünen Farben. Dies alles, mir entfallen, wie dem Baum sein Laub, war hier noch gegenwärtig, hatte mich überstanden.

»Ich hatte grade im Sinn, dir eine Karte nach Köln zu schreiben, daß du kräftig Lärm schlagen solltest vor unserer Haustür, weil wir noch keine Klingel haben«, sagte Nechbe und beugte sich in seiner stillen, gesammelten Art über mich. Und jetzt sah ich ihn.

»Immer der gleiche«, sprach er zu mir hinab. Sprach der Knabe in dem Manne Nechbe zu mir hinab. »Hast dich ja überhaupt nicht verändert.«

Wie dankbar war ich ihm für diese Worte. Denn ich wußte, daß ich verändert war. Verändert ins Gehetzte und Sorgenvolle, ins Gedemütigte, ins Ausgebootete, ins Unterlegene, Bezweifelte, ins fremdenpolizeilich Unerwünschte. In ein Abseits der Dichtung. In ein Abseits des Glaubens an meine Gaben, mein Mitgebornes, meinen Schatz unter dem Scheffel. Unter Wogen dahintreibend, sah ich zu ihm auf. Auch er hatte sich verändert. »Und du«, log ich, »ganz wie damals.« – »Die Jahre haben uns scheints vergessen.« – »Ja, das haben sie.«

Und damit erkannte ich, daß der Blitz, nein nicht einer, viele Blitze, abscheuliche Blitze, seine Züge getroffen und zerrissen hatten. Der Mann Nechbe hatte den Krieg nicht überstanden. Aber der Knabe Nechbe hatte sich in der Stimme erhalten, in den Gebärden, in der Stille, die er ausströmte, wo er ging und stand, in der unangreifbaren Reinheit, die sein Wesen zeichnete.

Ein Krieger beugte sich über mich, der mit dem Grau seiner Uniform so verwachsen war, daß sein Zivilanzug wie Verkleidung wirkte. Der heimgekehrte Krieger eines geschlagenen Volkes. Meines Volkes.

ERICH LOEST
Einladung von drüben (Juli 1952)

Vielleicht ist das blöd, was ich jetzt mache, denkt Schimmel. Aber ich muß wissen, ob er mir leid tun muß. Und ich kann es nie besser erfahren als heute abend.

Er klingelt nun doch, nachdem er fast eine Minute vor dieser Tür gestanden und überlegt hat, ob er nicht doch besser wieder gehen solle. Er hört Schritte auf dem Korridor, und auf einmal ist er wieder der schlaksige, unbeholfene Junge mit den träumenden Augen, der etwas schief dasteht, die Hüfte herausgedrückt, und der kaum die Hand aus der Hosentasche herausbringt. Er nimmt ganz langsam die Mütze ab, als die Tür geöffnet worden ist, so, als ob er sich nicht ganz schlüssig sei, ob es wirklich richtig ist, sie abzunehmen. Und er sagt in die offene Tür hinein: »Guten Abend, Herr Blachnick!«

Dieser scheint ihn nicht gleich zu erkennen; es ist auch möglich, er gibt sich bewußt diesen Anschein. Dann tritt ein törichtes Staunen in sein Gesicht, und er sagt: »Nanu, Herr Schimmel.«

»Kann ich Sie sprechen?«

»Mein Sorgenkind will mich sprechen!« sagt Blachnick nicht ohne Zufriedenheit. »Na, kommen Sie mal herein!«

Schimmel folgt ihm.

»Setzen Sie sich. Was verschafft mir das Vergnügen?« Das sollte ironisch klingen, aber es ist dies Blachnick nicht so ganz gelungen. Es schwang ein Ton von Unsicherheit mit, und der ist Schimmel nicht entgangen. Schimmel sieht hoch, er trifft Blachnicks Augen, und in ihnen bemerkt er zu seiner grenzenlosen Überraschung einen Ausdruck von Besorgnis. Und dieser Ausdruck wird auch nicht gemildert, als Blachnick noch einmal ansetzt: »Was verschafft mir das Vergnügen?«

»Ob das nun ein Vergnügen für Sie ist ...«, tastet Schimmel vor. Er sitzt mit vorgestrecktem Oberkörper da, die Unterarme auf die Oberschenkel gelegt, die Hände gefaltet, und wenn er Blachnick ansehen will, muß er den Kopf in den Nacken legen. Aber er findet nichts dabei, seinen Gesprächspartner nur selten anzusehen, im Gegenteil, es beruhigt ihn und läßt ihn besser nachdenken, wenn seine Augen auf dem blassen Muster des Teppichs ausruhen können. »Ich komme wegen der Fahrt nach Leipzig«, sagt er. Nun setzt er sich doch gerade hin. Seine Unsicherheit von eben ist verflogen und der Wunsch wieder in ihm wach geworden, Blachnicks wirkliche Meinung zu hören. »Wie stehen Sie denn dazu?«

»Das wissen Sie doch genau«, sagt Blachnick. »Ich bin dagegen. Ich bin vollständig dagegen. Sie kennen schließlich den Beschluß unserer Sportfunktionäre von Oberwesel: Kein Sportverkehr mit denen aus dem Osten. Selbstverständlich gilt das auch für mich.«

»Für Sie als Vereinsvorsitzenden? Oder auch für Sie persönlich?«

»Ich sehe darin keinen Unterschied.«

Jürgen Schimmel weiß erst einmal nicht weiter. Er ist versucht zu sagen: Wir fahren morgen früh. Aber er spart sich diese Enthüllung noch auf; er geht auf Umwegen auf sein Ziel los, ohne zu wissen, ob diese Umwege zum Ziel führen werden: »Ich weiß, daß Sie es nicht leicht haben. Im Gegenteil, Sie haben es sehr schwer. Der Verein ist arm wie die meisten Vereine. Sie sind von Leska abhängig.«

»Das hat damit gar nichts zu tun«, sagt Blachnick steif.

»Ich meine doch. Wenn Sie Leska nicht hätten, wäre der Verein längst pleite. Ich habe auch gar nichts dagegen, daß uns Leska mit Geld unterstützt. Wenn es wirklich aus Freundschaft zum Sport geschehen würde, bitte schön, allerherzlichsten Dank. Aber es ist doch nicht nur das.«

Schimmel hat sich wieder nach vorn gelehnt; er muß jetzt sehr scharf nachdenken, und er will sich von Blachnicks starren, ablehnenden Augen nicht ablenken lassen. »Leska macht doch Politik damit. Er hat Sie doch zu beeinflussen versucht?«

»Er hat mit mir darüber gesprochen«, gibt Blachnick zu. Und jetzt spürt Schimmel Oberwasser: »Und Sie wissen ganz genau, daß Sie von Leska kein Geld mehr kriegen, wenn Sie uns die Genehmigung erteilen?«

»Sie haben eine Art, die Dinge darzustellen!« sagt Blachnick. Er steht auf und murmelt, daß man ja schließlich bei so einem Gespräch auch eine Zigarette rauchen könne. Er holt einen Aschenbecher, und er nimmt sich viel Zeit dabei. Und Schimmel hat Gelegenheit, sich währenddessen im Zimmer umzusehen: ein Wohnzimmer mit viereckigem Tisch und Stühlen, einem Geschirrschrank, verschnörkelt und wenig praktisch, und mit einer Standuhr. An der einen Wand hängt ein Diplom unter Glas und Rahmen: »Dem Niedersachsenmeister über 400 m Rücken, Otto Blachnick. 1912.«

»Sie sind doch ein alter Sportler«, beginnt Schimmel wieder. »Sie haben schon Meisterschaften gewonnen, da war an mich überhaupt noch nicht zu denken. Damals konnten Sie schwimmen, gegen wen Sie wollten. Und wir auf einmal sollen nicht mehr? Bloß weil es Herrn Leska und ähnlichen Gestalten nicht schmeckt. In Leipzig wird eine Politik gemacht, die Herrn Leska nicht paßt. Und deshalb sollen wir nicht mit denen da drüben Sport treiben?«

Blachnick antwortet nicht. Er hält Schimmel eine Schachtel Zigaretten hin, und Schimmel nimmt sich eine heraus. »Vielleicht können Sie nicht anders handeln, als Sie es tun«, sagt Schimmel. »Aber ich möchte doch wenigstens Ihre persönliche Meinung hören.«

Während sich Jürgen Schimmel die Zigarette anbrennt, überfällt ihn wieder die große Freude, die ihn nun schon den ganzen Tag lang erfüllt: Wir fahren morgen früh, wir fahren! Wir werden in Leipzig schwimmen! Und obwohl er jetzt an ganz anderes denken müßte, taucht wieder die Frage in ihm auf: Wie ist das nun, fahre ich nach Leipzig, um dort zu schwimmen? Oder ist es nicht vielmehr so, daß ich mich so unbändig freue, Leipzig zu sehen, die Deutsche Demokratische Republik zu sehen, und nichts dagegen habe, daß dabei auch ein wenig geschwommen wird? Ist es nicht vielmehr so? Jürgen Schimmel weiß ganz genau, warum Oehlgarten fährt. Der will etwas erleben, ihn reizt es, auf einem Lastauto nach Berlin zu fahren, neue Menschen kennenzulernen, eine neue Stadt zu sehen. Es ist auch sehr klar, warum Klepsch diese Reise mitmacht: Er will der Schlußmann einer Staffel sein, die nicht nur in Braunschweig, Köln, Essen und Düsseldorf, sondern auch in Leipzig gewonnen hat. Und Weigel – Weigel fährt aus Opposition gegen das Spießbürgerliche, Vertrocknete, Eingleisige, Langweilige, Heuchlerische seiner Familie, seiner Bekannten, seiner Klasse. Und aus welchem Grunde sie auch alle fahren, es ist gut, daß sie fahren, denn sie werden mit Sportfreunden aus dem Osten Deutschlands zusammen schwimmen, und sie werden die Deutsche Demokratische Republik sehen. – Und ich? fragt sich Jürgen Schimmel, warum fahre ich? Und dann stiehlt sich ein Lächeln in sein Gesicht, über das sich Blachnick eine Sekunde lang wundert, ein Lächeln nämlich darüber, wie der Neffe eines Mannes, der Willi Pörschmann heißt und der ihm einen Mann namens Acker als Genossen vorgestellt hat, sich so etwas überhaupt fragen kann.

»Sie sind heute zum erstenmal bei mir«, sagt Blachnick, und Schimmel versteht nicht ganz, warum er das sagt. »Ich kenne Sie vom Verein her, ich schätze Sie als tüchtigen Schwimmer. Sie haben auch Aussichten, etwas zu werden ...« Blachnick bricht ab und zieht an seiner Zigarette. »Aber Sie sind heute zum erstenmal bei mir.«

»Ja«, sagt Schimmel. Er spürt auf einmal Mitleid mit diesem Mann vor sich, und doch könnte er nicht genau sagen, warum. Er ist nicht mehr jung, so um die Fünfzig herum, er war ein guter Schwimmer und später ein hervorragender Wasserballspieler, er wäre unter normalen Umständen ein guter Vereinsleiter – und jetzt wird er von zwei Fronten unter Feuer genommen. Auf einmal gerät sein Verein unter politischen Druck, und dieser erzeugt Gegendruck. »Ich habe mich nie mit Politik beschäftigt«, fährt Blachnick fort. »Ich habe mein Geschäft geführt, und ich glaube, daß ich es gut geführt habe, ich bin geschwommen, und ich habe den Verein geleitet. Habe ich das bisher schlecht gemacht?«

»Nein«, sagt Schimmel.

»Sehen Sie, und nun machen Sie mir Schwierigkeiten, Sie vor allem. Klepsch auch und Oehlgarten vielleicht auch, aber Oehlgarten ist doch bestimmt von Ihnen angesteckt. Und auf einmal gibt es Zwistigkeiten im Verein.«

»Nein«, widerspricht Schimmel, »die gibt es durch Leska und seinen famosen Vater.«

»Aber Sie haben doch angefangen.«

Es hat wirklich keinen Zweck, darüber zu streiten, denkt Schimmel. Ich will heute nur eines herausbekommen: ob Blachnick vollkommen auf seiten Leskas steht, oder ob er nur gezwungen wird, so zu handeln. Ob er Hammer ist oder Amboß. Das muß ich wissen, es wird später einmal wichtig sein. Ich muß wissen, wie Blachnick einzuschätzen ist.

Ich sollte ihm ein Bild zeigen, fällt ihm ein, das Bild des Leipziger Schwimmstadions nämlich. Und ich sollte ihm aus dem Brief vorlesen, den Klepsch in diesen Tagen bekommen hat: »Auf der beiliegenden Postkarte seht Ihr das neue Stadion, in dem Ihr schwimmen werdet. Es ist im vorigen Jahr fertig geworden; die Leipziger Werktätigen haben es sich gebaut, und es gehört ihnen. Ihr braucht keine Furcht vor kaltem Wetter zu haben, denn das Wasser wird durch eine Heizungsanlage ständig auf günstigster Temperatur gehalten. Fast zehntausend Menschen haben auf den Rängen Platz, und es gibt bei uns sehr selten eine Veranstaltung, zu der das Stadion nicht ausverkauft ist. Aber was soll ich viel schreiben, Ihr werdet ja alles selbst sehen!« Aus diesem Brief sollte ich vorlesen, denkt er. Aber dann fällt ihm ein: Blachnick könnte das alles als Propagandalüge abtun. Zehntausend Zuschauer, würde er sagen, wo gibt es denn so etwas! Plumpe Lüge!

Nein, darauf sollte man es nicht ankommen lassen. Aber wenn sie aus Leipzig zurückgekommen sind, werden sie Blachnick einmal besuchen; nicht er allein, sondern alle. Weigel vor allem, denn dem wird er am meisten glauben. Und dann sollen sie einmal erzählen, wie in der Deutschen Demokratischen Republik der Sport gefördert wird. Dann wollen wir einmal hören, ob dort ein Vorsitzender zu den Fabrikanten betteln gehen muß, dann wollen wir einmal hören, ob dort mehr Geld für den Sport da ist, als nur so viel, um wöchentlich eine halbe Stunde Training zu ermöglichen!

»Was wird denn nun?« fragt Blachnick.

»Wir werden fahren.«

»Sie werden ...«

»Ja, und wir lassen uns das von niemandem verbieten.«

Es ist sehr still im Zimmer geworden. Auf einmal hört man die Uhr ticken, langsam, bedächtig, in unabdingbarer Regelmäßigkeit. Dann holt das Werk rasselnd aus und schickt zehn volltönende Schläge ins Zimmer. Noch ehe sie verklungen sind, fragt Blachnick: »Und wann?«

»Morgen früh.«

Nun sitzt Blachnick so da wie vorhin Jürgen Schimmel, vorgeneigt, die Hände ineinandergelegt. Schimmel wartet auf eine Entgegnung, aber Blachnick schweigt. »Ich wollte nur noch Ihre

Meinung hören«, sagt Schimmel. »Sie sind der Vereinsvorsitzende, und mein Verein ist mir viel wert. Es ist nicht schön, wenn man etwas gegen seinen Vorsitzenden unternehmen muß. Aber wenn es eben nicht anders geht ...«
»Und wer fährt mit?«
»Klepsch, Oehlgarten, Weigel und ich.«
»Weigel auch?«
»Ja, Weigel auch!«
»Haben Sie denn auch Geld? Und ist denn alles gut vorbereitet? Wie werden Sie hinkommen?« Und Schimmel horcht, ob die Besorgnis in Blachnicks Stimme echt ist. »Es ist alles gut vorbereitet. Es wird alles klappen. Übermorgen startet die 4mal-200-m-Schmetterlingsstaffel von ›Neptun‹ Braunschweig in Leipzig. Und wenn Sie noch wirklich etwas gegen uns tun wollten: Es ist zu spät, Herr Blachnick. Morgen früh fahren wir, irgendwie, und bis dahin haben Sie zuwenig Zeit ...«
»Ich will gar nichts gegen Sie unternehmen.«
»Danke«, sagt Schimmel.
Er steht auf, er lächelt Blachnick ein wenig an, und Blachnick lächelt schwach zurück. Schimmel verläßt das Zimmer mit dem unpraktischen Schrank und dem Diplom für den schnellsten niedersächsischen Rückenschwimmer des Jahres 1912. An der Tür verabschiedet er sich.
»Und wenn Sie nun schon wirklich fahren«, sagt Blachnick, »ich wünsche Ihnen jedenfalls eine gute Reise. Und dann: Sie starten übermorgen für ›Neptun‹ Braunschweig, nicht wahr? Machen Sie unserem Verein keine Schande!«

Paul Schallück
Ankunft null Uhr zwölf

Zwei Tage nach dem Begräbnis seiner Frau.
Zwei Tage allein, von der Haustür bis zum Klo, von der Küche bis hoch hinauf zum Boden allein, in all den abgedunkelten Zimmern, mit all den Betten und Schränken und Stühlen, mit den Bildern an den Wänden, mit den Tassen, aus denen sie getrunken hatte, mit den Tellern, von denen sie gegessen hatte, mit den Zivilanzügen der Jungens, mit den Sommerkleidern der Mädchen, mit all den Kleidern seiner toten Frau, allein in dem leeren, stummen, abgedunkelten Haus, das viele Wände hatte, die aufrecht standen, als

wäre nichts geschehen; allein vor allem mit dem einen, ungemachten Bett neben seinem Bett, das noch immer dalag, wie es dagelegen hatte, nachdem die Halbwüchsigen gekommen waren, um sie abzuholen, und um mit ihr fortzufahren, irgendwohin, ohne ihn auch nur mit einem Wort zu fragen, ob er damit einverstanden sei, daß sie mit ihr fortfuhren, irgendwohin. Die Einbuchtung im Kopfkissen war auch im dämmerigen Licht noch deutlich genug zu sehen, zwei Tage nach dem Begräbnis noch, und wieviel Tage nach ...? Er wußte es nicht genau. Er stellte sich mehrere Male in diesen zwei Tagen an das Fußende des Bettes, um das Kissen zu betrachten, das noch deutlich die Spuren ihres Kopfes trug. Wenn er lange genug hinsah, konnte er den Kopf und das Gesicht und die Haare in der Einbuchtung wieder erkennen. Das Oberbett lag zurückgeschlagen da, gerade so weit zurückgeschlagen, daß sie sich mühelos wieder hineinlegen könnte, wenn die Halbwüchsigen, die noch zu jung waren, um Soldaten zu sein, mit ihrem Auto vor der Haustür anhalten und sie zurückbringen sollten. Auf dem Nachttischchen lag noch immer der Rosenkranz, und er lag am Fuße der goldgelben Kerze, die nur bis zur Hälfte herabgebrannt war, es ging ja alles so furchtbar schnell. Er lag neben den beiden Ampullen, die der Arzt noch in der letzten Nacht gespritzt hatte. Es hatte sich nichts verändert, seit ...

Und keiner war gekommen, um zu sagen: »Ich mach mal ein bißchen Ordnung bei Ihnen, Herr Richards, ist Ihnen doch hoffentlich recht.« Sie waren alle damit beschäftigt, die silbernen Bestecke und die chinesischen Service und die wertvollen Bücher mit Lederrücken in die Handkoffer zu packen, um irgendwo auf dem Lande Schutz zu suchen vor den Bombenangriffen. Es war keiner gekommen, um zu sagen: »Sie können für die ersten Tage ganz gut bei uns essen, abends wenigstens, dann sind Sie nicht so allein«, oder um zu sagen: »Geben Sie mir Ihre Karte, Herr Richards, ich kauf dann für Sie ein«, um zu sagen: »Soll ich Ihnen etwas mitwaschen? Ich habe zufällig heute große Wäsche, es macht mir wirklich nichts aus.« Es hatte ihn keiner zum Nachmittagskaffee eingeladen, nicht mal dazu, und keinmal in diesen Tagen war die Schelle gegangen, als ob sie eingerostet wäre; sie hatten vermutlich keine Zeit, und vermutlich hatten sie viel zu viel Angst vor den Heultönen der Sirenen, auf die man von Stunde zu Stunde wartete. Und es hatte sich nichts verändert in diesem abgedunkelten Haus.

Er hatte verschiedene Versuche gemacht: er hatte sich in der Küche ans Spülbecken gestellt, um das Geschirr zu waschen, all das

Geschirr, das er in den letzten Tagen gebraucht hatte; als er aber sah, daß ihre neue Schürze, die sie nur sonntags trug, neben den Trockentüchern hing, hatte er alles liegen lassen und war ins Wohnzimmer gegangen und hatte sich in ihren Sessel gesetzt. Dann hatte er sich vorgenommen, die Ampullen wegzuwerfen, von denen dieser leichte Medizingeruch ausgehen mußte, der im Schlafzimmer vor allem, aber dünn auch im ganzen Haus zu spüren war; als er aber sah, daß die Kerze über den Ampullen ausgelaufen war und sie mit einem goldgelben Ring, an einigen Stellen verknotet, überzogen hatte, konnte er sie nicht mehr anrühren, ging in den Flur und hing ihren dunklen Pelz von einer Seite der Garderobe auf die andere. Dann setzte er sich wieder ans Bett, das noch immer aufgeschlagen dalag.

Er ging von einem halbdunklen Zimmer ins andere; er schmierte sich eine Schnitte Brot, das Apfelkraut lief auf den Tisch; er holte sich eine neue Zigarre und ging von einem Zimmer ins andere und suchte überall die Stellen auf, wo sie gesessen oder gestanden, wo sie gearbeitet, gekocht, seine Strümpfe gestopft, die Feldpostpäckchen gepackt oder sich ausgeruht oder ein Buch gelesen hatte. Und wenn er von einem Zimmer ins andere ging, sich nirgends länger als eine Viertelstunde aufhaltend, wahllos von einem Zimmer ins andere, langsam gewöhnlich, schleppend geradezu und dabei heftig an seiner Zigarre ziehend, so daß er immer in einer Rauchwolke ging, dann hörte er ganz deutlich seine Schritte. Und er hörte die Türen; jede Türe machte ein anderes Geräusch, das hatte er vorher nicht gewußt. Er hörte genau das kleine Knacken in den Schlössern, hörte draußen einen vorbeigehen, oder ein Auto vorbeirasen, und bisweilen, wenn nicht gerade die Sirenen über die ganze Stadt hin heulten, von einem Ende zum anderen, ein dichtes Netz von widerlichen Heultönen, die bis zum Pflaster herabfielen und dann wieder bis zu den Kirchturmspitzen hochjagten; wenn es nirgendwo aus den Flakrohren sinnlos knallte, dann hörte er bisweilen seinen Atem und seinen Puls, und es kam ihm absonderlich und erschreckend vor, sich selbst zu hören, wie er früher manchmal den Atem und auch den Puls seiner Frau gehört hatte, wenn er nicht einschlafen konnte und ganz still im Bett lag. Und dann stand er wieder auf vom Bett oder aus dem Sessel oder vom Küchentisch und ging anderswo hin, um seinen Pulsschlag nicht mehr zu hören. Aber an diesem zweiten Tage nach dem Begräbnis hörte er ihn überall. Er war viel zu laut für einen gewöhnlichen Pulsschlag, und manchmal war es, als ob nicht sein Blut in der Brust und in den Schläfen, sondern die Luft in diesen Zimmern hörbar pulsiere, in all den Zimmern, oder es war, als ob einer neben ihm herginge und dann vor ihm dort war, wohin er gehen wollte. Sogar hoch oben auf dem Boden, auf dem sie die Wäsche zu trocknen pflegte, pulsierte hörbar die Luft.

Und überall lagen die kleinen Aschenhäufchen, die von seiner Zigarre gefallen waren, überall: auf der Treppe, im Wohnzimmer, neben dem Bett. Er wollte die Asche nicht fallen lassen, von jeher waren im Haus genügend Aschenbecher verteilt, seine Frau hatte dafür gesorgt, aber wenn er durch die Räume ging, schwerfällig und in einer blauen Wolke von einem Zimmer ins andere, um seinen Pulsschlag nicht zu hören, dann fiel die Asche von selbst herab, und er merkte es meistens gar nicht, und wenn er es sah, vergaß er es gleich.

Sein Hemd war schmutzig, vorne fehlte ein Knopf, er hatte zwei Nächte oder länger darin geschlafen. Wenn er einen sauberen Kragen finden würde, könnte er ihn anziehen und zum Friedhof gehen, er war noch nicht dort gewesen, seitdem er drei kleine Schaufeln voll Erde hinabgeworfen hatte auf den schmalen Sarg. Er zog die Wäschelade heraus und suchte, er ließ die Lade aufstehen und machte sich über die nächste her, kramte darin herum und fand nichts, dann über die dritte und über die vierte, und fast jedesmal fiel etwas heraus, ein Taschentuch oder ein Unterrock oder sonst was, er ließ es liegen und suchte weiter, im Schlafzimmer und im Wohnzimmer, er durchsuchte jedes Fach und jede Lade und jede Truhe, die ihm vor die Finger kam. Dann fing er wieder mit der Wäschelade an und fuhr mit den Händen hinein bis auf den Boden und zerrte ganz alte Kissenbezüge heraus, die noch von ihrer Großmutter bestickt worden waren; er lief nach oben ins Zimmer der Jungens, riß dort die Läden auf und riß sie heraus, fand einen weißen, sauberen Kragen, aber dieser Kragen war ihm zu klein, viel zu klein, verdammt noch mal; er rannte ins Mädchenzimmer, obwohl er wußte, daß er dort schon gar nichts finden würde, machte es genau so und fühlte nicht, wie leicht und weich die Wäsche zwischen den Fingern hing, bevor er sie auf den Boden schmiß, rannte wieder nach unten, rannte durch den Flur, fing noch einmal von vorne an, äußerst gründlich diesmal, bis die Läden leer waren, bis er die alten Zeitungen sehen konnte, mit denen der Boden bedeckt war. Dann setzte er sich ans aufgeschlagene Bett und stützte den Kopf und hielt sich beide Hände vor das Gesicht, und unter der Haut war ganz heftig und ganz heiß der Pulsschlag zu spüren.

Und als die Schelle an der Haustür Lärm machte, schrillte und ihn erschreckte, sprang er auf, warf in die Läden zurück, was er gerade fassen konnte, und schob sie zu. Einige ließen sich nicht mehr zuschieben.

»Guten Tag«, sagte der Einarmige an der Tür.

»Tag«, sagte Herr Richards.

»Ich komme vom Wohnungsamt«, sagte der Einarmige.

»So«, sagte Herr Richards. »Und was wollen Sie?« Auf seinem Gesicht gab es längliche rote Streifen, sie kamen von den Fingern, die er vorhin gegen die viel zu lauten Pulsschläge gepreßt hatte.

»Ich möchte mir mal Ihre Wohnung ansehen. Bei Ihnen ist doch vor einiger Zeit jemand gestorben, nicht wahr?«

»Ja«, sagte Herr Richards, und er starrte den Mann an, mit kleinen, verkniffenen Augen, weil der Mann, der einarmig war und im dunklen Anzug in der Tür stand, sich gegen das Tageslicht scharf abhob. Herr Richards war an das Tageslicht nicht mehr gewöhnt. Und dann sagte er ganz langsam, als ob ihm jedes Wort einzeln einfiele: »Ja, Sie haben recht, bei mir ist kürzlich jemand gestorben, meine Frau.«

»Kürzlich?«

»Kürzlich«, sagte Herr Richards leise. »Vor zwei Tagen war die Beerdigung.«

»Ach so«, sagte der Einarmige und sah auf den Zettel, auf dem die Adresse stand. »Dann entschuldigen Sie bitte«, sagte er und sah noch immer auf den Zettel. »Das hat man mir wieder nicht gesagt, entschuldigen Sie bitte.«

»Bitte«, sagte Herr Richards. Er wollte die Tür schließen.

»Aber ich muß trotzdem Ihre Zimmer aufnehmen. Es tut mir leid, ich kann nichts machen.«

Herr Richards sah, daß es in dem Armstumpf zuckte. Es zuckte fortwährend, wenn der Mann etwas sagte, ganz schnell, wie ein junger, gestutzter Flügel. Vielleicht war der Mann erst vor kurzem aus dem Lazarett entlassen und beim Wohnungsamt eingestellt worden.

»Was ist?« fragte der einarmige junge Mann. Er merkte, daß Herr Richards ihn lange ansah.

»Nichts«, sagte Herr Richards.

»Würden Sie mir jetzt bitte die Zimmer zeigen?«

Herr Richards sagte nichts, er machte die Haustür weit auf und ging voraus, ziemlich schnell. Er ging an dem Schlafzimmer vorbei und öffnete die Tür des Wohnzimmers.

»Zunächst das hier«, sagte der Einarmige, ging zurück zur Haustür, die Herr Richards weit aufgelassen hatte, und machte sie zu.
»Zunächst das hier«, wiederholte der Mann sachlich. »Am besten der Reihe nach. Ist das Ihr Schlafzimmer?«
»Nein«, sagte Herr Richards, und der Mann merkte, daß er aufgeregt und ängstlich war. »Nein, kommen Sie hierher«, und er machte dabei einen unglücklichen und hilflosen Eindruck. Und als er es noch einmal sagte:
»Kommen Sie hierher!« laut, unnötig energisch, ging der Mann hin und trat ein.
»Könnten Sie nicht ein bißchen Licht machen?«
Herr Richards knurrte etwas, und der andere verstand es nicht.
»Machen Sie doch ein bißchen Licht«, sagte er.
Aber Herr Richards machte kein Licht, er stellte sich mit dem Kopf vor den Schalter und wich nicht von der Stelle, während der Einarmige vom Wohnungsamt im Halbdunkel Länge und Breite des Raumes abschätzen mußte, dann einen Block aus der Rocktasche zog und ihn halb unter den Armstumpf klemmte. Zum Schreiben war es hier zu dunkel. Er ging in den Flur, wo es ein wenig heller war, und während er etwas auf den Block malte, ungelenk und kantig mit der linken Hand, zuckte es wieder im Stumpf, und der Block zuckte mit. Dieser Rest eines Armes, der einmal ganz und heil und nützlich gewesen war, konnte jetzt nichts anderes mehr tun, als einen Schreibblock einklemmen und dabei zucken.
Und der Mann, dem dieser Rest geblieben war, trug auf seinem Zivilrock das silberne Verwundetenabzeichen, es sah komisch aus auf dem schwarzen Tuch, es war überhaupt kein Ersatz für den abgeschossenen Arm, und dieser einarmige Mann war der erste Mensch, der seit dem Begräbnistage gekommen war, und er hatte sich entschuldigt, weil man ihm nicht gesagt hatte, wann sie begraben worden war. Und dieser Mann ging nun mit ihm durchs Haus und malte etwas auf seinen Block. Herr Richards hätte ihn gern gefragt, was er sich notierte, und er wußte, daß seine Frau den Mut dazu gehabt hätte, aber seine Frau verstand auch, solche Fragen richtig anzubringen, und seine Frau hätte auch die Schubläden wieder eingeräumt. Es sah wüst aus in all den Zimmern, und vielleicht fiel dem Mann das alles auf, er mußte es sehen: die grauen Aschenhäufchen, die von seiner Zigarre gefallen waren, die Unterröcke, das ungespülte Geschirr. Vielleicht sah er das alles und fragte sich, was das bedeuten solle und sagte vielleicht nichts, weil er es nicht begriff. Und dann fiel Herrn Richards ein, daß es ein fremder

Schritt war, der mit ihm durch die Zimmer ging und über den Flur und durch die Küche, und es würgte ihn im Hals, wenn er daran dachte, daß vielleicht bald andere, fremde Schritte durchs Haus gehen würden. Stiefelschritte vielleicht, und daß die Menschen, die man ihm ins Haus setzen würde, keine Ahnung haben könnten von seiner Frau, nicht die geringste Ahnung, selbst dann nicht, wenn er sich die Mühe machte, ihnen das Wichtigste zu erzählen. Und er hatte schon jetzt Angst vor diesen fremden Menschen und überhörte, was der Mann ihn über das Mädchenzimmer fragte, nachdem sie die Treppe hinaufgestiegen waren. Erst beim zweiten Male hörte er es und sagte:
»Das gehört Luise und Lore. Luise ist Rot-Kreuz-Schwester und Lore kommt bald aus der Kinderlandverschickung zurück.«
»Gut«, sagte der Mann und stieg behutsam über einen kleinen Berg frischer Mädchenwäsche hinweg. »Weiter.«
Als sie an Peters Tür standen, kamen von weither die ersten Alarmtöne über die Stadt. Gleich darauf setzte eine zweite Sirene ein, setzte ganz tief und brummend ein und kletterte erschreckend hoch, dann die dritte Sirene, und dann mit einem Male sehr viele, und die Luft war voll von langgezogenen Heultönen. Die beiden Männer sahen sich kurz an, und Herr Richards machte die Tür zu Peters Zimmer erst gar nicht auf.
»Los«, sagte er.
»Wohin?«
»In den Keller natürlich«, sagte Herr Richards.
»Warum denn?« fragte der Einarmige, der auf seinem Zivilrock das silberne Verwundetenabzeichen trug. »Haben Sie Angst?«
»Los, kommen Sie«, sagte Herr Richards und schob ihn zur Treppe und drängte ihn in den Keller.
Unten im Keller setzte sich Herr Richards in den Liegestuhl, in dem seine Frau noch vor vier Wochen gesessen hatte. Der Mann setzte sich neben ihn auf die Bank.
Der Alarm dauerte fast eine Stunde, und die meiste Zeit war es ganz still draußen. Während dieser Zeit, die quälend vorüberging im dunklen Keller, wo die beiden Männer saßen, die sich vorher nie gesehen hatten und sich in der Dunkelheit kein klares Bild mehr voneinander machen konnten, während der ganzen Zeit sagte Herr Richards nur einmal:
»Wollen Sie eine Zigarre rauchen?«
Darauf der Einarmige: »Wenn ich darf? Gerne. Danke.«
Und dann noch einmal Herr Richards: »Feuer haben Sie selbst?«

»Ja danke«, sagte dann der Mann vom Wohnungsamt.
Und das war alles. Mehr wurde nicht gesagt in dieser Stunde, kein Wort mehr. Aber von da an gab es im Keller zwei dicke Punkte, die abwechselnd glühten und rötliche Schatten an die Wand warfen, und wenn sie einmal gleichzeitig an ihrer Zigarre zogen, sah der Kellerraum viel kleiner aus als in der Dunkelheit, und der Mann mit dem Armstumpf machte dann die Augen weit auf, um alles zu sehen, und er sah natürlich die vielen Einmachgläser, aber er wußte nicht, daß Frau Richards all diese Gläser im vergangenen Sommer auf die Regale gestellt hatte und daß er, Herr Richards, von nun an selbst in den Keller gehen mußte, wenn etwas davon in ein Feldpostpäckchen gepackt werden sollte. Er konnte sich nicht daran erinnern, wie sie die Sachen verpackt hatte, mit oder ohne Glas oder wie.

Wenn die Bombeneinschläge näher kamen, wackelten die Gläser, schepperten leicht aneinander, nachher waren sie wieder still. Und die beiden Männer sagten kein Wort. Sie bewegten sich kaum, nicht mehr als nötig war, um sich ein wenig bequemer zu setzen. Der Alarm dauerte viel länger als die beiden Zigarren. Sie mußten noch eine ganz Zeit im völligen Dunkel bleiben. Dann konnten sie den Keller wieder verlassen. Als sie im Flur standen, sah der Einarmige auf die Uhr.

»Es ist spät geworden«, sagte er. »Besten Dank übrigens für die Zigarre. Gute Marke.«

»Bitte«, sagte Herr Richards.

»Zeigen Sie mir nur noch dies Zimmer hier«, sagte der Mann.

Herr Richards trat sofort an die Schlafzimmertür und schloß sie ab und steckte den Schlüssel in die Tasche. Der Mann vom Wohnungsamt schüttelte den Kopf, nicht ungehalten, nur betroffen, denn er sagte darauf:

»Daß es erst zwei Tage her ist, davon hat man mir nichts gesagt. Entschuldigen Sie bitte. Sonst wäre ich nicht gekommen.«

»Bitte«, sagte Herr Richards.

Der Mann ging hinaus, und Herr Richards sah, daß es dunkel zu werden begann. Er wunderte sich darüber. Er wußte nicht, daß es schon spät am Nachmittag gewesen war, als der Mann vom Wohnungsamt geschellt hatte.

Er schloß die Tür ab, ging ins Schlafzimmer und setzte sich ans Bett. Dort blieb er eine Weile sitzen, rauchte eine neue Zigarre an und beobachtete, wie es dunkel wurde, immer finsterer in diesem Zimmer, immer weniger Licht, bis nur noch im großen Schrankspiegel ein fahler Schein zurückblieb.

HEINZ PIONTEK
Wenn die Nacht kommt

für Günter Eich

Die dünne Birnholzplatte stützt
das mürbe Armgelenk:
Wie ich den lauen Tag genützt,
des bin ich eingedenk.

Das schwarze Zifferblatt verschweigt,
was ich erraten muß.
Die Schläfe in die Hand geneigt,
schreib ich den Zeilenschluß.

Woran mein Leben einst zerbricht,
ist es noch unbedacht?
Der Zeiger springt im Tabakslicht.
Ich warte auf die Nacht.

Unablässiges Gedicht

Geschrieben, vergessen –
am Schuh reißt der Bast.
Nichts je besessen,
was du vergeudet hast.

Leuchtspur der Städte,
Orangen im Rock.
Zeit springt wie grüne Glätte
vom Rosenstock.

Vieles verschwiegen:
Östliche Seen,
den Rauch und die Ziegen,
die hellen Chausseen.

Da es ersonnen:
Was gilt es dir?
Die Welt bleibt begonnen
auf dünnem Papier.

Papier, schwarz im Feuer,
ein Ruch dann von Leim,
aus Luft bald ein neuer
flüchtiger Reim.

Nichts je besessen –:
das machte dich reich.
Schreiben, vergessen
gilt gleich.

Wolfgang Hildesheimer
Paradies der falschen Vögel

Über das Fälschen

Das Fälschen, so pflegte Onkel Robert zu sagen, sei nur durch ängstliche Sammler und ehrgeizige Museumsdirektoren in Verruf geraten. Diese hätten die öffentliche Meinung vergiftet und die Augen des Publikums unnötig weit geöffnet. Niemand wisse um den echten schöpferischen Vorgang, welcher mit der Ausübung dieser Tätigkeit verbunden sei, niemand ahne etwas von der ungeheuren Schwierigkeit, sich ganz in den Schöpfer des Vorbildes zu versetzen, welche Vorbedingung diesen Akt erst möglich mache. Mit Worten dieser Tendenz pflegte er den Bericht der erregenden Wochen in Lianes Wohnung einzuleiten, während derer er seinen ersten und einzigen Rembrandt fälschte.

Wenn auch diese hochtrabenden Worte der Rechtfertigung mit einem Körnchen – ja, ich möchte sagen, mit einer ganzen Prise – Salz zu genießen sind, so kann man sich dennoch angesichts des Resultates – »das Bildnis des Cornelius Rademaker« – eines Ausrufes der Bewunderung nicht enthalten: dieser kühne Griff ist gelungen: Rembrandts Kraft und Tiefe, die Intimität seiner Beobachtung, alles, was diesen Meister zum begnadeten Fürsten unter den Malern aller Zeiten prägt, hat sich dem Fälscher mitgeteilt: hier sitzt ein alternder Mann vor uns, dessen Schicksal und Wesen sich in erschütternder Weise vor dem Betrachter offenbart.

(Eine kurze Zwischenbemerkung sei hier eingefügt, die vielleicht für den Experten von Interesse sein mag, wobei ich aber gleichzeitig hoffe, daß nicht auch etwa der angehende Fälscher sie sich zunutze macht: Robert versuchte zunächst, sein Porträt alla prima auf sandfarbene Grundierung zu malen, mußte aber nach einem erfolglosen Versuch davon absehen und legte sein Bild nun auf warmgrauer Untermalung in Ocker und Umbra an. Auch unterließ er es nicht, seinem Mijnheer Rademaker einen Armreif zu geben, um die helldunklen Kontraste zwischen dem von Rembrandt so geliebten Neapelgelb und den durchsichtig lasierten Tiefen voll auskosten zu können. Onkel Robert war auch in seiner ernstesten Arbeit ein Genießer.)

Da er sich, in genauer Befolgung der Rembrandtschen Technik, stark harziger Malmittel bediente, trocknete das Pigment in kurzer Zeit gut durch, welcher Prozeß dazu durch das überaus günstige Klima der Procegovina noch beschleunigt wurde. Kaum hatte auch der Firnis den Glanz der Nässe verloren und, da er zu bald aufgetragen war, einige Sprünge verursacht, ließ sich Onkel Robert beim Kultusminister, Monsieur Sergey Srob, melden und wurde bald darauf vorgelassen. Den Rembrandt nahm er mit und bot ihn, nach einem eineinhalbstündigen Austausch von Höflichkeiten, während welchem manche Tasse türkischen Kaffees geschlürft wurde, dem Minister zum Ankauf für die procegovinische Nationalgalerie an. Mißliche Umstände, so sagte er, veranlaßten ihn, dieses pièce de résistance seiner – übrigens überaus reichhaltigen – Sammlung zu veräußern.

Der Kultusminister schob seine Brille nach oben. Dann prüfte er das Bild von hinten und von vorn mit dem Vergrößerungsglas, beklopfte es wie einen Patienten und meinte, es dürfe sich um die mittlere Periode des Meisters handeln.

»Friedländer«, sagte Robert, »meint 1639, Dessauer dagegen behauptet 1641.«

»Beides ist nicht weit von der Wahrheit!« sagte seine Exzellenz, »ich halte es für einen frühen Sechzehnhundertvierziger.«

»Das meint Honigstedt«, sagte Robert.

»Es besteht kein Zweifel«, fuhr der Minister fort, bestärkt durch Honigstedts Ansicht. »Dieser Strich, diese Pinselführung! Es ist die Pinselführung von 1640. – Sagen Sie, Herr ...«

»Guiscard, Exzellenz, Robert Guiscard.«

»Ein berühmter Name. Sind Sie ...?«

»Der Normannenherzog war ein Vorfahr von mir, Exzellenz.«

»So! Sagen Sie, Herr Guiscard, wie kommt dieses Bild in Ihren Besitz?«

»Mein Vater hat es mir vererbt. Sein Vater hat es aus niederländischem Privatbesitz erworben. Das war im Jahre 1867. – Nach dem Erdbeben.«

»So! Ja, ich kann nicht leugnen, daß ich dieses Werk gern für unsere Nationalgalerie hätte. Wir besitzen nämlich nur einen einzigen Niederländer, einen Rubens, und der ist – unter uns gesagt – nicht echt.«

»Dann gehört er aber kaum in die procegovinische Nationalgalerie.«

»Sie haben recht. Da gehört er eigentlich nicht hin. Aber, verstehen Sie, außer mir weiß das keiner, und ich habe nicht das Herz, die Regierung, geschweige denn die Öffentlichkeit, davon zu unterrichten. Und ohne mein Zutun wird es niemand erfahren, denn ich bin hierzulande der einzige Experte, der als unfehlbar anzusprechen ist. Glauben Sie mir, ich würde diesen Rubens gern durch Ihren Rembrandt ersetzen. Aber Herr Guiscard: unsere Staatskassen sind leer; sie sind fast immer leer. So reich wir auch an Tradition und an alter Kultur sind, so arm sind wir an Barmitteln. Ja, wir sind ein armes Land.«

»Wenn dem so ist«, sagte Robert, »werde ich diesen Rembrandt dem Staate schenken, Exzellenz!«

Monsieur Srob sah ihn überrascht an und fand zunächst keine Worte. Dann fand er die folgenden: »Ihre Großzügigkeit, Herr Guiscard, tut Ihrer normannischen Herkunft Ehre und setzt mich in Verlegenheit. Sie sind wahrlich ein Wohltäter des Fürstentums, und man wird es Ihnen zu danken wissen. Ich werde es dem Ministerpräsidenten melden; er wird es, ohne Zweifel, sogleich seiner Königlichen Hoheit weitergeben. Eine Auszeichnung sowie auch eine öffentliche Ehrung nebst einer Parade unserer Schuljugend dürfte Ihnen gewiß sein. Auch werde ich natürlich alles in die Wege leiten, daß Ihr Name in der nächsten Auflage der Lehrbücher erwähnt wird, und zwar schon für die Elementarstufe.«

»Diesen Schritt, Exzellenz«, sagte Robert, »halte ich für verfrüht. Ich will es Ihnen nicht länger verschweigen: wenn ich wirklich irgendwelche Ehrungen verdiene, dann nicht als Spender dieses Bildes, sondern als sein Verfertiger. Diesen Umstand würde ich der Elementarstufe zunächst vorenthalten, da es der Jugend, strenggenommen, nicht den rechten Weg weist.«

»Wie soll ich das verstehen, Herr Guiscard?«

»Exzellenz! Das Urteil, welches Sie mir vorhin über mein Werk gaben, ist zweifelsohne das eines Experten. Es spricht von Ihrer großen Sachkenntnis. Denn kein Sterblicher – und das schließt selbst Sie nicht aus, Exzellenz! – kann erkennen, daß dieses Bild nicht von dem unsterblichen Meister selbst, sondern von mir ist, der ich es ihm nachempfunden habe, und zwar zutiefst.«

»Aber das ist ja ein unerhörter Betrug!« rief der Minister empört.

Robert blieb ganz ruhig. »Genau, Exzellenz, es ist ein Betrug. Aber warten Sie noch mit Ihrer Verurteilung, bis ich meine Rechtfertigung vorgetragen habe. Es handelt sich um einen Betrug, der Ihrem Fürstentum sehr zugute kommen möchte. Ihre Staatskassen sind, wie Sie sagen, leer. Bedenken Sie: ich könnte Ihre Galerie mit Kunstschätzen füllen, an denen im Laufe der Zeit ausländische Museen und Privatsammler Interesse finden würden. Nicht nur das: ich könnte Ihnen einen großen klassischen Maler, einen Nationalmaler geben. – Allerdings müßte seine Existenz zunächst einmal historisch untermauert werden.«

»Aber wie stellen Sie sich das vor, Herr Guiscard?« fragte der Minister, schon wesentlich ruhiger. Er hatte sogleich begriffen.

»Ich denke es mir folgendermaßen, Exzellenz: Zuerst findet man das großartige Gemälde eines unbekannten Meisters, in schlechtem Zustand, selbstverständlich. Dann folgt ein zweites. – Der Name des Unbekannten enthüllt sich mit Hilfe eines versierten Kunsthistorikers, den wir allerdings mit Vorsicht aussuchen müßten. Nun geht man den Spuren nach, zum Fundort, am besten zu einem dieser orthodoxen Klöster im Süden Ihres Landes, und – sieh da! – man findet eine Reihe weiterer Gemälde des unbekannten Meisters, der sie hier vor vielen hundert Jahren in aller Stille und Zurückgezogenheit von der Welt gemalt hat. Und dann kommen zuerst die amerikanischen Sammler, und dann, sogleich danach die europäischen, die empört sind, daß alle Kunst nach Amerika geht, und so kommt die Procegovina zu Geld.«

»Und Sie auch.«

»Exzellenz, Sie können kaum von mir erwarten, daß ich meine Arbeitskraft selbstlos dem Staate opfere, ohne irgendwelchen Nutzen daraus zu ziehen. Das hätte übrigens ein echter Nationalmaler auch nicht getan.«

»Natürlich. Sie haben ganz recht.« Dann überlegte der Minister eine Weile, ging einmal auf und ab, blieb vor Robert stehen und sagte nicht ohne Bewunderung im Tonfall: »Herr Guiscard, Sie scheinen über allerhand Künste zu verfügen, von denen die Überredungskunst nicht die geringste ist.«

»Sie ist gering«, sagte Robert bescheiden, »verglichen mit der Kunst meines Pinsels.«

»Sie sind ein rechter Teufelskerl.« Der Minister lächelte. Robert verbeugte sich. »Nur ein ergebener Diener des procegovinischen Fürstentums. Das heißt: wenn Sie so wollen.«

Nur vierundzwanzig Stunden nach dieser Unterredung wurde Robert zu einer Audienz bei seiner königlichen Hoheit, Fürst Jaroslavl dem Fünften befohlen und sofort nach der Ankunft vorgelassen. Seine Königliche Hoheit, bereits genauestens unterrichtet, empfing ihn in jovialer Huld. Mit charmanter Verschmitztheit, welche sein hohes Alter noch zu betonen schien, hob er drohend den Zeigefinger und sagte: »Er ist ein Schelm, Guiscard!«

Robert verbeugte sich tief und sagte dann: »Gewiß, Königliche Hoheit. So könnte man es auffassen. Indessen, ich bitte Königliche Hoheit zu bedenken, daß ich auch das Beste Ihres Landes im Auge habe, zu dessen Wohlstand die Durchführung meines Planes gereichen würde.«

»Er sei meiner Huld versichert«, sagte der Landesvater. »Aber vergesse Er nicht, wenn Er wirklich das Wohl unseres Landes im Auge hat, auch die Taten unseres Nationalhelden Szygmunt Musztar durch seine Kunst zu verewigen. Das ist ein Nationalmaler einem Nationalhelden schuldig.«

»Ich werde mich über das Leben des Nationalhelden genauestens informieren, Königliche Hoheit.«

»Szygmunt Musztar hat im dreizehnten Jahrhundert mit einer Handvoll Getreuer unser Land von den Blavaziern, den Rumänen, den Woywoden, den Magyaren, den Tataren und Wolhynen befreit.«

»Von allen zur gleichen Zeit, Königliche Hoheit?«

»Nacheinander.«

»Ich werde es zu schildern wissen, Königliche Hoheit.«

»Er mag mit seiner Arbeit fortfahren«, sagte der Landesvater freundlich und bedeutete ihm mit einer Handbewegung, daß er entlassen sei. Dann fügte er etwas leiser hinzu: »Aber Guiscard: sei Er vorsichtig!«

»Vorsicht, Königliche Hoheit«, sagte Robert, »liegt auch in meinem eigenen Interesse.« Und mit einer tiefen Verbeugung verließ er, rückwärts schreitend, den Audienzsaal.

GREGOR VON REZZORI
Maghrebinische Geschichten

24. Kapitel – welches – in Fortführung des vorhergehenden – handelt von den wirtschaftlichen Neuerungen des Monarchen – Königs Nikifor XIV. – wie sie von seinem Finanzminister Kleptomanowitsch Kleptomanow angeregt wurden und zur Durchführung gekommen sind.

Die wirtschaftlichen Verhältnisse Maghrebiniens waren seit jeher, so auch unter der segensreichen Regierung König Nikifors XIV., von erfreulicher Stabilität.

Das Land ist reich. Zwar sind die sozialen Unterschiede innerhalb der Bevölkerung beträchtlich, doch war im wirtschaftlichen Takt des einzelnen Maghrebiniers ein ebenso gerechtes wie billiges Regulativ gegeben, den Ausgleich herzustellen. Es hatte nämlich eine jegliche Ware sechs Preise, und zwar je einen besonderen für die Armen, für die Reichen und endlich für die Ausländer. Diese Preise wiederum waren unter sich gestaffelt in einen solchen für die klugen und einen solchen für die dummen Armen; ebenso in einen solchen für die klugen und einen solchen für die dummen Reichen; und endlich in einen solchen für die klugen und einen solchen für die dummen Ausländer.

Dank dieses natürlichen Systems, das man in Fachkreisen als das biologisch-dynamische bezeichnete, blieb die wirtschaftliche Balance Maghrebiniens mühelos erhalten.

So bezog zum Beispiel der jeweilige Finanzminister – meistens ein Angehöriger des historischen Hauses der Kleptomanowitsch – unter den Königen auch kein Gehalt. Es war seinem eigensten Interesse anheimgestellt, die Aktivseite der Bilanz möglichst groß zu halten. Als ein potentieller Verschleierer derselben aber wurde er freilich auch dafür einmal im Jahre, nämlich am Tage des Heiligen Demetrius Korrumpides, öffentlich durchgeprügelt. Diese Zeremonie wurde unter großem Aufwand vollzogen und gehörte zu den wichtigsten Staatsakten des ehemaligen Königreichs.

Durch Einführung fortschrittlicher Wirtschaftsmethoden unter König Nikifor XIV., welche zum großen Teil auf Anregung seines genialen Finanzministers, Jaroslaw Kleptomanowitsch Kleptomanow, zurückgingen, änderte sich dieses Verhältnis grundlegend. Die Wirtschaft wurde rationalisiert. Durch Subventionen, Schutzzölle und ähnliche Maßnahmen ging man daran, sie in sich zu festigen. Kleptomanowitsch Kleptomanow verkündete den Ethos des Staatsmanagers. Um ein Entgegenwirken neuerungsfeindlicher Elemente zu verhindern, wurden die strengsten Kontrollen ausgeübt. Ein großer Stab im Westen geschulter Beamter nahm sich unter der Devise »Per aspera ad acta« der neugestellten Aufgaben an. Das Bakschischwesen mit seiner jahrhundertealten Hierarchie wurde dadurch vollständig reformiert. Es versteht sich jedoch von selbst, daß eine so gründliche Umstellung, bevor sie volle Erfolge zeitigen konnte, nicht ohne gelegentliche Rückschläge und Krisen verlief.

So sah auch ich mich bei Gelegenheit gezwungen, mich um wirtschaftliche Hilfe an meinen Onkel, den Bojaren aus dem Geschlecht der Kantakukuruz, zu wenden. Ich bat ihn um eine gewisse Summe Geldes und einige Frist.

»Geld«, erwiderte mein Onkel, »kann ich dir nicht geben. Aber Frist, soviel du willst.«

Ich dankte meinem Onkel Kantakukuruz für seine Bereitwilligkeit und fragte ihn, wie es mit seinen Schulden stehe.

»Ich habe sie mir wesentlich erleichtert«, erwiderte er.

»Wie«, fragte ich, »hast du etwa einen Teil davon bezahlt?«

»Nein«, entgegnete mein Onkel. »Aber ich habe sie allesamt verjähren lassen.«

»Was aber«, so fragte ich, »wollen wir in Zukunft tun?«

»Dann«, so erwiderte mein Onkel, »kommt, wie ich aus sicherer Quelle erfahren habe, die neueste Maßnahme Kleptomanowitschs auf wirtschaftlichem Gebiete, nämlich die Reform unserer Währung.«

»Was wird da geschehen?«

»Die Lewonze wird stabilisiert.«

Ich bat meinen Onkel, mir diesen Vorgang zu erklären.

»Das«, so entgegnete mein Onkel, »kann ich mit einem einfachen Beispiel tun. Wieviel besitzt du?«

»Nichts«, erwiderte ich, der Wahrheit gemäß.

»Siehst du«, so sprach mein Onkel Kantakukuruz. »Nach der Stabilisierung der Lewonze (das ist: die Reform der Währung) wirst du das gleiche in gutem Gold besitzen.«

Sodann erklärte mir mein Onkel das wirtschaftliche System des fortschrittlichen Westens. Er sagte:

»Du kennst den Weisen unseres Landes Nassr-ed-Din Hodscha? Ihm träumte eines Tages, daß ihm einer für eine bestimmte Ware, die einige Para wert war, neun Lewonzen geben wollte. Er aber, um die Dummheit dieses Käufers voll auszunutzen, verlangte zehn. Darüber erwachte er. Als er entdeckte, daß sein schöner Traum zerflossen war, schloß er hastig die Augen wieder, streckte die Hand aus und rief: ›Gib neun! Ich will's zufrieden sein!‹«

ALBERT VIGOLEIS THELEN
Die Insel des zweiten Gesichts. Aus den angewandten Erinnerungen des Vigoleis

Man sieht, es fehlt Vigoleis auf der Insel nicht an Beziehungen. Schlachtenlenker zu Wasser und zu Lande haben ihre Beglaubigungsbriefe schon bei ihm abgegeben; in den besten Freudenhäusern der Stadt steht er angeschrieben und eingeschrieben; ein bischöfliches Brevet empfiehlt den jungen Mann zu gelehrten Zwecken einem Busenfreunde von Pedros Papá, dem erzbischöflichen Bischof von Mallorca, und dieser hat es schon mit seinem kirchlichen Siegel versehen und mit feiner, etwas zitteriger Hand gezeichnet: Joseph, Archiepiscopus – Episcopus Maioricensis. Darüber hinaus will der Zufall noch, daß die exhibitionistischen Mädchen der Terrasse mit Pedro verwandt sind.

»Sie kennen die Señoritas?«

»Auf unserer Insel kennt jeder jeden, obwohl es manchmal angebracht ist, so zu tun, als kenne man sich nicht. Außerdem sind wir alle miteinander verwandt. Mit den Aguados bin ich es sogar nur übers zweite Kreuz.«

Und doch: es bleibt bei der betrüblichen Tatsache, daß es Vigoleis nicht gelingt, aus all diesen hochtönenden, gesalbten, puff- und königsbürtigen Beziehungen klingende Münze zu schlagen; nicht aus solchen, die in die Hölle, noch denen, die in den Himmel weisen; und die gar nirgends hinführen und meist am ergiebigsten sind, auch die bleiben ungenützt. Wer Erze schürfen will, muß Stollen in die Erde treiben. Vigoleis treibt seine Gänge ins Leere, nach wie vor.

»Habt ihr denn überhaupt keine Möbel?« fragte Pedro, der als Schüler Beatricens seinen Antrittsbesuch machte, um endlich den Mann zu sehen, der nicht in der Lage war, sich den Stuhl zu verdienen, auf dem er seiner Veranlagung nach hocken muß.

Beatrice hatte ihm unsere Schicksalswege erzählt. Wenn man sich drei Mal in der Woche teachend und geteacht gegenübersitzt, eine Stunde lang, dann fließt manches in die Unterhaltung, was dem aufgeweckten Diszipel genügend Stoff an die Hand gibt, die ganze Hurenkomödie mit der Pilar, der körenden Julietta, dem genialen Zwingli, dem »Turm der Uhr«, Affenheer und Giftkommode, dem zweimaligen Verzicht auf einen Kleiderschrank – all dies zu rekonstruieren und das seinige zu denken. Natürlich müßte man sich dazu auch den Mann Vigoleis einmal ansehen, mit Maleraugen, und wenn er ein verlockendes Angesicht hat, nimmt man den Stift zur Hand und hält den Schlemihl mit ein paar Linien fest.

Unsere ersten Unterhaltungen wurden in einem Gemisch von Spanisch, Englisch und Französisch geführt, wobei die Anredeformen Sie und Du entweder nicht erkenntlich waren oder so durcheinander gingen, daß ich es jetzt vorziehe, gleich das Du einzuführen. Die Engländer haben es da gut, das geht von der Wiege bis zum Grabe auf you, und geplagte Übersetzer aus dem Englischen in Duz-Sprachen können dann sehen, wann sie den Augenblick für gekommen halten, wo man vernünftigerweise Du zueinander sagt.

Ich weiß nicht, was schlimmer ist, keinen Schatten oder kein Gesicht zu haben. Meinen Schatten kann mir niemand nehmen, ich werfe ihn wie das berühmte große Ereignis voraus, werfe ihn zurück und meist verschwinde ich ganz in ihm; aber immer ist er da. Mein Gesicht indessen, das wurde mir wieder einmal streitig gemacht, und natürlich von Pedro, der selber mit dem seines gefallenen Königs herumlief. Der Maler besorgte den Rest.

Pedro zwängte mich nicht wie Madame Peronnet und deren Freundin in die Uniform eines holländischen Schiffsoffiziers, um mich dann wortbrüchig in der Straße von Makassar vor dem Winde der Untreue kreuzen zu lassen. Pedro, des Königs Sohn, witterte in mir das edle Blut, obwohl meine Nase gar nicht sehr edel ist. Darum griff er auch nicht an diese, sondern an mein Kinn – armer Vigoleis, nimmt das denn nie ein Ende? Wer hätte außer Beatrice nicht schon daran gegriffen? Und er sagte:

»Deine Nase ist nicht edel (castizo), aber das Kinn und die geschweiften Lippen: willkommen mir, Bamberger Reiter und Sproß aus urdeutschem Geschlecht auf unserer Insel!«

Ich war gebrandmarkt. Pedro hatte mir den Bügel gehalten, ich schwang mich in den Sattel und saß da, ein schuppenklirrender Recke, den Blick in die Ferne gerichtet, Vigoleis Imperator, Vigoleis Magnus Dux, Vigoleis Dominus et Rex – aber einen Stuhl hat er immer noch nicht und auch nicht einen einzigen handfesten Vasallen, Maria del Pilar von der Säule ihrer Unzucht zu stürzen und ihr den Kleiderschrank und die Bettwäsche aus der Etage zu holen – »Möbel habt ihr also keine, nicht einmal Stühle, halt, so, einen Augenblick, Vigo, nicht bewegen, still, die Kopfhaltung ist gerade richtig ...« Pedro zeichnete weiter. Vermutlich hatte er jetzt eine Facette meines Bamberger Hauptes erwischt, wo die weniger hohenstaufische Verfratzung nur als Linie wirkte und nicht als Bastardbalken die ganze Kunst in Scherben schlug. »Stühle haben wir in unserer Wohnung auch nicht viele, auf drei von uns kommt einer, darum sind wir stets unterwegs, aber in Valldemosa, in unserem Feudo, hat Papá deren Hunderte. Valldemosa ist ein Dorf in den Bergen, dort steht unser Schloß, aus dem wir vertrieben worden sind, Schulden, Mißwirtschaft, Weiber. Papá ist nämlich noch verrückter als eine Ziege im Frühling, wenn Bock und Bäume ausschlagen. Den mußt du unbedingt kennenlernen.«

»Hundert Stühle? Nur so?«

»Ja. Papá hat sie beim Zusammenbruch der Suredaschen Herrlichkeit gerettet, aber es ist keiner darunter, auf dem nicht wenigstens einmal eine berühmte Persönlichkeit gesessen hätte. An allen hängen Zettel mit Namen und Datum: Miguel de Unamuno, Rubén Darío, Alfonso XIII EL REY, Chopin, Luis Salvador Erzherzog von Österreich, George Sand – Bücher von ihr gelesen?«

»Keine Zeile. Ich weiß nur, daß Nietzsche sie eine fruchtbare Schreibe-Kuh nennt und daß sie ein Buch über Mallorca geschrieben hat, das jedermann hier zu lesen scheint. Im deutschen Shop vertritt es die Weltliteratur.«

Pedro zeichnete, wir schwatzten, dann mußte ich den Mund halten, da der Amors Bogen neckisch nachgezogene Linienschwung meiner Bamberger Oberlippe ihm in der doppelten Bewegung einige Schwierigkeiten zu bereiten schien. Beatrice las, unbekümmert um unsere Unterhaltung und mein habsburgisches Bluterbe, das ich übrigens erst Jahre später in Portugal zur höchsten Blüte treiben sollte, ihren Thriller.

Pedro riß das Blatt aus dem Block und heftete es an den Kaktus. Goethe erzählt in ›Dichtung und Wahrheit‹, daß er durch eine Ungeschicklichkeit der Hebamme für tot auf die Welt kam und man es erst durch vielfache Bemühungen dahin gebracht habe, daß er das Licht der Welt erblickte. Was da auf der Zeichnung wiedergeboren wurde, doppelgängerisch zweifelhaft, eine Ungeburt aus der Paarung von Goyas Geist mit einer Blüte des deutschen Mittelalters, war nicht lebensfähig. Die Konstellation war nicht glücklich gewesen. Beatrice wandte sich auch sofort schaudernd ab und verließ die Wochenstube. Wehe dem, der ihren Vigoleis häßlicher darstellt, als Mutter Natur ihn hat werden lassen! Der Künstler, gekränkt, bat um mein Urteil. Ich habe oft Malern gesessen. Es ist immer ein peinlicher Augenblick, wenn diese Frage fällt oder nur der fragende Blick zwischen Modell und Leinwand hin und her geht. Pedro sagte ich die Meinung in sein bourbonisches Gesicht: wenn ich so schlecht schriebe, wie er zeichne, würfe ich mich vor die Straßenbahn. Pedro wurde betrübt, er hing an seinem Bamberger Reiter und sagte zur Entschuldigung, er fange ja auch erst an. Sein Bruder Jocobo habe es schon weitergebracht, und seine Mutter, die dilettierende Fürstin ... Ich sagte, nicht weniger betrübt, ich finge ja auch erst an und müsse befürchten, nie aufzuhören mit dem Anfangen. Darauf schlossen wir uns in die Arme. Ob ich da nicht die Feder mit dem Pinsel vertauschen wolle? Und morgen schon brächte er mir Hefte mit Aufzeichnungen, Gedankensplittern, ich solle alles lesen und dann urteilen, ob er nicht doch besser täte zu schreiben statt zu malen. Aber die verdammte Kaserne! Seit einer Stunde schon hätte er in einem verfallenen Schilderhaus stehen müssen, er habe Wache und leider keine Zigarette, um sie dem Offizier vom Dienst zu geben; der drücke dann beide Augen zu. »Was würde dich eine solche Unbotmäßigkeit bei deinen Preußen gekostet haben, mein Freund? Sicher eine ganze Schachtel!«

Ich gab Pedro die Bestechungszigarette aus Beatricens Bestand. »Den Kopf, mein Freund, und meiner Familie die Schande bis ins siebente Glied.«

»Ein großes Volk, die Deutschen! Papá bewundert sie, vor allem, wenn sie katholisch sind. Er ist gegen Luther und kann auch Deutsch; das hat er auf dem Klosett gelernt.«

»Auf dem ...? Wie macht man das?«

Meine philologische Neugierde war geweckt. Ich kannte viele Sprachmethoden, sollte einige Kapitel später sogar selber eine erfinden, aber von der angedeuteten hatte ich nie vernommen. Beatrice, diplomierte Sprachlehrerin, gewiß auch nicht. Leider war Pedro nicht zu bewegen, noch zu bleiben; das würde Beatrice zwei Zigaretten kosten. Geld habe er keines, wir hatten auch nichts, und so ging er davon, um seine Wache abzulümmeln. Wir schieden als Freunde fürs ganze Leben.

Erst als die Tür hinter ihm ins Schloß gefallen war, drang es zu mir durch, daß er nicht in die Stube gespuckt hatte, und, wie schon vorweggenommen, gerade in dieser seiner spanischen Überlegenheit hatte ich ihn vorstellen wollen. Er hinterließ nichts in diesem Sinne. Dafür hing nun seine Zeichnung am Kaktusdorn, und das war ebenso schlimm. Ich nahm das Blatt ab und legte es in eine Mappe, oder sollte ich es doch hängenlassen und mich dabei auf Goethe berufen: »Ach, Beatrice, wenn du Deutsche wärest und nicht dieses Widerspruchsvolle zwischen ck, ck-dt und einer Indianersquaw, würde ich mich auf den Alten von Weimar berufen können, wie er einmal zu Eckermann geäußert hat: die Deutschen wüßten nicht leicht, wie sie etwas Ungewohntes zu nehmen hätten, und das Höhere gehe oft an ihnen vorüber, ohne daß sie es gewahr würden. Den Rest sogar wörtlich: ›Ein Faktum unseres Lebens gilt nicht, insofern es wahr ist, sondern insofern es etwas zu bedeuten hat.‹ Pedros Zeichnung und meine durch keinen Bamberger Reiter aus der Welt zu deichselnde Häßlichkeit sind ein Faktum, aber zu bedeuten hat es eben nichts.«

Dieses erhabene Wort sprach ich in den Wind, denn Beatrice kam herein, prüfte die Bodenverhältnisse, verschwand und tauchte dann mit dem Hosenaufnehmer wieder auf. Sie begann den Boden zu fegen, wobei sie finster blickte.

»Nun siehst du, wie die Leute einem alles schmutzig machen. Man kann am Putzen bleiben.«

Wenn geistige Frauen die Putzwut kriegen, kann man nur stiften gehen. Und wenn sie sie nicht kriegen, verkommt man im eigenen Dreck.

Dann heiterten sich ihre Züge auf, denn nun hatte auch sie festgestellt, daß Pedro nicht auf den Boden gespuckt hatte.

»Das spricht für seine Erziehung. Bei aller Verrücktheit sind das erste Leute, die Suredas.«

»Das spricht, meine Liebe, für sein königliches Blut. Könige spucken aufs Volk, aber nicht in die Stube!«

Arno Schmidt
Aus dem Leben eines Fauns

Licht im Büro: die stillen fleißig geneigten Bubiköpfe der Tischlampen; die eckigen Formulare wurden unerträglich waldgrün und peinigten schön; an den Wänden klebten schiefe leere Lichtplakate und überschnitten sich wie expressionistische Bilder. »Fahren Sie heut nich, Herr Düring?«. »Ich muß noch zum Landrat.

In die Wohnung.« Vorgeschobene anerkennende Unterlippen; bei Peters ehrerbietiger Neid. Auch Getümmel der Wolken, schwarz und rot hinter Kiefernspeeren.

Oktoberpibroch (dabei wars Februar): und ein ganzer Clan grauer Wolken, ladies from hell, marschierte heran; die Felder begannen heiser zu meutern; Buschgerippe griffen (faßten) sich verzweifelt an. Vor ihrem Schaufenster erschien ein schneidiges Ladenmädchen und rang das Eisengitter nieder. (Dann noch ein zweites, Überflüssiges, das ihr half: weniger Menschen! Mehr Fächer der kahlen Bäume, braune Spitzenfächer, riesenfein; mehr Bücher und Quadratmeter pro Kopf: also weniger Menschen!)

Der knappe Mond saß an der Kante des Kirchturms; die eine schwarze Glocke, im Schalloch, knurrte stumpf nach unten.

Liliputgewieher der Klingel: im Haus ging es um. Erst knallte es fern und bedeutsam, dann nahm es viel mehr Stufen, als die finstere Treppe fassen konnte, schallte höhlern und murrte, lindwurmte jetzt ganz türnah und lauerte schlüsselig:

Das Dienstmädchen: recht bachstelzig und proper und maneriert wie eine Docke (»Ein paar Lungenflügel!« hätte Schönert bewundert). »Ja, der Herr Landrat ist zu Hause«. »Ich weiß«, sagte ich nachdrücklich, »und er weiß auch. Sagen Sie ihm bitte: Düring wäre jetzt da. Dü-rrink.« (Ja, geh schon: gelbes Treppenhaus, gewölbtes; albernes Getue).

Aus dem kleinen Spiegel der Flurtoilette schrillte die Lichtfeile (Bilder von Schandau und Königstein, verschnörkelte Erde, als sei sie von irgendeinem Balthasar Pöppelmann erbaut: Hasse Deinen Nächsten wie Dich selbst!).

Die vornehmen Stühle lehnten sich leicht überlegen zurück; dem breiten Tischstumpf fehlten moosige Wurzeln (und blumengelbe Pilzgallerte an der Seite). – Ich kam herein, so kunstvoll linkisch, daß ich fast über die braunen Schlingen im Teppich stolperte: ei, das gefiel dem Chef als solchem (und überhaupt).

Er kam lächelnd an diesen runden Tisch: er erkannte mich an, o Glück! Die Tischlampe (der Schirm mit feinen Gräsern beklebt: sah ganz nett aus!); zuerst Richtlinien & Ratschläge, Arbeitshilfsmittel, » – meine Bibliothek steht Ihnen natürlich zur Verfügung –«, Allgemeine Deutsche Biographie (: kenn ich Alles besser als Du! Und wir wandten die brillirgen Gesichter einander huldvoll – er – und böse – ich – zu).

»Die Urkunden werden bestenfalls nach dem Dreißigjährigen Kriege beginnen«. »Sie berichten mir jedenfalls laufend von in-

teressanten Funden.« Und ich notierte so angespannt nickend auf meinen Block, ergriffen, schrieb auch wohl ›Kalb Moses‹ zwischen die Zeilen, lächelte unterwürfig, und setzte die Striche auf ›Blöhu‹.

»*Sie haben ein Fahrrad, ja?*«: »Jawohl, Herr Landrat.«, und sah ihn mit ernsten Schüleraugen an, den geliebten Lehrer der Werktätigen: dann soll ich also damit Deinen ganzen Kreis abklappern?! »Sie wohnen doch in – ä: –«, »Kolonie Hünzingen, Herr Landrat.« »Ach – ä«: »Jawohl. Dicht an der neuen Straße Benefeld – Ebbingen –«. »Ach, die wegen der Pulverbäckerei da ausgebaut worden ist!« nickte er ungnädig brauenziehend (war nämlich große Staatssache, top secret, und ihm durchaus nicht unterstellt, die Eibia!): »Na, da haben Sie ja ohnehin Ihre Monatskarte bis Fallingbostel, –« (ich dienerte wie ein Weichenhebel) »und sonst machen Sie eben möglichst wenig Spesen. Notwendige Auslagen decken wir natürlich; aber: mit Maassen, ja?«. Geschmeidig ruhig: »Selbstverständlich, Herr Landrat.« (noch ein bißchen kleinbürgerliche Gekränktheit hineinmischen): »selbstverständlich!« »Gut.«

Er lehnte sich zurück (also Ende des offiziellen Teils; nun will sich der gelbe Herr Löwe noch was Weniges mit der Maus belustigen; und ich sah ihn so gespannt an, als solle ich ihn porträtieren –:–?–?–:)

Sie gab dem Schalter einen energisch zierlichen Klaps (seine Tochter) und der Lichttrichter stand im Zimmer um uns. Mich schnitten Schein und Schatten mitten entzwei, und ich fühlte das Unbehagen körperlich.

Ein weißes Gesicht: sehr hübsch, hochmütig, mit zwei roten Lippenbarren verriegelt; Augen kalt und chemisch, das junge Haar bewegte sich einmal auf ihr. (18 Jahre; also Lyzeum, also in Käthes Klasse. Und oben wars zu kalt zum Lernen).

(»*Ja, Herr Löwe?*«): »Sagen Sie – Düring –« (die Pause war wunderbar!) »– mm: haben Sie sich mal mit Filosofie beschäftigt? = Kant. Schopenhauer.« (munter): »und so weiter?«

(*Du wirst Dich wundern!*): »Früher ja, Herr Landrat; hab ich viel dergleichen gelesen; als junger Mensch.«

Er lächelte, überlegen und akademisch-heilig; sehr stark amüsiert, über formica sapiens: »Warum nur früher, Herr Düring?« (höhnischst): »Sie sind darüber hinaus?!«. (Und die Tochter, hinten im Sessel, mit hochgezogenen Seidenbeinen, ließ sehr langsam das Buch sinken).

Ich trank den Kognak aus (unaufgefordert; der Plebs hat keine Manieren); ich suchte auf dem Schrottplatz meines Gehirns nach etwas Passendem für den Nandu; und hier, die verrostete Gedankenspirale, lag mir gerade recht:

»*Ich habe mal*« (und jetzt den ersten Hammer!): »einen klugen Vorgesetzten gehabt« (dabei wars gar nicht wahr!), »der hat mir Folgendes erklärt: wenn es Wesen mit zweidimensionaler Raumanschauung gäbe – die also hier in einer Ebene behaust wären –« (ich strich sie mit der Hand in die Luft, dicht über dem Tisch) »– und ich durchstieße jetzt deren Lebensraum mit den Fingern meiner Hand –« (ich ließ sie hängen wie die Fangarme einer Qualle) »– dann würden diese zweidimensionalen Wesen jetzt wahrnehmen –«: »5 Kreise«, sagte er stirnrunzelnd (hatte s bis jetzt also verstanden). »Ja. 5 Einzelwesen;« sagte ich finster, »Individuen. Ohne zu ahnen oder feststellen zu können, daß diese oben, im Dreidimensionalen, einer anderen Einheit – meiner Hand – untertan sind.«. »Oder: ich stoße zuerst meinen Daumen in ihre Weltebene –« (ich tat es:) »– dann ziehe ich ihn heraus – d. h. er verschwindet für Diedaunten; und nach einiger Zeit führ ich woanders den Zeigefinger in ihre Welt ein. Also für die: 2 Einzelwesen, durch Ort und Zeit weit getrennt; aber dennoch in der höheren Einheit meiner dreidimensionalen Hand verknüpft.« (Er runzelte und überlegte; etwas beunruhigt; aber ich fuhr eisig fort: Tu l'a voulu, George Dandin!)

»*Nun gab jener Herr*« (ich war es selbst gewesen: der Herr! Triumph!) »mit genügenden Gründen unterstützt, zu verstehen, daß auch unsere dreidimensionale Welt von einer vierdimensionalen so überschattet würde. Die scheinbar von einer 5-dimensionalen; zur Darstellung der Elektronenbewegungen wählt man ja am besten einen 6-dimensionalen Raum, usw. – Ich bekäme die Argumentation wohl noch zusammen« (drohte ich unterwürfig; und fügte nachlässig hinzu): »Ich habe dann den Hilbert ›Nichteuklidische Geometrie‹ usw. auch selbst durchgearbeitet. –: Da wir also, mit völlig ungenügendem Intellekt ausgerüstet, (eine Gemeinheit des Demiurgen!), in einem Meer von Unbegreiflichkeiten plätschern: hab ich mir seitdem abgewöhnt, Metaphysik zu betreiben. Selten mehr Denkanfälle. Nun stehe ich nur noch und registriere, was die lächerlichen alten Damen (die Parzen) mit mir und der Welt so vorhaben.«

Er brachte die Zungenspitze heraus (wohl auch nicht ganz ladylike) und dachte lange lange (sicher wars wohl keine ›Weltanschauung‹

für n preußischen Beamten; aber er schien von Naturwissenschaften die übliche Keine Ahnung der meisten ›Akademiker‹ zu haben, der ›Klassisch Gebildeten‹; leicht verwirrt und beeindruckt: gelt: ich kann auch antiseptisch!: »Wählt KPD«, und ich schaute noch höfischer drein).

Die Tochter (sehr hübsches Gesicht – hatt ich wohl schon gesagt?!), mit weit nach oben sichtbaren, breit gedrückten, Schenkeln, drehte langsam einen Ring am Kleinfinger, und sah mich durch undurchdringliche lashes an. Wie auf dem Bild).

Anderes Thema (nach Partherweis'): »Sie lesen viel, Herr Düring?« (Wie sich beim Militär manchmal der General erkundigte: Kinder? Sechs? Brav; sehr brav: weiter so!! – Also wieder Distanz!): »Zuweilen. Sonntags. Herr Landrat.«

»*Was lesen Sie denn da?*« (›da so‹ wäre noch besser gewesen). »Viel Prosa, Herr Landrat«. (vertrauensvoll): »So: Epos, Lyrik, Ballade: das ist nichts für mich«. » – Und was da so?« (endlich ›so‹! Jetzt kalt): »Wieland viel, Herr Landrat; Cooper, Holberg, Moritz, Schnabel, Tieck, Swift; auch Scott.« (›Expressionisten‹ sagte ich nicht: Dir nicht;): »auch Romantiker – « fügte ich süß und selig versöhnend hinzu (weil die Brüder die Romantiker ja doch nicht kennen: nicht ihre großen bahnenden Formkünste, nicht ihr concerto grosso der Worte, nicht Wezel, nicht Fouqué, nicht Cramer, ihr Laffen!). Er nickte bei jedem Namen langsam und gewichtig (hatte also keine Ahnung davon, und ich gab ihm die Gute-Nacht-Spritze):

»*In Deutschland* haben wir ja ein ganz einfaches Mittel, einen intelligenten Menschen zu erkennen.« – »: ? – «. »Wenn er Wieland liebt.« – Aber er war doch auch stark; er sagte würdig: »Ich kenne ihn nicht«. »Oh: aber Herr Landrat wissen so vieles Andere,« sagte ich schnell, in der vornehmen dritten Person und so falsch, lächelte albernst und giftig und überließ ihn den Folgerungen (amüsant, wie wir uns verachteten; und dennoch beeindrucken wollten, Beide. Vielleicht sind wir zwei Fangarme derselben vierdimensionalen Qualle, langsam pendelnd, voller bunter Nesselgefäße, meerhaft; auch gut und böse ist uns ja nicht erkennbar: wenn ich mit der Hand die zweidimensionale Welt durchstoße, um unten ein miauendes Kätzel zu retten, sterben dazwischen vielleicht hundert transparente denkende Dreiecke! Ein Universum emaniert immer aus dem anderen: wir emanieren die Welt der technischen Gebilde. Bense). Dann Verneigung zum Fräulein Tochter: lange Beine!

Die Nacht hatte den Mond als rotes rundes Schlußlicht hinten dran. (Bloß das Nummernschild fehlte; sonst ganz nach Vorschrift).

Weichenhebel dienerten: ergebenst: Düring!; Signale ruckten beschwörenddürre Arme (mit fingerlosen Tellerhänden); Augenkraken starrten rot und grün aus kästigen Blechlidern; unten spannte sehniges Eisen Rechts und Links aneinander: kleiner Bahnhof.

Seltsam unruhig heut im Forst: ›Die Nebel liegen tief. Das Wild hat Witterung nicht, nicht freien Blick‹. Oder: ›In den Ästen rauschts. Der Schnee wallt auf und wirbelt; ohne Luftzug‹. Oder: ›Geheul im Walde‹. (Also tiefer daran vorbei. Mit Geheul.)

Die Krähe beschrieb einen knarrenden schwarzen Strich in der echolosen Luft. Mond trat auf und betrachtete mich eisig aus gelbsilbernen Wolkenlidern. Die abgemagerten Sträucher drückten sich in dem schrecklichen Blaßlicht näher aneinander. So stand ich lange im hageren Gewebe des Gartens gefangen. Der Mond wurde schärfer, hell, wie ein Redner vor der Sternenzusammenrottung. Wind schärfte mir das Gesicht; und nach Zeit schossen einzelne Flocken von Osten her (dann wieder flache Kälte). Als ich ins Haus ging, tanzte mein Schritt dumpfe Rüpeltänze um mich rum, so gefroren polterte der runde Weg mit mir zur steifen Haustür.

»Jetz kommstu ers? Alles iss kalt.« (meine Frau), und sie schimpfte, die Worte ballten sich ihr im Munde zusammen, höhnte und atemloste (meine Frau). Erst langsam konnte ich sie beruhigen: die Ehre: beim Landrat!

EMIL BELZNER
Der Safranfresser

20

Staccio suchte sich ein Paar besonders schöne Sandalen für die Hochzeit aus, probierte sie und legte sie zurück. Er wartete auf Brina, aber Brina kam nicht. Er setzte sich in eine Ecke und machte Anstriche in den Schiffahrtslisten. Am Mittag sollte er noch zum Hafen hinunter und seine Arbeiter auszahlen. Außerdem war die Ausbeute der letzten Tage im Magazin noch auszuzeichnen. Die Einkäufe und Bestellungen für Pupillo waren zu besorgen. Für den

Nachmittag war die Versteigerung des bereits gesichteten, sortierten oder instandgesetzten Abfallgutes angesagt. Arbeit und Geschäfte genug.

Er bedachte auch die Begegnung mit Teresa und wie Wahrgewesenes sich doch verändern kann. Er bedachte es auf eine recht bequeme Art, als sei an dem, wie es geschehen ist und nun noch einmal vorüberzog, nichts Verkehrtes und nichts zu vermissen. Sie hat es mit ihrem Zettel so gewollt, sagte er sich. Und wahrscheinlich hat sie es sich auch jetzt mit Brina anders überlegt. Ich hätte die Kleine gern gesehen, sie könnte mir den Laden und das Haus führen, ein neues Schild vor der Tür ist zu malen, ein altes Herz zu erfreuen, vielleicht ein junges zu gewinnen. Die Narreteien seiner Freunde hatten ihn empfänglich für eigene gemacht. Doch war er dabei betreten vor sich selber, denn er wollte solches alles nicht. Die ehemals Geliebte als Schwiegermutter, nun, da brauchte er keine Prise zu nehmen, um darüber zu lachen.

Aber es juckte ihn doch, irgendwie ließ ihm die Geschichte jetzt keine Ruhe. Da war etwas vorbei, sogar in Ehren vorbei, und kam nun wieder. Ohne Winken war es fortgezogen, und nun stand es näher als in Rufweite. Ohne daß sich Staccio und Teresa je nochmals gesucht hätten, trafen sie durch Zufall zusammen. Sie suchten sich nicht, aber suchte das Schicksal vielleicht etwas?

Staccio, der sich sonst wenig aus sich machte, war unversehens in Sorge um sich geraten. Es war nicht etwa die frühere Schwermut, unter der er gelitten hatte, es war die Sorge um das Ansehen seiner Person, um die Sicherheit seiner Schritte. Und diese Sorge veränderte auch die Wirkung des Safrans auf sein Gemüt. Die sinnliche Festigkeit, die brave Teilnahme an allem, die wohlwollende Schau aus der Heiterkeit – einer Heiterkeit, die sich aus Ernstem und Zugemessenem des Lebens sammelte – dies alles blieb; aber es verstärkte sich die Gedächtniskraft noch mehr und mit ihr die Gabe der Voraussicht. Er fand sich von dem erworbenen Zuschauerplatz näher an den Mittelpunkt des Geschehens versetzt. Pupillo, Pocket und nun auch noch der neuaufgetauchte Saltatore erschienen ihm mehr und mehr als Trabanten seiner selbst. *Er* war es, den das Schicksal suchte. Die anderen tummelten sich als Nebenfiguren, freilich als Nebenfiguren von der Art, die einem ›Helden‹ erst Umriß und Hintergrund geben und ihn unter anfeuernden Purzelbäumen und Grimassen in die Arena einlassen. Es kam ihm vor, als hätte er sich viele Jahre lang mit dem Safran nur geschont, viele Jahre lang den gelassen-tüchtigen Lebensweisen gespielt, den tätig

Ausgeruhten, den fröhlich Gesättigten, der jedermann den gewünschten Anteil am Leben neidlos und zustimmend gönnte, – um eines Tages der Kontrolle des Schicksals, das noch jeden Schmollwinkel aufgestöbert hat, anheimzufallen.

Er lachte zwar noch, allein er wußte bereits, daß seine Heiterkeit auf den Prüfstand mußte, ihren Wert und ihre Zuverlässigkeit zu beweisen. In einer Laune hatte er sich vor der Küche im Hotel Cavour auf die Waage gestellt und damit nichtsahnend die Prozedur gegen sich eingeleitet. Das Ansehen seiner Person konnte wachsen oder fallen, je nachdem, wie er den angetretenen Gang bestand. Indem er deutlicher zurückschaute auf sein Leben, schaute er auch deutlicher voraus, und was er abgeschlossen wähnte, was ihm Ruhe, Zuversicht und fast etwas Weises gegeben hatte, das zeigte sich jetzt nicht mehr als ein angenehmer Spazierplatz der Zufriedenheit, sondern als ein gut bestellter Boden, auf dem das Schicksal drei- und vierfach alles ernten konnte, was es wollte. Und wenn das Schicksal will, ist nichts tot und nichts überwunden in einem Menschen, ruht alles Überstandene noch als Saatgut in ihm, muß er mit Früchten oder Plagen rechnen bis an sein Ende.

Der Mensch mag noch so sehr verzichten wollen – das Schicksal, das eine andere Form der Vollendung oder des Abschlusses einer Sache sucht als der Mensch in tadelnswert bequemer Versöhnlichkeit ermessen kann, verzichtet nicht und findet immer wieder Zwänge und Möglichkeiten für ihn, sich ihm anzuhängen und zu verpflichten. Und zwar zum wenigsten aus Neuem, sondern zumeist aus der alten Sache eines Lebens her.

Staccio erschrak, als er sah, wie es um seinen Frieden stand, den er in gewisser Ehrlichkeit erworben zu haben glaubte. Worüber er sich bei Pupillo, Pocket und Saltatore amüsierte, das hatte er selber auch getrieben, durch die Pose des Amusischen noch gesteigert getrieben: fragwürdige Kunststücke der Lebensdeutung, wie man sie auf jeder Artistenfakultät lernt. *Er* war sogar der größere Poseur, denn er spielte die Verachtung des Poseurs noch mit. Und wenn das, woran er noch nicht so recht glauben mochte, wahr sein sollte, dann übertraf er sie alle an Gefallsucht und Künsten. Nicht vom Safran allein kam das, der war nur das Zauberwort, damit sich die Gefilde heiteren, selbstgewissen Wandels öffneten; der war nur das Färbemittel, die seinem stumpf treibenden Fleisch jene rotgoldene, bronzene Blüte gaben; der Safran war nur eine illusionäre Weihe, unter der das Land des traumlosen Traums, der Geborgenheit vor Schmerz und Trauer, betretbar wurde.

Niemals wurde er seiner darum auch überdrüssig, weil ihn nichts mehr berührte und zwischen Ernstem und Ausgelassenem sich die Unterschiede ins Gefällige auflösten. Trotz alledem hatte er dabei sein wahres menschliches Empfinden nicht verloren. Aber er fühlte, wie seine Bereitschaft und Güte den Menschen gegenüber zum Schattenspiel wurde, und manchmal vernahm er sein eigenes kräftiges Lachen wie das Lachen eines anderen hinter einer Wand. Er hatte freilich nie ein Geheimnis aus seiner permanenten ›Safran-Kur‹ gemacht, die Ursache seiner beständigen Heiterkeit jedermann bereitwilligst mitgeteilt und die Heilkraft des Gewürzes gegen Trübsinn und schleichende Sorge überall gepriesen. Selten, daß sich einer einmal zu einem Versuch herbeiließ, um es allerdings dann bald wieder aufzugeben, da sich auf die Dauer kein Geschmack an der Probe ergab und die beschriebenen Wirkungen ausblieben.

Staccio mußte eine besondere Safran-Fähigkeit besitzen, ihm tat sich die Seele dieser Pflanze auf, sobald er die seine verschloß. Der levantinische Schiffskoch, der ihm zu dem Rezept geraten hatte, konnte nicht wissen, wie weit über das Durchschnittliche des heiteren Safran-Spiels hinaus es Staccio darin bringen würde. Nicht einmal besondere Übermäßigkeit im Genusse des Pulvers war es, die in Staccio eine solche Festigkeit der Natur gegen ihre eigene Welt der Empfindungen und Schmerzen hervorrief, daß er stark wirkte, wo er doch eigentlich schwach war – er mußte eine besondere Disposition für das Magische dieser Pflanze besitzen, die in ihm ihre Wirkstoffe zu einer sonst allgemein nicht erreichten Entfaltung brachte.

Der liebenswerte, köstliche Safran aus der Kräuter- und Küchenfibel hatte in ihm einen Meister des Gebrauchs gefunden. Staccio hielt sich gut, ja vortrefflich in der Wirklichkeit zurecht, nur die Schwermut fürchtete er, und gegen sie war ihm ein Kräutlein gewachsen. Und diesem Kräutlein hinwiederum verhalf er in sich, durch die Veränderbarkeit seines Gemüts, zu einer Erfüllung, wie sie wohl auch Pflanzen, besonders so liebliche und nur aus Blüten bestehende, ersehnen mögen. Tat ihm der Safran wohl, so nachher anderseits Staccio dem Safran auch etwas. Gewürz und Mensch, es muß solche erstaunlichen Fälle geben, lebten in einer magischen Symbiose. Sie bewohnten einander und bereiteten sich Gegenwart und Sympathie. Damals fiel ein solches Phänomen der Wissenschaft noch nicht auf – heute hat sie für viel derbere Fälle sozialer Neigungen (mit weitaus utopischeren Effekten) da und dort schon

Lehrstühle errichtet. Staccio jedenfalls empfand seine Verbindung mit dem Safran als durchaus glücklich, wenngleich sie auch manchmal dadurch getrübt war, daß er das Heitere wohl bemerken, aber nicht greifen konnte. Und nur selten, sobald er sich eben aus irgendeinem Hang zur offenen Wirklichkeit (vielleicht mit göttlicher List geweckt) dem sanften Willen und den angenehmen Weisungen des Apothekerkräutleins widersetzte, versagte das Einvernehmen und blieben die heiteren Zeichen aus.

So wie jetzt in diesem gegenwärtigen Augenblick, da er die Hand des Schicksals über sich fühlte. Dieses Zurückblicken und zugleich in das Kommende schauen kannte er bisher so genau nicht. Dieses Dastehen und Dasitzen wie ein Maskierter, der unerwartet zur Offenbarung seines menschlichen Vermögens aufgerufen wird – diese zur Ernüchterung weitertreibende Zauberkraft des Safrans war ihm bisher verborgen geblieben. Er sah plötzlich, wie es um seine Heiterkeit stand: Staccio mit seinem unbeirrbaren Helfen und Zureden – war er nicht der oberste der Possenreißer, das Schlußstück einer makabren Zunft? Er, der mit gesundem Humor, mit Schnupfen, Niesen und breitem Gelächter über allem zu stehen schien, der alles Widrige in Fröhlichkeit zerstäubte – gehörte er nicht mit aller Auszeichnung in die Genossenschaft der Pupillo, Pocket und Saltatore?

Mit bedenklichem Gesicht kratzte er sich an der Augenbraue: Donnerwetter, wie man sich täuschen kann, wenn man seine Ruhe haben will – man verherrlicht die Welt des Scheins dadurch nur noch mehr. Es ist genau, wie wenn Doktor Pupillo sagt: ›Apoll kommt!‹ oder wenn Mister Pocket sagt: ›Das Happy-End kommt!‹ oder wenn Sante Saltatore in griechische Flöhe vernarrt ist. Apoll in den Weiten Rußlands als Ballettmeister; das Happy-End zwischen Wolkenkratzer und Prärie; das Wagenrennen von Saltatores Flöhen um die Motten-Brosche – es ist dasselbe, wie wenn Staccio aus seinen immer frisch gehaltenen Vorräten an unerschöpflicher Heiterkeit lacht, lacht, um sich abzuschirmen gegen Schmerz und Trauer und gegen aufkeimendes Wissen. Es ist damit nur dem Schein gedient. Mag solches alles, ohne selber seines tiefen Sinnes inne zu werden, auch der Erhaltung der Wahrheit und einer ins Fernere gehenden Lebenshoffnung von Nutzen sein – wer es nur im Hinblick auf eigenes Wohlbefinden verrichtet, treibt die Werke der Täuschung. So also sieht's aus!

Der amusische Staccio kam sich in diesen Minuten wie der Boß und Unternehmer, wie der dilettierende Impresario einer gemischten Künstlergilde vor, die wohl fühlt, daß sie die Welt nicht auf den Kopf stellen wird, die's aber einfach nicht lassen kann, sich mit dem Leben, seinen Umständen und Mächten zu messen. Mit heiterem Befremden stellte er fest, daß *er* auf der Seite derer war, die berufsmäßig zwar den kürzeren ziehen, aber aus der tragikomischen Lage und Marktlage der Kunst immer noch ein befriedigendes Geschäft machen. Der Staubkäufer und Sandalenhändler von Messina als Chef und Bruder der Possenreißer, der Scheunenpurzler, der Sackhupfer und Schausteller – so was!

Soweit jedoch wollte Staccio in seiner Selbstbetrachtung gar nicht kommen. Doch hielt ihn der Safran in diesem Zauber der Ernüchterung fest. Es war für Staccio ein eigenartiger Vorgang, ein Schreiten gewissermaßen auf zwei Wegen, die nebeneinander herliefen und durch ihre Nachbarschaft etwas Unendliches hatten. Mit einemmal empfand er das Schwindelerregende des ungeheuren Raums, in dem der Mensch immer weniger durch sich selbst und immer mehr in beängstigender Virtuosität durch Gleichgewichtskünste sich aufrecht zu halten und den Anschein eines Meisters des Schicksals zu geben suchte.

Mit neuem Geschmack an seinen Wirkungen nahm Staccio eine Prise Safran. Das geht ganz mit rechten Dingen zu, sagte er sich. Dann stand er auf, warf die Schiffahrtslisten in den Pultkasten und betrachtete sich im Spiegel. Jetzt erst sah er, daß er der richtige Rotgoldene war, der Safranfresser, der in sich alles füttert, was genießen will, der teilhaben möchte an allem ohne die Last des Verdrusses, der jeden Schmerz und jede Schwermut des Daseins abgeschrieben hatte, der als freundlich und hilfreich galt, obgleich er aller menschlichen Mittel dazu ermangelte. Wie in einer Öde sah er sich stehen – als Frucht der Öde.

Er sah sich – schimmernd zwischen dem Gelblichen des Lehms und dem Rotgoldenen eines Metalls – und das Kolossale seiner Figur und seiner Farbe gefiel ihm trotzdem nicht schlecht. Na, wenn schon, sagte er sich zur Besänftigung seines erregten Gemütes, ich werde schon dahinter kommen, daß ich kein Künstler bin, keiner von diesen Jahrmarktsanbetern käuflicher Lustbarkeit, keiner von diesen Stromern und Vagabunden, die so widerlich, so wichtigtuerisch bei jedem hohen C, bei jeder Sensation, bei jedem gelehrigen Floh nach Apoll schreien. Laßt euch von einem unbegabten Manne sagen: Apoll scheint nachgerade zu wenig Spaß zu verstehen und ein sehr ernster Mann zu sein. Ich werde dahinter kommen, nicht wahr, lieber Safran?

Stefan Andres
Der Knabe im Brunnen

Das Gesicht im Brunnen

Schräg gegenüber dem Eishaus war der Garten. Eine Treppe führte hinauf, denn der Garten lag höher als der Weg. Neben dieser Treppe befand sich, und zwar in der Gartenmauer, der Pütz. Seine steinerne Hirnschale hatte genau im Scheitel ein großes Loch. Dies Loch war im Boden des Gartens sichtbar, und der Vater hatte mich oft und streng davor gewarnt.

Eines Tages sollte der Pütz obendrauf fest geschlossen werden. Ein alter Mühlstein wurde herbeigerollt und umständlich von vielen Männern und mit allerlei Stangen und Ketten und Rollen in den Garten emporgehoben. Als sie nun alle zum Mittagessen gegangen waren und hernach auf der Wiese ein wenig ruhten, machte ich mich an den Pütz heran. Die Holztür stand offen, und von oben, wo nun kein Deckel mehr war, schaute der Himmel herein. Ich war, das stellte ich mit Überraschung fest, ein wenig größer geworden, dennoch konnte ich noch nicht über die Brüstung des Ziehbrunnens blicken. So schob ich einen der herumliegenden Steine herbei, stellte mich drauf, blickte in die Tiefe – und erschrak zuerst wie vielleicht noch niemals bis zu dieser Stunde. Der Schrecken war aber gemischt mit Wonne, die immer stärker wurde und zuletzt über den Schrecken siegte. Drunten sah ich einen kleinen Jungen heraufblicken. Daß es ein Junge und kein Mädchen war, wußte ich ja aus der Erzählung der andern, an die ich mich nun erst, kaum daß ich das Gesicht drunten im Wasser erblickte, wieder erinnerte. Lange Zeit hatte ich vergessen, daß der Junge im Pütz war, und ich schämte mich nun, da ich ihn sah, daß ich ihn vergessen hatte. Ich glaubte aber auch zu sehen, daß es ein Junge war. Unter ihm war der Himmel, so wie bei mir der Himmel über mir war, – das sah ich ganz deutlich. Und ich beugte mich weiter über den Brunnenrand hinaus. Nun bemerkte ich, daß der Knabe im Brunnen dasselbe tat. Ich empfand das als ein Zeichen, daß auch er mich besser sehen wollte. Wenn ich jetzt zu ihm in den Brunnen stürzte, so fragte ich mich, ob ich dann wohl bis in den Himmel drunten hinabsinken würde? Der Knabe drunten war zwar nicht bis in den Himmel hinuntergefallen, aber wenn er es wollte, könnte er sich sofort in das endlose Blau sinken lassen. Er stand ja auf dem Kopf, wie die Fliegen, wenn sie an der Stubendecke saßen. Das mußte lustig sein!

Und so zu sinken – immer tiefer – bis in den Himmel hinab! Aber vielleicht blieb ich zuerst einmal bei dem Knaben im Brunnen und half ihm beim Gänsehüten. Die Wiesen liegen da drunten wohl auch um den Brunnen herum, nur daß alles auf dem Kopf steht!

Diese Gedanken zogen mir sehr schnell durch den Sinn, huschend und schwebend, ich bemerkte sie kaum. Denn ich schaute immerzu den kleinen Jungen an und wartete atemlos darauf, was er tun würde. Vielleicht, daß ich ihm den Eimer hinunterwarf. Jedoch ich wußte, daß ich nicht stark genug war, ihn wieder heraufzuziehen. Und einen Erwachsenen rufen, das wollte ich unter keinen Umständen tun, denn niemand sollte den Jungen sehen, es sollte nur mein Freund sein. Überdies müßte ich zuerst erfahren, ob er nun überhaupt heraufkommen wollte. Vielleicht gefiel es ihm drunten so gut, wie es mir hier oben gefiel. So beugte ich mich denn noch tiefer in den steinernen Schlund des Pützes und rief: »Du – Jung!« Kaum hatte ich das gesagt, als eine Stimme aus der Tiefe kam. Ja, er hatte mir Antwort gegeben. »Willste raufkommen, oder soll ich runterkommen?« Er antwortete sofort: »Kommen!« Ganz deutlich hatte ich es jetzt gehört. Ich zog den Kopf ein wenig zurück und blickte den Weg hinunter. Nein, das konnte ich nicht tun. Vater und Mutter und Katharina und auch die andern würden weinen, wenn ich nicht mehr da wäre. Und sie suchten mich gewiß überall. Ich führte da unten im Brunnenland ein schönes Leben. Wer aber würde dann mit dem Vater in das Eishaus gehen und ihm das Licht halten? Und Reisig in die Küche tragen? So schüttelte ich denn den Kopf. Doch wollte ich wissen, wie tief es wär und wie das überhaupt ging mit dem Hinunterfallen. Ich las einen Stein auf, beugte mich weiter vor, spähte hinab. Da war wieder der Junge da. »He!« machte ich und lachte. Und auch er lachte. »Ich kann net kommen!« rief ich, er aber rief zurück: »Kommen!« »Nein«, rief ich, »ich darf net! Die Eltern weinen sonst. Un ich hab viel ze tun, ich muß heut Steinchen aus den Erbsen lesen un – un – ich muß rumpen.« Ich merkte plötzlich, daß ich mit Arbeiten prahlte, die ich noch nicht verrichten durfte, denn das Butterfaß drehte die Magd oder eine der Schwestern, und die Erbsen, Bohnen und Linsen lasen alle zusammen nach dem Abendessen. Der Junge im Brunnen hatte das auch wohl gemerkt, denn er rief höhnisch: »Umpen!« »Rumpen!« rief ich darauf voll Zorn, und wieder machte er auf diese freche Weise: »Umpen!« Da warf ich blitzschnell den Stein, den ich noch immer in der Hand hielt, in die Tiefe. Ich wollte ihn treffen, aber es gab einen dunklen, klatschenden Laut, und der Junge und der Himmel dahinter und auch der Brunnenrand, über den er sich bückte, waren verschwunden. Ich war erschrocken. Das durfte nie jemand erfahren, daß ich einen Stein hinabgeworfen hatte. Ich erinnerte mich, daß Mutter einmal meinen Bruder Nickel ohrfeigte, weil er ein Stückchen Holz in den Pütz geworfen hatte. »Wirf's überall hinein, meinetwegen dem Kaiser in de Supp, aber net in de Pütz!« Und nun wußte ich erst, daß Mutter das gesagt hatte, weil da unten der Junge war. Ich spähte schnell nach allen Richtungen, ob jemand meinen Steinwurf beobachtet hätte, dann näherte ich mich wieder dem Brunnenrand. Aber als ich schnell hinabschaute, sah ich nichts als ein leises Zittern. Der runde Spiegel des Wassers sah wie ein Auge aus, das mich starr und zornig anblickte. Ich zog meinen Kopf sofort zurück und ging davon.

Im Laufe des Nachmittags legten die Männer den Mühlstein oben auf den Pütz. Das Loch im Mühlstein wurde mit einem sehr schweren, runden Eisenteller, an dem ein Griff war, zugeschlossen. Als ich am Abend mit meiner Schwester Katharina zum Pütz ging, blickte ich wieder hinein, sah aber nichts. Der Brunnen war dunkel, nicht einmal sein zorniges Auge konnte ich sehen.

Meine Wiege, die nun ein Bett geworden war, stand schon seit einigen Monaten neben Katharinas Bett. Ich wartete an diesem Abend, da ich schlaflos lag, nicht auf ihr Kommen. Ich war sogar sehr zufrieden, daß ich in dem langsam mit Dunkelheit vollaufenden Zimmer allein war. Die Kleider an den Zapfenbrettern wurden länger und immer ernster, das Fenster machte ein Gesicht, als wollte es über mich weinen. Das Glas klirrte ganz leise im Takt der Mühle. Unter dem Fenster rauschte der Bach, der nun viel Wasser führte. Sobald ich die Augen schloß, sah ich den Jungen im Brunnen. Er lag wie ich in einem kleinen, braunen Bett. Er hatte um den Kopf ein weißes Linnen gewickelt. Auf dem strahlenden Weiß war aber ein großer, roter Flecken. Der Junge sah bleich aus. Er blickte in der Stube hin und her und fürchtete sich. Da rief er laut, und herein kam platschend der Wassermann. Er sah wie der Nudeljäb aus, wenn der aus dem Wasser stieg; nur war er viel größer und nicht rot, sondern grün im Gesicht. Auch der große Schnurrbart war grün wie das feine Gras im Bach, wo das Wasser ganz tief war. Und der Wassermann fragte: »Na – wat is denn?« Der Junge sagte klagend: »Mir tut der Kopf so weh!« »Ah so«, sagte der Wassermann, nahm die Peitsche, kam an mein Bett, knallte zweimal, daß ich in die Höhe fuhr. Da wurde ich wach und sah, daß sich Katharina über mich beugte: »Wat haste denn? Haste schlecht geträumt?«

Einmal träumte ich, daß ich beim Wassermann zu Besuch wär. Er sah jetzt halb wie Vater und halb wie der Nudeljäb aus. Ich wunderte mich nicht. Rings um uns war Wasser, aber es ließ uns durch wie die Luft. Wenn wir tief Atem schöpften, konnten wir springen, hüpfen, fliegen, schwimmen, wie wir es gerade wollten. Wir waren nicht allein, nein, alles, was ich kannte und liebte, war da: die Mutter, die Geschwister, die Nachbarn, die Mühle, der Pütz, der Hund, die Hühner, die Pferde, die Kühe, die Wagen, die Blumen, die Bäume – alles, alles. Aber die Menschen – auch die Mutter und die Geschwister und alle Tiere und Dinge waren so klein wie Klicker und Gänseblümchen. Und nichts bewegte sich, nichts sagte ein Wort. Es war eine Stille, wie ich sie auf der Mühle noch nie gehört hatte. Aber alles glänzte und strahlte in einer Farbenglut, die mich über die Maßen vergnügt machte. Nun erst sah ich auch den Jungen aus dem Brunnen. Er war klein und leuchtend wie alles andre. Ich nahm ihn zwischen Daumen und Zeigefinger, zeigte ihn dem Wassermann und aß ihn – aber ohne zu kauen, ich schluckte ihn einfach herunter. Und der Wassermann nickte. Darauf fing ich an, auch die andern Menschen, die Tiere und Dinge auf dieselbe Weise zu verschlingen. Als ich alles gegessen hatte, war ich sehr zufrieden, und ich rieb mir den Bauch. Und nun sprang und hüpfte und flog und schwamm ich weiter neben dem Wassermann durch die stille und durchsichtig klare Flut. –

In der Mühle vom Nudeljäb gab es auch einen Pütz. Er war in der Küche, aber so oft ich auch das Brett hob und schnell hineinblickte, ich entdeckte nichts in der Tiefe. Ein kühler und nasser Hauch kam herauf, das war alles. Ich hatte mir in den Kopf gesetzt, daß die Ausgänge dieser Brunnen in der Tiefe alle so nah und weit voneinander entfernt sein müßten, wie ihre Eingänge oben auf den Mühlen. Und so konnte der Junge im Brunnen ebensogut aus dem einen wie aus dem andern Pütz heraufblicken. Es drängte mich nun, auch noch in den Pütz vom Schlaf-Michel zu gucken. Er war taubstumm und ging als Schuster in die Häuser der Müller und Bauern. Seine Frau, die im Haus und Garten arbeitete und selten vor die Türe trat, schien ebenfalls taubstumm, aber sie war es nicht. Ich fürchtete mich ein wenig vor dem aus Schiefergestein erbauten, düsteren und ziemlich zerfallenen Häuschen. Der Pütz des Schlaf-Michel lag im Garten unter einem krummen Zwetschgenbaum.

Da ich noch nie in dem Häuschen gewesen war, wußte ich mir keinen andern Rat, als durch die Gartenhecke einzudringen. Nikla war bei mir, und da ich nicht wußte, wie ich ihm die Sache mit dem

Jungen im Brunnen hätte verraten sollen, sagte ich ihm, wir gingen dem Schlaf-Michel an die Zwetschgen. Er kletterte auch sofort auf den Holzbock, um an die stumpfblauen Früchte zu gelangen und stopfte sich die Hosentaschen voll, während ich dabei war, das schwere Brett des Brunnens auf die Seite zu schieben. Aber ehe es mir noch gelang, hörte ich hinter mir ein gewaltiges Keuchen und ein Schnauben, wie auch wir Kinder es hervorbrachten, wenn wir den Atem scharf zwischen den Lippen hervorstießen, so daß diese wie Pferdelippen bebten. Ich wandte mich herum und sah in Schlaf-Michels zornstiebende Augen. Er blickte sich schnell im Kreis um, wen er mit seinem Knieriemen, den er in der Rechten schwang, zuerst verdreschen sollte. Er schnappte nach Nikla, der aber sprang von dem Holzbock, der nahe an der Hecke stand, aus dem Bereich des Riemens. Der Zorn des Schlaf-Michel war nun ganz auf mich gerichtet. Er kam mir mit gespreizten Knien langsam näher, und dann sprang er ein wenig auf und ab und hin und her wie der Nudeljäb, wenn er Musik machte. Er schnaubte und stöhnte, seine Augen funkelten, seine lange, haarige Hand griff nach mir. Hätte der Pütz offen gestanden, wäre ich, ohne noch mit einem Gedanken zu überlegen, hinabgesprungen, so schrecklich kam mir der taubstumme Mann in seinem Eifer vor. Als er mich anrührte, schrie ich laut auf. In diesem Augenblick – ich hatte erst einige Schläge erhalten – kam Schlaf-Michels Frau heraus. Sie hielt etwas wie einen Sauerkrautstampfer in der Hand und fiel, ohne ein Wort zu verlieren, von hinten über ihren Mann her. Ich benützte den ersten Augenblick, da er sich unter dem kräftigen Schlag überrascht von mir abwandte, um durch das Loch in der Hecke zu entweichen.

Seit diesem Tag war der Pütz nicht nur von der Peitsche des Wassermanns, sondern, und noch stärker vielleicht, vom Knieriemen des Schlaf-Michel bewacht. Ich betrachtete die wenigen Schläge, die ich bekommen hatte, ohne es mir ausführlich einzugestehen, als eine Strafe für meinen frechen Steinwurf an den Kopf des armen Jungen im Brunnen, der mir seit diesem Augenblick nur noch einige Male im Traum erschien und dann für immer aus meinen Träumen entschwand.

Gertrud von Le Fort
Du kennst das Geheimnis

Du kennst das Geheimnis der versiegenden Quellen,
Gott, du kennst das Geheimnis!
Du weißt, warum ein blühendes Land verdorrt,
Du weißt, warum uralt-heilige Tore sich schließen,
Du kennst das dunkle Gesetz des fallenden Sterns,
Und wenn der Ruhm eines ganzen Jahrhunderts erlischt
Wie eines einzigen Tages
Vorübervolles Erglänzen,
Wenn eines Jahrtausends Stimme plötzlich verstummt,
Als wär's eines kleinen Vogels abendliches Gezwitscher –
Du kennst das Geheimnis, Gott,
Du kennst das Geheimnis
Unsrer versiegenden Quellen.

Müssen nicht auch Gesänge Nacht annehmen?
Werden nicht auch Gedanken müde und möchten ruhen
Von der Verspendung der Kräfte?
Und wollen nicht auch Gestalten, die Generationen umjauchzt,
Sich endlich wieder verbergen, zurück in die sanfte Demut
Ihres schweigenden Einst,
Daß sie mit junggeschlafenen Augen erwachen –
Du kennst das Geheimnis, Gott,
Du kennst das Geheimnis – – –

Wohl ist's unfaßlich, wenn eine große Kultur
Vor unsren Augen die Entkrönung erleidet,
Wenn eine mächtig geglaubte
Wehrlos und willig die Stufen des greisen Thrones
Hinunterschreitet und hinter ihr
Ein Gespensterhaftes erscheint, und ein Seelenloses
In die Verlassenheit stürzt, lachend und lärmend,
Daß längst zerstörte Altäre noch einmal erschauern –
Wohl ist's unfaßlich –,
Aber du kennst das Geheimnis, du kennst es –
Du, du, der verstoßene Gott!

O haltet nicht, was sich zur Ewigkeit rettet!

Ina Seidel
Elegie auf Schmetterlinge

Immerfort – wie Schmetterlinge die blühenden Stauden verlassen,
Aus deren Kelchen sie tranken –
Immerfort in taumelndem Fluge
Verlassen Seelen die Erde
Und schwärmen über die Schranken.

O ihr des Frühlings, des Sommers
Inniggeliebte Gefährten,
Konntet ihr nicht auf mich warten?
Ohne euch, was soll mir der Phlox
Und die andren Blumen – ich nenne sie nicht –
Was soll mir noch der Garten?

Majestätischer Trauermantel,
Funkelnder Admiral,
Pfauenauge, gesättigt von Zärtlichkeit –
Du Segelfalter – du Schillerfalter –
Ihr waret mit mir, und ich war mit euch in einer Zeit.

Ich gedenke deiner, Perlmutterfalter,
Du Damwild unter den Schmetterlingen
Über Weidenröschen der Waldesblößen!
Kaisermantel und Distelfalter,
Und mit türkisgerandeten Schwingen
Nesselfalter – ihr seid nicht vergessen
Unter den himmlischen Schmetterlingen
All der Sommer, die kamen und starben.
Woher nähm' ich den Schmelz der Farben,
Wollt' ich euch alle besingen, Geliebte?

Bläulinge ihr des Herbstes,
Von euch zu reden ist immer noch Zeit –
Erst kommt der Tag mit der Königskerze
Am schwarzen Weiher auf Bergeshöhe,
In dem Gehölz, aus dem ich hinaustrat
Auf den federnden Rasen der höchsten Kuppe,
Wo mich der Himmel aufnahm, der ungeheure,
Der grenzenlose Ozean des Lichtes:

Dort schwebtest du auf mich zu,
Einziger du, vom Gott Erlesener,
Blutbesprengt der Schnee deiner Schwingen,
Apollofalter – es gab dich doch!
Du hast mich umkreist, Apollofalter!

Bläulinge ihr des Herbstes:
Feuerfalter – Dukatenvöglein –
Düstrer Arion – dich sah ich flügeln
Dicht geschart zu schwebender Wolke
Über verendetem Reh in der Waldschlucht –

Und auf der weißen, staubigen Straße
Wegwartenblau das Geflimmer
Um den staubigen Schuh des Wandrers, des müden –
Bläulinge ihr –

ODA SCHAEFER
Mitleiden

Nun ich zum Schweigen verdammt bin,
Zum Zeugen der nächtlichen Pein,
Sing ich mit heimlichem Munde
Den Zauber, dem ich entstammt bin:
Luftiges, fiedriges Sein
Und Unschuld auf duftendem Grunde.

Da ich vom Dulden entflammt bin,
Gewiesen ins strenge Allein,
Herbstzeitlose der Stunde
Und Trauermantel im Samt bin:
Abschied und Träne sei Dein,
Ich küsse die blutende Wunde.

RUDOLF HAGELSTANGE
Das Wort

Nimm dieses Ding, dies Wort da! Wirf es hin,
dort auf den Stein, und prüf, ob es zerspringt.
Wirfs wie ein Messer
an den Baum – noch besser:
wirfs auf die Brust des Nächsten, ob es steckt!
Und ob es tief, tief in sein Leben dringt.
Es muß so fest im roten Muskel haften,
daß, zöge ers hinaus, die Ränder klafften
und sich nicht wieder schlössen.
Doch gib acht! Der Griff ist alt,
die Klinge stumpf vom vielen Schneiden,
vom Schnitzen, Schälen, Schaben. Nur die Spitze
hält alte Kraft. – Oder auch nicht.
Vielleicht ist nur das eine noch: Gewicht,
Gewicht von Eisen, und von deiner Hand
der feste Wurf und deines Auges
gezielter Blick. Gleichviel:
Du mußt es werfen, wie es ist.
Verwirf es, fällt es nieder in den Sand.
Und steckt es tief, – so taug es!

OSKAR MARIA GRAF
Und doch

Und doch wird einmal in den düstren Zeiten
ein klarer, stiller Friede wahr.
Und mitten im verzagten Hoffen
verspüren wir die Angst entgleiten
und starren sprachlos und betroffen,
weil es so einfach war. –

Es ist wie ein Erschrecken tief im Innern
vor soviel zähem Unverstand.
Wir sehen uns von allen Seiten
umstellt, wenn wir uns bang erinnern,
wie sich der Mensch aus Nichtigkeiten
den Feind nur selbst erfand. –

Von unsren Wimpern lösen sich die Tränen,
weil Freude mehr ergreift als Schmerz,
und über unsre Lippen zittert Weinen,
denn alle Wirrnis, alles dunkle Sehnen
will uns auf einmal leicht erscheinen. –
Und überwältigt schlägt das Herz ...

GERD GAISER
Die sterbende Jagd

22.

Der Angriff hatte begonnen. Die Schlacht war da, zu welcher der Angriff auf Schaaken bloß ein Vorgeplänkel gewesen, die jahrlange Schlacht, die am Himmel zog und ihr Land pflügte wie eine feurige Egge und ihre Kraft fressen sollte, ihre Maschinen, ihre Plätze und Werkstätten, endlich sie selbst, so viele noch übrig waren. Eine Schlacht ohne Aussicht für sie, sie konnten sie nicht gewinnen; sie war schon verloren, als sie begann. Das wußten wenige, denn sie waren gewöhnt worden zu siegen; sie taten das Ihre und Nächste und sahen nicht alles zugleich.

Es begann an dem Tag und wurde die längste und ausgedehnteste Aktion, in der sich das Geschwader bisher befunden hatte. Die Anflüge kamen in einer breiten Front und waren erkannt, als de Bruyn aus Randvig befohlen wurde. Sie dehnten sich über Stunden und währten noch, solang schon die ersten Rückflüge den Bereich schnitten.

Auf den Glaskarten der Gefechtsstände flogen die Punkte an, die Ziele bedeuteten. Sie sammelten sich wie schwarze Schmeißfliegen. Jede Marke war ein Kreuz, das der Fettstift hinschmierte, mit einer Uhrzeit dabei. Bald mangelte es an Platz in den beflogenen Schneisen, die Punkte klumpten sich an wie Bienenschwärme, es kam kaum mehr auf Meldungen an, es würde keine Mühe mehr verursachen, Berührung zu bekommen. Die Punkte sammelten sich zu Bändern, die Bänder streckten sich und bildeten Ströme, die Ströme wälzten sich fort, sandten Arme aus, die sich verloren oder wieder in die allgemeine Flut einmündeten oder sie schnitten, Rinnsale schlängelten sich daneben wie Alt- oder Gegenwässer. Da und dort tauchten neue Kurse auf, die sich geschwinder fortpflanzten, das waren die Vorausjagden, die seitlichen Abschirmungen.

Es war fast unmöglich, das Bild zu entwirren, die Wellen zu unterscheiden oder die einzelnen Pulks zu verfolgen. Unaufhörlich spieen die Leitungen, die von den Meßgeräten herführten, ihre Werte aus, dann kamen Geräuschmeldungen, Sichtmeldungen, Beobachtungen einzelner Flugwachen, Funksprüche von Einheiten auf See. Die Gefechtsstände waren vom Murmeln vieler Stimmen erfüllt, es rauschte und plapperte in den Muscheln der Fernsprecher, Summer tönten und Lichter blinkten und zwinkerten; Zettel raschelten, wurden abgelesen und zu Bündeln gespießt. Die Leiter der Auswertungen führten ihre Nebenkarten, auf denen sie Deutungen der Lagebilder versuchten. Sie arbeiteten wie Entzifferer von Handschriften, deren Schlüssel verschollen ist, und lieferten die Unterlagen für die Befehle an die eigene Jagd.

Erst nach Mittag zeichneten sich die Linien deutlicher ab. Der Gegner griff tief im Heimatbereich Werkstätten an. Die Angriffe rollten, sie holten weit über See aus, um die Flakzonen zu vermeiden, aber die Rückflüge berührten den Geschwaderbereich. Jägerpulks lösten sich ab, um die Heimkehrenden aufzufangen.

Die Schlacht, sie war da, die Schlacht über Ilion, die Schlacht im Skamander. Sie hätten mehr Staffeln besitzen müssen, um sie an den Himmel zu hängen, als sie Maschinen aufbieten konnten. Das Signal zum Start stieg, die Arme wurden lang an den Gashebeln, die Staffeln rollten an, sammelten und zogen über die Plätze in hohen klirrenden Rudeln, bis sie verschwunden waren. Man schickte ihnen ihre Befehle in die Luft. Die Bodenstellen horchten; es war über den Horsten jetzt still geworden, nur in den Funkräumen und Gefechtswagen röchelten und schnarchten die Membranen, das schemenhafte Gefließ entstellter Laute schuf Ahnungen über das, was sich droben vollzog. Rufe suchten und überkreuzten sich, die geduldigen und gedehnten Anweisungen der Bodenstellen, wiederholt und noch einmal durchgesprochen: Ende. Ende, bitte kommen. Das gespannte Warten, das überdehnte Gehör, das formlose Ergießen aus den Hörmuscheln, dann die Bestätigungen, die *Verstanden* bedeuteten: Viktor Viktor. Laut Vorschrift hatten solche Rufe nur Decknamen und Schlüsselworte zu enthalten; sie hießen vielleicht: Steckrübe an Warzenschwein, machen Sie Stacheldraht in Hanni sechzig über Paula Dora. Aber es kamen auch jähe Anrufe dazwischen: Hinein! oder: Paß auf, Indianer links oben. Oder: Roß an Elch, rechts voraus Dicker Hund. Oder selbst einmal ein hingerotztes: Hast Pech, der nimmt dich.

Dann kamen die ersten zurückgelandet, sie kamen in Schwärmen, in Rotten oder einzeln wieder herein. Sie drückten das Feld an und wackelten, wenn sie abgeschossen hatten, und wenn sie dann ausrollten, rannten die Warte zu den Maschinen, hoben die Schützen heraus und trugen sie auf den Schultern. Sie kamen wie Helden, mit Ruhm bedeckt, und wenn sie sich unter den Türen der Gefechtsbaracken duckten, wurden sie wieder Dienstgrade, nahmen Haltung an und meldeten. Was sie droben gesehen hatten, ihre Schrecken und Überwindungen, ihre Einsamkeit in der brüllenden Zelle, in den Räumen, wo die Luft tödlich war, das verwandelte sich in Ziffern, die ein Plus oder Minus trugen. Und sogleich, sobald aufgetankt und munitioniert war, meldeten sie sich wieder ab. Jetzt warfen sie nicht mehr die Beine wie zum Alarmstart, sie stapften langsamer zu ihren Maschinen, sie gingen jetzt eher wie der Schütze, der sich zum zweiten und dritten Angriff erhebt. Die Warte keuchten, ein Dunst von Abgasen, von Schweiß und Öl, von erhitzten Blechen und verschleimten Waffen, von Treibstoff stand um die Maschinenrümpfe, die sich knackend streckten. Es kam jetzt nicht mehr auf Zugehörigkeit an. Wer als Fremder einfiel, rollte zu einem der Liegeplätze und wurde dort gewartet, und sobald vier oder sechs oder mehr Flugzeuge wieder klar waren, nahm einer die Führung, und sie starteten. Zuletzt flogen sie noch in Rotten.

Staffeln waren zersprengt worden, und neue Verbände formierten sich kurzlebig, in denen wenige schon zusammen geflogen waren. Man hörte Namen von Vermißten, erkundigte sich nach Schützen, von denen man gewohnt war, daß sie Erfolge heimbrachten. Neue Namen wurden gehört, die bisher kaum genannt worden waren. Der Nachwuchs zeichnete sich aus. Junge Leute kamen zurück und hatten abgeschossen, starteten hinaus und wurden nie mehr gesehen. Ihre Namen wanderten, sie gingen von Mund zu Mund durch die Liegeplätze. Und neue Landungen anderer Flugzeugführer, alte sichere Leute von Nachbargruppen, die auch Abschüsse brachten, gut beobachtete und von Zeugenschaften gestützte. Man zählte; das Personal am Boden versuchte, Rechnungen aufzustellen. Aber noch hatte es selbst nichts von den Gefechten gesehen.

Da näherte sich die Schlacht für eine Weile, sie floß minutenlang in zwei Strömen zwischen Scholm und Niebüll hinweg. Straßen am Himmel, gleißende Straßen, Straßen von Metall, von Kondens und Geräuschen, das Röhren der Bomberströme, das helle, gereizte, hornissenhafte Geheul der Abschwünge, anschwellend und verflatternd. Das Donnern der schweren Verbände wie Gestänge von Schall. Man sah wenig; nur gute Augen erkannten die schwarzen ziehenden Keile und Rhomben von flüggen Tupfen, und nur die besten unterschieden die Jagd. Manchmal glänzte ein Punkt auf wie Staub, der im Licht funkt.

Plötzlich stand im Norden eine Lichterscheinung, die den Tag überstrahlte und sogleich wieder erlosch. Dann hob sich von der Stelle eine Rauchsäule, schoß aufwärts, als ob sie von einer trunkenen Kraft gespeist würde, wuchs immer noch und trieb einen Kopf aus, der quoll und dann auseinanderschlug wie ein Schirm. Gleich strudelte, fast daneben, aber dünner, ein Rauchpilz auf. Er floß in die Luft skurril aus wie Tusche, die im klaren Wasser Figuren bildet. Dann stand zwei Daumensprünge weiter ein drittes Fanal, die drei Säulen wölkten, sie drehten sich träg um sich selbst und verharrten. Sie hielten lotrecht wie Pfeiler einer Brücke, die über die Halbinsel geschlagen war. Über die Brücke rollte die Schlacht. Als sie weitergerollt war, sanken die Pfeiler langsam in sich zusammen. Die Stümpfe erhellte von innen ein trübes Rot.

Die Handlungen zogen sich auseinander. Jäger sahen einen schweren Verband ankommen, kurvten ein und gingen auf Position. Aber da hingen schon andere Jäger über ihnen, unerreichbar für sie, die Jagd des Gegners, deren Reichweite der ihrigen weit überlegen war. Ihre Besatzungen standen nicht unter dem Druck einer knappen Flugzeit. Sie drückten an, wenn sie selber zum Angriff ansetzten. Das Kurbeln begann, und der schwere Verband setzte seinen Marsch fort.

Jetzt hatte jeder schnell mit sich allein zu tun. Die Jäger trugen ihre Sache aus, sie verfolgten sich, kurvten einander aus, überstiegen einander und ließen sich fallen. Himmel oben und unten, das Meer zog über ihren Köpfen vorbei und vollendete seine Schwenkung, dann wieder Himmel, ein Himmel, aus dessen Leere jetzt Wolkenfetzen aufkochten, das Meer, in dem Schaumsträuße blühten. Eine schwarze Schleppe mit feurigem Kopf raste schlenkernd zu diesem Meer hinauf wie eine Rakete. Sie schwänzelte und kletterte noch immer hinauf ins Meer. Lichtschnüre platzten. Schwapp! ein Fallschirm, unschuldig, überirdisch erblüht. Noch ein Fallschirm. Die Kopfmuscheln rauschten. Eine krächzende Stimme: Paß auf! Eine ruhige und fast überdehnte Stimme: Dranbleiben. Wer Beschuß hatte, drehte ab nach der Küste zu.

Die See lag blau, hauchig, fein gerieft, da und dort sproßten Schaumpfeile schwimmender Einheiten. Gegen die Sonne hin fing die Fläche zu flimmern an, sie blendete und löste sich allmählich in Glanz auf. Inseln schwammen schwarz in dem Glanz wie Brocken im kochenden Blei. Das alles zog unter den Flächen der hochflossigen Vögel hinweg, der fliegenden Festungen, der Ketten von Festungen, die im Raum hingen. Sie standen, und Erde und Meer spulten sich unter ihnen gemächlich ab. Die Zeit fraß den Raum unter ihnen. Sie standen aufgerückt zu Geschwadern und deckten einander, einer über dem andern, unter dem andern, neben dem andern.

Der kleine Brede hatte seinen Schwarm noch beisammen und sah vor sich die letzte Kette eines Pulks, die etwas rückwärts abhing. Er stürzte darauf, sie stürzten einer hinter dem andern. Das waren Teile von Augenblicken, Brede sah den Schatten in sein Visier tauchen und schweben und verlor ihn wieder, dann schob sich eine Fläche vergrößert herein, die Verdickungen der Motorgondeln wie Knäufe, eine Fischflanke, die Abwehr aus allen Luken flackernd – aus allen Knopflöchern, sagte Brede mit den Zähnen aufeinander, er dachte nichts, dann dachte er: jetzt, und drückte auf seine Knöpfe, und dann sah er nichts und dann einen dunklen Fetzen, einen spritzenden Span, im Fahrtwind davongetragen; dann schwang er ab, und erst nach Augenblicken suchten seine Gedanken. Wo bin ich gewesen, und woher komme ich? Er war nicht getroffen, er konnte nichts merken, daß er getroffen wäre. Eine Wärme fuhr in ihm auf, sein Kopf sauste, eine Wärme, die in der Kehle kitzelte. Dann drehte er den Kopf und sah seinen Rottenflieger hinter sich.

Da war kein Suchen mehr nach flüchtigen einzelnen Zielen. Der Himmel war voll von ihnen. Die Oberfähnriche Heinold und Neunhöfer flogen als Rotte. Sie hatten einen Pulk Jäger abgeschüttelt, nachdem ihre Staffel gesprengt worden war. Da sahen sie zwei der Viermotorigen von ihrem Verband abgefallen. Eine flog etwas seitlich und über der ersten, die angeschlagen schien, und die Geschwindigkeit beider war vermindert. Heinold setzte an, er kam von hinten gegen die höher fliegende Maschine und hatte sie messerschmal vor sich, die hohe Flosse, den Rumpf, die vier Gehäuse, er schaukelte, er tanzte in den Böen, sah einmal Bauch, einmal Flanke und Flosse weiß gebändert, das Geschlaker aus Kanzeln und Topf des gewaltigen Flügelfischs, dann eigene Treffer, eine Flamme wie aus dem Kopf eines Streichholzes zischend, eine Stichflamme; dann scherte er aus. Als er kurvte, sah er die beiden Flugzeuge noch beisammen. Das seine, das er beschossen hatte, brannte stark aus dem linken Tragwerk; er unterschied nicht, ob einer oder ob die beiden Motoren qualmten, aber es hatte Höhe eingebüßt und hing jetzt unter dem anderen Flugzeug. Dann sah er erst, daß dieser zweite auch eine Fahne schleppte. Das war Neunhöfer, dachte er, Neunhöfer hat ihn beschossen. Aber von Neunhöfer selber sah er gar nichts mehr. Der Zwischenraum zwischen den beiden kranken Maschinen wurde größer. Sie verloren weiter an Höhe und wechselten ihren Kurs, sie wollten vielleicht die Küste erreichen. Aber aus der einen schoß jetzt ein Lichtbündel, das den Rumpf zu zerschlitzen schien; eine Flamme wütete, aber sie hielt sich noch Augenblicke; endlich ein einzelner Fallschirm, dann nichts und noch drei Fallschirme schnell hintereinander, und noch einer, sie pendelten da und bildeten eine Figur wie ein großes W. Das fliegende Schiff zerbrach, es stürzte, man sah auf dem Meer Qualm und Schäumen, das Meer brannte. Brennende Flecken auf dem Meer, die auseinanderliefen, und schwarze Ballen darüber.

Darüber hatte der andere wieder den Kurs gewechselt, er schien erholt, Heinold sah keine Flammen mehr. Will er heim? sagte er. Er flog eine weite Kurve und noch einmal von vorn dort hinein gegen die dröhnende Zitadelle, er stürzte auf ihn und durch sein Feuer hindurch und spürte, jetzt war er selbst auch getroffen. Er soll nicht heimkommen, dachte er, während seine Waffen hämmerten. Hinab, dachte er, und dann quoll ihm selber in seine Kabine der Rauch.

Hans Bender
Der junge Soldat

> Als er vom Begräbnis seiner sieben
> Kameraden zur Front zurückging

In die Blumen ihrer Haare
rieselte die listge Erde.
Auf die Särge ihrer Brust
klopften unsre stummen Würfe.
Sieben gelbe, warme Gräber
trocknen in der Julisonne.

Wiesenweg durch heißen Mohn.
Wälderweg durch kalte Tannen.
Weg, der blind im Sumpf ertrinkt.

Ungewisser Minenweg –
dann vorbei an hellen Hütten.
Vorhangfalten, Fensterglas.

Beerentrauben in den Gärten.
Rosenstrauß. Gladiolengarbe.
Brunnen, dran der Eimer schwappt.
Vor den Zäunen steife Mädchen.
In die Löcher der Pupillen
Haß, vom Schreck hineingebohrt.

Trauer durch den Sommer tragen,
Schultergurt und rauhes Tuch.
Handgranate, Spaten, Helm,
das Gewehr und die Geschosse.
Messer, eingekerbt die Rille,
für das Blut der stumpfen Rücken.

Sieben fette Krähen wehen
aus den Ästen roter Föhren.
Sieben schwarze Federn fallen
in die Raupenspur des Tanks.

Hans Bender
»Forgive me«

Herr Studienrat Runge sagte mit einschläfernder Stimme: »forgive me« ist ein starker Ausdruck. Der Engländer gebraucht ihn eigentlich nur Gott gegenüber, im Gebet, in der höchsten Gefühlsaufwallung. Ihr werdet ihn selten hören, selten gebrauchen. Häufiger kommen vor »excuse me« und »sorry«, ja, vor allem »sorry«. »Sorry« könnt ihr bei jeder Entschuldigung anwenden. Wenn ihr an jemandem vorbeigehen wollt, wenn ihr jemandem auf den Fuß getreten seid, sagt »sorry« ...
 Ich war vierzehn Jahre alt. Ich saß in der letzten Bank und war nicht besonders aufmerksam. Vor mir, auf der polierten Platte lag ein blaues Oktavheftchen, in das ich die neuen Worte eintragen sollte. Doch ich malte rechts und links von meinem Namen eine Blume. Unter dem Oktavheftchen lag ein Spiegel, in den ich ab und zu sah. Ich sah gerne in den Spiegel, zupfte an meinen Haaren vor

der Stirne und schnitt Gesichter. Ich wollte nämlich Schauspielerin werden. Auf dem Heimweg überholten mich drei Jungens der Parallelklasse: Walter, Horst und Siegbert. Siegbert sagte: »Da geht die Brigitte Horney!« Die anderen lachten. – Was hatte nur dieser Siegbert gegen mich? Er reizte, neckte, blies die Backen auf, ich aber freute mich, wenn ich ihn sah ...

Es war Anfang April. Der Krieg ging dem Ende zu. Von Vater kamen keine Briefe mehr. Mutter saß am Abend ohne Worte an meinem Bett.

Einige Tage später wurden wir aus der Schule nach Hause geschickt. Um die Mittagszeit surrten amerikanische Tiefflieger über die Dächer. In der Nacht fuhren Lastwagen mit SS-Leuten der Rheinbrücke zu, und die Fenster schütterten vom Gedröhn der Front. Dann drängten sich Autos, Pferdewagen und Panzer durch die Straßen, über die Trottoirs. Infanteristen zogen zurück, in Gruppen, vereinzelt, abgerissen, verwundet.

Die Stadt wurde aufgewühlt von Angst, Unruhe, Ungewißheit und der Erwartung, daß alles zu Ende sei. Beck, ein fanatischer Anhänger Hitlers, bewaffnete Freiwillige und Gezwungene. Er verteilte Gewehre und Panzerfäuste, er ließ Sperren errichten, Gräben ausheben. Vor allem junge Menschen taten mit. Mit gärendem Kopf.

Siegbert lag unter dem Befehl eines ehemaligen Weltkriegsoffiziers auf einem Hügel vor der Stadt. Ich trug Wasser zum Hügel, Kaffee, Kuchen, Zigaretten, und die letzte Tafel Schokolade, die Vater zu Weihnachten geschickt hatte, brachte ich Siegbert. Ich saß im Graben neben ihm. Er sagte: »Du, ich habe mich getäuscht, du bist kein Flittchen – eher ein Junge.« Das machte mich stolz. Ich rauchte kurz danach meine erste Zigarette, ohne zu husten. Aber ich war kein Junge! Nein, ich war kein Junge ...

An einem frühen Vormittag ging ich wieder zum Hügel. Die Wege und Felder lagen wie ausgestorben, nur die Lerchen stiegen aus den Furchen. Seit diesem Morgen weiß ich, wie schön Gesang der Lerchen ist. Auf dem Hügel wurde ich nicht gerade freundlich empfangen. Einer sagte: »So'n Wahnsinn.« Und der Weltkriegsoffizier sagte: »Tolles Mädchen, du kannst nicht mehr zurück.«

»Warum?« fragte ich.

»Es geht los«, sagte er.

»Was? Was geht los?«

Niemand antwortete. Eine unheimliche Stille. Ich stolperte über den Hügel zu Siegbert. Er riß mich in den Graben, neben sich,

preßte meinen Kopf in seine Arme und sagte: »Warum bist du nur gekommen! Warum bist du nur heute gekommen!«
Dann explodierte die Ruhe. Einschläge schüttelten den Hügel. Zornige Granaten durchwühlten die Erde, die wenigen Leben herauszuwerfen, herauszupflügen wie Kartoffeln auf dem Felde. Hatte ich Angst? Hatte ich keine Angst? Ich weiß es nicht.
Erdfontänen sprangen hoch. Splitter regneten, und der Rauch nahm den Atem.
Eine Stimme gellte: »Sie sind auf der Straße!«
Dann wurde es ruhig, doch in der Ruhe war ein dunkles Rollen. Siegbert sagte: »Mal nachsehen.« Er richtete sich auf und schaute, den Kopf über dem Grabenrand, zur Straße hinüber. Ich sah zu ihm auf und fragte: »Siehst du etwas? Siehst du – – –?« Da schoß das Blut aus seinem Hals, ein roter Strahl, wie aus einer Röhre ...
In der Kirche war ein Bild: Das Lamm Gottes über einem Kelch. Blut, ein roter Bogen, wölbte sich aus einer klaffenden Halswunde zum Kelchrand. So war es bei Siegbert. Ich hatte das Bild in der Kirche lange nicht gesehen. Jetzt sah ich es genau. Das Bild war mein einziger Gedanke, ein dummer Gedanke. Lähmend. Ich konnte nicht schreien, nichts tun. Ich sah das Blut seinem Hals entströmen – und dachte an das Bild in der Kirche ... Dann brach sein Körper zusammen, nach vorne, zu mir, sackte in die Hocke, wie er vorher saß, die Stirne schlug auf die Knie, und die Hände legten sich, nach unten geöffnet, neben die Füße auf die Erde.
In die Unheimlichkeit meiner Angst fiel ein Schatten. Oben, am Grabenrand, stand ein Soldat, ein fremder Soldat, in fremder Uniform, mit einem fremden Stahlhelm und einer fremden Waffe, die noch nach Siegbert zielte.
Sein Mörder!
Aber der senkte die Waffe, warf sie zur Erde und sagte: »Forgive me.« Er beugte sich herab, riß meine Hände an seine Brust und sagte: »Forgive me.«

INGEBORG BACHMANN
Fall ab, Herz

Fall ab, Herz, vom Baum der Zeit,
fallt, ihr Blätter, aus den erkalteten Ästen,
die einst die Sonne umarmt,
fallt, wie Tränen fallen aus dem geweiteten Aug!
Fliegt noch die Locke taglang im Wind
um des Landgotts gebräunte Stirn,
unter dem Hemd preßt die Faust
schon die klaffende Wunde.

Drum sei hart, wenn der zarte Rücken der Wolken
sich dir einmal noch beugt,
sei hart, wenn der Hymettos die Waben
noch einmal dir füllt.

Denn wenig gilt dem Landmann ein Halm in der Dürre,
wenig ein Sommer vor unserem großen Geschlecht.

Und was bezeugt schon dein Herz?
Zwischen gestern und morgen schwingt es,
lautlos und fremd,
und was es schlägt,
ist schon sein Fall aus der Zeit.

Alle Tage

Der Krieg wird nicht mehr erklärt,
sondern fortgesetzt. Das Unerhörte
ist alltäglich geworden. Der Held
bleibt den Kämpfen fern. Der Schwache
ist in die Feuerzonen gerückt.
Die Uniform des Tages ist die Geduld,
die Auszeichnung der armselige Stern
der Hoffnung über dem Herzen.

Er wird verliehen,
wenn nichts mehr geschieht,
wenn das Trommelfeuer verstummt,

wenn der Feind unsichtbar geworden ist
und der Schatten ewiger Rüstung
den Himmel bedeckt.

Er wird verliehen
für die Flucht von den Fahnen,
für die Tapferkeit vor dem Freund,
für den Verrat unwürdiger Geheimnisse
und die Nichtachtung
jeglichen Befehls.

EUGEN GOMRINGER
konstellationen

ping pong
    ping pong ping
    pong ping pong
          ping pong

möv
möv möv
möv möv möv
möv

möv luv
möv lee
möv möv möv
luv   möv möw
lee

möv möv möw
möv möv
möv

das schwarze geheimnis　　　　　le mistère noir
ist　　　　　　　　hier　　　　　est　　　　　　　ici
hier　　　　　　　　ist　　　　　ici　　　　　　　est
das schwarze geheimnis　　　　　le mistère noir

the black mystery　　　　　　　el misterio negro
is　　　　　　　　　here　　　　está　　　　　　aquí
here　　　　　　　　is　　　　　aquí　　　　　　está
the black mystery　　　　　　　el misterio negro

Gottfried Benn
Schmerzliche Stunde

Das ist die schmerzliche Stunde,
da öffnet sich altes Leid:
ein Panorama die Runde
von Sinn- und Menschlichkeit.

Sie tragen rote Hüte
auch Trenchcoats mit Achselstück,
so wesen sie heute als Blüte
von Sein und Glück.

Sie haben volle Gesichter,
auch Lippen mit rouge baiser,
wer wollte als Rächer und Richter
hier sagen: entschminke dich, geh?

Sie sind geschichtlich geworden,
sie tragen das Ur und das Gen,
wer weiß, ob höhere Orden
besser wie sie bestehn?

Das ist die schmerzliche Stunde,
was littest du nur so sehr,
erhieltest du etwa Kunde
von Nach-Tod, Treue und mehr?

Nur zwei Dinge

Durch soviel Formen geschritten,
durch Ich und Wir und Du,
doch alles blieb erlitten
durch die ewige Frage: wozu?

Das ist eine Kinderfrage.
Dir wurde erst spät bewußt,
es gibt nur eines: ertrage
– ob Sinn, ob Sucht, ob Sage –
dein fernbestimmtes: Du mußt.

Ob Rosen, ob Schnee, ob Meere,
was alles erblühte, verblich,
es gibt nur zwei Dinge: die Leere
und das gezeichnete Ich.

BERTOLT BRECHT
Der Rauch

Das kleine Haus unter Bäumen am See
Vom Dach steigt Rauch.
Fehlte er
Wie trostlos dann wären
Haus, Bäume und See.

Bei der Lektüre eines sowjetischen Buches

Die Wolga, lese ich, zu bezwingen
Wird keine leichte Aufgabe sein. Sie wird
Ihre Töchter zu Hilfe rufen, die Oka, Kama, Unsha, Wetluga
Und ihre Enkelinnen, die Tschussowaja, die Wjatka.
Alle ihre Kräfte wird sie sammeln, mit den Wassern aus
                                        7000 Nebenflüssen
Wird sie sich zornerfüllt auf den Stalingrader Staudamm stürzen.
Dieses erfinderische Genie, mit dem teuflischen Spürsinn
Des Griechen Odysseus, wird alle Erdspalten ausnützen

Rechts ausbiegen, links vorbeigehn, unterm Boden
Sich verkriechen – aber, lese ich, die Sowjetmenschen
Die sie lieben, die sie besingen, haben sie
Neuerdings studiert und werden sie
Noch vor dem Jahre 1958
Bezwingen.
Und die schwarzen Gefilde der Kaspischen Niederung
Die dürren, die Stiefkinder
Werden es ihnen mit Brot vergüten.

PETER HUCHEL
Eine Herbstnacht

Wo bist du, damals sinkender Tag?
Septemberhügel, auf dem ich lag
Im jähen blätterstürzenden Wind,
Doch ganz von der Ruhe der Bäume umschlungen ...
Kraniche waren noch Huldigungen
Der Herbstnacht an das spähende Kind.
O ferne Stunde, dich will ich loben.
Langhalsig flogen die großen Vögel dort oben.
Der Knabe rief ihnen zu ein Wort.
Sie schrieen gell und zogen fort.
In Bäumen und Büschen wehte dein Haar,
Uralte Mutter, die alles gebar,
Moore und Flüsse, Schluchten und Sterne.
Ich sah dich schwingen
Durchs Sieb der Ferne
Den glühenden Staub der Meteore.
Die Erde fühlend mit jeder Pore,
Hörte ich Disteln und Steine singen.
Der Hügel schwebte. Und manchmal schoß
Den Himmel hinunter ein brennender Pfeil.
Er traf die Nacht. Sie aber schloß
Mit schnellem Dunkel die Wunde
Und blieb über wehenden Pappeln heil.
Quellen und Feuer rauschten im Grunde.

Ernst Meister
Im Traume übersprang ich meinen Tod

Tod, der du von Weisheit alles verstehst,
bist dennoch ein Spieler, der du mit der schon fertigen
Kette unserer schwarzen Abende fingerst, sie scherzend
um den Nacken unserer Liebesstunden legst ...

Tod, der du von Weisheit alles verstehst,
sag, wann zerreißest du die Kette, wann
liegen die dunklen Kugeln unter deinem
trügerisch harmlosen Taglicht, wann
unterm schwarzen Schafspelz deiner Wölfin Nacht?

Wie töricht waten wir doch in deinem giftigen Speichel,
wie blind tappen wir im Felde deiner vollkommenen Sehkraft!
Herr und Meister will ich meinen Schatten nennen,
und wo wäre, mein Tod, ein Herr und Meister neben dir?

Also bist du mein Schatten oder mein Gespenst, das ich frage:
Warum hast du so große Hände, so große Augen,
einen so großen Mund? – Und wie Rotkäppchen bange ich mich.
Einmal aber, im Traume, übersprang ich dich, ja, es gelang mir,
über meinen großen Schatten zu springen,

und siehe, ich fiel in den duftenden Schoß einer aufblätternden
 Rose.
Du aber, Schattengespenst, warst zu einem Bettler geworden,
der seinen durchlöcherten Hut aufhielt
und Bäume und Sträucher anflehte um welkes Blatt ...

Günter Eich
Träume
Schlußgedicht

Wacht auf, denn eure Träume sind schlecht!
Bleibt wach, weil das Entsetzliche näher kommt.

Auch zu dir kommt es, der weit entfernt wohnt von den Stätten,
 wo Blut vergossen wird,
auch zu dir und deinem Nachmittagsschlaf,
worin du ungern gestört wirst.

Wenn es heute nicht kommt, kommt es morgen,
aber sei gewiß.

»Oh angenehmer Schlaf
auf den Kissen mit roten Blumen,
einem Weihnachtsgeschenk von Anita, woran sie drei Wochen
                                                    gestickt hat,
oh angenehmer Schlaf,
wenn der Braten fett war und das Gemüse zart.
Man denkt im Einschlummern an die Wochenschau von gestern
                                                    abend:
Osterlämmer, erwachende Natur, Eröffnung der Spielbank in
                                                    Baden-Baden,
Cambridge siegte gegen Oxford mit zweieinhalb Längen, –
das genügt, das Gehirn zu beschäftigen.

Oh dieses weiche Kissen, Daunen aus erster Wahl!
Auf ihm vergißt man das Ärgerliche der Welt, jene Nachricht
                                                    zum Beispiel:
Die wegen Abtreibung Angeklagte sagte zu ihrer Verteidigung:
Die Frau, Mutter von sieben Kindern, kam zu mir mit einem
                                                    Säugling,
für den sie keine Windeln hatte, und der
in Zeitungspapier gewickelt war.
Nun, das sind Angelegenheiten des Gerichtes, nicht unsre.
Man kann dagegen nichts tun, wenn einer etwas härter liegt als
                                                    der andere.
Und was kommen mag, unsere Enkel mögen es ausfechten.«

»Ah, du schläfst schon? Wache gut auf, mein Freund!
Schon läuft der Strom in den Umzäunungen, und die Posten sind
                                                    aufgestellt.«

Nein, schlaft nicht, während die Ordner der Welt geschäftig sind!
Seid mißtrauisch gegen ihre Macht, die sie vorgeben für euch
                                                    erwerben zu müssen!
Wacht darüber, daß eure Herzen nicht leer sind, wenn mit der
                                                    Leere eurer Herzen gerechnet wird!
Tut das Unnütze, singt die Lieder, die man aus eurem Mund nicht
                                                    erwartet!
Seid unbequem, seid Sand, nicht das Öl im Getriebe der Welt!

Günter Eich
Rede vor den Kriegsblinden

Herr Bundespräsident, meine Damen und Herren!
Ich darf Ihnen danksagen für die Ehrung, die Sie mir haben zuteilwerden lassen, für die Worte der Zustimmung und Anerkennung, die Sie für meine Arbeiten ausgesprochen haben.

Die Ehrung, die ich heute empfangen durfte, kommt nicht von den Hörern schlechthin, sondern von denen, für die das Hören eine erhöhte, eine zentrale Bedeutung gewonnen hat. Das erhöht mir auch den Wert dieser Anerkennung. Vielleicht darf ich hier ein östliches Sprichwort zitieren: Die Ehre ehrt nicht nur den, der geehrt wird, sondern auch den, der ehrt.

Der Preis, den Sie mir zuerkannt haben, besteht in einer Plastik des kriegsblinden Bildhauers Jakob Schmitt. Sie stellt zwei Hände mit einer Blume dar und versinnbildlicht die Tastwelt des Blinden. Mich berührt dieses Geschenk um so mehr, als ich meine, daß es über das unmittelbar Dargestellte hinaus mancherlei gleichnishaft ausdrückt. Ich will so sagen: Alles, was eine Form gewonnen hat, wird in höherem Sinne brauchbar, wird anwendbar auch für Bereiche, an die möglicherweise auch sein Schöpfer nicht gedacht hat. Ich hoffe, Sie werden es nicht völlig abwegig finden, wenn ich, von dieser Plastik ausgehend, einige persönliche Gedanken ausspreche, wenn ich Ihnen zu verdeutlichen suche, was mich zum und beim Schreiben bewegt. Vielleicht ist es auch nur das, was einen bewegen sollte, – ich wage es nicht zu entscheiden.

In mancher Hinsicht ist ja der Mensch schlechthin, nicht nur der Blinde, blind. Seine Sinnesorgane erfassen immer nur einen Teil der Wirklichkeit. Unsere Ohren hören den Schrei der Fledermäuse nicht, und wir erkennen nicht die Farben Infrarot und Ultraviolett. Der Mensch ist dabei, sich Ersatzorgane zu schaffen, Radargeräte jeder Art, Meßinstrumente, die, wie es heißt, genauer und schneller arbeiten als Auge und Ohr. Seine Hybris scheint überzeugt, daß dieser Entwicklung keine grundsätzlichen Grenzen gesetzt sind. Das mag sein; indessen hat es den Anschein, als würde der Mensch blinder, je mehr er sieht. Denn eigentlich kann er sich nur dem nähern, was er liebt, und nur das vermag er wirklich zu erkennen. Die blinde Hand, die voller Liebe eine Blume ertastet, sieht sie besser als das Auge, das ganze Gärten gleichgültig registriert. Die Welt ist in ihrer Meßbarkeit erweitert, in ihrer Innigkeit verkleinert worden. Mißverstehen Sie mich nicht als Idylliker, der der Zeit nachtrauert, als es noch keine Elektronenmikroskope, keine Hollerithmaschinen, keine Magnetophonbänder und keine mechanischen Gehirne gab. Ich glaube, daß wir all diese Dinge, und damit übrigens auch den Zug zum Totalitären, der vom Osten wie vom Westen gleichmäßig auf uns eindringt, hinzunehmen haben als eine legitim entwickelte Ausdrucksform des menschlichen Geistes. Wir wollen nur nicht vergessen, daß es sich bestenfalls um einen mechanischen Segen handelt und daß mit dem gleichen Automatismus, der dieser Entwicklung eigen ist, allen gegenteiligen Beteuerungen zum Trotz, die Werte entleert werden. Ich sage Ihnen damit nichts Neues, diese Feststellungen gehören ja schon beinahe zum Nachrichtendienst der Tageszeitungen. Indessen scheint mir in aller heutigen Kulturkritik eine Resignation, ja Verzweiflung zu walten, die im Kreise geht und nichts besseres hervorzurufen geeignet ist als Selbstmitleid. Eine unerwünschte Entwicklung als unabänderlich zu sehen, gibt gewiß keinen Anlaß zur Hochstimmung. Ist das Einzige, was wir tun können, daß wir warten? Darauf zum Beispiel, daß sich in der Entwicklung zur Mechanisierung selbst neue Werte zu bilden vermögen? Ist eine aktivere Haltung auf keinen Fall möglich? Ich will mir nicht anmaßen, Rezepte zu verschreiben, wo niemand die Wirkung der Heilmittel abzuschätzen vermag. Ich meine auch, daß die Würde und der Rang des Menschen solange unangetastet sind, als es noch einen gibt, der sie lebt. Der Adel des Menschen ist unteilbar, ein einzelner könnte ihn voll und gültig bewahren. Und Sie wissen und glauben gewiß mit mir, daß es bis zu diesem Einzelnen und Letzten nie kommen wird. Daß aber die Gläubigen bisweilen in die Katakomben gehen müssen, kommt dem Glauben zugute. Mir scheint, daß es in unserer Situation wesentlich auf den Aspekt ankommt. Setzt man die innere Kraft des Menschen zu Rückzugsgefechten ein, ist freilich die Niederlage gewiß. Wir wollen diese Kraft als einen Kern, als Kristallisationspunkt betrachten, an sie glauben und sie pflegen, dem Hohn jener Kommissare und Manager zum Trotz, die emsig bemüht sind, die Erde endgültig zum Konzentrationslager zu ordnen. Es könnte dann geschehen, daß insgeheim eine Kraft herangewachsen ist, die ihnen ihr Programm undurchführbar macht.

Jetzt werden Sie im Stillen denken, daß ich doch gewaltsam und reichlich weit abgeschweift bin, hat das alles noch etwas mit dem Hörspiel zu tun? Mit dem Hörspiel allein freilich nicht, aber doch insofern als das Hörspiel ein Teil im Zusammenhang des Schreibens und Denkens unserer Zeit ist. Das Hörspiel mag andere formale

Gesetze haben als das Theaterstück, der Roman, das Gedicht. Es darf sich aber in gleicher Weise das Recht nehmen, zur Zeit, zu unserer Existenz, zu allem, was uns bewegt, auszusagen. Seine besondere Wirksamkeit scheint mir dabei nicht einmal so sehr die große Hörerschaft zu sein als die dem Lautsprecher seiner Herkunft nach innewohnende Direktheit, der Ruf, die Nachricht, das Authentische, das allem ein wenig anhaftet, was über diese merkwürdige Apparatur an unser Ohr kommt, selbst das Phantasievollste und Märchenhafteste. Ein großer Teil der Hörerzuschriften zu meinem Hörspiel ›Die Andere und ich‹ bestand eigentlich in der Frage »Ja, gibt es denn das?«, eine Frage, die man gewiß vor der Dekorations- und Kulissenwelt des Theaters seltener zu hören bekäme. Lassen Sie mich wiederum pro domo sagen, daß ich daraus nicht schließe, ein Hörspiel müsse seinem Wesen nach realistisch sein. Ich glaube, daß das eigentlich nebensächliche Fragen sind. Ich bin froh, daß es für das Hörspiel noch keine Hamburgische Dramaturgie gibt und ich fühle mich in diesem anarchischen Zustand, der Experimente weder fordert noch verbietet, recht wohl.

Im Grunde meine ich, daß es für alles, was geschrieben wird und also auch für das Hörspiel auf etwas anderes ankommt, was ich Ihnen nicht eigentlich begründen kann, weder kurz noch lang noch überhaupt, und was ich Sie bitten müßte, als eine persönliche Ansicht und ein persönliches Bekenntnis hinzunehmen: Daß es darauf ankommt, daß alles Geschriebene sich der Theologie nähert.

Lassen Sie mich nur kurz sagen, was ich *nicht* damit meine: Ich meine nicht die Bestätigung von Glaubenssätzen durch das geschriebene Wort, eher meine ich eine Beunruhigung. Ich meine damit kein Nein zum Spaß und zum Spiel, zum Gelächter, zur Freude, zur Komödie, zur Posse. Ich meine damit keine Predigt und nicht die Erbauung und schließlich meine ich nicht, daß der Name Gottes überhaupt angerufen werden müßte. Was also meine ich? Wir bedienen uns des Wortes, des Satzes, der Sprache. Jedes Wort bewahrt einen Abglanz des magischen Zustandes, wo es mit dem gemeinten Gegenstand eins ist, wo es mit der Schöpfung identisch ist. Aus dieser Sprache, dieser nie gehörten und unhörbaren, können wir gleichsam immer nur übersetzen, recht und schlecht und jedenfalls nie vollkommen, auch wo uns die Übersetzung gelungen erscheint. Daß wir die Aufgabe haben zu übersetzen, das ist das eigentlich Entscheidende des Schreibens, es ist zugleich das, was uns das Schreiben erschwert und vielleicht bisweilen unmöglich macht.

Das Hörspiel unter theologischen Aspekten, – ist das nicht ein Mißverhältnis, das nie auszugleichen ist? Ich bin, da ich das Hörspiel nicht geringer achte als jede andere Kunstform, nicht der Ansicht. Zudem stehen wir Autoren, die wir für den Rundfunk arbeiten, unter den Gesetzen einer Apparatur, die wir immer mit wachsamem Mißtrauen beobachten sollen, auch wo wir uns ihrer bedienen. Wir sind gefährdeter als die Lyriker. Da, wo wir nicht aufmerksam sind, dienen wir der Mechanisierung der Welt, da, wo wir lieben – ich glaube, so darf man es auch sagen –, da helfen wir mit, jene Kräfte zu stärken, die einmal das große KZ und den großen Friedhof Welt unmöglich machen werden.

Ilse Aichinger
Knöpfe. Hörspiel

Straße, starker Regen.
John Hast du es heute wieder gehört, Ann?
Ann Ja. Wie immer. Kurz bevor ich wegging!
John Und die andern? Hören die es auch?
Ann Jean sagt, man gewöhnte sich so daran, daß man es zuletzt nicht mehr hört. Sie ist schon zwei Jahre in der Abteilung und hört es fast nicht mehr. Und auch Rosie sagt, sie hätte zuerst Angst davor gehabt. Jetzt hat sie keine mehr! Mir wird es auch so gehen. Zuerst werde ich keine Angst mehr haben und zuletzt höre ich es gar nicht mehr. Und dann ist alles gut.
John Ich weiß nicht.
Ann Jean sagt, wir sollten uns hüten, uns darüber zu beschweren. Wir müssen froh sein, daß wir in dieser Abteilung sind. Die Mädchen in den andern Abteilungen werden immerfort entlassen. Und wenn wir in der Abteilung für Zwirnknöpfe oder Elfenbeinknöpfe wären, wären wir's auch schon. Nur weil wir bei den schönen Knöpfen sind, werden wir noch gehalten!
John Und deshalb –
Ann Jean sagt auch, wenn es auf die Zwirnknöpfe oder auf die Elfenbeinknöpfe oder auf sonst etwas ankäme, müßten wir längst schließen. Nur wegen der schönen Knöpfe läuft der Laden weiter.
John Und deshalb dürft ihr nicht fragen, weshalb die Wand abbröckelt!
Ann Es ist nicht die Wand, John. Es ist hinter der Wand. Rosie sagt,

es hinge vielleicht mit der Herstellung zusammen. Aber es ist besser, nicht zu fragen, sonst denkt der Alte, wir wollten dahinterkommen!

JOHN Ich würde gern einmal einen von diesen Knöpfen sehen!

ANN Sie sind schön, John, das kannst du mir glauben! Sie glänzen so, wie alle andern Knöpfe nicht glänzen, matter, aber auch stärker. Wenn ich sie angreife, denke ich manchmal, ich könnte sie wie Früchte zwischen meinen Fingern pressen, aber sie sind ganz hart. Und meist nach irgendeiner Seite rund. Wenn ein Knopf eine bestimmte Farbe hat, hat er doch zugleich alle andern auch. Und einer von ihnen kostet mehr als mein ganzer Wochenlohn! Aber ich kann keinen nach Hause nehmen, John, auch wenn ich ihn am nächsten Tag zurückbrächte. Der Alte würde es merken.

JOHN Dann will ich einen kaufen und dir schenken, Ann.

ANN Nein, nein, das will ich nicht, John. Das will ich nicht. Ich hätte dann immer das Gefühl, ich trüge etwas Fremdes auf mir!

JOHN Etwas Fremdes?

ANN Und für soviel Geld. Ein ganzer Wochenlohn!

JOHN Ich wollte, du brauchtest keinen Wochenlohn mehr, Ann! Und du müßtest nie mehr dorthin gehen!

ANN Ich wollte auch –

JOHN Der Regen läßt jetzt nach, siehst du?

ANN Was ich sagen wollte, John: dieses Geräusch im Laden, es klingt doch nicht ganz wie Regen. Eher wie Hagel. Oder wie das Prasseln von Feuer!

Raum in der Fabrik. Geräusch hinter der Wand.

ANN Schon wieder!

ROSIE Das höre ich gar nicht mehr. Und wenn du einige Zeit hier bist –

ANN Und wenn ich zehn Jahre hier wäre – ich würde immer neu erschrecken.

ROSIE Das denken alle zu Beginn. Ich hätte mir noch vor sechs Wochen nicht denken können, daß ich nicht erschrecke.

JEAN Wenn ihr einmal zwei Jahre in einer Abteilung seid! Ich glaube, ich würde erschrecken, wenn ich es nicht mehr hörte.

ANN Und zu Beginn?

JEAN Ich weiß nicht mehr, wie es zu Beginn mit mir war. *Gähnt.*

ANN Aber es muß doch eine Ursache haben! Es müßte doch möglich sein, daß man zu dem Alten geht und ihn fragt. Vielleicht ist alles ganz einfach!

JEAN Möglich.
ANN Vielleicht wissen es sogar Bill oder Jack. Wenn jemand Vertreter ist –
JEAN Sicher wissen sie's. Wahrscheinlich hängt es mit der Herstellung zusammen.
ANN Und du hast nicht gefragt, Jean? Die ganzen zwei Jahre hast du nicht gefragt?
JEAN Weil es mich nichts angeht. Die Herstellung ist geheim. Ich will nicht entlassen werden.
ANN Du bist doch gut mit Bill!
JEAN Und ich will es auch bleiben!
ROSIE Vielleicht werden die Knöpfe gebrannt!
ANN Vielleicht.
ROSIE Oder gedreht. Aber wir haben schon lange kein neues Modell gehabt, Jean.
JEAN Das letzte war gerade neu, als ich kam.
ROSIE Welches?
JEAN Elisabeth.
ANN Ist das der blaue Knopf?
JEAN Ja, der blaue!
ANN Elisabeth!
JEAN Kurz vorher waren auch Silvia und Vernon entstanden.
ANN Und warst du ganz allein hier?
JEAN Bis Rosie kam.
ANN Und hattest du nicht Angst, als du es zum erstenmal hörtest, Jean?
JEAN Bill hat mir gleich Gesellschaft geleistet. Und auch Jack. Nein, ich glaube, ich hatte keine Angst!
ANN Auch nicht ganz zu Beginn?
JEAN *nachdenklich.* Ganz zu Beginn?

Anderer Raum.
BILL Sie sind wohl das neue Fräulein!
JEAN Ich – ich glaube, ja!
BILL Glück gehabt!
JEAN Ich bin auch glücklich!
BILL In den andern Abteilungen werden alle entlassen, nur hier –
JEAN Ist diese Abteilung eine besondere?
BILL Ja. Für Schmuckknöpfe. Meiner Meinung nach die einzige, die zuletzt bleiben wird. Aber Sie haben gar nichts Besonderes zu tun. Nur Knöpfe zu sortieren und dann zu zählen.

JEAN Schöne Knöpfe!
BILL Sie haben alle Namen. Dies ist Vernon! Und dies Elisabeth. Und hier sind die Fächer, wo sie hineinkommen.
JEAN Ich glaube, ich finde mich bald zurecht!
BILL Um so besser. Ich heiße Bill und bin Vertreter.
JEAN Ich heiße Jean.
BILL Dann – auf gutes Einvernehmen, Jean!
JEAN Das hoffe ich!
BILL Wir werden oft miteinander zu tun haben.

Raum wie vorher. Das Geräusch hinter der Wand.
JEAN Was war das eben?
ANN Jetzt bist *du* erschrocken, Jean!
JEAN Ich führte nur in Gedanken ein Gespräch mit Bill. Mein erstes Gespräch noch einmal.
ROSIE Als ich kam, empfing mich Jack.
JEAN Und wahrscheinlich sagte er dasselbe.
ANN Ich möchte wissen, weshalb es hier so heiß ist, daß sich mir von Zeit zu Zeit alles dreht!
ROSIE Das kommt von den elektrischen Öfen, diese trockene Hitze –
JEAN Ihr könnt froh sein, daß ihr's warm habt!
ANN Ich möchte wissen, was mit den vielen Knöpfen geschieht, die wir täglich ordnen. Was der Alte damit macht.
JEAN Wenn er einen verkauft, lebt er lange davon! Bill sagt, allein die Provision –
ANN Aber die andern!
JEAN Darum mach dir keine Sorgen, Ann!
ANN Ich frage mich: woher kommen die Knöpfe?

Auf der Straße.
JOHN Und woraus werden sie gemacht, Ann?
ANN Aus Zwirn und Schildpatt und Elfenbein –
JOHN Ich meine die in eurer Abteilung.
ANN Wenn ich das wüßte, John!
JOHN Und wenn du sie angreifst, Ann, wenn du sie anrührst, tausendmal am Tag!
ANN Dann weiß ich auch nur, woraus sie nicht sind, John.
JOHN Aber es muß doch etwas geben, womit du sie vergleichen kannst! Wie aus Holz oder Glas –

ANN Als nähm ich Kirschen vom Baum und sie wären alle steinhart! Und ich möchte sie zwischen Zunge und Gaumen wärmen und wieder Früchte werden lassen und kann's doch nicht, weil ich sie zählen muß. Aber ich rede Unsinn, John! Jean war heute sehr müde, und ich bin's jetzt auch. Sie muß mich angesteckt haben!
JOHN Es war kein Unsinn, Ann.
ANN Wir müssen froh sein –
JOHN Wenn ich froh bin, bin ich's lieber freiwillig.
ANN Ach Gott, John –
JOHN Du bist verändert, Ann, dein Gesicht –
ANN Es ist nur dunkler geworden. Und das grüne Licht, das noch vom Meer kam, ist auch verschwunden. Gehn wir nach Hause, John!
JOHN Bring doch morgen einen Knopf mit, Ann, bring einen mit!

Raum in der Fabrik.
ROSIE June – Margaret – June – Elisabeth – Elisabeth – Elisabeth –
ANN Hör auf, Rosie!
ROSIE Ich zähle nur laut!
ANN Zähl leise!
ROSIE Weshalb?
ANN Es klingt, als riefst du nach jemandem, wenn du dreimal hintereinander Elisabeth sagst. Du könntest ebensogut sagen Ann – Ann – Ann! Oder Jean!
JEAN Weshalb auch nicht?
ROSIE Ann – Ann – Ann!
ANN Sei still, Rosie!
ROSIE Jean – Jean – Jean –
ANN So sag doch etwas, Jean. Wehr dich doch!
JEAN Jean – klingt wirklich gut.
ROSIE Fünf vor sechs!
JEAN Kannst du mir den Spiegel herüberreichen, Ann?
ROSIE Hübsch bist du, Jean!
JEAN Laß mich in Frieden, Rosie!
ROSIE Ich meine es ernst. Findest du nicht auch, Ann, daß Jean heute ihren hübschen Tag hat?
ANN Ich finde, daß Jean verändert aussieht!
JEAN Das ist nicht nett von dir, Ann, das hieße, daß ich sonst –
ANN Das wollte ich nicht sagen. Aber du siehst so glatt heute aus!
JEAN Glatt?
ANN Dir steht kein Haar zu Berge!

JEAN Weshalb sollte mir auch ein Haar zu Berge stehen?
ANN Ich meine: Dir fliegt nichts im Wind!
JEAN Wie soll etwas im Wind fliegen, wo kein Wind ist?
ROSIE Ann brächte es fertig. Der flögen auch noch im luftleeren Raum die Haare!
ANN *ängstlich*. Im luftleeren Raum. Jetzt weiß ich's, Jean! So siehst du aus!
ROSIE Jean, du bist ganz in Ordnung!
ANN Als wärst du im luftleeren Raum. Als bliebst du so!
JEAN Ich wär ganz zufrieden, wenn ich so bliebe!
ROSIE Was sagst du, Ann?
ANN Nichts. Aber ich – ich möchte nie für immer so bleiben, wie ich gerade bin!
Es schlägt sechs.
   Könnt ihr nicht die Türe öffnen? Man bekommt keine Luft hier.
ROSIE Du kannst gehen, wenn du Luft willst, Ann! Es schlägt sechs.
ANN Ich gehe auch.
JEAN Haltet Frieden, Kinder! Ich fühle mich sehr wohl heute.
ROSIE Und Bill gefällst du, Jean!
ANN Gute Nacht!
ROSIE Schließ die Tür hinter dir zu, Ann!
Ann geht.
JEAN Ich fühle mich müde, Rosie. Und ich hätte nichts dagegen, wenn meine Augen nicht immer kleiner davon würden.
ROSIE Ach Gott, Jean, solange du noch heraussiehst!
JEAN Wenn Bill kommt, sehe ich nicht mehr heraus.
ROSIE Wenn Bill kommt, gehen dir die Augen auf!
JEAN Ich wollte, er käme schon! Dann dürfen sie mir ruhig zufallen.
ROSIE Er wird bald kommen. Gute Nacht, Jean!
JEAN Rosie!
ROSIE Wolltest du noch etwas?
JEAN Alles wird kleiner, wenn man so müde ist.
ROSIE Schlaf ruhig, bis Bill kommt!
JEAN Mir scheint, daß auch mein Mund kleiner wird, Mund und Augen –
ROSIE Schlaf ruhig! Es ist kein Mensch im Haus.
Sie öffnet die Tür.
JEAN Mund und Augen, Rosie, aber ich kann sie nicht schließen! Wenn ich so müde bin, werden sie klein, ohne daß ich sie schließen könnte. Nur du wirst groß, Rosie, du wirst riesengroß –
ROSIE Ich lasse die Tür auf, Jean!

Ihre Schritte entfernen sich.
JEAN – so groß wie die Tür – wie die offene Tür – Rosie! Rosie! Ich kann die Augen nicht mehr schließen. Als blieben sie immer so, klein und halboffen, als hätte ich zwei Lücken im Kopf, sonst nichts!
Schritte auf der Treppe.
JEAN Bill, bist du's?
ANN Nein, nur ich.
JEAN Ann? Weshalb kommst du zurück?
ANN Weil ich meine Mütze vergessen habe. Es ist windig draußen.
JEAN Mir werden die Augen hier immer kleiner.
ANN Willst du mich ein Stück begleiten, Jean? Der Wind wird dir gut tun!
JEAN Ich warte auf Bill.
ANN Wiedersehen, Jean!
JEAN Jetzt bist du auch so groß wie die offene Tür, Ann.
Anns Schritte entfernen sich. – Das Geräusch hinter der Wand setzt ein und bricht plötzlich ab.
BILL Elendes Wetter heute!
JEAN Abend, Bill! Wie war der Verkauf?
BILL Immer dasselbe! Die schönen gehen und die andern bleiben liegen.
JEAN Solltest eben nur schöne haben, Bill.
BILL Sollte eben nur schöne haben, Jean, Liebe!
JEAN Lieber!
BILL Wo sind die andern?
JEAN Rosie trifft sich mit Jack. Und Ann – ich glaube, Ann ist auch gegangen.
BILL Und wir?
JEAN Ich fühle mich sonderbar heute, Bill!
BILL Bist du krank?
JEAN Nicht krank, nur etwas müde. Ich fühle mich sonderbar wohl, Bill! Ganz sonderbar wohl. So glatt und rund!
BILL Das ist gut, Jean. Das ist gut, wenn du dich so fühlst!
JEAN Es ist ganz beruhigend.
BILL Wohin wollen wir gehen?
JEAN Überallhin.
BILL Und was wollen wir tun?
JEAN Alles. Was du willst.
BILL Alles? Und wenn ich sagen würde: Gehen wir in die Galerien?
JEAN Nirgends hin, wo ich schauen muß.

BILL Oder hören wir das Symphoniekonzert?
JEAN Nichts, was ich hören muß.
BILL Dann bleibt nur eins, Jean!
JEAN Ja. Dann bleibt nur eins, Bill!
BILL Dann bist du wohl soweit?
JEAN Dann bin ich soweit.
(...)

Raum in der Fabrik.
ROSIE Merkwürdig, sonntags hier zu sein. Findest du nicht, Ann?
ANN Ja, es ist stiller als sonst.
ROSIE Ich bin froh, daß ich hier bin. So still wie zu Hause, wenn meine Mutter sich niederlegt und mein Vater in den Zoo geht, ist es noch lange nicht!
ANN Ich möchte wissen – *bricht ab.*
ROSIE Was willst du wissen, Ann?
ANN Sei einmal still, Rosie!
ROSIE Was hast du?
ANN Horch!
ROSIE Ich höre nichts.
ANN Es waren auch nur Schritte unten auf der Straße. Ich dachte eben –
ROSIE Was dachtest du, Ann?
ANN Ich möchte wissen, ob man es auch heute hört.
ROSIE Was?
ANN Was wir sonst immer hören!
ROSIE Ach Gott, Ann!
ANN Ich möchte wirklich wissen, ob wir es auch heute hören werden!
ROSIE Ich wüßte nicht, weshalb wir's heute nicht hören sollten! *Gähnt.*
ANN Ja. Weshalb sollten wir's eigentlich heute nicht hören?
ROSIE Wenn Jack schon käme!
ANN Es ist erst drei vorüber.
ROSIE Und Bill – nicht wahr, Ann?
ANN Was meinst du?
ROSIE Nichts. Jack sagte nur, er wollte, Bill wollte –
ANN Was wollte er?
ROSIE Er wollte den neuen Knopf mitbringen! Und es soll ein hübscher Knopf geworden sein, Ann. Tomatenfarbig.
ANN So.

ROSIE Jack sagt, es hätte zuerst so ausgesehen, als ob er erdbeerfarbig würde, aber nun ist er doch tomatenfarbig geworden. Und länglich.
ANN Ich möchte wissen, woran es liegt, ob ein Knopf erdbeerfarbig oder tomatenfarbig wird.
ROSIE Jack sagt, das wäre im Grund ganz gleich. Verkaufen ließe er sich so und so.
ANN *gepreßt*. Dann ist ja alles in Ordnung.
ROSIE Und außerdem, sagt Jack, bliebe er nicht der letzte. Es kämen noch mehr neue Knöpfe nach. Und bald!
ANN Es wird heiß hier.
Sie öffnet das Fenster.
ANN Draußen sieht es aus, als ob es bald regnen würde.
ROSIE Sehnsucht nach den Docks, Ann?
ANN Laß mich in Frieden!
ROSIE Ich lasse dich ja.
ANN June – Margaret – Vernon –
ROSIE Margaret – Vernon – June – wirklich Ann, es wird Zeit, daß wir endlich neue Knöpfe bekommen!
Das Geräusch hinter der Wand.
ANN Hörst du es? Jetzt?
ROSIE Ja. Und eigentlich klingt es ganz angenehm! Wirklich, heute freue ich mich, daß ich es höre! Es nimmt einem das Gefühl der Verlassenheit. Es macht den Sonntag allen andern Tagen gleich.
ANN *leise*. Es dauert länger als sonst.
Schritte auf den Stiegen, Bill und Jack kommen herein.
BILL Abend, Kinder!
ROSIE Bill, da seid ihr endlich!
BILL Schön, euch auch sonntags hier zu haben. Als wären wir schon eine nette große Familie!
ANN Es war ein langer Tag.
BILL Wir wollten erst das rechte Licht abwarten. Für unsern neuen Knopf.
ANN Das rechte Licht!
BILL Vielmehr die rechte Dunkelheit. Damit ihr das gewisse Leuchten besser seht. Die Tomatenfarbe.
ANN Bei allen andern Dingen wartet man das Licht ab. Und wenn es im Laden schon finster ist, nimmt man sie vor die Tür, um noch die letzte Sonne darauf zu bekommen.

BILL Bei allen andern Dingen.
ANN Um dann auch bei Tag nicht enttäuscht zu sein.
BILL Sie sind ein kluges Kind, Ann. Aber bei gewissen Dingen ist es nötig, nachts nicht von ihnen enttäuscht zu werden. Und diese Dinge verkaufen sich im allgemeinen besser als alle andern.
JACK Zierknöpfe zum Beispiel.
BILL Das lernen Sie noch, Ann!
JACK Wie dieser hier! *Er wirft einen Knopf auf den Tisch.*
ROSIE *erregt.* Der neue Knopf!
BILL Wollen wir ihn jetzt feiern? Wir könnten zugleich den Augenblick noch einmal feiern, in dem Sie nichts dachten, Ann. Sie sollten ihn nicht vergessen!
ROSIE Ist er nicht wunderbar?
BILL Es war ein großer Augenblick!
ANN *zögernd.* Es ist ein schöner Knopf.
JACK Ja. Er ist uns gelungen.
BILL *lacht.* Nach großer Mühe!
ANN Er sieht aus wie –
BILL Ich würde sagen: Er sieht aus wie ein Knopf. Ich habe diesen Vergleich bei Knöpfen immer noch für den besten gehalten.
ANN Gibt es noch mehr davon?
ROSIE Ja, gibt es mehr?
BILL Ich dächte, daß es von Knöpfen immer viele gibt!
JACK Und einer wie der andere.
Er wirft eine Handvoll Knöpfe auf den Tisch.
ROSIE Ann, sieh doch, hier! Und hier!
JACK Und hier!
BILL Was sollte man mit einem einzigen? Ihr Wohl, Ann!
JACK Rosie!
ROSIE Schade, daß Jean nicht da ist. Sie wollte es immer so gerne mitfeiern, wenn ein neuer Knopf kommt, sie wollte von allem Anfang an mit dabei sein.
BILL Ja. Sehr schade. Und daß sie auch nicht mehr kommt.
ANN Jean kommt nicht mehr?
BILL Nein. Jean kommt nicht mehr. Es ist ihr allem Anschein nach zuviel geworden.
ROSIE Die Arme! Daß sie auch gerade jetzt –
JACK Wollen wir jetzt trinken? Auf Jean!
ROSIE Ich dachte, wir trinken auf den neuen Knopf!
BILL Der Knopf heißt Jean.

Rosie Das ist gut, Bill, das würde Jean freuen! So haben wir sie hier bei uns, auch wenn sie gar nicht hier ist! Auf Jean!
Jack Auf Jean!
Sie stoßen an.
Ann *verstört, für sich.* Der Knopf heißt Jean.

Max Frisch
Herr Biedermann und die Brandstifter. Hörspiel

Verfasser Hier, liebe Hörer, machen wir eine kleine Pause für unsere Darsteller. Und für den Fall, daß Sie später aufgedreht haben: wir befinden uns in der ersten Halbzeit unserer Sendung *Herr Biedermann und die Brandstifter*, eine unwahrscheinliche Geschichte. Herr Biedermann hat soeben entdecken müssen, daß sein Dachboden voller Kanister ist, die nach Benzin stinken, und kann sich der Vermutung kaum erwehren, daß diese Kanister tatsächlich nichts anderes enthalten als Benzin. Der Verdacht, daß es sich um eine Brandstifterei handeln könnte, liegt gewissermaßen auf der Hand – Ja, Herr Biedermann, Sie möchten etwas sagen?
Biedermann Kunststück!
Verfasser Wie meinen Sie das?
Biedermann Sie haben es ja einfach, mein Herr, den Weisen zu spielen, verdammt einfach! Wenn man es so hinterdrein betrachtet, klar! Jetzt, wo jedermann weiß, wie es ausgegangen ist – aber damals Herrgott im Himmel, ich sagte mir eben: Man muß Vertrauen haben, man soll an das Gute in den Menschen glauben, nicht an das Böse – und überhaupt –
Verfasser Sprechen Sie sich aus.
Biedermann Wären Sie an meiner Stelle gewesen, Herrgott im Himmel, was hätten Sie denn getan?
Verfasser Sie haben vollkommen recht, Herr Biedermann: das ist die Frage, die mich beschäftigt.
Biedermann Sie sind der Verfasser – Kunststück! Wenn man das Ende voraus weiß …
Verfasser Sie finden mich überheblich.
Biedermann Gelinde gesagt!
Verfasser Herr Biedermann, Sie dürfen eins nicht vergessen: Ich habe Sie verfaßt (so wie Sie hier sind), und kein Verfasser kann etwas darstellen, was nicht auch in ihm selbst ist: beispielsweise

Ihr kategorisches Bedürfnis, Ruhe und Frieden zu haben, und dementsprechend Ihre erstaunliche Routine, sich selbst zu belügen, die offenkundigsten Tatsachen nicht zu sehen, damit Sie keine Konsequenzen ziehen müssen, Ihre rührende Hoffnung, daß die Katastrophe, die Sie fürchten, sich vermeiden lasse, indem Sie sich in Vertrauen hüllen und für einen Menschen guten Willens halten: woher denn, meinen Sie, sollte der Verfasser um all diese harmlos-gefährlichen Feigheiten wissen, Herr Biedermann, wenn nicht aus sich selbst? Und auch unsere geschätzten Hörer, glauben Sie mir, werden Ihnen nichts nachtragen, wenn ich Sie lächerlich mache, nur mir werden sie es nachtragen. Vergessen Sie nicht, Herr Biedermann, daß Sie eine erfundene Figur sind: Herr Biedermann in uns selbst.
BIEDERMANN Hm.

(...)

VERFASSER
Tauben gurren.
   Es ist schade, liebe Hörer, daß Sie dieses Bild nicht sehen können: Eisenring an der offenen Lukarne, er steht auf den Kanistern und füttert gerade eine weiße Taube ...
Klopfen an der Tür.
   Die Türe zum Dachboden steht offen. Herr Biedermann aber, der Hauseigentümer, klopft trotzdem, wie es sich gehört.

Szene 8

EISENRING Herein! Herein!
BIEDERMANN Sie gestatten –
EISENRING Bloß keine Umstände, Herr Biedermann!
BIEDERMANN Guten Morgen.
EISENRING Morgen.
BIEDERMANN Wo ist denn Ihr Freund?
EISENRING Der Sepp? An der Arbeit. Ich habe ihn geschickt, um Holzwolle aufzutreiben. Schon vor drei Stunden.
BIEDERMANN Holzwolle –?
Biedermann lacht unsicher.
EISENRING Ein hübsches Wetter heute. Der Wind hat gedreht.
BIEDERMANN Was ich sagen wollte: –
EISENRING Föhn, glaube ich.

BIEDERMANN Sie haben ja gar keine Toilette da oben meine Herren. Mitten in der Nacht ist es mir eingefallen.
EISENRING Wir haben die Dachrinne, Herr Biedermann.
BIEDERMANN Ich meine, machen Sie ganz, wie Sie sich wohlfühlen, ich dachte bloß, vielleicht wollen Sie sich einmal waschen oder duschen. Benutzen Sie getrost mein Badezimmer. Ich habe Anna gesagt, sie solle Ihnen zwei Frottierhandtücher hinlegen.
EISENRING Sie sind ja rührend.
BIEDERMANN Oder wenn Sie sonst einen Wunsch haben?
EISENRING Im Gefängnis, wissen Sie, gab es auch kein Badezimmer!
BIEDERMANN Gefängnis –?
EISENRING Hat Ihnen der Sepp nicht erzählt?
BIEDERMANN Nein.
EISENRING Untersuchungshaft nennen sie es. Wir nennen es Zeitverlust. Nämlich sie haben mir wieder nichts beweisen können … Ich nehme es der Polizei nicht übel, wissen Sie. Heutzutage. Jeder hält den andern für einen Brandstifter.
BIEDERMANN Hm.
EISENRING Oder habe ich nicht recht?
BIEDERMANN Jaja, leider …
EISENRING Tsch! Je mehr man sie füttert, um so dreister werden sie, diese Tauben. Tsch! Tsch!
BIEDERMANN Sie werden lachen, Herr Eisenring: von Ihren Kanistern habe ich heute Nacht geträumt –
EISENRING Tsch!
BIEDERMANN Es ist wirklich Benzin drin?
EISENRING Sie glauben uns nicht, Herr Biedermann?
BIEDERMANN Man weiß ja bei Ihnen nie, ob es nicht Scherz ist. Vor allem der Sepp, ich mag ihn ja von Herzen gern, aber er hat eine Art zu scherzen –
EISENRING Wir lernen das.
BIEDERMANN Was?
EISENRING Scherz ist die drittbeste Tarnung. Die zweitbeste ist Sentimentalität. Die beste aber ist immer noch die blanke und nackte Wahrheit. Komischerweise. Die glaubt niemand … Ich weiß nicht, wo unser Sepp so lange bleibt. Holzwolle ist doch keine Sache. Hoffentlich haben sie ihn nicht geschnappt.
BIEDERMANN Geschnappt?
EISENRING Warum lächeln Sie?
BIEDERMANN Wissen Sie, mein Herr, Sie kommen für mich wie aus einer andern Welt – sozusagen.

EISENRING Unterwelt, meinen Sie.
BIEDERMANN Das hat etwas Faszinierendes für unsereinen. Ich weiß nicht, wie Sie darüber denken, aber grundsätzlich bedaure ich es ja sehr, daß wir menschlich nicht mehr Verbindung haben. Lebt jeder so in seinen Kreisen, wissen Sie, der Arme und der Reiche, dabei sind wir doch alle, abgesehen vom Geld, Menschen, Geschöpfe eines gleichen Schöpfers, meine ich, auch der Mittelstand, Menschen aus Fleisch und Blut und so – ... Ich weiß nicht, Herr Eisenring, ob Sie auch Stumpen rauchen?
EISENRING Danke, nein.
BIEDERMANN Nehmen Sie mich nicht als Haarwasser-Biedermann, wie Ihr lieber Freund einmal sagte, sondern als Menschen-Biedermann, und wo, meine ich, wo finden Sie etwas Trennendes zwischen uns?
Biedermann zündet seinen Stumpen an.
BIEDERMANN Hand aufs Herz, Herr Eisenring, es sind doch einfach Vorurteile, wenn Leute wie Sie und ich, zum Beispiel, einander nicht die Hände reichen und erkennen, daß wir Brüder sind. Ich rede nicht von einer öden Gleichmacherei, versteht sich, es wird immer Tüchtige und Untüchtige geben, Gott sei Dank, aber hat nicht jeder von uns seine schlaflosen Nächte? Das, sehen Sie, sind doch die Dinge, die uns verbinden. Ein bißchen Idealismus, mein Freund, ein bißchen guten Willen, und wir alle hätten unsere Ruhe und unseren Frieden! ... Oder wie stellen Sie sich dazu?
EISENRING Wenn ich offen sein darf, Herr Biedermann: –
BIEDERMANN Aber bitte sehr.
EISENRING Nehmen Sie es mir nicht krumm –
BIEDERMANN Je offener, um so besser!
EISENRING Ich meine, Sie sollten hier wirklich nicht rauchen.
BIEDERMANN Herrgott im Himmel! –
EISENRING Ich habe Ihnen hier keine Vorschriften zu machen, Herr Biedermann, schließlich ist es Ihr eigener Boden, aber Sie verstehen.
BIEDERMANN Selbstverständlich!
EISENRING Zwar sind die Kanister noch verschraubt –
BIEDERMANN Habe ich ganz vergessen!
EISENRING Vor lauter Idealismus, Herr Biedermann. Benzin ist Benzin.
Eisenring pfeift vor sich hin, Rosenkavalier.
BIEDERMANN Und was machen Sie denn da die ganze Zeit?
EISENRING Das ist die Zündschnur.

BIEDERMANN – – – –
EISENRING Es soll jetzt noch bessere geben, sagt der Sepp, aber die gibt es in den Zeughäusern noch nicht, und kaufen kommt ja für uns nicht in Frage, jetzt bei dieser Teuerung.
BIEDERMANN Zündschnur? sagen Sie.
EISENRING Wenn Sie so freundlich sein wollen, dieses andere Ende zu halten, damit ich messen kann. Nur einen Augenblick.
BIEDERMANN Wozu brauchen Sie denn diese Zündschnur?
EISENRING Eins, zwei, drei, vier, fünf, sechs, sieben. Sieben Meter, sieben mal zwanzig, das sind hundertundvierzig Minuten, das heißt über zwei Stunden. Genügt. Mit dem Fahrrad sind das vierzig Kilometer sogar auf Nebenstraßen.
BIEDERMANN Was meinen Sie mit dieser Rechnung?
EISENRING Danke, Herr Biedermann, danke sehr.
BIEDERMANN Mich können Sie ja nicht ins Bockshorn jagen, Herr Eisenring, aber ich muß schon sagen, Sie verlassen sich sehr auf den Humor der Leute. Wenn Sie so reden, kann ich mir schon vorstellen, daß man Sie zuweilen in Untersuchungshaft steckt. Nicht alle haben soviel Humor wie ich.
EISENRING Drum muß man die Richtigen finden.
BIEDERMANN Ich kenne Leute, an meinem Stammtisch zum Beispiel, die sehen schon Sodom und Gomorrha wenn einer sich die Zigarre anzündet.
EISENRING Die Leute, die keinen Humor haben, sind genauso verloren, wenn es losgeht. Seien Sie froh, Herr Biedermann, daß Sie soviel Humor haben! Ich kenne die Bibel nicht besonders, aber ich glaube, auch die Humorlosen wurden in Sodom und Gomorrha nicht verschont.
Ein paar Kanister fallen um, so daß es poltert.
EISENRING Was ist denn, Herr Biedermann?
BIEDERMANN Wenn ich mich setzen darf –
EISENRING Das ist dieser Geruch, ich weiß, wenn man es nicht gewöhnt ist. Sie sind ja ganz bleich. Ich werde gleich die andere Lukarne öffnen, Herr Biedermann –
BIEDERMANN Danke.
Anna ruft im Treppenhaus.
ANNA Herr Biedermann! Telefon!
Sprechen etwas gedämpft.
BIEDERMANN Was ich Sie habe fragen wollen –
EISENRING Es wird Ihnen gleich besser.
BIEDERMANN Mögen Sie Gans?

EISENRING Eine Gans? Warum?
BIEDERMANN Meine Frau und ich – vor allem ich, meine Frau kennt
  Sie ja noch gar nicht – ich dachte nur, wenn Sie die Güte hätten,
  zu einem netten Abendessen zu kommen, Sie und Ihr Freund.
EISENRING Heute?
BIEDERMANN Sagen wir: auf sieben Uhr.
EISENRING Mit Vergnügen, Herr Biedermann, aber machen Sie
  unsertwegen keine Umstände; wir können sowieso nicht lange
  bleiben.
ANNA *im Treppenhaus.* Telefooon!
Biedermann steigt hinunter.
BIEDERMANN Also, auf sieben Uhr!
EISENRING Abgemacht!

ERWIN STRITTMATTER
Katzgraben. Eine Verskomödie

Vierte Szene

DIE JUGEND, *die den Traktoren entgegengelaufen ist, kommt singend zurück.*
  Die alte Zeit ist alt genug,
  da hilft kein Lug, da hilft kein Trug.
Von der Baustelle her bringen KINDER *ein großes Strohpferd. Das Strohpferd trägt ein Schild um den Hals:* »Großmanns Leihgaul«.
KIND *auf dem Strohpferd.*
  Großmanns Leihgaul, fett und schwer,
  magert ab und beißt nicht mehr.
  Stri – Stra – Stroh,
  da sind wir aber froh.
DIE JUGEND *singt.*
  Die alte Zeit, sie west schon an,
  die Welt will sie schon nicht mehr han.
KIND
  Großmanns Leihgaul stakt und hinkt.
  Er muß weg, weil er schon stinkt.
  Stri – stra – strinder,
  jetzt bringen wir ihn zum Schinder.

DIE JUGEND
Räumt fort Gemoder und Gebein,
die neue Zeit will auch dran sein.
Ein Traktor fährt ein.
ZURUF
Wie viele Trecker sind's?
TRAKTORIST
Acht Stück, fabrikneu, erste Rate.
BACHLER
Willkommen, Traktoristen!
ZURUF
Und fühlt euch wie zu Hause!
Eine Gruppe schart sich um den Traktor.
KLAPPE
Die Schnauze wie ein Bullenbeißer. Lampen
glotzäugig, nur er bellt nicht.
FRAU WEIDLING
Muß er nicht so aussehn, wenn er die Großmanns
von unsren Feldern runterbeißen soll?
Jemand drückt auf die Hupe. KLAPPE *springt entsetzt zurück.*
MAMMLER
Der drückt mit seinen Riesenrädern
doch tiefe Mulden in den weichen Acker.
BÄUERIN KLEINSCHMIDT
Echo von Großmann.
TRAKTORIST *zu Mammler.*
                            Man spannt Eggen hinter.
MAMMLER
Der Traktor des Barons zerquetschte die
Kartoffeln, wenn man mit ihm roden wollte.
TRAKTORIST
Läßt sich vermeiden durch geschicktes Fahren.
MITTELLÄNDER
Wo stellst du, wenn er rückwärts muß?
Der Traktorist zeigt es ihm.
MAMMLER *wieder dem Fortschritt zugefallen.*
Was rückwärts? Vorwärts wolln wir.
BÄUERIN KLEINSCHMIDT
                             Du? – Gesicht
nach hinten, was?

KLAPPE
   Da braucht man selber nur des Sonntags nachsehn,
   wie alles wächst.
KLEINSCHMIDT   In der Sowjetunion
   hat man ihn so gebaut, daß er beim Mähen
   auch gleich noch drischt und wieder pflügt.
KLAPPE
   Ich kann mich schlecht mit dieser Eisendogge
   befreunden. Als der Gutsbesitzer
   sich einen Traktor kaufte, machte er mich
   und vier Kollegen arbeitslos. Aus unseren
   zehn Gäulen wurde Pferdewurst gemacht.
STEINERT
   Der Traktor auf dem Gutsland des Barons
   zerwühlt und untergräbt dir deine Existenz,
   verknechtet dich, du wirst zum Hungervieh,
   das vor der Türe satter Herren lungert.
   Dein Recht auf Arbeit wird zum Bettler-Brocken,
   den man dir je nach Laune und Gewinn
   zumißt, zuwirft und vorenthält.
   Schlägst du dem Junker Land und Traktor
   aus seinen Klauen, wie der Held im Märchen
   dem Drachen einen schlecht genutzten Schatz
   entreißt, verwandelt sich mit einem Ruck die Welt.
   Das ist der Kernpunkt unsrer neuen Wissenschaft:
   Der Augenblick, da unsere Traktoren
   auf unsren Feldern unsre Fuhren fahren,
   verwandelt unsre Fuhren und verwandelt
   auch unsre Arbeit und verwandelt uns.
   Den Mehrwert unsrer Arbeit, den zuvor
   Mätressenhälse als Geschmeide trugen,
   laßt uns für Schulen und Maschinen nutzen!
   Jetzt Schluß mit müdem Tiergescharr in Ackerfurchen!
   Jetzt Schluß mit Schweiß, wo uns Motorenkraft
   Gebuckel und Gebück abnehmen kann.
   Schluß jetzt mit Vorurteil, Schluß jetzt mit Dummheit!
   Schluß mit dem Aberglauben! Jetzt schafft Licht
   in die verdumpften Stuben! Kämpft die Ichsucht nieder.
   Reckt eure Rücken, und der Blick wird frei sein.
   Die Körperkraft, die das verkrampfte Tun verzehrte,
   setzt um in Denkkraft, in Projekt und Plan.

Lernt und verändert, lernt daraus aufs neue
und ändert wieder! Jetzt zu dem, was uns so oft den Nachtschlaf
zerwühlte: Wassermangel – die Bewässerung
ist unsre nächste große Arbeit. Dazu haben
die Grubeningenieure ein Kanalprojekt entworfen,
das werden uns die Kumpels heute übergeben.
Eine große Tafel wird enthüllt.
MITTELLÄNDER
  Kann man das Grubenwasser für die Felder nehmen?
BERGMANN
  Man kann's entsäuern.
MAMMLER   Und der gelbe Dreck drin?
BERGMANN
  Wird ausgeklärt.
KUBIK   Kleinschmidt, da mußt du hinschaun!
BACHLER
  Der Kleinschmidt geht ein halbes Jahr zum Lehrgang.
KLEINSCHMIDT
  Man lernt nie aus. Ich hab's mir selbst bewiesen:
  Erst tüftelt man, dann plötzlich reicht's nicht mehr.
  Man muß auch wissen, was schon ausgetüftelt wurde,
  dann spart man Zeit und kann noch Beßres machen.
BACHLER
  Katzgraben dankt der Grube.
Tusch und Beifall.
BÄUERIN KLEINSCHMIDT
  Ja, Wasser!
BACHLER   Endlich Wasser!
KLAPPE
  Und jetzt mal aus dem Alltagsrock gefahren!
  Los, Bläser, nicht mit Spaß und Puste sparen!
Die Grubenkapelle beginnt zu musizieren. STEINERT *fordert die*
BÄUERIN KLEINSCHMIDT *zu einem Ehrentanz auf. Er bricht nach einer Weile ab.*
STEINERT
  Die Puste reicht nicht mehr. Jetzt muß die Jugend her.
Die Jugend stellt sich zum Tanz auf.
ELLI
  Halt, halt! Der Hermann fehlt.
HERMANN *ist unter den Traktor gekrochen. Man sieht nur seine Beine.*

GÜNTER Da ist er. Hermann,
   du wirst gebraucht.
Hermann wird hervorgezogen.
HERMANN
   Mensch, Kumpels, der hat's in sich. Der kann mehr als pflügen.
   Der pflanzt und drillt, der jätet und fährt Mist.
   Der mäht und drischt, der grubbert, krimmert, eggt,
   kommt ganz drauf an, was man ihm an den Schwanz hängt.
   Euch macht das gar nichts, was, ihr hopst schon wieder?
   Hier hat sich was verändert, merkt ihr das nicht?
   Man stellt euch so was hin, und ihr sagt: Selbstverständlich!
GÜNTER
   Komm wieder runter! Jetzt wird erst getanzt.
Die Jugendgruppe tanzt. GROSSMANN *und seine* FRAU *kommen auf den Festplatz.*
ERNA *zu Hermann.*
   Die Großmanns!
Der Tanz hört auf. Alle blicken auf die Großmanns.
GROSSMANN
   Du tanzt hier rum. Wo sind die Pferde?
HERMANN
   Da hinten. Angebunden. Fressen Heu.
GROSSMANN
   Hol sie.
GROSSBÄUERIN
            Und in der Kirche warst du auch nicht.
GROSSMANN
   Die Pferde ran. Los, los!
GROSSBÄUERIN Das ist der neue Umgang.
   Die roten Kleinschmidts. Das hat ihn verdorben.
   Wie er zu uns kam, fraß er aus der Hand.
   Schämst du dich nicht, das Vieh am Sonntag abzuplagen?
KLAPPE
   Ach so, wenn's Montag wär, dann wärst du selbst gefahren.
GROSSBÄUERIN
   Der wird schon sehn, wie weit er kommt mit seiner
                              ackernomischen Doktorin.
   Die läßt sich noch von ihm die Strümpfe stopfen.
   Verlangst du etwa, daß der Bauer selber
   sich auf den Bock hinhockt und sonntags fährt?

Hermann geht auf die Bäuerin Großmann zu und gibt ihr die Peitsche in die Hand.
GROSSMANN
 Und jetzt ist Feierabend. Aus!
 Du rotes Daus, denkst, wenn du ihn verführst,
 kannst du dich warm in meine Wirtschaft setzen.
 Euch Bettelbrut lehr ich noch Sauerampfer fressen.
 Enterbt! Hinausgeworfen auf der Stelle!
KLAPPE
 Enterbt von nichts und allen Hosenlöchern.
MAX *zu Hermann.*
 Für den verflöhten Strohsack sorg ich allemal.
 Du kommst zu mir.
ELLI
 Vergeßt nicht eure Schulden zu bezahlen.
KLAPPE
 Ja, nachzahln – vier Jahr Arbeitslohn – dann stimmt's!
GROSSMANN
 Ins Kittchen kommt er. Pferderaub. Ich fahr
 zur Stadt und zeig ihn an.
BACHLER   Das ist ja jetzt bequem.
 Fährst gleich im Autobus.
MAX   Vergiß nur nicht
 rechtzeitig auszusteigen, sonst geht's schief.
GROSSBÄUERIN
 Hermann, du wirst noch daran denken.
ZURUF   Weitertanzen!
GROSSMANN
 Das Pack hat nichts im Sacke und radaut,
 und was es hat, hat es von uns geklaut.
GROSSBÄUERIN
 Nehmt euch in acht, nehmt euch in acht!
 Ihr habt auf Mein und Dein gelacht.
 Wenn der Baron zurückkommt, ihr, bei dem habt ihr kein Glück,
 und der Baron, das steht in seinem Brief hier, kommt zurück!
MAX
 Der kommt ins Märkische Museum!
Alle lachen. Der Tanz geht weiter.

Vorhang.

BERTOLT BRECHT
Der kaukasische Kreidekreis

DIE ANWÄLTE *nähern sich dem Azdak, der erwartungsvoll aufsieht.*
Ein ganz lächerlicher Fall, Euer Gnaden. – Die Gegenpartei hat das Kind entführt und weigert sich, es herauszugeben.

AZDAK *hält ihnen die offene Hand hin, nach Grusche blickend.* Eine sehr anziehende Person. *Er bekommt mehr.* Ich eröffne die Verhandlung und bitt mir strikte Wahrhaftigkeit aus. *Zu Grusche.* Besonders von dir.

DER ERSTE ANWALT Hoher Gerichtshof! Blut, heißt es im Volksmund, ist dicker als Wasser. Diese alte Weisheit ...

AZDAK Der Gerichtshof wünscht zu wissen, was das Honorar des Anwalts ist.

DER ERSTE ANWALT *erstaunt.* Wie belieben? *Der Azdak reibt freundlich Daumen und Zeigefinger.* Ach so! 500 Piaster, Euer Gnaden, um die ungewöhnliche Frage des Gerichtshofes zu beantworten.

AZDAK Habt ihr zugehört? Die Frage ist ungewöhnlich. Ich frag, weil ich Ihnen ganz anders zuhör, wenn ich weiß, Sie sind gut.

DER ERSTE ANWALT *verbeugt sich.* Danke, Euer Gnaden. Hoher Gerichtshof! Die Bande des Blutes sind die stärksten aller Bande. Mutter und Kind, gibt es ein innigeres Verhältnis? Kann man einer Mutter ihr Kind entreißen? Hoher Gerichtshof! Sie hat es empfangen in den heiligen Ekstasen der Liebe, sie trug es in ihrem Leibe, speiste es mit ihrem Blute, gebar es mit Schmerzen. Hoher Gerichtshof! Man hat gesehen, wie selbst die rohe Tigerin, beraubt ihrer Jungen, rastlos durch die Gebirge streifte, abgemagert zu einem Schatten. Die Natur selber ...

AZDAK *unterbricht, zu Grusche.* Was kannst du dazu und zu allem, was der Herr Anwalt noch zu sagen hat, erwidern?

GRUSCHE Es ist meins.

AZDAK Ist das alles? Ich hoff, du kannst's beweisen. Jedenfalls rat ich dir, daß du mir sagst, warum du glaubst, ich soll dir das Kind zusprechen.

GRUSCHE Ich hab's aufgezogen nach bestem Wissen und Gewissen, ihm immer was zum Essen gefunden. Es hat meistens ein Dach überm Kopf gehabt, und ich hab allerlei Ungemach auf mich genommen seinetwegen, mir auch Ausgaben gemacht. Ich hab nicht auf meine Bequemlichkeit geschaut. Das Kind hab ich angehalten zur Freundlichkeit gegen jedermann und von Anfang an zur Arbeit, so gut es gekonnt hat, es ist noch klein.

DER ERSTE ANWALT Euer Gnaden, es ist bezeichnend, daß die Person selber keinerlei Blutsbande zwischen sich und dem Kind geltend macht.

AZDAK Der Gerichtshof nimmt's zur Kenntnis.

DER ERSTE ANWALT Danke, Euer Gnaden. Gestatten Sie, daß eine tiefgebeugte Mutter, die schon ihren Gatten verlor und nun auch noch fürchten muß, ihr Kind zu verlieren, einige Worte an Sie richtet. Gnädige Natella Abaschwili ...

DIE GOUVERNEURSFRAU *leise*. Mein Herr, ein höchst grausames Schicksal zwingt mich, von Ihnen mein geliebtes Kind zurückzuerbitten. Es ist nicht an mir, Ihnen die Seelenqualen einer beraubten Mutter zu schildern, die Ängste, die schlaflosen Nächte, die ...

DER ZWEITE ANWALT *ausbrechend*. Es ist unerhört, wie man diese Frau behandelt. Man verwehrt ihr den Eintritt in den Palast ihres Mannes, man sperrt ihr die Einkünfte aus den Gütern, man sagt ihr kaltblütig, sie seien an den Erben gebunden, sie kann nichts unternehmen ohne das Kind, sie kann ihre Anwälte nicht bezahlen! *Zu dem ersten Anwalt, der, verzweifelt über seinen Ausbruch, ihm frenetische Gesten macht zu schweigen.* Lieber Illo Schuboladze, warum soll es nicht ausgesprochen werden, daß es sich schließlich um die Abaschwili-Güter handelt?

DER ERSTE ANWALT Bitte, verehrter Sandro Oboladze! Wir haben vereinbart ... *Zum Azdak.* Selbstverständlich ist es richtig, daß der Ausgang des Prozesses auch darüber entscheidet, ob unsere hohe Klientin die Verfügung über die sehr großen Abaschwili-Güter erhält, aber ich sage mit Absicht »auch«, das heißt, im Vordergrund steht die menschliche Tragödie einer Mutter, wie Natella Abaschwili im Eingang ihrer erschütternden Ausführungen mit Recht erwähnt hat. Selbst wenn Michel Abaschwili *nicht* der Erbe der Güter wäre, wäre er immer noch das heißgeliebte Kind meiner Klientin!

AZDAK Halt! Den Gerichtshof berührt die Erwähnung der Güter als ein Beweis der Menschlichkeit.

DER ZWEITE ANWALT Danke, Euer Gnaden. Lieber Illo Schuboladze, auf jeden Fall können wir nachweisen, daß die Person, die das Kind an sich gerissen hat, nicht die Mutter des Kindes ist! Gestatten Sie mir, dem Gerichtshof die nackten Tatsachen zu unterbreiten. Das Kind Michel Abaschwili wurde durch eine unglückselige Verkettung von Umständen bei der Flucht der

Mutter zurückgelassen. Die Grusche, Küchenmädchen im Palast, war an diesem Ostersonntag anwesend und wurde beobachtet, wie sie sich mit dem Kind zu schaffen machte ...

DIE KÖCHIN Die Frau hat nur daran gedacht, was für Kleider sie mitnimmt!

DER ZWEITE ANWALT *unbewegt.* Nahezu ein Jahr später tauchte die Grusche in einem Gebirgsdorf auf mit einem Kind und ging eine Ehe ein mit ...

AZDAK Wie bist du in das Gebirgsdorf gekommen?

GRUSCHE Zu Fuß, Euer Gnaden, und es war meins.

SIMON Ich bin der Vater, Euer Gnaden.

DIE KÖCHIN Es war bei mir in Pflege, Euer Gnaden, für 5 Piaster.

DER ZWEITE ANWALT Der Mann ist der Verlobte der Grusche, Hoher Gerichtshof, und daher in seiner Aussage nicht vertrauenswürdig.

AZDAK Bist du der, den sie im Gebirgsdorf geheiratet hat?

SIMON Nein, Euer Gnaden. Sie hat einen Bauern geheiratet.

AZDAK *winkt Grusche heran.* Warum? *Auf Simon.* Ist er nichts im Bett? Sag die Wahrheit.

GRUSCHE Wir sind nicht soweit gekommen. Ich hab geheiratet wegen dem Kind. Daß es ein Dach über dem Kopf gehabt hat. *Auf Simon.* Er war im Krieg, Euer Gnaden.

AZDAK Und jetzt will er wieder mit dir, wie?

SIMON Ich möchte zu Protokoll geben ...

GRUSCHE *zornig.* Ich bin nicht mehr frei, Euer Gnaden.

AZDAK Und das Kind, behauptest du, kommt von der Hurerei? *Da Grusche nicht antwortet.* Ich stell dir eine Frage: Was für ein Kind ist es? So ein zerlumpter Straßenbankert oder ein feines, aus einer vermögenden Familie?

GRUSCHE *böse.* Es ist ein gewöhnliches.

AZDAK Ich mein: Hat es frühzeitig verfeinerte Züge gezeigt?

GRUSCHE Es hat eine Nase im Gesicht gezeigt.

AZDAK Es hat eine Nase im Gesicht gezeigt. Das betracht ich als eine wichtige Antwort von dir. Man erzählt von mir, daß ich vor einem Richterspruch hinausgegangen bin und an einem Rosenstrauch hingerochen hab. Das sind Kunstgriffe, die heut schon nötig sind. Ich werd's jetzt kurz machen und mir eure Lügen nicht weiter anhören – *zu Grusche* –, besonders die deinen. Ich kann mir denken, was ihr euch – *zu der Gruppe der Beklagten* – alles zusammengekocht habt, daß ihr mich bescheißt, ich kenn euch. Ihr seid Schwindler.

GRUSCHE *plötzlich.* Ich glaub's Ihnen, daß Sie's kurz machen wollen, nachdem ich gesehen hab, wie Sie genommen haben!
AZDAK Halt's Maul. Hab ich etwa von dir genommen?
GRUSCHE *obwohl die Köchin sie zurückhalten will.* Weil ich nichts hab.
AZDAK Ganz richtig. Von euch Hungerleidern krieg ich nichts, da könnt ich verhungern. Ihr wollt eine Gerechtigkeit, aber wollt ihr zahlen? Wenn ihr zum Fleischer geht, wißt ihr, daß ihr zahlen müßt, aber zum Richter geht ihr wie zum Leichenschmaus.
SIMON *laut.* »Als sie das Roß beschlagen kamen, streckte der Roßkäfer die Beine hin«, heißt es.
AZDAK *nimmt die Herausforderung eifrig auf.* »Besser ein Schatz aus der Jauchegrube als ein Stein aus dem Bergquell.«
SIMON »Ein schöner Tag, wollen wir nicht fischen gehn? sagte der Angler zum Wurm.«
AZDAK »Ich bin mein eigener Herr, sagte der Knecht und schnitt sich den Fuß ab.«
SIMON »Ich liebe euch wie ein Vater, sagte der Zar zu den Bauern und ließ dem Zarewitsch den Kopf abhauen.«
AZDAK »Der ärgste Feind des Narren ist er selber.«
SIMON Aber »Der Furz hat keine Nase«!
AZDAK 10 Piaster Strafe für unanständige Sprache vor Gericht, damit du lernst, was Justiz ist.
GRUSCHE Das ist eine saubere Justiz. Uns verknallst du, weil wir nicht so fein reden können wie die mit ihren Anwälten.
AZDAK So ist es. Ihr seid zu blöd. Es ist nur recht, daß ihr's auf den Deckel kriegt.
GRUSCHE Weil du der da das Kind zuschieben willst, wo sie viel zu fein ist, als daß sie je gewußt hat, wie sie es trockenlegt! Du weißt nicht mehr von Justiz als ich, das merk dir.
AZDAK Da ist was dran. Ich bin ein unwissender Mensch, ich habe keine ganze Hose unter meinem Richterrock, schau selber. Es geht alles in Essen und Trinken bei mir, ich bin in einer Klosterschul erzogen. Ich nehm übrigens auch dich in Straf mit 10 Piaster für Beleidigung des Gerichtshofs. Und außerdem bist du eine ganz dumme Person, daß du mich gegen dich einnimmst, statt daß du mir schöne Augen machst und ein bissel den Hintern drehst, so daß ich günstig gestimmt bin. 20 Piaster.
GRUSCHE Und wenn's 30 werden, ich sag dir, was ich von deiner Gerechtigkeit halt, du besoffene Zwiebel. Wie kannst du dich unterstehn und mit mir reden wie der gesprungene Jesaja auf

dem Kirchenfenster als ein Herr? Wie sie dich aus deiner Mutter gezogen haben, war's nicht geplant, daß du ihr eins auf die Finger gibst, wenn sie sich ein Schälchen Hirse nimmt irgendwo, und schämst dich nicht, wenn du siehst, daß ich vor dir zitter? Aber du hast dich zu ihrem Knecht machen lassen, daß man ihnen nicht die Häuser wegträgt, weil sie die gestohlen haben; seit wann gehören die Häuser den Wanzen? Aber du paßt auf, sonst könnten sie uns nicht die Männer in ihre Kriege schleppen, du Verkaufter. *Der Azdak hat sich erhoben. Er beginnt zu strahlen. Mit seinem kleinen Hammer klopft er auf den Tisch, halbherzig, wie um Ruhe herzustellen, aber wenn die Schimpferei der Grusche fortschreitet, schlägt er ihr nur noch den Takt.*

GRUSCHE Ich hab keinen Respekt vor dir. Nicht mehr als vor einem Dieb und Raubmörder mit einem Messer, er macht, was er will. Du kannst mir das Kind wegnehmen, hundert gegen eins, aber ich sag dir eins: Zu einem Beruf wie dem deinen sollt man nur Kinderschänder und Wucherer auswählen, zur Strafe, daß sie über ihren Mitmenschen sitzen müssen, was schlimmer ist, als am Galgen hängen.

AZDAK *setzt sich.* Jetzt sind's 30, und ich rauf mich nicht weiter mit dir herum wie im Weinhaus, wo käm meine richterliche Würde hin, ich hab überhaupt die Lust verloren an deinem Fall. Wo sind die zwei, die geschieden werden wollen? *Zu Schauwa.* Bring sie herein. Diesen Fall setz ich aus für eine Viertelstunde.

DER ERSTE ANWALT *während Schauwa geht.* Wenn wir gar nichts mehr vorbringen, haben wir das Urteil im Sack, gnädige Frau.

DIE KÖCHIN *zu Grusche.* Du hast dir's verdorben mit ihm. Jetzt spricht er dir das Kind ab.

Herein kommt ein sehr altes Ehepaar.

DIE GOUVERNEURSFRAU Shalva, mein Riechfläschchen.

AZDAK Ich nehme. *Die Alten verstehen nicht.* Ich hör, ihr wollt geschieden werden. Wie lang seid ihr schon zusammen?

DIE ALTE 40 Jahre, Euer Gnaden.

AZDAK Und warum wollt ihr geschieden werden?

DER ALTE Wir sind uns nicht sympathisch, Euer Gnaden.

AZDAK Seit wann?

DIE ALTE Seit immer, Euer Gnaden.

AZDAK Ich werd mir euern Wunsch überlegen und mein Urteil sprechen, wenn ich mit dem andern Fall fertig bin. *Schauwa führt sie in den Hintergrund.* Ich brauch das Kind. *Winkt Grusche zu sich und beugt sich zu ihr, nicht unfreundlich.* Ich hab gesehen,

daß du was für Gerechtigkeit übrig hast. Ich glaub dir nicht, daß es dein Kind ist, aber wenn es deines wär, Frau, würdest du da nicht wollen, es soll reich sein? Da müßtest du doch nur sagen, es ist nicht deins. Und sogleich hätt es einen Palast und hätte die vielen Pferde an seiner Krippe und die vielen Bettler an seiner Schwelle, die vielen Soldaten in seinem Dienst und die vielen Bittsteller in seinem Hofe, nicht? Was antwortest du mir da? Willst du's nicht reich haben?
Grusche schweigt.
DER SÄNGER *Hört nun, was die Zornige dachte, nicht sagte. Singt.*

Ginge es in goldnen Schuhn
Träte es mir auf die Schwachen
Und es müßte Böses tun
Und könnte mir lachen.

Ach, zum Tragen, spät und frühe
Ist zu schwer ein Herz aus Stein
Denn es macht zu große Mühe
Mächtig tun und böse sein.

Wird es müssen den Hunger fürchten
Aber die Hungrigen nicht.
Wird es müssen die Finsternis fürchten
Aber nicht das Licht.

AZDAK Ich glaub, ich versteh dich, Frau.
GRUSCHE Ich geb's nicht mehr her. Ich hab's aufgezogen, und es kennt mich.
Schauwa führt das Kind herein.
DIE GOUVERNEURSFRAU In Lumpen geht es!
GRUSCHE Das ist nicht wahr. Man hat mir nicht die Zeit gegeben, daß ich ihm sein gutes Hemd anzieh.
DIE GOUVERNEURSFRAU In einem Schweinekoben war es!
GRUSCHE *aufgebracht.* Ich bin kein Schwein, aber da gibt's andere. Wo hast du dein Kind gelassen?
DIE GOUVERNEURSFRAU Ich werd's dir geben, du vulgäre Person. *Sie will sich auf Grusche stürzen, wird aber von den Anwälten zurückgehalten.* Das ist eine Verbrecherin! Sie muß ausgepeitscht werden, sofort!
DER ZWEITE ANWALT *hält ihr den Mund zu.* Gnädigste Natella Abaschwili! Sie haben versprochen ... Euer Gnaden, die Nerven der Klägerin ...

AZDAK Klägerin und Angeklagte! Der Gerichtshof hat euren Fall angehört und hat keine Klarheit gewonnen, wer die wahre Mutter dieses Kindes ist. Ich als Richter hab die Verpflichtung, daß ich für das Kind eine Mutter aussuch. Ich werd eine Probe machen. Schauwa, nimm ein Stück Kreide. Zieh einen Kreis auf den Boden. *Schauwa zieht einen Kreis mit Kreide auf den Boden.* Stell das Kind hinein! *Schauwa stellt Michel, der Grusche zulächelt, in den Kreis.* Klägerin und Angeklagte, stellt euch neben den Kreis, beide! *Die Gouverneursfrau und Grusche treten neben den Kreis.* Faßt das Kind bei der Hand. Die wahre Mutter wird die Kraft haben, das Kind aus dem Kreis zu sich zu ziehen.

DER ZWEITE ANWALT *schnell.* Hoher Gerichtshof, ich erhebe Einspruch, daß das Schicksal der großen Abaschwili-Güter, die an das Kind als Erben gebunden sind, von einem so zweifelhaften Zweikampf abhängen soll. Dazu kommt: meine Mandantin verfügt nicht über die gleichen Kräfte wie diese Person, die gewohnt ist, körperliche Arbeit zu verrichten.

AZDAK Sie kommt mir gut genährt vor. Zieht!

Die Gouverneursfrau zieht das Kind zu sich herüber aus dem Kreis. Grusche hat es losgelassen, sie steht entgeistert.

DER ERSTE ANWALT *beglückwünscht die Gouverneursfrau.* Was hab ich gesagt? Blutsbande!

AZDAK *zu Grusche.* Was ist mit dir? Du hast nicht gezogen.

GRUSCHE Ich hab's nicht festgehalten. *Sie läuft zu Azdak.* Euer Gnaden, ich nehm zurück, was ich gegen Sie gesagt hab, ich bitt Sie um Vergebung. Wenn ich's nur behalten könnt, bis es alle Wörter kann. Es kann erst ein paar.

AZDAK Beeinfluß nicht den Gerichtshof! Ich wett, du kannst selber nur zwanzig. Gut, ich mach die Probe noch einmal, daß ich's endgültig hab.

Die beiden Frauen stellen sich noch einmal auf.

AZDAK Zieht!

Wieder läßt Grusche das Kind los.

GRUSCHE *verzweifelt.* Ich hab's aufgezogen! Soll ich's zerreißen? Ich kann's nicht.

AZDAK *steht auf.* Und damit hat der Gerichtshof festgestellt, wer die wahre Mutter ist. *Zu Grusche.* Nimm dein Kind und bring's weg. Ich rat dir, bleib nicht in der Stadt mit ihm. *Zur Gouverneursfrau.* Und du verschwind, bevor ich dich wegen Betrug verurteil. Die Güter fallen an die Stadt, damit ein Garten für die

Kinder draus gemacht wird, sie brauchen ihn, und ich bestimm, daß er nach mir »Der Garten des Azdak« heißt.
Die Gouverneursfrau ist ohnmächtig geworden und wird vom Adjutanten weggeführt, während die Anwälte schon vorher gegangen sind.
Grusche steht ohne Bewegung. Schauwa führt ihr das Kind zu.

Ernst Bloch
Das Prinzip Hoffnung

8
Das Zeichen, das wendet

Es ist schal, gestört zu werden. Aber merkwürdig leicht lassen wir uns durch Neues unterbrechen, durch Unerwartetes. Als sei keine Stelle des Lebens so gut, daß sie nicht jederzeit verlassen werden könnte. Die Lust am Anderssein entführt, oft betrügt sie. Doch aus dem Gewohnten treibt sie allemal hinaus.

Ein Neues soll kommen, das mit sich nimmt. Die meisten reizt schon der leere Unterschied zum Bisher, die Frische, gleichviel zunächst, was ihr Inhalt ist. Hier bringt es bereits Genuß, daß etwas geschieht, es soll nur kein Unglück für uns selbst enthalten. Im niedersten Fall verführt der Klatsch, die Nachricht von fremdem Streit. Doch auch die Zeitung lebt großenteils von dem Bedürfnis nach Ungewohntem, das jeweils Neueste ist ihr Reiz. Nichts ist daher gleichgültiger, auch so unverdient gleichgültig, wie ein Blatt, das einen, gar mehrere Tage alt ist. Die heutige Zeitung wird überschätzt, die gestrige unterschätzt, der Stachel der Überraschung ist aus ihr herausgezogen. All dies gemeine oder mittelmäßige Bedürfen setzt Langeweile voraus, die vertrieben werden soll, bringt aber zugleich ein Höheres in Bewegung; es läuft letzthin einer erwünschten, einer befreienden Nachricht entgegen. An ihr ist der Inhalt durchaus nicht gleichgültig, sondern er macht das Neue zum Erwarteten, endlich Angelangten, Gelungenen. Das Neue wird als Bruder begrüßt, aus der Gegend hergereist, wo die Sonne aufgeht. Der sensationelle Wunsch ist bei weichgeschaffenen, platten Seelen selber platt und belügbar, bei kräftigen, blickfähigen gründlich. Er will, daß der Mensch nicht schief liege, daß er mit seinem Ort und seiner Arbeit zusammenstimme. Daß diese Arbeit ihn nicht mit

Almosen beschicke, sondern das alte Lied vom Entbehren endlich aufhöre.

Nach dorthin wird gehört, kräftig ausgesehen. Der Wille, um den es sich handelt, stammt aus dem Mangel und verschwindet nicht, bis der Mangel ausgetilgt ist. So fuhren wir als Kinder auf, nicht immer im Schreck, sobald draußen die Klingel ging. Ihr Laut zerreißt die stille, dumpfe Stube, besonders gegen Abend. Vielleicht kommt nun ein dunkel Gemeintes, dieses, was wir suchen, was uns wieder sucht. Sein Geschenk verwandelt und bessert alles; es bringt eine neue Zeit. Der Laut dieser Klingel bleibt in jedem Ohr, er verbindet sich mit jedem guten Ruf von draußen. Mit dem großen Wecken, das da ist und kommt; die Erwartung allein bringt es freilich nicht. Aber sie läßt den Klang, wenn sie auf ihn und auf das, was er bedeutet, gut ausgerichtet ist, auch nicht überhören. Sie läßt sich nicht auf die Dauer betrügen, denn die Lüge hält nicht vor. Und ebensowenig kann jene feinere, das ist, fast noch abgefeimtere Lüge auf die Dauer betrügen, die pharisäisch greint und verleumdet, weil das sozialistische Neue mit Macht geschieht und nicht mit Geschwätz, mit der sauren Arbeit der Bewährung und nicht mit abtrünnigen Flausen. Die Sucht nach dem Besseren bleibt, auch wenn das Bessere noch so lange verhindert wird. Tritt das Gewünschte ein, so überrascht es ohnehin.

GEORG LUKÁCS
Über den Irrationalismus der Nachkriegszeit

Ohne uns auf eine detailliertere Analyse dieser neuen Abart des Irrationalismus einzulassen, versuchen wir nur, kurz die allgemeine philosophische Wesensart dieser Richtung an einigen methodologisch zentralen Aussprüchen einer ihrer Hauptgestalten, Wittgensteins, zu illustrieren. Dieser sagt: »Die Sätze können die ganze Wirklichkeit darstellen, sie können aber nicht das darstellen, was in ihnen mit der Wirklichkeit gemeint sein muß, damit diese Darstellung möglich werde – die logische Form ... Die Sätze können die logische Form nicht darstellen, sie spiegelt sich in den Sätzen. Was sich in der Sprache spiegelt, kann die Sprache nicht darstellen. Was *sich* in der Sprache ausdrückt, können *wir* durch die Sprache nicht ausdrücken. Die Sätze *zeigen* die logische Form der Wirklichkeit. Sie zeigen sie auf ... Was man zeigen *kann*, das *kann man nicht* aussprechen.«

Ich darf hier vielleicht die Leser dieses Buches an unsere Darlegungen über die phänomenologische Methode erinnern; besonders an die Erörterungen Max Schelers über sie, damit die – gesellschaftlich bedingte – Einheit der verschiedenen modern-irrationalistischen Richtungen und die – ebenfalls gesellschaftlich bedingte – Verschiedenheit ihrer Etappen gleichzeitig zur Geltung kommen. Scheler ist ebenso energisch wie Wittgenstein auf diese irrationalistisch-unmittelbare Grundlage als auf das alleinige Fundament, als auf den alleinigen Inhalt der Philosophie zurückgegangen. Allerdings mit dem Unterschied, daß er diesen irrationalistischen Inhalt noch für aussprechbar hält; erst mit der existentialistischen Stufe der Phänomenologie zeigt sich der Irrationalismus der Grundlage in voller Deutlichkeit. Mit der Betonung dieser Parallele soll keineswegs ein Einfluß des Existentialismus auf Wittgenstein behauptet werden; solche methodologischen Fragen haben einen gesellschaftlichen Grund, und Gemeinsamkeit wie Verschiedenheit der Methode und der Folgerungen sind dessen gedankliche Widerspiegelungen. So steht die Frage bei der erkenntnistheoretischen Verwandtschaft zwischen Mach und Husserl, auf die wir an ihrer Stelle hingewiesen haben, so hier bei der zwischen Wittgenstein und der späteren existentialistischen Entwicklung der Phänomenologie und der Semantik. (Freilich kann auch Schelers ›Ohnmacht der Vernunft‹ in diesem Zusammenhang erwähnt werden.)

Wittgenstein ist also gezwungen, die Konsequenzen aus dieser Lage zu ziehen. Er sagt über die Beziehung der – semantischen – Wissenschaft zum Leben: »Wir fühlen, daß wir, auch wenn wir sämtliche Fragen der Wissenschaft beantwortet haben, die Probleme des Lebens noch nicht einmal berührten. Denn dann freilich bleibt keine einzige Frage übrig, und gerade dies ist die Antwort. Die Lösung des Lebensproblems erblicken wir im Verschwinden des Problems. (Ist nicht dies der Grund, weshalb Menschen, denen der Sinn des Lebens klar wurde, nicht imstande sind, auszusagen, worin dieser Sinn besteht?) Das ist wahrlich das Unaussagbare. Es *offenbart sich*; es ist das Mystische.«

Es ist kein Zufall, daß ein glühender Verehrer Wittgensteins, José Ferrater Mora, ihn gerade als Philosophen der Verzweiflung preist. Er gibt als allgemeine Charakteristik der Zeit und dieses ihres repräsentativen Philosophen folgende Betrachtung: »Heidegger, Sartre, Kafka und Camus lassen uns noch mit dem Vertrauen auf die Existenz einer Welt leben. Der Bruch, den sie verkünden, mag er auch furchtbar sein, ist doch nicht radikal. Der Grund, auf dem sie ruhen, hält noch. Das Erdbeben, das uns erschüttert, legt unsere alten Behausungen in Trümmer, aber auch zwischen den Ruinen kann man noch leben, man kann sie wieder aufbauen. Wittgenstein aber läßt uns nach diesen traurigen Verlusten völlig verwaist zurück. Denn wenn mit den Trümmern der Grund und mit dem gefällten Baum das Wurzelwerk verschwindet, werden wir nichts mehr haben, worauf wir uns stützen könnten, wir werden uns auch nicht mehr an das Nichts anlehnen, oder mit geistiger Klarheit dem Absurden die Stirn bieten können, wir werden ganz und gar verschwinden müssen.«

Mora erkennt auch, daß bei Wittgenstein, wie überhaupt in der Semantik, die Vernunft, das Denken der Hauptsünder ist: »Das Denken ist der große Unruhestifter, fast möchten wir sagen: der große Versucher. Die Tathandlung selber, das Denken wird zur großen Schuld, zur wesentlichen Sünde des Menschen.« In der Welt, die Wittgenstein beschreibt, ist das Zentrum »das Absurde ohne Abschwächung«; in ihr hat sich »die Frage selbst verfraglicht«. Und Stuart Chase bestätigt dieses Weltbild und seine semantische Analyse, indem er derart radikal alle Konsequenzen zieht, daß die Darlegung bereits ins Grotesk-Komische umschlägt. Er beneidet seinen Kater Hoby, der »den Halluzinationen, verursacht durch falschen Wortgebrauch, nicht unterworfen ist ... da er nichts mit Philosophie und formaler Logik zu tun hat ... Wenn ich mich im Dschungel der Sprache verirre, kehre ich zur Anschauung Hobys wie zu einem Magnet zurück«.

So bricht der Irrationalismus der »streng wissenschaftlichen« direkten Apologetik aus allen Poren. Ihre führenden Vertreter wollen aber diesen ihren Zusammenhang mit der in Hitler kulminierenden Bewegung nicht gelten lassen, sie suchen und finden (vermeintlich) eine glorreichere Ahnenreihe. Ebenso wie Truman oder Eisenhower nicht als Nachfolger Hitlers vor der Öffentlichkeit figurieren wollen, sondern als Fortführer des Lebenswerks von Washington oder Lincoln, so sucht die im Kern irrationalistische direkte Apologetik unserer Tage ihre Ahnen mit Vorliebe in der Aufklärung. Dies entspricht genau den Bemühungen der Ökonomen, ein Zurückgehen zu den Klassikern ihrer Wissenschaft vorzutäuschen. Wir haben gezeigt, daß dies unausführbar ist. De facto repräsentieren für sie Say und dessen noch flachere Nachfolger sowie – der noch reaktionärer und barbarischer gemachte – Malthus die Klassik. Ebenso steht die Lage in der Philosophie. Kaufmann will z.B. aus Nietzsche einen würdigen Nachfolger der großen Aufklärer machen, und es ist außerordentlich charakteristisch, daß diese gegenwärtige »Renaissance der Aufklärung« als große Entdeckung und Neuwertung ein Wiedererwecken des Marquis de Sade gebracht hat usw. usw.

Die Vergeblichkeit, solche Zusammenhänge herzustellen, ist kein Zufall. Denn die alten Apologeten und Vulgarisatoren haben zwar die ökonomische Wahrheit verdrängt, die Zusammenhänge verzerrt, ließen die echten Probleme verschwinden, um sie durch Pseudoprobleme zu ersetzen, sie haben aber bei all ihrer wissenschaftlichen mala fides doch aufrichtig an die Unerschütterlichkeit des Kapitalismus, an seine unbeschränkten Entwicklungsmöglichkeiten geglaubt. Ebenso die ihnen entsprechende schwache und schlechte Belletristik der Ohnet oder Gustav Freytag. Heute sind jedoch die literarischen Parallelerscheinungen zur direkt-apologetischen Ökonomie, zur Philosophie der Semantik die literarischen Vertreter der nihilistischen Verzweiflung, die Kafka oder Camus. (Wir sprechen hier von der Literatur als Anzeiger gesellschaftlicher Strömungen; die ästhetischen Wertfragen stehen in diesem Zusammenhang nicht zur Diskussion.)

Über das Phänomen der Verzweiflung werden wir später ausführlich sprechen. Jetzt genügt die Feststellung, daß gerade bei den führenden Ideologen ein tiefer Unglaube an ihre eigene apologetische Darlegung, an die optimistischen Perspektiven, die aus ihr folgen sollen, feststellbar ist. Niemand wird bestreiten, daß es – sogar massenhaft – Dummköpfe geben kann, die Lippmann glauben, die Gesetzgebung der Vereinigten Staaten werde eines schönen Tages, wenn auch allmählich, die »übermäßige« Kapitalkonzentration, die Trusts usw. wirklich verschwinden lassen. Aber ein so erfahrener und eingeweihter Publizist wie Lippmann glaubt natürlich davon keine Silbe. Aber was glaubt er dann? Was bestimmt dann seine Haltung? Verzweiflung oder Zynismus oder beides.

Als Grundlage solcher Stimmungen unter den ideologischen Apologeten des Imperialismus figuriert nicht bloß die Unmöglichkeit, eine zufriedenstellende theoretische Lösung für die Probleme des Monopolkapitalismus zu finden, die dessen Herrschaft unverändert bestehen läßt und zugleich die ihnen feindliche Stimmung der Massen beschwichtigt, sondern auch der gegenwärtige Stand des Kampfes gegen den Hauptfeind, gegen den Sozialismus. (Es ist klar, daß diese zentrale Frage auch die Lage der Philosophie entscheidend bestimmt.) Denn die ganze kapitalistische Wissenschaft ist ja ideologisch darauf eingestellt, die immer unentrinnbarer drängende sozialistische Alternative gedanklich überzeugend abzuweisen. Zwischen den beiden imperialistischen Kriegen schien dies für die Ideologen des Kapitalismus verhältnismäßig einfach. Nachdem man in den ersten Jahren der Errichtung der Sowjetmacht immer für die nächste Woche den endgültigen Zusammenbruch des Sozialismus prophezeit hatte, ging man auf einen länger befristeten Nachweis des verunglückten »Experiments« über: vor jedem Fünfjahrplan verkündete man, er wäre undurchführbar; die Wachstumsschwierigkeiten des beginnenden sozialistischen Aufbaus wurden zu Symptomen des endgültigen Scheiterns verzerrt usw. Solche Gedankengänge tauchen natürlich auch heute immer wieder auf. Ihr propagandistischer Erfolg wird jedoch zunehmend zweifelhafter, denn der Widerspruch mit den Tatsachen erscheint wachsend als offenkundig. Der erfolgreiche Widerstand der Sowjetarmee gegen die stärkste Landmacht der Welt, ihr vernichtender Sieg über Hitler, die monumentalen friedlichen Bauten der Nachkriegszeit, die Fähigkeit, ebenfalls Atombomben zu produzieren usw. usw., zeigen unwiderlegbar der ganzen Welt das hohe ökonomische und technische Niveau der sozialistischen Wirtschaft, deren ständig aufwärts weisende Entwicklungskurve.

All dies wirkt lähmend auf die Propaganda des nahen Zusammenbruchs. Diese darf natürlich nicht aufgegeben werden, ihre Überzeugungskraft nimmt aber stetig ab und muß durch andere Mittel ersetzt werden. Diese anderen Mittel zeigen aber hier, wo die Entscheidungsschlachten des kalten Krieges ideologisch geschlagen werden, das ständig sinkende Niveau der Antisowjetpropaganda. Versuche einer neuen Offensive können nur durch klare Verleumdungen, durch falsche Aussagen bezahlter Polizeiagenten durchgeführt werden. Wenn man bedenkt, daß vor dreißig Jahren Otto Bauer der Hauptideologe solcher Zusammenbruchs- und Abschreckungstheorien war, während jetzt die Amerikaner auf den Krawtschenko gekommen sind, kann man dieses Sinken des Niveaus genau ermessen. Und da es sich hier um die ideologische Zentralfrage handelt, ergibt sich dabei ein genauer Index für das Sinken des Niveaus auch auf den nicht unmittelbar propagandistischen Gebieten der Ökonomie, der Philosophie usw.

Theodor Plievier
Berlin

»Junge, Junge, wenn das man gut geht!«
»So was habe ich doch schon mal gesehen!«
Sanitätsfeldwebel Wustmann und der Fahrer Stroh tauschten Erinnerungen aus. Die anderen hockten hinter ihnen im Wagen zusammengesunken zwischen Kisten. Auch in Weißensee hatten sie, wie vorher in Werneuchen, nur eine zurückgelassene Weisung vorgefunden, nach der sie weiterzufahren hatten, da der Feldverbandplatz jetzt in Berlin-Mitte, im Reichstagsgebäude, eingerichtet werden sollte. Bis zum Güterbahnhof Weißensee waren sie gekommen und hier in marschierende Truppen geraten und in eine Nebenstraße abgedrängt.

Panzer, Flakgeschütze, Artillerie, Soldaten, Gewehrläufe, Fahrzeuge. Der Zug bewegte sich zur Panzersperre und weiter in Richtung Werneuchen-Tiefensee-Semmelberg.

»Wenn das man gut geht!«
»In Odessa, 1944, sah es ebenso aus, und als sie vor die Stellungen kamen, die sie besetzen sollten, saß schon der Russe drin!«
»Damals hat es Schnaps gegeben.«
»Ja, damals wurde noch gesoffen und laut gegrölt.«

Schweigende Kolonnen trieben zum Stadtrand. Der Schein aus brennenden Häusern flackerte auf den Gesichtern. In den Geruch von Brand und Kalkstaub mischte sich die Ausdünstung ungewaschener Leiber, von Leder, von verschwitzten Uniformen.

»Aber das gab es damals nicht!«
Der Volkssturm zog vorbei, alte Männer mit Schirmmützen und in belgischen Militärmänteln. Die Hitlerjugend – sogar Vierzehn-, Fünfzehn- und Sechzehnjährige in Wehrmachtsuniformen, die viel zu groß waren und lose an den mageren, halbwüchsigen Körpern hingen.

Langsam rollende Räder und schlurfende Füße.
Flieger mit Infanteriegewehren, Flakeinheiten und Teile von Bauregimentern, Offiziersschüler, Polizei mit Karabinern, die Berliner Feuerwehr, Straßenbahner.

Die Straße war von einer Kette aus Feldgendarmen abgesperrt, damit sich keiner auf die Seite drücken konnte. Ein Mann wurde durchgelassen. Ein Oberleutnant, er blieb neben dem LKW stehen und fragte, ob er mitfahren könnte.

»Guten Tag, Herr Splüge!« wurde er von dem Sanitätshelfer Wittstock begrüßt.

»Du, Günther? Wo kommst du denn her?«

»Aus Buckow, wir sind getürmt.«

»Da habt ihr Glück gehabt, und wo soll es hingehen?«

»Zum Reichstag!«

»Ausgezeichnet, da muß ich auch hin! Na, Herr Feldwebel?«

»Meinetwegen schon, fragen Sie unsern Oberarzt.«

Oberarzt Heide hatte nichts dagegen, und Splüge durfte aufsteigen und mitfahren.

Bis zum Reichstag waren es acht Kilometer, und unter normalen Umständen hätte es eine halbe Stunde Fahrt bedeutet. Jetzt standen sie bereits Stunden neben dem Güterbahnhof, und als sie sich endlich in Bewegung setzten, um auf Umwegen und auf Nebenstraßen zu ihrem Ziel zu gelangen, kamen sie nur langsam vorwärts. Trümmerstücke lagen im Wege. Sie sahen einen ganzen Straßenzug in Flammen – es gab kein Wasser zum Löschen, und das Feuer konnte sich ungehindert ausbreiten. Im Schrittempo ging es weiter. Der Mond stand am Himmel. Sterne hingen über der Ruinenwelt. Ganze Häuserkarrees waren ausgebrannt und menschenleer. Als sie über den Alexanderplatz kamen, wurde es schon Tag. Noch einmal mußten sie in einem engen Straßenschlauch warten und marschierende Truppen vorbeilassen. Nochmals zwei Stunden vergingen, bis sie den monumentalen, aus schweren Quadern aufgeführten Block des deutschen Reichstages vor sich hatten.

DEM DEUTSCHEN VOLKE, so leuchtete es in goldenen Lettern über dem Hauptportal des Gebäudes. Die deutschen Stämme hatten nach der Reichsgründung im Jahre 1871 hier ein gemeinsames Dach gefunden. An dem Rednerpult dieses Hauses hatte ein Bismarck, ein Bethmann Hollweg, ein Prinz Max von Baden gestanden, aber auch ein Liebknecht, senior und junior, ein Bebel und Ledebour und eine Rosa Luxemburg. Hier, aus einem Fenster der Westfassade heraus, hatte Philipp Scheidemann am 9. November 1918 die Republik ausgerufen. Es hat auch einen Reichstagsbrand und einen Reichstagsbrandprozeß gegeben. Im Qualm dieses Brandes, der den großen Sitzungssaal zerstörte und die Glaskuppel durchschlug, hatte das Dritte Reich seinen Anfang genommen, und es sah so aus, als ob es auch hier in Qualm und Feuer sein Ende nehmen sollte.

Sanitätsfeldwebel Wustmann war alt genug, um einige Vorstellungen von dem Vergangenen haben zu können. Auch eine

Reichstagssitzung hatte er erlebt. Als Urlauber war er – im Oktober 1918 – einmal in dieses Haus gekommen. Er hatte damals nicht wissen können, daß er einer entscheidenden Sitzung beiwohnen würde.

Ein trüber, naßkalter Tag. Berlin hungerte. Berlin hatte kein Öl mehr für die Petroleumlampen. Die Straßenbahnen klapperten. Die Gummidecken an den Autorädern waren abgefahren und glatt wie Glas. Es gab nichts mehr, keine Seife, keinen Tabak, wenig Brot. Alles schepperte, kreischte, hustete und pfiff auf dem letzten Loch:

Ein Krieg ging zu Ende.

Das Kaiserreich ging zu Ende.

Der zwanzigjährige Sanitätssoldat blickte von der Gästegalerie in den Saal hinunter über die Reihen der Abgeordneten hinweg. In sich zusammengekauerte, fröstelnde Gestalten. Viele husteten, in Berlin herrschte die Grippe. Der neue Kanzler, der sich dem Hause mit einer Antrittsrede vorstellte, war kaum zu verstehen. So leise sprach er, er war heiser, auch er hatte die Grippe. Der neue Kanzler war der Prinz Max von Baden.

Einer nach dem andern stand am Rednerpult. Die Reden gingen ins Leere. Die Volksvertreter in ihren Bänken blätterten in Zeitungen. Nur einmal war es, als ob jähe Windstöße durch ihre Reihen fuhren. Sie sprangen von ihren Sitzen auf, und alle redeten. Einer mit dem andern und eine Bank mit der andern. Es war kein Wort zu verstehen, und Wustmann hatte erst später in veröffentlichten Protokollen nachgelesen, um was es eigentlich gegangen war. Der Zusammenbruch an der Front, ein panischer Hilferuf der Obersten Heeresleitung, Wilsons vierzehn Punkte hatten zur Debatte gestanden. Der Unabhängige Haase hatte gesprochen und ihm waren Vertreter der nationalen Minderheiten gefolgt – Elsässer, Lothringer, Polen, Dänen.

Sozialdemokraten und Unabhängige bezichtigten einander der Kriegsverlängerung, einer beschimpfte den andern, daß auch sie Kriegsanleihen bewilligt hätten.

»Volksabstimmung!« forderte ein Däne.

»Da müßten auch die Toten mitstimmen«, meinte ein Pole und verlangte: »Polen den Polen!«

Der Sozialdemokrat Noske sagte:

»Danach müßte ja Amerika den Indianern gehören!«

Über der Regierungsbank kauerte Verzweiflung.

»Der Chor der Schakale!« sagte einer.

»Finis Germaniae?« ein anderer.

Der Staatssekretär Haußmann zitierte Heinrich Heine: »Alt Deutschland, wir weben dein Leichentuch, wir weben hinein den dreifachen Fluch!«

Das war im Jahre 1918, jetzt war es wieder soweit. Keine vierzehn Punkte standen dieses Mal zur Debatte. Nur die »Totale Kapitulation«, die war ohne Debatte anzunehmen oder auch nicht anzunehmen, so oder so war der Untergang unaufhaltsam.

Finis Germaniae!

Oberarzt Heide, Feldwebel Wustmann, die beiden Gefreiten, der Sanitätshelfer Wittstock durchsuchten den ganzen Reichstag und kamen ohne Erfolg zum Wagen zurück, von Stabsarzt Dallmann und der Sanitätskompanie keine Spur. Wustmann ging schon zum soundsovielten Mal durch die Vorräume, durch die Wandelhalle und kam wieder in den Plenarsaal. Wie die Halle und der Wandelgang war der Plenarsaal ein einziges großes Soldatenbiwak, überwölbt vom nackten Eisengestänge der hohen Kuppel. Dieser Teil des Gebäudes war unbenutzt geblieben, so wie die Brandstifter im Jahre 1933 ihn zurückgelassen hatten. Sie hatten keine Zeit gefunden, ihn zu renovieren und wollten ihn wohl in diesem Zustand als Denkmal an den Beginn ihrer Herrschaft der Zukunft vermachen. Im Saal standen in Pyramiden zusammengestellte Gewehre. Weggeworfene Konservenbüchsen, verstreutes Papier, Fußlappen, Monturen lagen herum. Soldaten, den Kopf auf dem Tornister oder auf dem Rucksack, schliefen, andere aßen, noch andere spielten Karten – schon am frühen Morgen, es war zehn Uhr geworden.

Eine Sanitätskompanie? Nein, keiner konnte Auskunft geben. Ja, da war einmal eine, gestern oder vorgestern. Aber wo sie geblieben war, wußte auch dieser Mann nicht anzugeben. Dann aber sagte einer: »Ja, Herr Feldwebel, da ist so was, im ersten Stock, eine Wehrmacht-Sanitätsinspektion oder wie sich das nennt!«

Wustmann ging in den ersten Stock.

Auf dem Gang hing Schild neben Schild. In den ehemaligen Fraktionszimmern hatten alle möglichen militärischen Einheiten und Behörden Büros eingerichtet. Die Angestellten und Schreiber nahmen es nicht so genau, oder die Verkehrsmittel waren gestört, viele trafen jetzt erst auf ihren Dienststellen ein. Auf dem Gang war ein Kommen und Gehen von Menschen. Wustmann hielt einen an und erkundigte sich nach der Stelle, die er suchte. »Ja, gibt es«, wurde ihm erwidert. »Sanitätsinspektion, ganz hinten die letzten Zimmer.« Wustmann stellte noch weitere Fragen, und dann war er im Bilde. Es handelte sich um ein Zentralamt mit einem Oberfeldarzt als Leiter und einer Anzahl von Kanzleibeamten und Schreibkräften, die damit beschäftigt waren, die Krankenblätter der ganzen deutschen Wehrmacht in einer Kartei zu erfassen.

Er fand die richtige Tür und gelangte bis vor den Oberfeldarzt, der bereits hinter seinem Schreibtisch saß.

»Ja, ein Stabsarzt Dallmann ist hier gewesen. Gestern war das. Er meinte in unsere Räume einziehen zu können, was für Vorstellungen!«

Der Oberfeldarzt war ein alter Mann. Aktiv konnte er im Weltkrieg vor 1918 gewesen sein. Die Inspektion im Reichstag führte er seit Beginn des Krieges. Die Reihenfolge der Dinge hatte sich in seinem Kopf etwas verdreht, so wollte es Wustmann scheinen, und der Oberfeldarzt war wohl der Auffassung, daß eine der wichtigsten Aufgaben der Lazarette und der Hauptverbandplätze darin bestehe, seine Kartothek mit Material zu beliefern.

Immerhin, Dallmann und sein Haufen befanden sich in der Nähe.

Schließlich hätte sich der Stabsarzt mit der gegebenen Tatsache abgefunden und die Sanitätskompanie wäre in einen angefangenen S-Bahn-Stollen gezogen, gleich hier neben dem Reichstag, um dort einen HV-Platz einzurichten, erfuhr er weiter vom Oberfeldarzt.

»Schade, ein paar Büroräume hier oben wären nicht schlecht.«

»Und was sollen wir tun, schließlich müssen wir doch arbeiten!«

»Meinen Sie, daß das noch so wichtig ist? Die Russen sind über die Oder rüber und sind auf dem Wege nach Berlin!«

Der Oberfeldarzt schüttelte mißbilligend den Kopf.

Die Tür stand offen, und Kanzleibeamte und Schreiber aus dem Nebenraum blickten herüber, ebenso mißbilligend wie ihr Chef.

»Über die Oder – das heißt wohl noch nicht auf dem Weg nach Berlin.« – »Nun, sehr weit ist der Weg nicht.«

Sie glaubten wohl noch an die Wunderwaffen und an die Wunderarmee Wenk! Es gab keinen elektrischen Strom und sie hörten kein Radio, Zeitungen erhielten sie nur sporadisch. Sie hörten nichts als täglich hundert verschiedene und einander widersprechende Gerüchte. Und gelogen und übertrieben worden war in diesem Kriege so viel, daß man sich überhaupt nur noch auf seine eigenen Augen und Ohren und auf einen »sechsten« Sinn verlassen wollte.

Der Oberfeldarzt erklärte jedenfalls:

»Verbreiten Sie bitte hier keine Tatarennachrichten!«

»Tataren ..., die können Sie bald hier haben, Herr Oberfeldarzt. Meinen Sie, daß das hier immer so weitergeht?«

»Was reden Sie eigentlich, wir müssen doch unseren Dienst machen!«

Nun aber hob der Oberfeldarzt den Kopf. Ein fernes Geräusch – er hatte es in diesem Krieg noch nicht vernommen, doch aus dem ersten Weltkrieg war es ihm bekannt – traf seine Ohren. Auch der Kanzleirat, die Schreiber, die Sekretärinnen draußen, alle vernahmen ein fernes Grollen, anders als das Pfeifen und Heulen und Motorenbrummen des Bombenkrieges, ein anderes Geräusch, aber nicht weniger bedrohlich.

»Was ist das?« fragte einer den andern.

»Artillerie«, sagte Wustmann ins Nebenzimmer hinein. »Am Stadtrand, in Weißensee wahrscheinlich!«

»Der Stadtrand wird beschossen!«

»Ist doch nicht möglich!«

Aber das Geräusch blieb, ein pausenloses Grollen, ein Gebrummel, es war Wustmann auf seinem Weg von Buckow über Tiefensee gefolgt, und jetzt war es auch hier zu hören. Und noch anderes geschah, und das war, als ob ein ratternder Eisenbahnzug durch die Wolken fahre, ganz außen um die Stadt herum, von Osten in riesigem Halbkreis nach Süden.

»Das wäre dann etwa Teltow oder hinter dem Teltowkanal!« sagte Wustmann.

»Was meinen Sie damit?« fragte der Kanzleirat.

»Berlin wird auch vom Süden her beschossen.«

»Das ist kein Luftangriff und das wird dann wohl so schnell nicht aufhören«, meinte der Oberfeldarzt.

Ein Heulen fuhr durch die Luft, ein von weither kommendes, sich steigerndes und überwältigendes Grollen. Dann eine Detonation: die Erde bebte. Die erste im Stadtkern Berlins einschlagende Granate einer Fernkampfbatterie.

Der Oberfeldarzt kam zu einer bedeutsamen Einsicht:

»Unter diesen Umständen muß die Kanzlei dann wohl doch ein paar Tage geschlossen bleiben!«

Hans Hellmut Kirst
Null-acht fünfzehn
Die abenteuerliche Revolte des Gefreiten Asch

Asch senior war Restaurateur und als solcher von Beruf aus duldsam. Er schenkte Schnäpse aus; aus welchem Grunde sie getrunken wurden, war ihm gleich. Er sah gleichmütig auf Liebende und Leidtragende, auf Politisierende und Pädagogen, auf Menschen, die aus Gewohnheit tranken und solche, die das für eine Art gesellschaftliche Verpflichtung hielten.

Asch senior war prinzipiell für die Wehrmacht, denn dadurch erhöhte sich automatisch sein Umsatz; er hatte nichts gegen die Partei, denn die störte ihn in seinen Geschäften nicht. Er war sogar ausgesprochen parteifreundlich, denn allein der Initiative des Kreisleiters war es doch zu verdanken, daß dieses Nest hier Garnisonsstadt wurde. Zuerst wurde die Kaserne gebaut; die Architekten verkehrten bei ihm im Lokal, und für die Arbeiter lieferte er Getränke an die Baustelle. Dann zogen das Infanteriebataillon und die Artillerieabteilung hier ein. Die Errichtung von Kantinen grämte ihn sehr; aber als es ihm gelang, Teile des Unteroffizierskorps in sein Lokal zu ziehen, versöhnte er sich wieder.

Er duldete alles, was nicht gegen die zur Zeit gültigen Gesetze verstieß. Ihm war völlig gleichgültig, ob in seinem Lokal in fortgeschrittener Stimmung »Morgenrot« gesungen wurde oder das Horst-Wessel-Lied und »Ich weiß nicht, was soll es bedeuten«. Er wußte sogar, daß der Text des letzten Liedes von Heinrich Heine war; aber offiziell wußte er das nicht. Ihm war alles gleich; die Hauptsache: der Konsum hielt an!

Aber Asch senior war zäh und erfolgreich bemüht, seinen Geschäftsbetrieb von seinem Privatleben ganz eindeutig zu trennen. In den oberen Räumen, in seiner Wohnung, herrschte eine gemütliche, gut bürgerliche Atmosphäre: die Möbel waren gediegen und sahen immer leicht verstaubt aus, obwohl peinliche Sauberkeit herrschte. Ein Ölbild, die vor langen Jahren verstorbene Frau Asch darstellend, hing im Wohnzimmer, und wenn es der alte Asch betrachtete, zeigte er Wohlwollen und einen Hauch gediegener Trauer. Doch meistens setzte er sich so, daß seine Frau in seinem Rücken hing.

»Warum«, fragte er seinen Sohn Herbert, »hast du deine Uniform nicht anbehalten?«

Sie saßen am Kaffeetisch. Die Schwester von Asch senior bediente. Sie führte ihrem Bruder den Haushalt, und sie führte ihn gut und mit verbissenem Arbeitseifer, denn Restaurateur Asch drohte regelmäßig einmal im Monat, zumeist um den fünften herum, sie an die frische Luft zu setzen; das war zwar nie ernsthaft gemeint, erwies sich aber immer als sehr wirkungsvoll. Asch gegenüber saß Ingrid; zu seiner Rechten hatte der Kanonier Vierbein Platz genommen, zu seiner Linken der Sohn. Und der Sohn hatte seinen Uniformrock abgelegt und fühlte sich in aufgekrempelten Hemdsärmeln sichtlich wohl.

»Lieber Vater«, erkundigte sich Asch gemütlich, »hast du schon mal in deinem Leben eine Uniform getragen?«

»Natürlich«, sagte der. »Schließlich bin ich Deutscher. Paß auf: Vor 1914 gehörte ich zur Kaiser-Wilhelm-Jugend. Dann wurde ich Soldat; mein Dienstleistungszeugnis hängt, wie du weißt, neben der Theke.«

Herbert Asch bestätigte das: »Ich weiß – du hast es 1933 dort hingehängt.«

Asch senior überhörte diese freundliche Anspielung. »1920«, sagte er, »wurde ich Mitglied im Verein Kyffhäuser, und mein Restaurant war Vereinslokal. Dann ließ ich mich für den ›Stahlhelm, Bund deutscher Frontsoldaten‹ anwerben.«

»Ich denke, du warst im Krieg Kasinoordonnanz?«

Diese Verleumdung empörte Vater Asch sehr. »Natürlich war ich *auch* Kasinoordonnanz, aber doch erst, nachdem ich verwundet wurde. Zweimal! Vorher lag ich sogar an der Westfront, Verdun und so!«

»Du bist ein Held, Vater!« sagte Herbert Asch, und das klang fast so, als meine er es sehr ehrlich. »Ein Heldenvater!«

Asch senior wußte nicht recht, was hierauf zu erwidern war. Er zog es vor anzunehmen, ihm sei soeben eine Huldigung dargebracht worden. Und er berichtete weiter von seinen Uniformen:

»Das war also der Stahlhelm! Dann sollte ich in die SA eintreten.«

Herbert Asch nickte. »Ich weiß. Aber das war wohl nicht nötig, denn die SA verkehrte bereits in deinem Lokal.«

»Klar«, sagte Asch senior nicht ohne Stolz, und er blinzelte seinem Sohn verständnisinnig zu. »Schließlich bin ich ja kein Idiot!«

»Und ich bin eben dein Sohn«, sagte Herbert.

»Ihr solltet euch schämen!« Ingrid Asch war hell empört. Sie hatte mit wachsender Erregung zugehört und ganz vergessen, sich ihrem Gast, nein, nicht ihrem Gast, dem Gast ihres Bruders, zu widmen. Der starrte sie voll Begeisterung an und fand sie hinreißend schön.

»Ihr solltet euch schämen!« rief sie abermals. »Ihr vergeßt, in welcher Zeit wir leben.«

»Eben nicht!« sagte Herbert Asch, ohne auch nur im geringsten ungemütlich zu werden.

»Wenn der Führer nicht wäre«, sagte Ingrid überzeugt, »hätten wir nicht das Saargebiet befreit, auch Österreich nicht. Wir wären ein kleines Volk geblieben.«

»Ja, ja«, sagte der alte Asch zustimmend. »Das ist nicht unrichtig. Ich sehe das an meinen Umsätzen. Seit 33 werden die Reingewinne von Jahr zu Jahr größer. Heute verdiene ich nahezu das Vierfache.«

Ingrid ereiferte sich immer mehr: »Und die Jugend! Wir werden ernst genommen und sind ein wichtiger Teil des Staates. Die Arbeiter verreisen mit KdF nach Norwegen und Italien.«

»Das ist nicht unbedingt nötig«, gab der alte Asch zu bedenken, »sie könnten ihren Lohn auch hier versaufen.«

»Und ohne den Führer«, sagte Ingrid mit unvermindertem Eifer, »hätten wir auch keine Wehrmacht. Das stimmt doch, Herr Vierbein.«

»Ja«, sagte der. »Das stimmt. Sie haben recht.« Er war begeistert, aber diese Begeisterung galt alleine dem Mädchen Ingrid; sie hätte sagen können, was sie wollte, er hätte nie gezögert, dem zuzustimmen. Denn was sie im einzelnen sagte, wurde ihm nicht klar, er hörte einfach nicht zu; er sah sie immer nur an.

»Dumme Gans!« sagte Herbert Asch überzeugt und warf die Serviette auf den Tisch.

Vater Asch entzog sich weiterer Diskussion. »Ich muß ins Lokal«, sagte er. »Heute ist dort Hochbetrieb. Am Nachmittag trifft sich die Frauenschaft bei mir, und abends werden die Unteroffiziere kommen. Der Samstag ist für mich der anstrengendste Tag der Woche.«

Er verabschiedete sich von Vierbein. »Kommen Sie ruhig wieder, wenn es Ihnen bei uns gefallen hat«, sagte er. Und er betrachtete dabei mit sorgenvoller Miene seine Kinder, die so befremdend wenig Verständnis für seinen gesunden Geschäftsgeist zeigten. Dann ging er.

Johannes Vierbein blieb mit den Geschwistern Asch zurück; er kam sich hilflos vor, fast überflüssig. Die Atmosphäre war unbehaglich; die Luft im Raum schien heiß und drückend zu sein. Ingrid saß wie unbeweglich auf ihrem Stuhl; sie war schwer gekränkt worden, und das zeigte sie deutlich. Herbert Asch kümmerte sich nicht darum; er konfiszierte eine von seines Vaters Renommierzigarren und setzte sie umständlich in Brand.

»Kommen Sie«, sagte Ingrid zu Johannes, »ich zeige Ihnen einige Photos. Wollen Sie sie sehen?«

»Sehr gerne!« sagte Johannes Vierbein bereitwillig. »Sehr gerne!«

»Paß auf!« rief Herbert Asch warnend. »Sie wird dir Bilder vom BDM-Lager zeigen. Diese Hyänen machen in Wehrertüchtigung mit der gleichen Begeisterung, wie die Rotzkinder Räuber und Gendarm spielen!«

Ingrid würdigte ihren mißratenen Bruder keines Blickes. Sie zog Johannes auf das Sofa in der Ecke des Wohnzimmers und griff nach einem Album, das dort lag. Sie schlug es auf. Die Bilder zeigten Mädchen, »Mädels«, beim Turnen, Wandern, Kartoffelschälen, am Lagerfeuer, beim Rundgesang und während des Volkstanzes.

»Das Lager«, sagte Ingrid, »stand unter dem Motto: Gesunder Körper – gesunder Geist.«

Johannes Vierbein betrachtete die Masse Weiblichkeit mit steigender Verwunderung. Viele sahen nett aus, sehr nett sogar; aber Ingrid war die Schönste von allen. Wie unvergleichlich schön sie war, zeigte vor allem ein Bild besonders deutlich, auf dem gesehen werden konnte, wie sie im Badeanzug aus dem Wasser stieg. Er beschloß, dieses Bild in günstiger Stunde von ihr zu erbitten; aber er verwarf diesen Entschluß sofort wieder, denn er war überzeugt, sie würde es ihm nicht geben. Dann dachte er: Ich nehme es mir einfach; wenn sie nicht zusieht, stecke ich es mir in die Tasche, denn ich möchte dieses Bild doch so gerne haben!

»Wie gefällt es Ihnen?« fragte Ingrid neugierig. »Wie gefällt Ihnen mein Album?«

Vierbein war sich darüber klar, daß sie begierig war, seine Zustimmung zu hören, und er war auch entschlossen, sich begeistert zu äußern. Aber dennoch fragte er, sehr vorsichtig: »Sagen Sie, Fräulein Ingrid, hat Ihnen das viel Freude gemacht, ich meine: waren Sie glücklich dabei?«

»Glücklich?« fragte sie verwundert zurück; und sie sah nicht, daß sich ihr Bruder erwartungsvoll vorbeugte. »Aber darauf kommt es doch gar nicht an!« sagte sie sodann. »Es geht doch um die Gemeinschaft, um das gemeinsame Erlebnis!«

»Ich verstehe das«, sagte Johannes eifrig. »Ich verstehe das sehr gut. Das gemeinsame Erleben! Auch ich finde das wunderbar!«

Herbert Asch lachte schallend auf. »Ich weiß genau, alter Freund, was du unter ›gemeinsames Erleben‹ verstehst! Werde nur nicht rot. In diesem Punkt sind unsere Ansichten gleich. Was zwei Menschen gemeinsam erleben, kann sehr schön sein. Auch Freunde können gemeinsame Erlebnisse haben, auch eine Familie. Was aber mein holdes Schwesterchen meint, das ist etwas anderes. Das ist die Uniformierung der Weiber!«

»Sprich nicht so darüber!« rief Ingrid wütend. »Du hast kein Recht, so darüber zu sprechen!«

»Wer will mir das verbieten?« fragte Herbert robust. »Ich will ein Mädchen, das mir gefällt, ein ganz besonderes Mädchen, aber doch nicht eine von der Stange! Uniformierte Mädchen, du lieber Himmel! Das gleiche Schrittmaß, ähnliche Haartracht, nackte, überanstrengte Gesichter, gleiche Röcke, gleiche Blusen, und in allen Köpfen dieselben Gedanken! Der Herr beschütze mich vor dieser großdeutschen Einheitsware!«

Die schönen Augen von Ingrid waren weit aufgerissen. Sie schimmerten feucht. Langsam rollten ihr ein paar Tränen über das gerötete Gesicht. Sie sagte nichts. Sie weinte lautlos.

Herbert Asch betrachtete seine Schwester ungerührt. Er liebte sie sehr, aber er sah nicht die geringste Veranlassung, es ihr zu zeigen. Ich werde sie schon aufrütteln, dachte er grimmig; ich werde ihr diese Lagerfeuerromantik schon austreiben. Sie müßte einen Mann haben – keinen Kerl und auch keinen Schwächling –, einen richtigen Mann, der sie in die Arme nimmt und sie an sich preßt, daß sie endlich das Gefühl hat: Nur noch zwei Menschen gibt es auf dieser Welt – er und ich! Und dieser Mann müßte die Kraft haben, sie zu halten, ein ganzes Leben lang.

»Bitte, nicht weinen«, sagte Johannes zart und recht unbeholfen. Er war furchtbar verlegen und wußte nicht, was er tun sollte, tun durfte, tun mußte.

Herbert Asch schüttelte langsam den Kopf. Nein, dachte er betrübt, dieser Johannes Vierbein ist wohl nicht der Mann, den er meinte. Der ist noch kein Mann. Der ist ein Knabe, den sie mit Gewalt erwachsen machen wollen. Er ist zu weich. Es fehlt nicht viel, und er heult mit. Der ist wie Wachs, und ehe er sich versieht, werden sie ihn zu einem Spielzeugsoldaten zurechtgeknetet haben.

»Bitte, weinen Sie nicht«, sagte Johannes leise. Und noch leiser, kaum vernehmbar, fügte er hinzu: »Sie sind doch ein besonderes Mädchen. Bestimmt. Ein ganz besonderes Mädchen!«

Albrecht Goes
Das Brandopfer

Ich habe Ihnen ja schon gesagt, daß ich so gut wie gar nichts von den Juden gewußt habe. Erst dadurch, daß ich an jedem Freitagabend diesen ganzen Jammer vor die Füße geworfen bekam, erfuhr ich von ihnen. Und ich begriff, wohin man gehört, und merkte, was man tun muß. Was man tun *müßte*, ich meine: *eigentlich* tun müßte, das habe ich dann bald gewußt. Aber dieses Eigentliche haben wir ja alle nicht getan. Gereicht hat es uns, wenn es gut ging, nur eben zum Tropfen auf den heißen Stein. Es konnte geschehen, daß man von einem Urlauber ein paar Fleischmarken geschenkt bekam, und die teilte man dann auf am Freitagabend, so daß der eine oder andere einen Schnipfel mehr bekam, mehr als das winzige Wenig, das ihm auf die erbärmlichen Lebensmittelkarten zustand. Diese Karten: wenn sie einem so Woche für Woche durch die Hand gingen, lernte man sie lesen wie ein Buch. Da war eine Karte, die unterschied sich von den anderen dadurch, daß eine kleine Zulage, eine Handvoll Graupen vielleicht oder hundert Gramm Teigwaren, erworben werden konnte – aber wie teuer war derlei Bettelbrot bezahlt. Der Mann, dem sie zustand, war in eine Waffenfabrik verpflichtet, schön beschäftigt also mit der Herstellung von Munition. Und wofür brauchte man die Munition? Für den »Schicksalskampf«, wie man es nannte. Aber *auch* für die Massenerschießungen, drüben im Osten. Und der, der die Munition hier drehte, der hat das gewußt. Oder zwei Kinderkarten wurden mir über den Tisch hin gereicht. Aber ich sah nicht die Karten mit den vielen leeren Feldern, sondern ich sah die Kinder selbst, das verstoßene Leben. Jedes steht allein in seinem Hinterhof, und keines begreift, warum die Spielkameraden so fremd tun. »Komm, komm spielen!« Und dann die andere Stimme: »Meine Mutti hat gesagt, ich darf nicht mehr mit dir spielen. Deutsche Jungs spielen nicht mit einem Judengör, hat sie gesagt.« Eines Tages ist eine wüste Zeichnung auf die Schulbank gelegt und ein Wort ist in der Klasse, ein Schimpfwort, »Schickse« sagt man, Kinder sind grausam, und der ›Stürmer‹ am schwarzen Brett hat längst dafür gesorgt, daß schon die Jüngsten Bescheid wissen.

Und dann ist da der alte Mann, der gar nichts mehr versteht. Er braucht eine ganze Zeit, bis er die Karte in seiner Tasche gefunden und auseinandergefaltet hat. Immer wie erstaunt sieht er umher und halb lächelnd, aber dieses Lächeln schneidet einem in die Seele.

»Deitsch – gutt, deitsch – nix beese«, sagt er zu mir, in dem Tonfall von Czenstochau, mir treibt es die Tränen in die Augen, und ich sage nicht, was ich denke: deutsch böse.

Lieber Herr Doktor, Sie sagen nicht: die Frau Walker phantasiert. Ich phantasiere nicht, ich sehe nur. Ich sehe sie vor meiner Auslage stehen, ihrer acht und zehn und zwölf. Frauen und Kinder und Greise, die jüngeren Männer sind ganz selten geworden, ich lerne ihre Namen, und aus den Gesichtern lese ich; ob ich das Richtige lese, weiß ich nicht, aber wer lange liest, lernt ja wohl lesen. »Wie sind sie denn nun, Ihre Juden vom Freitagabend«, fragte man mich da und dort einmal. »Sind sie nicht eben doch eine fremde Herde? Und finster? Und ungepflegt?« Fremd? *Auch* fremd, ja. Auch ungepflegt. Aber pflege sich einer ohne genügend Seife, ohne Waschmittel, ohne Spinnstoffe, ohne frisches Leder. Und finster? Nein, finster nicht. Nur traurig. Ich muß an die Kinder denken, die beiden ersten, die an einem Abend für eine halbe Stunde in meinem Wohnzimmer saßen, in eben dem Zimmer, in dem ich neulich mit Ihnen sprach. Ich hatte gemerkt, daß zwei Mütter noch andere Besorgungen zu machen hatten und daß die Kinder schon fast zu müde waren zum Mitgehen. »Die Kinder können ja hier warten, bis Sie zurückkommen«, hatte ich zu den beiden Frauen gesagt und dabei die Tür zu diesem kleinen Zimmer geöffnet. »Setzt euch schön«, sagte ich zu den Kindern, und dann dauerte es eine ganze Weile, bis ich nach ihnen schauen konnte, man mußte sich sputen in den beiden Abendstunden, damit alle bedient wurden, in den ersten Monaten wenigstens. Später – aber davon erzähle ich Ihnen noch. Endlich gab es einen freien Augenblick, und ich schaute zu den Kindern hinein. Da saßen sie miteinander auf ein und demselben Stuhl und regten sich nicht. Ich schnitt ein Stück Kriegskuchen zurecht, manchmal hatte man etwas dergleichen im Hause, sie sahen mich ungläubig an, als ich ihnen den Teller bot: »Teilts euch!« Die Mütter kamen zurück, die Kinder wurden gerufen, sie gaben mir nicht die Hand, die Mütter nur sahen mich lange an; fast feindselig, dachte ich, ist dieser Blick – aber was wissen wir? Ob sie mir fremd seien, hatte man mich gefragt, die Juden vom Freitagabend. (Aber verzeihen Sie, Herr Doktor, das habe ich ja schon geschrieben, Sie müssen verstehen, daß sich mir die Fäden verwirren.) Ja, auch fremd. Aber am liebsten hätte ich doch, wenn man so mitleidig und mißtrauisch von »meinen Juden« zu mir sprach, geantwortet: »Ja, meine Juden.«

Von den anderen Besuchern, die so plötzlich zuweilen auftauchten, habe ich Ihnen auch schon erzählt. Solange sie da waren, sprach keiner von meinen Kunden mehr als das unbedingt Notwendige, aber es gab Freitage, an denen keine Streife des Weges kam, und da redeten sie dann mit mir. Ich habe sie nicht aufgefordert dazu, aber ich habe mich auch nicht taub gestellt. Ich wußte nur: sie müssen einen haben, der zuhört. Auch wenn er nicht helfen kann.

So fing das an. Dann kam die Sache mit dem Einwickelpapier. Frau M. – ich weiß ihren Namen noch, verzeihen Sie, daß ich auch jetzt noch nur eine Abkürzung wähle, damals mußte man immer mit Abkürzungen umgehen –, Frau M. war eine von den vornehmsten Frauen aus meiner Freitagabend-Kundschaft und zugleich eine von den herbsten, wenn man hier von ›herb‹ reden kann. Zu einer Zeit, da die meisten Käufer schon fast vertraut mit mir umgingen, redete sie nie ein Wort, das sie nicht unbedingt sprechen mußte, mit mir. Es war so, daß ich ihre Stimme kaum kannte – bis zu dem Tag, da sie mich ganz unversehens dann mit einem richtigen Satz ansprach: »Meine Schwägerin kommt nachher«, sagte sie. »Sie nimmt meine Portion mit. Heben Sie's bitte auf und« – sie zögerte einen Augenblick – »und wickeln Sie das Fleisch da hinein«, und dabei zog sie ein Stück graues Packpapier aus ihrer Tasche. Ich wollte entgegnen: »Lassen Sie, es ist nicht nötig – an Einwickelpapier fehlt mir's noch nicht«, da sagte sie: »Bitte!« Und es war ein so strenges ›Bitte!‹, daß ich nur nicken, das Papier nehmen und zur Seite legen konnte. Die Schwägerin kam nicht an diesem Tag, und das graue Papier lag nach Ladenschluß noch da. Ich nahm es zur Hand und wollte eben nach dem Wunsch von Frau M. das Päckchen zurichten, da entdeckte ich auf dem grauen Papier geschriebene Worte. Ich las: »Sigi ist fort, Theresienstadt, Block XVII, schreibst du ihm – Grüße M.«

Habe ich schon erzählt, daß Frau M. beim Hinausgehen sich umgewendet und »Vielen Dank« zu mir gesagt hatte, ganz laut die Worte »Vielen Dank«?

Am folgenden Freitag, ich war in Unruhe wegen dieser Sache, kam die Schwägerin. Ich mußte sehr vorsichtig sein an diesem Tag, die Besucher waren da, und ich fühlte mich, man fühlt ja so etwas, mehr als sonst beobachtet. Ich nützte einen Augenblick, in dem die zwei SS-Männer miteinander sprachen, und sagte: »Ihre Schwägerin hat das letztemal ihre Zuteilung nicht mitgenommen. Sie hatte mich gebeten, ihre Portion für Sie aufzuheben. Kommt Frau M. wohl heute selbst? Sonst könnte ich Ihnen noch etwas mitgeben.

Ich habe es so notiert.« Wenn die Burschen nur nicht auf uns aufmerksam werden, dachte ich – und das Herz schlug mir am Hals. »Frau M. braucht ihre Portion nicht mehr«, sagte die Schwägerin ganz rasch, und eine winzige Bewegung der Hand zum Hals hin ließ mich alles erraten; in solcher Sprache redete man damals miteinander. Ich wußte nun: man hat den Mann geholt, die Frau gibt der Schwester des Verschleppten mit einem Satz noch Bescheid, dann geht sie hin und nimmt sich das Leben. Haben die Aufpasser wirklich auch diese Handbewegung der Frau nicht gesehen? Dem Himmel sei Dank, sie haben nichts gesehen! Sie gehen zur Tür und verabschieden sich, wie sie es zu tun gut fanden. »Juda verrecke!« schmettern sie, und dann: »Heil Hitler!«

Jetzt denke ich daran, wie merkwürdig es war, daß sie unter sich kaum miteinander sprachen, so als hätte die allgemeinsame Angst sie auch einander entfremdet. Und wirklich sah es zuweilen so aus, als mißtrauten sie sich wechselseitig. Eine Zeitlang hatte ich sogar den Verdacht, an der Verschleppung des Rabbiners sei einer aus ihren eigenen Reihen beteiligt gewesen. Lieber Herr Doktor, man konnte von dem Platz hinter dem Ladentisch aus damals wirklich in die Welt hineinsehen, richtig in die Welt, in der alles vorkommt, das Beste und das Böseste. Der Doktor Ehrenreich wird es auch gewußt haben, daß alles möglich ist, daß man nicht einmal mehr bei den eigenen Leuten ganz sicher sein kann, aber er hätte freilich nichts anderes tun können als das, was er tat.

Ich habe einen Augenblick eine Pause gemacht, die Schreibhand war müde. Ich stand am Fenster, und dabei sind mir die Kriegsnächte wieder eingefallen. So stand man ja damals im Dunkeln und horchte auf den Himmel zu, auf die Flugzeuge in der Nacht. Dann habe ich meine letzten Seiten selbst noch einmal gelesen, und ich merke, daß ich Ihnen noch gar nicht vom Rabbiner gesprochen habe; verzeihen Sie, daß dieser Bericht sich so wie ein krauses Durcheinander liest – für mich war der Rabbiner Ehrenreich die ganze Zeit, da ich schrieb, wieder dagewesen.

Ich habe schon erzählt, wie mich das beschäftigt hat: daß sie untereinander sich kaum etwas mitteilten, und eigentlich ist mir der Rabbiner zuerst dadurch aufgefallen, daß er, er allein, oft genug gegrüßt und auch angeredet wurde. Ich hätte ihn nicht als Rabbiner erkannt, in der Kleidung zum Beispiel unterschied er sich in nichts von anderen älteren Männern. Das Einkaufsnetz, das er bei sich trug, war meist schon schwer, wenn er zur Metzgerei kam. Er hatte alle Lebensmittelrationen für sieben oder acht Menschen zu besorgen, jedesmal. Wie er aussah? Er sah aus wie – aber das wußte ich damals noch nicht, ich kam erst später dazu, richtig in der Bibel zu lesen, und da wußte ich es dann plötzlich, wenn ich im Buch des Propheten Jeremia las –: er sah aus wie der Prophet Jeremia. Meist war es gerade sechs Uhr, wenn er den Laden betrat. Einmal geschah es, die Glocke von der Petruskirche, es war nur noch *eine* Glocke um diese Zeit auf dem Turm, hatte geläutet, und nach dem Läuten gab es für einen Augenblick eine richtige Stille. Da sagte der Rabbiner mit lauter Stimme ein Wort. Ich hörte den Wortklang, aber ich verstand nicht. Später lernte ich diese Worte. Er hatte ›Schalom‹ gesagt, und auf dies Wort hin standen alle, die im Laden waren, reglos still. Dann sprach er von neuem, und ich merkte: das ist nun ein Gebet oder ein Bibelwort, und alle sind mit dabei. Hier ist jetzt ihre Synagoge. Ich verhielt mich ganz ruhig und legte das Messer weg. (Wenn nur jetzt nicht gerade schwarzer Besuch kommt, dachte ich, es wäre nicht gut.) Und da sah ich plötzlich einen, der mit einem bösen, einem wirklich tückischen Blick zum Rabbiner hinüberschaute. Es war ein junger Bursche, der selten einkaufte, meist kam seine Mutter ... Er trat an die Kasse und sagte mitten in die Stille hinein ganz laut zu mir: »Was bin ich schuldig?« Ich nannte ihm so leise wie möglich die Summe, er aber legte geräuschvoll und umständlich die Münzen aufs Zahlbrett, laut sagte er »Schön gut'n Abend« und ging zur Tür hinaus. Die anderen Kunden sahen sich nicht um, der Gottesdienst ging weiter. Ich dachte: so ist das also, auch dort – hier die Gemeinde, und dieser eine ist nicht mehr dabei. Aber wie gut, daß die Schwarzen heute nicht gekommen sind, dachte ich dann noch einmal.

Über acht Tage aber, es war alles wie beim letztenmal, der schlimme Junge freilich war nicht da, sondern seine Mutter, und auch sonst waren es zum Teil andere Kunden, der Rabbiner spricht die Worte, und ich selbst bin nun auch ganz mit in dem seltsamen Gottesdienst, von dem ich kein Wort verstehe, und so vergesse ich mein Wächteramt – niemand hat mich zum Wächter bestellt, aber betende Leute auf der Flucht muß man doch ein wenig behüten – plötzlich geht die Türe auf, und zwar eben in dem Augenblick, da der Rabbiner eine Segensgebärde macht: die Zuhörer stehen noch in einer Art von Erstarrung, keiner kann rasch genug zurückkehren ins Alltägliche, – da sind die fremden Besucher schon im Raum, und diesmal sind sie zu viert. Der Anführer, ein Riese von einem Kerl, ruft: »Heil Hitler! Was ist denn das? Is' hier Kirche oder ein Juden-

puff oder was is' hier?« Und gleich geht er auf den Rabbiner zu mit einer drohenden Gebärde:
»He, Mausche! Antwort!«
Und nun Wort auf Wort.
»Ich bin Doktor Ehrenreich«, sagt der Rabbiner.
(Damals dachte ich es zum erstenmal: er sieht aus wie ein Prophet.)
»Ein Jud bist du«, schreit der Riese Goliath jetzt, »ein Scheißjud bist du. Was tust du da?«
»Ich bete.«
»Deswegen kommt dir noch lange keine Wurst zwischen die Zähne.«
»Ich bete nicht um Würste, sondern um Menschen.«
»Ihr habts nötig.«
»Wir haben es alle nötig.«
»Jeder nach seinem Pläsier. Ich möchte nicht in dein Knoblauchmaul kommen, Jud.«
»Gott will nicht, daß Sie verderben.«
Es war ganz still geworden, furchtbar still, und alle sahen zu, die Käufer und die Spießgesellen auch, und mir schien, die Schwarzen seien selbst noch viel erschrockener als die aufgescheuchten Beter.

David und Goliath – das fiel mir auf einmal ein. Und ich dachte: darf die Geschichte jetzt wirklich anders ausgehen als damals? Darf das geschehen, daß nun der kleine ehrwürdige Mann am Bart gerissen und weggeschleppt wird, und daß man nie mehr, lieber Herr, nie mehr etwas von ihm hört und sieht?

Sie können sich denken, mit was für Empfindungen ich dem nächsten Freitagabend entgegensah.

Franz Carl Weiskopf
Die Geschwister von Ravensbrück

Die nachfolgende Geschichte wurde mir von Anna Seghers erzählt, als wir uns nach sieben Jahren des Exils (die sie in Mexiko, ich in den Vereinigten Staaten verbracht hatte) im Hause eines gemeinsamen New-Yorker Freundes wiedersahen.

»Ich habe dir«, sagte Anna gleich nach den ersten Worten der Begrüßung, »den Stoff zu einer Anekdote mitgebracht. Es handelt sich um einen Vorfall von der Art, wie du sie in deinen ›Unwahrscheinlichen Wahrhaftigkeiten‹ beschrieben hast.«

Sie sprach in der ihr eigenen zerstreuten und zugleich überaus eindringlichen Weise, mit dem Glimmer des Traums in den jung gebliebenen Augen unter dem weiß gewordenen Haar. »Ja, ich kann mir den Bericht über diesen Vorfall nur in deiner Anekdotensammlung vorstellen, und deshalb bekommst du auch den Stoff geschenkt. Sonst hätte ich mir ihn nämlich selbst behalten.«

Sie lachte, fuhr dann aber mit verdoppelter Eindringlichkeit fort: »Du mußt mir nur versprechen, daß du dir dazu auch die richtige Moral ausdenken wirst, damit es zum Schluß nicht etwa so aussieht, als werde die ganze Geschichte bloß erzählt, um das Walten einer gnädigen Vorsehung zu zeigen ... Aber was denn?« unterbrach sie sich im selben Atemzug, »was wäre das für eine Vorsehung, die, um ihr gütiges Walten an drei Menschen zu erweisen, Hunderttausende in den Gaskammern und auf den Hinrichtungsstätten der faschistischen Vernichtungslager umkommen lassen muß! Nein, mit dem, was man ein Mirakel der Vorsehung nennt, hat der Fall, von dem ich dir erzählen will, nichts zu tun; wohl aber ist er im besten Sinne des Wortes wunderbar. Du weißt doch«, sie neigte sich über den Tisch zu mir und senkte ihre Stimme, »ich glaube an Wunder. Freilich ist es eine besondere Gattung; ich heiße sie die Wunder der Wirklichkeit, und wenn ich ihnen begegne, fühle ich mich in meine Kindheit zurückversetzt – in die Zeit, da die Märchen noch zum Alltag gehörten.«

Verloren in den Rauch ihrer Zigarette blickend, machte sie eine Pause. Dann begann sie unvermittelt mit ihrer Geschichte, die ich hier wiederzugeben versuche, wie sie mir, über die Jahre hin, im Ohr haften geblieben ist.

Als nach dem Zusammenbruch des Dritten Reiches bekannt wurde, daß sich unter den sogenannten entwurzelten Personen, welche die Landstraßen Deutschlands und die Sammellager der Alliierten bevölkerten, zahlreiche Kinder von vergasten und lebendig verbrannten Juden befanden, beschlossen die wenigen jüdischen Emigrantenfamilien, die auf der Flucht vor den Nazis ein Asyl in Mexiko gefunden hatten, dreißig dieser Waisen in ihre neue Heimat kommen zu lassen und an Kindes Statt bei sich aufzunehmen.

Es kostete Mühe, Geduld und Geld über alle Maßen, das Unterfangen in die Wege zu leiten, und mehr als einmal waren die Mitglieder des mit seiner Durchführung betrauten Komitees nahe daran, vor den unzähligen Transportschwierigkeiten, bürokratischen Tücken, Paßhindernissen und anderen Hürden mehr zu kapitulieren. Schließlich gelang es jedoch, auch die letzten Widrigkeiten zu überwinden, und an einem Herbsttag des Jahres 1946 sahen die nach dem Hafen von Veracruz gerufenen Pflegeeltern ihre künftigen Adoptivkinder die Fallreeptreppe eines brasilianischen Frachtdampfers heruntersteigen und auf sich zukommen. Jeder der kleinen Ankömmlinge hatte ein Medaillon aus Pappe mit seinen – zumeist sehr dürftigen – Personaldaten umgehängt. Zwei der Medaillons waren blank. Über ihre Träger, einen ungefähr sechsjährigen Knaben und ein etwas jüngeres Mädchen, hatte das Hilfskomitee trotz eifrigster Nachforschungen nichts anderes in Erfahrung bringen können, als daß sie in der Nähe des Konzentrationslagers Ravensbrück gefunden worden und daß sie vermutlich Geschwister waren.

Als sich bei der nach einem lange vorher festgelegten Plan vorgenommenen Aufteilung der Waisen auf die Adoptiveltern herausstellte, daß die Geschwister von Ravensbrück (so hatte man die beiden, deren Identität nicht feststand, getauft) voneinander getrennt und bei verschiedenen Familien – der Junge in Acapulco, das Mädchen in Puebla – untergebracht werden würden, fing die Kleine, indem sie sich verzweifelt an den Bruder klammerte, herzbrechend zu weinen an und konnte weder durch Zureden noch durch Liebkosungen beruhigt werden.

So rührend erschien das Mädchen in seinem Kummer den Eheleuten B., bei denen es Aufnahme finden sollte, daß sie sich, ohne Rücksicht darauf, wie schwer es ihnen fallen würde, entschlossen, auch den Knaben zu sich zu nehmen. Welches Vorhaben allerdings leichter gefaßt als ausgeführt war, denn die Familie aus Acapulco wollte den Jungen zunächst unter keinen Umständen freigeben, und es bedurfte vieler beredter Vorstellungen, vieler Tränen und Versprechen, bis sie sich umstimmen ließ.

Endlich aber war es soweit, und die B.s konnten mit den beiden Geschwistern nach ihrem Wohnort Puebla abreisen. Dort angelangt, machte Frau B. sich sogleich daran, die Kinder, die noch in dem Zeug steckten, das sie bei ihrer Auffindung im Ravensbrückischen getragen, frisch einzukleiden. Sie hatte die alten Kleider schon zu einem Bündel für den Lumpensammler zusammengeschnürt, als ihr der Gedanke kam, den Geschwistern je ein Kleidungsstück – eine Schürze und einen Rock – als Andenken an ihre dunkle Frühzeit aufzuheben.

Wer beschreibt die Erschütterung der Frau, als sie beim Säubern des Rockes einen mit halbverwischten Bleistiftkritzeln bedeckten Zettel entdeckte, dessen Botschaft lautete:

»Ich schreibe diese Zeilen eine Stunde vor meinem Abtransport nach dem Vergasungslager in der wahnwitzigen und doch nicht untergehenwollenden Hoffnung, daß meine zwei Kinder mit dem Leben davonkommen und Unterschlupf und Hilfe bei großherzigen Menschen finden könnten. Wenn diese Hoffnung sich erfüllt, bitte ich die Beschützer meiner Kinder, ein übriges zu tun und von ihrer Rettung meine Schwester, das einzige Mitglied unserer Familie, das sich ins Ausland retten konnte, zu benachrichtigen ...«
Diese Schwester im Auslande war aber niemand anders als Frau B.

Reinhold Schneider
Verhüllter Tag

Der Winter 32/33 war wie ein Fieber. Aus dem Untergeschoß scholl der vom Sender übertragene Lärm der Massenversammlungen herauf, peitschende Stimmen, unter denen das Ungetüm aufjauchzte: dann die eine, mit keiner andern zu vergleichende Stimme, die unablässig lügend niemals log; denn in ihr sagte sich die heraufgärende Macht unverhüllt aus. Ich habe nie verstanden, daß Menschen sich der unsäglichen Qual, sie anzuhören, freiwillig aussetzten; daß sie fähig waren, mit ihr allein in einem Zimmer zu sein; daß Familien sich an den Tisch setzten unter dem monotonen, jede Gemeinschaft zersprengenden Gebrülle der Finsternis. Und doch ereignet sich keine Revolution, ohne daß die ausgeschleuderten Kräfte die ganze Ära durchdringen, das Klima verändern; ohne umfassende geistige Vorbereitung geschieht sie nicht. Ich gehöre nicht zu denen, die das Recht haben, diesen Zusammenhang mit den Schuld und Verderben heraufbeschwörenden oder doch sie ermöglichenden Ideen zu leugnen. Daß diese Stimme ihr Echo war, ihre Verwirklichung heraufführte und damit ihre Verkehrtheit erwies, wollte ich freilich nicht. Aber gerade dies empfand und empfinde ich als Gericht, ein Gericht, das noch keineswegs entsühnt. Denn Sühne kann nur ein Leben sein, ein ganzes Leben. Vorgänge, wie sie sich in diesem Winter anzeigten, da ich unter dem heraufquellenden Lärm in einer engen Dachstube mein Buch über die großen Hohenzollern schrieb, ereignen sich nicht ohne den Bruchteil eines Rechts: das Gefährlichste ist ja nicht das offenbare Unrecht, sondern die Splitter des Rechts, die auf allen Straßen liegen; sie werden von Verbrechern aufgelesen und zu Werkzeugen unaustilgbarer Untaten gemacht. Anzuklagen ist in einem jeden Falle zuerst der

Geist, dann erst das Volk; denn es ist dem Geiste ausgeliefert, ohne es zu wissen und zu wollen; auch das natürlichste und das brutalste Interesse setzt sich nicht durch, ohne den Geist zu beanspruchen und zu vergewaltigen oder von ihm sich entflammen zu lassen. Es darf kein Gedanke gedacht, keine Entdeckung gemacht werden, ohne daß sich der Urheber der Verwirklichung in ihrer äußersten Folgerichtigkeit stellt. Auf die Frage nach der Schuld gibt nur das Gewissen Antwort: kein Spruch der Staatsmänner und Moraltheologen. Ein Moraltheologe sagte mir, nachdem die Katastrophe sich ausgetobt hatte: wir seien des Schuldbekenntnisses enthoben, seit unsere »Feinde« dieses Bekenntnis zum Werkzeug der Unterdrückung machten. Eben diese Auffassung bekämpfe ich. Keine Schuld legitimiert Schuld. Und ebensowenig absolviert eine geistliche oder weltliche Instanz vom Bekenntnis. Aber selbst wer von seinem Gewissen losgesprochen wird, bleibt im Zusammenhang des Geistes, des Volkes, der Menschheit, der Zeit. Er muß ihre Schuld tragen. Ich kann nichts erleiden, was ich nicht verdient habe. Und es kann kein Unrecht an mir geschehen, das, in anderer Perspektive, nicht Recht ist.

Das Kommende zeigte sich unmißverständlich an. Ich war in den stillen Gartenhof einer Villa umgezogen; die Wohnung gehörte einer jüdischen Dame. Sie hatte früher mit dem Hausbesitzer freundschaftlich verkehrt. Ich weiß nicht, was inzwischen im einzelnen vorgefallen war. Eines Tages tobte der Hausbesitzer – ein wohlgekleideter Mann, den man zu den »oberen Ständen« rechnen mußte – vielleicht eine Viertelstunde wie ein Betrunkener an der Tür. Die Dame mußte die Wohnung aufgeben. Ich habe sie später noch einmal in ihrer Zuflucht über dem Kanal, nahe der Heilig-Geist-Kirche besucht. Wie sollte ich im Zweifel sein über den Abgrund, in dem sie verschwand? In einer Wohnung am Charlottenburger Bahnhof berichtete Rudolf Pechel einem kleinen Freundeskreis von Dachau: für mich die erste unabweisbare Nachricht. Es war der 30. Januar 34, eine ungewöhnlich milde Nacht. Die Fenster der hochgelegenen Zimmer waren geöffnet. Aus allen Straßen schollen die Marschtritte und dröhnenden Stimmen der Kolonnen herauf, die den ersten Jahrestag ihres verwirkten Reiches feierten. Mein Potsdamer Buchhändler erzählte mir, General Schleicher habe ihn nach guter Literatur gefragt. Dann müsse er auf die Leiter steigen. Auf den Tischen und den unteren Regalen sei sie nicht mehr zu finden. Schleicher sei darauf eingegangen, aber, so sagte er offen, lange werde es nicht mehr dauern. Die Erwartung nahen Umsturzes war allgemein; auf Berchtesgaden wurde »von Gottes Gnaden« gereimt. – Ein jüdischer Amtsgerichtsrat, mit dem mich ein Freund bekannt gemacht hatte, wohnte Schleicher gegenüber an dem stillen Weg zum Griebnitz-See; seine Frau sah, als sie auf der Terrasse saß, die Mörder eindringen in Schleichers Villa; sie hörte die Schüsse ... Aber ich kannte nur zu viele Menschen, die sie nicht hatten hören wollen. Der Amtsgerichtsrat war darauf verfallen, harmlos-witzige Marionettenspiele zu dichten, die er mit Frau und Tochter aufführte; ich sehe noch seine ehrwürdigen Eltern auf dem Sofa am Eingang des Zimmers, stumm, freundlich, bereit. Einmal traf ich ihn noch auf der Straße; er hinkte: denn er war schwer verwundet worden im ersten Kriege und gehörte zu denen, die das EK wirklich redlich mit ihrem Blute erkauft hatten. Unter dem Anruf der Not hatte er den Weg zur Kirche gefunden.

Sein Amt war ihm genommen; er hatte sehr viel Zeit, übersetzte die Kirchengeschichte Bedas des Ehrwürdigen und schenkte mir das Manuskript. Nun, als wir uns am Nauener Tor begrüßten, fiel sein breiter runder Hut in den Straßenschmutz. Er hob ihn auf, ehe ich ihm zuvorkommen konnte, und setzte ihn auf den Kopf; das schmutzige Regenwasser hing noch am Rande. So ging er mit seinen tappend-hinkenden Schritten weiter, freundlich, beschmutzt, verlassen. Er soll noch nach Holland gekommen sein. Ich bin nicht an seiner Seite gegangen.

Gegen die Vergötzung des Blutes wollte mein Buch über die Hohenzollern die tragische Forderung der Krone, das in ihr beschlossene Opfer stellen; es war kein christliches Buch und wollte das nicht sein; ich war ja kein Christ, sondern ich sah im Tragischen den Sinn der Geschichte. Es sollte ein Aufruf zur Monarchie sein in letzter, wahrscheinlich schon zu später Stunde: ich schloß es am 5. März 33, dem Propagandafest der erwachenden Nation. Aber man konnte wohl der Meinung sein, daß der eben gegründete Staat noch keineswegs fest stünde. Heute sehe ich, daß die Monarchie wahrscheinlich zum Militärstaat geworden und damit der Gefahr, den Krieg heraufzurufen, kaum entgangen wäre.

Aber unter den Offizieren waren damals noch vertrauenswürdige, besonnene Männer: diejenigen, die von dem neuen Staat ermordet werden sollten. Wenigstens drei Verbrechen hätten sich mit der monarchischen Staatsform kaum vereinen lassen: die Verfolgung der Juden, der zynische Bruch des Rechts, die Verfolgung der Christen beider Bekenntnisse. Ich habe meine monarchische Gesinnung niemals aufgegeben; sie ist später durch meine Wende zum Glauben nur vertieft, ja erst begründet worden, und es ist mir sehr schwer verständlich, daß Christen, die an das Weltkönigtum Gottes glauben, die eigens das Königsfest Christi feiern, das Königtum von Gottes Gnaden, als Bild und Zeichen ewigen Königtums, nicht verstehen; daß sie das Amt am Amtsträger messen, während sie doch nicht daran denken, die Gültigkeit des Sakraments von seinem Spender abhängig zu machen. Und während sie doch glauben – und das ganz mit Recht –, daß der Mönch, der Priester umgeschmolzen werden von der Weihe, sehen sie die umformende Macht des geweihten irdischen Amtes nicht, die doch als geschichtliche Tatsache nicht angezweifelt werden kann, wenn sie auch freilich oftmals ausblieb. Ich habe einen großen Teil meiner Lebensarbeit auf die Krone gerichtet in der Absicht, an ihrer inneren Wiederherstellung mitzuarbeiten, die geistigen und religiösen Voraussetzungen zu schaffen, ohne die sie nie erhoben werden kann und darf. Aber über den abgründigen Bruch geschichtlichen Lebens, der im Jahre 33 aufzuklaffen begann und nach zwölf Jahren vollzogen war, habe ich nur meine Gesinnung getragen, nicht meine Hoffnung und Absichten. Lieben kann ich nur die Krone, die ins Metaphysische weisende Ordnung, und eben weil ich sie liebe als verpflichtendes Bild und Gleichnis, als Symbol des Opfers und seiner Herrschaft, als Weihe der Macht und Einheit von Macht und Liebe, kann ich nicht wünschen, daß sie in das Klima, in dem wir atmen müssen und wahrscheinlich untergehn, getragen werde. Es würde dann das Wunder geschehen, daß Gold verrostet; würde ein König geboren, so müßte er verkümmern wie ein edles Tier in Gefangenschaft. Echtes Königtum ist Antwort an das ganze Leben und Denken eines Volkes, Antwort auch auf seinen Wunsch nach Erhöhung der Familie, nach der Krone auf dem Haupte der Frau und Mutter und nach ihrer Gegenwart in der Mitte geschichtlichen Daseins. Weniges ist so bezeichnend für die zwölf Jahre wie die völlige Abwesenheit der Frau; denn wo immer sie anwesend war, da war sie abwesend als Frau. Im eigentlich Geschichtlichen fehlte sie durchaus: sie hat sich auf die Seite des Mannes geflüchtet, weil sie nicht wagte zu sein, was sie sein soll. Zugleich vergötzte sie paradoxerweise gerade *den* Mann, der das nicht war. Ich weiß nicht, ob sie heute da ist. Ihr langer Kampf um das Wahlrecht hat vorerst die Verdoppelung männlicher Stimmen zum Ergebnis. An einem einzigen Tage wenigstens darf der Friede der Familie nicht verletzt werden, darf es kein Geheimnis geben zwischen Mann und Frau: dieser heilige Tag der Versöhnung, der Offenheit und des Gehorsams ist der Wahltag. Aber wie, wenn echte Demokratie in Deutschland, die Freiheit des Gebundenen, in Familie, Volk und Menschheit Verantwortlichen, am besten geschützt wäre unter der Krone; wenn sie im anderen Falle nur allzu leicht Vorform der Diktatur würde? –

Ich kann nur leben mit meinem Volke; ich möchte und muß seinen Weg mitgehen Schritt für Schritt; so hoch ich diejenigen achte, die aus Gesinnung emigrierten, so habe ich doch nie daran gedacht, Deutschland zu verlassen; es hat sich auch ergeben, daß eine geistige Einwirkung auf ein der Diktatur unterworfenes Land von außen kaum möglich ist. Auch in den ersten Jahren nach dem Zusammenbruch bin ich kaum für Stunden über die Grenze gekommen. Aber nach den Erfahrungen meines Lebens ist das deutsche Volk für mich so wenig eine politische Autorität, wie es die Kirche ist; es sind nur einzelne, die raten und helfen können. Im übrigen atmen Könige nur in der Atmosphäre unmittelbar-anvertrauter, freier Macht; ich weiß nicht, ob solche außer in schmelzenden Resten noch in Europa besteht oder möglich ist – ob nicht eine ganz andere Art von geschichtlicher Existenz vor uns liegt: die Zeugnis gebende Passion, das Dasein des sterbenden Kornes; das Los der Griechen unter der harten Gnade der Konsuln und Prätoren, der Griechen, die freilich von Anfang an weniger Herrscher als »Element« waren. Und in einer solchen Passion wäre die Krone gerettet; der König der Könige hat sie getragen als blutüberströmtes Zeichen der Schmach, als äußersten Widerspruch gegen die dennoch bis in den Tod geliebte Welt, als Nein an Augustus, den von den Völkern geglaubten Heiland; als Siegel der Wahrheit, die allein Macht ist und Pilatus, Herodes und Augustus, Hohepriester und Tempel verzehrt.

Hans Bender
Die Wölfe kommen zurück

Krasno Scheri hieß das Dorf seit der Revolution. Es lag zwanzig Werst von der nächsten Stadt in großen Wäldern, die eine Straße von Westen nach Osten durchschnitt.

Der Starost von Krasno Scheri holte sieben Gefangene aus dem Lager der Stadt. Er fuhr in einem zweirädrigen Karren, ein schweißfleckiges Pferd an der Deichselstange. Zwischen den Knien hielt er ein Gewehr mit langem Lauf und rostigem Korn. Im Kasten hinter dem Sitz lag der Proviantsack der Gefangenen, voll Brot, Salz, Maisschrot, Zwiebeln und Dörrfisch.

Die Gefangenen gingen rechts und links auf dem Streifen zwischen den Rädern und dem Rand der Felder. Als die Straße in den ersten Wald mündete, stieg der Starost ab. Er band die Zügel an die Rückenlehne und ging hinter den Gefangenen her.

Sie hielten sich an die Gangart des Pferdes. Alle Gefangenen gehen langsam. Sie senkten die Köpfe, nur einer trug ihn aufrecht, drehte ihn hierhin und dorthin, neugierig, verdächtig.

»Ich habe ein Gewehr«, dachte der Starost. »Sie haben kein Gewehr. Mein Gewehr ist zwar nicht – «

Der Gefangene blieb stehen. Er ließ die drei, die hinter ihm kamen, vorübergehen, bis der Starost auf seiner Höhe war.

»Guten Tag«, sagte der Gefangene.

Der Starost antwortete nicht. Er war mißtrauisch. Seit dem ersten Krieg hatte er keine Deutschen mehr gesehen. Diese Deutschen waren andere Deutsche als damals. Er sah, der Gefangene war jung. Er hatte Augen in der Farbe hellblauen Wassers.

»Gibt es Wölfe im Wald?« fragte der Gefangene.

»Wölfe?« Der Starost überdachte die Frage. Ja, es war eine natürliche Frage.

»Wölfe? Es hat Wölfe gegeben«, antwortete der Starost. »Jetzt gibt es bei uns keine Wölfe mehr. Ihr habt sie vertrieben mit eurem Krieg. Die Wölfe sind nach Sibirien ausgerissen. Früher knackte der Wald von Wölfen, und niemand hätte gewagt, im Winter allein diesen Weg zu gehen. Die letzten Wölfe sah ich im ersten Winter des Kriegs, als die Geschütze von Wyschnyj Wolotschok herüberdonnerten.«

»Fünf Monate ist der Krieg vorbei«, sagte der Gefangene. »Die Wölfe könnten längst zurück sein.«

»Sie sollen bleiben, wo sie sind«, sagte der Starost. »In Sibirien. Sibirien, da gehören sie hin.«

Bis zum Abend gingen die Gefangenen und der Starost den Weg von Westen nach Osten durch die Wälder. Manchmal brachen die Wälder ab, eine Wiese lag dazwischen, ein Streifen unbebautes Land mit dürren Sträuchern, dann begann wieder Wald, ein wirrer, unordentlicher Wald mit niedrigen, verkrüppelten Bäumen und wucherndem Unterholz.

In Krasno Scheri traten die Leute aus den Häusern und standen dunkel vor den Türen. Der Starost verteilte die Gefangenen. In jedes Haus gab er einen, und den jungen, der nach den Wölfen gefragt hatte und Russisch sprechen konnte, nahm er mit in sein Haus. Eine Öllampe stand auf dem Tisch. In ihrem Licht saßen ein Junge und ein Mädchen, die mit runden Pupillen zur Tür sahen, wo der Gefangene auf der Schwelle wartete.

Eine Frau trat aus der Tür des Nebenraums und hielt Brot und ein Messer in den Händen.

»Er heißt Maksim«, sagte der Starost, während er seinen Pelzmantel auszog. Der Gefangene ging zu den Kindern am Tisch. Aufgeschlagene Bücher lagen vor ihnen mit handgeschriebenen Buchstaben und Tiefdruckbildern.

»Und wie heißt ihr zwei?« fragte der Gefangene.

Der Junge stand rasch auf und wischte mit der Hand sein Buch über den Tisch, daß es zu Boden fiel. Er ging in die Ecke der Stube und drehte dem Gefangenen den Rücken zu.

Das Mädchen sah auf und lächelte.

»Wie heißt du?«

»Julia«, sagte das Mädchen.

»Julia, ein schöner Name«, sagte der Gefangene.

»Er heißt Nikolaj«, sagte das Mädchen.

Die Frau legte das Brot auf den Tisch und stellte zwei Schüsseln voll Suppe daneben. Der Starost setzte sich, der Gefangene setzte sich. Sie bliesen in die Löffel und aßen. Die Frau blieb vor der Glut des offenen Herdes stehen und sagte ab und zu etwas von der Arbeit, vom Essen, von den Nachbarn, vom Wetter.

Der Junge kam zum Tisch zurück. Er hob das Buch auf, setzte sich an die Tischecke und begann halblaut vor sich hinzulesen: »Heil dem Väterchen aller Kinder, Wladimir Iljitsch Lenin! – Heil dem Väterchen der kleinen Pioniere, Josef Wissarionowitsch Stalin!« Über dem Kopf des Jungen leuchtete Papiergold, das die Engel der Dreifaltigkeit umrahmte.

Am Morgen gingen die Gefangenen, die Kolchosbauern und die Mädchen auf die Felder. Der Starost riß mit Pferd und Pflug die glasharten Schollen auf. Das Wasser in den Schrunden war gefroren. Die Eishaut zersplitterte wie Glas. Die Kartoffeln waren kalt. Die Mädchen und die Gefangenen klopften die Hände in den Achselhöhlen, und der Atem rauchte vor den Mündern.

Die Sonne stieg über den Wäldern hoch, schob sich in den grünblauen, seidenreinen Himmel, der sich weit über die niedrigen Horizonte spannte. Krähen schrieben darauf ihre zerfledderte, kyrillische Schrift.

Das Dorf lag in der Mitte offener Felder, die rundum von Wäldern begrenzt wurden. Der Weg nach Osten zog eine dünne Spur hindurch. Kinder gingen auf dem Weg, fern und klein, doch ihre Stimmen klangen nah wie Tassen, die auf ein Tablett gestellt werden.

»Sie gehen zur Schule«, sagte eine Frau zu dem jungen Gefangenen. »Hinter dem Wald liegt Rossonow, Rossonow ist größer als Krasno Scheri.«

»Sind auch Julia und Nikolaj dabei?« fragte der Gefangene.

»Ja, sie sind auch dabei«, sagte die Frau.

Der Gefangene winkte. Die Kinder winkten zurück. Sie schwangen ihre Bücherbündel. Die Kinder trugen Pelzmützen und Wattejacken, unter denen nicht zu erkennen war, wer Julia und wer Nikolaj war. Alle winkten.

Als die Kinder auf dem Weg drüben zurückkamen, fiel die Sonne in die Wälder des Westens. Ein großes Feld war geerntet, die Säcke und Körbe abgefahren, und alle, die gearbeitet hatten, gingen zurück, müde, mit schmerzenden Rücken und kalten Gesichtern, in Erwartung der Stube, des Feuers und der heißen Suppe.

Wieder saßen die Kinder am Tisch hinter den aufgeschlagenen Büchern.

Julia sagte: »Maksim, wir haben eine Wolfsspur gesehen!«

»Was habt ihr?« fragte der Starost.

»Wir haben eine Wolfsspur gesehen«, sagte Julia.

»Wer hat sie gesehen?«

»Zuerst hat sie Spiridon gesehen, dann Katarina, dann ich, dann Nikolaj.«

»Ich hab sie vor dir gesehen«, sagte Nikolaj.

»Eine Kaninchenspur habt ihr gesehen«, sagte der Starost.

»Nein, sie war größer«, sagte Julia. »Lauter tiefe Löcher, groß wie Äpfel, und vorne waren Krallen in die Erde gedrückt.«

»Wie war die Spur, Nikolaj?«

»Wie Julia sagt. Wie Äpfel. Und Krallen auch.«

»Unsinn«, sagte der Starost. »Die Wölfe sind in Sibirien. – Wir wollen jetzt essen.«

Die Tage wurden kälter. Bevor das letzte Feld geerntet war, fiel Schnee. Der Pflug blieb in der gefrorenen Erde stecken, und die Gefangenen saßen bei ihren Quartiersleuten und brüteten vor sich hin. Die Kinder waren in der Schule. Der Starost und seine Frau saßen am Tisch. Der Gefangene stand am Fenster und sah auf das Feld. Flocken wirbelten herab.

Der Starost sagte: »Wenn es so kalt bleibt, destillieren wir morgen Ssamogonka. – Was hältst du davon, Maksim?«
»Warum nicht.«
»Gut, wir machen morgen Ssamogonka«, sagte der Starost.
»Ich mag keinen Ssamogonka«, sagte die Frau.
»Du sollst auch keinen trinken«, sagte der Starost. »Maksim und ich trinken ihn um so lieber.«
Vor dem Fenster, auf dem Hügel, im Wirbel des Schnees stand auf einmal ein Tier, ein schmales, hochbeiniges Tier mit dickem Kopf und schrägen Augen, einem Hund ähnlich und doch kein Hund.
»Da!«
Im Ausruf des Gefangenen war so viel Verwunderung, Schreck und Angst, daß der Starost und seine Frau schnell zum Fenster kamen und gerade noch sahen, wie das Tier sich wandte und mit seinem hängenden Schwanz im wirbelnden Schnee verschwand.
»Ja, es ist ein Wolf. So sieht er aus. Die Kinder hatten recht«, sagte der Starost.
»Und die Kinder sind unterwegs!« rief die Frau.
»Der Wolf ist hier, und die Kinder sind dort«, sagte der Starost. Aber es klang nicht überzeugend.
»Ihr habt doch ein Gewehr! Warum gehen wir nicht hinaus?« sagte der Gefangene.
»Mein Gewehr – «
»Es ist nicht geladen«, sagte die Frau.
»Daß dich – «, der Starost stieß einen gemeinen Fluch aus.
»Ein Wolf kommt nie allein«, sagte die Frau.
»Ich habe keine Patronen, Maksim«, sagte der Starost. »In der Stadt haben sie mir keine Patronen gegeben, im Magazin nicht und im Lager nicht. Ich wollte nicht, daß ihr Gefangenen es wißt.«
»Dann nehmen wir eine Axt, ein Beil, eine Sense oder Stöcke.«
»Du kennst nicht die Wölfe, Maksim. Aber, wenn du mitkommen willst – «

Der Starost holte eine Axt und eine Sense aus dem Schuppen. Sie gingen den Weg nach Osten, und als sie auf die Höhe kamen, merkten sie, daß sie keine Mäntel angezogen hatten. Axt und Sense hielten sie hieb- und stichbereit vor den Hüften. Krähen flogen durch den wirbelnden Schnee, in dichten Klumpen tief über der Erde, vor den Köpfen der Männer schreckten sie, ohne Schrei, auf.
Der Starost atmete schwer. Die Flocken hingen in seinen Brauen und in seinem Bart. Ein alter Mann.

»Die Kinder müßten längst hier sein«, sagte er.
Wortlos gingen sie weiter. Es war still, und der Schnee rauschte. Fern hörten sie die Stimmen der Kinder.
Der Starost rief: »Julia! – Nikolaj!«
Auch der Gefangene rief: »Julia! – Nikolaj!«
Nach einer Atempause gaben die Kinder Antwort.
Der Starost und der Gefangene gingen schneller, die Kinder gingen schneller. Wie aufgeschreckte Vögel flogen sie in die Mitte der Männer, Julia, Nikolaj, Katarina, Ludmilla, Sina, Stepan, Alexander, Ivan, Nikita und Spiridon, zehn Kinder, in Pelzmützen und Wattejacken, die Bücherbündel in den steifen Händen.

Sie redeten durcheinander von Wölfen im Wald, von brechendem Holz, Gekläff und einem Netz der Spuren im frischgefallenen Schnee.

Während sie auf dem Weg standen, der Starost, der Gefangene, die Kinder, und redeten, kamen die Wölfe. Ihre Augen sahen sie zuerst, gefährliche, trübe Lichter im wirbelnden Schnee. Ihre Köpfe schoben sich heraus, die steifen Ohren, der Kranz gesträubter Haare um den Hals, die struppigen, zementgrauen Leiber mit den buschigen Schwänzen. Wie ein Keil stießen sie aus dem Unterholz über die Felder nördlich der Straße.

Die Kinder verschluckten das letzte Wort und klammerten sich in die Rücken der Männer. Der Starost hielt die Axt hoch, der Gefangene hielt die Sense hoch. Die Kopfhaut spannte sich, und die Gedanken verschwammen.

Die Wölfe liefen entlang der Straße, vorbei, eine stumme, wogende Meute, Reihe hinter Reihe, Rücken neben Rücken, lautlos, auf hohen Beinen, gezogen zu einem Ziel. Sicher waren hinter den Rudeln andere Rudel, unsichtbare Rudel im Wirbel des Schnees, hundert Rudel, tausend Rudel. Manche Tiere kamen so nahe vorbei, daß die Rippen zu sehen waren, Knochen, Muskeln, Sehnen unter dem räudigen Fell und ihre roten Zungen, die lang aus den Mäulern hingen. Hätten die Wölfe geknurrt oder gebellt, es wäre nicht so unheimlich gewesen wie dieses lautlose, gespenstige Vorübergleiten der unberechenbaren Bestien. Hunger trieb sie, Hunger machte sie blind für die Beute neben der Fährte.

So zogen Heere in die Städte der Feinde ein, durch die Mauer des Schweigens, der Verachtung, des Hasses. Die Menschen verkrochen sich vor ihnen, löschten das Licht, hielten den Atem an, schlossen die Augen und glaubten, ihr Herz klopfe gegen die Wand, und die draußen könnten es hören, durch die Tür brechen und wahllose Schüsse ins schwarze Zimmer feuern.

Die Dunkelheit wuchs, und noch immer nahm das Heer der Wölfe kein Ende. Wie lange zogen sie vorbei? Wie viele waren es? Stunden. Alle Wölfe Sibiriens.

Dann kamen die letzten Wölfe. Sie trabten hinter den Rudeln her, kranke, dürre Tiere und junge Tiere, denen es schwerfiel, die schmalen Pfoten zu heben.

Nacht umschloß den Starost, den Gefangenen, die Kinder. Lange wagten sie nicht, sich zu lösen, zu bewegen, zu sprechen.

Der Starost sprach als erster. Er sagte: »Die Wölfe kommen zurück. Sie wittern den Frieden.«

GÜNTER BRUNO FUCHS
Fischlegende

Alle waren sich einig. Der Hai stahl dem Rochen nichts weg, die Sägefische trugen dem unendlichen Zug ihre scharfen Mäuler voran: es war ein Schweigemarsch, der mit Transparenten beginnt.

Fliegende Fische gaben Nachricht über die Entfernung der Küste. Jede Schwimmblase war vollgepumpt, alle des Zuges trugen auf ihren Rückenflossen getötete Fischkörper, deren Kiemen kraftlos waren und bewegt wurden vom Wasser, als würden kleine Tücher geschwenkt. Sie hatten sich geeinigt, zwei Tage danach: als das Untier ins Meer gestürzt war und das Wasser gelb kochte und dann rot nur rot vom Seegras bis zu den tiefsten Korallen erschrak, als im brodelnden Schaum das Untier verwandelt aufschoß zum Himmel, Wolken verhöhnte, Sonnenlicht mißhandelte. Alle Fischerboote der Welt aufeinandergesetzt – so hoch stand eine Schaumqualle über dem Wasser, schrie weiße Gewalt über den Ozean, zuckte, zog sich zusammen, fiel und war berstendes Feuer.

Diesem Rachen konnten selbst die jagenden Haie nicht mehr entgehn. Zu denen, die weiter entfernt waren, kam strudelndes Blut. Später wurde die Oberfläche des Meeres silbern: Fischlungen waren zerplatzt, millionenfach stöhnendes Geräusch war durch das Meer gekommen wie eine Straße der Aale. Das hatte die lebenden Fische herbeigeholt, und die kommenden fanden oben den silbernen Spiegel: dicht aneinander treibende Fische, immer ein Auge zum Himmel, eins zum Boden des Meeres, die Mäuler gespalten von den Messern giftiger Strömung. Vielleicht für die Zeit dreier Flossenschläge gaben die lebenden Fische Antwort auf das Geräusch zerplatzter Lungen: sie unterließen vor so vielem Tod, sich gegenseitig zu töten. Ihre Rücken beluden sie mit toten Gefährten und ehemaligen Feinden. Die Fische waren sich einig und schwammen der Küste entgegen, nachts schwammen sie mit leuchtenden Kiemen, und die Kiemen der toten Fische wurden vom Wasser so wirklich bewegt wie flatternde weiße Tücher.

Von allen Meeren kamen sie: fremde und gewaltige, bis vor kurzem noch zur Todfeindschaft entschlossen. Da ihr neues Verhalten sie der Gefahr enthob, verhungern zu müssen, entdeckten sie in der gemeinsamen Tat eine lang vermißte Nahrung, und nun zeigte sich erst die volle Schönheit ihres Lebens: sie wurden auf dieser Reise miteinander bekannt, die toten Fische belehrten auch den starräugigsten Zweifler.

An allen Meeresufern tauchten eines Morgens Fischleiber auf und überließen die mitgebrachten toten Fische den spülenden Wellen. Die leblose Schar wurde an den Strand geworfen.

Menschen kamen und fanden ihre Ufer überflutet von toten Fischen, es war eine Zahl, daß sich beinah haushohe Dämme bildeten. Von den Wellen wurde auch das Wort der Fische an den Strand gedrückt: Ihr habt uns euer Untier ins Meer geworfen, nun sind haushohe Dämme aus Fischleibern um euch.

Näheres sagten sie nicht. Sie zogen zurück in die Weltmeere. Von der tiefsten Korallenbank bis zu dem Streifen Luft über dem Wasser, der den Sprung des Delphins zuläßt, ernährten sie sich fernerhin von der Speise ihrer gemeinsamen Tat.

Bald wurde gesehen, daß tote Fischleiber hinein in alle Dörfer und Städte trieben, immer ein Auge zum Himmel, eins zum Boden der sterbenden Erde.

Erich Arendt
Hiddensee

Gehoben vom leisen Licht
in des Himmels größeren Ozean:
schwebende Insel,
unter der Traumtrift
der Wolken
die zärtlichste du,
gesäumt nur von Bläuen und Winden.
Wo Meer dich berührt,
rinnt hörbar die Stunde noch
unserer Ewigkeit:
lausche.

Schwalbenflug dein Gruß,
ihr von goldener Küste
singend gepfeilte.
Und über dem Fischer
die schwarze Maske, die
lautlos
im harten Winde steht und spähet ...
O du großes Gelock
der blauen Rosse um ihn
weißschäumend an bäumenden Hälsen,
von klingenden Inseln kommend
aus röterem Stein,
wo mir die Traube gereift
unvergeßlich.

Wer wirft
hier Netze noch aus?
Leer sind unter Sonnenbögen
die Wasser.
Die Schuppenschwärme fernhin zogen
zu Fjorden und Schären.

Doch aus der Hand des Nordwest
fiel der einsame Fisch
auf den Strand, da
unterm Dünendunkel der Nacht
vom Schlag der Woge das Herz
der Insel zuckte.
Es dreht den Rücken zum Meer
und knüpft die Netze der Fischer,
wartend auf bessere Stunde
der uralten Flut.

Lauschende:
du hältst nicht den Wind
und die Türme des Sands:
unsichtbar' Wandern
im Anhauch der Zeit.
Jahre, wie ihr zerbrachet
das Lächeln des Steilhangs!
Aber es wachsen und steigen
die Tiefen um dich,
dir nur vertraut und
versunkenem Raunen der Mitternächte,
den salzenen Klippen
blutleeren Monds.

Untermeerisch aber blühen
die Ambersteine
und die meergroßen Gräser, die,
im Wellentod treibend,
geheimnisvoll
um die Schulter sich legen
dem Schwimmenden,
wenn großblickend das Rund
des Abends die Insel trifft
und Hügel und Wolken klingen
rot
und silbern der fliehende Mund
der Bucht,
immer ins Ferne ein Segel zieht.

Jürgen Eggebrecht
August

Der Mückenball vom Frühling
lebt nicht mehr im August.
Verteilt ist seine Lust.
Die vormals Mücken waren,
sind auf ins Licht gefahren.

Nun quirrlen andere nieder
am Abend überm Tisch.
Die frißt im Teich der Fisch.
August ist nie mehr Frühling.

Wolfgang Bächler
Lichtwechsel

Als ich hinaustrat
durchs Tor der Fabrik,
taub vom Gehämmer
der nächtlichen Schicht,
blind von den Lampen,
Signalen und Feuern,
blind von den Schäumen
flutenden Schlafes,
biß mir der Frost
die Ohren auf,
riß mir der Frost
die Augen auf.

Und aus den Gärten
erfrorenen Bürgerglücks
löste sichs schwarz, –
die Schwärme der Vögel
von der Sehne des Lichts
in den Himmel gepfeilt,
Aufschwünge ins Blau
einer plötzlichen Hoffnung,
ein schwirrender Ton
durch die knisternde Luft,
der Bogen der Sonne
ward sichtbar.

Hypnotische Helle
wuchs über die dunkle
Schraffur der Zäune,
über die zittrige
Schrift des Geästs,
über die Mauern,
die Pfähle, die Drähte.
Aus den Kaminen
stieg die verbrannte
Kohle der Nacht
in den heiteren Morgen.

CARL GUESMER
Mond im September

Der Mond geht auf über dem Abschied
verkommender Sonnenblumen,
der Mond geht auf über der spärlichen
Nachsaison der Insel,
der Mond geht auf über meinem letzten
wortlosen Weg am Meer.
Meine Spur hängt dunkel im Sand:
Girlande dem Fest der Flut,
die Dünen des Schlafs in mir
beginnen langsam zu wandern
und vertilgen den Weg.

Der Mond geht auf über dem zuckenden
Taschenkrebs meines Herzens,
der vergebens versucht,
sich am Strand eines Gebets zu vergraben.

Der Mond geht auf über der Demut
verspäteter Mövenflüge.
Der Mond geht auf über der Grille,
die das Uhrwerk der Nacht jetzt noch aufzieht.

Peter Hamm
Katja vor dem Spiegel

Der müde Nachmittag: Wenn lautlos weiße
Tauben in die blauen Fenster fallen. Dein
Spiegelauge blickt Dich an; darin glänzen
die Tränen aus den Tagen. – Wie traurige

Amseln schweben Deine Hände um das Grün des
Hutes und das Kirschenrot am Ohr;
Deine Finger flattern auf –
geregt ins Nest der Haare, während der Schrank,

Tisch und Klappbett neugierig zuschauen ...
Gauguin seufzt dunkelgehäutetes Leid aus den
südländischen Duftblumen der Tapete und der
Tag sinkt ... gerührt von Deiner Unschuld

in den Abend. Fenster und Straßen
summen für Dich Ravel-Pavanen. Bäume kuscheln
sich eng zusammen unter dem Stern Deines
großen Auges. – Nun behaucht bald Dich der

Knabe des Mondes ... im flutenden Gold des
Spiegels ... mit erträumten Küssen.

Herbert Heckmann
Memoire involontaire

Wo zwischen graublätternden Wänden
ein Lächeln verfault
dort endet der Weg.
In ein Schweigen gehetzt,
zwischen Plüsch und Pracht
Ahnenbildern ausgesetzt,
fallen Türen ins Haus
und ein Gast lehnt den Kopf
gegen West
krümmen Bilder die Schatten
und der Mond ritzt das Glas
tropft in die Stille
und den Gast umwittern Gebete
Uhren sprechen im Schlaf

Sein Vater war immer stolz auf ihn

In ein Schweigen gehetzt
wo er Trauer sucht
und Wein des Erinnerns
findet Tote er
im Goldoval.

KARL SCHWEDHELM
Blau wilden Schwalbenschreis

Blau wilden Schwalbenschreis
stürzt jäh in offnes Haus.
Sprachloser Mund noch spricht
geliebten Namen aus.

Blick war nicht Blick, war mehr
und weniger: zerstückt –
In der Umarmung blitzt
das Messer, schon gezückt.

Verrat ist jedes Ich,
wo es vom Du sich trennt.
Erst Schuld schmilzt Ich und Du
zu einem Element.

KARL KROLOW
Orte der Geometrie

Orte der Geometrie:
Einzelne Pappel, Platane.
Und dahinter die Luft,
Schiffbar mit heiterem Kahne

In einer Stille, die braust.
Einsames Sich-Genügen
In einem Himmel aus Schaum,
Hell und mit kindlichen Zügen.

Alles wird faßlich und Form:
Kurve des Flusses, Konturen
Flüchtender Vögel im Laub,
Diesige Hitze-Spuren,

Mundvoll Wind und Gefühl
Für blaue Blitze, die trafen
Körperschaften, die sanft
Schwankten wie Segel vorm Hafen.

HELMUT HEISSENBÜTTEL
Geräusche der Stille:

die Reibung der Luft an den Telegraphenmasten
das Klopfen des Schleppkahns auf dem unsichtbaren Fluß
die Spur des Schreis im Dröhnen der Bahnhofshallen
das weiße Rauschen
das nächtliche Klappen des losgerissenen Fensters
die nächtlichen Geräusche der Wellen am Strand
der Meßton des Blutdrucks im Ohr

Einfache Sätze:

während ich stehe fällt der Schatten hin
Morgensonne entwirft die erste Zeichnung
Blühn ist ein tödliches Geschäft
ich habe mich einverstanden erklärt
ich lebe

DAGMAR NICK
Wir

Wir haben Mut. Wir glauben an die Macht
des Robotergehirnes.
Wir gehen blindlings in die letzte Nacht
des sterbenden Gestirnes.

Wir haben alles Leben in der Hand.
Wir machen keine Worte.
Die Formel stimmt. Es züchtet der Verstand
den Tod in der Retorte.

Wir spielen mit zerschmetterten Atomen
und fürchten uns nicht mehr vor Karzinomen,
vor Pest und Tbc.

Wir wohnen ungerührt am Rand der Hölle,
und manchmal nur tut uns noch jene Stelle,
wo einst das Herz schlug, weh.

ROBERT NEUMANN
An den Wassern von Babylon

> Warum willst du sterben, du Haus Israel?
> Denn ich habe kein Gefallen am Tode dessen,
> so da stirbt, spricht der Herr HErr.
> Darum wende dich, und lebe.
> Hesekiel, 18, 31. 32

Wasservogel
oder Das Leben im Geiste

Dies ist der Bericht von einem Mann, der bekannt war unter dem Namen: der Blasse. Dieser Blasse hatte hinter sich ein reiches, heiteres und unbelastetes Leben. Keine Lieben, keine Geschwister, nicht einmal seine Eltern hatte er sterben sehen müssen – und war doch schon über fünfzig Jahre alt. Das kam daher, daß er jene Lieben, Eltern, Geschwister nicht kannte. Denn als man ihn damals auffand, hatte er, als ein Kind von drei Jahren, noch nicht den rechten Blick für die kleinen Vorgänge ringsum. Nicht für den Vater, der da lustigerweise sich schlafend stellte und auf dem Estrich lag mit dem bärtigen Gesicht in einer Lache fröhlichen Rots. Nicht für die Mutter, die ein wenig geschrien hatte, als die vielen fremden Männer mit den schönen Kosakenuniformen sie stolpern machten. Nicht auch für die Brüderchen und die Schwesterchen und die Kinder von nebenan, die jene Uniformleute an lange, blitzende Bajonette gespießt hatten, daß es für ein weiß Gott wie und weiß

Gott warum Übersehenes ein wenig zum Lachen war. Da waren auch schon die lustig knisternden Flammen, die an Bett, Tisch und Schrank sich ergötzten. Dann waren, nach Abzug jener Kosaken, auch alsbald die weißröckigen, fröhlichen ukrainischen Bauern da, mit Säcken, um mitzunehmen, was sich etwa noch fände. Und einer fand noch ein versehentlich lebendiges Judenjunges unter den Gemetzelten sitzen, und gutmütig wie Bauern sind, nahm er es lebendig mit sich, so wie ein Jäger ein lebendig gebliebenes junges Reh oder Füchslein mit sich nimmt.

Es war aber diese kleine, den Juden damals an der Karpatengrenze gewordene Bestrafung nur ein gerechter Ausbruch des Volkszorns. In einem Orte mit Namen Tisza-Eszlar drunten im nahen Ungarn hatte in diesem Jahr 1882 ein Jud, wegen Verwendung von Christenblut nach altem Brauch vor die Richter gezogen, die Frechheit gehabt, unter dem Schutze jüdischer Advokaten aus Budapest und aus Wien auf seinem Freispruche zu bestehen. Weil er freigesprochen worden war, mußte man die Juden ein wenig in ihrem Übermut beschneiden. Das tat man drei Jahre lang, bis ins vierundachtziger Jahr. Kaum zweitausend von ihnen wurden dabei erschlagen. Und das war wieder ein Beweis für den Fortschritt der Menschheit an weichlichen Ideen und für ihren Rückschritt an Tüchtigkeit, denn zweihundert Jahre zuvor, als der große Chmelnicky noch lebte, hatte er es in eben jenem Landstrich in einem einzigen Sommer auf siebenhunderttausend tote Juden gebracht.

Das so am Leben gelassene Rehlein wurde acht Jahre alt und wußte nicht wie, ehe es von zwei bärtigen Kaftanhausierern gefunden wurde, es wußte nicht wo, und in eine Stadt gebracht, es wußte nicht ihren Namen, wo viele Kaftantragende nah und warm beieinander wohnten. Denn so lebt sichs nun einmal fröhlich weiter nach einem kleinen Aderlaß.

Da sein Name vergessen war, nannten sie ihn Moses wie jenen andern im Strom des Lebens Gefundenen, und gaben ihm, wie das Gesetz des Zaren es vorschrieb, auch einen europäischen Namen. Doch hieß er schon damals, als ein Achtjähriger, gemeinhin »der Blasse« – und das wollte etwas besagen unter der Gemeinschaft der Judenkinder von Semienka. Das war der Name der kleinen Stadt. Mit achteinhalb verstand und schrieb er Hebräisch und Jiddisch. Mit neuneinhalb konnte er große Strecken der Thora auswendig hersagen und las neben Jünglingen, Männern, Greisen viele Stunden des Tages im Talmud. Die Nacht verbrachte er als Gewölbwächter eines Altkleiderhändlers, für das Nachtlager, zwei Stück

Zwiebeln und einen halben Hering als Wächterlohn. Doch war das minder wichtig, als daß er von jenem Altkleiderhändler auch die Besitztümer seines Lebens erwerben konnte: ein Sterbehemd, wie der Gläubige es mit sich führt; ferner ein hebräisches Buch, auf dem als Titel stand *Sohar,* das heißt: das Leuchtende, und das dem Knaben in einem erregenden, beinahe ketzerischen Gegensatz zu stehen schien zu den ihm bis dahin bekannt gewordenen hebräischen Büchern. Es bejahte, was jene verneinten; es war irdisch sozusagen, wo jene anhingen dem Vertrag mit Gott dem Herrn und der buchstäblichen Auslegung des geheiligten Worts; und so war es zu verdammen und doch sündhafter- und lockenderweise aufzubewahren in aller Heimlichkeit. Dazu kam als dritter Besitz ein überzähliges, einäugiges Hündchen, das zu ertränken man von jenem Brotherrn ausgeschickt worden war, und dem zwischen Unrat und Gerümpel in glückhaftem Geheimnis das Leben zu bewahren dem blassen Knaben zum Abenteuer jener sorgenlosen und umfriedeten Jahre ward. Doch vermochten diese beinahe unstatthaft diesseitigen Bindungen das Leben im Geist und die Glaubensstrenge, wie sie von einem Mann von damals schon mehr als zehn Jahren zu erwarten waren, nicht zu erschüttern. Mit elf Jahren hielt er vielmehr in der Talmudschule von Semienka jene in rabbinischen Kreisen später viel erörterte Disputation, bei der er gegen dreimal und sechsmal ältere Unterredner die Kabbala und alles Kabbalistische, als da war der ohnmächtige Versuch eines Brückenschlagens vom Worte zur Wirklichkeit, mit einer für solch einen jugendlichen Gelehrten verwunderlichen und durch genaue Vertrautheit mit den von ihm verdammten Schriften befremdlich wirkenden Entschiedenheit der Dialektik verwarf. Mit dreizehn Jahren, ein Mann schon, der auf seinen eigenen Beinen stand, Marktkarrenabladehelfer bei einem Geflügelhändler und weiter Nachtwächter in jenem Altkleidergewölb und eine Hoffnung der Thoraschule ansässiger strenggläubiger Judenheit, wurde der Blasse als mannbares Mitglied in diese Gemeinde von Semienka aufgenommen. Es war das im zweiundneunziger Jahr.

Im vierundneunziger Jahr, am 26. August, erfolgte im Auftrag des Gouverneurs von Kiew unter Einsetzung einer Eskadron der Achten Don-Kosaken, dreier katholischer Priester, der lokalen Musikkapelle und einer Kompanie der Kischinewer Stadtpolizei in Semienka der Einzug der Fliegenden Militärischen Kommission. Von dem Versuch, die Juden auszurotten, war man in Rußland eben damals übergegangen zu dem edlern, sie zu erziehen. Das tat man, indem man sie in die Grenzbezirke des großen Reiches verbannte, wo das Leben ein wenig dürftiger und dadurch geeigneter war zu moralischer Festigung. Indem man ihnen zweitens den Aufenthalt in diesen Grenzbezirken verbot, damit sie sich nicht etwa zu Spionage und Schmuggel verleitet fühlten. Indem man ihnen zum dritten das Leben in den Dörfern und auf dem flachen Land untersagte, dem schlichten, treuherzigen, ihren jüdischen Praktiken nicht gewachsenen Bauern zum Schutz. Und indem man viertens den derart in den Städten Zusammengetriebenen dort zwar kein Quartier gab, ihnen dafür aber auch die Ausübung eines Gewerbes, den Beitritt zum Anwalt-, Arzt- und Beamtenstand und den Ankauf von Haus und Boden ein für allemal verwehrte. Einer ob solcher Pädagogik jählings einsetzenden Prosperität des Leichenbestattungsgewerbes konnte man allerdings nicht gut Einhalt tun. Und da auch die erlassenen Ehebeschränkungen samt Judendoppelsteuer, Spezialprotektionsabgabe und Israelitenerziehungsumlage nur halbe Wirkung taten, wollte man den halsstarrigerweise Überlebenden wenigstens jene heilsame Disziplin erschließen, wie sie in der Zarenarmee gang und gäbe war. Und kurz und gut – an jenem 26. August 1894 etablierte sich zu Semienka die Fliegende Militärische Kommission. Daß vierzehn Juden erschlagen, zweihundertelf verletzt und etwa achthundert Häuser geplündert wurden, geschah eigentlich nur aus Versehen, und am Abend zog man weiter, mit hundertachtzig jüdischen, für fünfundzwanzig Jahre Waffendienst dem Zaren verpflichteten Rekruten wohlbewacht in der Mitte.

Unter diesen war einer, fünfzehnjährig damals, mit Namen Moses oder Mojsche Wasservogel – es war das der bürgerliche Name, mit dem eine vorsorgliche Behörde ihn unterscheidbar machte von anderen, die Mojsche hießen, und auf ewig erzieherisch verbunden mit den Segnungen der Zivilisation und des Abendlands. So war es ihm wieder einmal wohl gelungen im Leben; man hatte ihn nicht übersehen und nahm sich gar trefflich seiner an; jenes immerhin mühvollen Marktkarrenabladens und Gewölbbewachens war er ledig; für Kost und Quartier sorgte fürder der Zar und gab ihm noch eine zwar dreckige aber prächtige Uniform! Auch hatte er nicht wie mancher andere den Schmerz eines Abschieds von seinen Lieben, Eltern, Geschwistern. Und der Verlust jenes Hündchens, das ein Infanterist scherzhafterweise auf sein Bajonett spießte, wog weniger als der Glücksfall, daß ihm das wichtigere Teil seines Besitztums erhalten blieb: jenes Buch und auch jenes Totenhemd. Damit war einer nicht schlecht ausgerüstet fürs Leben.

Der für fünfundzwanzig Jahre vorgesehene Militärdienst des kaiserlich russischen Infanteristen Mojsche Wasservogel dauerte drei Monate und einen Tag. Die drei Monate waren gefüllt mit einigem Exerzier- und Marschierversuch. Ferner mit dem Spaß, daß man dem Infanteristen Wasservogel das von seiner Religion verbotene Schweinefleisch zu essen ab (ein wenig gewaltsam zu essen gab, wie man gestehen muß, mit Festhalten, Indenschlundstopfen, Durchdenhalswürgen, wie man es sonst mit den Gänsen treibt). Ferner mit einigem hieran sich schließenden Krankliegen in einer Baracke (auf den Tod krank liegen, wie man am besten gleich zugibt), das aber aufgehellt ward dadurch, daß der Militärpfaff täglich in christlicher Nächstenliebe sich einstellte an dem Krankenbett. Und einmal fragte er: »Na, Jud, wie gehts, wie stehts?« Und einmal fragte er: »Na, Jud, wie wärs mit Sichtaufenlassen und der ewigen Seligkeit?« Und einmal sagte er: »Wenn du dich nicht taufen läßt, jetzt, sofort, heute, du dreckiger Saujud –!«

Das waren drei Monate. Der eine Tag, der noch fehlte, des Infanteristen Mojsche Wasservogel Militärdienst vollzumachen, war einem Strafexerzieren gewidmet. Das begann um sechs Uhr am Morgen, unter Hepp und Hallo. Für zehn Uhr war ein allgemeines Ausrücken angesetzt, in Feldmarschadjustierung mit Tornister und Bajonett. Um zwölf Uhr, als die Sonne hochstand, schlug der Infanterist Wasservogel lang hin und kollerte ein wenig seitab in den Graben des staubigen und endlosen Karrenwegs. Und da er sich nicht mehr bewegte, nahm man ihm Tornister und Bajonett und den Rock und die Stiefel und ließ ihn liegen, dort wo er lag.

In Wirklichkeit war in diesen drei Monaten die Erlebnisreihe des Infanteristen Wasservogel ein wenig anders verlaufen, als es nach außenhin den Anschein hatte. Jene Zwangsaushebung hatte ihn unterbrochen auf der Höhe der Meditation über die mögliche Rechtfertigung des von den Rabbinen Jona Gerondi und Salomo ben Abraham vom Berge im Jahre 1226 ausgerufenen Banns gegen die profaner Wissenschaft gewidmeten Werke des Moses Maimonides. Wenn (so hatte er schon all die Wochen zuvor bei seinen Nachtwachen in jenem Kleidergewölb und auch beim Abladen der Geflügelkarren gedacht) – wenn Jacob ben Machir, genannt auch Profatius, recht hätte mit seiner Verdammung jener Rabbinen, wie hätte der große Raschba zu Bercelona diesen als Eideshelfer erstehn können, in dem Großen Bannfluch von dreizehnhundertundfünf? Es wäre (so dachte er eben, als mit Hepp und Hallo jene Musterer in die Schule von Semienka brachen und ihn aufrissen von seinem

Meditationspult) – es wäre da nachzulesen, wie die ersten Erkenner des Zwiespalts in Gottes Volk, des Zwiespalts zwischen Ratio und Antiratio sich zu der Frage verhielten. Was er, der fünfzehnjährige Reb Mojsche Wasservogel von Nirgendwo, als Störung und mit leisem Protest empfand, war nicht so sehr die zwangsweise Einkleidung in ein unwürdig buntes Tuch (als ginge es, kaum fünf Sabbate nach dem Versöhnungstag, auf einen Purim-Ball) – sondern daß man ihm, durch eine ihm aufgenötigte räumliche Entfernung, das Heraussuchen jener seinen Fragenkomplex beleuchtenden Werke aus dem Büchergewölb der Gelehrtenschule von Semienka unmöglich machte. Es hatte da (so erinnerte er sich, indes man in folgenden Wochen das sinnlose Hin- und Widerstolzieren auf einem abgemessenen Feld und das Anfassen eines gefährlichen Kriegsinstrumentes, eines sogenannten Gewehres, von ihm verlangte) – es hatte da einen frühen Versuch gegeben zu einem dualistischen Kompromiß!

Wie war es (so dachte er eines Abends, nachdem die gleich ihm in Buntes verkleideten Gojim ihren Scherz getrieben hatten mit ihm nach Gojim-Art und ihm etwas Unreines durch den Schlund gepreßt) – wie war es, dachte er, indes er schon auf seiner Pritsche lag, mit Würgespuren am Hals und ein wenig Blut auf den Lippen, und das Fieber in seinen Adern schwoll, wie war es mit der Lehre des Rabbi Isaak Albalag? Es war wohl nur dieses Fieber (auch lag er da schon anderswo, das war wohl, was man nennt: ein Spital), das es ihm als aussichtsreich und statthaft erscheinen ließ, daß er den täglich ihn durch einen Besuch auszeichnenden Galach (als da ist das Wort des Gläubigen für einen christlichen Priester) befrage nach dem ihm entfallenen Namen jenes Werks des Rabbinen. Es ist das Werk, mein Herr Galach – so gedachte er all die Tage lang es ihm klarzumachen –, das sich an der Möglichkeit einer dualistischen Lösung der ewigen Antithese zwischen Ratio und Irratio versucht! Sie kennen es selbstverständlich, es muß recht genau um das Jahr zwölfhundert gewesen sein, Herr Galach, nach Ihrer Rechnung der Zeit!

Der Christ sprach von anderem, so wie Christen tun – Taufe, sagte er, Saujud und derlei leicht Überhörbares. Aber da Gott einem das Hirn wieder erhellte vom Fieber, am neunzigundersten Tag seines Militärdienstes, mitten in einem sein tieferes Bewußtsein nicht weiter berührenden, Strafexerzieren genannten Vorgang, fiel dem Infanteristen Mojsche Wasservogel tief glückhafterweise endlich der Name ein. Die Lehre von der Doppelten Wahrheit – so hieß jenes Werk des seit bald siebenhundert Jahren toten Rabbinen! Und dies war (aber das wußte einer erst, da er von der Sonne geschlagen seitab in den Straßengraben gekollert war und, um jene bunten und gewalttätigen Gegenstände erleichtert, nach Verhallen von Schritt und Tritt allein gelassen mit seinem Hirn und dem Herrn in einer großen äußern Ermattung lag) – dies also war jenes Werks von der Doppelten Wahrheit Kernsatz und Weisheit: »Bin ich auch auf Grund meiner wissenschaftlichen Einsicht davon überzeugt, daß etwas sich mit Naturnotwendigkeit auf eine bestimmte Weise verhalte – was vermag das wider den Glauben? Und so glaub ich gleichzeitig und dennoch dem Wort des Propheten und daß auf eine übernatürliche Weise sich zugetragen habe das Gegenteil!«

Es war aber dieser Reb Mojsche von Unbekannt in einem Zustand großer Beglücktheit über die Wiederauffindung der vergessenen Sentenz. In diesem Zustand – demgegenüber es wenig wog, daß von seinem Puls und von seinem Atem nicht mehr viel zu merken war – fanden ihn zwei kaftantragende Hausierer und erkannten ihn als einen der ihrigen Leute. Sie brachten ihn nach einer nahen und guten Stadt, in der achtzigtausend andere Kaftanträger zusammenwohnten, in drei sicheren Gassen. Die nahmen den aus dem Militär Gefallenen auf, wie es sich gegenüber einem Gelehrten ziemt. Damit er sein Brot und Auskommen habe, gaben sie ihm bei einem Wurstmacher einen Gedärmwäscherposten, was ein leichtes Gewerbe war. Den Rest des Tages und ein Gutteil der Nacht saß er in der Gelehrtenschule über den Büchern. Und der Umstand, daß er mit seinem Militärbesitz auch jenes geheime Druckwerk verloren hatte, an dem ein wenig sein Herz hing, wog weniger als der Glücksfall, daß ihm das wichtigere Teil seines Besitztums erhalten blieb: Es war ein Sabbat gewesen, als ihm jener kleine Unfall und jenes große Erinnern kam. Den Sabbat zu heiligen in der Fremde, hatte er nichts anderes unternehmen können, als daß er sich festlich kleidete. Und er führte nichts Festlicheres bei sich als jenes sein Totenhemd. Das trug er am Leibe, als man ihn liegen ließ. So blieb ihm immer noch dieses Hemd als Besitztum. Damit war einer nicht schlecht ausgerüstet fürs Leben.

Die Stadt, die ihn so gut und gastlich aufnahm zu einer dauernden Geborgenheit, hatte den Namen: Kischinew.

Einer Registrierung der Biographie des M. Wasservogel in den Jahren, die folgten, stehen Schwierigkeiten entgegen. Die der Zeitberechnung ist unter ihnen noch die geringste. Ob er nach der Stadt

Kischinew im Jahre 1894 nach Christi Geburt kam oder im Jüdischen Jahre 5655 nach Erschaffung der Erde, das wäre minder wichtig als die Beantwortung der Frage, ob er denn nun also wenigstens wirklich in diesem 1894er Jahre lebte, als er dort einzog – oder nicht vielmehr im Jahre 1611, oder im Jahre 1502, da der Kabbalist Ascher Leculin sich als einen Vorläufer des Messias bezeichnete, oder im Jahre 1399 zur Zeit des Posener Hostienschändungsdisputs. So wäre es vielleicht richtiger, nicht von Jahren zu sprechen, sondern von der Meditation. Dann kam er nach Kischinew, als in ihm war die Doppelte Wahrheit des Isaak Albalag, und blieb dort eine sehr kurze Weile, die als neun Lebensjahre zu bezeichnen abwegig wäre – reichte sie doch eben hin, ihn erkennen zu lassen, daß auch die Behutsamkeit und Bedingtheit, mit der der Scholastiker diesseitige Erkenntnisquellen immer noch zuließ, ein Weg in den Irrtum und ins Verderben war. Ja er war nahe daran, dies betreffend einen noch entschiedeneren Standpunkt zu beziehen, noch trennten ihn vielleicht nur wenige Versöhnungstage oder gar nur ein kleines Dutzend Sabbate von einer Entscheidung hierüber – als der Vorfall von Kischinew sich ereignete.

Der Vorfall von Kischinew böte denn, nach Jahresepochen und Meditationsepochen, eine dritte Möglichkeit zur Einteilung der Zeit. Dem erziehungsfreudigen Zaren Alexander war ein Zar Nikolaus, der zweite seines Namens, auf dem Throne gefolgt (man schrieb 1903), und dieser neue hielt es den Juden gegenüber wieder einmal nicht mit der Pädagogik, sondern mit der eisernen Faust. Es war das in Rußland eine demokratische Zeit – für die Volkstümlichkeit des neuen Herrschers mußte etwas geschehen. Am 6. April dieses Jahres 1903 verkündeten Flugblätter in der Stadt Kischinew, der neue gute Zar habe die Abhaltung eines Pogroms gestattet. Es war kein großer Pogrom – als am Ende des zweiten Tags die Truppen eingriffen, zählte man fünfundvierzig Tote und fünfhundertsechsundachtzig zu Krüppeln Geschlagene oder sonstwie ein wenig Ramponierte, ausschließlich, wie sich versteht, der vergewaltigten Frauen. Doch sprang der kleine Funken von Kischinew noch in diesem selben Augustmonat 1903 hinüber nach Homel, Schitomir, Odessa, Bialystok und dann noch nach sechshundertvierunddreißig anderen Städten und Städtchen in achtundzwanzig Provinzen des durch solches frisch-fröhliche Hand in Hand mit der Behörde von revolutionären Gedanken abzubringenden Russenreichs.

Will man nun also diese dritte Art der Zeitberechnung heranziehen, die nach Pogromen, so erlebte der Blasse seine Entscheidung zur unbedingten Antiratio und Wortgläubigkeit zur Zeit des Pogroms von Kischinew. Eine Welle der innern Anfechtung dieser seiner Unbedingtheit hatte er durchzumachen zur Zeit, als die Massenverbreitung eines die geheimen Praktiken der jüdischen Weltverschwörer aufdeckenden Druckwerks, genannt: Die Weisen von Zion, einen neuen Judensturm entfachte. (»Achtung, der Jüd marschiert!« so hieß die Parole.)

Wobei das jene innere Anfechtung Auslösende selbstverständlich nicht besagter Sturm war. Der drang gar nicht hinab bis in den Keller, in dem der brotlos gewordene emeritierte Gewölbwächter, Geflügelkarrenablader und Wurstdarmwäscher Mojsche Wasservogel auf einem feucht verfaulenden Strohlager hauste. (Die Abwässer eines undichten Kanales sickerten durch die Mauern; ein Weib mit drei Kindern verhungerte nebenan.) Nein, was den Blassen, der ein wenig entkräftet in jenem Keller lag, in eine kleine und vorübergehende Anfechtung stürzte, war das Verhalten der Juden selbst. Es war da ein Mann aufgestanden unter der Judenheit, ein Westler mit dem Namen Theodor Herzl. Der hatte eine höchst verwirrende und verstörende Erfindung gemacht, und der Name für das Ding hieß: Nation. Wie aber: sollte es nun also eine nationale Bewegung unter den Juden geben als wären sie Gojim, mit bunten Anzügen und gefährlich anzurührendem Tötungsinstrument in der Hand? Sollte wirklich der Herr Gott seinem Volke die Demütigung und Strafe abfordern wollen, daß es dem Goj die Faust und Stirne zeigen müsse nach Gojim-Art?

Die Anfechtung für den Besinnlichen war gering, wenn man ihm nur Muße ließ, es recht zu bedenken. Als er es recht bedacht hatte, schrieben die Christen eben 1914 oder 1915, und in einigem Nebensächlichen und Äußerlichen ringsum trat unter vieler Gewalttat ein Wechsel ein, wie er in der Natur des Vergänglichen nun einmal beschlossen ist. Reb Mojsche Wasservogel zog eben mit anderen eine lange, enge Gasse hinunter – er rannte, jene anderen rissen ihn mit sich fort. Die Häuser brannten links und rechts, und was da ticktackte, war ein russisches Maschinengewehr, und was da explodierte, waren deutsche Granaten. Nein, diese neue Erfindung, genannt Nation, sie war zu verwerfen – so meditierte der Rennende. Über sie stand nicht geschrieben, also war sie nicht existent! Das Ticktacken der russischen Maschinengewehre war da schon ferngerückt, und die Häuser schwelten verkohlt, und jeder dritte oder vierte der Kaftanträger lag still auf den Katzenköpfen des Pflasters, zwischen denen ein kleines hellrotes Rinnsal lief, und die Deutschen zogen schon mit Schritt und Tritt in die Ruinen ein.

Als ob Gott, so meditierte der Blasse und fror ein wenig vor Hunger, zur Errettung und Erhöhung seines Volks eines Doktor Theodor Herzl bedürfte und seiner Erfindungen! Wie zum Beispiel hatte Er dem Anführer der Buntverkleideten (einem Goj und General, er hieß Ludendorff) es ins Herz gelegt, daß er einen Anschlag kleben lasse an alle Mauern? »Zu die lieben Jidden in Paulen!« Und wenn sie bis dahin geknechtet worden seien von Rußland, zertreten, geschändet, in Häuser gepfercht, Mann, Weib und Kind, und mit Petroleum übergossen und massakriert – jetzt, Jud, so stand es da, jetzt, unter dem Segen und der Freiheit unserer Kultur, jetzt (wenn du nur zu uns hältst und eine deutsch-patriotische Extra-Befreiungskontribution bezahlst), jetzt wird das anders! Freue dich, Jid in Paulen – der Deutsche bietet dir seine Bruderhand!

Die Registrierung der Erlebnisse des M. Wasservogel begegnet von diesem Augenblick des Eingriffs deutscher Ordnung in seine Existenz keiner weitern Schwierigkeit. Nicht, daß er etwa gar zu jenen dreiundachtzigtausendundvierhundert gehört hätte, die dem brüderlichen Ruf des Deutschen Folge leisteten und die Bärte und Schläfenlocken hinopferten unter dem Schermesser, um einzutreten in die deutsche Armee oder gar um nach Westen auszuwandern in ihre gastfrei dem neuen Bundesgenossen sich darbietenden Städte Breslau und Berlin. Diese Versuchung war dem im Glauben Lebenden nicht einmal eine Versuchung. Doch vertiefte sich in ihm der Gedanke: wie wenn diese Erhellung des Großen Elends der Fremde in der Tat ein Fingerzeig des Herrn Gottes sein sollte dafür, daß der Tag des Messias nicht mehr ganz ferne war? Kam da der Goj und reichte die Bruderhand! Mochte sein – es hatte Gott, dem das Sonderbarste noch dienstbar ist, den Goj gesandt als ein Zeichen? Und da eine geringe Weile danach (die Christen schrieben 1918) der Goj Deutscher davonzog, kam nun auch noch der Goj Pole und der Goj Ukrainer und baten: Komm, Bruder Jud, hilf mir bauen ein Freies Polen, hilf mir aufrichten wider die Roten ein Freies Ukrainisches Königreich! Und gehörte der Blasse auch nicht zu den hundertunddreiundsiebenzigtausend, für die dieser Bruderruf ein Ruf in den Tod ward, so brachte er doch auch ihm die Erhellung, endgültig und nicht mehr verrückbar: Ja, dies war des Herrn Gottes Signal! Auf den Messias zu warten, dauerte sicherlich nicht mehr lang. Es war an der Zeit, sich zur Reise zu rüsten!

Es gab aber, so steht es geschrieben in der Anweisung des Elieser ben Nachman, für diese Reisezurüstung ein Doppeltes zu vollziehen. Und ist das erste, daß einer sich seines irdischen Eigentums entblöße, bis auf einen Reisezehrpfennig. Was das betrifft, so wohnte der Mojsche Wasservogel in dieser festlichen Zeit, da das Lamm sich lagerte mit dem Löwen, in behäbigen Umständen in der Stadt Lemberg. Sonnenstraße 34 hieß das Quartier. Mit nur neun Personen teilte er eine Kammer, in der es vier Betten gab, indes ringsum und in der Altgasse links und in der Synagogengasse rechts um die Ecke bis zu zwanzig in solch einer Kammer wohnten und hatten nur drei Betten oder auch zwei. Aber hier waren in vergangnen zwei Wochen vier Kinder an der Krankheit Scharlach gestorben und eine Greisin an ihrem Greisentum, und so hatte man behäbigen Raum! Man konnte gehen und kommen. Auch gab es einen Abtritt nur zwei Stockwerke tiefer. Auch war es nicht kalt, wenn alles daheim war und man das Fenster schloß. Und sogar großherrlich aus diesem Fenster lehnen konnte man sich mitunter, da ein Teil der Rauminsassen tagsüber drüben auf dem Jüdischen Markte stand, um etwas zu verkaufen oder zu kaufen, wenn etwa doch einer sich fände, der etwas zu kaufen oder verkaufen kam. Das Besitztum des Reb Mojsche Wasservogel ruhte unter dem Fußteil des einen Betts und war, wie es solcher Wohlbestalltheit entsprach, ein behäbiges Bündel. Darin fand sich nicht nur jenes Hemd, als Letztes und Wertvollstes, sondern auch einen Schatz von fünf Büchern besaß er zu jener Zeit, ferner einen ganzen Kranz Zwiebeln, die reichten auf lang hinaus, und vier Hosengurte, zwölf Kerzen und drei Spiegel mit Kämmchen – wenn etwa einer sich fände, der Kerzen oder Hosengurte erstehen wollte, oder ein Goj, der auf Ausschau war nach einem Präsent.

Gab somit der erste Punkt der Vorschrift für einen Reisenden, sein Hab und Gut zu veräußern, schon Anlaß zu Umsicht und tatkräftiger Spekulation – der zweite Punkt forderte Höheres, Tieferes, Schwereres: die große innere Bereitschaft für das endgültige Zeichen zum Aufbruch, für das Zweite Signal! Es gab aber für den sich Bereitenden Einen Weg – und einen Andern Weg. Und war der erste, daß er der Ankunft des Messias harre in Gebet und Kasteiung. Das war der Weg der Rabbinen. Für sie war Reb Mojsche Wasservogel mit seinen scharfsinnigen Streitgesprächen eingetreten, seit er nur dachte. Und der Andere Weg des Wartens – der war verpönt! Wie, oder sollte vielleicht doch ein im Glauben Gereifter, einer schon jenseits der Jahre, da man ein Weib sich wählt, mit ergrauendem Bart und falb gewordenen Schläfenlocken sich noch die Lehren eines Baal Schem, des Chassiden, zu eigen machen, so da anriet dem Wartenden: Freu dich, Jud, daß der Messias nicht ferne ist; Jud, trink, tanz!

Es war dies, meditierte der Blasse in seinem guten Quartier mit dem Packen seiner Erdengüter vor sich auf dem Fensterbrett – es war dies eine verpönte und doch eine lockende Lehre. Nicht gut für den Alltag, gewiß. Aber nun, da die große Wandlung vor sich ging, da man neunzehnhundertundachtzehn schrieb und der Goj nicht weiter den Juden schlug? Was besagen wollte – so meditierte er –, daß man vielleicht kecken Mutes hineinfassen sollte in dieses Irdische, in diesen Kranz Zwiebeln zum Beispiel, und ihrer zwei verzehren zu einem einzigen Mahl, mit einem weißen Stück Sabbatbrot. Daß man einen der gojischen Präsentspiegel vor sich aufklappte hier auf dem Fensterbrett und das Haar sich kämmte mit dem Kämmchen, das in dem imitierten Leder verborgen stak. Daß man Kerzen – gleich zwei auf einmal! – vor sich hinpflanzte hier auf den Tisch und ansteckte, prasserisch, um müßig sich rückwärts zu lehnen, Bein über Bein, und zu lesen in einem Buch! Es war diese Versuchung die größte, der der Blasse ausgesetzt war in seinem Leben. Bedachte er es, alles in allem, so hatte er seine Tage herrlicher hingebracht als irgendein anderer. Gewiß, es hatte da einige Gewalttat gegeben. Aber wo war einer ein Jude – und begegnete nicht der Gewalt? Und hatte Gott ihn aus vielen Gefahren nicht ebenso viele Male gerettet?

An diesem Nachmittag bürstete Reb Mojsche Wasservogel von Nirgendwo mit einer Bürste den schwarzen Rock, den er trug, und setzte feierlichen Blicks, obgleich es ein Werktag war, auf seinen Scheitel den mit Kaninchenfell beborteten Sabbathut. Er stopfte sich vermessen mit vier Zwiebeln die Taschen voll, und auch eines jener Spiegelchen steckte er zu sich. Unter seinen fünf Büchern wählte er lange, welches er wohl mit sich nähme auf seinen Gang. Denn zu gehen, zu promenieren, großherrlich – danach stand sein Sinn. Das Buch, das er wählte, hieß Sohar, das heißt: das Leuchtende. Solch ein Buch hatte er besessen als Jüngling – und verloren zu gutem Recht, da er selber damals noch nicht erleuchtet gewesen war. Er wandte sich noch einmal auf der Schwelle und überschaute seine behäbige Wohnung mit einem lächelnden Blick. Das also war sein. Und es war wohl nur zur Erhöhung dieses seines irdisch festlichen Besitzergefühls, daß er sein Bündel unter dem Bett noch einmal hervorzog und ihm jenes linnene Hemd entnahm und es an sich verwahrte, in der großen Tasche des schwarzen Rocks. Freude, sang er schon auf der Treppe – ich singe die Freude des Ewigen!

Es waren wenig Leute im Hause mitten am Nachmittag, auch hatten die ihre Sorgen, jeder für sich, und achteten seiner nicht. Als er drunten schon auf der Gasse stand, versuchte er einen Tanzschritt. Es war das aber nicht so sehr selten in der Sonnenstraße des Judenviertels von Lemberg, daß einer unter die Tänzer ging. Ein Chassid, dachten zwei, drei, die vorüberhasteten, und hielten nicht an. Da stellte der M. Wasservogel das Tanzen ein; er war ein wenig von Kräften gekommen, der Schwindel überkam ihn über dem Drehen. Auch gelüstete es den großherrlich Promenierenden, diesmal nicht die Juden zu sehen, die ihm glichen und die er kannte – sondern den Bruder Goj! Er verließ das Quartier. Da war schon eine Straße mit einer Straßenbahn. Gott, sang er, Gott, ich singe die Freude des Ewigen!

Zwei stießen ihn, einer lachte, ein Automobil verhielt mit Bremsenkreischen die Fahrt, da er über den Fahrdamm ging. Er holte eine Zwiebel aus der Kaftantasche und ein Stück weißen Schabbes-Brotes und biß darein. Schalom, grüßte er mit Lächeln und Winken drei Brüder Gojim, drei Eckensteher – Schalom, mit euch sei der Friede! Das war die Vorstadt, da waren noch zwei, drei Fabriken, dann war da ein Friedhof, ein Schuttabladeplatz, ein Strich zerfressenen Wiesenlands. An dieser Stelle versuchte der M. Wasservogel noch einmal zu tanzen. Ihn schwindelte. Auch war er allein. So ging er weiter in den schütteren Wald.

Der sogenannte Petljura-Pogrom, der nach Liebeswerben der Deutschen, Polen und Ukrainer über den Osten Europas ging, gehört der Geschichte an. Er setzte ein am 4. Januar 1919. An diesem Tag traf auf dem Bahnhof der ukrainischen Stadt Berditschew die sogenannte Todeskompanie ein. Das waren weißrussische Offiziere, die eben jenem Petljura zugehörten; die Mannschaft rekrutierte sich aus ukrainischen Bauern, Städtern, sowie Kosaken. Die auf dem Bahnhof angetroffenen Juden wurden mit Reitpeitschen totgeschlagen. Bei Kindern, später schon in der Stadt, war man mitunter nicht sicher und fragte: »Bist du ein Judenjunges?« – ehe man sie aufs Bajonett nahm. Die Frauen warf man über die Betten, die Männer trieb man auf die Straße hinaus und zwang sie zu rufen: »Tod den Juden!« Und knallte sie nieder.

Von Berditschew zogen die Kameraden des Todes nach Schitomir, von dort weiter nach Owrutsch. Dort ließ der Ataman Kosyr

Syrko am 14. Januar die Juden zusammentreiben. Dann brachten sie die Kosaken mit Peitschenhieben in Trab und zwangen sie, das Lied Majofes zu singen – das Sabbatlied. Darüber kamen sie vor dem Bahnhof an. Von dort aus ließ der Ataman mit Explosivpatronen in die Singenden feuern, bis mit dem letzten Kaftanmann der letzte Ton des Liedes verstorben war.

An diesem selben 14. Januar wurden die Juden erschlagen in Kiew, Bobrinskaja, Sorny, Fastow, Romoday, Bachmatsch und Kasatin. In Proskurow erging der Befehl: zu töten ohne zu plündern. Der Ataman Semossenko ließ seine ordenklirrenden Offiziere und mit westlichem Kapital untadelig ausgerüstete Mannschaft aufs Banner schwören: die Hände sollten blutig sein – aber rein. Man marschierte in die Judenstadt mit der Musikkapelle an der Spitze und der Sanitätskolonne am Schluß. Alle wurden mit der blanken Waffe geschlachtet; kein Schuß fiel. Ein Priester, der mit dem Kruzifix in der Hand dem Schlächterzug in den Weg trat, wurde getötet. Tausendfünfhundertundsechzehn Tote gab es zwischen drei und sechs Uhr nachmittags an diesem 2. Februar 1919 in Proskurow.

Von da zog man nach Felchtin, von dort nach Schargorod, von dort nach Pestschanka. In diesen drei Städten schnitten Offiziere und mit westlichen Geldern ausgerüstete Mannschaft vierundvierzig Juden die Zunge ab, sechzehn riß man die Augen aus. Die Männer rasierte man und zwang sie, ihre Bärte zu fressen, ehe man ihnen das Bajonett gab. In Bratslaw hängten die Leute des Petljura an die dreißig an ihren Händen auf und schnitten ihnen mit den Säbeln das Fleisch von den Knochen. Und zwangen zwei Stunden später in dieser selben Stadt Bratslaw dreizehn Frauen (die des Rabbiners, die des Kaufmanns Weinreb und die des Arztes waren unter ihnen), ihre Kinder mit ausgestreckten Armen ihnen entgegenzuhalten. So schlug man ihnen die Köpfe ab.

So wurden vom Monat Januar bis zum Monat Oktober 1919 hundertfünfundsechzigtausend Juden qualvoll zu Tod gebracht. An die dreihundertvierzigtausend wurden zertreten, verstümmelt, geblendet – und lebten weiter. Die Vermißten sowie die geschändeten Frauen, Jungfrauen, Mädchenkinder wollte man zählen, um in Versailles eine Liste zu überreichen. Als die Liste eine Million und einhunderttausend Namen lang war, gab man das Zählen auf.

Reb Mojsche Wasservogel, der unter die Chassiden gegangen war, figurierte nicht auf der Liste der Toten, nicht auf der der Verstümmelten, nicht einmal auf der der Vermißten – und dies wohl, weil ihn keiner vermißte. Daß er durch den Zufall eines Ganges in die freie Natur vor dem Entsetzen bewahrt blieb – seines ersten Gangs dieser Art, in jener neuerwachten Tänzerfreude an dieser Erde –, das mußte die Überzeugung in ihm festigen, es sei endlich das Zeichen an ihm geschehen. Er rastete auf einem Baumstrunk in kahlem Wald, und es war ein seltsamer Anblick, wie er selbst in seiner Starrheit und falbhaarigen Dürre solch einem Baumstrunk glich. Geirrt – so meditierte er – hatte er nur, da er glaubte, jenes Zeichen sei wirklich schon das Große Signal gewesen für Alle. Er errötete vor sich selber, daß er auch nur für eines Atemzuges Dauer hatte annehmen können, wirklich habe der Goj die Bruderhand hingereicht und habe es wirklich so gemeint. Nein, was geschehen war, das war ein Zeichen für ihn, den M. Wasservogel allein, der sich der Freude an dieser Welt zugekehrt hatte. Und es hieß: Es will Abend werden, Reb Mojsche, so mach dich bereit für die Reise!

Von da ab, irgendwann im Spätjahr 1919, war ein falbbärtiger, blasser, mit einem vor Alter grünlich schimmernden Kaftan bekleideter und festlicher Mensch von großer Hinfälligkeit und Dürre des Leibes darauf aus, den Reisepfennig zu sammeln zu seiner Fahrt nach Jerusalem, um dort zu sterben. Für dieses Sammeln, dessentwegen er von Ort zu Ort und von Gemeinde zu Gemeinde und von reichen Manns Tür zu reichen Manns Türe zog, brauchte er lange Zeit, denn es waren viele Tausende Kaftantragende gleich ihm auf den Straßen, die sammelten und wollten in der Erde Zions begraben sein. Einmal, nach sieben Jahren, war er nahe daran, daß er aufbrechen konnte. Es war das aber das Frühjahr 1927, da erreichte ihn ein Pogrom in der Stadt Klausenburg. Dabei verlor er sein Reisegeld, und das war ihm eine große Trauer, denn er war müde und eine Schlafsehnsucht war in ihm. Er begann zu sammeln, von reichen Manns Türe zu reichen Manns Tür. Doch war er langsamer auf den Beinen, und die Judenwelt um ein Vielfaches ärmer geworden in dieser letzten Zeit. So brauchte er an die elf Jahre, ehe er noch einmal sich aufmachen durfte zur Reise. Er tat das in großem Fiebern, denn ihm war, er habe keine Zeit zu verlieren, wollte er noch mit lebenden Augen das Land Palästina sehen. Er kam zu Fuß nach Triest. Von dort fuhr er zu Schiff nach Port Said. Die Eisenbahnfahrkarte hinüber nach der leuchtenden Stadt Jerusalem hatte er schon im voraus gekauft, gegen bares Geld.

Ja, da saß er endlich im Zuge! Zehn Stunden, acht Stunden, sechs Stunden noch – dann war man in Kanaan! Kam da noch einer, der sagte: Halt? Kam da einer, der sagte: Dein Geld her, du Judenhund? Blitzte da noch ein Bajonett? Nein, nein, nein! Man hatte schon enger gesiedelt auf dieser Erde als in dem Winkel des ein wenig engen Waggons, und nur aus einer lebenslangen Gewöhnung hielt man die zarten, knochigen Knie zusammengepreßt und war beflissen, nicht ein Zollbreit mehr für sich in Anspruch zu nehmen als unerläßlich war. Man saß da, ein wenig mager vielleicht, daß einer erschrecken mochte, wenn er unversehens herantrat. Man stellte sich an, als säße man da im Schlafe. Aber das Herz! Das Herz pochte wild. Das Herz flog durch das Dämmerlicht dem ratternden Zug voraus, und hätte einer etwa noch kommen wollen und Halt gebieten, ehe der Reisende Reb Mojsche Wasservogel von Unbekannt hinsänke auf seine Knie, auf Kanaans Erde – der hätte nunmehr schon von großer Schnelligkeit sein müssen, schneller als nur ein Mensch, und beinah so schnell wie die Flügel des schwarzen Engels, der das große Vergessen trägt.

Auf den Knien des schlaflosen Schläfers rastete seine Habe, ein Buch und ein Bündelchen. Es war das Buch Sohar, was da bedeutet: das Leuchtende. In dem Bündelchen war ein Hemd. Damit war einer nicht schlecht ausgerüstet fürs Leben.

STEPHAN HERMLIN
Die Kommandeuse

Am 17. Juni 1953, kurz vor Mittag, betraten zwei Männer die Zelle einer gewissen Hedwig Weber in der Saalstedter Strafanstalt und machten, als die Weber auf die Frage nach dem Grunde ihrer Haft erwidert hatte, sie habe fünfzehn Jahre abzusitzen wegen Verbrechens gegen die Menschlichkeit, ihr mit den Worten: »Solche wie Sie suchen wir gerade!« die Mitteilung, sie sei frei.

Spät am Vorabend hatte die Prostituierte und Kindesmörderin Rallmann, die in der darübergelegenen Zelle saß, sie mit dem verabredeten Zeichen ans Fenster geholt. Die Weber hatte sich am Fenster hochgezogen und ein Flüstern gehört, in der Stadt werde gestreikt. Sie wollte zurückfragen, aber die Rallmann war schon weggesprungen. Frühmorgens, während der Freistunde, war zum erstenmal etwas zu ihnen herübergedrungen wie Singen und Rufen. Die Weber hatte faul, unwillig gedacht, was die wohl wieder einmal feierten, sie hatte dann in Gedanken nach dem Datum gesucht, das ihr nicht einfallen wollte, und wozu auch, die erfanden ja immer neue Feiertage. Während sie jetzt den Männern gegenüberstand, schien ihr, als sei die Freistunde heute kürzer gewesen als sonst. Sie hatte dann ein, zwei Stunden später erneut vielstimmigen Lärm gehört, viel näher als sonst, schärfer, bestimmter, aber ohne deutliche Worte. Die Weber hatte vor ein paar Jahren einmal wegen Diebstahls vier Monate im Gefängnis gesessen. Jetzt war im Strichkalender an der Wand die achtundzwanzigste Woche begonnen. Sie saß lange genug, um gegen die Geräusche der Haft abgestumpft zu sein. Der Flügel der Strafanstalt, in dem die Frauen untergebracht waren, lag ein gutes Stück von der Straße weg. Das, was gelegentlich von draußen hereindrang, wurde von ihr nicht immer genau erkannt, es war auch nicht wichtig an sich, es wurde nur zum Anlaß, in einen Gedanken, eine Vorstellung hineinzuspringen, wie man auf eine fahrende Bahn springt: man brauchte sich nicht weiter zu rühren, man war drin, alles kam von selbst auf einen zu. Sie träumte dann wild, gierig vor sich hin, aber doch ohne Ziel, ohne Glauben. Auch heute früh hatte sich daran gar nichts geändert, nicht einmal als die Rallmann sie wieder ans Fenster geholt hatte: sie sehe Rauch. Die Weber konnte keinen Rauch sehen. Was denn, es war leichter Südwind und heiß, die Sonne drückte den Rauch von der Pumpenfabrik herunter. Der Rauch war in ihr selbst, ein Nebel breitete und breitete sich in ihr aus, sie hörte ein Hasten in den Gängen und dumpfe Schläge von unten zwischen dem Lärm der Menge. Dann kam von weither ein Schrei, den die Weber kalt registrierte: es war ein unmenschlicher Schrei, wie ihn nur ein Mensch ausstoßen kann.

In den Zellen war es bisher still geblieben. Jetzt begann dort ein Sprechen, laut, hastig, mit schrillem Lachen; es kam näher mit Schritten und dem Schließen von Türen. Dann klirrten Riegel, und die Weber sah die beiden Männer. Der sich nach dem Grund ihrer Strafe erkundigt hatte, war jung, hübsch, groß; an dem anderen, Älteren, fiel ihr nur der Blick auf, der dem ihren, als sie antwortete, ganz schnell begegnet war. Der Blick streifte sonst immer um Haaresbreite an einem vorbei, aber auf Leute mit diesem Blick war Verlaß. Die beiden standen in der Tür; sie trugen Baskenmützen und Sonnenbrillen, und hinter ihnen sah man Häftlinge den Gang hinunterlaufen. Sie erkannte die Inge Grützner aus dem oberen Stockwerk, die ihr über die Köpfe der beiden Männer weg lustig zuwinkte und auch schon verschwunden war. In der Weber lief eine rasende Folge von Glaubenwollen und Nichtglaubenkönnen ab. Dieser Nebel, das, was sich in ihr breit machte und blähte, war eine wilde, verworrene Sucht zu schreien, zu toben, etwas in Trümmer zu schlagen. Die Männer sagten, in Berlin und überall sonst seien große Dinge im Gang, die Regierung sei gestürzt, die Kommune gehe stiften, die Amis seien schon im Anrollen. »Und der Russe?« »Der Russe will doch keinen Krieg haben wegen Ulbricht«, sagte der Hübsche und betrachtete pfeifend die Wände, als sei da wer weiß was zu sehen. »Der geht auf die Weichsel zurück.« »Leute wie Sie«, sagte der Ältere, »können wir brauchen. Sie müssen in den Saalstedter Führungsstab. Ich kann jetzt schon sehen, was alles sich uns an den Hals schmeißen wird. Da braucht man Leute mit Erfahrung und Überzeugung.« Die Weber fragte aus ihrem Nebel heraus: »Sagt ihr auch die Wahrheit? Bin ich wirklich frei?« Die beiden lachten.

Die Weber hörte den Lärm in den Gängen und auf der Straße, ihr war, als höre sie plötzlich eine halbvergessene Musik, das Gellen der Pfeifen über dem Knattern der Trommeln, das den folgenden Marsch einleitete, und diese Musik eingebettet in tobendes Heil-Gebrüll, das sich von Straße zu Straße fortpflanzt, und in diesem Moment war sie aus dem Nebel heraus. Sie sah deutlich und gleichgültig auf die sieben Monate in dieser Zelle zurück, in der sie fünfzehn Jahre hatte verbringen sollen, und auf die sieben Jahre vor diesen sieben Monaten, voller Angst, Verstellung, Hoffnungslosigkeit, voll unausdrückbarem Haß auf alles, was sie unter sich gehabt hatte und nun über sich sah, auf diese neuen Leute in den Verwaltungen und ihre Zeitungen und Fahnen und Wettbewerbe und Spruchbänder. Diese ganze Zeit war ein langer Alptraum gewesen mit unbegrenzten, unbegrenzbaren Drohungen, vor denen man nicht fliehen konnte, weil etwas in einem nicht an die Möglichkeit einer Flucht, einer Änderung glaubte. Alte Verbindungen hatte sie nicht gesucht. Sie hörte nur regelmäßig bei einer Bekannten, die nicht wußte, wer sie war, am Radio die Suchmeldungen der Kampfgruppe. Sie hatte ein, zwei Namen gehört, die sie von früher kannte. Eines Tages hörte sie ihren eigenen Namen: »Gesucht wird die Angestellte Hedwig Weber, zuletzt gesehen im März 1945 in Fürstenberg.« Sie hätte sich fast verraten. Es war auch klug, daß sie »Fürstenberg« sagten, das gleich neben Ravensbrück liegt.

Sie hatte ein paarmal in Fabriken angefangen, es aber immer schnell satt bekommen mit den Leuten und auch mit der Arbeit. Die falschen Papiere, die auf den Namen Helga Schmidt lauteten, zwangen sie in eine aus tausend Einzelheiten bestehende fremde Vergangenheit, von der sie nichts wußte. Sie hatte Geschichten mit Männern gehabt, damit die Zeit schneller verging. In Magdeburg hatte sie jemand kennengelernt, der sie an den Oberscharführer

Worringer erinnerte, mit dem sie in Ravensbrück ein Verhältnis gehabt hatte. Als sie nach dem Diebstahl einer Rolle Kupferdraht zu vier Monaten verurteilt worden war, hatte sie sich zum erstenmal beruhigt – die Strafgefangene Schmidt konnte man nicht mehr beobachten, man konnte ihr keine Fragen stellen, sie brauchte nicht mehr zu befürchten, auf der Straße erkannt zu werden. Sie hatte danach von ihrem Vater aus Hannover einen Brief bekommen – dort kümmere sich kein Mensch um einen, im Gegenteil, seine frühere Tätigkeit im Reichssicherheitshauptamt sei für die Justizverwaltung eigentlich eine Empfehlung gewesen, er könne nicht klagen, aber sie solle lieber noch nicht kommen, er habe noch Schwierigkeiten mit einer Neubauwohnung. Sie hatte dieses Leben bald wieder so über, mit den blauen Hemden und dem ganzen Betrieb von Unterschriftslisten und Kultur und Fakultäten und Ferienheimen und den Volkspolizisten auf ihren Lastwagen und mit dem Gelaufe nach einem Stück Wäsche, das einfach nicht aufzutreiben war, und vor allem hatte sie das Gehen auf der Straße und das Sitzen im Café satt, wo sie immer darauf achten mußte, nicht aufzufallen und das Gesicht möglichst im Profil zu zeigen – sie hatte das alles so über, daß sie ernsthaft daran dachte, einfach nach Hannover zu fahren, obwohl sie fürchtete, dort eher gesucht zu werden als hier, wo sicher niemand mehr sie vermutete. Aber damals war geschehen, was sie tausendmal ins Auge gefaßt und erwogen und gerade aus diesem Grund schließlich für unmöglich gehalten hatte: ein ehemaliger Häftling hatte sie hier in Saalstedt auf der Straße erkannt, als sie einen Laden verließ, sie war festgenommen und zu fünfzehn Jahren Zuchthaus verurteilt worden.

In diesem Augenblick jetzt sagte sich die Weber, daß Alpträume nicht ewig dauern, und daß, was oben war, wieder oben sein wird. Es hatte einfach so kommen müssen. Sie mußte lächeln, weil ihre Hand unwillkürlich, vielleicht schon eine ganze Weile, eine ihr seit langem vertraute bestimmte Bewegung vollführte: sie schlug mit einer unsichtbaren Gerte gegen einen unsichtbaren Stiefelschaft. »Auf den Blümlein können Sie sich verlassen. Der weiß, was gespielt wird«, sagte der Hübsche, »der war noch gestern in Zehlendorf. Der hört das Gras wachsen. Daher der Name.« Er lachte wieder. »Mir scheint, wir können uns überhaupt alle aufeinander verlassen«, sagte der Mann, der Blümlein hieß, bescheiden. »Sie müssen vor allem was anderes auf den Leib bekommen. So fallen Sie zu sehr auf. Na, das können Sie sich bei der HO aussuchen. Kostet heute nichts.« Er ließ der Weber an der Tür den Vortritt.

Auf dem ersten Treppenabsatz lag die fröhliche blonde Wachtmeisterin Helmke, mit zertrampeltem Gesicht, aber noch atmend. »Das war bestimmt eine der größten Quälerinnen«, sagte der Hübsche im Vorbeigehen. Die Weber war nie gequält worden. Niemand war gequält worden in Saalstedt. Das war etwas, was die Weber nie hatte verstehen können, und gerade darum sagte sie jetzt: »Na, und ob ...« Dabei bemerkte sie, daß Blümlein einen kurzen Blick zu ihr hinüberschoß. Der Mann konnte lachen, ohne sein Gesicht zu verziehen. Der Blick besagte: »Wir beide verstehen uns schon ...« Die Weber verspürte etwas wie Geborgenheit. Das Zuchthaus war nun beinahe leer. Irgendwo hatte jemand einen Radioapparat so laut wie möglich aufgedreht. »Man hätte Lust, den ganzen Tag am Kasten zu sitzen«, sagte Blümlein, »der Rias bringt eine Sondermeldung nach der anderen.« Die Weber erinnerte sich, wie sie die Einnahme von Paris gefeiert hatten und die von Smolensk und von Simferopol und wie die Nester alle hießen. »Man darf gar nicht daran denken«, dachte sie.

Es trieb sie, irgend jemand Nachricht zu geben von dem, was mit ihr geschehen war. Niemand fiel ihr ein; Worringer hätte es eigentlich sein können, aber er war weg wie eine Erscheinung; einmal hatte es geheißen, er sei in Argentinien. Sie dachte an ihren Vater in Hannover. »Wartet doch mal eine Minute. Ich möchte einen Brief schreiben.« Sie traten zu dritt in eine Art Wachstube, deren Tür weit offenstand. Eine Schreibmaschine lag neben einem umgeworfenen Stuhl ohne Lehne. Durch die leeren Fensterrahmen, in denen noch zackige Splitter steckten, kam ein heißer Wind. Die Weber angelte sich von einem Stoß Papier ein Blatt herunter. Sie fand auch einen Bleistift in einer Schublade. Halb auf dem Tisch sitzend, schrieb sie rasch: »Lieber Vater, es ist soweit. Der Osten mußte ja mal frei werden. Bald ziehen wir wieder unsere geliebte SS-Uniform an. Dann wird auch die Stunde kommen, da ich meinen Dienst in der politischen Abteilung oder bei unserer Gestapo versehen kann. Gute Freunde haben sich meiner angenommen, bis endgültig unsere Fahne weht. Das wird nicht mehr lange dauern. Deine Hedi.«

Sie suchte nach einem Briefumschlag, konnte aber keinen finden. Das kann man immer noch erledigen, dachte sie, und schob den Brief in die Tasche.

Auf der Straße wurde sie vom Licht geblendet. Sie hatte nicht gedacht, daß die Straße so leer sein würde. Vor dem Zuchthaus lungerten noch ein paar Leute herum und sahen ihr nach. Der Lärm war abgelaufen wie Wasser nach einem Sturzregen. Alles war heiß und leer, und sie schwamm wie in einem Element in dieser Leere und in dem heißen Wind, der mit frühgefallenen verbrannten Blättern spielte. An der Ecke der Merseburger Straße hatte ein Trupp einen Bierwagen angehalten. Zwei Männer luden die Kästen ab, andere teilten Flaschen aus an Umstehende und Passanten. Ein Alter in Weste und kragenlosem Hemd nahm die schweißnasse Mütze ab und sah die Weber mit angestrengtem, müdem Blick an: »Kannst ruhig mithalten. Der Ami zahlt alles.« Durch die Straße fuhr langsam ein kleiner Lautsprecherwagen und rief die Einwohner von Saalstedt für sechs Uhr zu einer Freiheitskundgebung auf dem Marktplatz zusammen. Die Weber sah in einem Vorgarten einen Mann, der ein Taschentuch auf dem Kopf trug, in einem winzigen Beet wühlen. Sie sah auch, daß jemand das Fenster schloß, als der Lautsprecherwagen vorbeifuhr. Sie überraschte sich wieder dabei, wie ihre Hand die unsichtbare Gerte pfeifen ließ. Sie wünschte plötzlich, die Leute in den Häusern und Vorgärten und überall sonst vor sich zu haben, den Blick in ihre Gesichter zu zwängen wie auf dem Appellplatz von Ravensbrück. Als sie in die Feldstraße einbogen, stapelte sich vor einem Haus mit eingeschlagenen Scheiben ein Haufen Papier, das sich in einer unsichtbaren Flamme krümmte und schwärzte. Zwei, drei Leute kümmerten sich um das Feuer, das große schwarze Flocken an den Häuserwänden hochtrieb. Aus dem zweiten Stock fiel durch flatternde Gardinen ein verspäteter Aktendeckel knallend auf die Straße. Die Buchhandlung im Erdgeschoß stand offen mit durcheinandergewirbelten Auslagen. Der Hübsche griff sich das oberste Buch von dem Stoß, den ein Bursche in buntem Hemd gerade auf die Straße trug, und entzifferte die Aufschrift: »Tscheschoff ... Noch so ein Iwan. Ab dafür.« Sie sahen eine Weile zu, wie die Flamme in dem Band blätterte.

Der Führungsstab befand sich im dritten Stock eines Miethauses. Man ließ die Weber ein paar Minuten in einem leeren Zimmer warten, dann rief Blümlein sie hinüber, wo die übrigen saßen. Sie kannte keinen von diesen sieben oder acht Männern. Man fragte sie nach Ravensbrück und allem möglichen anderen. Blümlein und ein großer Mann mit kahler Stirn und schweren Lidern schienen die Respektspersonen zu sein; sie konnte sich beide gut in Uniform vorstellen. Später verlangte sie etwas zu essen und zog sich dann im Badezimmer um. Während sie beim Waschen war, dröhnte und rasselte etwas die Straße herunter. Sie stieß das Fenster auf und folgte mit dem Blick der kleinen Kolonne sowjetischer Panzer, während es ihr im Hals trocken wurde. Von hier oben ging der Blick über die Dächer weg, er faßte sogar noch ein Stück des Flusses, weil die Stadt zum Markt und zum Fluß hin abfiel. Es waren jetzt mehr Menschen in den Straßen, man konnte Spaziergänger erkennen und Frauen mit Kinderwagen, als sei Sonntag, es gab auch eine Menge Betrunkener, deren Gegröl dünn und fern heraufdrang, und durch alle Geräusche knirschten die Panzer, mit ihren Kommandanten in den offenen Türmen, gleichmütig und hartnäckig die Straße hinab und verschwanden mit kreischenden Ketten um die Ecke.

Die Weber kehrte rasch ins Zimmer zurück. Es kamen und gingen Leute, manche aufgeräumt, manche kopfhängerisch und flackernd. Einer berichtete, die Pumpenfabrik sei nicht zum Streik zu bringen, die Arbeiter hätten einen Trupp mit Knüppeln vom Fabrikhof getrieben. »Man muß mit dem roten Pack rechnen«, sagte der Mann mit der kahlen Stirn zur Weber. Er zog sie in eine Ecke und fuhr fort: »Nur die Nerven behalten, Parteigenossin ...« Er sprach halblaut und lächelte. »Merken Sie sich eins: Wir haben auch hier mit allen möglichen Leuten zu rechnen, denen wir nicht fein genug sind oder die uns an die Wand drücken wollen. Wir sind nicht ganz unter uns, verstehen Sie? Auch jetzt heißt es: Legal an die Macht. Noch sind wir nicht soweit. Wir sind nicht das einzige Eisen, das der Ami im Feuer hat. Man muß noch auf das liberale Kroppzeug gewisse Rücksichten nehmen.« Blümlein stellte sich dazu: »Na, Chef, kleiner NS-Schulungsbrief?« Der Kahlstirnige sprach weiter: »Ich sage Ihnen das, weil Sie heute abend auf der Kundgebung als Vertreterin der politischen Gefangenen sprechen sollen. Also: immer gut auf die Tube gedrückt, aber auf die richtige ...« Die Weber fragte nach den Panzern, wie es mit dem Abzug der Russen sei. »Kommt Zeit, kommt Rat. Die Volkspolizei haben wir weggefegt, die hat sich verkrochen. Die hat ja nicht mal geschossen. Der Russe wird auch noch klein werden.« Mit solchen Männern an der Spitze, dachte die Weber, müssen wir es schaffen. Eine Sekunde lang dachte sie sich eine ganze unendliche Zukunft, erfüllt von Aufmärschen, Sondermeldungen, brüllenden, jubelnden Lautsprechern; sie stellte sich eine Menge verschiedenfarbiger, adretter Uniformen vor, die eine zivile Masse neidisch und respektvoll musterte; aus den Giebelfenstern schleiften die langen Fahnen fast bis in die Straßen hinunter; sie sah sich selbst, ganz in Weiß, und Worringer, ganz in Schwarz, aus dem Standesamt treten, vor dem sein Trupp Spalier stand. Eine blinde, wilde Wut wischte das

Zimmer fort, die Gespräche, die Geräusche. Sie sah sich wieder an der Arbeit, einer genau eingeteilten, auf lange Sicht berechneten, vernünftigen, nützlichen Arbeit: Ermittlungen, Verhöre, später Ravensbrück, das hatte alles seine Ordnung, seinen Sinn gehabt. Nur habt ihr uns noch nicht gekannt, dachte sie, aber das nächste Mal werdet ihr uns kennenlernen. Das andere ist nur ein Vorspiel gewesen.

Sie gingen in Gruppen zu zweit und zu dritt zum Markt. Leute lagen in den Fenstern und sahen auf die Menge hinab, die zur Kundgebung zog. Die Menge ging schlendernd, schwatzend; sie blieb gelegentlich vor den Anschlägen stehen, auf denen der Militärkommandant die Verhängung des Belagerungszustandes verkündete. Die Weber hörte vor einem geplünderten Laden, den eine Gruppe schweigend betrachtete, im Vorbeigehen einen breitschultrigen Mann sagen: »Das kostet nur unser Geld. Lumpenpack ...« Eine Stimme erwiderte schnell und spitz: »Wo gehobelt wird, fallen Späne.« Der Mann wandte sich drohend um, aber die Weber konnte seine Antwort nicht mehr hören. Am Eingang zum Markt stießen sie auf die ersten Panzer. Ein kleiner Soldat mit rasiertem Kopf lehnte an der Fassade und drehte sich eine Zigarette. Eine Frau, die vor der Weber ging, spie ihm theatralisch vor die Füße. Der kleine Soldat sah ihr verwundert ins Gesicht und tippte ein paarmal vorsichtig mit dem Finger an die Schläfe. Jemand lachte verlegen.

Man hatte die Rednertribüne an der Rückseite der Marienkirche errichtet und hinter die Tribüne ein weißes Spruchband gehängt, auf dem »Freiheit!« stand. Die Weber hatte nur die Tribüne und das Spruchband im Auge, sie bemerkte kaum die Panzer, die auf allen vier Seiten um den Markt standen; sie kümmerte sich auch nicht um die Menge, die in lockeren Strudeln durcheinanderquirlte. Die Russen hatten die Kundgebung zugelassen. Gut, das würden sie noch bereuen. In ihrem Kopf war ein Gewoge von Glockengeläut und Kommandos auf dem Appellplatz, eine eisige Raserei, in der sie sich an die Stichworte zu klammern suchte, die ihr der Kahlstirnige eingeschärft hatte. Sie hörte Blümlein die Kundgebung eröffnen, einem Redner das Wort erteilen, sie hörte nach einer Weile: »Es spricht zu Ihnen ein Opfer des kommunistischen Terrors, die ehemalige politische Gefangene Helga Schmidt.«

Sie begriff erst nach Sekunden, daß sie gemeint war. Es war vielleicht ganz gut, daß man auf diesen Namen zurückgekommen war. Dann vernahm sie eine alte halbvergessene Stimme, ihre eigene: »Volksgenossen ...« Vielleicht wäre es besser gewesen, mit einer anderen Anrede zu beginnen. Aber nun machte sie keinen Fehler mehr. Es war alles so leicht, als habe sie die ganze Zeit nichts anderes getan als gerade das. Sie sagte, daß die lange Not der Nachkriegszeit, der totalitäre Terror die Bevölkerung Mitteldeutschlands geläutert habe. Dieses Volk wisse wahrhaft, was Freiheit und Menschenwürde bedeute, besonders seine politischen Gefangenen; in den Kerkern und im von Elend und Hunger geprägten Alltag des Regimes sei die unverbrüchliche Verbundenheit zum Abendland erwachsen, die dem Westen die Befreiung der achtzehn Millionen nach Recht und Freiheit Schmachtenden zur Pflicht gemacht habe, jene Befreiung, die jetzt gerade Wirklichkeit werde.

Die Menge lief vor ihrem Blick zu veränderlichen farbigen Flekken zusammen, zwischen denen Streifen des staubigen Pflasters sichtbar wurden. Das werdet ihr uns auch noch büßen, dachte sie, daß wir euch so nehmen müssen. Sie hatte die Empfindung, daß jemand sie beobachte, auf besondere Weise. Sie hakte sich in einem Gesicht fest, dem alten bartstoppeligen Gesicht eines kleinen Mannes in schäbigem Anzug, der mit blassen, ängstlichen Augen zu ihr hinaufsah. Er hatte ein-, zweimal geklatscht, ein-, zweimal den Kopf geschüttelt. Es wurde öfters applaudiert, einmal hier, einmal dort; es war ein zögernder, verwirrter Beifall, der manchmal an der falschen Stelle kam. Sie sprach jetzt zu dem schäbigen alten Mann, als sei er der einzige Zuhörer. Wer bist denn du, dachte sie, jetzt klatschst du, aber wenn es hart auf hart geht, haust du in den Sack. Wer seid ihr denn überhaupt. Verräter und Defätisten wart ihr alle mehr oder weniger. Ihr habt unseren Krieg verloren, weil es euch um euern Fraß ging und um eure vier Wände, statt um den Führer und das neue Europa. Und als Schluß war, haben wir euch angewidert, und ihr habt euch denen mit dem roten Winkel und den Bolschewisten an den Hals geschmissen. Ihr seid Mörtel, im besten Fall, wenn es um den Bau von Großdeutschland geht, und ihr wart ein Drecksmörtel beim letztenmal. Jetzt gebt ihr uns den kleinen Finger, ihr Idioten, aber wir nehmen die Hand dazu und alles übrige, und dann drehen wir euch durch den Wolf. Sie sagte laut: »Die Stunde der Abrechnung naht. Die Gnadenfrist der roten Unterdrücker läuft ab. Nur diese Panzer schützen sie noch. Haltet euch bereit: und dann leuchtet ihnen heim mit Kugel und Strick!«

Sie trat einen Schritt zurück. Die Menge brach auseinander. Der alte Mann war fort, ohne sich umzusehen. Gruppen steuerten auf die Nebenstraßen zu. Dicht neben sich hörte sie eine tiefe Stimme das Niederländische Dankgebet singen. Weiter hinten hatten ein paar Leute das Horst-Wessel-Lied angestimmt, und zugleich entstand ein Tumult, der in das Lied einbrach. Man sah einige Männer, die auf die Singenden einschlugen. »Welche von der Pumpenfabrik!« rief jemand. Aber gerade jetzt begann der Platz zu brüllen und zu beben: Die Panzerleute hatten ihre Motoren angeworfen und ließen sie auf Touren laufen, sie lehnten an den riesigen Maschinen und lachten. Die Panzer standen an ihrem Platz, nur ihre Motoren donnerten. Die Weber war von der Tribüne gestiegen. Vor ihr gingen die Menschen auseinander, und sie begriff, daß die Kundgebung beendet war. Sie suchte mit den Blicken den Kahlstirnigen, Blümlein, den Hübschen, irgend jemand, den sie kannte. Sie machte ein paar Schritte in Richtung Feldstraße. Da stand sie zwischen zwei jungen Leuten in Trenchcoats, von denen einer sich zu ihrem Ohr beugte, um durch das Motorengebrüll zu sagen: »Hedwig Weber? Bitte folgen Sie uns!« Sie machte keinen Versuch, davonzulaufen oder um Hilfe zu rufen. Niemand hätte sie gehört, niemand achtete auf sie. Es war alles so schnell, so rasend schnell gegangen, daß es nicht wahr sein konnte. Es konnte nicht das Ende sein, es war nicht das Ende. Und sie dachte: Vielleicht laß ich euch noch heute abend baumeln.

Drei Tage später stand sie vor Gericht. In der Nacht vor der Verhandlung hatte sie einen Traum gehabt: ein ungeheures Glockengeläut war in den Lüften, ein Tosen und Schreien ging durch die Straßen, tausendfacher, unwiderstehlicher Marschschritt hallte vor den Fenstern, ein feldgrauer und khakifarbener Heerwurm durchzog die Stadt. Da ging die Tür ihrer Zelle auf und ihr Vater erschien in der schwarzen Uniform, mit dem Totenkopf an der Mütze und sagte: »Hedi, der Führer erwartet dich unten.« Vor Gericht leugnete sie nicht, denn es gab nichts zu leugnen. Sie war zwei Jahre hindurch Lagerführerin in Ravensbrück gewesen. Sie hatte vorher bei der Gestapo gearbeitet. Man fragte sie, wie viele Häftlinge auf ihre eigene Anweisung hin ermordet worden seien. Sie antwortete, nicht mehr als achtzig oder neunzig. Ja, sie habe auch selber Häftlinge mißhandelt, mit Fußtritten und Peitschenhieben, und habe die Bluthunde auf sie gehetzt. Alles das hatte sie schon einmal gestehen müssen, sieben Monate zuvor, als sie zu fünfzehn Jahren Zuchthaus verurteilt worden war. Sie begriff, aus welchem Grunde man sie alles wiederholen ließ. Der Saal war bis auf den letzten Platz gefüllt, und im Publikum mußten sich viele befinden, die ihre Rede auf dem Markt angehört hatten. Man verlas das Protokoll dieser Rede, man verlas auch den Brief, den man bei ihr gefunden hatte.

Bis zum Beginn der Verhandlung hatte sie eine immer schwächer und schwächer werdende Hoffnung bewahrt, daß der Prozeß nicht stattfinden, daß diese rote Systemregierung doch noch über den Haufen geworfen würde. Vielleicht kamen doch noch die Amerikaner, die längst gemerkt hatten, daß sie den Krieg gemeinsam mit Hitler hätten führen müssen, und holten sie heraus. Wenn sie sich setzen konnte und der Verteidiger oder der Staatsanwalt oder irgendwelche Zeugen das Wort hatten, ließ sie sich in einem Strom von Vorstellungen und unhörbaren Verwünschungen treiben. Das Geschwätz da vorn interessierte sie nicht. Die Feiglinge von Amis, dachte sie, fressen wir, wenn wir die Russen und Franzosen und das übrige Gesindel gefressen haben. Sie werden mich zu zwanzig Jahren oder zu Lebenslänglich verurteilen, dachte sie, aber nicht einmal ein Viertel davon werde ich absitzen. Dann sah sie wieder den Appellplatz vor sich und eine gesichtslose Masse in gestreiften Lumpen bis zum Horizont. Und jeden Sommer geht's dann in die Ferien, dachte sie, und sah sich mit Worringer in einer Landschaft mit Meer und Bergen und Palmen, wie sie es auf Bildern von der Riviera gesehen hatte, und zugleich erinnerte sich sich an einen Kameraden, der ihr erzählt hatte, wie sie in der Gegend von Avignon eine ganze Landstraße mit Franzosen behängt hatten, einen an jeden Baum rechts und links. Dann war sie in Gedanken wieder in Ravensbrück, wie sie die Hunde rief und Häftlinge in die Latrinen trieb: »Faß, Thilo! Faß, Teut!«

Die Beratung des Gerichts dauerte nur wenige Minuten. Als man sie in den Saal zurückbrachte, bemerkte sie unter den Zuhörern den kleinen schäbigen Mann, der ihr auf dem Markt aufgefallen war. Sein Gesicht war ihr zugekehrt; sie las darin nichts als Ekel und Haß. Sie dachte, als das Gericht erschien, ganz schnell: Lebenslänglich, lebenslänglich, lebenslänglich. Man hatte sie aufstehen lassen. Sie war zum Tode verurteilt. Durch ein Brausen hörte sie einzelne Worte: das Urteil sei endgültig und sofort vollstreckbar. Sie wollte nicht schreien und umfallen. Zum ersten und letzten Male in ihrem Leben suchte sie in sich vergeblich die unbekannte Kraft, die sie an ihren eigenen Opfern toll gemacht hatte. Da war eine deutsche Studentin gewesen, die sich stumm zu Tode prügeln ließ; eine Russin hatte vorher noch »Hitler kaputt!« gerufen; vier Französinnen waren, die »Marseillaise« singend, zum Erschießen in den Bunker gegangen. Eine Stimme in ihr jammerte um ihr Leben. Da war nur diese Stimme in ihr und eine blutige wüste Leere, als zwei Volkspolizisten sie abführten.

Wolfgang Koeppen
Der Tod in Rom

Es war Zeit, er mußte hinübergehen, jetzt hatte er sich angesagt, es war die verabredete Stunde, sie erwarteten ihn, und da wollte er nicht, er zögerte, er fürchtete sich. Er Judejahn, ängstigte sich, und was war sein Leib- und Lebensspruch? »Ich weiß nicht, was Furcht ist!« Die Phrase hatte viele verschlungen, sie hatten ins Gras gebissen, die andern natürlich, er hatte befohlen, sie waren bei sinnlosen Angriffen gefallen, hatten, um einem irrsinnigen Ehrbegriff zu genügen, von vornherein verlorene Stellungen gehalten, hatten sie bis zum letzten Mann gehalten, wie Judejahn dann brustgeschwellt seinem Führer meldete, und wer sich fürchtete, hing, baumelte an Bäumen und Laternen, schaukelte mit dem Prangerschild um den zugeschnürten Hals »ich war zu feige mein Vaterland zu verteidigen« im kalten Wind der Toten. Wessen Vaterland war zu verteidigen? Judejahns? Judejahns Zwingreich und Marschverband, sie waren in die Hölle zu wünschen, man hing nicht nur, man wurde auch geköpft, man wurde gemartert, erschossen, starb hinter Mauern und vor Wällen, der Feind zielte, natürlich, der Feind schoß auch, aber hier sandte der Kamerad die Kugel, einen bessern findst du nit, hier raste der Volksgenosse, der verehrte und hochgepriesene, und der junge Verurteilte konnte sich's zu spät überlegen, wer nun Feind war und wer Kamerad war; Judejahn sprach väterlich »meine Jungens« und Judejahn sprach ordinär latrinenschnäuzig »killt die Sau«, immer war er volksnah und immer ein Prachtkerl, humorgesegnet, alter Fememörder von Landsberg, Blutprofoß der schwarzen Heerlager auf Mecklenburgs Gütern, Totenkopf am Stahlhelm, doch selbst sie, die alten Götter, hatten Verrat gepflogen, Erhardt, der Kapitän, tafelte mit Literaten und Hirnscheißern, und Roßbach zog mit milchwangigen Knaben durchs Land, führte Mysterienspiele auf zu der Schulmeister und Pfaffen Freude, aber er, Judejahn, er war den rechten Weg gegangen, stur und immer geradeaus, den Weg zu Führer und Reich und vielen Ehren.

Er schritt durch das Zimmer, wanderte über den weichen Teppich, die Wände waren stoffbespannt, Seide schirmte die Lichter der Ampeln, auf dem Damast des Bettes lag Benito, der räudige Kater, schaute Judejahn an, blinzelnd, höhnisch, wollte wohl knurren »du lebst noch« und blickte dann angeekelt auf die gebratene Leber zu Füßen des Bettes auf silbernem Tablett. Warum hatte er das Biest hergebracht? War Magie im Spiel? Judejahn sah nie Gespenster. Er war bloß ein sentimentaler Hund, konnte es nicht mitansehen, hatte sich geärgert, daß so ein Staatstier geneckt wurde. Benito! Diese Rotznasen! Judejahn wohnte in der Via Veneto, er wohnte in einem Botschafter- und Minister-Hotel, in einem Atlantikpaktgeneralsquartier, einem US-Steelpräsidentenhaus, in einem Farbenaufsichtsratsheim, einer Filmbrüstepreisausstellung, Hochstapler und Kokotten hatten hier ihre Käfige, was für Vögel kamen nicht nach Rom, modische Bärte aller Schnitte und Schneidertaillen mit einer Hand zu umspannen, märchenteure Kostüme, man konnte die Mädchen in der Taille erwürgen, doch griff man fester nach festem Busen und festem Popo, spürte das lockende erregende wippende Fleisch unter der Nylonhaut, den schmalen Reizgürtel, der straff über Bauch und Schenkel zum Schleiergespinst der Strümpfe hinunterstieg, – Kardinäle wohnten nicht im Haus.

Er hatte seine blaue Brille abgenommen. Wässerige Augen, blauweiß zerronnen. War es leichtsinnig von ihm, hier zu wohnen? Da mußte er lachen. Erstens war er im Recht und war immer im Recht gewesen, und zweitens, wie wehte denn der Wind: vergeben und vergessen. Es war ein Scherz von Judejahn, und Judejahn scherzte gern, gerade in diesem Hotel abgestiegen zu sein, wenn auch mit einem Paß, in dem sein Name nicht sein Name und sein Geburtsland nicht sein Geburtsland war, aber das Dokument war im übrigen echt, war diplomatisch visiert, er war wer, Judejahn, war immer wer gewesen und war es wieder. Er konnte es sich leisten, hier zu hausen und die Erinnerung an seine großen Tage zu genießen: unter diesem Dach hatte er residiert, von hier hatte er Botschaften in den Palazzo Venezia geschickt, in der Halle des Hauses hatte er befohlen, die Geiseln zu erschießen.

Was sollte er anziehen? Er war gut in Schale, er besaß Anzüge von geschickten arabischen Schneidern aus englischem Geweb gebaut, er war weltmännisch geworden, parfümierte sich sogar, bevor er ins Bordell ging, Kraft abzustoßen, das hatte er von den Scheichs gelernt, aber in jedem Tuch blieb er unverkennbar der alte Judejahn, ein infantiler Typ, ein düsterer Knabenheld, der nicht vergessen konnte, daß sein Vater, ein Volksschullehrer, ihn geprügelt hatte, weil er nichts lernen wollte. Vielleicht den dunklen Anzug? Man mußte das Wiedersehen feierlich gestalten. Aber es war wohl nicht angebracht, sich in diesem Fall zu parfümieren. Man stank nicht nach Moschus, wo er hinging. Man verbarg den Bock. Die deutschen Bürger hatten sich wiedergefunden. Waren wieder feine

Leute. Ob man ihm ansah, wo er herkam? All die Blutwege und jetzt, das letzte Bild, die Hitze, die Dürre, den Sand?

Er kam von den Schakalen. Nachts heulten sie. Fremde Sterne leuchteten am Himmel. Was gingen sie ihn an? Sie waren Richtungszeichen über der Geländekarte. Sonst sah er sie nicht. Er hörte auch die Schakale nicht. Er schlief. Er schlief ruhig, friedlich, traumlos. Er fiel jeden Abend in den Schlaf wie ein Stein in den tiefen Brunnen. Kein Alb, kein Gewissen drückte ihn, kein Gerippe erschien ihm. Erst die Reveille weckte den Schläfer. Das war vertraute willkommene Musik. Aus der Wüste wehte Sturm. Der Ton des Horns flatterte und starb. Der Hornist war ein schlapper Hund; er war auf Vordermann zu bringen. Sand prasselte gegen die Wand der Baracke. Judejahn erhob sich vom schmalen Feldbett. Er liebte das harte Lager. Er liebte die getünchte Kammer mit dem Schrank aus Eisenblech, dem Klapptisch, dem Waschgestell, den angerosteten klappernden Kannen und Schüsseln. Er hätte in der Königsstadt in einer Villa hausen können, Chefausbilder, Heeresreorganisator, gesuchter hochbezahlter Fachmann, der er war. Aber er liebte die Kaserne. Sie verlieh ihm Selbstbewußtsein, sie allein gab ihm Sicherheit. Die Kaserne war Heimat, sie war Kameradschaft, sie war Halt und Ordnung. In Wahrheit hielten ihn Phrasen zusammen, die Phrasen eines Pennälers. Wem war Judejahn Kamerad? Er liebte den Blick in die Wüste. Es war nicht ihre Unendlichkeit, die ihn anzog, es war ihre Kahlheit. Die Wüste war für Judejahn ein großer Exerzierplatz, sie war die Front, ein fortwährender prickelnder Reiz, der einen mannbar erhielt. In der Königsstadt hätten ihn leichtsohlige Diener umhuscht, er hätte warmbäuchige Mädchen beschlafen, sich in Schößen verloren, er hätte, ein Pascha, in gewürztem Wasser baden können. Er seifte sich aber im Camp ein, schrubbte sich die Haut mit der Wurzelbürste rot, rasierte sich mit dem alten deutschen Apparat, den er in der Hosentasche von der Weidendammer Brücke bis in die Wüste gebracht hatte. Er fühlte sich wohl. Er dachte: wie eine gesengte Wildsau. Er hatte gute Witterung. Er hörte Männergeräusch, Waschgeplätscher, Kübelklimpern, Pfiffe, Zoten, Flüche, Kommandos, Stiefelscharren, Türenschlagen. Er roch den Kasernenmief aus Gefangenschaft, Knechtung, Lederfett, Waffenöl, scharfer Seife, süßer Pomade, saurem Schweiß, Kaffee, heißem Aluminiumgeschirr und Urin. Es war der Geruch der Angst; aber Judejahn wußte nicht, daß es der Geruch der Angst war. Er kannte ja die Furcht nicht. Er prahlte es seinem Spiegelbild vor; nackt, dickwanstig stand er vor dem fliegenschmutzverdreckten Glas. Er schnallte um. Hierin war er alte Schule. Überdies drückte der Gürtel den Bauch zurück, und der Arsch war wie aufgehängt. Trick alter Generale. Judejahn trat in den Gang hinaus. Menschen schnellten gegen die Wand, machten sich flach, ergebene Schatten. Er sah sie nicht. Er drängte ins Freie. Die Sonne schwebte blutrot, wie vom Sandsturm getragen. Judejahn schritt die Front ab. Sturm zerrte am Khaki der Uniformen. Sand schnitt wie scharfe Glassplitter ins Fleisch und peitschte wie Hagel gegen die Panzer. Judejahn belustigte der Anblick. Die Parade der Wüstensöhne! Er schaute sie an. Was er sah, waren Mandelaugen, dunkle, glänzende, verräterische, war braune Haut, waren gesengte Gesichter, Mohrenvisagen, Semitennasen. Seine Männer! Seine Männer waren tot. Sie lagen unter Gras, unter Schnee, unter Stein und Sand, sie ruhten am Polarkreis, in Frankreich, in Italien, auf Kreta, am Kaukasus, und einige lagen in Kisten unterm Zuchthaushof. Seine Männer! Nun waren es diese hier. Judejahn hatte wenig Sinn für die Ironie des Schicksals. Er schritt den alten Frontabnahmetrott und schaute ihnen streng und fest in die Mandelaugen, die glänzenden, die verräterischen, die träumenden. Judejahn sah keinen Vorwurf in diesen Augen. Er las keine Anklagen. Judejahn hatte diesen Männern die Sanftmut genommen, die Sanftmut der Kreatur. Er hatte ihnen den Stolz genommen, das natürliche Selbstgefühl der männlichen Haremskinder. Er hatte sie gebrochen, indem er sie eines lehrte: Gehorchen. Er hatte sie gut geschliffen, auch das nach alter Schule. Nun standen sie aufrecht und ausgerichtet wie Zinnsoldaten vor ihm, und ihre Seele war tot. Sie waren Soldaten. Sie waren Menschenmaterial. Sie waren einsatzbereit und konnten verheizt werden. Judejahn hatte seine Zeit nicht vergeudet. Er hatte seine Brotherren nicht enttäuscht. Wo Judejahn befahl, war Preußens alte Gloria, und wo Judejahn hinkam, war sein Großdeutschland. Der Sand der Wüste war noch immer der Sand der Mark. Judejahn war verjagt, aber er war nicht entwurzelt; er trug sein Deutschland, an dem die Welt noch immer genesen mochte, in seinem Herzen. Der Flaggenmast reckte sich hoch in den Sturm, er reckte sich einsam gegen die sandverschleierte Sonne, er reckte sich hoch und einsam in das gottlose Nichts. Es wurde kommandiert. Schreie schlugen wie elektrische Kontakte durch die Soldaten. Sie strafften sich noch straffer, und die Fahne ging wieder einmal hoch! Welch herrliches Symbol der Sinnlosigkeit! Auf grünem Tuch leuchtete nun rot der Morgenstern. Hier konnte man noch Ladenhüter verkaufen, Nationalstaattrug, Mark der Treue und Feindschaft den Israelis, diesen immer nützlichen Brüdern, denen Judejahn auch heute wieder Geld, Ansehen und Stellung verdankte.

Der dunkle Anzug war auch nicht der richtige. Judejahn sah wie ein fetter Konfirmand aus, und es erboste ihn, wie er nun daran dachte, daß sein Vater, der Volksschullehrer, ihn gezwungen hatte, so brav gekleidet zum Altar des Herrn zu schreiten. Das war neunzehnhundertfünfzehn gewesen, er wollte ins Feld, von der Schule fort, aber man nahm den kleinen Gottlieb nicht, und dann hatte er sich gerächt, das Notabitur warf man ihm neunzehnhundertsiebzehn nach, und er kam zum Offizierskurs, nicht ins Feld, und dann wurde er Leutnant, nicht im Feld, aber dann pfiffen doch noch Kugeln um Judejahn, Freikorpskrieg, Annabergschlachten, Spartakuskämpfe, Kapptage, Ruhrmaquis und schließlich die Genickschußpatrouille im Femewald. Das war seine Bohème, das war seine Jugend, und schön ist die Jugend, sagte das Lied, und sie kam nicht wieder. In Hitlers Dienst wurde Judejahn bürgerlich, arrivierte, setzte Speck an, trug hohe Titel, heiratete und verschwägerte sich mit dem Märzveilchen, dem immerhin Kappwaffenbruder, dem Nutznießer und Karriereschleicher, dem Oberpräsidenten und Oberbürgermeister, dem Führergeldverwalter und Spruchkammermitläufer und jetzt wieder Obenauf, altes vom Volk wiedergewähltes Stadtoberhaupt, streng demokratisch wieder eingesetzt, das verstand sich bei dem von selbst, mit dem also verschwägerte er sich, mit Friedrich Wilhelm Pfaffrath, den er für ein Arschloch hielt und dem er sich in einer schwachen Stunde brieflich zu erkennen gegeben hatte, sie sollten nicht weinen, denn er sei gut im Kraut; und dann hatte er in dieses idiotische Wiedersehen in Rom gewilligt. Der Schwager schrieb, er wollt's ihm richten. Was wohl? Die Heimkehr, die Entsühnung, die Begnadigung und schließlich ein Pöstchen? Gab mächtig an der Mann. Wollte Judejahn denn heimkehren? Brauchte er den Schein der Entsühnung, die Freiheit der Begnadigung? Er war frei; hier lag die Liste seiner Geschäfte. Er hatte Waffen zu kaufen, Panzer, Kanonen, Flugzeuge, Restbestände, für das kommende große Morden schon unrationell gewordene Maschinen, aber für den kleinen Wüstenkrieg, für Putsch und Aufstand noch schön verwendbar. Judejahn war bei Banken akkreditiert, er war bevollmächtigt. Er hatte mit Waffenschiebern aus beiden Hemisphären zu handeln. Er hatte alte Kameraden anzuwerben. Er saß im Spiel. Es machte ihm Spaß. Was galt da die Familie? Eine Kackergesellschaft. Man mußte hart sein. Aber Eva war ihm treu gewesen, eine treue deutsche Frau, das Musterexemplar, für das man vorgab zu leben und zu kämpfen; und manchmal glaubte man daran. Er fürchtete sich. Er fürchtete sich vor Eva, der ungeschminkten und haargeknoteten, dem Frauenschaftsweib, der Endsieggläubigen; sie war in Ordnung, gewiß, aber nichts zog ihn zu ihr. Überdies war sie wohl abgekämpft. Und sein Sohn? Eine sonderbare Ratte. Was verbarg sich hinter der unglaublichen Maskerade? In Briefen wurden Wandlungen angedeutet. Er konnte sie nicht fassen. Er breitete einen Stadtplan von Rom wie eine Generalstabskarte vor sich aus. Er mußte die Via Ludovisi hinuntergehen, dann die Spanische Treppe, von deren Höhe er mit einem Geschütz die Stadt beherrschen würde, ja und dann in die Via Condotti, zu dem spießbürgerlichen Hotel, in dem sie alle untergekrochen waren und auf ihn warteten. Natürlich hatte er auch dort wohnen sollen, im von Deutschen bevorzugten Haus, wie es die Reiseführer nannten, in Heimatenge und Familiendunst, und Friedrich Wilhelm Pfaffrath, der allzeit vernünftige Vertreter vernünftiger und durchsetzbarer nationaler Ansprüche, Pfaffrath, der es wieder geschafft hatte und sich vielleicht gar als der Klügere fühlte, weil er wieder an der Krippe saß und bereit war zu neuem deutschem Aufstieg, Schwager Pfaffrath, Oberbürgermeister und angesehener Bundesbürger, hatte ihn wohl unter Dach und Schutz nehmen wollen, ihn, den vermeintlich Gejagten, so hatte er es sich wohl ausgemalt, den Umhergetriebenen wollte er an die Brust ziehen, und ausdrücklich vergeben sei das angerichtete Ungemach, Fragebogenangst und Spruchkammerwäsche. Was husten würde Judejahn ihm, er war zu weit gereist für dieses Idyll, der Tote oder Totgesagte, der Zertrümmerte von Berlin, der Vermißte des großen Aufräumens, der in Nürnberg Verurteilte, in contumaciam und von Zweifels wegen, versteht sich, denn der Hohe Gerichtshof, der über Schicksal, Verhängnis, Menschenlos und blindes Walten der Geschichte urteilte und selber im Irrgarten der Historie taumelte, nicht eine Justitia mit verbundenen Augen, sondern eine Blinde Kuh spielende Törin, die, da sie Recht auf rechtlosem Grund sprach, mitgegangen mitgefangen und mitversunken war im Morast des morallosen Geschehens, der Hohe Gerichtshof hatte keinen Zeugen für Judejahns Tod und keinen für sein irdisches Fortbestehen beigebracht, und so hatte der Hohe Richter über den vor aller Welt als Scheusal angeklagten Judejahn, sorgsam, falls der Unhold im Verborgenen atme, den Stab gebrochen, das Todeslos ausgeworfen, in Abwesenheit, wie gesagt, was klug und glücklich war, der

Verworfene entkam klug und glücklich dem Strick, mit dem man in jenen Tagen allzu voreilig umging, und für das Gericht war am Ende, daß Judejahn nicht gehängt war, ein klug und glücklich vermiedener Fehler, denn Judejahn war als Scheusal zur Wiederverwendung vorgemerkt, und Krieg ist ein böses Handwerk. Der Oberbürgermeister war wahrscheinlich mit eigenem Wagen nach Rom gereist, zu einem Mercedes reichte es wohl wieder, oder die Stadt stellte das Vehikel zur schönen Fahrt, Italien Land der Sehnsucht Land der Deutschen, und Pfaffrath, der Deutsche, hatte seinen ledergebundenen Goethe im Bücherschrank, und die Steuerkommentare, die neben dem Weimarer standen, einem verdächtigen Burschen, aus Weimar kam nie Gutes, las er genau, und jedenfalls ärgerte es Judejahn, daß er sich den Schwager schon wieder im Fett vorstellen mußte, – war doch Verrat, hundsföttischer Verrat, der Kerl hätte krepieren sollen. Aber auch Judejahn konnte mit einem Wagen aufwarten, so war es nicht, daß er zu Fuß gehen mußte, nein, er ging freiwillig, er wollte zu Fuß hinüberwandern, zu Fuß ins bürgerliche Leben pilgern, das war hier wohl angemessen, angebracht in der Situation und der Stadt, er wollte Zeit gewinnen, und Rom, hieß es doch, Rom, wo die Pfaffen sich niedergelassen hatten und in den Straßen die Priesterröcke wimmelten, Rom, hieß es, sei eine schöne Stadt, auch Judejahn konnte sie sich einmal ansehen, das hatte er bisher versäumt, er hatte hier nur repräsentiert, er hatte hier nur befohlen, er hatte hier gewütet, jetzt konnte er Rom zu Fuß durchstreifen, konnte mitnehmen, was die Stadt bot an Klimagunst, an Geschichtsstätten, an raffinierten Huren und reicher Tafel. Warum sollte er es sich versagen? Er war lange in der Wüste gewesen, und Rom stand noch und lag nicht in Trümmern. Ewig nannte man Rom. Das waren Pfaffen und Professoren, die so schwärmten. Judejahn zeigte sein Mordgesicht. Er wußte es besser. Er hatte viele Städte verschwinden sehen.

Carl Amery
Der Wettbewerb

III

Die Abrechnung kam natürlich doch.

Sie schoß aus den dunkelgrünen Tiefen des Schlafes an die Oberfläche empor, und Toni war sofort ganz wach und nüchtern, als sei er an gefährliche Alarme gewöhnt. Zuerst erkannte er die getigerten Lichter an der Decke, dann das matte Negativ des Toilettenspiegels im Hintergrund, und schließlich rechts neben sich das Atmen seiner Frau.

Wovon hatte er eben geträumt? Von einer Episode aus dem Krieg, vom Herbst 1942 am Lowatj. Damals war er als Feldwebel mit einem Spähtrupp von acht Mann in die Wälder geschickt worden; man hatte ihm erzählt, daß er jenseits einer bestimmten Schneise in Feindberührung kommen würde. Aber die Schneise war so still gewesen, wie nur russische Wälder sein können; die neun Männer waren darüber hinaus vorgestoßen, und sie waren ein paar Kilometer weit durch Morast und Gebüsch gestolpert – zu argwöhnisch, um laut zu fluchen, und zu müde, um ernstlich aufzuklären. Er hatte eben davon geträumt; er hatte deutlich den schmatzenden Sog des verdreckten Marschbodens um die Stiefel gefühlt, und Kühlke hinter ihm hatte ganz laut gesagt:

»Die haben alle den Arsch offen beim Bataillon.«

Er begriff sofort, warum er gerade davon geträumt hatte. Sein Gefühl als Verantwortlicher war ganz ähnlich den Empfindungen gewesen, die ihn jetzt erfüllten. Nach den Karten der Moralisten und Exerzitienmeister hätte er längst im Feuer der Zerknirschung stehen müssen. Er hatte seine Frau betrogen; er kannte seine Schuld, aber er empfand sie nicht. Davon mußte er ausgehen, wenn er seine neue Existenz begreifen wollte. Er hatte gesündigt, ohne Schuld zu empfinden. Was war geschehen? Warum kam ihm sein Gefühl nicht zuhilfe, um die zerschmetterte Ordnung wiederherzustellen?

Feuchtkalter Zweifel kroch an seinem Herzen empor. Er stemmte sich auf den Ellbogen hoch und preßte den Nacken an das niedere Kopfbrett des Bettes, um sich wach zu halten. Gab es überhaupt einen Zusammenhang zwischen der göttlichen Ordnung und dem menschlichen Gefühl? War es reiner Zufall, wenn sie sich deckten?

Grete neben ihm atmete ruhig und gleichmäßig. Ein paar Lichtbahnen glitten flach über das Doppelbett; er sah die beiden Körper darin, er nahm sie sachlich als die Körper des Ehepaares Kirmer wahr. Was geschah mit ihnen? Kannten sie sich noch? Oder war dieser Körper, der ihrer Ehe gehörte, nur noch ein passiver Organismus, der gleichgültig wie eine Pflanze die Aufgaben des Lebens erfüllte?

Sie hatten sich geliebt, ehe sie einschliefen. Nach den Regeln hätte diese Liebe voll galliger Lüge stecken müssen. Aber er hatte es nicht so empfunden. Er hatte vieles in ihrer Umarmung anders empfunden – anders, aber nicht als Lüge. Er war etwas unbeholfener und zärtlicher gewesen; er hatte den stummen Bitten gehorcht, die ihm aus ihren Händen und ihren Brüsten entgegenkamen. Er hatte besser aufgemerkt als bisher.

So hatte er wohl die Sprache der Zärtlichkeit besser gelernt? Nichts war aus seiner Ehe genommen, um in den Boden der Sünde verpflanzt zu werden – im Gegenteil: die Sünde schenkte ihm etwas für seine arme Ehe. War es seine Schuld, keine Schuld zu empfinden?

Jetzt begriff er, wie merkwürdig seine Beziehung zu Angela eigentlich war. Längst ehe sie das Gesetz übertreten hatten, hätte er auf die Gefahr für seine Ehe stoßen müssen; er hatte nie eine gesehen. Nicht einen Augenblick hatte er daran gedacht, was sie zusammen sahen, erlebten und fühlten, mit dem zu vergleichen, was zwischen ihm und Grete geschah. Er war frei durch das neue Land geschweift, ohne einmal, ein einziges Mal auf die Grenzsteine des Lebens mit Grete zu stoßen.

Dies war der Grund seines Falles: seine ehelichen Gefühle waren zu eng geworden. Hatten ihn sechs Jahre des Zusammenlebens so schrumpfen gemacht? Nein, das war nicht möglich. Es erklärte gar nichts.

Er zwang sich, Grete anzusehen, als sähe er sie zum ersten Mal. Er sah eine Frau, deren Konturen durch Arbeit und Mutterschaft etwas schwerfällig waren und deren Wimpern und Wangen Bescheidung und innere Ruhe verrieten. Sie war fromm – auch das sah er. Aber was wußte er sonst über sie? So gut wie nichts.

Ich muß Erinnerungen haben, sagte er sich. Fangen wir von vorne an. Graben wir nach. Finden wir den entscheidenden Kreuzweg, der in die Enge führte.

Gegenlicht, durchfuhr es ihn. Das war 1942 gewesen. Im Sommerlager des Kreises. (Er hatte Genesungsurlaub damals.) Grete Xylander war neben ein paar jungen Tannen am Moorweiher gesessen und hatte Blockflöte gespielt. Die sanfte Neigung ihres Nackens, ihr Haar gegen die untergehende Sonne, die Blockflöte ...

Schleimige Scham überkam ihn; die Scham eines Mannes, der in einer längst vergessenen Schublade auf seine eigenen miserablen Pubertätsgedichte stößt. So hatte sich seine Erinnerung geprägt: eine unoriginelle Aufnahme aus einem Jungscharkalender, unoriginell beschriftet mit lyrisch-katholischen Klischees: »Irgendwo wartet auf Dich das eine feine, reine Mädchen, die zukünftige Lebensgefährtin ...«

Und dann die Lagerfeuer, die Laute im Hintergrund, die ›Ade zur guten Nacht‹ spielte ...

Vorsicht, warnte er sich. Du bist gerade dabei, ihr die Schuld zu geben. Es ist nicht ihre Schuld; es ist die deine ganz allein. Ich habe mir dieses Fahrtenalbum angelegt und es geehelicht. Ich habe die Kulisse gebaut, um für den Rest unserer Tage als schlechter Laienspieler davor zu agieren. Ich habe keinen Wert darauf gelegt, meine Frau kennenzulernen; die Formel war zu bequem – Toni Kirmer und die Feine Reine auf Kunstfahrt; das feine reine Paar in den Flitterwochen, jawohl, und im Ehebett. Das fix und fertig montierte Heim des Katholikers Kirmer.

Bisher hatte es genügt. Die Gegenlichtaufnahme hatte für den Kommiß genügt: für das geile Geschwätz der Kameraden, das grimmig organisierte Laster der Wehrmachtbordelle, die Kupplercafés der Garnisonen. Das war für ihn Sünde gewesen – eine gemeine, unästhetische Angelegenheit, die eines denkenden Menschen unwürdig ist.

Es hatte für Angela nicht genügt. Der Feind hatte ihn unterlaufen und aufgerollt, ehe er ahnte, worum es ging. Die Sünde war milde, eine gütige Herrscherin, die ihren neuen Diener überreich beschenkte.

Die Forderung, die an ihn gestellt war, ließ sich klar aus der Geometrie der Ereignisse ablesen. Sie war nichts anderes als eine Forderung an seine Ehe. Aber dann mußte er alles aufgeben, was ihn mit Angela verband – auch wenn ihm nichts leidtat. Er sollte freiwillig das Paradies verlassen und in eine Ehe zurückkehren, die er selbst zur Wüste gemacht hatte. Gott hatte nichts verhindert; und er schickte ihm keinen Katzenjammer wie einem Betrunkenen, der leicht schwört, keinen Tropfen mehr anzurühren. Er sollte sich an nichts anderem entscheiden als an den ehernen Tafeln, und zwar freiwillig gegen seinen eigenen Willen.

Nein, antwortete Toni. Nein. Das kann ich nicht – noch nicht! Die Erinnerung fiel über ihn her wie ein warmer Körper, wie Angela selbst. Er sah ihre Augen vor sich; als der Funke der

Gemeinsamkeit in ihnen aufsprang, leuchteten sie wie farbiges Glas vor der Sonne, und er selbst spürte sich glühen wie die Fenster einer Kathedrale. Alles in ihm war voll Licht, seine Hände, die ihre Schultern umfaßten, ihre Hände, die er auf sich fühlte, und alles Gefühl ertrank und spürte sich doch selbst in dieser großen atmenden Rose aus Licht. Nein, ich kann nicht. (Noch nicht ...)

»Was hast du?« Gretes Stimme klang wach und spröde neben ihm. War sie von dem stillen Sturm in seinem Herzen geweckt worden? Er wandte sich ihr voll zu. Seine Linke fuhr an ihrer Schläfe entlang, pflügte sich in das warme trockene Haar und bog ihr Gesicht etwas in die Helligkeit, die von den spärlichen Straßenlampen hereindrang. Er las in ihren Zügen Vertrauen und Besorgnis. »Ist es der Wettbewerb?« fragte sie.

»Der auch«, antwortete er lächelnd. »Laß dich nur anschauen.« Einen Augenblick lang wollte er sprechen; ihr einfach alles erzählen, nachdem er sie so lange getäuscht hatte. Er merkte jedoch sofort, daß er sie zu oft belogen hatte, um mit der bittersten Wahrheit zu beginnen. So schwieg er – aber seine Augen blieben fest an ihr haften. Scheu, gewalttätig, voll von Adams Abenteuerlust hielt er sie umfangen; er kannte sie nicht, aber er war entschlossen, sie selbst und die Welt neu in ihr zu erkennen.

Ihre Augen antworteten ihm; ein Kerzenlicht von Scham und Ungläubigkeit, von Erwartung und Stolz des Erwähltseins flackerte kurz in ihnen auf. Hatte sie ihn so angeblickt in der Brautnacht? Toni konnte sich nicht erinnern. Er war damals zu beschäftigt gewesen, die Wirklichkeit mit seinen Schablonen zu überholen. Ja, er hatte Grund, sich zu schämen.

»Ich glaube, der Wettbewerb tut dir gut«, sagte sie leise, und sie meinte es – bei Gott, sie meinte es!

Ich bin zu dumm, um zu wissen, was ich jetzt tun soll, entschied er. Es geht um zu viel auf einmal. Ich habe eine Schlacht gewonnen und eine verloren; indem ich eine falsche Tür öffnete, habe ich eine große Wahrheit gefunden. Laß mir etwas Zeit, sagte er (betete er). Seine Lippen sanken auf die Stirn der Frau, – dann glitt er ins Kissen zurück, sank und schlief ein und sah in der Ferne des letzten Bewußtseins hohe farbige Fenster glühen.

Max Frisch
Stiller

Erstes Heft

Ich bin nicht Stiller! – Tag für Tag, seit meiner Einlieferung in dieses Gefängnis, das noch zu beschreiben sein wird, sage ich es, schwöre ich es und fordere Whisky, ansonst ich jede weitere Aussage verweigere. Denn ohne Whisky, ich hab's ja erfahren, bin ich nicht ich selbst, sondern neige dazu, allen möglichen guten Einflüssen zu erliegen und eine Rolle zu spielen, die ihnen so passen möchte, aber nichts mit mir zu tun hat, und da es jetzt in meiner unsinnigen Lage (sie halten mich für einen verschollenen Bürger ihres Städtchens!) einzig und allein darum geht, mich nicht beschwatzen zu lassen und auf der Hut zu sein gegenüber allen ihren freundlichen Versuchen, mich in eine fremde Haut zu stecken, unbestechlich zu sein bis zur Grobheit, ich sage: da es jetzt einzig und allein darum geht, niemand anders zu sein als der Mensch, der ich in Wahrheit leider bin, so werde ich nicht aufhören, nach Whisky zu schreien, sooft sich jemand meiner Zelle nähert. Übrigens habe ich bereits vor Tagen melden lassen, es brauche nicht die allererste Marke zu sein, immerhin eine trinkbare, ansonst ich eben nüchtern bleibe, und dann können sie mich verhören, wie sie wollen, es wird nichts dabei herauskommen, zumindest nichts Wahres. Vergeblich! Heute bringen sie mir dieses Heft voll leerer Blätter: Ich soll mein Leben niederschreiben! wohl um zu beweisen, daß ich eines habe, ein anderes als das Leben ihres verschollenen Herrn Stiller.

»Sie schreiben einfach die Wahrheit«, sagt mein amtlicher Verteidiger, »nichts als die schlichte und pure Wahrheit. Tinte können Sie jederzeit nachfüllen lassen!«

Heute ist es eine Woche seit der Ohrfeige, die zu meiner Verhaftung geführt hat. Ich war (laut Protokoll) ziemlich betrunken, weswegen ich Mühe habe, den Hergang zu beschreiben, den äußeren.

»Kommen Sie mit!« sagte der Zöllner.

»Bitte«, sagte ich, »machen Sie jetzt keine Umstände, mein Zug fährt jeden Augenblick weiter –«

»Aber ohne Sie«, sagte der Zöllner.

Die Art und Weise, wie er mich vom Trittbrett riß, nahm mir vollends die Lust, seine Fragen zu beantworten. Er hatte den Paß in

der Hand. Der andere Beamte, der die Pässe der Reisenden stempelte, war noch im Zug. Ich fragte:
»Wieso ist dieser Paß nicht in Ordnung?«
Keine Antwort.
»Ich tue nur meine Pflicht«, sagte er mehrmals, »das wissen Sie ganz genau.«
Ohne auf meine Frage, warum der Paß nicht in Ordnung sei, irgendwie zu antworten – dabei handelt es sich um einen amerikanischen Paß, womit ich um die halbe Welt gereist bin! – wiederholte er in seinem schweizerischen Tonfall:
»Kommen Sie mit!«
»Bitte«, sagte ich, »wenn Sie keine Ohrfeige wollen, mein Herr, fassen Sie mich nicht am Ärmel; ich vertrage das nicht.«
»Also vorwärts!«
Die Ohrfeige erfolgte, als der junge Zöllner, trotz meiner ebenso höflichen wie deutlichen Warnung, mit der Miene eines gesetzlich geschützten Hochmuts behauptete, man werde mir schon sagen, wer ich in Wirklichkeit sei. Seine dunkelblaue Mütze rollte in Spirale über den Bahnsteig, weiter als erwartet, und einen Atemzug lang war der junge Zöllner, jetzt ohne Mütze und somit viel menschlicher als zuvor, dermaßen verdutzt, auf eine wutlose Art einfach entgeistert, daß ich ohne weiteres hätte einsteigen können. Der Zug begann gerade zu rollen, aus den Fenstern hingen die Winkenden; sogar eine Wagentüre stand noch offen. Ich weiß nicht, warum ich nicht aufgesprungen bin. Ich hätte ihm den Paß aus der Hand nehmen können, glaube ich, denn der junge Mensch war derart entgeistert, wie gesagt, als wäre seine Seele ganz und gar in jener rollenden Mütze, und erst als sie zu rollen aufgehört hatte, die steife Mütze, kam ihm die begreifliche Wut. Ich bückte mich zwischen den Leuten, beflissen, seine dunkelblaue Mütze mit dem Schweizerkreuz-Wäppchen wenigstens einigermaßen abzustauben, bevor ich sie ihm reichte. Seine Ohren waren krebsrot. Es war merkwürdig; ich folgte ihm wie unter einem Zwang von Anstand. Durchaus wortlos und ohne mich anzufassen, was gar nicht nötig war, führte er mich auf die Wache, wo man mich fünfzig Minuten lang warten ließ.
»Bitte«, sagte der Kommissär, »nehmen Sie Platz!«
Der Paß lag auf dem Tisch. Sogleich verwunderte mich der veränderte Ton, eine Art von beflissener und nicht sehr gekonnter Höflichkeit, woraus ich schloß, daß meine amerikanische Staatsbürgerschaft, nach beinahe einstündiger Betrachtung meines Passes, außer Zweifel stand. Der Kommissär, als wollte er die Flegelei

des jungen Zöllners wiedergutmachen, bemühte sich sogar um einen Sessel.

»Sie sprechen Deutsch«, sagte er, »wie ich höre.«
»Warum nicht?« fragte ich.
»Bitte«, lächelte er, »nehmen Sie Platz.«
Ich blieb stehen.
»Ich bin deutscher Abstammung«, erklärte ich, »Amerikaner deutscher Abstammung –«
Er wies auf den leeren Sessel.
»Bitte«, sagte er und zögerte eine Weile, sich selbst zu setzen ... Hätte ich mich im Zug nicht herbeigelassen, Deutsch zu reden, wäre mir möglicherweise alles erspart geblieben! Ein anderer Fahrgast, ein Schweizer, hatte mich angesprochen. Als Augenzeuge meiner Ohrfeige war er auch zugegen, dieser Reisende, der mir seit Paris auf die Nerven ging. Ich weiß nicht, wer er ist. Ich habe diesen Herrn nie zuvor gesehen. In Paris kam er ins Abteil, weckte mich, indem er über meine Füße stolperte, und verstaute sein Gepäck, drängte sich mit französischer Entschuldigung ans offene Fenster, um sich in schweizerischer Mundart von einer Dame zu verabschieden; kaum fuhr der Zug, hatte ich das leidige Gefühl, daß er mich musterte. Ich verschanzte mich dann hinter meinen zerlesenen ›New Yorker‹, dessen Witze ich bereits kannte, in der Hoffnung, daß sich die Neugierde meines Reisepartners gelegentlich erschöpfen würde. Auch er las eine Zeitung, eine zürcherische. Nach unsrer französischen Vereinbarung, das Fenster zu schließen, hütete ich mich vor jedem müßigen Blick durchs Fenster hinaus in die Landschaft; so deutlich wartete dieser Herr, der im übrigen ein reizender Mensch sein mochte, auf einen Anlaß zum Gespräch, seinerseits so befangen, daß mir schließlich nichts anderes übrigblieb als das Waggon-Buffet, wo ich fünf Stunden lang saß und einiges trank. Erst zwischen Mulhouse und Basel, von dem nahenden Grenzübergang genötigt, ging ich ins Abteil zurück. Der Schweizer blickte mich wieder an, als müßte er mich kennen. Was ihn plötzlich ermutigte, mich anzusprechen, weiß ich nicht; vielleicht der bloße Umstand, daß wir uns jetzt auf dem Boden seines Landes befanden. Entschuldigen Sie! fragte er etwas befangen: Sind Sie nicht Herr Stiller? Ich hatte, wie gesagt, einigen Whisky getrunken, verstand nicht, hielt meinen amerikanischen Paß in der Hand, während der Schweizer, in seine Mundart verfallend, eine Illustrierte aufblätterte. Hinter uns standen bereits zwei Beamte, ein Zöllner und ein anderer, der einen Stempel in der Hand hielt. Ich gab den Paß. Ich spürte jetzt,

daß ich viel getrunken hatte, und wurde mit Mißtrauen betrachtet. Mein Gepäck, klein genug, war in Ordnung. Ist das Ihr Paß? fragte der andere. Erst lachte ich natürlich. Wieso nicht? fragte ich, nachgerade ungehalten: Wieso ist dieser Paß nicht in Ordnung? Es war das erste Mal, daß mein Paß in Zweifel gezogen wurde, und all dies nur, weil dieser Herr mich mit einem Bild in seiner Illustrierten verwechselte ...

»Herr Doktor«, sagte der Kommissär zu eben diesem Herrn, »ich will Sie nicht länger aufhalten, jedenfalls danke ich Ihnen für Ihre Auskünfte.«

In der Türe, während der dankbare Kommissär die Klinke hielt, nickte er, dieser Herr, als würden wir uns kennen. Es war ein Herr Doktor, wie es sie zu Tausenden gibt. Ich hatte nicht das mindeste Bedürfnis zu nicken. Dann kam der Kommissär zurück, wies abermals auf den Sessel:

»Bitte«, sagte er, »wie ich sehe, Herr Stiller, sind Sie in einem ziemlich betrunkenen Zustand –«

»Stiller?« sagte ich, »ich heiße nicht Stiller!«

»– ich hoffe«, fuhr er unbekümmert fort, »Sie verstehen trotzdem, was ich Ihnen zu sagen habe, Herr Stiller.«

Ich schüttelte den Kopf, und dazu bot er Rauchwaren an, sogenannte Stumpen. Selbstverständlich lehnte ich ab, da er sie offenkundig nicht mir, sondern einem gewissen Herrn Stiller anbot. Auch blieb ich, obschon der Kommissär sich wie zu einer ausgiebigen Unterredung niederließ, meinerseits stehen.

»Warum haben Sie sich so aufgeregt«, fragte er, »als man sich erkundigte, ob das Ihr richtiger Paß wäre?«

Er blätterte in meinem amerikanischen Paß.

»Herr Kommissär«, sagte ich, »ich vertrage es nicht, wenn man mich am Ärmel faßt. Ich habe Ihren jungen Zöllner mehrmals gewarnt. Ich bedaure, daß ich mich zu einer Ohrfeige habe hinreißen lassen, Herr Kommissär, und natürlich bin ich bereit, die landesübliche Buße sofort zu zahlen. Das versteht sich ja von selbst. Was ist der Tarif?«

Er lächelte nicht ohne Wohlwollen. So einfach, meinte er, wäre es leider nicht. Dazu zündete er sich einen Stumpen an, sorgfältig, indem er den braunen Stumpen etwas zwischen den Lippen rollte, gelassen, gründlich, als spielte die Zeit überhaupt keine Rolle.

»Sie scheinen ein recht bekannter Mann zu sein –«

»Ich?« fragte ich. »Wieso?«

»Ich verstehe nichts von solchen Sachen«, sagte er, »aber dieser Herr Doktor, der Sie erkannt hat, scheint ja eine sehr hohe Meinung von Ihnen zu haben.«

Es war nichts zu machen: die Verwechslung lag vor, und alles, was ich jetzt sagte, wirkte nur noch wie Ziererei oder echte Bescheidenheit.

»Wieso nennen Sie sich White?« fragte er.

Ich redete und redete.

»Wo haben Sie diesen Paß her?« fragte er.

Er nahm es fast gemütlich, rauchte seinen etwas stinkigen Stumpen, die beiden Daumen in seine Hosenträger gehängt, denn es war ein schwüler Nachmittag, so daß der Kommissär, zumal er mich nicht länger für einen Ausländer hielt, seine nicht eben zweckmäßige Jacke etwas aufgeknöpft hatte, dieweil er mich musterte, ohne im mindesten zu hören, was ich sagte.

»Herr Kommissär«, sagte ich, »ich bin betrunken, Sie haben recht, vollkommen recht, aber ich verbitte mir, daß irgendein hergelaufener Herr Doktor –«

»Er sagt, er kenne Sie.«

»Woher?« fragte ich.

»Aus der Illustrierten«, sagte er und nutzte mein verächtliches Schweigen, um hinzuzufügen: » – Sie haben eine Gattin, die in Paris lebt. Stimmt's?«

»Ich? Eine Gattin?«

»Julika mit Namen.«

»Ich komme nicht von Paris«, erklärte ich, »ich komme von Mexiko, Herr Kommissär.«

Ich gab ihm an: Name des Schiffes, Dauer der Überfahrt, Stunde meiner Ankunft in Le Havre, Stunde meiner Abfahrt von Vera Cruz.

»Das ist ja möglich«, sagte er, »aber Ihre Gattin lebt in Paris. Eine Tänzerin, wenn ich richtig verstanden habe. Sie soll ja eine bildschöne Frau sein.«

Ich schwieg.

»Julika ist ihr Künstlername«, unterrichtete mich der Kommissär. »Früher war sie lungenkrank, heißt es, und lebte in Davos. Aber jetzt leitet sie so eine Ballettschule in Paris. Stimmt's? Seit sechs Jahren.«

Ich blickte ihn nur an.

»Seit Sie verschollen sind.«

Unwillkürlich hatte ich mich doch gesetzt, um zu hören, was die Leser einer Illustrierten nicht alles wissen über einen Menschen, der mir offenbar, zumindest in den Augen eines Doktors, ähnlich sieht, und nahm mir eine Zigarette, worauf der Kommissär, bereits von der Hochachtung angesteckt, die eben dieser Doktor verbreitet hatte, Feuer gab.

»Sie selbst sind also ein Bildhauer.«

Ich lachte.

»Stimmt's?« fragte er, ohne eine Antwort zu dulden; sofort ging er eine Frage weiter: »Warum reisen Sie unter einem falschen Namen?«

Er glaubte auch meinem Schwur nicht.

»Es tut mir leid«, sagte er und kramte dabei in einer Schublade, zog ein blaues Formular heraus: » – es tut mir leid, Herr Stiller, aber wenn Sie sich weiterhin weigern, Ihren richtigen Paß zu zeigen, muß ich Sie an die Kriminalpolizei überweisen. Darüber müssen Sie sich klar sein.«

Dazu streifte er die Asche von seinem Stumpen.

»Ich bin nicht Stiller!« wiederholte ich, als er anfing, das umfängliche Formular gewissenhaft auszufüllen, und es war, als hörte er mich überhaupt nicht mehr; ich versuchte es in allen Tonarten; ich sagte es ebenso feierlich wie nüchtern: »Herr Kommissär, ich habe keinen anderen Paß!« oder mit Lachen: »Das ist doch Unsinn!«, wobei ich trotz meiner Betrunkenheit sehr genau spürte, daß er mich immer weniger hörte, je öfter ich es wiederholte; schließlich schrie ich: »Ich heiße nicht Stiller, zum Teufel nochmal!« Ich schrie es und schlug mit der Faust auf den Tisch.

»Warum regen Sie sich denn so auf?«

Ich erhob mich.

»Herr Kommissär«, sagte ich, »geben Sie mir jetzt meinen Paß!«

Er blickte nicht einmal auf.

»Sie sind verhaftet«, sagte er, blätterte mit der linken Hand in dem Paß, um die Nummer abzuschreiben, das Datum der Ausstellung, den Namen des amerikanischen Konsuls in Mexiko, alles, was das blaue Formular in einem solchen Fall zu wissen verlangt, und sagte nicht unfreundlich: » – Setzen Sie sich.«

(...)

Man kann alles erzählen, nur nicht sein wirkliches Leben; – diese Unmöglichkeit ist es, was uns verurteilt zu bleiben, wie unsere Gefährten uns sehen und spiegeln, sie, die vorgeben, mich zu kennen, sie, die sich als meine Freunde bezeichnen und nimmer gestatten, daß ich mich wandle, und jedes Wunder (was ich nicht erzählen kann, das Unaussprechliche, was ich nicht beweisen kann) zuschanden machen – nur um sagen zu können:

»Ich kenne dich.«

Mein Verteidiger ist außer sich, wie es ja früher oder später zu erwarten war, dabei nicht unbeherrscht, nur bleich vor Beherrschung. Ohne Morgengruß, stumm, die Ledermappe auf sein Knie gestemmt, blickt er in meine verschlafenen Augen, wartet, bis er mich gesammelt genug findet, neugierig genug, den Grund seiner Entrüstung kennenzulernen.

»Sie lügen«, sagt er.

Wahrscheinlich hat er erwartet, daß ich erröte; er hat noch immer nicht begriffen.

»Wie soll ich Ihnen fortan glauben können?« klagt er, »jedes Wort aus Ihrem Mund beginnt für mich fragwürdig zu werden, höchst fragwürdig, nachdem ich ein solches Album in die Hände bekomme – Bitte!« sagt er, »sehen Sie sich diese Fotos selber an!«

Es sind Fotos, zugegeben, und daß zwischen dem verschollenen Stiller und mir gewisse äußere Ähnlichkeiten vorliegen, will ich nicht bestreiten; trotzdem sehe ich mich selber sehr anders.

»Warum lügen Sie?« fragt er immer wieder. »Wie soll ich Sie denn verteidigen können, wenn Sie nicht einmal mir gegenüber die volle und ganze Wahrheit sagen?«

Er kann's nicht fassen.

»Woher haben Sie dieses Album?« frage ich.

Keine Antwort.

»Und mir gegenüber wagen Sie zu behaupten, daß Sie nie in diesem Land gelebt hätten, ja, daß Sie sich ein Leben in unsrer Stadt nicht einmal vorstellen können!«

»Nicht ohne Whisky«, sage ich.

»Bitte!« sagt er, »hier!«

Manchmal versuche ich ihm zu helfen.

»Herr Doktor«, sage ich, »es hängt alles davon ab, was wir unter Leben verstehen! Ein wirkliches Leben, ein Leben, das sich in etwas Lebendigem ablagert, nicht bloß in einem vergilbten Album, weiß Gott, es braucht ja nicht großartig zu sein, nicht historisch, nicht unvergeßlich, Sie verstehen mich, Herr Doktor, ein wirkliches Leben, und das kann das Leben einer sehr einfachen Mutter sein oder das Leben eines großen Denkers, eines Gründers, dem es sich in Weltgeschichte ablagert, aber das muß nicht sein, meine ich, es kommt nicht auf unsere Bedeutung an. Daß ein Leben ein wirkliches Leben gewesen ist, es ist schwer zu sagen, worauf es ankommt. Ich nenne es Wirklichkeit, doch was heißt das! Sie können auch sagen: daß einer mit sich selbst identisch wird. Andernfalls ist er nie gewesen! Sehn Sie, Herr Doktor, das meine ich: ein Gewesen-Sein, und wenn's noch so miserabel war, ja, am Ende kann es sogar eine bloße Schuld sein, das ist bitter, wenn sich unser Leben einzig und allein in einer Schuld abgelagert hat, in einem Mord zum Beispiel, das kommt vor, und es brauchen keine Aasgeier darüber zu kreisen, Sie haben recht, Herr Doktor, das alles sind ja nur Umschreibungen. Sie verstehn mich? Ich rede sehr unklar, wenn ich nicht zur Entspannung einfach drauflos lüge; Ablagerung ist auch nur ein Wort, ich weiß, und vielleicht reden wir überhaupt nur von Dingen, die wir vermissen, nicht begreifen. Gott ist eine Ablagerung! Er ist die Summe wirklichen Lebens, oder wenigstens scheint es mir manchmal so. Ist das Wort eine Ablagerung? Vielleicht ist das Leben, das wirkliche, einfach stumm – und hinterläßt auch keine Bilder, Herr Doktor, überhaupt nichts Totes! ...«

Aber meinem Verteidiger genügt das Tote.

»Bitte sehr!« sagt er, »hier: – wie Sie die Schwäne füttern, niemand anders als Sie, und im Hintergrund, Sie sehen es ja selbst, das Großmünster von Zürich! Bitte sehr.«

Es ist nicht zu bestreiten: im Hintergrund (etwas unscharf) sieht man eine Art kleiner Kathedrale, Großmünster, wie mein Verteidiger es nennt.

»Es hängt wirklich alles davon ab«, sage ich nochmals, »was wir unter Leben verstehen –«

»Hier!« sagt mein Verteidiger, indem er weiterhin in dem Album blättert, »bitte sehr: – Anatol in seinem ersten Atelier, Anatol auf dem Piz Palü, Anatol als Rekrut mit geschorenem Haar, Anatol vor dem Louvre, Anatol im Gespräch mit einem Stadtrat anläßlich einer Preisverleihung –«

»Und?« frage ich.

Wir verstehen einander immer weniger. Wäre nicht die Zigarre, die er mir trotz seiner Verärgerung gebracht hat, ich würde mit meinem Verteidiger überhaupt nicht mehr sprechen, und es wäre besser, glaube ich. Was kommt bei diesen Verhören schon heraus! Umsonst versuche ich ihm klarzumachen, daß ich die volle und ganze Wahrheit selber nicht weiß, anderseits auch nicht gewillt bin, mir von Schwänen oder Stadträten beweisen zu lassen, wer ich in Wahrheit sei, und daß ich jedes weitere Album, das er in meine Zelle bringt, auf der Stelle zerreißen werde. Umsonst! Mein Verteidiger will es sich nicht aus dem Kopf schlagen, daß ich Stiller zu sein habe, bloß damit er mich verteidigen kann, und nennt es alberne Verstellung, wenn ich mich dafür wehre, niemand anders als ich selbst zu sein. Wieder endet es mit gegenseitiger Brüllerei.

»Ich bin nicht Stiller!« brülle ich.

»Wer denn«, brüllt er, »wer denn?«

GOTTFRIED BENN
Teils-Teils

In meinem Elternhaus hingen keine Gainsboroughs
wurde auch kein Chopin gespielt
ganz amusisches Gedankenleben
mein Vater war einmal im Theater gewesen
Anfang des Jahrhunderts
Wildenbruchs ›Haubenlerche‹
davon zehrten wir
das war alles.

Nun längst zu Ende
graue Herzen, graue Haare
der Garten in polnischem Besitz
die Gräber teils-teils
aber alle slawisch,
Oder-Neißelinie
für Sarginhalte ohne Belang
die Kinder denken an sie
die Gatten auch noch eine Weile
teils-teils
bis sie weiter müssen
Sela, Psalmenende.

Heute noch in einer Großstadtnacht
Caféterrasse
Sommersterne,
vom Nebentisch
Hotelqualitäten in Frankfurt
Vergleiche,
die Damen unbefriedigt
wenn ihre Sehnsucht Gewicht hätte
wöge jede drei Zentner.

Aber ein Fluidum! Heiße Nacht
à la Reiseprospekt und
die Ladys treten aus ihren Bildern:
unwahrscheinliche Beautys
langbeinig, hoher Wasserfall
über ihre Hingabe kann man sich gar nicht erlauben
nachzudenken.

Ehepaare fallen demgegenüber ab,
kommen nicht an, Bälle gehn ins Netz,
er raucht, sie dreht ihre Ringe
überhaupt nachdenkenswert
Verhältnis von Ehe und Mannesschaffen
Lähmung oder Hochbetrieb.

Fragen, Fragen! Erinnerungen in einer Sommernacht
hingeblinzelt, hingestrichen,
in meinem Elternhaus hingen keine Gainsboroughs
nun alles abgesunken
teils-teils das Ganze
Sela, Psalmenende.

Walter Benjamin
Kleine Kunst-Stücke

Romane lesen

Nicht alle Bücher lesen sich auf die gleiche Art. Romane zum Beispiel sind dazu da, verschlungen zu werden. Sie lesen ist eine Wollust der Einverleibung. Das ist nicht Einfühlung. Der Leser versetzt sich nicht an die Stelle des Helden, sondern er verleibt sich ein, was dem zustößt. Der anschauliche Bericht davon aber ist die appetitliche Ausstaffierung, in der ein nahrhaftes Gericht auf den Tisch kommt. Nun gibt es zwar eine Rohkost der Erfahrung – genau wie es eine Rohkost des Magens gibt –, nämlich: Erfahrungen am eigenen Leibe. Aber die Kunst des Romans wie die Kochkunst beginnt erst jenseits des Rohprodukts. Und wieviel nahrhafte Substanzen gibt es, die im Rohzustand unbekömmlich sind! Wie viele Erlebnisse, von denen zu lesen ratsam ist, nicht: sie zu haben. Sie schlagen manchem an, der zugrunde ginge, wenn er ihnen in natura begegnete. Kurz, wenn es eine Muse des Romans gibt – die zehnte –, so trägt sie die Embleme der Küchenfee. Sie erhebt die Welt aus dem Rohzustande, um ihr Eßbares herzustellen, um ihr ihren Geschmack abzugewinnen. Mag man beim Essen, wenn es sein muß, die Zeitung lesen. Aber niemals einen Roman. Das sind Obliegenheiten, die sich schlagen.

Gut schreiben

Der gute Schriftsteller sagt nicht mehr als er denkt. Und darauf kommt viel an. Das Sagen ist nämlich nicht nur der Ausdruck, sondern die Realisierung des Denkens. So ist das Gehen nicht nur der Ausdruck des Wunsches, ein Ziel zu erreichen, sondern seine Realisierung. Von welcher Art aber die Realisierung ist: ob sie dem Ziel präzis gerecht wird oder sich geil und unscharf an den Wunsch verliert – das hängt vom Training dessen ab, der unterwegs ist. Je mehr er sich in Zucht hat und die überflüssigen, ausfahrenden und schlenkernden Bewegungen vermeidet, desto mehr tut jede Körperhaltung sich selbst genug, und desto sachgemäßer ist ihr Einsatz. Dem schlechten Schriftsteller fällt vieles ein, worin er sich so auslebt wie der schlechte und ungeschulte Läufer in den schlaffen und schwungvollen Bewegungen der Glieder. Doch eben darum kann er niemals nüchtern das sagen, was er denkt. Es ist die Gabe des guten Schriftstellers, das Schauspiel, das ein geistvoll trainierter Körper bietet, mit seinem Stil dem Denken zu gewähren. Er sagt nie mehr als er gedacht hat. So kommt sein Schreiben nicht ihm selber, sondern allein dem, was er sagen will, zugute.

Nach der Vollendung

Oft hat man sich die Entstehung der großen Werke im Bild der Geburt gedacht. Dieses Bild ist ein dialektisches; es umfaßt den Vorgang nach zwei Seiten. Die eine hat es mit der schöpferischen Empfängnis zu tun und betrifft im Genius das Weibliche. Dieses Weibliche erschöpft sich mit der Vollendung. Es setzt das Werk ins Leben, dann stirbt es ab. Was im Meister mit der vollendeten Schöpfung stirbt, ist dasjenige Teil an ihm, in dem sie empfangen wurde. Nun aber ist diese Vollendung des Werkes – und das führt auf die andere Seite des Vorgangs – nichts Totes. Sie ist nicht von außen erreichbar; Feilen und Bessern erzwingt sie nicht. Sie vollzieht sich im Innern des Werkes selbst. Und auch hier ist von einer

Geburt die Rede. Die Schöpfung nämlich gebiert in ihrer Vollendung den Schöpfer neu. Nicht seiner Weiblichkeit nach, in der sie empfangen wurde, sondern an seinem männlichen Element. Beseligt überholt er die Natur: denn dieses Dasein, das er zum erstenmal aus der dunklen Tiefe des Mutterschoßes empfing, wird er nun einem helleren Reiche zu danken haben. Nicht wo er geboren wurde, ist seine Heimat, sondern er kommt zur Welt, wo seine Heimat ist. Er ist der männliche Erstgeborene des Werkes, das er einstmals empfangen hatte.

ROBERT MUSIL
Vermächtnis II
(Nachwort. Abgebrochen.)

Daß ich inmitten einer Arbeit, die mit diesem Band ja nicht beendet ist, ein Nachwort schreibe und es Vermächtnis nenne, ist kein Zufall, sondern bedeutet die Erwartung, deren Namen ich ihm geben muß. Denn sollte sich nicht etwas Unerwartetes ereignen, so werde ich nicht imstande sein, dieses Werk fertig zu machen. Es scheint, daß sich viele Leute einbilden, ich sei ein unabhängiger Mann, der sich schon lange das Vergnügen macht, von Zeit zu Zeit ein Buch zu schreiben, das den Kennern entweder gefällt oder sie ärgert, keinesfalls aber in weite Kreise dringe, dem Publikum, der Nation bekannt werde und das eine Wirkung tun darf. Das ist ein Irrtum. Ich bin in Wahrheit, schon seit ich den ›Mann ohne Eigenschaften‹ zu schreiben begonnen habe, so arm, und durch meine Natur auch so aller Möglichkeiten des Gelderwerbs entblößt, daß ich nur von dem Ertrag meiner Bücher lebe, richtiger gesagt, von den Vorschüssen, die mir mein Verleger in der Hoffnung gewährt, daß sich dieser Ertrag vielleicht doch noch heben könne. Während ich den ersten Band schrieb, hat es sich auf diese Weise ...mal ereignet, daß ich mich von heute auf morgen so ganz ohne Mittel befunden habe, daß ich auch nur die nächsten vierzehn Tage nicht überleben konnte und nur durch das Eingreifen Dritter gewöhnlich am dreizehnten Tag gerettet wurde. Wenn meine Bücher also spröde sind und nicht um Gunst werben, so ist das nicht der Hochmut eines, der es nicht nötig hat. Es liegt vielmehr etwas darin, das mir verhängt zu sein scheint, von Verhängnis also, und die Unbill des Lebens, von der ich heute sprechen muß, hängt dadurch aufs engste mit der Arbeit zusammen, die ich auf mich genommen habe.

Wenn man von sich selbst Rechenschaft gibt, so sind dreißig Jahre wie ein Jahr; die Zusammenhänge des Planens, der Zusammenhang zwischen Plänen und Ausführung bilden ein dichtes Band in der von Vergeßlichkeit aufgelockerten Zeit. Das Buch, das ich jetzt schreibe, reicht mit seinen Anfängen beinahe, wenn nicht ganz in die Zeit zurück, wo ich mein erstes Buch schrieb. Es hätte mein zweites Buch werden sollen. Ich hatte aber damals das richtige Gefühl, ich könne es noch nicht fertigbringen. Ein Versuch, den ich machte, die Geschichte dreier Personen zu schreiben, in denen Walter, Clarisse und Ulrich deutlich vorgebildet sind [s. ›Vorarbeit zum Roman‹ (1903) S. 46/56 sowie S. 59/78], endete nach einigen hundert Seiten in nichts. Ich war angeregt zu schreiben, wußte aber nicht, wozu ich es tun sollte. Und das geschah mir, nachdem ich bereits ›Die Verwirrungen des Zöglings Törless‹ veröffentlicht hatte, ein Buch, das mich noch vor zwei Jahren, als ich die Druckbogen einer Neuausgabe durchsehen mußte, durch die Sicherheit, mit der es erzählt ist, mit Genugtuung erfüllt hat, obwohl ich kaum an mich halten konnte, die vielen unreifen Stellen darin nicht zu verbessern. Damals – ich spreche jetzt wieder von der Zeit, wo ich mich mit dem vermeintlichen zweiten Buch zu tragen begann – hätte auch die Geschichte ›Tonka‹ hineinkommen sollen, mit der ich inzwischen in dem Novellenband ›Drei Frauen‹ etwas kurz verfahren bin. Ehe ich mein zweites Buch schrieb (›Vereinigungen‹), hatte ich auch schon mein drittes, das Theaterbuch ›Die Schwärmer‹ begonnen, und ehe ich dieses veröffentlichte, waren die ›Drei Frauen‹ dem Material nach nahezu abgeschlossen. Ich bilde mir nicht ein, daß ein solches Übergreifen, eine solche frühe Wahl der Stoffe ungewöhnlich ist. Im Gegenteil, sie dürfte sogar die Regel bilden. Aber was mich persönlich angeht, muß ich sagen, daß es gar keine Stoffwahl war oder eine solche in einem Sinn war, der nicht die Regel ist.

Ich kann zwei Beispiele dazu erzählen. Kurze Zeit ehe ich die ›Verwirrungen des Zöglings Törless‹ zu schreiben begann, etwa ein Jahr vorher, habe ich diesen »Stoff verschenkt«, d.h. alles, was in der Geschichte an »Milieu«, an »Realität« und »Realismus« vorkam. Ich war damals bekannt mit zwei begabten »naturalistischen« Dichtern, die heute vergessen sind, weil sie beide sehr jung starben. Ihnen erzählte ich das Ganze, das ich mit angesehen (es war in entscheidenden Dingen anders, als ich es später darstellte), und trug ihnen an, damit zu machen, was sie wollten. Ich selbst war damals ganz unbestimmt, ich wußte nicht, was ich wollte, und wußte bloß, was ich nicht wollte, und das war ungefähr alles, was zu jener Zeit für das galt, was man als Schriftsteller tun sollte. Als ich ein Jahr später selbst nach dem Stoff griff, geschah es buchstäblich aus Langeweile. Ich war 22 Jahre alt, trotz meiner Jugend schon Ingenieur und fühlte mich in meinem Beruf unzufrieden. Warum ich mich damals so sehr langweilte, will ich hier nicht erzählen. Stuttgart, wo sich das abspielte, war mir fremd und unfreundlich, ich wollte meinen Beruf aufgeben und Philosophie studieren (was ich bald auch tat), drückte mich von meiner Arbeit, trieb philosophische Studien in meiner Arbeitszeit, und am späten Nachmittag, wenn ich mich nicht mehr aufnahmefähig fühlte, langweilte ich mich. So geschah es, daß ich zu schreiben begann, und der Stoff, der gleich fertig dalag, war eben der der ›Verwirrungen des Zöglings Törless‹. Durch ihn und seine, wie man sagte, amoralische Behandlung erregte das Buch Aufsehen, und ich geriet in den Ruf eines »Erzählers«. Nun muß man natürlich erzählen können, wenn man die Erlaubnis beansprucht, es nicht zu wollen, und ich kann es auch leidlich, aber bis zum heutigen Tag kommt das, was ich erzähle, für mich erst in zweiter Linie. Auch damals war die Hauptsache für mich schon eine andere. Das zweite Beispiel, worin sich das in einer geradezu anekdotischen Weise ausdrückt, ist das meines vom Unglück verfolgten Hauptwerks ›Die Schwärmer‹, das ich mit Bedacht heute noch ein Theaterstück nenne. Ich werde von ihm noch sprechen; die Eigentümlichkeit, die ich schon jetzt hervorheben muß, ist so untheatermäßig, daß ich besser täte, sie zu verschweigen, wenn sie nicht auch zugleich so undichterisch zu sein schiene, daß es sich vielleicht in Fragen des Theaters wohl um etwas handelt, das überhaupt nicht zu den Vormeinungen stimmt: Von diesem Stück stand beinahe jedes Wort fest, so wie es heute darin steht, aber es gab drei Fassungen, drei verschiedene Handlungen, drei Szenarien, dreierlei Personenkreise, kurz dreierlei theatermäßig ganz verschiedene Stücke, ehe ich mich für eines davon entschied. (Die im wesentlichen doch ein und dasselbe waren.)

Ein drittes Beispiel wäre ›Die Vollendung der Liebe‹.

Machen wir hier eine Zwischenbilanz; was hat sich bisher ergeben? Dieser R. M., von dem ich jetzt spreche, als wäre ich nicht er selbst – ich empfand starke Widerstände dagegen, von mir zu erzählen, obgleich ich mich entschließen mußte, es zu tun; aber so fängt es an, mich zu interessieren, da es mir selbst neu ist –, dieser Schriftsteller ist von großer Gleichgültigkeit gegen seine Stoffe. Es gibt Schriftsteller, die von einem Stoff gepackt werden. Sie fühlen: mit diesem oder keinem; es ist wie die Liebe auf den ersten Blick.

Das Verhältnis des R. M. zu seinen Stoffen ist ein zögerndes. Er hat mehrere gleichzeitig und behält sie bei sich, nachdem die Stunden der ersten Liebe vorbei sind oder auch ohne daß sie dagewesen sind. Er tauscht Teile von ihnen willkürlich aus. Manche Teilthemen wandern und kommen in keinem Buch zum Ausdruck. Er hält offenbar das Äußere mehr oder weniger für gleichgültig. Und was bedeutet das? Hier kommt man schon auf das Problem, in welchem Verhältnis Inneres und Äußeres der Dichtung zueinander stehen. Es ist eine Binsenwahrheit, daß sie eine untrennbare Einheit bilden, aber wie sie das tun, ist weniger bekannt, ja es ist teilweise ganz unbekannt. Wir werden hier also sehr vorsichtig sein und vor allem wahrscheinlich mehrere verschiedene Arten dieser Synthese unterscheiden müssen. Auf den ersten Blick sieht es, nach dem, was ich erzählt habe, aus, als ob diese Synthese bei mir besonders schwach wäre; und die Wahrheit ist das Gegenteil davon, soweit ich es beurteilen kann. Bediene ich mich des Biographischen, um in dieser grenzenlosen Frage einen Leitfaden zu haben, so muß ich sagen, daß es zu Anfang, als ich den ›Törless‹ schrieb, das Problem für mich überhaupt nicht gegeben hat, daß es sich aber danach ganz plötzlich und mit stärkster Ausdrücklichkeit meiner bemächtigte. Ich erinnere mich noch an das Prinzip, von dem ich mich bei der Niederschrift des ›Törless‹ leiten ließ. Ein Prinzip der geraden Linie als der kürzesten Verbindung zwischen zwei Punkten. Keine Bilder gebrauchen, die nicht etwas zum Begriff beitragen, Gedanken – obwohl es mir sehr auf sie ankam – fortlassen, wenn sie sich nicht mühelos in den Gang der Handlung einfügen. Obwohl ich also auf die Handlung keinen Wert legte, gab ich ihr instinktiv große Rechte. Ich unterwarf mich einer improvisierten – und wie der Erfolg zeigte, richtigen Vorstellung von dem, was Erzählen sei, und begnügte mich, zu meiner Genugtuung gewisse Ideen »einfließen« zu lassen. Ich hatte noch wenig gelesen und kannte kein Vorbild. Hauptmann, der schon sehr berühmt war, hatte für meinen Geschmack eine zu geringe geistige Kapazität, was an Hauptmann bedeutend war, verstand ich damals ebensowenig, wie man es etwa heute versteht, und was an ihm gerühmt wurde, seine geistige Tiefe, war ein lächerlicher Irrtum. Hamsun, der in seinen Frühwerken große geistige Erörterungen bot, legte sie ein, wie man in der alten Oper die Arien in die Handlung einlegte, und nicht viel anders verfuhr d'Annunzio. Stendhal verstand ich nicht und Flaubert kannte ich nicht. Aber ich kannte Dostojewski, und da ich ihn heiß liebte (ohne übrigens das Bedürfnis zu haben, ihn ganz kennenzulernen:

sonderbar sind junge Leute oder vielleicht Leute überhaupt!), kann ich heute an meinem Verhältnis zu ihm am deutlichsten meinen damaligen Standort und Zustand ermessen: Er kam mir geistig zu ungenau vor: Ich hatte den Eindruck, seine Problembehandlung sei nicht eindeutig genug! Es kam mir zu wenig heraus! Während ich mir selbst also in richtiger Einschätzung meiner geringen Kraft mein Ziel sehr eng steckte, schweiften irgendwie meine Absichten weit darüber hinaus, und ich selbst verstehe erst in dem Augenblick, wo ich das niederschreibe, den merkwürdigen nächsten Schritt, den ich dann tat.

Ich hoffe, man mißversteht diese Art der Überlegung nicht. Ein ehrgeiziger junger Mann rechnet immer mit mehr oder minder großer Naivität mit seinen »Vorgängern« ab (seither habe ich auch schon genug junge Leute getroffen, die es mit mir taten), und es ist ein Zeichen, in welche Richtung ihn seine Unbefangenheit dabei führt. Die meine will ich nun gleich an dem erwähnten nächsten Schritt weiterbeschreiben. Also ich war mit Ideen beschäftigt, die schon zum Umkreis der ›Schwärmer‹ und des ›Mann ohne Eigenschaften‹ gehörten, als ich eine Aufforderung erhielt, eine kleine Erzählung für eine literarische Zeitschrift zu schreiben. Ich tat es ziemlich rasch, und es entstand die Geschichte ›Das verzauberte Haus‹, die [1908] im ›Hyperion‹ erschienen ist. (Wie und warum gerade diese, mag eine Besonderheit haben, und ich werde vielleicht noch davon sprechen.) Ich habe dann wohl noch eine Aufforderung erhalten, und aus irgendwelchen Gründen wollte ich nun aus dem gleichen Stoffkreis der Eifersucht (wobei die sexuelle Eifersucht nur den Ansatz bildete, das, was mich beschäftigte, aber die Unsicherheit des Menschen über den Wert oder vielleicht auch die wahre Natur seiner selbst und des ihm nächsten Menschen war) rasch eine Geschichte schreiben, ja ich hatte sogar die Absicht, diese Geschichte als ein literarisches Exerzitium zu behandeln, auch als eine Erholung und geistige Auflockerung für mich selbst, und wollte sie ungefähr in der Art des Maupassant behandeln, den ich kaum kannte, von dem ich mir aber ungefähr die Vorstellungen »leicht« und »zynisch« gebildet hatte. Nun wird es für den, der die ›Vollendung der Liebe‹ gelesen hat, wohl kaum einen unverständlicheren Gegensatz als den geben, der zwischen dieser Absicht und ihrer Ausführung bestand. Er ist ungefähr ebenso groß wie der zwischen dem Vorsatz, schnell eine kleine Geschichte zu schreiben, und dem Ergebnis, daß ich an zwei Novellen 2 ½ Jahre, und man kann sagen: beinahe Tag und Nacht, gearbeitet habe. Ich habe mich seelisch beinahe für sie zugrunde gerichtet, denn es streift an Monomanie, solche Energie an eine schließlich doch wenig fruchtbare Aufgabe zu wenden (denn eine Novelle läßt sich intensiver behandeln, aber quantitativ ist ihr Ertrag gering), und ich habe das immer gewußt, aber ich wollte nicht ablassen. Hier liegt also entweder eine persönliche Narretei vor oder eine Episode von mehr als persönlicher Wichtigkeit ...

Erich Weinert
In meinem Element

Eines Tages im Jahre 1922 erfuhr ich, daß man mich in einem Berliner literarischen Kabarett zu hören wünscht. Ich fuhr hin. Der Tatort war ein Café der Inflationsboheme. Ich trat trotzdem dort auf. Nach ganz kurzer Zeit vollzog sich nun eine Änderung im Charakter des Kabaretts. Die Gigolos verschwanden, und ein linksradikales Publikum stellte sich ein. Das Podium war zur politischen Tribüne geworden. Als wir es erobert zu haben glaubten, verbot mir der Inhaber den Zutritt.

In diesem Kabarett lernte ich auch Redakteure der ›Roten Fahne‹ kennen. Einer sagte: »Warum schreibst du nicht solche Gedichte, wie du hier vorträgst, für die ›Rote Fahne‹?«

»Am Schreiben liegt mir weniger«, antwortete ich ihm, »ich möchte viel lieber in Versammlungen sprechen!«

Daraus wurde vorderhand noch nichts. Aber in dieser Zeit schrieb ich die ersten Gedichte für die ›Rote Fahne‹.

Es waren zuerst die Sozialdemokraten und die Gewerkschaften, die mich für ihre bunten Abende engagierten. Ich rezitierte dort unter anderen auch die Gedichte gegen die SPD, wie zum Beispiel das zum 1. Mai 1924 ›Dereinst im Mai‹, das mit folgender Strophe schließt:

Noch einmal tragt die feierlichen Fackeln!
(Die Reichswehr mit Musik ist auch dabei.)
Wer weiß, ob uns nicht doch die Ärsche wackeln,
Dereinst im Mai!

Die Gewerkschaftsproleten brüllten Beifall. Die Bonzen lachten noch mit. Sie schienen diese Backpfeifen noch für kabarettistische Lizenz zu halten, die weiter keine gefährlichen Folgen haben könne.

Allerdings holten sie mich dann immer seltener; sie mußten doch ein Haar in der Suppe gefunden haben. Mit einem Male war's ganz aus. Auf einem Unterhaltungsabend wurde mir vom Saale her stürmisch zugerufen, das Gedicht ›Bannerträger der Republik‹ zu rezitieren. Das war eine Satire auf die SP-Führung; es heißt darin:

Denn: wer es auf die Sympathiegewinnung
Des Gegners absieht, rede nicht zu scharf!
Es bleiben ja, trotz taktischer Verdünnung,
Noch reichlich Bodensätze von Gesinnung;
Und das genügt schon für den Hausbedarf ...

Auch wenn der alte Großpapa aus Eisen
Versehentlich an der Verfassung dreht –
Gott, auch ein Präsident kann mal entgleisen.
Und außerdem hat man Respekt vor Greisen
Und einen Hang zur Objektivität.

Sie kriegen jeden Tag eins auf die Platten,
Doch ihre Politik ist unbeirrt.
Sie stellen sich bescheiden in den Schatten,
Den sie sich einst vorausgeworfen hatten
Und der nun täglich immer länger wird.

Das ist die Politik der alten Garde.
Das Banner fällt, wenn nur die Mannen stehn.
Sie werden, mit wattierter Hellebarde,
Mit einem Trauerflor um die Kokarde
Und taktisch vornehm, in die Binsen gehn!

Ich sprach es; der Saal donnerte. Aber danach hat man mich nicht mehr geholt! Nur die SAJ versuchte es noch einige Male. Bis sie eins auf den Deckel bekam.

1924 aber war ich in engere Berührung mit der Kommunistischen Partei gekommen. Klaus Neukrantz (der Autor von ›Barrikaden am Wedding‹) schuf damals, zusammen mit Piscator, die neue Propagandaform der ›Roten Revue‹. Ich wirkte darin mit. Wir zogen jeden Abend in einem anderen Saal Groß-Berlins auf.

In der Revue entstanden Kunstpausen. Um sie auszufüllen, sprang ich auf die Bühne. Ich rezitierte ein Gedicht: ›Das wollen wir nicht vergessen‹, dessen Schlußstrophe (gegen die Sozialchauvinisten gerichtet) so lautete:

*Die sabbern im Ministerium
Von nationaler Ehre.
Auf deiner Freiheit trampeln herum
Generale und Aktionäre!
Den Bauch gebläht,
Zylinder gehoben
Und losgekräht!
Segen von oben!
Die haben sich nach der Decke gestreckt,
Gefeiert und gut gefressen!
Dich aber hat man ins Zuchthaus gesteckt!
Das wollen wir nicht vergessen!*

Der Vortrag zündete. Nun fühlte ich mich erst in meinem Element. Und als an einem der nächsten Abende das Gedicht gegen den nächsten Krieg, ›Das Volk steht auf‹, das den Schluß hat:

*Warum auch nicht, Herr General!
Wir kommen auch das nächste Mal!
Doch unsre Freiheitsflinten,
Die schießen wir dann zielbewußt
Nach hinten ab, nach hinten!*

einen Begeisterungssturm hervorrief, wußte ich, wohin ich jetzt und für alle Zeit gehörte.

Bald wurde ich von allen revolutionären Organisationen als Rezitator angefordert.

Die Partei begann den attraktiven und später auch den propagandistischen und agitatorischen Wert solcher Rezitationen zu schätzen. Meine Vorträge wurden schließlich Bestandteil vieler großer Kundgebungen.

Da der Wunsch geäußert wurde, mich nicht nur eine viertel oder halbe Stunde im Rahmen der Kundgebung zu hören, so entschlossen sich die Organisationen, Abende zu veranstalten, welche ich ganz allein mit meinen Vorträgen füllte. Es entstand die Form der sogenannten Weinert-Abende.

Damals lernte ich – und das ist mir später besonders klar geworden – mehr von meinen proletarischen Hörern, als sie von mir lernten. Ich gewöhnte mir an, während meines Vortrages aufmerksam die Resonanz der einzelnen Partien desselben zu beobachten. Und wenn bei einer Stelle, von der ich mir eine besondere Wirkung versprochen hatte, das Echo ausblieb, so wußte ich: du hast einen falschen Zungenschlag. Ich verbesserte. So kam es, daß manche Gedichte nach mehreren Wiederholungen eine völlige Umgestaltung erfahren hatten. Zuweilen kam es auch vor, daß ich eine Stelle, die am Abend vorher versagt hatte, einfach wegließ und die Leere mit einigen improvisierten Versen füllte. Und die Improvisation wirkte oft stärker als das sorgfältig Vorgedachte. Sie wurde das Endgültige.

Zum Schreiben meiner Gedichte habe ich gewöhnlich sehr wenig Zeit gehabt. Sobald ein politisches Ereignis eingetreten war, sollte es möglichst schon am gleichen Abend in einem Vortragsgedicht seinen Niederschlag finden. Das Gedicht ermöglicht, die Stimmung des Tages in eine kurze Formel zu fassen, das Thema in übersichtlicher Gedrängtheit und die politische Quintessenz unmißdeutbar darzustellen.

Dieser Vorteil fiel besonders gegenüber solchen Hörern ins Gewicht, die eine geringe politische Schulung hatten. Beim Vortrag versuchte ich so einfach und so intensiv wie möglich die Versammlung anzusprechen. Ich konnte in einem mir fremden Ort, vor einem Publikum, dessen Verständnisgrad ich nicht kannte und dessen mißtrauische Eisigkeit im Anfang ein kaltes Verhalten befürchten ließ, oft mit drei Worten einen Kontakt herstellen, der schnell die Hörer wie mich aufwärmte. Es war selten, daß ich am Schluß nicht einen begeisterungserfüllten Saal verlassen hätte.

Die Nachfrage nach meinen Vorträgen wurde immer größer. Ich war oft wochenlang auf Reisen und fuhr kreuz und quer, von einem zum anderen Ende des deutschen Sprachgebiets.

Der weitaus größte Teil meiner Vorträge entfiel natürlich auf Groß-Berlin. Hier hatte ich kaum einen Abend Ruhe. An manchen Tagen sprach ich in zwei, drei, vier Versammlungen, bei besonderen Gelegenheiten, wie am 1. Mai, bei RFB-Treffen usw. bis zu zwölfmal an einem Tage.

In kleinen öffentlichen Zellensitzungen mit zwanzig Hörern habe ich ebenso gern gesprochen wie in den Massenkundgebungen der Zehn- und Hunderttausende.

Was die Hörerschaft anbetrifft, so wünschte ich mir immer am liebsten ein Auditorium, das nicht aus klassenbewußten Genossen bestand; denn es lag mir nicht daran, den Starken das Evangelium der Kraft zu predigen; ich sah eine viel wichtigere Aufgabe darin, tief in alle diejenigen sozialen Schichten zu dringen, die von unserer Propaganda sonst nicht erreicht wurden.

In einer Diskussion wurde einmal der Einwurf gemacht, man sollte doch nicht so viel Mühe daran verschwenden, nichtproletarische Schichten überzeugen zu wollen. Ich halte das für eine irrige Meinung. Uns sollte keiner (abgesehen von denen, die schon aus eingefleischtem Klasseninteresse unser Urfeind sind) zu schlecht sein, daß wir uns mit ihm beschäftigen.

Wir brauchen viele, viele Partisanen.

Ich erinnere mich eines Vorfalls in einer Kleinstadt. Ein Polizeioffizier hatte meinen Vortragssaal mit einer Hundertschaft besetzen lassen. Der Veranstaltungsleiter war über diese Maßnahme sehr empört und wollte die Herausziehung der Polizeimannschaften fordern.

Ich sagte ihm, daß das ein Fehler sei; ich hätte großes Interesse daran, daß die Polizei dabliebe. Wir könnten uns doch eine so seltene Gelegenheit, legal unter der Polizei zu agitieren, nicht entgehen lassen. Ich schnitt nun meine Vorträge besonders auf die Polizei zu und bemerkte bald, was für aufmerksame Zuhörer ich in den Polizisten hatte. Aber was ich in ihren Gesichtern las, das hatte der Offizier auch bereits mit richtigem Instinkt herausgelesen; er gab einen Wink, und die Mannschaften mußten den Saal verlassen. Ich sah, wie ungern sie es taten.

Hans Erich Nossack
Spätestens im November

I

Wir dürfen keinen Fehler machen, wollte ich zu ihm sagen, doch als ich ihn ansah, ließ ich es.

— — — — — — — —

Nein, ich muß der Reihe nach erzählen, genau der Reihe nach, wie es ungefähr gewesen ist. Es ist sowieso schwer zu erklären. Manche werden den Kopf schütteln und meinen: Aber das ist doch unmöglich! So etwas tut man doch nicht! Und ich muß ihnen dann recht geben, weil auch ich keine andere Antwort weiß. Ich bin nicht verstockt, nein. Ich weiß wirklich keine Antwort. Die Antworten reichen alle nicht aus, obwohl sie schön klingen.

Es begann bei dem »Kleinen Imbiß«, wie es auf der Einladungskarte hieß. Es kann auch schon früher begonnen haben, sehr viel früher sogar. Vielleicht schon, als ich noch ein Kind war. Manchmal scheint es mir, als ob es gar nicht erst begonnen habe, sondern immer schon so gewesen sei, von Anfang an. Doch ich wage nicht darüber nachzudenken; es kann Einbildung sein.

Für diesen »Kleinen Imbiß« hatten sie Tische in den Vorraum zum Hörsaal der Kunsthalle gestellt, wohl damit man nach dem Festakt nicht erst woanders hinzugehen brauchte. Eine gute Idee von dem Kulturdezernenten, denn draußen kam alle halbe Stunde ein Regenschauer herunter. An der einen Seite, wo sonst die Garderobe ist, war eine Art Büfett mit belegten Broten und dergleichen. Die Gäste sollten sich selbst bedienen. Ich saß mit dem Oberbürgermeister und seiner Frau und dem Generalsekretär des Industrieverbandes an einem Tisch zusammen. Ich konnte mich nicht weigern. Max hatte mir gesagt, daß ich ihn vertreten müsse; das sei meine Aufgabe. Sonst wäre ich bestimmt weggegangen. Ich kannte die Leute ganz gut, aber es lag mir gar nichts daran, mit ihnen zusammenzusein. Und jetzt konnte ich schon nicht mehr weggehen; es wäre aufgefallen. Unser Tisch stand in der ersten Reihe. Bis zum Büfett war alles frei, nur ein blaugrauer Läufer. Die Leute gingen hin und her und holten sich etwas zu essen. Dabei unterhielten sie sich, und wenn sie Bekannte trafen, machten sie eine vorsichtige Verbeugung. Wegen der Teller, die sie trugen.

Den Pelzmantel warf ich nach hinten über die Stuhllehne; es war warm genug. Ich wollte nicht lange bleiben. Ich zerknüllte das Programm, das ich immer noch in der Hand hielt. Doch es war hartes Papier; es sprang wieder auf. Ich hätte es schon zerreißen müssen. Aber wohin mit den Schnitzeln? Das Knäuel öffnete sich so, daß man gerade den fettgedruckten Namen Möncken wieder lesen konnte.

Ja, und der stand mit der rothaarigen Frau Riebow drüben am Büfett. Sie lachten beide. Sie fragte ihn: »Haben Sie das alles tatsächlich erlebt, was Sie geschrieben haben?«, und er antwortete: »Wo denken Sie hin, meine Gnädigste. All die Frauen und Mädchen! Wie hätte ich das wohl schaffen sollen.« Solche Antworten konnte er geben, obwohl es eigentlich nicht zu ihm paßte. Und darauf sagte sie: »Ich bin die Frau des Pressechefs«, und er: »Ach, dann muß ich mich ja gut mit Ihnen stellen.« Darüber lachten sie. Aber welch ein Getue von ihr! Ich konnte ihr unechtes Gelache bis zu unserm Tisch hören. Sie war auch sehr geschminkt; bei der Neonbeleuchtung sah man es vielzusehr. »Die roten Haare hat sie erst seit einem Vierteljahr«, sagte ich später zu ihm. »Sehr dekorativ«, meinte er. Es war ihm ganz gleichgültig; das konnte ich nicht wissen. Ich kannte ihn ja gar nicht. Ich hatte Angst, er würde auf sie hereinfallen.

»Was darf ich Ihnen bringen, gnädige Frau?« fragte der Generalsekretär. Ich bat ihn, irgendeine Kleinigkeit für mich auszusuchen. Ich hatte keinen Hunger. Die Frau Oberbürgermeister sagte, es sei schade, daß mein Mann nicht hier wäre. Dasselbe hatte der Oberbürgermeister schon vorher zu mir gesagt. Sie müssen ja so etwas sagen, und ich antwortete, daß es meinem Mann auch sehr leid täte, aber er würde erst spät abends zurück sein; er hätte in Kassel eine wichtige Besprechung. »Ach so, in Kassel«, sagte der Oberbürgermeister und zog die Augenbrauen hoch. Ich weiß nicht warum, wahrscheinlich nur aus Höflichkeit; denn die Besprechung, die Max in Kassel hatte, konnte ihn nicht interessieren.

Ich sah dem Generalsekretär nach, wie er zum Büfett ging. Er nickte der Riebow zu und sagte wohl auch etwas zu ihr. Und wie affektiert sie sich halb zu ihm hindrehte! Doch der Generalsekretär nickte auch Möncken freundlich zu, das sah ich. Der aber machte eine komische kleine Verbeugung, so ruckartig, als ob er erschrocken sei und den Generalsekretär noch nie gesehen habe. Dabei hatten sie doch vorhin schon miteinander gesprochen und sich die Hand geschüttelt. Der Generalsekretär hatte ihm gratuliert.

Das alles sah natürlich nur ich. Der Oberbürgermeister erkundigte sich, was mein Mann zu der Wahl, die die Jury getroffen hätte, gesagt habe und ob er damit einverstanden sei. Ja sehr, antwortete ich, und er finde es großartig, wie alles gemacht sei. Es ging sie nichts an, daß Max sich überhaupt nicht mehr darum gekümmert hatte. Ich glaube, er wußte nicht einmal den Namen. Max hatte andere Dinge im Kopf; wer den Preis kriegte, war ihm nicht wichtig. Nur der Preis selber, und daß er auf seine Anregung gestiftet worden war, darauf legte er großen Wert. Es war eine Reklame für ihn. Oder für die Fabrik.

(...)

Der Generalsekretär kam mit Tellern und Cocktails zurück. Der Oberbürgermeister sagte, daß er seinen Beruf verfehlt hätte und daß ein guter Kellner an ihm verloren wäre. Alle lachten über den Witz, auch ich gab mir Mühe. »Frau Riebow hat unsern Dichter mit Beschlag belegt«, sagte der Generalsekretär. »Dann ist er ja in guten Händen«, meinte die Frau Oberbürgermeister. Ich ließ mir nichts merken. Aber sie meinte es nicht bissig; sie kann gar nicht bissig sein; sie ist sehr mütterlich; ich mag sie gern. »Ja, diese Künstler!«

sagte der Oberbürgermeister, »sie haben eine gute Nase.« Alle blickten zum Büfett hinüber. Dann sprachen sie über ein Theaterstück. Und dann über eine Ausstellung, die nächsten Monat in unserer Stadt sein sollte. Ich mußte über alles mitreden. Noch zehn Minuten, dachte ich, dann werde ich aufstehen und mich mit irgend etwas entschuldigen. Man hält dich für eingebildet, hatte mir Max schon ein paarmal gesagt, das ist nicht gut, das können wir uns nicht leisten. Es sind andere Zeiten, du mußt dich mehr nach den Leuten richten; sie können uns bei Gelegenheit ganz nützlich sein. Ich glaube manchmal, selbst Max hält mich für eingebildet.

Auch an den andern Tischen wurde viel geredet und gelacht. Ich trank den Cocktail und beschäftigte mich damit, die Olive herauszufischen.

Aber die kleine ruckartige Bewegung hatte ich schon vorher im Hörsaal an ihm gesehen. Ich war etwas zu spät gekommen und hatte mich weiter hinten hingesetzt, um nicht zu stören. Nach Schluß des Festaktes kamen sie angestürzt und entschuldigten sich; denn für Max und mich waren Plätze in der ersten Reihe vorgesehen. Ich sagte, das macht doch nichts. Aber hoffentlich erfährt Max es nicht; dann ärgert er sich wieder über mich. Er ist sehr ehrgeizig.

Zuerst sprach der Generalsekretär über den Literaturpreis des Industrieverbandes, der zum erstenmal in diesem Jahr verteilt werde. Unser Name wurde nicht erwähnt; es wurde nur vom Industrieverband geredet. Max wollte es nicht, daß er genannt wurde. Es müsse alles anonym geschehen, hatte er gesagt. Die meisten wußten es sowieso, daß er den Preis angeregt hatte und daß das Geld von den Helldegen-Werken gestiftet war. Vielleicht wollte Max sich auch nicht binden. Dann redete der Oberbürgermeister über die Stadt und daß wir nicht nur eine Industriestadt seien mit einer rauchigen Atmosphäre der Arbeit, sondern daß die Stadt es als ihre Pflicht ansehe, entsprechend ihrer Größe und Einwohnerzahl auch neben denjenigen Städten genannt zu werden, die die Kultur fördern. Oder so ähnlich. Alle klatschten. Und darum sei er beglückt, als Vertreter der Stadt dem Dichter Berthold Möncken den Preis des Industrieverbandes überreichen zu dürfen. Er tat einen Schritt vom Podium herunter und zog Möncken, der ihm entgegenkam, hinauf. Dort gab er ihm den Preis in einer rotsamtenen Mappe. Berthold erzählte mir später, es wäre immer so eine rotsamtene Mappe, wenn sie den Preis aushändigten. Er hatte sie in seine Aktentasche getan, und in der Nacht, als wir im Zug saßen, warf er sie lachend aus dem Fenster. Auch die Urkunde zerriß er und warf sie hinaus. Ich dachte, man müsse so etwas aufheben, doch er sagte, es sei immer derselbe Quatsch.

Nach dem Oberbürgermeister trat er selber hinter das Pult und redete. Ich wunderte mich etwas über ihn. Da er vorne saß, hatte ich ihn vorher nicht sehen können. Ich dachte zuerst sogar, er wäre es noch gar nicht und es redete noch irgend jemand andres. Denn er sah genau so wie alle andern aus. In seinem dunklen Anzug, und wie das Haar geschnitten war. Ich hätte nie geglaubt, daß er Bücher schreibt. Er hätte ebensogut einer der Herren im Büro von Max sein können. Oder jemand vom Industrieverband. Ich weiß nicht, was ich mir eigentlich vorgestellt hatte. Wahrscheinlich gar nichts, und jetzt, wo ich ihn kenne, komme ich mir sehr lächerlich vor. Berthold machte sich auch über mich lustig. »Wie soll unsereiner denn aussehen? Mit Samthose und kariertem Hemd? Bohème können sich nur die anderen leisten, die, die nichts mit Kunst zu tun haben. Unser Leben ist schon unordentlich genug.«

Ich hörte nicht hin, was er redete. Er bedankte sich wohl für den Preis. Ich war etwas müde, das lag am Frühling. Ich werde immer müde bei Vorträgen; die Augenlider brennen mir, das kommt vom Hinsehen auf das Podium, und damit es niemand merkt, blicke ich in den Schoß oder auf das Programm und denke an etwas andres. Meistens ist es ja auch gar nicht wichtig, was sie reden, und wenn man will, kann man es nachher in der Zeitung lesen. Aber es ist so: wenn man an etwas andres denkt und nicht auf das achtet, was da geredet wird, dann schläfert einen die Stimme noch mehr ein. Sie schwebt durch den Saal um einen herum, die Bänke knarren leise und Papier raschelt, das alles hat nichts mit einem zu tun und daher macht es müde. Und manchmal ist die Luft in solchen Sälen auch sehr verbraucht.

Selbstverständlich schlief ich nicht. »Was hat der Künstler mit der vielgepriesenen Erhaltung des Daseins zu tun?« hörte ich ihn reden, und auch nur deshalb, weil es höhnisch klang. »Aber wenn einer von uns vor der glänzenden Fassade warnt, vor der Statistik und vor dem guten Funktionieren, das vor einer einzigen kleinen menschlichen Geste versagt, dann nennt man ihn einen Nihilisten.«

Neben mir saß ein weißhaariges Männchen mit einer sehr spitzen Nase. Einer von der Zeitung. Ich hatte ihn auch schon bei anderen Gelegenheiten gesehen, seinen Namen kannte ich nicht. Er schnaufte mit seiner Nase, und ich fragte ihn flüsternd: »Wie alt mag er wohl sein?« Das Männchen blickte sehr aufmerksam zum Podium hin; es dauerte lange, und ich dachte schon, er würde gar nicht mehr antworten. Schließlich zuckte er mit den Achseln und meinte: »Er sieht sehr unverheiratet aus.« Er hielt die Hand vor den Mund, als er mir das zuflüsterte. Er hatte einen üblen Mundgeruch. Vielleicht war er magenkrank. Ich beachtete ihn auch nicht weiter, denn ich fühlte mich beleidigt. Danach hatte ich ihn ja nicht gefragt. Kaum spricht man einen Fremden an, ohne sich etwas dabei zu denken, und gleich wird er frech. Und womöglich schreibt er noch in seiner Zeitung darüber. Aber gewiß meinte er es gar nicht so. Denn das, was er mir zugeflüstert hatte, stimmte haargenau. Komisch, daß ein Mann so etwas merkt. Es war nämlich wirklich ganz unmöglich, sich Berthold verheiratet vorzustellen.

GOTTFRIED BENN
Eure Etüden

Eure Etüden,
Arpeggios, Dankchoral
sind zum Ermüden
und bleiben rein lokal.

Das Krächzen der Raben
ist auch ein Stück –
dumm sein und Arbeit haben:
Das ist das Glück.

Das Sakramentale –
schön, wer es hört und sieht,
doch Hunde, Schakale
die haben auch ihr Lied.

Ach, eine Fanfare,
doch nicht an Fleisches Mund,
daß ich erfahre,
wo aller Töne Grund.

Menschen getroffen

Ich habe Menschen getroffen, die,
wenn man sie nach ihrem Namen fragte,
schüchtern – als ob sie garnicht beanspruchen könnten,
auch noch eine Benennung zu haben –
»Fräulein Christian« antworteten und dann:
»wie der Vorname«, sie wollten einem die Erfassung erleichtern,
kein schwieriger Name wie »Popiol« oder »Babendererde« –
»wie der Vorname« – bitte, belasten Sie Ihr Erinnerungsvermögen
nicht!

Ich habe Menschen getroffen, die
mit Eltern und vier Geschwistern in einer Stube
aufwuchsen, nachts, die Finger in den Ohren,
am Küchenherde lernten,
hochkamen, äußerlich schön und ladylike wie Gräfinnen –
und innerlich sanft und fleißig wie Nausikaa,
die reine Stirn der Engel trugen.

Ich habe mich oft gefragt und keine Antwort gefunden,
woher das Sanfte und das Gute kommt,
weiß es auch heute nicht und muß nun gehn.

Aprèslude

Tauchen mußt du können, mußt du lernen,
einmal ist es Glück und einmal Schmach,
gib nicht auf, du darfst dich nicht entfernen,
wenn der Stunde es an Licht gebrach.

Halten, Harren, einmal abgesunken,
einmal überströmt und einmal stumm,
seltsames Gesetz, es sind nicht Funken,
nicht alleine – sieh dich um:

Die Natur will ihre Kirschen machen,
selbst mit wenig Blüten im April
hält sie ihre Kernobstsachen
bis zu guten Jahren still.

Niemand weiß, wo sich die Keime nähren,
niemand, ob die Krone einmal blüht –
Halten, Harren, sich gewähren
Dunkeln, Altern, Aprèslude.

GEORG MAURER
Feuer

Wenn die Wange des Weibs, verbrannt,
ihr Ansehn ändert,
die lieblichen Zellen, die zum Flaum
der Schönheit sich sammeln,
ihren Duft verlieren in strähniger Röte
und narbig ein Brachfeld bilden –
nicht mehr von Küssen übersät,
denkst du der Flamme mit Bitternis.
Und wie sind die Kinder gefährdet!
Ihre reine Erfindung
aus einem Strauß von Jauchzern,
ihre aus Wolkenpolstern gebildeten Glieder
sind in der Nähe der Flammen
tragisch umlauert.
Zwischen euch gestellt,
Wasser, Luft, Erde und Feuer,
geht der Mensch einher, als wäre
ein Raum noch zwischen euch.
Als könnt er die Flamme fassen,
wo sie nicht heiß ist,
als könnt er noch im tiefen Meere atmen,
als könnt er die Luft von seinen Lippen streichen,
als moderte er nicht in der Erde voll Glutrauch.
Einen schmalen Gang wie in alten
Schlössern meint er zu haben,
euch noch zu umgleiten.
So richtet er sich ein wie auf Flucht
und ist geschmeidig wie ein javanischer Tänzer.
Doch die Fackeln schlagen zusammen.
Wellen bedecken die Zwischenräume,
die Erde öffnet sich,

und der Wind ist kräftiger als die Knochen.
Was dort in den Wirbel klein eingestreut ist,
davon sagst du:
Das ist der Mensch.

Flammen

Wenn die Winter schmelzen –
und der vereiste Plattensee
singt seinen Schwanengesang,
so daß der Regenbogen der Töne
den dunkelnden Wandrer betört,
sind die Feuer im Anzug:
die gewaltigen Nelken des Weltalls.
An den blauen Kitteln der Arbeiter
prangen sie mailich.
Aus den Mündern strömen sie
und schmelzen die Herzen.
»Feuer«, rufen die Hirten auf pfingstlichen Hügeln
über die Zeiten und Länder hinweg.
Die Liebenden liegen in flammenden Wiesen.
Auch der Verzweifelte greift sich eine der Rosen,
die im blauen Regen herniederfallen,
zündet sein erloschenes Leben an
und eilt nun wieder geschäftig
im großen Kreise der Lichter
unter Plejaden.
Es liegt das Kind am warmen Busen der Mutter,
es drückt der Freund dem Freund die erwärmte Hand,
und die Wangen der Hoffnung
blasen aus Resten von Asche
mit der süßen Gier des ewigen Lebens
unermüdlich Funken; Hände werfen
die Opfer der Zweige darauf.
Und sein Schicksal zwingt mit feurigen Armen,
durch die trübe Heimat gejagt,
Schiller, den Himmel ertrotzend,
und läutert mit brennendem Odem
das Gemeine der Zeit!

Gluten

Mit glühenden Blicken
schaun die Gesellen des Schmiedes
seinem Weibe nach. Er führt sie
durch die riesige Schmiede.
Ihren zarten Fuß hebt Aphrodite
über die eisernen Wellen.
Schleierlos geht sie
zwischen den halbentblößten Männern,
deren rußige Arme glänzen.
Vor den tosenden Hämmern
steht sie. Das Amboßfeuer nistet rot
auf ihren Brüsten.
Lachend zeigt ein Geselle auf den Lilienrücken
der jungen Gattin: fünfstrahlig steht da schattig
der rußige Abdruck der liebenden Hand des Gatten.
Zwischen den Kränen und Ketten fragt Aphrodite,
während alle Gesellen sich um sie sammeln,
verständig nach der Bedeutung der gezahnten Räder,
der surrenden Bänder – und die leuchtende Frau
läßt die Arbeit der Männer
im ungewohnten Lichte erstrahlen.
Maulfaule Burschen bilden
Worte auf schnellbereiten Zungen,
mancher, der sein Herz noch niemals
im riesigen Brustkorb gefühlt,
spürt in seinem rußgefüllten Innern
eine Taube sich regen.
Alle werden zu Helden vor ihr –
in ungekannten Kräften
trügen sie eiserne Schwellen
auf den glänzenden Schultern
wie eine Bambusbrücke leicht
für die Füße der Gattin
ihres Meisters. Wie das Wunder steht sie
zwischen ihnen
mit dem lieblichen Leib, der Amphora vergleichbar.
Nach der Decke späht heimlich der Gatte.
Dort hängt ein kunstvolles Netz,
klug erdacht von dem grübelnden

Hirne des Schmiedes,
Aphrodite beim künftigen Ehbruch zu fesseln.
Lachend sieht Aphrodite
mit freier Brust das Gebilde,
mißt es mit leuchtenden Augen
in seiner Quere und Länge,
und die Gesellen lachen inmitten
der sprühenden Feuer.

Schmelze

Kochende Winde mit feurigen Hörnern
fahren in die Glut, wo das Erz
in den Armen des Kokses liegt.
Schwingend mischt es seinen Atem
mit dem Atem der Kohle,
und der vereinte Hauch
jagt durch nachstürzende Massen
polternden Kokses, polternden Kalkes,
polternden Erzes,
das hoch von der Bühne die Arbeiter
in die Tiefe schicken,
dem Feuer entgegen, dem alles besiegenden,
dem alles schmelzenden.
Kühlend sausen die Flüsse
im stählernen Mantel des Ofens,
von Minute zu Minute drängen Ströme,
die den Durst ganzer Städte löschen,
sänftigend um die Mauern der arbeitenden Sonne:
denn unten im Herd regiert sie,
die Zweitausendgradige,
das pochende Herz der Welt, das rote,
das Arbeiterwappen.
Hier schmelzen die Berge, hier lassen die Steine
aus jahrtausendealter ehrner Umarmung
das Eisen frei, und auf dem Erlösten
schwimmen vernichtet
die Schlacken, die sich die Herren dünkten
im Verbande der Erde.
Das tönerne Tor fällt, und in weißer Majestät

strömt das Gefangne hinaus die sandige Bahn
im Anblick der menschlichen Augen.
Aber das Freie genügt sich noch nicht.
In mächtige Behälter stürzt es sich,
den stürmenden Geist
läßt es durch seinen Leib hindurch,
und aus den Bessemerbirnen
schlagen die Fackeln der Revolution,
in Donner gehüllt der letzten furchtbaren Prüfung.
Im blinkenden Licht, jetzt biegsam,
walzbar, schmiedbar,
ist es nun doppelt frei,
als Wand des Schiffs sich zu schmiegen,
als Schar des Pflugs
und über dem Abgrund als stählerne Brücke.

Martin Walser
Ein Flugzeug über dem Haus

Ihren Vornamen weiß ich nicht mehr. Die Familie hieß, glaube ich, Bergmann. Ich war eingeladen worden, den Geburtstag der Tochter mitzufeiern. Im Garten fanden wir alles vorbereitet. Das Geburtstagskind lief hin und her, drängte jeden einzeln auf einen Stuhl, als hätte sie dann nichts mehr von ihm zu befürchten; dann nahm sie, schon etwas erschöpft, endlich selbst am Kopf der Tafel Platz. Noch saß ihre Mutter an ihrer Seite.

Obwohl alles unter hohen alten Bäumen stattfand, war es heiß. Wo die Sonne zwischen all dem Gartenlaub und Baumbestand einen Durchlaß fand, brannte sie weißglühende Flecken herab. Die breitgezogene bequeme Villa schützte den Garten zwar vor der Straße, aber die Insekten lärmten lauter als die Straßenbahn. Und doch waren sie nicht so schlimm wie die Flugzeuge, unter denen unsere Stadt seit einigen Jahren leidet, unter deren Geheul unser Geschirr in den Schränken Tag und Nacht klirrt, unter deren rasenden Schatten unsere Häuser ächzen; in dieser grünen Gartenhöhle hörten wir nichts von ihnen; wir genossen den sirrenden Gesang des auf- und niedertanzenden Insektengewölks.

Immer noch saß die Dame des Hauses neben ihrer Tochter. Als sie die Tasse, die sie zusammen mit der Geburtstagsgesellschaft trinken wollte, ausgetrunken hatte, stand sie auf und verabschiedete sich. Bis zu diesem Augenblick hatte man sich dann und wann ein Wort über den Tassenrand zugelispelt, jetzt erstarb auch das leiseste Geflüster. Alle sahen ihr nach, als sie dem Haus zuschritt, über zwei Stufen die Terrasse erreichte, sich umdrehte, allen noch einmal zuwinkte, ihrer Tochter, der Siebzehnjährigen, besonders innig, wie bei einem Abschied, ja, sie schien traurig, alle sahen es, wie sie die Hand in der Luft plötzlich hängen ließ wie ein welkes Blatt, wie sie sich dann sehr rasch abwandte und im Haus, in der Tiefe eines Zimmers verschwand. Wir sahen uns an. Die Augen der Mädchen wurden weit, ihr Atem kürzer, noch hoben sie hilflos ihre Schultern, dann brach rund um den Tisch ein großer Lärm aus. Es waren die Mädchen, die ihn aufführten; allen voran das Geburtstagskind. Sie lachten, wurden geschüttelt von einer Art Fröhlichkeit, die ich nicht verstand, die man hätte für einen Anfall halten können.

Wo man hinsah, weit aufgerissene Münder, breite Zahnreihen, vom Lachen verzerrte Gesichter und durch die Luft fliegende, meist unbekleidete Arme, an denen die Hände losgelassen flatterten. Die Mädchen waren in der Überzahl. Wir saßen, von ihren Bewegungen und Kleidern überflutet, recht vereinzelte junge Männer. In all der weiblichen Turbulenz wirkten wir starr und eingefroren. Manchmal versuchten wir, durch die über uns niederrauschenden Hände, Oberkörper und Haare hindurch einander Blicke zuzuwerfen oder gar ein Wort, es gelang nicht; die Mädchen waren ein Strom geworden, wir schwammen, verlorene Holzstücke, durch nichts mehr gerechtfertigt, zum Scheitern und Stranden verurteilt, und dazu noch schweigend, dahin. Was sie sich über unseren Köpfen zuschrien, verstanden wir nicht. Anfangs versuchten wir noch hinaufzuhören, uns gar einzuschalten, vergeblich. Dazu kam, daß wir uns nicht kannten. Jeder von uns war von einer dieser Freundinnen mitgebracht worden, hatte rasch eine Vorstellungszeremonie absolviert, dann hatte man sich auf einem Stuhl gefunden, so weit vom nächsten Mann entfernt, daß es unmöglich war, ein Gespräch anzuknüpfen und sich ein bißchen kennenzulernen. Solange die Dame des Hauses die Tafel noch beherrscht hatte, hätte man glauben können, wir seien wohlaufgenommene und für den Verlauf des Geburtstagsfest einigermaßen wichtige Gäste. Das hatte sich dann – man kann es wirklich nicht anders sagen – schlagartig geändert. Wenn die Freundinnen uns plötzlich ergriffen, gefesselt, an die Hauswand geschleppt und mit Dolchen oder Hackbeilen hingerichtet hätten, ich wäre nicht sonderlich verwundert gewesen. Mich tröstete nur, daß sie alle redeten und schrien, ohne daß noch eine der anderen zuhörte. Sie konnten sich auf diese Weise ja über nichts verständigen und in etwa noch strittigen Fragen auch keine Einigung erzielen. Aber vielleicht war ihnen unsere Hinrichtung schon keine strittige Frage mehr. Vielleicht hatte man uns nur deswegen eingeladen. Ich versuchte, Pia, meine Kusine, die mich hierher mitgenommen hatte, zu fragen, aber sie schüttelte mich ab, ohne mich auch nur mit einem Auge zu streifen. Vielleicht hielten sie es untereinander so, daß sie sich zum Geburtstag jeweils eine Handvoll junger Männer opferten. Auch meinen Gefährten, so stellte ich fest, war inzwischen die letzte Spur von Heiterkeit auf dem Gesicht erfroren.

An den Haarrändern traten ihnen Schweißperlen aus der Haut und funkelten; es sah aus, als habe man sie aus einem erschreckend feierlichen Anlaß geschmückt. Sollten wir nach der Hausfrau schreien? O dieses zarte Geburtstagskind! Und ich hatte geglaubt, sie sei von all der Festlichkeit schon zu Beginn erschöpft gewesen! Jetzt schwang ihr biegsamer Körper am Kopf der Tafel durch die Luft wie die Peitschenschnur in der Hand eines Dompteurs und ihrem ehedem kaum sichtbaren Mund entfuhren gellende Schreie, die, Raketen gleich, über die lange Reihe der Freundinnen und über uns paar Verstreute hinfuhren; die lachten noch greller, wir zuckten zusammen. Hilfesuchend drehte ich meinen Kopf zum Haus hin und – erschrak: Türen und Fenster waren jetzt geschlossen, eiserne Markisen hatte man herabgelassen, eine Villa – so sah es aus –, deren Besitzer entweder verstorben oder auf eine Weltreise gegangen waren. Nur im Dachstock, aus einem Mansardenfenster, winkte ein Mann. Ein alter, schier hundertjähriger Mann mußte es sein. Ich winkte zurück. Er bemerkte mich, und es dauerte keine Viertelstunde, dann kam er um die Hausecke herum, kam direkt auf mich zu, und was tat er: er fädelte mich und dann meine Leidensgefährten aus dem weiblichen Dickicht heraus! Einen nach dem anderen holte er mit großer Ruhe und Übersicht an Land und setzte uns nebeneinander auf die Stufen, die zur Terrasse führten. Wir sahen dankbar zu ihm auf, und wenn er in diesem Augenblick mit der dazugehörigen Handbewegung gesagt hätte: »Platz, schön Platz!«, wir hätten uns wie vom Tode errettete Hunde zu seinen Füßen gekuschelt. Er aber überraschte uns ganz anders, er sagte: wir sollten doch Mitleid haben mit den Mädchen! Wie der Angler den am tödlichen Haken immer verzweifelter um sich schlagenden Fisch beobachtet, der ihm doch nicht mehr entgehen kann, so seien wir am Tisch gesessen und hätten der Angst der Mädchen zugesehen und sie spüren lassen, daß diese freundlich grüne Gartenhöhle ihnen noch an diesem Nachmittag zum Verhängnis werde. Wir sollten doch Mitleid haben, vor allem mit Birga (ja, so hieß sie, jetzt fällt mir der Name des Geburtstagskindes wieder ein). Er sei Birgas Großonkel und beobachte ihre Entwicklung mit Sorge. Die Eltern hätten leider nicht so viel Zeit, als nötig wäre, um Birga vor den Gefahren, die einem Mädchen heute drohten, zu bewahren. Er allein habe Zeit dazu, aber er habe keine Kraft mehr. Als er das sagte, weinte er fast.

Und nun treibe dieses zarte Wesen in die Jahre hinein und was seien denn die Jahre für so ein verletzliches Mädchen wie Birga? Raubtierrachen seien's, nichts anderes, und jeder Monat sei ein Zahn, jeder ein noch größerer! Und er bat uns, Birga doch unseren Schutz angedeihen zu lassen! »Ich weiß«, rief er aus, »ihr seid die Wölfe, die an den Gartentoren lungern, um über sie herzufallen, wenn sie auf die Straße hinaustritt! Ich weiß, wie töricht es ist, euern Schutz zu erbitten! Und ich tu's doch. Sie kann nur gerettet werden, wenn auch das Törichteste, das Sinnloseste versucht wird. Es ist schrecklich, von der Mansarde aus zusehen zu müssen, wie sie euch in die Hände fällt, ihr jungen Schufte!« Wir hörten zu und atmeten immer schneller. Er schrie: »Da, schaut die Eltern an! Türen und Fenster haben sie zugeschlossen, eiserne Läden heruntergelassen, um es nicht sehen, nicht hören zu müssen! Sie haben Birga euch ausgeliefert, glauben nicht mehr an Rettung. Ich bin heruntergerannt, weil einer gewinkt hat, durch die Waschküche bin ich aus dem Haus gestürmt, weil ich an das Unmögliche glaube: laßt Birga in Ruhe!«

Ich bemerkte, daß meine Gefährten sich langsam von den Stufen hoben und ihre Lippen von den Zähnen nahmen. Die Sonne, die da und dort durchs Laubwerk in den Garten brach, musterte uns schwarz-weiß, schwarz-weiß, schwarz-weiß. Wir schauten zu den Mädchen hin, die plötzlich aufgehört hatten zu schreien, die sich jetzt mit farblosen Gesichtern und rotgeränderten Augen um den Tisch drängten und zu uns herstarrten.

»Ach so«, sagte einer von uns.

Der Großonkel breitete seine Arme aus und trat vor uns hin und schrie, er träume manchmal, daß Birga von Fischen gefressen werde. »Wie unangenehm«, sagte einer von uns und schob den Großonkel weg. Da stürzte Birga vom Tisch her und schrie ihren Großonkel an, der ihr zitternd wie ein getretenes Tier entgegensah: »Warum bist du nicht droben geblieben! Wir hätten es geschafft!

Du hast uns an sie ausgeliefert. Wir hätten es geschafft! Du hast uns an sie ausgeliefert!«

Aber wir standen immer noch, atmeten tief und laut und sahen auf die Mädchen, keiner hob auch nur den Fuß und auch die Mädchen rührten sich nicht mehr. Jetzt merkten es alle, wie heiß dieser Nachmittag war. Die Baumkronen hingen tiefer und alles Laubwerk war schlaff und durchglüht, machte die Hitze feucht, aber hielt sie nicht ab. Es war so still, daß man die Äste ächzen hörte. Wahrscheinlich wären wir für immer so stehen geblieben oder wir wären später langsam heimgegangen – weiß Gott was wir getan hätten –, auf jeden Fall wäre auch jetzt noch alles unentschieden geblieben, wenn nicht plötzlich über das Haus her, ganz dicht über Kamine und Bäume her, ein Donner hereingebrochen wäre, ein tosender Lärm, so hart einschlagend wie ein Koloß aus Stahl, ein Flugzeug, das dicht über uns hinschoß, das uns von der Treppe löste, dessen rasender Schatten uns mitriß, daß wir den Großonkel wegfegten und zum Tisch stürzten: auch jetzt noch kein Laut aus den aufgerissenen Mündern der Mädchen, nur ihre Augen weiter als je zuvor: und ehe der Motorenlärm, ehe auch nur der Schatten des Flugzeugs verschwunden war, waren wir Herr über den Garten, das Haus und die Mädchen. Aber wir waren so sehr Herr geworden über alles, daß wir uns nicht einmal rächten. Trotzdem weinte aus dem Fenster der Mansarde der Großonkel über uns hinweg, in die Zukunft hinein.

Siegfried Lenz
Füsilier in Kulkaken

Kurz nach der Kartoffelernte erschien bei meinem Großvater, Hamilkar Schaß, der Briefträger und überbrachte ihm ein Dokument von ganz besonderer Bedeutung. Dies Dokument: es kam direkt von allerhöchster Stelle, wofür allein schon die Tatsache spricht, daß es unterschrieben war mit dem Namen Theodor Trunz. Es gab, Ehrenwort, wohl keinen Namen in Suleyken und Umgebung, der geeignet gewesen wäre, mehr Respekt, mehr Hochachtung, mehr Furcht, Schaudern und Ehrerbietung hervorzurufen, als Theodor Trunz. Hinter diesem Namen nämlich steckte niemand anderes als der Kommandant der berühmten Kulkaker Füsiliere, die, elf an der Zahl, jenseits der Wiesen in Garnison lagen. Der Ruf, der ihnen nicht nur voraus, sondern auch hinterher ging, war dergestalt, daß jeder, der in dieser Truppe die Ehre hatte zu dienen, unfehlbar in den Geschichtsbüchern Suleykens und Umgebung Aufnahme fand. Ganz zu schweigen von der mündlichen Überlieferung.

Gut. Hamilkar Schaß, mein Großvater, witterte in besagtem Dokument sofort eine neue ausgedehnte Lektüre, erbrach, wie man sagt, die Siegel und begann zu lesen. Und er las, während der Briefträger, Hugo Zappka, neben ihm stand, heraus, daß er im Augenblick und auf kürzestem Weg nach Kulkaken zu eilen habe – als Ersatz für den Oberfüsilier Johann Schmalz, der wegen allzu rapidem Zahnausfall hatte entlassen werden müssen. Und darunter, in riesigen Buchstaben: Trunz, Kommandant.

Hugo Zappka, der Briefträger, verbeugte sich, nachdem er alles vernommen hatte, vor meinem Großvater, beglückwünschte ihn aufrichtig und empfahl sich; und nachdem er gegangen war, zog mein Großvater seine alte Schrotflinte hervor, band sich ein Stück Rauchfleisch auf den Rücken, nahm langwierigen Abschied und schritt über die Wiesen davon.

Schritt forsch aus, das rüstige Herrchen, und gelangte alsbald zur Garnison der berühmten Kulkaker Füsiliere, welche dargestellt wurde durch ein schmuckloses, ungeheiztes Häuschen am Waldesrand. Der Posten, ein langer, verhungerter, mürrischer Mensch, hieß meinen Großvater nah herankommen, und als er unmittelbar vor ihm stand, schrie er: »Wer da?!« Worauf mein Großvater in ergreifender Schlichtheit antwortete: »Hamilkar Schaß, wenn ich bitten darf.« Sodann wies er das Dokument vor, schenkte dem Posten ein Stück Rauchfleisch und durfte passieren.

Na, er besah sich erst einmal alles von unten bis oben, inspizierte den ganzen Nachmittag, und plötzlich geriet er an eine Tür, hinter der eine Stimme zu hören war. Mein Großvater, er öffnete das Türchen, schob seinen Kopf herein und gewahrte eine Anzahl Füsiliere, die gerade ergriffen einem Vortrag lauschten, welcher übergetitelt war: Was tut und wie verhält sich der Kulkaker Füsilier, wenn der Feind flieht? Da er nach längerem Zuhören Interesse an dem Vortrag fand, mischte er sich unter die Lauschenden und blickte nach vorn.

Wer da vorn saß? Trunz natürlich, der Kommandant. War ein kleiner, schwarzer, jähzorniger Mensch, dieser Theodor Trunz, und außerdem trug er ein Holzbein. (Das richtige hatte er, wie er sich auszudrücken beliebte, dem Vaterland in den Schoß geworfen.) Jedenfalls: er war, alles in allem, ein ungewöhnlicher Mensch, schon aus dem Grunde, weil er sein Holzbein bei den taktischen Vorträgen abzuschnallen pflegte und damit die vor den Kopf stieß, die einzuschlafen drohten.

Also Hamilkar Schaß, mein Großvater, kam hier herein und wollte es sich gerade gemütlich machen, als Trunz seinen Vortrag abbrach und, nach erprobter Gewohnheit, Fragen stellte zum Zwecke der Wiederholung. Fragte er also zum Beispiel einen üppigen Füsilier in der ersten Reihe: »Was wird«, fragte er, »getan, wenn der Feind sich anschickt zu fliehen?«

»Lauschen und abwarten von wegen heimlichem Hinterhalt«, kam die Antwort.

»Richtig«, sagte Trunz, überlegte rasch und rief: »Und wie ist es bei Nahrung? Darf man essen zurückgelassene Nahrung?«

»Man darf«, rief ein anderer Füsilier, »aber nur Eingemachtes. Anderes könnte sein unbekömmlich.«

»Auch richtig«, sprach Trunz. »Aber wie verhält es sich beispielsweise mit Büchern? Du da, in der letzten Reihe. Was würdest du machen mit den Büchern?«

Mein Großvater, dem die Frage galt, sah sich zunächst um, weil er glaubte, hinter ihm säße noch jemand. Es war jedoch niemand da, und darum sagte er: »Ich würde schnell lesen und dann dem Feind einheizen mit der Flinte.«

Diese Antwort, aus argloser Leidenschaft gegeben, rief, wie man sich denken kann, den Jähzorn des Theodor Trunz hervor; er schwang jachrig das Holzbein, fuchtelte damit herum, wurde rein tobsüchtig, dieser Mensch. Dann rief er meinen Großvater nach vorn und schrie: »Wer, zum Teufel, bist du?«

»Ich bin«, sagte mein Großvater, »Hamilkar Schaß. Und ich möchte zunächst um Höflichkeit bitten von Füsilier zu Füsilier.«

Na, jetzt kam Theodor Trunz nahezu um den Verstand, wurde abwechselnd weiß, blau und rot im Gesicht, fast hätte man sich sorgen können um ihn.

Schließlich schnallte er sein Holzbein an, schrie: »Der Feind ist da!« und jagte seine Füsiliere auf den Hinterhof. Und jetzt ging es los: winkte sich zuerst Hamilkar Schaß, meinen Großvater, heran und rief: »Füsilier Schaß«, rief er, »der Feind ist hinter der Scheune. Was mußt du tun?«

»Ich fühle mich«, sagte mein Großvater, »unpäßlich heute. Auch war der Weg über die Wiesen nicht sehr angenehm.«

»Dann zeig' mal«, schrie Trunz, »wo überall ein Füsilier kann Deckung finden. Aber schnell, wenn ich bitten darf.«

»Das ergibt sich«, sagte mein Großvater, »von Fall zu Fall.«

»Zeigen sollst du uns das«, schrie Trunz und wurde rein verrückt.

»Eigentlich«, sagte mein Großvater, »möchte ich jetzt ein wenig schlummern. Der Weg über die Wiesen war nicht sehr angenehm.«

Theodor Trunz, der Kommandant, warf sich jetzt auf die Erde, um Hamilkar Schaß, meinem Großvater, zu zeigen, worauf es ankäme. »So«, rief er, »so macht ein Füsilier.«

Mein Großvater beobachtete ihn eine Weile erstaunt und sprach dann: »Es sind«, sprach er, »nach Suleyken nur ein paar Stunden. Wenn ich jetzt gehe, bin ich noch zu Hause vor Mitternacht.«

Darauf wurde Theodor Trunz zunächst einmal von einem Schreikrampf heimgesucht, und zwar hallte sein Geschrei so eindringlich durch das Gehölz, daß sämtliches Wild floh und die Umgebung nachweislich mehrere Jahre mied. Dann aber kam er allmählich zu sich, blinzelte umher, riskierte ein unsicheres Lächeln und verkündete den Befehl: »Feind tot« – woraufhin die Füsiliere mit einer gewissen Erleichterung der Garnison zustrebten.

Auch Hamilkar Schaß, mein Großvater, strebte ihr zu, suchte sich ein Kämmerchen, ein Bett und legte sich nieder zum Schlummer. Schlummerte vielleicht so vier Stunden, als eine Trompete gegen sein Ohr blies, was ihn dazu bewog, auf seine Taschenuhr zu blicken und sich, bei der Feststellung, daß Mitternacht erst gerade vorbei war, wieder hinzulegen. Gelang ihm auch, dem Großväterchen, wieder einzudruseln, als die Tür aufgerissen wurde, der Kommandant hereinstürzte und schrie: »Es ist, Füsilier Schaß, gegeben worden Alarm!«

»Der Alarm«, sagte mein Großvater, »ist gekommen zur unrechten Zeit. Könnte man ihn nicht, bitte schön, nach dem Frühstück geben?«

»Es handelt sich«, schrie Trunz, »um einen Alarm auf Schmuggler. Sie sind gesichtet worden an der Grenze. Zu *dieser* Zeit, nicht nach dem Frühstück.«

»Dann muß ich«, sagte Hamilkar Schaß, »auf den Alarm verzichten.«

Rollte sich auch gleich wieder in sein Deckchen und befand sich schon nach wenigen Atemzügen in lieblichem Schlummer. Schlummerte durch bis zum nächsten Morgen, frühstückte von seinem Rauchfleisch im Bett und ging dann hinunter, wo bereits ein taktischer Vortrag lief, übergetitelt: Was tut und wie verhält sich ein Kulkaker Füsilier, wenn er zu fangen hat Schmuggler? Trunz saß vorn und redete, und die Füsiliere lauschten ergriffen und voll verhaltenen Zornes – voll Zornes, weil sie seit sechsundzwanzig Jahren fast täglich Alarme hatten auf Schmuggler, aber noch nie einen von dieser Sorte fangen konnten. Das hörte Hamilkar Schaß, mein Großvater, und er stand einfach auf und wollte hinausgehen. Doch Trunz schrie gleich: »Füsilier Schaß, wohin?«

»An die frische Luft, wenn es beliebt«, sagte mein Großvater, »erstens möchte ich mir, wenn es genehm ist, die Beine vertreten, und zweitens möchte ich fangen ein paar Schmuggler.«

»Um Schmuggler zu fangen, Füsilier Schaß, müssen wir erst geben Alarm. Du wirst jetzt bleiben und anhören die Lehre von der Taktik. Jetzt ist Dienst.«

Worauf mein Großvater sagte: »Von Füsilier zu Füsilier: Jetzt sind die Haselnüsse soweit, und *mir* leckert, weiß der Teufel, so nach Haselnüssen. Ich werde mir schnell ein paar pflücken.«

Na, daraufhin war es wieder soweit: Theodor Trunz, der Kommandant, ließ sämtliche Füsiliere stramm stehen und rief: »Hiermit wird gefragt der Füsilier Hamilkar Schaß, ob es ihm ein Bedürfnis ist, dem Vaterland zu dienen.«

»Es ist Bedürfnis«, sagte mein Großvater. »Aber erst einmal will ich Haselnüsse holen.«

»Dann«, rief Trunz, »muß ich dem Füsilier Schaß geben den Befehl zu bleiben. Befehl ist Befehl.«

»Nach Suleyken«, drohte mein Großvater freundlich, »sind es nur vier Stunden. Wenn ich jetzt losgehe, bin ich noch zum Kaffee da.«

Und er verneigte sich vor dem erstaunten Trunz, streichelte, im Vorübergehen, einige der stramm stehenden Füsiliere und ging hinaus. Ging, mein Großväterchen, in den Stall, suchte sich eine ausgestopfte Schafhaut und verließ mit ihr die Garnison. Er pflückte sich Haselnüsse, knackte so viele, wie er gerade begehrte, und näherte sich dabei der Grenze. Und als er nahe genug war, zog er sich die Schafhaut über den Körper, ließ sich auf alle viere hinab und mischte sich unter eine grasende Schafherde.

Die Schafe, sie waren nicht unfreundlich zu ihm, nahmen ihn in ihre Mitte, stupsten ihn kameradschaftlich und suchten eine Unterhaltung mit ihm – in die er sich, aus gegebenen Gründen, nicht einlassen konnte.

Gut. Er zuckelte mit den Schafen so eine ganze Zeit herum, als er, in der Dämmerung, unvermutet folgendes entdeckte: er entdeckte, wie sich zwei besonders schwerfällige Schafe von der Herde lösten, und, in reichlich schaukelndem Gang, der Grenze zustrebten. Mein Großvater, er setzte ihnen wie übermütig nach, umsprang die beiden, stupste sie mit dem Kopf und neckte sie so anhaltend, bis er hörte, was er hören wollte: »Hau«, sprach es, »diesem Lamm eins auf den Dassel, sonst macht es mir noch die Flaschen kaputt.«

Jetzt, wie man ganz richtig erwartet, sprang mein Großvater auf, tat den beiden das, was sie mit ihm hatten tun wollen, fesselte sie vorn und hinten und trieb sie frohgemut zur Garnison. Summte ein Liedchen dabei und erschien gerade, als ein Kampfunterricht stattfand, welcher übergetitelt war: Wie sticht und wohin der Kulkaker Füsilier einen Schmuggler mit dem Seitengewehr?

Die Füsiliere, sie fielen fast in Ohnmacht, als sie Hamilkar Schaß, meinen Großvater, als summenden Hirten erlebten, der seine Schäfchen vor sich hertrieb. Und Trunz, der Kommandant, raste auf ihn zu und schrie: »Die Beschäftigung, Füsilier Schaß, mit Tieren während des Dienstes ist verboten.«

Worauf mein Großvater antwortete: »Eigentlich«, antwortete er, »möchte ich jetzt schlummern. Aber vorerst werd' ich sie häuten.«

Und er zog den schwanger aussehenden Schafen die Häute ab und brachte zwei ausgewachsene Schmuggler zum Vorschein, welche überdies beladen waren mit einer Anzahl Schnapsflaschen.

Muß ich noch viel mehr erzählen?

Nachdem der Jubel der Füsiliere sich gelegt hatte, trat Theodor Trunz, der Kommandant, an meinen Großvater heran, küßte ihn und sprach: »Du darfst jetzt, Brüderchen, schlummern, und wenn du aufwachst, dann ist der Füsilier Schaß tot. Leben wird dann der Unterkommandant Schaß, ausgezeichnet mit der Kulkaker Ehrenspange für Höhere Füsiliere.«

»Zunächst«, sprach mein Großvater, »muß ich mir aber noch ein paar Haselnüsse holen.«

Übrigens blieb er bei den Kulkaker Füsilieren nicht bis zu seinem Tode; im Frühjahr verschwand er eines Tages zum Kartoffelpflanzen und kam nicht mehr zurück.

Max Tau
Denn über uns ist der Himmel

Jaroslavs Vater war ein Säufer. Er sagte im Rausch zwar manchmal klügere Dinge als die anerkannten hellen Köpfe der benachbarten Stadt; aber davon konnte seine Familie nicht leben. Er brachte es nie so weit, daß er sie ernähren konnte. Alles, was er verdiente, reichte nur für die nächste Flasche Schnaps.

Jaroslav hatte sich schon als kleines Kind vor seinem Vater gefürchtet. Einmal hatte er vor dem Haus gestanden und herzzerbrechend geweint. Als die Mutter zu ihm hinausging, hatte er schluchzend gesagt: »Die Erde schreit!« Und nichts hatte ihn beruhigen und davon überzeugen können, daß die Erde nicht schrie. Die Erde schrie immer, wenn er den Vater sah. Einmal glaubte er ihn mit dem Kopf eines wilden Tieres zu sehen; er strauchelte, kroch auf allen vieren und sprang wieder auf, genau wie ein Tier. Am meisten jedoch erschreckte Jaroslav das Lachen seines Vaters, es war ihm furchtbarer als der Schnapsdunst und die Schimpfworte. Jaroslav war noch zu klein, um die Verzweiflung zu hören, die sich in diesem Gelächter Luft machte. Er fühlte nichts als Angst und schlug einen Bogen um den schwankenden und polternden Mann, wo es nur ging.

Die Dorfschule, in die Jaroslav geschickt wurde, bereitete ihm keine Schwierigkeiten. Er lernte ziemlich leicht und schnell, aber er spürte oft, daß die Lehrer auf ihn herabsahen, wie er auch bald merkte, daß seine Kameraden immer einen gewissen Abstand von ihm hielten. Freilich: wenn sie zu Hause ihren Ranzen hinter den Schrank warfen, mußte Jaroslav arbeiten gehen.

Zuerst half er den Hausierern, ihre Waren zur Markthalle in die Stadt zu tragen. Das war ein großer neuer Bau, der eigentlich nur für anerkannte Kaufleute bestimmt war; aber nachdem die Hausierer alles mögliche angestellt hatten, um trotzdem mit hineinzuschlüpfen, gab man jedem um der Ordnung willen einen Stand. Keuchend und schweißtriefend trug Jaroslav den Hausierern die Ballen zur Halle. Weil er so klein und schmächtig war, hatte hier und da einer Mitleid mit ihm und trug die Last eine Strecke Weges selber; aber er mußte Jaroslav jedesmal versprechen, es niemandem zu sagen, Jaroslav hatte nämlich große Angst, seine Arbeit zu verlieren.

Später fand er im Hause Alois Seilers eine Heimat. Seiler gab ihm Brot und Arbeit, und Jaroslav gewöhnte sich daran, daß hier nun sein Zuhause war. Der Kaufmann sah in dem Knaben eine gute Kapitalsanlage. Er benutzte ihn als Laufburschen und labte sich an der Vorstellung, daß die Leute wegen der Großmut, die er dem Jungen bewies, einen Wohltäter in ihm sähen.

Für Jaroslav war die neue Umgebung ungemein anregend und geheimnisvoll. Alles war so anders als zu Hause, so voller Rätsel. Wenn er das Kontor ausfegte und auf dem Pult Staub wischte, fiel hin und wieder ein Lichtschein aus dem Umkleideraum der

Schmuggler, und durch den Türspalt sah er, wie die Männer sich auszogen. Nach einer Weile standen sie wieder in ihren Kleidern da. Jaroslav begriff nicht, was dort eigentlich vor sich ging. Aber manchmal schnappte er ein paar Brocken von dem auf, was sie sprachen. »Hast du gehört?«, sagte einer. »Genau so ist es: das Licht bringt die Wahrheit an den Tag, sagte der Jakob. Nun denkt mal einen Augenblick nach: Wenn der Mond scheint, ist es nichts mit dem Schmuggeln. Recht hat er, der Jakob. Der sagte die Wahrheit.«

Als ein paar Tage später die Berge und Täler im Licht des Vollmonds lagen, stand Jaroslav vor dem Hause, um die Wahrheit zu sehen. »Es ist die Wahrheit«, hörte er die Männer murmeln, und er dachte angestrengt nach, was sie meinen mochten. Aber er fand es nicht heraus, es war schon eine sonderbare Wahrheit.

Von nun an horchte Jaroslav noch angespannter auf das, was die Hausierer sagten, und Jakobs Bild erstand immer deutlicher vor seinem inneren Auge. Jakob war kein gewöhnlicher Mensch gewesen. Jakob war der König der Hausierer. Er hatte alle Hausierer ausgebildet und sie die nötigen Tricks gelehrt. Einmal, so hörte Jaroslav durch den Türspalt, hatte Jakob gesagt: »Die Leute werden euch rauswerfen. Von einem Hausierer will keiner was wissen. Da müßt ihr husten, da müßt ihr jammern und weinen. Hauptsache: ihr kommt rein! Dann müßt ihr irgendeine Sensation auftischen. Ein Unglück zum Beispiel: Die große Tuchfabrik Wolff ist gestern abgebrannt. Oder: Der Tuchhändler Michailov hat sein ganzes Vermögen verloren. Er hat euch beauftragt, seine besten Waren zu einem Schleuderpreis zu verkaufen. Solch eine Gelegenheit gibt es nur einmal im Leben!«

Jaroslav hatte aber auch gehört, daß Jakob oft mit seinem Beruf unzufrieden gewesen war. Dann hatte er gesagt: »Die Menschen wollen ja betrogen werden. Könnt ihr verstehen, warum? Sie verdienen zu wenig! Das ist es! Der reiche Mann kann sich Stoffe mit eingewebtem Muster kaufen, der arme Mann nur bedruckte Stoffe. Aber wir müssen dem armen Mann einreden, daß die bedruckten Stoffe genau so gut seien, wie die besseren. Natürlich halten sie nicht lange. Wären sie von besserer Qualität, so gäbe es keine Hausierer mehr. Nein, die Menschen sind zu geduldig. Es gibt keine Aufrührer mehr. Sie sind alle so erschöpft, daß sie vor Müdigkeit zufrieden sind. Sie haben keine Kraft mehr, unzufrieden zu sein. Nur darum sind die Armen immer gut zueinander. Müde sind sie, sage ich euch!«

Trotzdem hatten Jakobs Kunden große Stücke auf ihn gehalten. Kam er, so luden sie ihn zum Mittagessen ein. Für die Kinder hatte er stets kleine Geschenke in der Tasche. Er hatte Kinder gern, und nichts freute ihn so, als wenn sie sangen. In seiner Jugend hatte er einmal ein Lied in der Kirche gehört, das ihm über die Maßen gefiel. Dies Lied hatte er immer wieder, im Sommer und im Winter, auf seinem Leierkasten gespielt, bis alle Kinder die Melodie kannten und vor sich hin pfiffen oder summten. Die Worte dazu kannte Jakob selber nicht.

Meist stellte Jakob sich zu bestimmten Zeiten ein. So wartete einmal eine Familie mit vielen Kindern auf ihn, aber Jakob erschien nicht. Die Kinder wurden ungeduldig, sie beteten zum lieben Gott, er möge Jakob schicken; aber Jakob kam nicht. Da stimmten sie das Lied an, das sie von ihm gelernt hatten. Keiner merkte, wie sich plötzlich die Tür öffnete, Jakob stand auf der Schwelle und sah die Kinder auf dem Boden hocken und sein Lied singen. Da hob er eins nach dem andern auf und trug es durchs Zimmer, daß es aussah wie ein Tanz. Die ganze übrige Horde hängte sich unter Jubelgeschrei an seine Beine, an seine Arme, an seinen Hals, bis er sich nicht mehr rühren konnte.

Jaroslav wuchs heran, und Jakob blieb verschollen. Alois Seiler zog Jaroslav mit der Zeit immer näher zu sich heran und gab ihm größere Aufträge. Er kleidete ihn neu und schenkte ihm das schönste Taschentuch, das er hatte. Aber er gewann Jaroslavs Herz nicht. Jaroslav fühlte, daß er zu den Hausierern gehörte. Manchmal fürchtete er sich wohl vor ihnen, aber immer fand einer der bärtigen Gesellen ein freundliches Wort, das sein Zutrauen und seine Zuneigung wieder weckten. Freilich hatten die Hausierer auch ihre Freude daran, Jaroslav zu erziehen, und am meisten Spaß machten ihnen seine Fragen. Sie schlugen sich vor Vergnügen auf die Schenkel und lachten schallend, bis ihnen die Tränen in die Augen traten.

So war es kein Wunder, daß Jaroslav sich zuweilen, trotz seiner Liebe zu den Hausierern, recht einsam unter ihnen fühlte. Besonders ihre Witze verwirrten und erregten ihn. Er verstand den Sinn dieser Witze nicht, aber die Worte fraßen sich in sein Gemüt. Sie verfolgten ihn, wenn er sich schlafen legte, und ließen ihn auch bei Tag nicht los. Die Luft wurde Jaroslav drückend und schwül. Bilder stiegen aus seinem Innern, die ihn lockten und zugleich ängstigten.

Im März, wenn der Sturm die gelben und braunen Blätter aus den Beskidenwäldern durch die kleinen holprigen Straßen des

Dorfes fegte, sagte Jaroslavs Vater: »Jetzt mistet die Erde aus.« Staunend sah Jaroslav, wie der Schnee schmolz, wie die Eiskruste sich tropfenweise von den Bäumen löste. Er stand mit rotgefrorener Nase und einer dicken Filzmütze da und zählte die Tropfen. Er zählte, verzählte sich und begann von neuem. Oft mußte er den Atem anhalten, so lange dauerte es, bis ein Tropfen sich gesammelt hatte und endlich fiel. Nur am Bach ging es schneller. Dort hörte man das Eis krachen, sobald die Sonne ihre Strahlen sandte. Das Wasser brach die Eisdecke auf und verzehrte sie.

Ein besonders wichtiger Tag für Jaroslav war der 23. März. Es war sein Geburtstag, und wer es noch nicht wußte, erfuhr es spätestens im Februar von ihm. Er posaunte es laut und vernehmlich überall aus. Oft neckten ihn die Hausierer und sagten: »Der 23. März wird noch einmal der wichtigste Tag der Weltgeschichte!« Aber dieses Jahr begann Jaroslavs Geburtstag, obwohl er auf einen Sonntag fiel, sehr traurig. Der Polizist hatte den Vater am Vortage aus dem Graben hinter dem Dorfe gezogen und ins Spital bringen müssen. Die Hausierer waren auf ihrer Wanderung. Alois Seiler, der wohl wußte, daß Jaroslav Geburtstag hatte, tat, als habe er ihn vergessen. Er sagte nichts, als Jaroslav, der Werkarbeit ledig, das Haus verließ und der elterlichen Hütte zuschlenderte. Niedergeschlagen schloß Jaroslav die Haustür auf. Er wartete. Er glaubte fest, daß etwas geschehen werde; aber es geschah nicht das Geringste. Am Abend endlich, als schon alle Hoffnung in ihm erstorben war, besuchte ihn der kleine hinkende Egon, der einzige Freund, den er gefunden hatte, der Sohn des reichsten Mannes in der Stadt. Es war eine merkwürdige Freundschaft. Egon brachte Jaroslav ein Buch als Geschenk mit, das er umständlich aus dem etwas schmutzigen Seidenpapier wickelte. Der buntbemalte Umschlag leuchtete vor Jaroslavs Augen, und voller Freude und Triumph griff er danach. Aber plötzlich erlosch seine Freude, er wurde traurig; ihm fiel ein, daß er nichts, gar nichts hatte, um Egon seine Dankbarkeit zu zeigen und ihn zu bewirten. Schrank und Schubladen waren leer. Verzweifelt und verlegen kramte Jaroslav in seinen Taschen, bis er zwischen Bindfaden, Streichhölzern und Kreidestummeln ein Stück zerdrückter Schokolade zutage förderte. Mit seinem Taschenmesser schnitt er es in zwei ungleiche Teile und gab Egon das größere Stück. »Bitte, Egon, sei so lieb«, bat er flehentlich, als Egon sich verabschiedete und wieder zur Tür hinkte, »sag niemand, daß du bei mir nichts bekommen hast.«

Zwei Tage später kamen die Hausierer zurück. Nein, sie hatten Jaroslavs Geburtstag nicht vergessen, und sie hatten auch nicht vergessen, was sich Jaroslav einmal gewünscht hatte. Sie bildeten einen Kreis um ihn, und der kleine Schmul sagte: »Was hast du dir gewünscht?« Ehe Jaroslav etwas sagen konnte, nahm der lange Friedrich den Fußball aus Leder und pfefferte ihn an die Decke. Jaroslav konnte gar nichts sagen, es ging alles so schnell, er kroch auf allen vieren dem Fußball nach, umarmte ihn und weinte. »Dummer Junge«, sagte der lange Friedrich, »der 23. März ist doch der wichtigste Tag der Weltgeschichte!«

Am nächsten Morgen stand Jaroslav nicht auf. Alois Seiler klopfte zweimal vergebens an seine Tür. Als er schließlich in die Kammer trat, fand er Jaroslav in tiefem Schlaf, den Fußball fest in den Armen.

Der Fußball war ein Ereignis. Er schien Zauberkraft zu besitzen, wenn Jaroslav ihn in die Luft und unter die Knaben schoß. Auf einmal hatte er viele Kameraden. Waren sie jedoch müde vom Spiel, nahm Jaroslav den Ball wieder unter den Arm, nur der hinkende Egon begleitete ihn nach Hause. Auch die Zauberkraft des Balles konnte Jaroslav nicht aus der Einsamkeit erlösen.

Alois Seiler hatte sich in den Kopf gesetzt, daß Jaroslav Kaufmann werden sollte. Er bildete ihn in allem aus, was ein Geschäftsmann wissen muß. Aber Jaroslav hatte eine Abneigung gegen seine Methoden. Kam der Steuersekretär, um Stoff für einen Anzug zu kaufen, so sagte Alois Seiler übertrieben liebenswürdig: »Hier haben Sie die beste Qualität, eben aus England importiert. Wie gut die Ware ist, können Sie daran sehen, daß ich selbst sie trage. Bitte überzeugen Sie sich!« Jaroslav fühlte sich durch solches Gerede abgestoßen. Er verachtete alles, was Alois Seiler ihn lehren wollte, ob er nun log oder nicht. Nach einiger Zeit brachte Alois Seiler ihm bei, mit der Elle umzugehen. Jaroslav lernte, daß man für einen Anzug drei Meter brauche. Die Hausierer kauften immer drei Meter und für die dickeren Kunden dreieinviertel. Schmul hatte Jaroslav gelehrt, daß man auch etwas zugeben müsse, und so maß Jaroslav ziemlich großzügig. Je lieber ihm der Hausierer war, für den er gerade maß, desto mehr gab er zu. Davon erfuhr Alois Seiler lange Zeit nichts; denn die Hausierer packten ihre Ware stets schnell ein und nahmen sie gleich mit.

Eines Tages jedoch betrat eine alte Frau den Laden, ein altes Mütterchen, das Jaroslav leid tat. Sie brauchte zweieinviertel Meter Seide als Geburtstagsgeschenk für ihre Tochter. Sie kramte und kramte in ihrem Geldbeutel, aber es reichte nur für zwei Meter. »Ach«, sagte Jaroslav, »das macht nichts. Ich messe Ihnen zwei Meter ab und gebe Ihnen das andere zu.« In diesem Augenblick betrat Alois Seiler durch die hintere Tür den Laden. Jaroslav bemerkte ihn erst, als er die Seide abschnitt. Mit bedrohlich schnellem Schritt trat Alois Seiler an den Tisch, ergriff die Elle und sah die Frau mit zornfunkelnden Augen an. »Sie haben zwei Meter bezahlt und zweieinviertel Meter bekommen«, sagte er, und Jaroslav zugewandt schrie er: »Weißt du, was du bist, verdammter Bengel?« Jaroslav stotterte etwas, aber dann war ihm plötzlich, als ob Onkel Jakob neben ihm stehe und ihn beschütze. Verwirrt sagte er: »Ein Entdecker.« »Ein Verbrecher bist du«, schrie Alois Seiler, griff die Elle fester und schlug auf den Knaben ein. Aber Jaroslav weinte nicht. Langsam stieg er die Stufen zu seiner Schlafkammer hinauf.

Alois Seiler war ein gewitzter Mann, ein Feldherr, der das Schlachtfeld des Lebens überschaute und seine Truppen geschickt leitete. Er wußte, daß für ein Geschäft nichts schädlicher ist als ein schlechter Ruf, und so zwang er sich zu einem Lächeln und wandte sich freundlich der Kundin zu. »Sie müssen verzeihen«, sagte er mit gespielter Ruhe, »aber ich muß den Jungen doch erziehen. Hätte er mich gefragt, so hätte ich Ihnen natürlich auch zweieinviertel Meter gegeben. Das ist doch eine Kleinigkeit, nicht der Rede wert. Meine Glückwünsche an Ihre Tochter, und kommen Sie bald einmal wieder!«

Jaroslav hockte unterdessen in seiner Schlafkammer auf dem harten, schmalen Bett und dachte an Egon. Er nahm das Märchenbuch, das Egon ihm zum Geburtstag geschenkt hatte, und begann zu lesen. Die Tür öffnete sich, und Alois Seiler trat ein, freundlich, als ob nichts geschehen sei. »Jaroslav«, sagte er. Etwas Väterliches schwang im Tonfall seiner Stimme. »Ich will nur dein Bestes. Du sollst in der Welt weiterkommen. Jakob dachte immer nur an den nächsten Augenblick, an morgen, höchstens noch an übermorgen. Du dagegen sollst reich werden, Jaroslav. Versteh doch: da kann man nicht alles wegschenken! Das Beste muß man stets behalten, sonst bleibt man immer ein Hausierer. Du sollst kein Hausierer werden, du sollst ein Kaufmann werden, Jaroslav, ein Großkaufmann, zu dem die Leute aufschauen.« Jaroslav antwortete nicht. Er blickte über sein Buch hinweg zu Boden.

In der folgenden Nacht, als eine ganz schmale Mondsichel am Himmel stand, blickte Jaroslav wieder in das Dämmerlicht hinaus. Er sah, wie die Brüder Zapper über den kleinen Fluß schwammen, der die Grenze zwischen Österreich und Rußland bildete. Es gab so vieles, das er nicht begreifen konnte. Warum konnte man nicht einfach über die Grenze gehen, um seine Waren zu verkaufen? Warum mußte man sein Leben wagen, um das Brot für den nächsten Tag zu verdienen? Warum traf das Unglück immer nur die Armen? Warum wagte niemand gegen Alois Seiler aufzutreten? Warum krochen sie alle vor ihm? Selbst die Hausierer schienen in zwei verschiedenen Sprachen zu sprechen. Sie schimpften auf Alois Seiler, wenn er nicht in der Nähe war, und sie lobten seine Tüchtigkeit, sobald er zu ihnen trat. Taten sie das, weil er ihnen Geld und Kredit gab? Die Mondsichel schwamm zwischen den Wolken. »Das ist die Wahrheit«, schwang es in Jaroslav nach.

Heinz Piontek
Oberschlesische Prosa

Die Stadt

Landschaft um einen trigonometrischen Punkt. Unter einem aus Sepia und schwammigem Ocker getuschten Himmel. Flach ausgewalzt, frostig, die Äcker tot im Staub des Schnees. Der Morgen dämmerte über der Ebene. Er zögerte, die Dörfer aufzuhellen, den Horizont aus Dörfern, das nahe Dominium, das wie ein Kastell angelegt war und erstarrt schien in gefrorenem Schmutz, die Fasanerie eines verschuldeten Junkers, die öde, ziellose Chaussee. Doch dann rieselte das Licht stärker, das schwarze Gehölz grünte auf, blutigen Striemen gleich brannten vereinzelte Kiefern im Fichtendickicht.

Die Wolkendecke wurde straff. Sie wölbte sich nicht, sie glättete sich zu einer zweiten parallel zur Erde gerichteten Ebene. Zwischen diesen Schichten verkümmerte alles Vertikale, Gesteigerte, schrumpfte das Aufrechte. Hier war kein Raum für Visionen. Der Verlust der Höhe verlieh dem Lande eine übermäßige Schwere, den Ausdruck lastender Realität; er drückte auch das Kreuz nieder, das nicht mehr über sich hinaus wies und nach dem auferstandenen Herrn deutete, sondern auf den niedergefahrenen Christus ...

Von der Höhe schlängelte sich der Weg hinab zur Chaussee. Allmählich trat die Stadt aus dem Gesichtslosen der Ferne: zuerst Pinselstriche von verwesendem Lila, dann die Schatten in kältestem Kobalt, endlich die Konturen dörflicher Vororte. Baumgärten flochten ihre Gespinste vor den Hauswänden. An der Kreuzung scheute ein Gespann, die Falben preschten mit dem polternden Gefährt schräg über die Winterbahn; die Luft schallte.

Vorüber an Tümpeln mit sandfarbenem Eis und eingefrorenen Strohhalmen, an Scheunen, Stallungen, einer ausgebrannten Mühle. Das Transformatorenhaus hatte die Hinfälligkeit verfrühter Erscheinungen. Zwei Männer stakten zur Getreidehandlung. Ihr Gespräch war unbeholfen und karg. Sie trugen Schaftstiefel und mit Schaffellen gefütterte Jacken, auf den borstigen Schädeln die Wollmütze. Hinter ihrem zähen Verdruß begann die Stadt.

Mißtrauisch schob sie die Blöcke mit den Arbeiterwohnungen vor. Kaufläden folgten, Gasthöfe, die verschnörkelte Fassade eines Amtes, lückenlos reihten sich jetzt die Häuser längs der Straße. Ihre Mauern hatte die heftige Witterung gebeizt, auf den Scheiben blühte die Vegetation des Frostes. Neben den Gasthaustüren tunnelten sich die Einfahrten zu gepflasterten Höfen; hier spannten die Bauern ihre Pferde aus, wenn sie an Markttagen in die Stadt fuhren. Tauben stürzten durch die Luft, die getrübt war von Kohlenrauch und manchmal kräftig nach Tee und Schnaps roch oder nach ranzigem Stiefelfett.

Ein Blick zum Turm, der massig, stumpf, aus rauhen Backsteinen gefügt, an der Straßengabelung aufragte. Auch er konnte seine Idee nur andeuten, blieb ein hilfloser Koloß, zurückgezwungen von der Schwerkraft des Landes. Neue Straßen schlossen sich an, überschnitten einander, glitten in Kurven und verzweigten sich vor jäh auftauchenden Hindernissen. Irgendwo lärmte es immer; ein sonderbares Rumoren – als wären betrunkene Stadtmusikanten, ausgebrochene Häftlinge, randalierende Bauern unterwegs: Lärm gegen den Frost.

Am Marktplatz standen die ältesten Häuser. Bescheidener Barock, der jeder Feuersbrunst getrotzt hatte, die Laubengänge des Rathauses kahl, ein Türmchen aus halbverschneiter Patina und davor ein Rasenfleck und Ziertannen und eine scheckige Tankstelle. Rings das Karree der Geschäfte; in den Fenstern häufte sich der Kram wie in den wenigen Läden einer Barackenstadt irgendwo am Rande der Steppe. Doch auf diesem Platz war das Bauwerk solide, die Fronten fügten sich aus Stein und Glas, eine behäbige Ordnung triumphierte. Saubergeseifte Nachkommen von Kolonisten vermehrten mit List und Fleiß ihre Habe, luden zu tagelangen Fressereien ein.

Frauen und Mädchen waren in der Überzahl. Sie neigten zur Üppigkeit, stülpten Fellkappen auf das glatte Haar oder knoteten

Fransentücher unterm Kinn fest. Ihre Wangenknochen traten hervor, sie hatten derbe Gesichter, volltönende Stimmen, und der Teufel fuhr in sie, wenn sie scharfzüngig wurden oder zu den Freilufttanzdielen liefen. Ihr Leben hatte Raum für fanatische Enthaltsamkeit und unersättlichen Genuß. Alt geworden, erzählten sie wunderbare Geschichten von Männern, die mit Pferden handelten und den Leibhaftigen in einem Sack fingen.

Dann wurde die Kirche erreicht: die mächtige, stillose, von Jahrhunderten geschwärzte Zuflucht der Leidenden. Das Innere war mit Kalk gesalbt, der enge, aus Purpur, Gold und geistlichem Violett aufflammende Altar leuchtete unter dem steilen Gewölbe als Ewiges Licht. Der Pastor trug seinen bauschigen Talar wie eine Büßerkutte. Das Sausen der Orgel riß seine Stimme hinweg.

Einige Straßen weiter lockerte sich das Weichbild auf. Überraschende Durchblicke boten sich an: über Kohlenhöfe hinweg, über einen Bach mit geborstener Eisdecke, hinüber zu Landhäusern und Sägewerken. Der Atem ging freier. Einzelne Flocken, blasse Funken. Und da war der Stadtrand – der Bahnhof, ein Gebilde von Eisen, Ziegeln, Dampfsäulen und Teerdächern, hinter dem die Gärten begannen, die Weiden. Auslaufende Züge – man hatte sie an den Rampen mit bitterer und süßer Fracht beladen: mit Hoffnung, Trunkenheit, Eifer und Liebe.

Wie barmherzig fiel der Schnee.

Die Siedlung

Staub puderte das Gehölz, das die Wagenradrillen umkreisten, und dann tauchten einsiedlerisch, von Linde, Nußbaum, Holunder überwuchert, die ersten Gehöfte auf. Sie erzeugten das Gefühl karger Sicherheit, das der Horchposten empfindet, wenn er sich im Niemandsland hinter eine Graswelle duckt. Hochgestapelte Brennholzbastionen hielten im Winter dem Angriff der Eisstürme stand, jetzt dörrten sie in der Hitze, schwitzten ihr Harz aus; Kinder erkletterten schreiend die Wälle aus Kiefernkloben. Tief im Laubschatten nisteten die Bauernhäuser: langgestreckt, vergilbte Kalkwände unter Stroh- und Ziegeldächern, mit verglasten Scharten und bohlengefügten Türen, die des Nachts verrammelt wurden, als ängstigte die Siedler noch immer die Wildheit aufgewiegelter Leibeigener aus den Walddörfern jenseits der seichten Prosna.

Kammern und Küchen waren niedrig, schwarzem Schnee ähnlich stöberten die Fliegenschwärme, die stickige Luft schien von ihrem unablässigen Summen noch dichter. Man nahm die Grenzen der verschiedenen Gerüche wahr, die sich nicht vermischten. Wunderbar dicke Frauen beschimpften schwangere Mädchen, die Hühner rupften oder Melkeimer scheuerten. In ihren Augen glomm ein graues Licht, groß wölbten sich ihre Hüften. Doch das Weibliche war hier mit »üppig«, »vital«, »fruchtbar« nicht hinreichend umschrieben; es besaß auch Züge von Geiz, Schwermut, Hinfälligkeit und eine Neigung zu pessimistischem Weltverständnis. Greller Kattun hüllte die Leiber, nur die Greisinnen trugen asketisches Schwarz, blätterten sonntags in stockfleckigen Bibeln und krächzten die Verwünschungen der Propheten eifernd durch das Schweigen der verlassenen Behausungen.

Die Kammern grenzten an die Ställe. Scheunen und Remisen waren von den Häusern abgesondert und schlossen zumeist das Hofrechteck ein. Im Novemberregen versumpfte es, dann waren die Wirtschaftsgebäude nur über Bretterstege zu erreichen, die schmatzend im Schlamm wippten, wenn die Holzpantoffeln auf ihnen entlangschlurften. Doch nun blies die Gewitterbrise Wirbel aus Hühnerfedern und morschen Strohhalmen über den Hof. Blattgold schwappte auf dem Jauchenspiegel, im Dung scharrten gierig die Hühner ...

Die emporwehende Wetterwand trieb die Bauern in den Schutz der Gehöfte. Struppige Gäule schäumten in den Geschirren, kläfend rissen die Wolfshunde an den Ketten. Die Männer waren von kleinem Wuchs, sehnig, die stoppeligen Gesichter verrieten Mißtrauen und Demut, aber auch Jähzorn, Gewalttätigkeit und fanatische Kolonisationskraft. Werktags umschlotterten die Hageren zerfetzte Leinenkittel, ausgefranste Manchesterhosen, am Sonntag schritten sie in verschossener Konfektion zu Kirche und Kneipe. Sie fürchteten sich vor den Weibern und folgten mürrisch ihren Anweisungen, doch wenn sie berauscht aus den Wirtschaften kamen, zahlten sie es den Frauen heim.

Die Jungen dienten in den Reiterregimentern der Grenzgarnisonen, wo man ihren Pferdeverstand und ihre Ausdauer lobte und sich an ihrer Unbeholfenheit belustigte. Das Preußische, das sie als Exaktheit, Disziplin und kieferne Würde kennenlernten, bedrückte sie, nur wenige unter ihnen ließen sich in die scharfen Formen pressen. Das Böhmisch-Österreichische lag ihnen näher, Katholizität und Korruption, Gesang und Geschwätz, Feste, deren Gepränge ins Balkanische schillerte. Doch ihre feineren Züge bildete die Weite aus, die Verlassenheit der großen Ebenen. –

Blitze rissen das Gewölk auf. Das Unwetter schleifte die Regenwolken über die federnden Lindenwipfel, das Vieh brüllte den Donner nieder. Aus den Stuben starrte man mit Entsetzen auf den dramatischen Himmel, selbst die Männer murmelten Gebete und Aberglauben. Die Nähe der Schwangeren galt als sicher, ein kleiner Umkreis, den der zürnende Gott verschonte. Sobald das Gewitter nachließ, nahmen die Siedler ihre unterbrochenen Arbeiten mit rumorender Fröhlichkeit auf, wateten durch die Lachen und lobten die würzige Luft. Die Kühe wurden aus den Ställen gezerrt, die Hütebuben verknoteten die Leitseile mit den Halsketten der Tiere und trieben sie an den Feldrainen dahin, fort durch den späten verblauenden Tag.

Und immer wieder wurde die Siedlung des Abends dem fremden Betrachter zum rätselhaften Sinnzeichen, zum Anfangswort eines verschlüsselten Textes, der über die Ebene und zwischen die Waldhorizonte geschrieben war. In den umbuschten Gehöften hatte sich der Mensch festgesetzt, stemmte er sich gegen den Sog aus den Steppen und Tundren, aus der Unabsehbarkeit des östlichen Raumes, aber es mußte Geheimnis bleiben, auf welche Weise er der Leere standzuhalten vermochte, dafür gab es kein Wort – das Erklärbare war hier mit dem Scheinbaren identisch. Die Siedlung hütete ihren Sinn. Vielleicht wußten ihn die Toten.

Der Wald

Das Gebiet war voller Ungewißheit, selbst die Schneisen, in denen gekalkte Steine die Grenze markierten, hatten nichts von topografischer Genauigkeit. Sie vernarbten wie Wunden, Knieholz wuchs über sie hinweg und wischte ihre Konturen ins grüne Gedämmer.

Wald – tiefe, gefährliche Zauberhöhle. Die Welt trug hier Namen, die nach Harz und Nadeln dufteten. Sie hieß: Kiefernforst, Fichtendschungel, Eulengehölz, Fuchsdickicht. Auf den wenigen Lichtungen verlotterten die Katen der Waldarbeiter und Taglöhner. Der Sommer zog mit Insektenwolken durchs Holz. Erhitzter Tümpelschlamm stank nach Pflanzenmoder, Aas und Fieberschweiß.

Unvergeßlich die Färbungen des Lichts. Wipfel und Gezweig filterten es, rauchig durchbrach es die Nadelschichten: himmlische Taucherlampen, die den Waldgrund nach versunkenen Schätzen absuchten. Es gab Lichttönungen, die an das Grün zarter Moospelze erinnerten, es gab die Farbe gefüllter Bierflaschen, Nuancen zwischen Reseda und Smaragd, Tupfen aus Wacholder, aber auch Häherblau, Violett und verstaubtes Gold.

Die Nächte brachten Beute und Blut. Über den Schmugglerpfaden hing der vibrierende Hall der Explosionen, sein Echo mischte sich mit dem Schreien der Getroffenen, mit Gebell und den Fluchtgeräuschen aufgeschreckter Wildrudel. Blendlaternen tasteten grell ins Dunkel, fingerten nach zuckenden Körpern, Bündeln Konterbande, verstörtem Vieh. Manchmal schossen die Schmuggler zurück. Dann splitterten die Laternen, die Diensthunde winselten, Uniformen wurden naß und dunkel von Blut. Der Wald vergaß nichts. In seiner Erinnerung lohten die Lagerfeuer riesenhafter, zottelhaariger Jäger und die Rodebrände der Siedler, pfiffen die Hetzpeitschen polnischer Edelleute, schrillten friderizianische Querpfeifen, flohen Napoleons aufgeriebene Armeen vor sibirischen Eiswinden, Wolfsgekläff und Kosakensäbeln, hauste eine Bande schnurrbartgeschmückter Desperados, die mordeten und verschonten und zur Czenstochauer Madonna beteten, auch der Augustmorgen war in seinem Gedächtnis, Vorhutgeplänkel, der erste Tote des Weltkriegs (Ulan Wilhelm Grün) und die Gefechte mit den Freischärlern der polnischen Republik – hier glich die Natur einem gesiegelten Dokument; wer es zu lesen verstand, dem war das Vergangene dauerhaft, der Wald Geschichte.

Die Hüttenleute verstanden sich nicht darauf. Die Alten unter ihnen sahen nur des Waldes Düsternis und belebten sie mit den Gestalten ihrer Legenden und Spukgeschichten, die Jungen dachten an den Nutzen des Forstes, stahlen Klafterholz, wilderten und nahmen den Schutz der Dickichte für ihre Schmuggelgänge in Anspruch. Das Leben der Waldmenschen war Mühsal, Schrecken und Ausschweifung. Der Boden, versandet und von langen Wintern verheert, gab kaum was her, Pfennige brachte die Holzarbeit ein. Am sinnfälligsten wurde die Armut im Innern der Katen, wo es nach Kartoffeldampf roch, nach Petroleum, Leder, Urin, Branntwein, Tier und Schlaf.

Der Rausch machte Männer und Weiber zügellos, in ihren kurzen, gedrungenen Körpern flackerte die Gier, sie krakeelten mit ordinärer Pracht, die Feste zu Ehren ihrer Heiligen verlöschten in fiebriger Erschöpfung. Doch sie kannten auch Stunden inbrünstiger Frömmigkeit, pilgerten mit den Wallfahrern aus benachbarten Dörfern, opferten für Klöster und Kirchen, deren Namen sie nicht aussprechen konnten, und flehten die Trinität um Segen oder Erbarmen an. Ihre Sprache war ein wunderliches Gemisch aus deutschen und polnischen Wendungen, formlos, primitiv, zuweilen gänzlich unverständlich, jedoch nicht ohne Humor, freilich einen von jener hintergründigen Art, die vor Lästerung und Vermessenheit nicht zurückschreckt.

In den Wäldern aber dachte man kaum an die Lebenden. Zwischen Farnkraut, Gestrüpp, schorfigen Stämmen und Beerengerank entdeckte der Verschollene eine neue, vollkommene Weise des Daseins. Das Menschliche löste sich gleichsam auf, zurück blieb etwas Pflanzenhaftes, Geduldig-Hiesiges, doch in einem Zustand, den die Zeit nicht auszuhöhlen vermochte: ein Diesseits von absoluter Beständigkeit. Er entdeckte aber auch das dumpfe Entsetzen vor der Gewalt der Elemente, wie es die Kreatur erfährt, und seine Hilflosigkeit im Nichts ungestirnter Nächte.

Aus den Waldungen in die offene Ebene zu treten, wurde jedesmal ein Erlebnis, das eher bestürzte als beglückte. Man empfand die Scheidung von Verborgenem und Geoffenbartem, von Mystik und Geist, Traum und Tag befremdend, ja als einen tragischen Zerfall. Der Schritt schwankte, das Auge bewältigte mit Mühe die durchdringende Klarheit des Freilichts, die Sinne suchten nach einer neuen Balance, denn hier war eine Welt zu Ende.

ROBERT NEUMANN
Mit fremden Federn

Und piepste nicht
Nach Heinrich Böll

Wir traten aus dem Portal, die letzten Klänge der feierlichen Musik trugen uns hinaus ins Freie wie auf den Flügeln eines dunklen Engels, und während ich Flick, der müde neben mir her ging, in die Augen zu schauen versuchte – aber er hielt die seinen gesenkt –, trachtete ich, die Erinnerung an all das Gräßliche, das ich gesehen hatte, die Hatz und Hast, die Verfolger und Verfolgten und die Schüsse, aus meinem Gedächtnisse auszumerzen und mich nur mehr des frischen, kindlich-lieblichen Mädchengesichtes zu erinnern, das ich drinnen so groß, wie aus großer Nähe, betrachtet hatte – und, fiel mir ein, nun lächelte sie noch, aber eines Nachts wird auch sie einem Mann sich öffnen, der in sie hineinschicken wird, was er Liebe nennt, und auch sie wird dann mager und müde sein gleich mir selbst. Ich wäre gern über den Straßendamm in die kleine Kirche gegangen, in der ich früher gebeichtet hatte, ich wollte für das Mädchen beten, aber ich konnte die Kirche nicht mehr sehen, drüben lag nur ein Kaffeehaus, auch regnete es mit einemmal heftig, und Flick hatte keinen Mantel an, ich konnte ihm auch den meinen nicht umhängen, ich hätte das mit Freuden getan, obgleich er ein Damenmantel war und Flick sich leicht schämte, aber ich hatte den Mantel ja vorige Woche verkauft, um dem blöden Kind des Schuhflickers die Schaukel dafür zu kaufen. Ich wollte zu Flick darüber sprechen, aber ich tat es nicht, ich hätte sonst auch über mich selbst gesprochen. Ich war wohl wieder schwanger.

»Es regnet«, sagte ich bloß.

»Ja«, sagte er besorgt. »Ist es dir unangenehm, wenn dir das Wasser in die Schuhe rinnt?«

»Es ist mir nicht unangenehm«, sagte ich. Meine Füße begannen wieder zu schmerzen, ich vertrage die Nässe so schlecht seit meinem fünften Kindbett voriges Jahr, aber der Priester, bei dem ich früher gebeichtet hatte, hatte noch nässere Füße gehabt, ich konnte die nassen Tümpel um seine groben, bäuerlichen Schuhe sehen, während ich im Beichtstuhl kniete – aber hatte er sich beklagt? Es fiel mir ein, daß ich noch fünfzehn Ave Maria zu beten hatte, bevor ich heute abend zu Bett ging. Sonst erhörte vielleicht die Jungfrau nicht mein Gebet für das blöde Schusterkind; wenn es morgen früh wieder im Clo den Durchfall bekäme, so daß Frau Fritsch es dann beschimpfte, so trüge ich die Schuld daran. »Nein, Flick«, wiederholte ich und versuchte trotz meiner Schmerzen heiter auszusehen, »die Nässe in den Schuhen bereitet mir sogar Vergnügen.«

»Es regnet«, murmelte er. »Ich wäre gern mit dir in ein Hotel gegangen, aber ich habe kein Geld mehr. Ich begleite dich ein Stück, wenn dir das recht ist. Gehen wir zu Fuß?«

»Wenn Tiere uns tragen könnten«, sagte ich, und dachte an den großen, treuen Hund des Bäckers, damals zu Hause.

»Tiere sind ohne Sünde.«

Es regnete noch immer.

Das Triebhaus
Nach Wolfgang Koeppen

Die beiden traten aus dem Lichtspieltheater. Sie hatten Präriepferde geritten. *Wenn wir hier durch den Sumpf kommen, erreichen wir die Straße vor den Rothäuten, wir schießen sie zusammen, entreißen ihnen die Entführte, Old Shatterhand ich, du Winnetou.* Sie hatten mit dem Helden die Heldin geküßt, in Großaufnahme. *Ah, deine Lippen. Vielleicht ein wenig verschwitzt unter Scheinwerferhitze Hin-her-wiederholung aber der make-up man wischt sie trocken, Achtung, Aufnahme.* Sie hatten die Wochenschau gesehen. *Der Kanzler eröffnete.*

Umwölkt, dachte Flick, als sie auf die Straße traten. Sie war im Vorübergehen auf dem Abort gewesen, nichts Menschliches war ihr fremd. Sie sagte: »Es regnet.«

Biltz antwortet nicht. *Ah, deine Lippen. Vielleicht doch verschwitzt gewesen.* Er dachte: wie sie pfeift. *Du Old Shatterhand, ich Winnetou, der Kanzler schien umwölkt.*

Jawohl, es regnete. Das Kafkaffeehaus gegenüber lockte nur mäßig, es war schon zu stark besetzt. Er fragte: »Was pfeifen Sie da? Die Dospassionata?« *Als hätte ihm das einer nicht schon Ton für Ton verdöblint.* Er blickte den regnenden Himmel an. »Gehen wir zu Fuß?« *Seifenblasen. Warum sie alle mit Seife handeln wollen ohne Seife? Sitzt im Gehirn. Erstaunlich, was in so'n Koeppen vorgeht.*

Flick sagte: »Zu Fuß? Oder nehmen wir uns ein Tier?«

Albert Vigoleis Thelen
Fremd in Fels und Feme

Nimmer dringt dein Tag in meine Tiefe,
wo ich einer von den Steinen bin,
stumm, ob ich in Urgefelse schliefe,
horchend ewig und seit Anbeginn,

ewig, daß im Aufklang deiner Saiten
ich erzittere von Wand zu Wand –
Doch nur tiefer gehn die Dunkelheiten,
dunkler sind die Runen deiner Hand.

Fremd in Fels und Feme steht mein Wesen,
einsam, ohne Weinen, ohne Sinn.
Nimmer werd ich deines Tags genesen,
weil ich einer von den Steinen bin.

Abendsegen

Leise hat ein Abend wieder
seines Friedens Lied begonnen,
und auch Sterne stehn wie Lieder
klingend aus dem All gewonnen.

Wunderbar des Glühwurms kleine
Liebe hütet scheu die Flamme.
Scheuer noch im keuschen Scheine
schimmert Moos auf morschem Stamme.

Vieles kann sich nun vollenden.
Auch der Tod. Mein Wesen schauert.
Nur in leidverschränkten Händen
klärt sich, was mich überdauert.

Der Mond

Du bist meiner späten Stunde
Schweigen im Gebet.
Geister wähnen mich im Bunde –
wunderlicher Sterne Runde
in mein Träumen geht.

Du bist meiner müden Hände
zwiefach Reif und Ruh.
Bauest mit am Traumgewände,
schauest hell aus Traumgelände,
wie in Demut ich sie wende
deinem Segen zu.

HANS HENNY JAHNN
Vor der eisernen Gittertür des Parks

Wenn man zurückschaut, scheint sich die Wirklichkeit, deren Zeuge wir waren, zu einer sichtbaren Kette zusammenzufügen. Jahrelang nun habe ich ein Tagebuch geführt. Zuweilen habe ich darin gelesen, habe die Hefte durchblättert, um den Eindruck einer

Zusammenfassung zu gewinnen. Manche Sätze, die ich ehemals schrieb, habe ich ausgestrichen; andere habe ich eingefügt. Ich bin bei meinem Erzählen in der Nähe der Wahrheit geblieben; dessen habe ich mich befleißigt. Aber es bedrückt mich schwer, daß meine Worte nicht der Schatten meines ganzen Lebens geworden sind. Ich wiederhole mich in der Beteuerung, daß ich nicht Gewalt über mein Entsinnen habe – so wenig wie ich Herr meines Schicksals gewesen bin.

Mit Bestürzung, mit Ekel fast, denke ich daran, daß ich vielen Menschen die Hand gedrückt habe – und jetzt entdecke – in diesem Augenblick –, daß die meisten jener lebendigen, warmen Hände nichts aussagten, daß sie kraftlos waren, keinen Antrag bedeuteten, daß sie sich nur wie loser Staub bewegten. Alle Begegnungen sind wie eine unüberschaubare Mutlosigkeit.

Die Jahre sind ausgedehnt gewesen, und die Augenblicke waren voll kleiner Ereignisse, die ich nicht wieder einfangen kann. Manches, so wichtig es mir scheint, versagt sich dem Ausdruck. Ich entsinne mich, einmal wurde ich so stark an meine erste Heimat erinnert, daß ich weinen mußte, und ich bereute mein ganzes Leben. Das geschah auf einer Wanderung, die ich in der Nähe einer großen Stadt in unbekannter Landschaft vornahm. Ein gewöhnlicher Fahrweg verlief sich in eine lange gerade Lindenallee. Die Bäume waren sehr alt und zerschunden. Das Laubdach aber, das sie trugen, war jung, grün und leuchtend. Hie und da gab es Schatten im Dickicht über mir, weil es gegen Abend ging. Ich war beengt und befreit wie von einer unablässigen Lust, die weder steigen noch verebben kann. Und ich schritt aus, als lägen Meilen vor mir, die ich noch vor Anbruch der Nacht gewinnen müßte. Die Allee endete unvermittelt. Ein gewundener Weg führte weiter. Mir zur Linken stiegen mit Gras und Busch bewachsene Hügel an; rechts war eine Niederung, sumpfig, mit Schilf bestanden. Ein fließendes Wasser war zu einem langgestreckten See angestaut. Von Zeit zu Zeit begegnete ich mächtigen Eichbäumen, die den Weg zwangen, ihnen auszuweichen. Das Planen der Menschen und die Gesetze der Natur waren ineinander geflossen. Mir war, als könnte ich auf diesem Pfad einsam bis ans Ende der Welt gelangen. Solch einen Pfad muß ich einmal in meiner Kindheit gegangen sein. –

Meine glückselige Wanderung endete überraschend. Ich stand plötzlich vor einem hohen eisernen Gittertor. Die Türflügel hingen an zwei mächtigen weiß gekalkten Backsteinpfeilern mit kräftigen ausladenden Bossen. Eine Sandsteinplatte, an allen vier Seiten zu schön gesimsigen Architraven verarbeitet, krönte sie. Ich hob meine Arme, umklammerte die Gitterstäbe über meinem Kopfe und schaute mit suchenden Augen in den Park. Da lag ein weißes Schloß. Eine geschwungene Treppe führte von zwei Seiten zu einer hochgelegenen Tür. Ein steiles Dach aus schwarzen glasierten Ziegeln trug einen mit Kupfer beschlagenen Reiter. Das Balkenwerk, grün in der metallenen Verkleidung, Seigerwerk und Glocke, eine gebuchtete Haube und eine Wetterfahne. Die Glocke schlug mit dünnem fragenden Ton eine volle Stunde. – Wir alle kennen das ferne geheimnisvolle Haus. Ich aber weinte, weil ich an meine Heimat erinnert wurde. Ich bin niemals in so einem Schlosse ein und aus gegangen. Aber mein Vater hat mir oft erzählt: mein Großvater kam, als er noch ein Kind war, aus den Wäldern vor so eine Freitreppe geritten. Stieg aus dem Sattel, reichte einem Stallknecht die Zügel, trat ein durch die Tür. – –

Es ist eine vergangene Zeit. Ein Mann, weiß wie Kalk, lag eines Morgens auf dem Bett. Mit diesem Tod entglitt dem Knaben das Schloß. – Mein bestürztes Weinen kam sicherlich nicht nur, weil eine Vergangenheit meines Blutes plötzlich freigelegt war. Nicht das Heimweh allein bezwang mich. Ich gedachte meiner entschwundenen Vorfahren als leibhaftiger Menschen. Sie sind sicherlich nicht besser oder glücklicher gewesen als ich; – doch stärker. Sie füllten ihre Konstitution mit ihrem Willen aus. Sie begrüßten das Leben mit wildem Einverständnis. – Ach, und daß das Vertrauen, das wir in die Einsamkeit setzen, so schmählich gebrochen wird! Wir wandern ins Grenzenlose, in das Unbekannte hinaus; keine Überraschung würde uns umlegen. Doch statt des Unerwarteten kommt uns das Bekannte entgegen. Die Menschheit, die wir hinter uns wähnen, ist vor uns. Wir erkennen den Kreis, den unsere Füße begangen haben. Und es ist gleich das Labyrinth unserer Herkunft und unserer Bestimmung, in das wir versenkt werden. Die Wirrsal unserer Gefühle und Gedanken. Des Urgroßvaters Fleisch erkaltete in einem Schloß; ich aber zog fast heimatlos durch die Welt. Es ist wie es ist. Die nagende Pein, die von den einfachen Aussagen kommt.

Dies grenzenlose wehe, nirgendwo eingedämmte Gefühl hat mich oft befallen. Zuweilen habe ich mich davor gerettet, indem ich mich sinnlosen Wünschen und Träumen verschrieb. Breite Zeiten sind ausgefüllt mit Vorstellungen, die das Unmögliche umfassen. Das Glück, das tierische und das spirituelle, das sich mir versagte, eingepreßt in Bildern, die ich wunden Auges bestarrte. Sodann die

Wiederholungen. Das fruchtlose und ziellose Lungern auf den Straßen. Die schwache Sehnsucht, teilhaben zu dürfen am Tun und Treiben der anderen. All die straffen und spitzen Brüste, abgezeichnet unter groben oder kaum verbergenden Kleidungsstücken, die meine Blicke gestreift. Die Zahl der menschlichen Angesichte, in die ich mich versenkt. Sünden, die ich zu tun bereit war, aber unterließ, und die danach Tage und Wochen mit dem Verlangen brannten, daß ich sie getan haben möchte. Die Wiederkehr des Tieres in mir, das Lied vom Lob der Armut, in dem es heißt, daß sie sich nicht darum kümmern, welchen weißen Leib sie besamen, wenn sie nur eine Stunde gewinnen, eine Stunde, in der es nicht Hunger und Sattheit gibt. Sie kennen das Werben nicht und nicht das Verlassen. – Die tausend schmerzvollen und heißen Anträge an die Schöpfung. Das Ausgeliefertwerden an den Raum voller flimmernder Sterne. Das Hinsinken an eine Wiese. Die Bereitschaft zur Trauer in den großen Wäldern. – Und die Begehrlichkeit nach Vergeltung, wenn es mir in der Brust schwarz wurde, weil ich die einfältigen Ordnungen verfälscht glaubte, die Gerechtigkeit zertreten sah, den Triumph der Lüge aber gleißend in der Qual der Niedergemetzelten. Dieser schreckliche Spiegel der realen Menschenwelt. Ihn zerschlagen. Die Bestie ausrotten. Ich habe es gewünscht. Diese Jäger auf Füchse und leise glucksende Enten im Schilf hinterrücks überfallen und niederschlagen. Viele, viele, viele niederschlagen. Ich habe es gedacht. Dies Urteilen und Richten inmitten der Armseligkeit und Machtlosigkeit! Und der Wunsch, wunderbar im Dienst am Nächsten und an den Vielen groß zu werden, irgendwo das Feuer des Heils zu rauben. Dies mein Leben, das niemand ernsthaft verflucht hat, außer meinem Vater, als es ihm unbekannt geworden war; das niemand gesegnet hat, außer meiner Mutter, weil ich ihr Sohn war. Jedes andere Fleisch aus ihrem Schoße hätte sie mit der gleichen Inbrunst gesegnet. Dies mein Leben, das nichts Böses verrichtet hat, was nicht bald vergessen wäre – und nichts Gutes, was nicht schon vergessen ist. Ich bin gerechtfertigt wie jeder andere, der unbemerkt herangewachsen ist, und davongeht, nachdem seine Zeit um ist. – Gewiß, ich habe jauchzende Träume gehabt. Zuweilen, wenn ich meine Hände auf die Tasten eines Klaviers setzte, war mir, als wäre ich befähigt, Großes zu schaffen. Ich sprang auf, hörte im Rausch meiner Einbildung Akkordfolgen, ein Geflecht von Stimmen. Von dünnen, kaum gehauchten Tönen verstärkte sich der Klang bis zur strengen Unerbittlichkeit schnell schmetternder Trompeten. Gleichsam überwältigt beugte ich mich der Eingebung und spürte mein pulsendes Dasein, mein Eigentum, mein einmaliges, meine Begnadung. Ja, meine inwendigen Kräfte nahmen sich vor, nicht nur mit den Tönen zu spielen, nicht nur mit den Gesetzen des Zufalls die Harmonien und ihre Fortschritte zu erschöpfen: ich träumte, ein besserer Rameau zu werden, ein Meister, der das unabänderliche Gesetz der Abstraktion in der Harmonie zu einer Äußerung zwingt, die, unerhört kühn und klar, eine Entsprechung des Ewigen ist, wie wir meinen, daß wenige sie erzwangen. Einzelne eisig vor entzücktem Erschauern, andere spielend mit dem Lächeln Abgeschiedener, denen das erste Vergehen die Starre gelöst hat.

Die Armut ist kein Schutz gegen Träume. Nicht einmal die Dichtkunst vermeidet es, sich des Armen zu bedienen.

Günter Grass
Polnische Fahne

Viel Kirschen die aus diesem Blut
im Aufbegehren deutlich werden,
das Bett zum roten Inlett überreden.

Der erste Frost zählt Rüben, blinde Teiche,
Kartoffelfeuer überm Horizont,
auch Männer halb im Rauch verwickelt.

Die Tage schrumpfen, Äpfel auf dem Schrank,
die Freiheit fror, jetzt brennt sie in den Öfen,
kocht Kindern Brei und malt die Knöchel rot.

Im Schnee der Kopftücher beim Fest,
Pilsudskis Herz, des Pferdes fünfter Huf,
schlug an die Scheune bis der Starost kam.

Die Fahne blutet musterlos,
so kam der Winter, wird der Schritt
hinter den Wölfen Warschau finden.

Wolfgang Weyrauch
Beim Häherstrich

Ich werde aus dem Labyrinth
der Furcht vor Eurer Alchimie
entfliehn, ins Waldgebirg, zu Wind
und Windesruh. Ich kehre nie

zurück. Ich war ein Partisan,
von Anfang an, ich tarnte mich.
Kräht heut dreimal der Phosphorhahn,
troll ich mich zu dem Häherstrich

und bin allein. Allein zu sein,
ist gut. Die Frage stürzt sich in
die Antwort. Die Gedanken schrein
nicht mehr. Ich schrei, ich denke, bin.

Günter Eich
Ende eines Sommers

Wer möchte leben ohne den Trost der Bäume!

Wie gut, daß sie am Sterben teilhaben!
Die Pfirsiche sind geerntet, die Pflaumen färben sich,
während unter dem Brückenbogen die Zeit rauscht.

Dem Vogelzug vertraue ich meine Verzweiflung an.
Er mißt seinen Teil von Ewigkeit gelassen ab.
Seine Strecken
werden sichtbar im Blattwerk als dunkler Zwang,
die Bewegung der Flügel färbt die Früchte.

Es heißt Geduld haben.
Bald wird die Vogelschrift entsiegelt,
unter der Zunge ist der Pfennig zu schmecken.

Tage mit Hähern

Der Häher wirft mir
die blaue Feder nicht zu.

In die Morgendämmerung kollern
die Eicheln seiner Schreie.
Ein bitteres Mehl, die Speise
des ganzen Tags.

Hinter dem roten Laub
hackt er mit hartem Schnabel
tagsüber die Nacht
aus Ästen und Baumfrüchten,
ein Tuch, das er über mich zieht.

Sein Flug gleicht dem Herzschlag.
Wo schläft er aber
und wem gleicht sein Schlaf?
Ungesehen liegt in der Finsternis
die Feder vor meinem Schuh.

JOHANNES BOBROWSKI
Die Spur im Sand

Der blasse Alte
im verschossnen Kaftan.
Die Schläfenlocke wie voreinst. Aaron,
da kannte ich dein Haus.
Du trägst die Asche
im Schuh davon.

Der Bruder trieb
dich von der Tür. Ich ging
dir nach. Wie wehte um den Fuß
der Rock! Es blieb mir eine Spur
im Sand.

Dann sah ich
manchmal abends
von der Schneise
dich kommen, flüsternd.
Mit den weißen Händen
warfst du die Schneesaat
übers Scheunendach.

Weil deiner Väter
Gott uns noch die Jahre
wird heller färben,
Aaron, liegt die Spur
im Staub der Straßen,
find ich dich.
Und gehe.
Und deine Ferne
trag ich, dein Erwarten
auf meiner Schulter.

Pruzzische Elegie

Dir
ein Lied zu singen,
hell von zorniger Liebe –
dunkel aber, von Klage
bitter, wie Wiesenkräuter
naß, wie am Küstenhang die
kahlen Kiefern, ächzend
unter dem falben Frühwind,
brennend vor Abend –

deinen nie besungnen
Untergang, der uns ins Blut schlug
einst, als die Tage alle
vollhingen noch von erhellten
Kinderspielen, traumweiten –

damals in den Wäldern der Heimat
über des grünen Meeres
schaumigem Anprall, wo uns

rauchender Opferhaine
Schauer befiel, vor Steinen,
bei lange eingesunknen
Gräberhügeln, verwachsnen
Burgwällen, unter der Linde,
nieder vor Alter, leicht –

wie hing Gerücht im Geäst ihr!
So in der Greisinnen Lieder
tönt noch,
kaum mehr zu deuten,
Anruf der Vorzeit –
wie vernahmen wir da
modernden, trüb verfärbten
Nachhalls Rest!
So von tiefen
Glocken bleibt, die zersprungen,
Schellengeklingel – –

Volk
der schwarzen Wälder,
schwer andringender Flüsse,
kahler Haffe, des Meers!
Volk
der nächtigen Jagd,
der Herden und Sommergefilde!
Volk
Perkuns und Pikolls,
des ährenumkränzten Patrimpe!
Volk,
wie keines, der Freude!
wie keines, keines! des Todes –

Volk
der schwelenden Haine,
der brennenden Hütten, zerstampfter
Saaten, geröteter Ströme –
Volk,
geopfert dem sengenden
Blitzschlag; dein Schreien verhängt vom
Flammengewölke –

Volk,
vor des fremden Gottes
Mutter im röchelnden Springtanz
stürzend –
Wie vor ihrer erzenen
Heermacht sie schreitet, aufsteigend
über dem Wald! wie des Sohnes
Galgen ihr nachfolgt! – –

Namen reden von dir,
zertretenes Volk, Berghänge,
Flüsse, glanzlos noch oft,
Steine und Wege –
Lieder abends und Sagen,
das Rascheln der Eidechsen nennt dich
und, wie Wasser im Moor,
heut ein Gesang, vor Klage
arm –
arm wie des Fischers Netzzug,
jenes weißhaarigen, ewgen
am Haff, wenn die Sonne
herabkommt.

Ode auf Thomas Chatterton

Mary Redcliff, rot, ein Gebirge, unter
deinen Türmen, unter der Simse Wirrung
und den Wänden, steilem Geschneid der Bögen,
träufend von Schatten ...

aufwuchs hier das Kind mit dem Wort allein wie
mit den Händen, ratlos; ein Nächtewandler
oft: der stand auf hangender Brüstung, schaute
blind auf die Stadt hin,

schwer vom Monde, wo sich ein Gräber mühte
seufzend im Gelände der Toten –, rief die
hingesunkne Zeit mit verblichnen Namen.
Ach, sie erwachte

nie doch, da er ging, in der Freunde Stimmen
Welt zu finden, in seiner Mädchen sanfter
Schläfenschmiegung, da er in schmalen Stuben
lehnte das Haupt hin.

Nie mehr nahte, da er es rief, das Alte.
Nur der Zweifel, einziges Echo, flog im
Stiegenknarren stäubend, im Klang der Turmuhr
eulenweich auf nur.

Hinzusprechen: daß er verging so, seine
dämmervollen Lieder – – Wir zerren immer,
täglich ein Undenkliches her, doch was wir
hatten der Zeit an,

immer gilt's ein Weniges, das Geringste,
den und jenen rührend: dann einmal ist's ein
Baum, ergrünt, ein zweigendes, tausendfaches,
rauschendes Laubdach;

Schatten wohnt darunter –, der schattet nicht die
schmale Spur Verzweiflung: dahingefahren,
falber Blitz, wo kaum ein Gewölk stand, in die
Bläue gekräuselt,

über jener Stadt, die in Ängsten hinfuhr,
Bristol, da der Knabe gesungen, draußen
am Avon, wo ihn der Wiesentau noch,
endlos noch kannte.

Ach, die Eulenschwingen der Kindheit über
seinen Schritten, da er in fremden Straßen,
bei der Brücke fand unter wind'gem Dach ein
jähes Umarmen

und den Tod; der kam wie ein Teetrunk bläßlich,
stand am Tisch, in raschelnde Blätter legend,
auf die Schrift den knöchernen Finger, »Rowley«
las er, »Aella«.

Hans Henny Jahnn
Thomas Chatterton. Eine Tragödie

ABURIEL *tritt durch das Bücherregal wieder leise herein.* Thomas –
THOMAS *schrickt zusammen.* Ach ja, Herr Aburiel. – Ich hatte Sie vergessen. Haben Sie hinter der Wand gehorcht?
ABURIEL Ich horche immer, wenn ich in deiner Nähe bin. Das gehört zu meinem Amt.
THOMAS Wie beurteilen Sie die Aussichten des jungen Herrn Smith?
ABURIEL Er wird dein Freund werden – neben William und Cary.
THOMAS Ich meinte die Aussichten für Christmas-Street.
ABURIEL Das Erbarmen ist eine individuelle Leistung; es ist unbekömmlich. Der Zusammenschluß der Menschen zur Menschheit mit bestimmten Zwecken und Zielen fördert die Grausamkeit. Was bedeutet das Leben eines Hundes? In den Straßen Bristols verenden täglich Pferde vor den Packschlitten; noch in der Minute ihres Sterbens werden sie von ihren Antreibern geprügelt. Und die Menschen untereinander? Man schreitet fort von der Sklaverei zur Inquisition, von der Inquisition zum Krieg, vom Krieg zur Bürokratie, von der Bürokratie zur Sklaverei. Es ist eine Spirale, die irgendwo in der Tiefe, in der größten Dunkelheit endet. –
THOMAS Sie wissen es nicht. Sie sind kein Jurist.
ABURIEL Täusche dich nur nicht über den Ursprung deiner Anteilnahme! Dein spröder jagender Geist sucht Ruhe bei den Einfältigen.
THOMAS Das klingt wie Vorwurf.
ABURIEL Aber du kennst keine Treue.
THOMAS Die Rede wird bitterer.
ABURIEL Laß uns von Bristol sprechen. Was mit dir, mit Cary, mit William und Peter Smith geschehen ist und noch geschieht, ist ein Dampf über der Erde. Jeder hat von sich selbst eine übertriebene Vorstellung, weil er vergißt, daß er nicht weiß, woher er kam. Bristol ist immerhin seit langer Zeit ein Ort, erfüllt von menschlichem Moder. Mit seinen fast hundert Kirchen, mit dem Wald seiner Masten erhebt es sich, und in der Tiefe liegen die Vergangenen, die zugleich jung und alt sind, die man nicht kennt und doch kennen könnte, weil sie die selben waren, die heute sind. Nirgendwo kann man das alte Fleisch aufstöbern; selbst die Gräber sind geschleift, die Gebeine verstreut. Vielleicht sind die

Grabplatten in den Kirchen geblieben, ein Bildnis aus Stein, das Epitaph an der Wand, eine Lobrede, in Marmor geritzt. Nur das Geschriebene, dieser schwache Extrakt einer hindämmernden Wirklichkeit, gibt irgendeinen schmalen Streif aufleuchtenden Daseins. Sieh diese alte Karte von Bristol – die Kataster-Grenzen, die Flurbezeichnungen, die Straßen, die Namen der Quartiere, dies Gespinst von eindrucksvollen Worten, die sich auf die Einwohner dieser hingebetteten Siedlung beziehen! *Er nimmt einen Folianten aus dem Regal.* Hier, eine Hauptdichtung des Gemeinwesens: eine mit Wappen und Schnörkeln bebilderte Grundurkunde über die letzten Plätze, die man den Hinfaulenden gönnt. Erd- und Steinbuch von St. Johannis. Verzeichnis der Bestattungen. In gemauerten Grüften, Erdlöchern, in Kapellen und Wölbungen. Es gibt Arm und Reich. Es gibt Geist, Genie und Lieblichkeit des Körpers. Es gibt verfehlte Leben, Stumpfheit, das Unvollendete, Krüppel, gelassene Dummköpfe und geile Streber. Die Erde schluckt sie alle, unterschiedslos. Aber sie sind immer wieder da. In uns und neben uns.

THOMAS Auch ich war da, seit jeher? Meinen Sie das, Aburiel?

ABURIEL *betrachtet das Buch.* Welches Jahr schreibt man? 1464/65/66 –. Die Eintragungen reichen bis 1479. Das ist unsere Zeit, Thomas, nicht wahr? Die Zeit, in der wir sein möchten.

THOMAS Wie kommt das Buch hierher?

ABURIEL Das Haus steht ein paar Jahrhunderte. Auch damals gab es einen Lambert. Er war Notar. Werkmeister der Fabrik von St. Johann. Er starb. Das Buch blieb hier. *Er blättert im Folianten.* Wir suchten doch ein Grab, ein Erdloch unter dem Rasen.

THOMAS Ich entsinne mich nicht, daß wir es suchten.

ABURIEL Doch, doch. – Wessen Grab?

THOMAS Des Bierbrauers Grab. Sagen wir: dieses Mannes Grab.

ABURIEL *zeigt mit dem Finger auf eine Stelle im Buch.* Hier lies! Lies laut!

THOMAS ... Item bestigt die Leiche des Herrn Richard Smity. Ein Sargk eine Stunde Ausläuten und das Grab neben die Mauer nach Süden bestellt 3. Woche nach Pfingsten ...

ABURIEL *schlägt das Buch zu.* Es ist das Jahr 1472.

THOMAS Geben Sie mir das Buch!

ABURIEL Mäßige dich! Es wird in der Registratur bleiben, dir jeder Zeit zugänglich.

THOMAS Nur noch eine Eintragung gestatten Sie mir zu suchen, bitte.

ABURIEL Wen möchtest du begraben wissen?
THOMAS Peter – Peter Smity.
ABURIEL Sein Name wird in diesem Wochenbuch kaum zu finden sein. Oder möchtest du, daß er jung gestorben wäre?
THOMAS Vielleicht.
ABURIEL Du möchtest, daß Peter Smith jung stirbt?
THOMAS Wenn ich selbst jung sterben müßte, möchte ich, daß auch er jung stirbt.
ABURIEL Dann schlag das Buch noch einmal auf! Wenn er jung gestorben sein sollte – du willst es ja –, wird sich die Seite zeigen, auf der es eingetragen ist.
THOMAS *nimmt das Buch, schließt die Augen, schlägt auf.* Ein frühes Jahr.
ABURIEL Wende noch zwei Blätter zurück!
THOMAS Warum?
ABURIEL Wende nach rückwärts! Dem Zufallsspiel muß immer ein wenig nachgeholfen werden.
THOMAS *wendet die Blätter.* Wahrhaftig! – Mein Kopf entleert sich.
ABURIEL Du hast es so gewollt. *Er beugt sich über Thomas und liest.* ... Peter Harley Smity ... Das ist doch der Name? ... Ohne Sarg, doch in einem feinen Tuche im Gewölbe unter dem Chor sine solemnitate beigesetzt. Vierte Woche nach dem Wynachten ...
THOMAS Was bedeutet das: sine solemnitate?
ABURIEL Selbstmord.
THOMAS Er tötete sich selbst? *Er läßt sich willenlos das Buch aus der Hand nehmen. Aburiel stellt es an seinen Platz.*
ABURIEL Was Zeit ist, wird uns nicht verraten. Was Leben bedeutet, es ist uns verborgen. Wann wir wir selber sind, wir wissen es nicht. Dir ist eine Bürde aufgelegt, denn du bist jetzt. Du spürst, daß man den Stoff des Seins berühren kann. Deine Hand tastet die Mauer ab –
THOMAS Man muß es ihnen sagen, daß sie schon einmal da waren; sie wissen es nicht.
ABURIEL *spricht leise.* Es sind ihrer viele. Nicht nur diese. Die tote Stadt lebt. Von jetzt ab wirst du mit ungewöhnlichen Augen sehen. Schau auf das, was du denkst und empfindest, halte es für wahrer als alle Übereinkunft. Nimm deine Wirklichkeit und zeige sie der unwirklichen Welt der gefrorenen Geschäfte. Der Augenblick ist da, wo du dich auf deine inwendige Kraft verlassen mußt. Du sollst das Elend hinter dir lassen. Geld brauchst du, Thomas, und du kannst es schaffen, wenn du deinen Geist

anstrengst, den beflügelten Hengst besteigst und deine so hingeworfenen Lügen, deinen unablässigen Traum – verwertest.

Während dieser Rede hat sich die Bücherwand wieder geöffnet, und hervortreten, rot-violett beleuchtet, in der Kleidung des ausgehenden 15. Jahrhunderts nacheinander William Barrett, Henry Burgum, George Symes Catcott, Richard Smith (sen.), Thomas Cary, William und Peter Smith, dieser am reichsten gekleidet, der Mönch Thomas Rowley.

Aburiel Erschrick nicht! Ein Schleier nur ist weggewischt. Traum ist nicht Traum, und Wirklichkeit ist Traum.

Thomas Wer sind sie? Woher kommen sie?

Aburiel Aus den Büchern. Sie sind Geschriebenes und darum verbürgt. Wenn du willst, daß sie nicht nur Gestalt bleiben, sondern Stoff werden, Staub, Erde, Fleisch und Lieblichkeit – wenn du es willst, so werden sie dir gefügig werden. Tritt näher! Schau ihnen ins Antlitz. Den einen und anderen kennst du schon.

Thomas Der Arzt, Herr Barrett – Wer sind die nächsten?

Aburiel Die Herren Henry Burgum und George Catcott, Zinngießer, Ecke Redcliff-Street.

Thomas Ja, ich entsinne mich, sie gesehen zu haben. Hübsch ist Herr Catcott nicht, doch augenscheinlich sehr gesund.

Aburiel Ein Sonderling, der Esel auf dem Pferd, wie Herr Burgum von ihm sagte, als jener im Juni vorigen Jahres über die neue noch unfertige Avon-Brücke ritt. Er stammelt, doch deklamiert er fehlerfrei. Er ist ungestüm, ein Alexander in der Küche, der nur Roastbeef ißt und sein Röstbrot täglich dreimal selbst bereitet. Er hat einen mißgestalteten Hintern und liest nur Bücher, die vor mehr als hundert Jahren geschrieben wurden.

Thomas *lacht*. Was wissen Sie von Herrn Henry Burgum?

Aburiel Ein Wohltäter, wenn du so willst, ein Liebhaber der Musik, leichtgläubig.

Thomas Und diese toten Puppen sind meine Freunde?

Aburiel Die Nachbarschaft auch des nächsten Menschen schmeckt nicht immer süß.

Thomas Was soll der Mönch bedeuten?

Aburiel Es ist Thomas Rowley, der Dichter. Ihn gibt es nicht; ihn spann nur Phantasie. Sein Mund wird niemals sprechen; doch die unsichtbare Hand in seiner Kutte wird dir die Feder führen. Er ist, schau hin, nur Dunst, auch seine Hand ist Dunst und Dunst sein Hirn. *Der Mönch verschwindet.*

THOMAS Doch Thomas hieß er. Bin ich Dunst?
ABURIEL Wir sprechen nicht von dir. Wir haben ihm, da er erschienen ist, einen Namen gegeben.
THOMAS Der Bierbrauer – so ganz verändert – herausgeputzt. Und Peter Smity, ein Prinz – der Bastard eines Prinzen.
Die Gestalten verschwinden.
ABURIEL Heraufgestiegene, schon erloschen. Begreifst du ihren Sinn?
THOMAS
  Begreift, wer ganz im Nebel steht,
  die Landschaft, die sich ihm verhüllt?
  Er sieht im Fernen nicht die Berge,
  der Fluß fließt ungesehn zu seinen Füßen;
  die nahen Bäume selbst, umdampft,
  erkennt er nur am feuchten Weinen ihrer Zweige,
  das tonlos fast zu Boden tropft.
Herr Aburiel, ich bin von Gedanken verwüstet. Einbildungen durchdringen mich, spalten mein Bewußtsein. Die Stadt ist fünfzig Mal begraben seit ihrer Gründung. Wo ist die Zeit? Wo sind die Toten? Wo ihre Stimme? Ihre Wärme? Wo ist die Freude, wo das Verbrechen? Ein Durchgang alles. Lärm auf der Straße, ist das das Ganze –?
ABURIEL *unterbricht schroff.* Hier stehen Bücher. Lies darin! Begreife, daß du wachsen und schwinden kannst. Die Zeit ist für dich günstig.
THOMAS Ist dies, dies sichtbar gewordene Nichts der Lohn für Mühe in der Nekromantie?
ABURIEL Wahrscheinlich. *Er öffnet das Büchergestell.* Ich nehme diesen Weg.
THOMAS *will ihm nach; doch das Büchergestell schließt sich.* Herr Aburiel! *Thomas versucht, das Gestell zu öffnen; es gelingt nicht.* Trug. Vorstellungen. Nichts als schlierige Luft. Aufgewirbelter Staub. Ein altes Haus, das nach Gespenstern riecht. Doch nichts für Hände, die begreifen wollen. Auch dieser Letzte, Aburiel, ist dünn wie eines Spiegels Kunst. Ein Narr wie ein Geräusch, der einen Narren narrt. Immerhin, er sprach mit mir, als wäre er ein Teil meiner inneren Antworten. Ich sei berufen, das ist die Meinung. Wozu? Das wird sich zeigen. Der Weg? Er wird sich finden. Jetzt jedenfalls bin ich allein. Das ist der krasse Schluß für heute. Die Bücher sind geblieben, die die Vergangenheit vereinfachen, als sei das Leben seit jeher nur etwas Hin-

erzähltes. Das Protokoll. Ich selbst, Bein und Fleisch, ein Hirn, angefüllt –. Womit? Mit Bildern, Angst, Ungewißheit, Ungestilltsein, mit blutrotem Schlaf, mit Schlaf voll Dimensionen, die keiner nachmißt. Und warm ist mir im Schädel wie zwischen den Schenkeln. –

INGEBORG BACHMANN
Die Zikaden. Hörspiel

ROBINSON Wer sind Sie?
DER GEFANGENE Einer, der erst Atem holen muß.
ROBINSON Wie sehen Sie denn aus?
DER GEFANGENE Nicht vorteilhaft. Ein Schwertfisch hat sich an meinem Haar zu schaffen gemacht. Aber das Kostüm ist in Mode, glauben Sie mir. Nackt schwimmt es sich besser auf langen Strecken. Und man überholt die Nacht leichter, wenn man mit ihr um die Wette schwimmt. Fett setzt man freilich keins dabei an.
ROBINSON Sind Sie sicher, daß Sie zu mir wollen? Und was suchen Sie eigentlich?
DER GEFANGENE Wollen Sie mir nicht zuerst Ihren Bademantel geben? Sie sehen doch, daß ich am ganzen Leib zittre. Ich will Sie auch von dem Anblick befreien.
ROBINSON Bitte. Der Mantel.
DER GEFANGENE Wollen Sie mich nicht fragen, ob ich mich setzen möchte? Die Anstrengung war groß und ungewohnt.
ROBINSON Bitte, setzen Sie sich. Oder wollen Sie nicht lieber ... *er zögert.*
DER GEFANGENE Ob ich nicht lieber ins Haus kommen möchte? Gewiß. Gern.
ROBINSON Ich habe nichts dergleichen gesagt. Sie sind mir noch eine Erklärung schuldig.
DER GEFANGENE Sie sind von Natur aus mißtrauisch?
ROBINSON Es genügt, daß ich's geworden bin. Seit Wochen hat niemand den Fuß auf meine Schwelle gesetzt.
DER GEFANGENE Mein Besuch wird keine gesellschaftlichen Verpflichtungen nach sich ziehen. Falls Sie das meinen. Und Ihrem Mißtrauen habe ich nur mein Vertrauen entgegenzusetzen. Es ist Mittagszeit. Sie werden essen wollen. Auch ich habe Hunger,

und ich bin nicht anspruchsvoll. Wir waren dort auf schmale Kost gesetzt.

ROBINSON Sie wollen zum Essen bleiben? Gut. Sie wollen sich setzen? Gut. Meinen Bademantel? Ja. Vielleicht darf ich Ihnen auch mit etwas Wäsche aushelfen, Ihnen meinen Anzug geben, weil Sie den Ihren verloren haben, weil man Ihnen alles gestohlen hat oder weiß Gott, irgendeine Geschichte wird sich schon finden ...

DER GEFANGENE Alles wird sich finden. Aber über den Anzug können wir später in Ruhe sprechen. Ich glaube, Sie haben ein gutes Herz, mein Herr.

ROBINSON So kommen Sie. Der Tisch ist schon gedeckt.

DER GEFANGENE Vergessen Sie Ihren Brief nicht; er ist zu Boden gefallen.

ROBINSON Er kann liegen bleiben.

DER GEFANGENE Dann muß ich ihn wohl aufheben. Sehen Sie, wie ich zittre. Aber ich bücke mich gern, um einen Brief aufzuheben.

ROBINSON Kommen Sie.

DER GEFANGENE Eine Frage: haben Sie jemand im Haus, Gefährtin, Freund oder dienstfertiges Wesen?

ROBINSON Wieso?

DER GEFANGENE Es ist von einiger Wichtigkeit für mich, das zu wissen. Ich hätte nicht gern noch jemand eingeweiht.

Im Haus.

DER GEFANGENE Die Frage war müßig. Ich seh's: man ist allein. Es war einmal eine Insel, auf die verschlug's Robinson, und er baute sich eine Hütte aus den Steinen, die eine gütige Natur verschwenderisch ausgesetzt hatte, verwarf die Mauern mit Schlamm und färbte die Wände mit der weißen Milch der Kokosnüsse; er wand sich ein tierdunstwarmes Fell um die Hüften, stach nach dem Affen und briet die zutraulichen Haie, die er mit bloßen Händen gefangen hatte; er sprach mit Eidechs und Krabbe über Gott und die Welt, trachtete nach dem unbewegten Profil der Felsen und teilte die feierliche Einsamkeit seines Herzens mit Flut und Ebbe. Er sah ins Weite, und eine alte Schrift erschien am Himmel, quer auf der Kulisse der Unendlichkeit: Du bist Orplid, mein Land!

ROBINSON Was sagten Sie?

DER GEFANGENE Du bist Orplid, mein Land.

ROBINSON Ich habe nie davon gehört.

DER GEFANGENE Ich bin dort gewesen. Es ist dies ein Ort der Erlösung.

ROBINSON Ich verstehe nicht.

DER GEFANGENE Was sehen Sie, wenn Sie auf der Terrasse stehen und aufs Meer hinausschauen?
ROBINSON Was soll ich sehen? Das Meer, leicht gekräuselt. Oder plötzlich Wellen weit draußen sich erheben, stürzen und sich wieder erheben, mit weißen Schaumkämmen auffliegen und Glanz zerstäubend in sich zusammenbrechen.
DER GEFANGENE Sonst sehen Sie nichts? Auch an klaren Tagen nichts?
ROBINSON Ich sehe den Himmel ...
DER GEFANGENE Sonst sehen Sie nichts? Ich werde Ihnen sagen, was Sie sehen: eine Insel, deren Größe sich leicht abschätzen läßt, wenn man von hier hinübersieht und abwechslungsweise in geographischen Kategorien denkt.
ROBINSON Die kleine Insel dort, natürlich. Manchmal ist sie sehr gut zu erkennen. An klaren Tagen.
DER GEFANGENE Wollen wir annehmen, daß ich von dort komme?
ROBINSON Ach, ich verstehe. Und Sie sind die ganze Strecke geschwommen? Unerhört.
DER GEFANGENE Nein, Sie verstehen nicht. Aber hören Sie zu: Kurz nach Mitternacht war es soweit. Über ein Jahr habe ich an diesen einen Augenblick gedacht, von dem ich die Uhrzeit nie wissen werde, nie die Konstellation der Sterne am Himmel. Ich glaube, ich hatte ihn so gut vorbereitet, daß der Weg über den Felsen nach dem lautlosen Ausbruch vorher mir wie eine Wiederholung schien, ein Weg, den ich in Gedanken schon so oft gegangen war, daß ich ihn ohne Verwunderung – nicht zu rasch, nicht zu langsam – nahm. Der Teil des Augenblicks jedoch, in dem ich auf dem niedrigsten Felsen der Klippenwand angelangt war und die Arme hob und sprang, war neu. Er kann sich nicht wiederholen. Ich muß zwölf Stunden geschwommen sein, nackt und wehrlos. Ich neidete den andren die Zellen, die Geruhsamkeit in diesen Stunden. Daß ich die Wette nicht verlor und die Nacht überholte, rührt vielleicht daher, daß mein Verstand nie still stand, wenn mein Herz es tat, weil es sich berührt, betastet, umgarnt vom Wasser und Dingen im Wasser fühlte.
ROBINSON Was muß ich tun, wenn ich Ihnen glaube?
DER GEFANGENE Das Einfachste: Die Oliven in die Mitte des Tisches stellen. Mir ein Stück Fisch vorlegen. Die Feigen und den Käse für den Nachtisch bringen. Ein bißchen Salz noch. Ein bißchen Pfeffer. Unsre Gläser sind leer geworden. Es muß nachgeschenkt werden.

ROBINSON Sie wissen nicht, was Sie reden! Was, allen Ernstes, soll jetzt geschehen? Ist's nicht so, daß sich einer strafbar macht durch Mithilfe an der Flucht?
DER GEFANGENE Vor allem durch die Flucht selbst.
ROBINSON Was, in Gottes Namen, soll jetzt geschehen?
DER GEFANGENE Ich werde noch eine Weile hierbleiben, Ihnen aber wenig Ungelegenheiten machen. Meiner Diskretion können Sie sicher sein. Ihren Anzug muß ich mir allerdings ansehen. Wenn er mir paßt, werde ich ihn nehmen. Ein Geschenk unter Brüdern. Dann werden Sie mich aufs Schiff bringen, das mittags kommt –
ROBINSON – dann eine Schleife ins Meer hinauszieht, wiederkommt –
DER GEFANGENE – und schließlich ans Festland zurückfährt. Ein fröhliches Schiff!
ROBINSON Im Hafen tun zwei Carabinieri Dienst.
DER GEFANGENE Ihr Anzug wird mir gut zu Gesicht stehen. Einen Hut werden Sie wohl auch mitgebracht haben von drüben. Brauchen werden Sie ihn vermutlich nicht mehr. Sie wollen hierbleiben. Oder irr ich mich?
ROBINSON Ja, ich will bleiben. *Pause.* Wie lange waren Sie »dort«?
DER GEFANGENE Lebenslänglich.
ROBINSON Man kann sich der Strafe nicht entziehen.
DER GEFANGENE Man kann sich der Welt nicht entziehen.
ROBINSON Ich sprach von Ihrem Fall.
DER GEFANGENE Ich sprach von unserem Fall. Es fiel mir so ein.
ROBINSON Hier ist eine Insel. Und ich habe das Vergessen gesucht.
Musik.
(...)
Im Haus.
ROBINSON Die Stimme höre ich gern. Es ist Antonio. Aber ich lese die Zeitung nicht. Ich hoffe, es weit zu bringen; so weit, nie mehr eine lesen zu müssen. Eines Tags wird in meinem Gehirn ein Teil verkümmern; der, mit dem ich Buchstaben aufgefaßt habe. Dann ist jede Nachricht und jeder Brief unschädlich.
DER GEFANGENE Köstlich! Ich meine die Oliven, wenn man sie mit einem Schluck Wein nimmt. Man kann sie grün und schwarz essen. Wenn man sie preßt, geben sie Öl, und den Kuchen bekommen die Esel. Übrigens gab es *dort* keine Zeitung. Wir hätten gern eine gelesen. Das Merkwürdigste ist: man wird nicht so rasch zum Analphabeten. So zäh halten wir fest, was wir einmal berührt haben.

ROBINSON Man muß sich fernhalten, einen Stein ansehen, ihn nicht bewegen, ihn wiederansehen und liegenlassen.

DER GEFANGENE Aber dann muß man ihn aufheben, gegen etwas schleudern oder ihn lockern und weiterrollen.

ROBINSON Sie verstehen mich nicht.

DER GEFANGENE Ich will Sie gar nicht verstehen. Ich will Sie so gründlich mißverstehen, weil ich Jahre meines Lebens zurückgewinnen muß.

ROBINSON Übrigens sagt man von den Zeitungen, daß in ihnen stehe, was schon nicht mehr wahr ist.

DER GEFANGENE Sagt man das? Ich möchte hingegen wetten, daß es noch eine alte Zeitung gibt, in der einiges über mich steht. Das ist noch immer wahr. Und morgen wird wieder einiges über mich drin stehen. Der Bursche wird an Ihrem Haus vorbeigehen und es ausrufen, Ihr Verstand wird Ihnen einen Augenblick lang recht geben und sagen: das ist wahr. Ich muß jetzt meinen Rock anziehen und hinunter zum Hafen gehen, mich verständlich machen: Meine Herren, in meinem Haus halte ich den Mann verborgen, den Sie suchen. Ich habe mit ihm gegessen, getrunken und über einiges gesprochen, das mich nichts angeht. Allerdings wußte ich nicht, daß es sich um ein Verbrechen handelt. – Dieses letzte Detail wird natürlich nicht in der Zeitung stehen; aber es wird auch nicht wahr sein.

ROBINSON Sagen Sie schon, was Sie von mir wollen! Was wollen Sie von mir? Was soll ich tun?

DER GEFANGENE Mir eine Atempause geben und sich nicht um die Welt kümmern, um die Sie sich sowieso nicht kümmern wollen. Also auch sich selbst eine Atempause gönnen. Und das andre ist zuviel, als daß man's verlangen könnte. Ich bin überreizt, gespannt, auf dem Sprung. Und ich habe zu lange mit niemand gesprochen. Lang allein sein macht so ungerecht. Der Fleck auf der Wand, der Nabel, der beschaut wird, diese Stille im Innern, die abgelauscht wird. Welche Offenbarung! Stehst du still oder steht die Welt still? Vielleicht liegt hier das große Rätsel! Wissen Sie, wie dann das Gespräch zwischen uns begänne? –
Ich sagte zu Ihnen: ›Mein Freund, laß uns essen und trinken, denn dabei wird uns warm ums Herz. Auf dem Tisch soll kein Rest bleiben. Wenn ich also um Gabel und Messer bitten dürfte in friedlicher Absicht ...‹ Und Sie antworteten mir: ›Ich fühle mich schwach, Horatio; meine Eingeweide brennen, aber mich verlangt nach anderer Nahrung. Ich kann Gabel und Messer

nicht benützen, denn sie sind es so wenig, wie die Pfanne mit dem gebratenen Fisch ist, was sie ist!‹
›Es sind Gabel und Messer. Auf welche Verwandlung spielst du an?‹
›Dann ist es soweit, und ich bin verloren, mein Gott. Es ist meine eigene Verwandlung. Ich spreche von mir als einem, der ein anderer ist.‹
In den Pausen, auf die nichts mehr folgt, geschieht das. Wahrhaftig. Das Glück ist die Atempause, und es hält sich ans Handgreifliche. So müde, wie ich müde bin, ist einer in seinem Glück. Er ißt und trinkt und streckt seine Beine weit von sich. Ich bin rechtschaffen müde.

ROBINSON Schlafen Sie ein paar Stunden. Dann werden wir weitersehen.

DER GEFANGENE Wenn Sie mir eine Tasse Kaffee gäben, wäre es mir lieber. Die Pause auskosten können. Auch kann ich mittags nicht schlafen.

ROBINSON Hier sagt man sogar, man solle nicht schlafen um diese Zeit. Es ist von Bedeutung. Ja, ich glaube, wir sollen nicht schlafen, damit wir die Zikaden hören können.

DER GEFANGENE Wer sagt das?

ROBINSON Die Leute hier.

DER GEFANGENE Ich denke, Sie reden mit niemand.

ROBINSON Das Notwendigste doch. Man kann nicht unfreundlich sein, und wenn es zuviel wird, lasse ich die andren sprechen und gebe keine Antwort mehr.

DER GEFANGENE Wenn es zuviel wird ... Und mittags schlafen Sie also nicht, sondern hören auf den Gesang der Zikaden?

ROBINSON *ironisch*. Gesang! Ach, man hört hier so wenig. Es ist fast alles, was man hört. Denken Sie bloß ...

DER GEFANGENE Nun? Sie wollten von den Zikaden sprechen.

ROBINSON Nein. *Zögernd.* Von einem Brief, den ich bekam. Sie überraschten mich dabei, als ich ihn las.

DER GEFANGENE Es schien mir nicht so. Sie hatten ihn zu Boden fallen lassen. Aber hier ist er. Sie wollten wohl sagen, ich solle ihn herausgeben.

ROBINSON Ja. Oder nein. Der Brief ist nichtssagend.

DER GEFANGENE Von einer Frau.

ROBINSON Ja.

DER GEFANGENE Was will sie?

ROBINSON Dem hier ein Ende machen. *Er erinnert sich, lacht.* Unvorstellbar, diese Redensarten. Sie ahnen es nicht.

DER GEFANGENE Übrigens wartete ich in der ganzen letzten Zeit auf einen Brief; er kam nicht. Vielleicht ist er heute gekommen. So ist das ja immer, wenn man zu sehr wartet. Aber auch das Elend hat seine Redensarten. ›Das Essen ist kalt geworden, obwohl der Hunger groß ist. So sind wir wohl alle miteinander verdammt.‹
Trotzdem schlief ich noch in der letzten halben Nacht gut, und ein Gerechter hätte mich drum beneidet.

ROBINSON Abends wird die Luft besser; man hat das ja jahrelang nicht gehabt, ist immer zu früh aufgestanden und zu spät zu Bett gegangen oder zu spät aufgestanden und noch später zu Bett gegangen, mit dem geschäftigen Gesumm in den Ohren, Überlegungen für morgen und in Erwartung nächtlicher Hiobsbotschaften. Hier ist das Erbarmen groß. Die Stunden werden nicht geschlagen.

DER GEFANGENE Erbarmen! Welchen Grund haben Sie, sich selbst zu verbergen, wie Ihr Schlaf hier aussieht? Vor mir brauchen Sie die Nacht nicht zu loben. Ich behaupte, daß der Schlaf Sie schon lang verlassen hat.

ROBINSON Mein Schlaf ...

DER GEFANGENE Sie zittern vor Müdigkeit und schlafen bestimmt jeden Mittag, wenn es sich einrichten läßt. Was haben Sie nachts getrieben? Haben Sie denn das Tor nicht gut geschlossen und sich gewappnet gegen die begierigen Teilnehmer, die in den Drähten hängen mit ein bißchen Mitleid, ein bißchen Grausamkeit? Sie wissen doch, daß es auch zwischen Zellen Verbindungen gibt, von trommelnden Knöcheln hergestellt für begierige Ohren, das zärtliche Nachrichtenspiel, voll Mitleid, voll Grausamkeit, zwischen Mensch und Mensch. Die Ungeborenen halten es schon so mit ihren Müttern.

ROBINSON Das ist ein verfluchtes Spiel; aber hier ist die Luft rein und vermittelt nicht mehr.

DER GEFANGENE Erbarmen! Wenn der Mond abstürzt im Tamariskengesträuch, ist die Inselnacht da. Das verfledderte Licht der Mondleiche sinkt in die Spalten des erloschnen Vulkans. Das bringt Unruhe, mein Herz. Und keiner wird schlafen können. Das Bett, in dem die Holzwürmer zu nagen beginnen, stöhnt, und die Luft streicht mit feuchten warmen Zungen über den Leib. O daß Regen käme mit einem großen Wortschwall, o daß die Nacht durchzecht werden könnte, daß die Gläser über-

flössen, daß der orangefarbene Wein das Laken fleckte! Denn das bringt Glück. Daß die Brust sich nicht abquälte und dürr würde innen und das Ohr geweitet von Meldungen, die es nicht aufnehmen mag, nicht den Finger spürte mit den kurz- und langen Zeichen aus einer unbegriffenen Vorwelt – das vor Hunger grollende Meer, schlürfenden Wind schrittnah, und näher den bewegten Zitronenbaum, der mit gelbsüchtigen Früchten um sich wirft, Säure in Blatt und Stamm, und näher die flatternden Nachtschmetterlinge aus welken Greisenlidern. Dann das letzte: der schwarze Käfer, der sich totstellt auf der leichenblassen Wand! Und der hat's nicht besser, der sich schlafend stellt, denn er weiß ja: du hast das Schiff vorbeiziehen lassen, Robinson! Du hast das einzige Schiff nicht gesehen, hast nicht gewunken, kein Feuer gemacht! Du hast dich schlafend gestellt, mein Herz.
Musik.

LEOPOLD AHLSEN
Philemon und Baukis. Hörspiel

PANAGIOTIS Zum Teufel, lege ihn um, Chef, und aus –!
PETROS Halts Maul!
PANAGIOTIS Wozu sich aufhalten –
PETROS Das ist eine Sache, die mit Würde erledigt wird!
PANAGIOTIS Ich kotze auf Deine Würde! Wenn die Jermani einen Gegenstoß machen, dann kannst Du sehn!
PETROS Glaubst Du wirklich, es ist so wichtig für die Welt, ob Du lebst oder nicht?
PANAGIOTIS Zum Teufel, *mir* ist es wichtig!
PETROS Wir überleben diesen Krieg nicht, Panagiotis, weder so noch so. – Woher wußtest Du es also, Nikos?
NIKOLAOS Nachdem ihr fort wart, kam einer herein. Hätte ich ihn fangen sollen? Er hatte ein Gewehr.
PETROS Und wie erklärst Du Dir, daß das Stroh in dem Verschlag voll Blut ist?
NIKOLAOS Ich – hab eine Ziege geschlachtet.
PETROS In diesem Loch? Warum so unbequem, Nikos?!
NIKOLAOS Das kann ich so unbequem machen, wie's mir gefällt.
PETROS Ich will Dir was sagen, Nikos. Wie wir zur Kirche kamen, soll ich Dir sagen, wer dort an der Mauer gelegen hat?
NIKOLAOS Ich kann es mir denken.

PETROS Nein. Du kannst Dir's nicht denken. Nicht *wie* sowas aussieht. Neun alte Männer. Ich bin nicht besonders gefühlvoll, aber ich habe Mühe gehabt, nicht zu kotzen, wie ich das gesehen hab. *Erbittert*. Und das geht Dir nicht hin. Das nicht.
NIKOLAOS Mir?
PETROS Ja. So etwas kann Dir nicht hingehen, das wär nicht gerecht.
NIKOLAOS Hab *ich* sie erschossen?
PETROS So ist das. So ähnlich. Ja.
NIKOLAOS Du bist – verrückt bist Du!
PETROS Nein –
NIKOLAOS Ich bin hinunter, kaum daß ich was erfahren hab. Ich habe weiß Gott getan, was ich konnte –
PETROS Das Maul aufmachen, wie ich hier war, *das* hättest Du können! Ich hätte es aus ihnen herausgequetscht, das kannst Du mir glauben! Und da war kein Regiment im Dorf, kein Panzer. Vier Stunden früher wären wir hinunter, *rechtzeitig* hätten wir es gemacht!
NIKOLAOS Das ist nicht wahr ...
PETROS Weiß Gott, es ist wahr! Und es ist noch nicht einmal alles. Denn auch wir haben Tote gehabt. Sechs Tote – und für gar nichts. – Hör auf zu trinken, ich spreche von den Toten, das ist eine ernste Sache, bei der man nicht trinkt.
NIKOLAOS *still*. Die Welt steht von unten nach oben, ganz verkehrt ist sie, ich bring sie nicht mehr grade, ohne den Wein.
PETROS *hart*. Rede jetzt. Du hast mich belogen, – ja oder nein?
NIKOLAOS *und es klingt jetzt sehr müde*. Nein ...
PETROS Gib den Mantel her, Panagiotis. – Nun? Kennst Du das Ding? *Pause*. Es ist uns einer in die Hände gelaufen, der diesen Mantel anhatte. Und darunter trug er eine Uniform.
NIKOLAOS Ich – hab ihm den Mantel gegeben.
PETROS *nimmt es für ein Geständnis*. Na also.
NIKOLAOS *ein letzter, schon resignierter Versuch*. Er hat mich bedroht, er war hier, nachdem Du schon wieder weg warst.
PETROS *schneidend*. Er hat es uns anders erzählt!
Pause.
NIKOLAOS Er ist – tot?
PETROS *grimmig*. So tot man nur sein kann, da verlasse Dich drauf.
NIKOLAOS *bitter*. Gut so. Ist auch *das* meine Schuld? Wie die sechse von Euch? Wie die Geiseln? *Alles* meine Schuld, Petros? Ein Massenmörder! Schau mich an ...
PETROS Hör zu trinken auf.

NIKOLAOS *leise*. Nein, Petros, *ich* bin nicht schuld, daß wer gestorben ist. Sag's so oft du willst –, es *ist nicht meine* Schuld.
PETROS Wem seine denn?
NIKOLAOS Wer kann es nicht lassen, den Helden zu spielen? Diesen Krieg, diesen ganzen lächerlichen, überflüssigen Krieg!
PETROS *kalt*. Ob er überflüssig ist oder nicht, darüber denke wie Du willst.
NIKOLAOS Ich habe *Euch* geholfen, und ich habe *ihnen* geholfen. Wer in meine Hütte kommt, der ist mein Gast. Seit wann ist das ein Verbrechen, daß man Verwundeten hilft? Das sage mir, Du!
PETROS *stark*. Hab ich gesagt: gib sie heraus, und es wird Dir nichts geschehen? Habe ich's gesagt? Aber nimm Dich in acht, mich zu belügen! Ich mache Dich kalt! Hab ich's gesagt?
NIKOLAOS Mir ist das ganz –
PETROS Habe ich's gesagt?!
MARULJA Ja ...
PETROS Und fertig. Du mußtest selber wissen, was Du tust und wie es ausgeht, wenn es herauskommt. Hol Deine Frau. Ich gebe Dir fünf Minuten, länger nicht.
Musik.
MARULJA Nikos ...
NIKOLAOS Nimm's nicht so schwer, Marulja, wenn es geht.
MARULJA Ja ...
NIKOLAOS Du mußt Dir's nicht zu Herzen nehmen. Es – ist eine sehr einfache Sache, im Grunde. Ich habe viele sterben sehen, Menschen und Vieh, und es ist nichts Besonderes; jeder muß das durchmachen, irgend einmal, und es kommt nicht mehr darauf an, mit sechzig ...
MARULJA *erstickt*. Mein Gott ...
NIKOLAOS Hab auf alles acht, hörst Du. Die Stalltüre muß man bald richten, sie klemmt, und lasse mir den Wein nicht verkommen, pflege ihn, und zum Keltern bringe ihn ins Dorf. Du verstehst nichts davon, es wäre schade drum, weißt Du.
MARULJA Ja.
NIKOLAOS *lächelt; sehr weich*. Wie schweigsam Du bist, Marulja. Du bist nie so schweigsam gewesen.
MARULJA *stammelt*. Verzeih mir, wenn ich so oft – wenn ich mich so –
NIKOLAOS Aber was, ich wollte das so. *Und jetzt übermannt ihn fast selber die Rührung.* Es wird mir abgehen, Dein Schimpfen zu hören, weißt Du. Das vor allen Dingen, glaube ich ...

MARULJA *flüstert.* Es ist doch unmöglich, allein zu sein. Nikos, es geht doch nicht ...
NIKOLAOS *hilflos.* Ja, nun, mein Gott –
MARULJA *immer leise.* Nach all den Jahren, nach einem ganzen Leben, es ist so unmöglich, allein zu sein ...
Musik, dramatisch aufgewühlt.
MARULJA *in die Musik hinein.* Ich habe sie eingelassen, *meine* Schuld ist es, es ist meine Sache wie seine, und ich will mit ihm gehen, er soll nicht alleine gehen, ich will nicht allein sein, Petros, ich will mit ihm gehen, und es ist meine Schuld, Petros, meine Schuld!
Musik bricht ab – Pause.
PETROS *fast weich.* Gut. Geh mit ihm, Marulja.
ALEXANDROS Und genug –!
PETROS Sei ruhig!
ALEXANDROS – Ich hab das mitangesehen und das Maul gehalten, obwohl ich speien möchte, so kotzt es mich an –
PETROS Sei ruhig!
ALEXANDROS – aber jetzt ist's genug; genug und genug – *eine Frau!*
PETROS *ruhig.* Ja. *Seine* Frau, Junge. Und es ist das beste so, von allem das beste, glaube mir das ...
Musik.
ALEXANDROS Man gab den beiden noch etwas mehr als fünf Minuten Zeit. Nikos trank, und Marulja trank, und sie war es nicht gewöhnt. Als sie hinausgingen, waren sie beide betrunken. Sie hatte den Weinschlauch über dem dicken Bauch, und er blies die Flöte, und sie schlug den Takt auf dem Weinschlauch dazu. Es war ein Aufzug von unsagbarer Lächerlichkeit, von einer Lächerlichkeit, die das Herz zerreißt ...
Ich bin desertiert; gleich am Tage darauf. Alka wartete auf mich. So lebe ich noch, – von uns zwanzig als einziger. Aber ich kann nicht vergessen. Nichts davon kann ich vergessen. Auch nicht, wie man sie verscharrt hat; unter den Bäumen, an denen man sie aufgehängt hatte. Sie unter der Linde und ihn unter den Eichbaum. Ich gehe noch manchmal zu ihrer Hütte hinauf. Die Äste der Linde und der Eiche verschränken sich, wenn der Wind sie zaust; und im Herbst, wenn das Laub raschelt, klingt es wie ein leises Schimpfen. Und wie ein Weinen und Lachen zugleich.
Schlußmusik: Flöte.

PAUL CELAN
Der Gast

Lange vor Abend
kehrt bei dir ein, der den Gruß getauscht mit dem Dunkel.
Lange vor Tag
wacht er auf
und facht, eh er geht, einen Schlaf an,
einen Schlaf, durchklungen von Schritten:
du hörst ihn die Fernen durchmessen
und wirfst deine Seele dorthin.

Abend der Worte

Abend der Worte – Rutengänger im Stillen!
Ein Schritt und noch einer,
ein dritter, des Spur
dein Schatten nicht tilgt:

die Narbe der Zeit
tut sich auf
und setzt das Land unter Blut –
Die Doggen der Wortnacht, die Doggen
schlagen nun an
mitten in dir:
sie feiern den wilderen Durst,
den wilderen Hunger ...

Ein letzter Mond springt dir bei:
einen langen silbernen Knochen
– nackt wie der Weg, den du kamst –
wirft er unter die Meute,
doch rettets dich nicht:
der Strahl, den du wecktest,
schäumt näher heran,
und obenauf schwimmt eine Frucht,
in die du vor Jahren gebissen.

Inselhin

Inselhin, neben den Toten,
dem Einbaum waldher vermählt,
von Himmeln umgeiert die Arme,
die Seelen saturnisch beringt:

so rudern die Fremden und Freien,
die Meister vom Eis und vom Stein:
umläutet von sinkenden Bojen,
umbellt von der haiblauen See.

Sie rudern, sie rudern, sie rudern –:
Ihr Toten, ihr Schwimmer, voraus!
Umgittert auch dies von der Reuse!
Und morgen verdampft unser Meer!

WERNER KRAFT
Zwischen den Zeiten

Stände ich auf festem Grunde
Und erhöbe meinen Schrei,
Daß er im Gesang gesunde,
Wäre alles schnell vorbei,
    Freude strömt aus meinen Schmerzen
    In der Menschen bange Herzen.

Bänger wie ich immer taste,
Ob der Boden hielte stand,
Treibt das Schiff mit halbem Maste
An der Hoffnung Nebelstrand,
    Und die armen Menschen schreien:
    Niemand kam, uns zu befreien!

Aber einer kommt mit Zeiten,
Jähen Wetters, stark und frisch,
Alle Gaben hinzubreiten
Auf den abgefegten Tisch,
    Tausend Seelen, die versanken,
    Brechen auf im Gottgedanken.

Längst bin ich zu Staub zerfallen
Mit des Namens Totenmal,
Wenn durch grüne Täler wallen
Strenge Söhne dieser Qual.
  Niemals kommt das Opfer wieder,
  Es versinkt ins Lied der Lieder.

H. G. ADLER
Die jüdische »Selbstverwaltung« in Theresienstadt

Im August 1944 veröffentlichte das Zentralsekretariat der jüdischen Leitung einen »Gliederungsplan«, in dem alle Abteilungen der »Selbstverwaltung« aufgezählt und mit ihren amtlichen Namen bezeichnet sind. Die fehlende innere Organisation wurde mit der Flut eines noch nie dagewesenen übermechanisierten Bürokratismus ersetzt. Die internen Behörden und ihre Kompetenzen scheinen hier bis in letzte Unterstellen verästelt und in ihren Kompetenzen festgelegt. Fast scheint dieser »Gliederungsplan« für eine normale Gesellschaft, für einen mächtigen Staat, doch nicht für ein Lager geschaffen. Formalien ersetzen die fehlende Form, ein Riesenschematismus das fehlende Leben. Es sind nur Namen und Begriffe ohne gegenständliche Wirklichkeit, hinter denen sich ein ungeheures Nichts verbarg. Krankhafte Energien bauten das Zerrbild einer Ordnung auf, deren verwirrendes Spiel die Gaskammer zur Folie hatte. Der Mensch und seine Ordnung, die beide heute auch sonst bedroht und fragwürdig scheinen, sind hier ganz unpersönlich geworden. Alle Institutionen wurden aus den Maßen eines gesunden Bestandes gezogen und fast aus dem Bestande selbst gerissen und gleichzeitig funktionell übertrieben, wie um den Irrsinn einer des Lebens entleerten Aberverwaltung zu zeigen, die einer gigantischen Fabrik glich, um eine »Masse« zu behandeln, hundertfach zu rubrifizieren, statistisch zu erfassen, mit Kalorien zu ernähren, aber nichts Menschliches mehr darstellte. Der Mensch ist kein Mensch mehr, seine Betriebe keine Menschenbetriebe, überall nichts als Masse. Der Mensch ist aber unwägbar und rächt sich für dieses Verfahren, weil er in Wahrheit nicht lediglich nur Masse sein kann. So bereitet sich das Chaos vor, dem der Mensch entrinnen will. Vielleicht kann es ihm außerhalb eines Lagers noch bedingt gelingen. Hier aber führte es zur Selbstauflösung, zur Vernichtung in Gaskammern, zum Nichts.

Das Monströse und Wahnwitzige, das der »Gliederungsplan« spiegelt, konnte wohl nicht mehr überboten werden, da sich die Kompetenzen unentwirrbar überschnitten, da ein solcher Überbetrieb, in dem jeder Insasse und jedes Objekt soundso oft verzeichnet und eingegliedert waren, letzten Endes gar nichts mehr erfassen konnte. Es war eine Scheinordnung des Chaotischen, eine Gespensterordnung, die sich mit gewaltig klingenden Namen aufputzte, sich aber selbst nicht in Gewalt hatte; sie konnte keinen Zusammenhalt haben und wäre augenblicklich in das Nichts zerfallen, das sie in Wirklichkeit war, hätte nicht eine Mischung von aktivem Wahnsinn und passiver Besessenheit unter dem Zwange der SS alles zusammengekittet. Übrigens konnte keiner der leitenden Männer in der Selbstverwaltung und am wenigsten die SS diese aberwitzige Gliederung ernst nehmen; es war ein verworfenes Spiel, in dem sich frevelhafter Zynismus mit einer infernalisch kindischen Naivität verband. Den zentrifugalen Tendenzen, die von innen dauernd diese Ordnung zu zersprengen drohten, stand als grelles Widerspiel der Machteingriff der SS durch den angeordneten Transport gegenüber, der jeweils große Teile dieses Gerüstes zerstörte, die lebenden Glieder der Gemeinschaft entriß und in den Tod schickte. Darum wirkten auch zentripetale Tendenzen, die sich an diese Scheinordnung klammerten, von ihr heimlich Rettung und Gnade erflehten, sich in sie zu verkriechen trachteten, obwohl sie doch kein Heil und kaum je Rettung brachte. Dem wieder entgegen blieb das Verharren von Menschen, die noch im Schutze überlieferter Gewohnheiten zu leben glaubten und gar nichts anderes kannten, wie ihn aber nur erfülltes Leben in einer wahrhaften Ordnung gewähren kann, doch nicht die Nachahmung längst ungültig gewordener alter Formen, versteinert in verkrampften Mechanismen, in denen bloß ein animalischer Instinkt die ernste Geschäftigkeit einer zerfallenen Lebenskunst weiterwirken ließ.

Dieses Verhalten vieler Menschen hatte fast allein zur Folge, daß trotz allen Beschädigungen der Apparat nach dem 7. Mai 1945 mechanisch weiterlief. Wären mehr erfüllte Menschen in diesem Betriebe tätig gewesen, so hätte ein derart überdimensionierter Apparat selbst unter diesem überwältigenden Druck nicht einmal auf dem Papier so »wirklich« werden können, wie es hier geschah. Hätte sich wenigstens eine gewisse Anzahl einsichtsvoller Menschen in diesem Netze gefunden, so wäre das Lager nicht so weit in seine scheinhafte Wirklichkeit entrückt, denn wo ein Mensch, der noch Maß und Würde in sich bewahrt hatte, in dieses Gewebe einbezogen wurde, bildete sich eine Insel der Menschlichkeit, da konnte eine Stellung noch zu einem wahren Amte werden. Gleich verlor sich manches Unheimliche – ein Lebender fühlte, und es wurde mitgefühlt. Das war selten, und es mußte selten sein. In einer Schattenwelt, in der das Menschenleben wie Staub herumgewirbelt wird, vermag nur echte Sittlichkeit zu bestehen, die keiner Moral bedarf – und eine solche Sittlichkeit ist selten. Macht es sich ein Staat zur Aufgabe, dem jeweils Böseren Vorschub zu leisten, dann müssen die Ergebnisse so ausfallen, wie sie Theresienstadt zeitigte.

Aus den Verästelungen des Lagerbetriebes konnte sich kein Individuum lösen, solange es hier weilte, es wäre denn durch den Tod. Auch wer sich an nichts, sei es gut oder böse, beteiligte, wer nur rein als Opfer erschien, war unentrinnbar leidend und, bevor er sich dessen versah, bald auch handelnd hundertmal einbezogen. Darum war das Lager eine Zwangsgemeinschaft. Noch nie, wohl auch nicht in einem strengen Konzentrationslager, war alles so vielspältig in den bodenlosen Abgrund des Zwanges eingetaucht worden wie hier. Freiheit bedeutete hier konkret Tod. Die Freiheit aber, die nicht sterben will, war in eine Einsamkeit genötigt, die fast nicht mehr von dieser Welt war, weil der Zwang im Lager keine andere Freiheit mehr erlaubte. Wo aber ein Zwang herrscht, der jeder freien Regung alle Tore sperrt, rächt sich der unbezwingliche Drang nach ihr in einer schrankenlos ausgreifenden Willkür, die zwar gefesselt wird, aber dennoch durchbricht, wo der unzulängliche Zwang nicht hinreicht. So entsteht das Chaos, das dem Nichts entspricht. Das Chaos ist das Etwas, das im Nichts gefunden wird, denn es gibt kein Nichts im letzten Sinne; es gibt nur eine Nichtswürdigkeit, eine Entwertung allen Bestandes, die ihn für nichts nimmt und als nichts behandelt.

Dieses Chaos wird »behandelt«. In einer hochgetürmten, doch erschaubaren Pyramide reicht die Selbstverwaltung vom Judenältesten bis zum letzten gefangenen Juden herunter. Durch Zwang gebildet und erhalten, bejaht sich diese Pyramide und meint sich als Wert, ihm gegenüber erkennt sie einen Unwert, den sie verneint. Auch er stellt sich als Pyramide dar, aber nur gespiegelt, ein Spiegelbild muß wertlos sein. Diese Spiegel-Pyramide soll das »Nichts« sein. An ihrer Spitze steht der »Führer«, das Fundament reicht zu den SS-Funktionären herab, die das Lager leiten. Aber auch diese Pyramide bejaht sich, meint sich als Wert und erschaut den Unwert als gespiegelte Pyramide im Judenlager. Der SS-Kommandant, im Aufbau seiner Pyramide vom »Führer« ermächtigt, wirkt bestimmend für das Lager, selten durch unmittelbaren Eingriff – meist ruft er die Pyramide im Spiegel an, die ihm gehorchen muß, sonst würde er den Spiegel zerbrechen, und die Pyramide mit ihren Menschen wäre nicht mehr, denn die gefangenen Menschen werden zu Schatten, ihre Ordnung, eine spiegel-gezauberte Pyramide, wird was sie ist – wird Nichts. Von dieser Spiegelpyramide mit dem Judenältesten an der Spitze muß anerkannt werden, daß die andere Pyramide, mag sie auch Unwert sein und zum Spiegel verwünscht, die Macht ist, also bleibt sie noch im Fluche wirklich. Und will die Lagerpyramide bestehen, dann müssen der Judenälteste und alle seine Juden gehorchen. Bloß im Gehorsam sind sie auf Abruf zum Dasein berechtigt. Darum wiederholen sich in diesem gespiegelten Schattenreich in analogen Verhältnissen, aber verkehrt und seltsam verändert die Funktionen, durch die sich die Pyramide des »Führers« erhält und besteht. Es spiegelt sich die Macht als Instanz, die Gewalt als Zwang; so aber setzt sich das Führerprinzip in der Gemeinschaft der Gefangenen eben dieses Prinzipes fort. Der »Führer« spiegelt sich im »Judenältesten«, ob sie es wollen oder nicht, und alle einzelnen gefangenen Juden spiegeln sich gleichfalls in den Rollen aller Nichtjuden. Die den Juden zuerkannte Nichtswürdigkeit in diesem System rächte sich durch diese Spiegelung an den Nichtjuden, denn es gibt kein Nichts. Die Nichtigkeit dessen, den man als Nichts erachten will, wird Etwas sein, an dem jener, der Etwas sein will, selbst zunichte wird.

Man möge das nicht schematisch verstehen. In diesen Verhältnissen vollziehen sich Amalgamierungen, in denen, sei es nun bewußt oder unbewußt, jener, der das Leiden bereitet, selbst zum Leidenden wird, und nach gleichen Gesetzen bereitet auch der Leidende Leid. Mag man auch den hier gezeichneten Hintergründen nicht zustimmen, so bleibt wahr und feststellbar, daß der Verfolger seinem Opfer gleich wird, das Opfer sich aber seinem Verfolger angleicht. Die Pyramide, die im Lager die in der Außenwelt stehende Pyramide spiegelt, wirkt vom Judenältesten in einem dicht gesponnenen Instanzenweg bis hinunter zum Fundament. Ein kurzer Weg führt über den Haus- und Zimmerältesten bis zum geringsten letzten Juden, und so ist das Unwahrscheinliche erreicht – dieser letzte Jude ist an den »allmächtigen Führer des großdeutschen Reiches angeschlossen«. Durch solche Verbindungen, die schnell vollziehbar sind, weiß er, der sich vergottet hat, von ihm, dem letzten Juden, der nun auf den »Führer ausgerichtet« ist! Diese Verhältnisse waren kaum bewußt, aber darum nicht minder wirksam, und sie haben – auf kurze Dauer – ein »Reich« und auch ein »Ghetto« zusammengehalten.

Die Welt des »Ghettos« spielte sich in so beängstigend engen Kreisen ab, daß jede Maßnahme unmittelbar Leben oder Tod bedeuten konnte. Wollte man die Gesetze von Ursache und Wirkung studieren, so böte sich hier eine einzigartige Gelegenheit, weil es kaum je einen Ort gab, in dem sich zeitlich »Geschichte« in so verkürztem Ablauf vollzog. Was sonst auf weite Gebiete wie auf Jahrhunderte und Jahre verteilt ist, schränkte sich hier auf einen Ort im Umfang von 700 mal 500 Meter wie auf Monate, Tage und Stunden ein. Darum sind die dreieinhalb Jahre des »Ghettos« nicht nur eine Episode, sondern wirkliche Geschichte. Wer die Gesetze geschichtlichen Werdens und Wirkens ergründen will, ihr dichtes Gewebe von Schuld und Verhängnis, ihr unzulängliches Dasein im menschlichen Trachten, dem ist an dieser Zwangsgemeinschaft ein Beispiel geboten, wenn er den Mut hat, ihr dicht verstricktes Grauen zu erforschen, das in einem Knäuel die Summe eines Elends einschließt, wie es sich sonst in weiten Gebieten und längeren Zeitläuften verdünnt. Mögen auch einzelne Menschen »die« Geschichte machen; Geschichte selbst ist nicht Biographie, sondern ein fortschreitender Prozeß des Werdens, Wirkens und Vergehens einer Gemeinschaft, einer Vielheit aufeinander einwirkender Menschen, die man nicht als addierbare Summe betrachten darf. Täte man dies, so würde man mit physikalischen Größen operieren, nach analogen Verhältnissen mit geschichtelosen Menschenmassen, aber nicht mehr mit geschichtlichen und einer Geschichte fähigen Menschen. Geschichte ist eine Potenzierung im Walten eines Menschenbereiches; diese Potenzierung ergibt sich aus den Einrichtungen, Verhältnissen und Wirkungen jeder einzelnen und aller Gemeinschaften. Wir sagen hier Gemeinschaft und nicht Gesellschaft; Gesellschaft ist der Zustand von Gemeinschaften, Gemeinschaft die reziprok wirkende Vielheit von Individuen, die unter einem bestimmten gemeinsamen und definierbaren Schicksal zur Einheit wird. Mit dieser Erklärung ist bereits ausgesprochen, daß Geschichte nie allein in Einzelheiten auszudrücken und zu übersehen ist.

Grundfalsch wäre es zu sagen, weil in Theresienstadt viel gelitten wurde, daß nun die zusammengepferchte Gemeinschaft bloß und vor allem gelitten habe, weswegen sie unter diesem Gesichtswinkel dargestellt werden müßte. Nein, wie jede Geschichte bedeutet auch diese einen Kosmos aus unendlich vielen Beziehungen, in dem alle denkbaren menschlichen Tendenzen wirksam waren und sich seine

Institutionen geschaffen haben. Was in der Geschichte normaler Gemeinschaften aus rationalen Handlungen und irrational erscheinenden Begebenheiten zusammengesetzt wird, diese ideelle Summe ihres gesamten Seins, die in einer pragmatischen Geschichtsschreibung festgehalten werden sollte, das ist hier, stilisiert gesagt, durch den »Gliederungsplan« (= rationale Handlungen) und die Machteingriffe der SS (= irrational scheinende Begebenheiten) gegeben. Andere Geschichte wächst, diese wirkt fast als willkürliches Erzeugnis. Dennoch kann keine Geschichte nur experimentell hergestellt werden, weil Gnade und Verhängnis geschehen und dabei doch nie experimentierbar werden; übrigens war hier für ein solches Experiment kein bewußter Wille da, mochte es auch durch das mechanische Planen oft so bedünken.

Um die Juden zu vernichten, mußte man nicht mit ihnen geschichtlich experimentieren; um sie aus bestimmten Gründen für einige Zeit zu erhalten, improvisierte man nach kopflosen, wechselnden Plänen. Sogar wenn die SS hätte experimentieren wollen, gefährdete sie jegliches Gelingen durch die negative Einstellung zu den möglichen Objekten des Versuches. Man kann nicht experimentieren und den Gegenstand seines Experimentes hassen, denn Experiment setzt Verzicht auf solche Leidenschaft voraus und verlangt eine positive Einstellung zu den untersuchten Werten. Werte wurden nicht anerkannt, und darum wurde der Unwert zu einem Wesenszug der Geschichte des »Ghettos«. Sie ist das Ergebnis der Aberherrschaft in einer Anarchie, der Scheinordnung im böswillig beschworenen Chaos. Die Gemeinschaft dieser Geschichte als »Unwert« rächte sich an ihrer Umwelt dadurch, daß sie »da« war, daß sie »etwas« war und den zubestimmten Unwert nicht annehmen konnte. Theresienstadt ist eine Geschichte der Selbstbehauptung des Etwas in einer Negation seiner selbst. Hier mußte sich das Etwas unendlich mehr für sein Bestehen anstrengen als in einer Welt des Wertes. Deshalb mußte sich dieses Etwas in einem sonst nicht erforderlichen Maße Werte verleihen und erwerben. Je mehr sie verneint wurden, desto sorgfältiger mußte man sich nach ihnen umschauen. Bereiche mußten aufgesucht werden, die von der Negation nicht erreicht wurden und ihr widerstanden. Diese Werte lagen nicht in jenen Institutionen, die auch die Negation zur provisorischen Erhaltung des »Unwertes« noch brauchte; im Gegenteil, vom Unwert waren sie getränkt, so mußte ihr möglicher Wert gemindert werden, wenn sie nicht ganz wertlos wurden.

Herbert Otto
Weg in die Gefangenschaft

Die Offensive des Gegners war wie ein Unwetter über die deutschen Truppen hereingebrochen. Zwischen Dnjestr und Pruth bebte die Erde, stöhnte und barst, als wollte sie alles verschlingen. Schon am Abend des 23. August war die Südfront aufgerissen. Die zersprengten deutschen Regimenter fluteten nach Westen oder waren von Einheiten der Roten Armee eingekreist. Hier und da loderte Widerstand, blindwütig und sinnlos, belebt von der Hoffnung, die deutsche Linie noch zu erreichen. Niemand ahnte das Ausmaß der Niederlage. Niemand wußte, daß die Panzer mit den ölbefleckten roten Fähnchen am Turm die Donau längst erreicht hatten, daß die deutsche Südfront nicht mehr bestand.

Entsetzen und Furcht vor den Russen, vor den »Horden ohne Recht und Gnade«, jagten unzählige deutsche Soldaten in die Wälder. Sie scheuten das offene Feld. Zwischen den Hügeln, abseits von Straßen und Dörfern, schlichen sie dahin oder verbargen sich wie Diebe. Hitze und Hunger mergelten sie aus; Sumpfwasser machte sie krank.

Manchmal schimmerten plötzlich die blassen Farben einer Siedlung durch Stämme und Sträucher. Das schiefe Gestänge eines Ziehbrunnens überragte die Dächer. Man hätte trinken können, bekam vielleicht ein Stück trocken Brot. Aber zwischen den Gehöften wimmelte es von feindlichen Soldaten. Der Anblick der graubraunen Gestalten, der roten Fetzen an den Fahrzeugen peitschte die kraftlosen Glieder auf. Hunger und Durst waren vergessen. Wieder zurück in den Wald und weiter nach Westen!

Nur nicht in Gefangenschaft!

Menschen, dem Trommelfeuer, den Gefahren der Schlacht entronnen, klammerten sich verzweifelt an ihr Leben. Irgendwo mußte doch die deutsche Front sein! Und sie schleppten sich weiter ... immer nach Westen ...

Die Tage waren lang, die Hitze ermüdete. Haferkorn und sein Kamerad irrten ziellos in den Wäldern umher, mieden die Dörfer, hockten stundenlang in den Ästen eines Baumes und spähten aus. Auf der Straße am Horizont bewegten sich Kolonnen. Eigene oder fremde? Wer wußte es?

Ein Weinfeld stieß mit seiner Schmalseite an den Wald. Sie schlichen hin und aßen unreife Trauben, um ihren Durst zu stillen.

Anderswo schöpften sie vorsichtig Wasser aus einem abgestandenen Tümpel. Es war lauwarm, schmeckte nach verfaulten Blumen und nach Erde.

Am Abend des dritten Tages öffnete Haferkorn mit dem Taschenmesser die letzte Konservenbüchse. Sie schlangen die Leberwurst hinunter und wünschten sich Brot. Der Magen verlangte etwas Festes.

Während der letzten Stunden war der Lärm der Front immer schwächer geworden und hatte sich schließlich ganz entfernt. Die feindselige Stille beunruhigte, weckte Gefühle der Verlassenheit, der Hilflosigkeit. Sie sprachen wenig und nur flüsternd miteinander. Überall konnte der Feind lauern.

Geschützt gegen die Sicht von oben bereiteten sie unter hohen Bäumen das Lager für die Nacht. Während des ganzen Tages waren die Doppeldecker mit dem roten Stern am Rumpf hin und her geflogen. Morgen würde es nicht anders sein.

Sie hatten sich ausgestreckt. Als Kopfpolster diente ein Haufen vorjährigen Laubes. Georg blinzelte durch das Geäst der Pappeln in den Abendhimmel, dehnte die Glieder und stöhnte sehnsüchtig auf. »Man müßte ein Mädchen haben«, sagte er leise.

»Wenn wir zu Hause sind!« erwiderte Alfred.

»Man müßte jetzt eins haben, meine ich.«

»Man müßte ... Man müßte zu Hause sein und nicht hier. Wir haben schöne Seen bei uns. Stille Plätzchen gibt's da am Ufer. Durch das Schilf guckt das Wasser und am anderen Ufer die hellbraunen Kieferstämme ... Unter den Bäumen sitzt du wie unter einem Dach ... Vor sechs Wochen hab ich da noch gesessen und gebadet ... mit meinem Mädchen ...«

»Wie heißt sie denn?«

»Mein Mädchen?« Haferkorn lächelte verträumt und antwortete nicht gleich.

»Weißt wohl nicht welche, he?«

»Waltraut heißt sie. Morgen zeige ich dir ein Bild.«

Alfred mußte an die junge Partisanin denken, glaubte ihr strenges Gesicht zu sehen. So wie an jenem Morgen: über Kimme und Korn seines Gewehrs. Die Urlaubserinnerung verflog augenblicklich. Schon mehrfach war er nahe daran, mit Georg über die Erschießung zu sprechen. Was dachte der andere darüber? Doch wenn er ihn danach fragte, dann unverdächtig, wie zufällig.

»Was meinst du ...«, begann er zögernd. »Wer mag damals nicht geschossen haben?«

»Was denn?«
»Na, im Wäldchen. Da lag doch eine Patrone zwischen den Hülsen. Es könnte ja sein, daß sie von dir gewesen ist.«
»Einfälle hast du! Wieso?«
»Ach, nur so ein Gedanke.«
»Warum soll ich nicht geschossen haben? Überhaupt so ein Blödsinn. Wer weiß, was der Alte mit uns gemacht hätte in seiner Wut, wenn die Russen nicht dazwischengekommen wären. Der versteht nämlich keinen Spaß!«
»Kennst du ihn schon länger?«
»Wir kannten uns schon, da war er noch einfacher Hauptmann.«
Er sagte das mit wichtigtuerischer Miene. Haferkorn belustigte sich im stillen darüber. Er spielte an den Knöpfen seiner Feldbluse, die unter ihm ausgebreitet lag.
»Was heißt ›einfacher‹?«
»Eben bloß Hauptmann. Das war bei Odessa. Wir gingen zurück. Er hatte fünf Mann bestimmt, die das Dorf anstecken sollten. Einer wollte nicht mitmachen. Den hat er auf der Stelle umgelegt. Ja ... so einer ist das!«
Am Morgen klagte Georg über Schmerzen im Kreuz. Er mochte nicht aufstehen. In seinen Gliedern steckte eine unerklärliche Schwere. Ihm war zumute, als läge er in einer hohen Halle, unweit eines Dampfkessels. In seinem Kopf zischte und dröhnte es unausgesetzt. Wenn der andere sprach oder Zweige und Laub unter dessen Füßen raschelten, erschreckten ihn die Geräusche. Er bekam Fieber und bat um eine Decke.
Haferkorn saß neben ihm und versuchte, den Puls zu fühlen. Dabei zählte er wie beim Handgranatenwerfen. Einundzwanzig ... zweiundzwanzig ... Das Herz des anderen hatte es eilig. Zwei Schläge in einer Sekunde. Er flehte um Wasser.
Haferkorn gab ihm den letzten Rest aus der Feldflasche und unterdrückte den Wunsch, selbst zu trinken. Er fühlte, wie schmerzhaft es war, nicht helfen zu können, hoffte von Stunde zu Stunde, daß das Fieber zurückgehen würde.
Als es dunkel wurde, bekam Georg Angst, zitterte am ganzen Körper, sah den Kameraden bittend und traurig an und bettelte, jetzt mit ihm ins Haus zu gehen. Fast die ganze Nacht hindurch phantasierte er.
Am nächsten Vormittag, während Georg schlief, erkundete Haferkorn die Umgebung. Aus den Ästen einer hohen Eiche blickte er über das Meer von Baumkronen. Im Süden, etwa zwei Kilometer

entfernt, endete der Wald. Äcker dehnten sich dort, dunkelgrüne, gelbe und graue Flecke. Sicher war da etwas Eßbares zu finden! Er entschloß sich aufzubrechen.

Eine halbe Stunde später erreichte er den Waldrand, lugte durch das Unterholz und trat auf einem schmalen Weg hinaus. Die Äcker brüteten in der Sonne; die stille, schwere Luft flimmerte und verzerrte die Linien des Horizonts.

Haferkorn entdeckte ein verwildertes Melonenfeld. Die meisten der Früchte waren bereits verfault. Er kauerte zwischen den Pflanzen und schlürfte heißhungrig das süße rosafarbene Fleisch zweier riesiger Wassermelonen. Der klebrige Saft rann über Kinn und Unterarme, tropfte auf die Hose.

In die Feldbluse schnürte er Melonen und Maiskolben, warf das Bündel über die Schulter und schritt eilig dem Walde zu.

Nur noch wenige Meter bis zu den ersten Bäumen! Plötzlich Stimmen und lautes holpriges Gelächter. Haferkorn zuckte zusammen. Auf dem Weg, der am Waldrand entlangführte, kamen zwei Soldaten. Sie trugen Maschinenpistolen. Sie hatten ihn bemerkt und riefen.

Nur für den Teil einer Sekunde erstarrte Alfred. Dann ließ er das Bündel aus den Händen fallen und sprang mit großen Sätzen über den Weg. Ein Feuerstoß kreischte, wieder einer.

Von Schreck und Furcht getrieben, ohne zu bedenken, daß es sinnlos war zu fliehen, stürzte er durch die Sträucher, lief keuchend, so schnell die Beine ihn trugen, zwischen den Bäumen davon.

Schneller! Nur nicht in Gefangenschaft!

Jetzt krachte eine neue Salve. Und noch eine. Die Kugeln pfiffen dicht neben ihm. Er warf sich hin und preßte das Gesicht auf den Boden. Er hatte solche Angst, daß er zu weinen anfing. Rasend pochte das Blut gegen die Schläfen. Er krallte die zitternden Hände in die lockere Erde, als wäre sie das Leben, das ihm entrissen werden sollte. Das junge duftende Leben!

Haferkorn horchte auf die Schritte der Soldaten. Er unterdrückte den Atem und rührte sich nicht. Gleich ist alles zu Ende, dachte er. Ein Feuerstoß noch ... und dann ...

Einer der Russen mußte ganz nahe sein, mußte direkt neben ihm stehen. Warum schoß er nicht? ... Worauf wartete er? ...

Eine kräftige Hand griff ihn an der Schulter und warf ihn herum. Zögernd öffnete er die Augen, sah ein dunkles Gesicht, eine geschwungene Nase und kleine tiefliegende Augen.

»Nu, dawai«, stieß der Russe hervor. »Auf!«

Haferkorn gehorchte widerwillig. Hilfesuchend, furchtsam blickte er auf die Waffe des anderen, auf seine Hände, in sein Gesicht und auf die kleine Gestalt des zweiten Soldaten. Der näherte sich fluchend, hielt mit der Hand die Fetzen seiner Hose, die er sich eben erst zerrissen haben mußte. Dann stürzte er auf den Deutschen zu und schlug ihm mit der Faust ins Gesicht.

Haferkorn taumelte und prallte gegen einen Baum. Schmerzen spürte er nicht; sie gingen unter in der niegekannten übermächtigen Angst, die ihn ganz beherrschte, die alles überwucherte.

Den Russen in die Hände gefallen ... ausgeliefert, preisgegeben dieser unberechenbaren bösartigen Gewalt! ...

Seine Blicke irrten hin und her, hefteten sich an den einen, sprangen zum anderen. Die Russen stritten sich. Es schien, als ginge es um ihn. Der Soldat mit der gebogenen Nase, der größere von beiden, packte das Handgelenk des anderen, redete wütend auf ihn ein. Doch der Kleine riß sich los, schwenkte den Arm, fluchte laut und zeigte immer wieder auf die zerrissene Hose. Schließlich starrte er den Gefangenen böse an und spuckte aus.

Der andere tastete Haferkorn ab, wies energisch mit dem Kopf nach dem Waldausgang und sagte wieder: »Dawai!«

Die kurze Strecke bis zum Waldrand, kaum hundert Meter, wollte nicht enden. Sie schien kilometerlang; jede Sekunde eine halbe Ewigkeit. Haferkorn erwartete den Feuerstoß, das kalte erbarmungslose Brüllen der Pistolen. Er sehnte es herbei. Da es kommen mußte, sollte es bald kommen, das letzte Geräusch, das den Tod an der Hand führte.

Vor seinen hilflos geweiteten Augen schienen die Mündungen zu tanzen. Er spürte sie im Rücken. Er machte das Kreuz hohl, weil er glaubte, sie berührten seine Haut.

Warum schießen sie nicht? ... Worauf warten sie noch? ... Er wollte sich umsehen, vergewissern in den Gesichtern der Soldaten. Ihre schlurfenden Schritte peinigten. Unerträglich, auf den Tod zu warten! Zwischen zwei Herzschlägen, von denen jeder ein unvermutetes Geschenk ist, immer der gleiche zehrende Gedanke: dies ist der allerletzte! Danach hört alles auf!

Wann schießen sie endlich?

Sie rächen sich für die ermordeten Partisanen. Aber ich bin schuldlos. Meine Kugel hat nicht getötet! Sie hat einen Ast vom Baum gerissen. Mehr nicht! Ich habe es genau gesehen! ... Sie haben kein Recht, mich zu töten! Krebs ist der Schuldige ... und die anderen, die zu feige waren ...

Als er aus dem Wald auf den Weg hinaustrat, rief der kleinere der beiden Russen ihn an und machte ihm verständlich, daß er seine Feldbluse holen solle. Haferkorn rührte sich nicht vom Fleck. Mit irren Augen blickte er die Soldaten an. Vielleicht fünfzig Meter entfernt, zwischen Melonen und Maiskolben, lag seine Bluse auf dem Weg.

Wenn ich gehe, schießen sie, dachte Haferkorn. Es heißt dann: auf der Flucht erschossen.

Unschlüssig blieb er stehen, die Arme auf dem Rücken, und drehte das Handgelenk zwischen den Fingern.

Der Soldat mit dem dunklen Gesicht musterte ihn. Ein gutmütiges verstehendes Lächeln verbarg sich um den Mund. Es schien, als wüßte er, was in dem jungen Deutschen vorging.

Doch sein Kamerad, über der Mitte des geschorenen Kopfes die Mütze, wie ein spitzgiebeliges Dach, hob die Maschinenpistole und schrie: »Nu, dawai ... schnell!«

Wieder starrte Haferkorn die Russen an. Der Kleine sah böse aus, unversöhnlich und finster. Der andere nickte ihm zu.

Haferkorn ging. Er zitterte an allen Gliedern, wie vom Schüttelfrost gepackt. Nach wenigen Schritten begann er zu rennen. Kein Laut. Kein Feuerstoß. Nur das eigene Keuchen, das scharfe Knirschen der Stiefel auf dem Feldweg. Als er die Bluse aufgehoben hatte, kehrte er zurück.

Die Russen fragten ihn, ob noch Kameraden im Wald seien.

Georg! Was sollte er antworten? Ihn verraten ...?

Haferkorn schüttelte den Kopf.

Dann ging es unter der schweren moldauischen Augustsonne dem Dorfe zu. Ein langer Marsch. Im Kopf die endlose Frage: was wird kommen? Haferkorn sah, wie das grelleuchtende Band des Weges unter ihm dahinlief, ruckartig, im Rhythmus der schleppenden Schritte.

Zeitweise wich das betäubende hilflose Bangen ums eigene Leben. Haferkorn dachte an den Kameraden. Georg lag allein im Wald. Das Fieber umklammerte ihn, er flehte um Wasser, schrie ... Ohne Hilfe mußte er umkommen. Und wenn er starb ... Wer hatte die Schuld?

Er selbst doch! Wer sonst?

Darüber erschrak Alfred Haferkorn. Er wischte mit dem Arm den Schweiß von der Stirn, fühlte, wie die Beine schwerer wurden, wie der Magen schmerzte. Die Sonne lastete auf dem Kopf wie eine glühende Eisenplatte.

Schuldig am Tod eines Menschen! Das ganze Leben lang diese eine Minute verfluchen, eine einzige Feigheit bereuen! ... Er hatte an jenem Morgen im Buchenwäldchen auf einen Ast gezielt, damit er diese Last nicht zu tragen brauchte. Und jetzt?

Immer schneller ging Haferkorn. Der Abstand zwischen ihm und den Rotarmisten wurde größer und größer.

Sie riefen ihn zurück. Er wartete. Wie sollte er sich verständlich machen ...? Zögernd ging er den Soldaten entgegen.

Sie standen Auge in Auge.

»Ich ... dort Kamerad ...« Er wies mit dem Kinn auf den Weg, den sie gekommen waren. Weil die Russen schwiegen, wurde Haferkorn lebhafter. Er zeigte mit dem Arm nach dem Wald.

»Mein Kamerad ... dort ... Er krank ... malad ... so ...«

Die flache Hand auf der Brust, deutete er heftiges Herzklopfen an, legte dann seine Finger auf die Pulsader.

Der Soldat mit dem dunklen Gesicht hatte verstanden. Er zog die Brauen herunter, so daß die Härchen sich sträubten und fragte barsch: »Wieviel Kamerad?«

Haferkorn hob den Zeigefinger: »Ein Kamerad!«

Der Soldat ging auf ihn zu. Zorn stach aus seinen Augen. Er packte ihn am Hemd.

»Du Faschist, da?«

Er sagte das leise, mit spitzen Lippen. Doch die Stimme bebte. Man sah, daß er Mühe hatte, seine Wut zu zügeln. Sie zuckte um die Lider, auf dem ganzen Gesicht. Haferkorn befiel wieder die Angst. Er war doch kein Faschist ...

Der Russe schüttelte ihn und schrie. Warum er gelogen hätte und erst jetzt sagte, daß sein kranker Kamerad im Walde liege? Warum?

Die Worte waren Haferkorn fremd. Doch ihr Sinn ging ihm ein. Er konnte den Russen nicht ansehen. Und was sollte er sagen? Der Soldat zog ihn zu sich heran. Ganz dicht. Der Atem des anderen brannte auf der Haut. Wenn doch alles vorbei wäre ... Wenn er ihm doch sagen könnte, daß er nichts Schlechtes für den Kameraden gewollt hatte ... daß alles nur Angst war ...

Statt zu reden, wandte er den Kopf, langsam, fast widerwillig.

Sein Blick schlich an dem Soldaten hinauf, kroch über die Bluse, die Ordensspange. Bis in seine dunklen Augen ... Ich wollte ihn nicht umbringen ... ich kann keinen Menschen töten ... Versteh doch ... Angst hatte ich einfach ... durcheinander war ich ... weil ihr nicht geschossen habt ...

Der Russe verzog den Mund. Kränkung, Bedauern und Verachtung traten in sein Gesicht. Haferkorn spürte, wie sein Griff härter wurde. Er bekam einen Stoß gegen die Brust, taumelte, verlor das Gleichgewicht und fiel ...

Sie gingen den Weg zurück, bis zu der Stelle, wo Georg lag. Hier erst begegnete Alfred wieder dem Blick des Soldaten. Er fand ihn streng, aber nicht mehr zornig. Die Geringschätzung fehlte. Auch das Furchterregende. Er flößte Zutrauen ein, ermunterte.

Der Russe hatte ihn belehrt. Er hatte ihn für die Lüge getadelt, die den Kameraden umbringen mußte. Dieser fremde Soldat mit dem dunkelroten Stern an der Mütze und dem goldglänzenden Zeichen ...

Haferkorn hatte es als Kind aufs Straßenpflaster gemalt ... mit weißer Kreide ... Eines Tages hatte das Vater verboten und ihm eine Ohrfeige gegeben: er sollte sich einprägen, daß er das Zeichen vergessen mußte ... Die einzige Ohrfeige, die er von Vater bekommen hatte.

Der Soldat hatte nichts Feindliches mehr an sich. Haferkorn wunderte sich darüber. Er merkte auch, daß die Angst gewichen war, die betäubende rasende Angst ...

Er schämte sich nur noch.

Georg war sehr schwach. Er konnte nicht allein gehen. Auf dem Wege ins Dorf stützten sie ihn zu zweit – Haferkorn und der russische Soldat.

WILLI HEINRICH
Das geduldige Fleisch

IV

Stransky hatte sich nun doch entschlossen, den Besuch bei Major Vogel nicht auf die lange Bank zu schieben. Er verzichtete darauf, sich telefonisch anzumelden, und machte sich am Abend auf den Weg. Der Gefechtsstand des dritten Bataillons befand sich nördlich hinter der Höhe 121,4 und lag inmitten eines nach Westen hin abfallenden Wiesengeländes. Ein kleiner Bach, dessen Ufer von dichtem Gesträuch bewachsen waren, floß nahe am Gefechtsstand vorbei. Es wurde schon dunkel. Als Stransky den Kommandeursbunker öffnete, fiel ihm Kerzenschein entgegen, und er sah, daß Vogel bereits Besuch hatte. Kiesel saß bei ihm.

Vogel stand rasch auf. »Potztausend!« rief er, »welche Überraschung!« Stransky, bemüht, sein Unbehagen über Kiesels Anwesenheit zu verbergen, lächelte. »Hoffentlich störe ich nicht«, sagte er. »Unsinn«, Vogel schüttelte ihm kräftig die Hand, »habe schon gestern auf Sie gewartet, sind mir jederzeit willkommen.« Er machte sich in einer Ecke des Bunkers zu schaffen und stellte dann einige Flaschen auf den Tisch. Kiesel schnalzte mit der Zunge. »Meine Hochachtung, Herr Vogel. In der südlichsten Ecke Rußlands einen Mosel, Jahrgang 1937. Sie verstehen es, sich bei Ihren Gästen beliebt zu machen.« Der Major lachte dröhnend, während er eine Flasche entkorkte. »Organisationstalent, meine Herren. Sie dürfen es bei einem alten Soldaten voraussetzen.« Er füllte die Gläser. »Und dann: in dieser Gegend nimmt sich eine Flasche Mosel nicht absurder aus als wir selbst. Zum Wohl, meine Herren!«

Sie taten ihm Bescheid. Stransky kostete sorgsam. »Ausgezeichnet, Herr Major. Ich habe schon lange keinen so guten Tropfen mehr zwischen den Zähnen gehabt.« Der Major nickte vergnügt und fuhr sich mit dem Handrücken über den Mund. Dann warf er eine Zigarettenpackung auf den Tisch. »Bedienen Sie sich, meine Herren. Wer nichts kriegt, ist selber schuld.« Während sie die Zigaretten ansteckten, sah sich Kiesel, der erst kurz vor Stransky bei Vogel eingetroffen war, den Bunker an. Das zuckende Licht der Kerzen warf die Schatten der Männer auf die rohverschalten Wände. Das Bett des Majors, aus Holzleisten grob zusammengezimmert, befand sich dicht neben der Tür. An seinem Kopfende stand eine Truhe, in der wohl Kleidungsstücke untergebracht sein mochten. An einigen Nägeln hingen Maschinenpistole, Koppel und Ledermantel des Majors.

Stransky zog heftig an seiner schlecht brennenden Zigarette. Als sie endlich gleichmäßig brannte, schlug er behaglich die Beine übereinander und wandte sich an den Major. »Übrigens, Herr Vogel, weshalb empfinden Sie unsere Anwesenheit im Brückenkopf als absurd?« Vogel ruckte den wuchtigen Kopf mit dem schlohweißen, militärisch kurzgeschnittenen Haar hoch und schob sein Glas ein Stück von sich weg. »Kann ich Ihnen sagen, Herr Stransky«, polterte er. »Wenn wir schon immer Feuerwehr spielen müssen, dann nicht einige hundert Kilometer vom Brandherd entfernt. Und das sind wir hier, sag ich Ihnen, und darum ist unsere Anwesenheit hier absurd.«

Stransky runzelte die Stirn. »Ich verstehe Sie nicht ganz. Schließlich haben wir hier eine – bei Gott – sehr bedeutungsvolle Aufgabe zu erfüllen. Ich weiß nicht, aber ich finde, daß Ihre Ansicht einer gewissen Voreingenommenheit entspringt. Schließlich« – er lächelte höflich – »ist auch das Getrennte in der Lage, kooperativ zu wirken.« Er wandte sich an Kiesel, der dem Gespräch aufmerksam gefolgt war. »Nicht wahr, Herr Kiesel? Oder können Sie mir vielleicht sagen, wo unsere Anwesenheit erforderlicher wäre? Die taktische Bedeutung des Brückenkopfes steht wohl außer Zweifel.«

Ehe Kiesel antworten konnte, schlug der Major heftig auf den Tisch: »Taktische Bedeutung? Sie meinen wohl: dekorative Bedeutung.« Er stützte beide Ellbogen auf die Tischkante und beugte sich etwas vor. »Sie schlafen wohl«, erklärte er grob, »betrachten Sie die Ereignisse des Feldzuges bis zum heutigen Tag.« Er lachte schneidend. »Das Verhalten eines Blinden, sag ich Ihnen, eines ausgesprochen Blinden, der eine Richtung einschlägt, bis er an eine Mauer stößt und dann wieder kehrtmacht. Einmal links, einmal rechts, einmal hott, einmal hüh. Wissen Sie, was das ist?« Die ohnedies breite, derbe Erscheinung des Majors schien zu wachsen. Seine Augen unter den buschigen Brauen funkelten zornig. Stransky betrachtete ihn unbehaglich. Der Major fuhr fort: »Ich will Ihnen sagen, was das ist: Kräfteverschleiß, Kräfteverschleiß ohne entscheidende Ergebnisse, sonst nichts.« Er griff grimmig nach seinem Glas und tat einen großen Schluck.

Stransky lächelte überlegen. »Das ist Ansichtssache«, erklärte er kühl. »Sie sind zweifelsohne ein alter Soldat mit viel Erfahrung. Aber übersehen Sie bitte nicht, daß sich die Form der Kriegführung seit dem ersten Weltkrieg wesentlich geändert hat. Wir rennen uns heute nicht mehr die Köpfe blutig, wie dies zum Beispiel vor Verdun der Fall war, sondern wir suchen uns die schwachen Stellen des Gegners; dies aber erfordert Beweglichkeit.«

»Ähhh« – Vogel wischte mit der Hand durch die Luft – »verschonen Sie mich mit dem Gesappel. Die schwachen Stellen, sagen Sie? Nicht die schwachen, die stärksten haben wir herausgesucht. Prestige, klingende Namen, und wenn ganze Armeen dabei zum Teufel gingen. Sehen Sie her.« Er hob die Hand und begann an den Fingern abzuzählen. »Zuerst die Beule bei Leningrad, dann die blutigen Schädel vor Moskau, dann die Amputation bei Stalingrad, und am Schluß der ganze Kaukasus. Und heute, was haben wir erreicht? Nichts, einen Dreck, oder wollen Sie das vielleicht bestreiten?« Stransky unterdrückte eine spöttische Bemerkung. Das zornige Gesicht des Majors ließ es ihm für den Augenblick klüger erscheinen, das Gespräch nicht auf die Spitze zu treiben. Dieser hatte inzwischen die Gläser nachgefüllt und räusperte sich jetzt: »In Arkadien geboren«, sagte er gepreßt, »in Rußland gestorben. Möchte nur wissen, was wir falsch gemacht haben.«

»Wir?« fragte Kiesel. »Wir haben nur fortgesetzt, was andere begonnen haben. Wir haben unsere humanistische Tradition gepflegt.«

»Und sind aus lauter Humanismus nach Rußland einmarschiert.« Vogel lehnte sich zurück. »Kiesel, Sie sind ein Spaßvogel.«

»Vielleicht«, sagte Kiesel. »Ändert aber nichts daran, daß wir uns den Spaß wirklich geleistet haben und daß er eine direkte Folge des kulturellen Fortschritts ist, wie man das so schön zu nennen pflegt. Lassen wir's. Im Grunde ist das eigentlich ein religiöses Problem.«

Der Major hatte die breite Stirn in Falten gelegt. »Und wohin wird uns der Fortschritt führen?«

»Weiß ich's?« fragte Kiesel dagegen. »Wenn ich mich nicht täusche, sind wir gerade dabei, unsere Nachfolger in die Weltgeschichte einzuführen.«

»Sie meinen die Völker des Ostens?« sagte der Major. Kiesel nickte. Stransky mischte sich in das Gespräch: »Eines ist mir nicht ganz klar. Wenn wir, wie Sie sagen, hier ein religiöses Problem vor uns haben, wie erklären Sie es sich dann, daß uns, wie Sie ebenfalls sagen, die östlichen Völker überflügeln, obwohl sie weit weniger christlich sind als wir?«

»Sind Sie christlich?« Kiesel lächelte. Er war befriedigt, da sich das Gespräch dem Punkte näherte, an dem er Stransky haben wollte. Da Stransky schwieg, legte er die Fingerspitzen gegeneinander und fuhr fort: »Lassen wir das Christentum aus dem Spiel. Beschränken wir uns darauf, ganz allgemein von Religion zu sprechen. Ich behaupte: Von Anbeginn aller Zeiten wurde uns eine Ordnung gegeben, eine Ordnung aus dem Glauben an einen Gott, der alle Dinge sieht und dem wir alle Rechenschaft abzulegen haben. Wo dieser Glaube verlorengeht, setzt sich der Mensch zum Maß aller Dinge. Was ist die Folge? Bitte überlegen Sie sich, weshalb Sie hier sitzen, und Sie wissen alles.«

Kiesel ließ sich aufatmend im Stuhl zurücksinken. Aber Stransky war nicht überzeugt. Er lächelte sauer und meinte: »Ich bin mehr überrascht als beeindruckt. Vor allen Dingen wundert es mich, aus dem Munde eines aktiven Offiziers solche Worte zu vernehmen.« Der Major kicherte. »Vielleicht wundern Sie sich weniger, wenn ich Ihnen verrate, daß unser Kiesel beinahe Theologe geworden wäre. Schätze, ein gütiges Geschick hat ihn davor bewahrt.« Er kicherte wieder und blinzelte Kiesel an. Stransky schaute überrascht auf. »Das erklärt manches.« Er empfand plötzlich eine tiefe Befriedigung und beschloß, den Stier bei den Hörnern zu fassen. »Wie ist Ihre Ansicht in Einklang zu bringen mit dem, was sich in den letzten Jahrzehnten in Rußland abspielte? Oder wollen Sie vielleicht behaupten, der russische Mensch sei nicht religiös veranlagt?« Kiesel hob abwehrend die Hände: »Ich werde mich hüten, im Gegenteil, der Russe ist ein äußerst religiöser, ein wirklich frommer Mensch.«

»Jetzt wird es interessant, meine Herren«, meinte der Major und rieb sich erwartungsvoll die Hände. »Bin gespannt, wie Herr Kiesel den Kopf aus der Schlinge zieht.« Kiesel schmunzelte. »Das ist leichter, als Sie denken, Herr Vogel. Herr Stransky besitzt, wie ich zu meiner Erleichterung feststelle, die Tugend, bei den Schlingen, die er wirft, den Knoten zu vergessen.« Er wandte sich an Stransky: »Sie haben vergessen, daß die Geschichte eines Volkes nicht in Jahrzehnten, sondern in Jahrhunderten und Jahrtausenden geschrieben wird. Meines Erachtens ist der Kommunismus nichts anderes als ein Fanfarenstoß, der die östlichen Völker aus ihrem Dornröschenschlaf weckt. Morgen schon erscheint er wahrscheinlich als kurzer, wenn auch notwendiger Abschnitt ihrer Entwicklung.«

Stransky zuckte abfällig mit den Schultern. »Sie glauben doch nicht im Ernst, daß der Bolschewismus durch die religiöse Einstellung des russischen Menschen an Intensität verlieren wird?«

»Die Schlinge hat einen Knoten«, sagte Kiesel, »Sie verbessern sich, Herr Stransky. Erlauben Sie mir aber, sie abzustreifen, ehe Sie daran zu ziehen beginnen. Was ich glaube, ist, daß der russische Mensch stärker ist als der Bolschewismus und sich darum zuletzt durchsetzt und wieder Ordnung in seinem Hause schafft.«

»Hoffen wir's«, warf der Major ein und goß die Gläser voll. Stransky lächelte säuerlich: »Wenn Sie recht behalten, soll es mir auch recht sein. Aber von den Russen abgesehen – ich will Ihnen einmal sagen, wie ich die Sache betrachte. Die Geschichte eines Volkes weist verschiedene Kulturstufen auf, und Sie dürfen überzeugt sein, daß auch das Christentum nichts anderes war als eine Kulturstufe, die wir längst hinter uns gelassen haben. Mittelalter, Herr Kiesel. Sie mußte ganz einfach im Rahmen der Weiterentwicklung einmal ihre Bedeutung verlieren. In dieser Tatsache einen Niedergang des Abendlandes zu sehen, erscheint mir reichlich gewagt und ganz und gar unbegründet. Sehen Sie« – er ereiferte sich und wandte sich, während er sprach, einmal dem Major und einmal

Kiesel zu – »sehen Sie, wir haben uns zu einer neuen Form der Gesellschaftsordnung gefunden, die mich weit mehr überzeugt als die Dogmen der Kirche, zu einer Ordnung, die das Gesicht der kommenden Jahrhunderte bestimmen wird.« Seine Stimme hatte sich bei den letzten Worten gesteigert und klang theatralisch. Er hatte das Gefühl, gut und überzeugend gesprochen zu haben, und lehnte sich befriedigt in seinem Stuhl zurück.

Kiesel betrachtete ihn belustigt. Nun, da sich sein Bild über ihn abgerundet hatte, verlor er plötzlich das Interesse an dem Gespräch, und er sagte: »Sie haben Ihre Meinung, Herr Stransky, und ich habe die meine. Ich fürchte, daß jede weitere Diskussion fruchtlos ist.«

Der Major wollte ablenken und fragte darum nach dem vermißten Zug der zweiten Kompanie. »Sie haben noch keine Nachricht?« Stransky verneinte unbehaglich, und der Major schüttelte ernst den Kopf. »Befürchte, Sie müssen ihn abschreiben, glaube kaum, daß da noch etwas zu hoffen ist. Wie stark ist er?«

»Elf Mann«, erklärte Stransky widerstrebend. Vogel nickte bedächtig. »Damit kommen sie nicht weit. Weiß, wie das ist, war selbst mal in so 'ner Klemme. Während des ersten Weltkrieges bei Soissons. War 'ne verflixte Schweinerei, sag ich Ihnen. Als wir losmarschierten, waren wir 'ne Kompanie, acht Mann sind zurückgekommen.« Er verfiel in schweigsames Sinnen und starrte düster vor sich hin. Stransky merkte die günstige Gelegenheit, das ihm unangenehme Thema zu verlassen, und wandte sich rasch an Kiesel: »Wie beurteilt man bei der Division die Lage?«

»Die große oder die kleine?«

»Die kleine natürlich.«

»Die Vorbereitungen des Russen lassen auf eine großangelegte Offensive schließen. Unsere Gewährsleute in Krymskaja melden laufend das Eintreffen neuer Divisionen.«

»Dann können wir uns hier wohl auf einiges gefaßt machen«, meinte der Major. »Aber wir werden auch diese Bataille überstehen. Mich bringen sie jedenfalls nicht aus dem Graben«, schloß er bärbeißig. Kiesel lächelte. »Das ist ein Wort.« Er hatte schon viel über die Tapferkeit des alten Haudegens gehört, und obwohl der Major während des Einsatzes das – wie er es nannte – Klimbimbel nie an der Brust trug, mußte er eine stattliche Reihe hoher Auszeichnungen besitzen. »Es bleibt uns gar nichts anderes übrig«, fuhr Kiesel fort. »Wenn der Russe irgendwo durchbricht, sind wir erledigt.« Stransky nickte eifrig. »Ich kann Ihre Ansicht nur bestätigen. Gerade heute früh habe ich meine Kompanieführer entsprechend instruiert. Wir müssen den Brückenkopf halten, und wir werden ihn halten. Das ist meine feste Überzeugung.«

»Sicher werden wir das«, Kiesel verzog bitter den Mund. »Wir werden uns wie die Besessenen zur Wehr setzen, den ganzen Brückenkopf in ein riesiges Massengrab verwandeln, und das alles nur, um an einem bestimmten Tag X den so heroisch verteidigten Boden freiwillig zu räumen, weil uns die große taktische Lage dazu zwingt.«

»Sie malen zu schwarz«, widersprach Stransky, »weshalb wollen Sie nicht einmal das Positive an unserer Stellung sehen? Wir binden starke Kräfte des Feindes und entlasten die Front an ihren Brennpunkten.« Kiesel betrachtete ihn kühl: »Sie scheinen zu verkennen, daß ich nicht mein persönliches Geschick beklage, sondern die Lage, in der wir uns alle befinden, obwohl die Entwicklung dahin vorauszusehen war. Was Sie da reden, ist utopisch, Herr Stransky. Es ist einfach lächerlich anzunehmen, daß wir an dieser Stelle irgend etwas Bedeutungsvolles zur Entscheidung des Krieges beitragen können.«

»Bravo!« Der Major schlug mit der flachen Hand auf den Tisch. »Es ist wirklich ein hirnverbrannter Blödsinn, was Sie da schwätzen, Herr Stransky. Schade um jeden Mann, den wir hier verlieren.« Er hatte sich wieder in Zorn geredet, und seine Augen funkelten grimmig in das beleidigte Gesicht Stranskys.

Kiesel versuchte zu begütigen. »Lassen wir Herrn Stransky bei seiner Meinung. Ich glaube« – er zauberte ein verbindliches Lächeln in sein Gesicht – »ich glaube, daß es für uns alle gut ist, noch Offiziere in unseren Reihen zu haben, die auch der verlorenen Stellung einen gewissen Sinn abringen. Ich wünschte, ich könnte die Dinge genau so sehen wie er. Es wäre manches leichter«, setzte er leise hinzu. Der Major wandte sich brummend seinem Glas zu. Trotz der einlenkenden Worte Kiesels herrschte eine unerträgliche Spannung. Aber dann schien sich der Major seiner Pflichten als Gastgeber zu erinnern, und er schlug einen versöhnlichen Ton an. »Machen Sie um Gottes willen kein so eingeschnapptes Gesicht, Stransky. Wenn mir mal der Gaul durchgeht, so ist das noch lange kein Grund, das gekränkte Würstchen zu spielen.« Er wandte sich an Kiesel: »Wen ich bei der Geschichte am meisten bedaure, ist der Landser. Schätze, er ist die unglücklichste Erfindung unseres Jahrhunderts. Das wird wohl auch Herr Stransky zugeben müssen.«

Stransky hatte sich inzwischen gefaßt und sein gewohntes, überlegenes Lächeln aufgesetzt. »Ihre Schlußfolgerung leuchtet mir nicht ein. Sie dürfen doch nicht übersehen, daß jeder Soldat im Krieg Entbehrungen ertragen muß. Ich sehe wirklich nicht ein, weshalb ausgerechnet der deutsche Soldat hier eine besonders unglückliche Stellung einnehmen soll.«

»Das sehen Sie nicht ein?« Der Major hieb wieder auf den Tisch, daß die Gläser hochsprangen. »Ich will Ihnen den Unterschied erklären. Er liegt darin, daß unsere Männer keine Ideale mehr besitzen. Sie kämpfen weder für die Freiheit der Welt noch für das Abendland, weder gegen Eindringlinge oder Landräuber noch für einen Staat, dessen politisches Gesicht sie begeistert. Sie kämpfen nur noch für ihr nacktes Leben, um das verteufelte, unglückliche Fleisch, das sie mit sich herumtragen, und wenn Sie das nicht einsehen ...« Er verstummte plötzlich.

Stransky betrachtete ihn kalt. »Ist das nichts?« fragte er. »Doch, es ist viel«, warf Kiesel ein, »aber es ist nicht alles, sonst wären unsere Männer längst desertiert. Vielleicht darf ich ...« – er wandte sich an den Major – »vielleicht darf ich Ihre Gedankengänge ergänzen. Das Fleisch ist geduldig, wie Papier geduldig ist. Man kann es benutzen, wie und wozu man es will. Man kann es gebrauchen und man kann es mißbrauchen. Und man hat es mißbraucht, indem man es mit sogenannten idealen Werten köderte, man hat es gemordet und geduldig morden lassen, so lange, bis es nur noch um seiner selbst willen da zu sein schien. Aber dahinter steht doch noch die Anständigkeit des Landsers, die sich dagegen sträubt, den Kameraden im Stich zu lassen, und ein letztes Fünkchen von Hoffnung, daß sich doch noch alles zum Guten wenden kann.«

Der Major hob sein Glas. »Trinken wir auf die Tugenden unserer Männer, den geschmähtesten und geduldigsten Soldaten der Welt.« Sie leerten ihre Gläser, dann sagte Stransky: »Sie haben einige wichtige Punkte vergessen, nämlich: die Erziehung des deutschen Soldaten im preußischen Geiste, die straffe Disziplin unseres Heeres und die absolute Autorität seiner Offiziere.«

Kiesel zog die Augenbrauen hoch. »Unser Gespräch scheint doch noch eine fruchtbare Diskussion zu werden. Wissen Sie, was ich glaube, Herr Stransky?« Er wartete keine Antwort ab. »Ich glaube, daß auch die preußische Epoche in der Geschichte unseres Volkes eine der Vergangenheit angehörende Kulturstufe ist.« Während der Major in ein prustendes Lachen ausbrach, sagte Stransky gereizt: »Dann halten Sie wohl auch meine übrigen Argumente für überholt? Wir brauchen keine Disziplin, wir brauchen keine Führerautoritäten, oder nicht?«

»Das habe ich nicht behauptet«, versetzte Kiesel gelassen, »aber übersehen Sie nicht, daß der Begriff der Disziplin innerhalb der Wehrmacht zu Exzessen geführt hat, die den Soldaten zu einer gehirnlosen Maschine herabwürdigen. Ich unterscheide zweierlei Begriffe, nämlich jenen der Manneszucht und den anderen, den der preußische Kasernenhof daraus gemacht hat und der sich mit dem besten Willen nicht mehr unter der Rubrik Disziplin unterbringen läßt. Sie können den Soldaten zwar einschüchtern, aber sein Ressentiment ist genau so stark wie seine Furcht, und wo die Furcht zum Motiv des Heroismus wird, ist er nur noch eine Geste der Verzweiflung. Damit können Sie keine Kriege gewinnen, Herr Stransky.«

»Wir werden es sehen.« Stransky wandte sich an den Major: »Sie werden selbst zugeben müssen, Herr Vogel, daß Herr Kiesel grundsätzlich alle Voraussetzungen ablehnt, die einfach erforderlich sind, um aus dem müden und gleichgültigen Zivilisten ein brauchbares Werkzeug zu machen. Es würde mich nicht wundern, wenn er auch unsere Autorität als Offiziere in Frage stellen würde.« Seine Worte brachten den Major etwas in Verlegenheit. Obwohl Kiesels Meinung sich mit seinen persönlichen Anschauungen deckte, lag in der Formulierung, wie Stransky sie gebrauchte, eine Falle versteckt, die ihn beunruhigte und vorsichtig werden ließ. Um Zeit zu gewinnen, hielt er sein Glas einige Sekunden gegen das Kerzenlicht und führte es dann langsam zum Mund. Kiesel, dem sein Zögern nicht entgangen war, kam ihm zu Hilfe. »Ich muß Ihre Befürchtungen zum Teil bestätigen, Herr Stransky. Autorität ist subjektiv gesehen dort, wo sie der einzelne für seine Person als selbstverständlich voraussetzt. Mit anderen Worten, eine imaginäre Einschätzung des Persönlichkeitswertes. Die wirkliche Autorität, wie ich sie sehe, muß erst erkämpft werden, und zwar, in unserem Falle, durch ein entsprechendes Verhalten den Männern gegenüber. Sie auf Grund des Dienstgrades als gegeben vorauszusetzen, wäre ein bedauerlicher Irrtum unserer Eitelkeit.«

»Interessant. Darf man vielleicht fragen, wann nach Ihrer geschätzten Ansicht diese Voraussetzungen der wirklichen Autorität gegeben sind?«

»Sie dürfen.« Kiesel warf einen raschen Blick zu Vogel hinüber, der etwas die Oberlippe hochgezogen hatte, so daß man seine gelben, aber lückenlosen Zähne sehen konnte. »Sie dürfen jede Frage an mich stellen, solange sich ihre Beantwortung lohnt. Sie sind Autorität dann, wenn sich Ihre Untergebenen während der Zeit Ihrer Abwesenheit genau so über Sie unterhalten, wie dies der Fall wäre, wenn Sie der Unterhaltung beiwohnen würden. Ich betrachte es« – er lächelte liebenswürdig – »ich betrachte es als selbstverständlich, daß diese Voraussetzung bei Ihnen gegeben ist.«

»Bravo!« Der Major hob begeistert sein Glas. »Wir nähern uns der Dialektik, meine Herren!« Er lachte polternd und blinzelte zu Stransky hinüber. »Sie wissen doch, was Dialektik ist? Es ist die Kunst, etwas zu sagen und das Gegenteil zu meinen. Haben Sie die Spitze herausgehört, Herr Stransky?«

»Ich bin nicht beschränkt«, versetzte dieser hochmütig. »Vielleicht darf ich noch hinzufügen, daß auch im Schweigen eine gewisse Dialektik liegt, die, und das muß ich betonen, den Vorteil besitzt, nicht taktlos zu wirken.« Seine in scharfem Ton gesprochenen Worte ließen den Major zurückfahren. Er wandte sich etwas bestürzt an Kiesel und fragte: »Haben Sie das gehört?«

»Ich habe es gehört. Die Meinung des Herrn Stransky über Dialektik ähnelt jener, die ich über den Begriff des Taktes besitze. Aber ich finde, daß unser Gespräch persönlicher wird, als unser Verhältnis es rechtfertigt.« Er richtete das Wort direkt an Stransky: »Sie haben meine Stellungnahme herausgefordert, und ich habe Ihnen gesagt, was ich denke. Schon als Junge habe ich es lernen müssen, mir meine eigenen Gedanken zu machen, und dies ist bis heute so geblieben ... auch in der Politik.«

Stranskys Gesicht wurde noch abweisender: »In der augenblicklichen Situation unseres Volkes«, sagte er kalt, »bin ich Soldat und habe als solcher meine Gedanken den gemeinsamen Interessen unterzuordnen. Ich bemühe mich, meinen Platz als Bataillonskommandeur auszufüllen... ohne irgendwelche hochverräterischen Gedanken zu äußern«, setzte er bissig hinzu.

Kiesel lächelte gelassen. »Wir alle erfüllen unsere Pflicht, Herr Stransky. Ich hoffe, man wird eines Tages in der Geschichtsschreibung nicht vergessen, dem Gewissenskonflikt des verantwortungsbewußten deutschen Offiziers einen entsprechenden Platz einzuräumen. Er erscheint mir so bedeutungsvoll, daß meiner Ansicht nach ein besonderer Gedenkstein neben dem Grabmal des unbekannten Soldaten angebracht wäre.« Er beugte sich etwas vor. Sein Gesicht war todernst, als er fortfuhr: »Für eine Überzeugung zu kämpfen, bedarf es keines Heldentums. Es beginnt dort, wo die Sinnlosigkeit des Opfers als letztes Vermächtnis der Gefallenen bleibt. Vergessen Sie das nie, Herr Stransky.« Einige Sekunden blieb es still. Eine der Kerzen war niedergebrannt, und der Docht fiel in das flüssige Wachs, wo er erlosch.

GERT LEDIG
Die Stalinorgel

I

Der Adjutant wog die Meldungen der Kompanie in der Hand. Er las Namen von Menschen, die nicht mehr existierten, ausgelöschte Begriffe, Bestandteile der Vergangenheit. Abgang: 1 Maschinengewehr, Nummer nicht mehr festzustellen; 2 Traggurte; 1 Reservelauf; 1 Unteroffizier; 7 Mann. Es hatte wenig Sinn, die Meldungen dem Kommandeur vorzulegen. Er und der Kommandeur waren die Angelpunkte des Lebens. Die Tür ging auf: Namen kamen. Die Tür schlug zu: Namen gingen. Hier bekamen das Leben eine Zahl und der Tod eine Zahl. Sie mußten sehen, wie sie damit fertig wurden. Er hatte seine Arbeit. Was der Kommandeur hatte, interessierte ihn nicht.

Er klopfte an die Tür. Sie war mit Pappe bespannt. Niemand wußte, warum. Vielleicht, um Respekt zu erwecken. Vielleicht war sie auch rissig, oder die Pappe sollte zeigen, daß diese Tür zum Kommandeur führte.

Der Major lehnte an einem mit Papier überzogenen Tisch. Man sah ihm an, wie müde er war. Er roch den Modergeruch des Hauses, die Mischung aus kaltem Rauch, morschem Holz, schmutziger Wäsche, Schweiß und Ungeziefer. Er hatte sich lange nicht rasiert. Zwei Tage oder eine Woche. Er erinnerte an einen Toten, dessen Bart weiterwuchs. Mochte jeder sehen, wie lange er schon aufgebahrt lag. Sein Glasauge verunstaltete das Gesicht. Das lebendige Auge blickte nacheinander an den vier Tischbeinen hinunter; auf die vier mit Wasser gefüllten Blechbüchsen, in die gelbliche Brühe, auf der tote Wanzen schwammen. Er wollte feststellen, ob die Wanzen sich vermehrt hatten. Er tat es gedankenlos, eigentlich war es ihm gleich. Schon lange hatte er die starren Körper auf den Wasserspiegeln nicht mehr gezählt.

Als der Adjutant den Raum betrat, befaßte der Major sich mit Erscheinungen. Er registrierte sie. Er sah auf dem glatten Papier des Tisches das Netz einer Spinne. Ein Rad, die Gewichte von Uhren.

Uhren, die tickten. Langsam oder schnell, aber rastlos bemüht, das Leben zu verkürzen.

Während er sie gespannt beobachtete, als müßten sie ein Geheimnis enthüllen, fühlte er sich wie etwas, das leblos im Wasser hing. Die Flut strich über seine Haut. Er schwamm. Das tat ihm wohl. Wenn er aus diesem Zustand erwachte, kam der Schmerz zurück. Ein unerträglicher Schmerz, dem er nichts mehr entgegenstellen konnte. Es kam ihm vor, als trage er ihn schon eine Ewigkeit mit sich herum. Er hing an seinen Bewegungen wie Blei. Ununterbrochen hämmerten in ihm die Worte des Telegramms: »KIND UND ANNA TOT STOP UNTER DEN TRÜMMERN DES HAUSES GEBORGEN STOP VERSTÜMMELT STOP DAHER SOFORT BEGRABEN.«

Das Telegramm hatte er verloren. Aber der Schmerz verlor sich nicht. Wenn der Major allein am Tisch saß, dachte er darüber nach. KIND UND ANNA TOT. Er starrte auf die schmutzigen Wände. Er öffnete den Mund und sagte kein Wort. Auf seine Stirn trat Schweiß. Von Anna wußte er noch: sie hatte schwarzes Haar. An ihr Gesicht konnte er sich nicht mehr erinnern. Dabei hatten sie zwanzig Jahre zusammen gelebt. Zwanzig Jahre lang hatten sie sich jeden Tag gesehen.

Er legte sich mit ihr ins Bett und küßte sie jeden Morgen auf den Mund. Aber er konnte sich nur auf das eine besinnen: sie hatte schwarzes Haar. Dafür besaß er ein Bild von seinem Kind. Ein Sommertag im Garten. Blumen in der Sonne. Die lebenshungrigen Augen lachten ihm entgegen. Die Linse der Kamera hatte sie festgehalten. Das Kind war tot.

Der Major kicherte vor sich hin und blickte durch eine zersprungene Fensterscheibe hinaus. Auf der Bank lag der Melder. Die Sonne sank. Mücken schwirrten durch die Luft. Es war alles so, wie er es erwartet hatte. Die Straße, der Ziehbrunnen, die feurige Sonnenscheibe am Horizont. Ein Soldat in auffallend weißem Drilch ging vorüber und spuckte verächtlich in den Sand. Alle, die er kannte, lebten noch. Nur sein Kind mußte sterben. Als hätte er eine Rechnung nicht beglichen. Nun war sie einkassiert worden. Unerwartet und rücksichtslos. Das war der Dank, die Gerechtigkeit.

Er wandte sich um und befahl: »Der Melder soll hereinkommen!«
»Jawohl, Herr Major«, antwortete die Stimme des Adjutanten. Ein Luftzug hob drei Blätter Schreibmaschinenpapier vom Tisch und wehte sie auf den Boden.

Während der Major sie aufhob, blickte er wieder durch das verschmierte Fensterglas hinaus. Er sah, wie sich der Melder, vom Adjutanten angesprochen, erhob, unter dem Fensterkreuz vorbeiglitt, für eine Weile verschwand und plötzlich vor ihm im Raum stand.

»Rühren«, sagte der Major, aber nur aus Gewohnheit. Der Melder stand, abgenutzt vom täglichen Befehlsempfang, ohnehin lässig vor ihm.

»Alles in Ordnung?« fragte der Major. Dabei dachte er an sein totes Kind. Ein Unglück, dessen Folgen nicht abzusehen waren. Immer kam noch etwas hinzu, das er vergessen hatte.

Der Melder sagte: »Jawohl!«

»Und am Knüppeldamm?«

Der Adjutant gab schnell zur Antwort: »Nicht mehr zu halten!« Er stellte sich neben den Melder. Einen Augenblick sahen sie sich an. Zwei Männer, die ein Geschäft miteinander abmachten. Stumm, ohne zu reden.

Der Major wurde wütend: »Interessant.«

»Ja.« Der Adjutant betrachtete seine Fingernägel. »Exponierter Punkt. Es trifft niemanden ein Vorwurf.« Er sah plötzlich auf. »Ich werde sofort eine entsprechende Information an die Division ausarbeiten!«

Draußen, auf der Straße, ratterte eine schwere Zugmaschine vorüber. Der Boden begann zu zittern. Von der Decke löste sich Staub. Eine Scherbe fiel aus der Fensterscheibe, klirrte auf die Fußbodenbohlen und zerbrach.

»Vermutlich wird das Artillerieregiment verstärkt«, sagte der Adjutant.

»Welches?« Die Frage des Melders kam wie aus der Pistole geschossen.

Der Major befahl verärgert: »Sie reden nur, wenn Sie gefragt sind!« Er wandte sich an den Adjutanten. »Geben Sie mir bitte die Karte.«

Der Adjutant kramte auf dem Tisch herum. Er trug unter der Feldbluse ein Hemd mit Manschetten. Beide waren verschmutzt. Entlang ihren Falten zog sich ein grauer Rand.

Mit gemachter Gleichgültigkeit blickte der Melder auf die Karte. Die Stimme des Adjutanten sagte: »Schließlich sind wir das unsern Männern schuldig.« Seine Hand wies unbestimmt auf den Tisch. Dabei ließ er im unklaren, was er eigentlich meinte.

Der Major wiederholte leise: »Schuldig?« Er blickte auf den Melder und schüttelte den Kopf.

»Ich bin überzeugt«, versicherte der Adjutant geschäftsmäßig, »daß unsere Ansicht durchdringt.«

»Was geht das mich an!«

»Wie bitte?« Der Adjutant hustete verlegen.

Der Major erklärte trotzig: »Ich sagte: was geht das mich an!« Er legte seine Hände zusammen und spürte eine ungesunde Feuchtigkeit, wie bei einem Fieberkranken. Er hätte jetzt einen Arzt aufsuchen können. Einen Augenblick spielte er mit diesem Gedanken. Sicher würde er den Arzt überzeugen, daß er krank sei. Voller Entrüstung dachte er: ich bin es auch wirklich.

»Wenn Sie rauchen wollen?« wandte sich der Adjutant an den Melder. »Wir haben nichts dagegen!« Er glich einem geschickten Mann, der sich überall zu Hause fühlt – gleichgültig, was geschieht.

»Danke!«

Umständlich stopfte der Melder seine Pfeife. Als er endlich fertig war, zündete er sie nicht an. Er wollte nichts riskieren. Eine Schmeißfliege, die bis jetzt auf dem Ofen herumgekrochen war, startete zu einem Flug nach dem Fenster. Sie schlug gegen die Scheibe und sank zu Boden. Unter der Decke knisterte etwas, als bewegten sich Ratten.

»Wovon sprachen wir eigentlich?«

»Gegenangriff oder nicht?« antwortete der Adjutant unvermittelt. Er hielt dem Major die Frage entgegen wie ein Bild auf der Auktion. Zum ersten. Zum zweiten. Der Adjutant hatte bereits geboten: kein Gegenangriff, niemand wird geopfert.

Der Melder starrte angestrengt zum Fenster hinüber und lauerte auf jedes Wort.

»Der Befehl ist Ihnen doch bekannt?« fragte der Major.

»Welcher Befehl?«

»Die Stellungen sind zu halten. Jeder Einbruch des Feindes ist im Gegenstoß zu bereinigen!«

»Gewiß, gewiß«, entgegnete der Adjutant, als wolle er sich entschuldigen. Es gab hundert Befehle. Kein Soldat kann einen Befehl verweigern, aber er kann ihn vergessen.

Der Major dachte an sein Kind. Es war nur gerecht, wenn andere auch Telegramme erhielten. Er dachte: ich muß mir Genugtuung verschaffen. Seine Hände waren noch immer feucht, als hätte er sie in Wasser getaucht. Man kann einen Schmerz betäuben, wenn man sich dafür rächt. Er wollte Rache nehmen. »Es gibt keine Ausnahme«, sagte er und sah, wie der Melder auf sein Glasauge blickte, als wartete er darauf, daß es herausfiele.

»Herr Major!« Der Adjutant wies auf die Karte auf dem Tisch. Sein Finger zeichnete einen schwarzen Strich nach, der durch die

Sümpfe führte. »Der Knüppeldamm ist wertlos. Kein Damm. Ein Pfad aus Fichtenstämmen.« Er deutete auf ein rotes Kreuz: »Das Maschinengewehr, ein sinnlos vorgeschobener Posten.« Der Major brauchte nicht weiter zuzuhören. Was jetzt kam, wußte er. Die Zwecklosigkeit dieses Postens. Der schmale Weg durch das Niemandsland. Dünne Stämme, einfach nebeneinander gelegt. Keine direkte Verbindung zum Rest der Kompanie. Zwischen den Stämmen aufquellender Morast. Das russische MG bestrich gradlinig den Pfad. Eine künstliche Laubwand nahm dem Gegner die Sicht, nicht aber das Schußfeld. Explosivgeschosse hagelten unausgesetzt auf diesen einzigen Verbindungsweg. Dann die Stellung: ein Gewirr aus entwurzelten Bäumen, Stümpfen und kahlen Büschen. Keine Trichter. Der Sumpfboden schloß sich sofort über jedem Einschlag. Ein Wunder, daß die Gruppe sich dort so lange gehalten hatte.

»Dabei ist die Kompanie stark geschwächt. Jeder Mann wird dringend gebraucht. Wie wollen Sie einen Gegenstoß verantworten?« schloß der Adjutant. Er nahm die Hand von der Karte. Er wartete auf Antwort. Auch der Melder begriff jetzt, worum es ging.

Dem Major fiel es schwer, sich nichts anmerken zu lassen. Immer wieder mußte er Hilfe bei seinem Kind suchen. Sein Kind war getötet worden. Das durfte er nicht vergessen. Er hätte es dem Adjutanten ins Gesicht sagen können. Warum ich? Womit habe ich das verdient? Ich habe mir kein Haus in französischem Stil bauen lassen wie der Oberst der Artillerie. Sie können es vom Fenster aus sehen. Dort hinten steht es. Die Kanoniere hausen in Schlammlöchern. Ich halte nicht täglich Offizierstafeln, mit Leuchtern und weißem Porzellan. Ich halte mir keine Geliebte. Bei mir gibt es keine Dienstfahrten in die Etappe. Nichts, nur die verdammte Sorge um das Bataillon. Ich habe diesen Feldzug nicht gewollt. Ich bin Privatmann. Man hat mein Kind ermordet. Meine Rolle als Schutzengel ist ausgespielt ...

»Können Sie das verantworten?« wiederholte der Adjutant seine Frage.

»Wir haben Ersatz.« Der Major schrie: »Genug Ersatz, um die Kompanie aufzufüllen!«

»Jawohl, Herr Major.«

Der Melder zuckte zusammen und wurde bleich. Er erinnerte sich an die Hoffnung, daß sie von selbst absterben würden. Abbröckeln. Einer nach dem andern kam nach hinten, verwundet oder tot. Bis der Rest abgelöst werden mußte.

»Ersatz in Zugstärke«, sagte der Major in normaler Lautstärke. Der Adjutant lächelte mitleidig. »Ersatz.« Er winkte verächtlich ab. »Die Leute haben keine Erfahrung. Sie wollten sie hierbehalten und langsam eingewöhnen.«

Er wird so lange auf mich einreden, dachte der Major, bis ich wieder allein am Tisch sitze, die Uhren mit den Gewichten sehe und das Ticken höre. Es würde mich beruhigen, daß andere auch Opfer gebracht haben. Ich muß das hören, sonst verliere ich den Verstand. Er klammerte sich an seine Absicht: »Tun Sie, was ich befehle.«

»Also Gegenstoß über den Knüppeldamm?!« Draußen, auf der Straße, kam die Zugmaschine zurück. Sie wälzte sich vorüber. Die Wände zitterten. Dann Stille.

»Ich wollte ...« Der Major blickte mit dem gesunden Auge auf seine Stiefel.

»Ja?« Die Stimme des Adjutanten fragte: »Was wollten Sie?«

»Nichts.« Um Zeit zu gewinnen, wandte der Major sich an den Melder: »Wie stark ist der Feind?« Eine lächerliche Frage. Der Adjutant schwieg. Der Melder sagte nur:

»Das weiß keiner.«

»Hm.« Der Major wunderte sich, daß er der Verantwortung auswich. Bis jetzt hatte er den Tatsachen stets ins Auge gesehen. Der Schmerz hatte alles verschwimmen lassen: das Mitgefühl, die Sorge, den Tisch mit den Blechbüchsen, in denen die toten Wanzen schwammen; den Ofen aus Lehm, auf dem der Kolchosbauer ein Bündel Lumpen vergessen hatte; die Tür mit den Lederscharnieren, durch die der Adjutant mit dem Telegramm eingetreten war; das Unglück und die Vernichtung. Er dachte: Warum kann ich mich nicht an *sie* erinnern? Irgendetwas stimmte hier nicht. Man vergißt nicht einen Menschen, neben dem man zwanzig Jahre gelebt hat. Das Telegramm, ein Schlag. Entweder fällt man auf die Knie und betet, wird ein Büßer und ein Narr. Oder man schlägt zurück. Er dachte: Ich schlage zurück. Jeder sollte für das Kind büßen: der Melder, die Kompanie in der Riegelstellung, die ganze Welt. Und doch war er irgendwie gehemmt. Als wollte er sich eine Hintertür offenlassen. Ein bißchen Feigheit bleibt immer übrig. »Schreiben Sie den Divisionsbefehl ab«, befahl er.

Nun wußte er, wie er es machen müßte. Es war ziemlich einfach. Der Adjutant tat, was ihm befohlen war, und schien es auch zu begreifen. Er malte in Blockbuchstaben Wort für Wort auf das Papier. Der Melder sah ihm zu.

Der Adjutant hielt dem Major den Zettel hin:

»Einbrüche des Gegners sind durch Gegenstöße zu bereinigen.«
»Gut«, sagte der Major. Er übergab den Zettel dem Melder. »Sie nehmen dreißig Mann Ersatz nach vorn und diesen Zettel.«

»Jawohl!« Der Melder fragte plötzlich: »Ist das eine Mitteilung oder ein Befehl?« Er hielt das Papier gegen das Licht. Der Major zeigte ihm brüsk den Rücken. Er blickte auf den Adjutanten: »Holen Sie die Leute!«

Die Tür knarrte. Auf den Bohlen knarrten die Schritte des Adjutanten.

»Soll ich draußen warten?« fragte der Melder.

Der Major antwortete nicht. Er trat ans Fenster und musterte die papierverklebten Sprünge im Glas. Sprünge, die geradlinig verliefen und plötzlich, wie in einer Laune, zur Seite hüpften. Unberechenbar war, was wirklich eintreten würde. Der Zufall änderte die Richtung.

Der Major sah das Dorf. Der Ziehbrunnen stand wie ein Galgen gegen den Himmel. Die Sonne sank zwischen die Bäume des Waldes. Es wurde Abend. Er war befriedigt, daß er dem Leben einen Streich heimgezahlt hatte. Nun würde alles leichter sein. Er hatte über Leben und Tod zu entscheiden.

»Ich bitte, etwas Persönliches fragen zu dürfen«, sagte eine Stimme. Der Major hatte vergessen, daß der Melder noch dastand.

»Sprechen Sie«, sagte der Major. Er drehte dem Melder immer noch den Rücken und sah weiter durch das gesprungene Glas.

»Ich möchte ...« Der Melder stockte, setzte aufs neue an. »Ich möchte – es ist bloß eine Frage ...«, wiederholte er. Dann: »Können Sie mich ablösen lassen?«

Der Major rührte sich nicht. Das hatte ihm noch keiner gesagt.

»Seit wir in dieser Stellung liegen«, fuhr der Melder hastig fort, »ich weiß nicht, wieviel Tage schon, bin ich mindestens hundertmal hin und her gegangen. Ich bin bestimmt kein Feigling. Aber ich halte das nicht mehr aus. Ich kann nicht mehr.« Er sprach sehr schnell. In seiner Stimme schwang die Melodie des Weges. »Ich weiß nicht, wann ich dran bin. Die Höhe – das ist wie auf dem Schießstand. Ich bin das Ziel. Alles schießt auf mich. Und der Wald, die Verwundeten und die Toten. Ich bin müde. Manchmal glaube ich, es zerreißt mir die Lungen.«

Der Major trommelte mit den Fingern auf das Fensterglas. »Glauben Sie, bei der Kompanie im Graben ist es besser?«

»Ja, ja«, sagte der Melder laut, als fürchte er, der Major könne es überhören. »Dort kann ich mich eingraben. Ich brauche nicht durch das Granatwerferfeuer. Von hier – zurück in den Graben – das ist das Schlimmste. Bitte, lassen Sie mich ablösen«, sagte er. Der Major dachte, das kenne ich. Man gewöhnt sich nicht daran. Es ist wie ein Sprung aus großer Höhe in seichtes Wasser. Das Schwimmen hält man aus. Auch den Sprung?

»Sie erzählen mir nichts Neues«, sagte er. Es klang gleichgültig. Er wollte sich nicht überrumpeln lassen. Weder von sich selbst, noch von dem Mann hinter dem Tisch.

Der Melder gab sich nicht zufrieden. »Es ist ungerecht.«

Der Major sah, wie aus den Hütten des Dorfs die Ersatzmänner kamen. Einer stand schon am Ziehbrunnen. Ein gerötetes, feistes Gesicht, mit vorstehenden Zähnen. Keine Sicherheit in der Haltung. Nur dummdreistes Gehabe. Auch ihn würde der Melder zur Schlachtbank führen.

Die Stimme hinter dem Major sagte: »Es wäre gerecht, wenn täglich gewechselt würde.« Der Major dachte: Gerecht? Ein Kind töten ist auch gerecht. »Oder wenigstens wöchentlich«, sagte der Melder.

Der Major merkte, daß ihn das alles nicht interessierte. Er wich aus: »Ich kann mich nicht um alles kümmern.«

»Der Hauptmann sagt, Sie haben befohlen, daß ich bleibe.«

»Ich habe befohlen? Er kann jederzeit einen anderen bestimmen.«

»Jawohl! Aber er sagt, Befehl ist Befehl.«

Der Melder wurde lästig; er redete, als gäbe es nichts außer ihm. »Ich werde mit dem Hauptmann sprechen«, sagte der Major. Er rührte sich immer noch nicht vom Fleck. Am Ziehbrunnen hatte sich eine Gruppe gebildet. Der Adjutant zählte ab. Die Ersatzmänner waren mit ihrem Gepäck beschäftigt. Zuviel Gepäck. Sie würden nur einen Bruchteil brauchen, und auch den nicht lange. Hinter seinem Rücken machte der Melder eine Bewegung. Vielleicht war er näher ans Fenster getreten? Der Major kümmerte sich nicht darum. Seine Finger klopften weiter an das Fensterglas. Zweimal stark, zweimal schwach. Immer im gleichen Rhythmus.

Der Melder räusperte sich.

»Noch etwas?« fragte der Major. Er hätte den Melder mit dem Adjutanten hinausschicken sollen.

»Ich kann nicht in die Stellung gehen.«

Das Klopfen brach ab.

»Ich kann nicht mehr«, sagte der Melder. »Ich bin krank.«

»Krank?« Der Major drehte sich um. Die Lüge auf dem Gesicht des Melders war offensichtlich.

»Ich kann meine Beine nicht mehr bewegen. Gelenkentzündung. Die Meldung und die Leute muß ein anderer nach vorn bringen.« Er hatte den Zettel mit der Abschrift des Divisionsbefehls auf den Tisch gelegt und die Fäuste geballt. Als hielte er in den Händen etwas verborgen. Sein Gesicht und der Lehmofen schienen aus dem gleichen Stoff zu sein. Er schwieg, als der Major ihn ansah.

»Raus!«

Der Melder rührte sich nicht. Vom Ziehbrunnen drangen Wortfetzen herein: der Adjutant.

»Nehmen Sie die Meldung!«

Der Melder streckte die Hand aus und griff nach dem Papier. Kein echter Gehorsam, nur eine Bewegung. Der Major sah das graue Gesicht. Tränen standen in dem Gesicht. Der Melder machte kehrt. Er ging wortlos hinaus.

Die Stimme hinter dem Tisch war fort. Der Major wankte ein wenig, als er wieder zum Fenster trat. Der Melder konnte weinen. Die Ersatzmänner draußen traten in Marschkolonne an. Der Adjutant hob die Hand. Der Melder kam und wischte sich über die Augen. Einige lachten verlegen. Der Melder schüttelte den Kopf. Durch das verschmierte Fenster wirkte das alles wie ein Film. Die Tonapparatur hatte versagt. Alles blieb stumm. Der Melder hatte geweint. Vor Wut? Oder war es etwas anderes? Jetzt setzte der Ton wieder ein.

»Ohne Tritt – marsch!« kommandierte der Adjutant. Es kam wie aus einer Schlucht. Der Melder trat auf die Dorfstraße, und die Kolonne zuckelte hinter ihm her. Die Männer, der Ziehbrunnen – alles verschwamm vor seinen Augen. Warum konnte nicht auch er weinen? Tränen trösten. Der Major sah nur noch die Fensterscheibe. Das Glas spiegelte ein fremdes, zur Fratze verzerrtes Gesicht. Sein eigenes Gesicht.

Geno Hartlaub
Die Geschichte vom letzten Soldaten

Ich bin Tschang, der letzte Soldat der glorreichen Armee Seiner Exzellenz des Generalissimus Tschu, neunzig Jahre alt nach den Angaben in meinem Soldbuch und seit fünfzig Jahren an den Gestaden von Alayana fern der Heimat auf Wache, bereit, beim Alarmsignal der großen Trompete anzutreten zum Angriff aufs Festland und zur Eroberung der Welt. Ich gehöre dem vierten Regiment der ersten Infanterie-Division an, war eingesetzt bei den Unternehmen »Phönix« und »Drache«, besitze den Orden des »scharfäugigen Falken« zweiter Klasse, dazu das Ehrenkreuz der Verwundeten und das silberne Band der Veteranen. Dreißig Jahre hindurch habe ich Truppen auf dem Übungsgelände am Delta des Yogiri-Flusses ausgebildet. Ich habe viele Herbstmanöver auf der Hochebene am Fuße des Tuju-Berges in Anwesenheit seiner Exzellenz des Generalissimus und hoher Würdenträger mitgemacht. Jahr für Jahr habe ich unsere tapferen Männer durch den Schlamm der Sümpfe an der Flußmündung kriechen und an den Felsen des Tuju-Berges emporklettern sehen. Ich war dabei, wie sie unter den Anstrengungen des Dienstes und den Gebrechen des Alters schwächer wurden, zusammenbrachen und sterbend die fremde Erde von Alayana küßten. Im vergangenen Frühling, als die flammenden Blütenbäume um den verlassenen Palast unseres Oberkommandierenden erglühten und Lotus auf den Gewässern der Seen im verwilderten Garten schwamm, ist der letzte Kamerad der ersten Division in meinen Armen verblichen.

Ich erinnere mich noch an die Zeiten, als Schiffe aus aller Welt an der Küste von Alayana anlegten und Scharen von Touristen auf die Insel strömten, um den Übungen der greisen Soldaten und ihren Paraden vor der Tribüne des Generalissimus zuzuschauen. Sie schüttelten die Köpfe über unsere Geschütze, Panzer und Flammenwerfermodelle, zahlten hohe Preise für Knöpfe, Schulterklappen und Ordensschnallen von unseren Uniformen und brachten Schilder mit unseren Namen und Dienstgraden am Stacheldrahtverhau an, um die heranwachsende Jugend über uns, wie über die letzten Exemplare einer aussterbenden Tiergattung, zu unterrichten: nehmt euch in acht, dies ist ein Grenadier, reizbar und rachsüchtig, mit ihm macht man keine Scherze! Damals verbreitete sich unter uns das Gerücht, daß es auf dem Festland und in der ganzen Welt schon lange keine Soldaten mehr gäbe, natürlich war die Nachricht vom Feind ausgestreut zur Schwächung der Kampfkraft und Moral der tapferen Truppen von Alayana. Wer sie verbreiten half, wurde mit Recht durch einen Armeebefehl unter schwere Strafe gestellt.

Seitdem ich allein zurückgeblieben bin, verbringe ich meine Tage am westlichen Strand von Alayana auf einem Klippenvorsprung, von wo ich den Wellen der Brandung zuschaue, wie sie sich aufbäumen, überschlagen, gegen den Stein prallen und wieder zurückgesogen werden in den Schoß des Meeres. Die Fischer von Alayana nennen mich den grauen Stein, weil ich Stunden hindurch reglos in meiner abgetragenen Uniform am Strande sitze und hinausblicke, über die Segel ihrer Dschunken von der Farbe brauner Herbstblätter hinweg nach dem Horizont, wo ich manchmal im flimmernden Mittagslicht die schwarze Erde des Festlandes zu erkennen glaube. Manchmal bekomme ich Besuch von meinen Freunden, den Kindern aus den Fischerdörfern der Küste, sie sind schön und gutartig wie junge Tiere, haben eine glatte bräunliche Haut und verstehen nicht die Sprache des Festlandes. Ihre runden dunklen Augen blicken mich voller Vertrauen und Verwunderung an, ihre Hände tasten über mein Gesicht mit den hundert Runzeln und Falten, über die Narbe am Hals und die zweite an der Schläfe, für die ich das große Verwundetenkreuz erhielt. Väterchen Tschang, sagen sie, erzähle uns doch die Geschichte vom Überfall auf die Kuang-Ho-Bastion, oder die vom eroberten Fort in den Bergen oder die von der Rettung des Generalissimus Tschu aus der Gefangenschaft der Partisanen. Diese Geschichten habe ich schon oft vor meinen jungen Freunden und früher in den Teestuben von Osawa im Kreis der Damen aus den Blumen-Häusern berichtet, jetzt tue ich es nur noch ungern, denn die Maschen meines Gedächtnisses werden weit, viele Einzelheiten schlüpfen hindurch wie kleine Fische aus den Netzen und gewinnen die Freiheit des Meeres. Es kommt vor, daß ich den Hungermarsch im Walde von Su mit dem Spähtruppenunternehmen »Phönix« im Dickicht der Niederung von Kuang Ho verwechsle, und den Panzerangriff auf das Fort mit dem Handstreich zur Befreiung des Generalissimus; in meinem Geist sehe ich alles, was ich je erlebte, wie vom Pinsel eines großen Meisters auf ein Bild gemalt, das sich langsam vor meinen Augen entrollt und niemals endet, denn alle Berge, Flüsse, Wasserfälle und Küsten der Welt sind auf ihm aneinandergereiht und miteinander verbunden.

Aber meine kleinen Zuhörer kennen meine Geschichten auswendig wie die Göttersagen und die Gespenstermärchen der Alten; sage ich etwas Falsches, so unterbrechen sie mich mit ihrem höflichen Lächeln: Nein, Väterchen Tschang, du irrst dich, das mit dem großen Feuer auf der Steppe von Su geschah beim Sturm auf Fort Kuang Ho, nicht bei dem Überfall aufs feindliche Hauptquartier. Ich blicke sie aus meinen blassen wunden Augen an, lege die Lippen aufeinander und schweige. Sie sind noch zu jung, um zu wissen, daß alle Dinge nicht hintereinander, aufgefädelt auf die Perlenschnur von Tagen und Jahren, geschehen, sondern zugleich und immer von neuem. Sie haben nicht ein halbes Jahrhundert lang an der Küste von Alayana auf das Trompetensignal zum Angriff gewartet und erfahren, wie das Gewebe der Zeit sich langsam auflöst und einem von den Schultern gleitet, ein brüchiges, abgetragenes Gewand. Eines der kleinen Mädchen, das fürchtet, ich könne mich wirklich, wenn das Schweigen noch länger währte, vor ihren Augen in einen Stein verwandeln, faßt einen Zipfel meines Uniformrocks und bettelt um die Geschichte von Yü-lin, die hätte ich erst ein einziges Mal erzählt. Durch die Anstrengungen meiner Dienstjahre und die Gewöhnung an ein Leben im Freien bin ich fast unempfindlich geworden gegen Schmerzen, Qualen der Sonnenglut und den beißenden Zahn der Kälte, doch bei den Worten des kleinen Mädchens spüre ich ein Brennen in meiner Brust, meine Kehle wird trocken, zwischen den faltigen Lidrändern drängen sich Tränen hervor. Yü-lin war wie ich eine Fremde auf Alayana, schon als Kind von Verwandten vom Festland hierher verschleppt und zum Dienst in den Blumen-Häusern gezwungen. Sie hatte sanftmütige Augen von der Farbe des Bernsteins und auf der Stirn eine Narbe von einer Brandwunde; ein betrunkener Soldat hatte ihr einmal an dieser Stelle mit einer offenen Kerzenflamme die Augenbrauen abgesengt. Ich wollte Yü-lin heiraten, doch ein Armeebefehl verbot uns, Mädchen von zweifelhaftem Ruf zu ehelichen, so blieb ich unvermählt und werde kinderlos zu meinen Ahnen eingehen. In den Nächten auf Yü-lins Matte, in diesem schmählichen Haus, wo es nach Reisschnaps und Gebratenem aus der Küche roch und jeden Augenblick ein Finger an die Tür klopfen konnte, um die Geliebte zur Bedienung der Gäste herunterzurufen, in diesen Nächten habe ich das Gewand der Zeit zum erstenmal von den Schultern gestreift und Yü-lins Atem ging über in das eintönige Rauschen der Brandung an der Küste von Alayana.

Aber davon kann ich dem kleinen bettelnden Mädchen nichts sagen und auch dem Knaben mit dem hellen Stimmchen nichts, der jetzt seine Frage wie ein eingelerntes Sprüchlein an mich richtet: Väterchen Tschang, wie ist es, wenn man auf höheren Befehl einen Menschen tötet? Sag es uns, wie es ist, denn wir haben gelernt, man darf keinen Menschen töten. Wir wissen nicht mehr, was das ist, ein Soldat, wir kennen nur Totschläger und Mörder, man schmückt sie nicht mit Orden, sondern führt sie zum Richtplatz.

Auch diese Frage ist mir nicht neu und ich habe mir abgewöhnt, bei ihr zu erschrecken. Denn ich kenne die Antwort eines alten Soldaten auf ein so ahnungsloses Gerede von jungen Menschen dieser Zeit: Kinderchen, sage ich, es ist ganz anders, als ihr es euch vor-

stellt. Es ist ganz leicht und geht vorbei, ohne Spuren zu hinterlassen, wie der Flügelschlag eines Vogels in der Morgenluft, wie ein Regenschauer und ein Gewitterblitz, gleich hinterher scheint die Sonne wieder und der Himmel blendet so, daß sich sein Blau für unsere Augen ins Purpurrote verkehrt. Es ist so, als habe man es nicht selbst getan, ein anderer führt einem dabei die Hand, der Hauptmann, der den Befehl zum Angriff gegeben hat, der Divisionskommandeur oder der Generalissimus Tschu. Sein Wille, seht ihr, war in meiner Hand, als ich den jungen Pionier bei der Brückenwache erschoß. Weil er schwankte, dachte ich erst, er würde ins Wasser fallen, aber dann sackte er in sich zusammen und hing nur mit Armen und Kopf übers Brückengeländer. Ich lief zu ihm hin, denn in diesem Augenblick war ich allein, die Kameraden vom Unternehmen »Phönix« sicherten am Waldrand entlang. Ich sehe in sein Gesicht, es ist gelb wie mein eigenes und hat einen erstaunten, etwas einfältigen Ausdruck. Es ist voller Staunen, weil es tot ist und langsam unter meinen Händen erkaltet. Das war nicht ich, sage ich zu dem toten Pionier, das war unser Generalissimus Tschu. Sein Ratschluß ist unerforschlich. Aber plötzlich ist ihm die Kinnlade heruntergeklappt und er sieht nicht mehr so aus, als ob er mir zuhören könnte, das Gesicht hat die Farbe von Erde und Asche wie die unfruchtbaren Felder meines Heimatdorfes in der Provinz Hopei. –
Und hast du kein Grausen gespürt, Väterchen Tschang, will das Mädchen wissen, das vorhin nach Yü-lin gefragt hat, nicht so ein Kribbeln und Gruseln wie nach einer bösen Tat, keine Angst, der Geist des Toten würde einmal zurückkommen zu dir? – Ich weiß es nicht, Kinder, laßt mich in Ruh, ich bin alt. In diesem Augenblick habe ich ein unangenehmes Gefühl in Füßen und Fingerspitzen, so als seien sie eingeschlafen, vielleicht sterbe ich langsam ab wie ein Baum, dessen Äste kein Laub mehr hervorbringen. Aber damals, ich erinnere mich genau, habe ich gar nichts gespürt, nur eine gewisse Verlegenheit wie bei einer feierlichen Zeremonie mit Priestern und Mönchen. Ich war es doch gar nicht, sondern der Generalissimus Tschu, das dürft ihr nicht vergessen. – Und der Generalissimus Tschu, fragt der Knabe mit dem hellen Stimmchen, hat er denn gewußt, daß er diesen Mann durch dich getötet hat und was hat er gespürt in dem Augenblick, als der Schuß auf der Brücke fiel? Diese Frage macht mich lächeln, obgleich ich meine ausgetrockneten Lippen nur mit Mühe zu einem Lächeln bringen kann. Der Generalissimus Tschu, sage ich, ist weit weg von uns allen. Keiner von den Soldaten weiß genau, an welchem Ort in den Bergen sich sein

Hauptquartier befindet, nur wenige haben ihn gesehen. Dieser Tschu ist kein Mensch wie ihr und ich. Kann jemand sagen, was der Himmel fühlt, wenn ein Sturm tobt, wenn der Regen fällt oder die Sonne die Erde versengt? Der Generalissimus Tschu wölbt sich über uns allen wie der Himmel. Sein Auge kann nicht auf jedem Toten ruhen, der gefallen ist mit unserer Hilfe durch seinen Befehl. Fragt die Sonne, was sie denkt, wenn sie am Abend im Westmeer versinkt, dann wißt ihr Bescheid über die hohen Gedanken unseres Generalissimus Tschu.

PETER HÄRTLING
Fluß aus Yamin

        für helmut und ida-margarete heissenbüttel

der fluss aus YAMIN
vom furchtlosen fakir gehütet
in den städten
der eroberer
ohne poeme

ohne halt der fluss
aus YAMIN
fliesst durch die
wartenden palmen
durch die sterbenden fürsten
durch die kämpfenden tiger

sein bett
sind die strahlen
der welkenden blumen
der hass der machtlosen greise
die liebe der wartenden
hinter den fenstern
YAMIN

aus dem fluss
der strahl der blumen
in die ängstlichen hirten
in die träumenden häuser
YAMIN

der fluss aus YAMIN
in den palästen schweigen
die krieger
ihr lauschen ist in den steinen
die mageren pferde warten
auf den abend
der kommen wird
mit dem fluss aus YAMIN

WOLFDIETRICH SCHNURRE
Kassiber

I.

Paragraph eins

Ich weigre mich,
den Schuh der Macht zu küssen;
die Erde küßte stets den meinen.

Ich weigre mich,
den Tod des Feinds zu müssen.
Ich bin kein Feind. Ich habe keinen.

II.

Denunziation

Mond,
Milchspinne der Frauen,
Lästerer.
Mond –:
Wir klagen dich an.
Du hast Spionage getrieben.
Das Weiß deiner Hände, es lügt.
So weiß ist Chlor;
so weiß ist Schnee;
Chlor, das auf Erschossene rieselt,
Schnee, der auf Erfrierende sinkt.
So weiß ist Nebel;
so weiß ist Linnen;

Nebel, der ins Pesttal sich senkt,
Linnen, das Ermordete kühlt.
Mond.
Du hast Spionage getrieben,
dein Auftraggeber ist uns bekannt.

III.

Blechtrommellied

Und doch:
Wenn wieder am Galgen
die Brustkörbe läuten
der Brüder
deren Herzen der Alb aß,
werde auch ich
meine Vampirschwingen
vom Dachboden holen,
die Krallen mir schärfen
und ausziehn bei Neumond,
und fliegen zur Burg,
wo sie wohnen:
Die Stirnlockenanbeter,
die Herren aus Leder.
Und ihren Mätressen ins Goldhaar
werde ich fahren,
und es festbinden am
siebenarmigen Leuchter der Schuld.
Und Blut werde ich saugen,
Schweinsblut und Wolfsblut,
und es speien auf Kalk,
wo es zur Schrift wird,
wo es das Wort formt.
Nicht: Toleranz.
Nicht: Liebe.
Nicht: Verzeihen.
Rache.

IV.

Gefängnismahlzeit

Das Antlitz des Spähers,
es bleicht noch am Grund
der blechernen Schüssel.
Wie sehr du auch löffelst,
dich anfüllst mit Welt,
–: dieser dürftigen Brühe,
die gewürzlos gereicht wird
von knöchernen Köchen –
jene Sandbank der Arglist,
sie dämmert dir ständig.

V.

Flut

Lautlose Schreie.
Ein Lichtmeer, das Laich wird.
Bleich
kriechen saugnapfbewehrte
Sterne auf Stelzen
über die Schwellen
geachteter Häuser,
beziehen die Betten
mit gepunktetem Gallert.
Die Straßen sind grün.
Fischmenschen kommen.
Elektrisch vibrierend
fächeln die Flossen
sich silbernen Saum.
Waagrecht im Trüben
wehender Algen
stehen sie hechthaft,
perlmutternen Mundes,
das saugende Auge
teleskopisch gewölbt.

VI.

Diktatur

Aus Tränen und Blut
baut sich die Drossel
auf gläsernen Würfeln
den Thron ihres Lieds.
Dort oben regiert sie,
glutkehlig, speit
das Gift der Verzückung
in die Enge der Kerker,
die Zelle des Zorns.
Der Mönch schlägt
die Stirne ans Kreuz,
der Mörder erhängt sich
–: Die Drossel regiert.

VII.

Angriff

Mit pumpenden Flanken
duckt sich die Stadt,
ihre Schlot-Ohre zittern.
Sie lauscht
dem lautlosen Schritt
der Distelbrigaden,
der Hederichheere.
Löwenzahn sprang
mit Fallschirmen ab,
schon ist die City besetzt.
Nachtschatten kommt,
Schachtelhalm schwärmt
die Villen im Vorort
meuchelt Kamille.

VIII.

Hauch auf der Scherbe

Nicht mit dem Donner,
nicht unterm Faustschlag des Winds
weht es heran;
sanft,
auf Kolibrischwingen,
mild wie das Gift
im Dolchzahn der Viper
wird es sich zeigen
als goldener Ausschlag
auf Papierdrachenfetzen,
auf brüchigen Fellen,
auf Schläfen, verdorrt
zu Fledermauspergament
–: das zarte Entsetzen.

IX.

Bericht

Die Tundra steht auf,
geweckt
vom Schneefalkenschrei.
Marschroute eins, Richtung Mensch:
sie wird gewählt
von den Lemmingbrigaden.
Marschroute zwei:
die Felder der Weisheit,
sie werden
von Rentierherden
sanft überweidet.
Marschroute drei,
ins Herz allen Seins:
sie ziehen die Moose.

Hans Magnus Enzensberger
lock lied

meine weisheit ist eine binse
schneide dich in den finger damit
um ein rotes ideogramm zu pinseln
auf meine schulter
ki wit   ki wit

meine schulter ist ein schnelles schiff
leg dich auf das sonnige deck
um zu einer insel zu schaukeln
aus glas   aus rauch
ki wit

meine stimme ist ein sanftes verlies
laß dich nicht fangen
meine binse ist ein seidener dolch
hör nicht zu
ki wit   ki wit   ki wit

erinnerung an die schrecken der jugend

ein bett aus nesseln ist die nacht
wie rosa knistert deine hand
hat einst an meinem hals gelacht
hat gin das blinde herz verbrannt
ist segelflammend meine jacht

im klippenkalk der côte ragouse
den biß im salz des meeres laug
o zeig mir den zerbrochnen fuß
nach kampfer riecht dein dunkles aug
im blut versunken treibt ein blues

o haß du taubes schibboleth
laß meine letzte stunde los
durch die ein d-zug pfeifend geht
was sind die wartesäle groß
die kellner trommeln zum gebet

Arno Schmidt
Seelandschaft mit Pocahontas

I. Rattatá Rattatá Rattatá. / Eine Zeitlang hatten alle Mädchen schwarze Kreise statt der Augen gehabt, mondäne Eulengesichter mit feuerrotem Querschlitz darin: Rattatá. / Weiden im Kylltal. Ein schwarzer Hund schwang drüben die wollenen Arme und drohte unermüdlich einem Rind. Gedanken von allen Seiten: mit Flammen als Gesichtern; in schwarzen Mänteln, unter denen lange weiße Beine gehen; Gedanken wie leere sonnige Liegestühle: rattatá. / Rauchumloht Gesicht und Haar: diesmal strömte er aus einer kecken Blondnase, 2 gedrehte Fontänen, halbmeterlang, auf ein Chemiekompendium hinab (aber kleingeschlafen und fade, also keine Tunnelgedanken). / Rattatá: auf buntgesticktem Himmelstischtuch, bäuerlichem, vom Wind geblaut, ein unsichtbarer Teller mit Goldrand. Das ewige Kind von nebenan sah zuerst das weiß angestrahlte Hochhaus in Köln: »Ma'a kuckma!«

»Die Fahrkarten bitte« (und er wollte auch noch meinen Flüchtlingsausweis dazu sehen, ob ich der letzten Ermäßigung würdig sei). Die Saar hatte sich mit einem langen Nebelbaldachin geschmückt; Kinder badeten schreiend in den Buhnen; gegenüber Serrig (»Halbe Stunde Zollaufenthalt!«) dräute eine Sächsische Schweiz. / Trier: Männer rannten neben galoppierenden Koffern; Augenblasen argwöhnten in alle Fenster: bei mir stieg eine Nonne mit ihren Ausflugsmädchen ein, von irgendeinem heiligen Weekend, Gestalten mit wächsernem queren Jesusblick, Kreuze wippten durcheinander, der suwaweiße Gürtelstrick (mit mehreren Knoten: ob das ne Art Dienstgradabzeichen iss?). / Die Bibel: iss für mich 'n unordentliches Buch mit 50 000 Textvarianten. Alt und buntscheckig genug, Liebeslyrik, Anekdoten, das ist der Ana der in der Wüste die warmen Quellen fand, politische Rezeptur; und natürlich ewig merkwürdig durch den Einfluß, den es dank geschickter skrupelloser Propaganda und vor allem durch gemeinsten äußerlichen Zwang, compelle intrare, gehabt hat. Der »Herr«, ohne dessen Willen kein Sperling vom Dache fällt oder 10 Millionen im KZ vergast werden: das müßte schon ne merkwürdige Type sein – wenn's ihn jetzt gäbe! / Aber dies Kylltal war schön und einsam. In Gerolstein, Stadt siegfriedener Festspiele, Recken hingen mit einer Hand an Speeren, schlief auch ein Bahnmeister auf seinem Schild, gekrümmt, man sah eben noch .... lste .... / »Elle est«: »Elle est«: schlugen die Ventile der Lokomotive drüben. / Magische Quadrate (wo alle Seiten und Diagonalen dieselbe Summe ergeben, schon recht!): aber gibt es auch »Magische Würfel«? (Interessant; später näher untersuchen). – Der Prospekt von Cooperstown: Heimat des Baseballs *und* James Fenimore Coopers (Was ne Reihenfolge! Und immer nur Deerslayer und Pioneers erwähnt. Ganz totgeschwiegen wurde das Dritte im Bunde, Home as found, wo er die Yankees so nackt geschildert hat, daß es heute noch stimmt, und das ja auch prächtigst am Otsego spielt: wenn der aus dem Grabe könnte, was würde der Euch Hanswürstchen erzählen!) / Das bigotte Rheinland: selbst der Wind hat es eiliger, wenn er durch Köln kommt. Aber der Anschluß klappte: fette Jünglinge schritten in mestizenbunten Kitteln über die Bahnsteige; sorgfältiger Kuß eines geschminkten Paares; im Nebenabteil erklärte er einen Kurzroman: »Oh, Fritz, nicht hier! – Oh, Fritz, nicht! – Oh, Fritz! – Oh!« / Ruhrgebiet: glühende Männer tanzten sicher in sprühenden Drahtschlingen; während ner Bahnfahrt schlafen können iss ne Gottesgabe (also hab ich se natürlich nich!). Wieder hingen ihr, sie fuhr bis Münster mit, die Rauchzöpfe aus den Nüstern, über die durchbrochene Bluse hinab, in den dunklen Schoß, vom Kopf bis aufs riuhelîn (also jetzt Heinrich von dem türlîn, Diu Crône; ebenso gut wie unbekannt, und mir den weitgerühmten mittelhochdeutschen Klassikern durchaus ebenbürtig, prachtvoll realistisch zuweilen, geil und groß). / Ein vorbeischießendes Schild »Ibbenbüren«: erschienen Flammenpanzer zwischen seidenroten Mauern, und ich wieder mitten drin als VB der Artillerie: Schlacht im Teutoburger Walde, 1945 nach Christie. Licht flößte oben dahin, in Langwolken. / Hellsehen, Wahrträumen, second sight, und die falsche Auslegung dieser unbezweifelbaren Fänomene: der Grundirrtum liegt immer darin, daß die Zeit nur als Zahlengerade gesehen wird, auf der nichts als ein Nacheinander statthaben kann. »In Wahrheit« wäre sie durch eine Fläche zu veranschaulichen, auf der Alles »gleichzeitig« vorhanden ist; denn auch die Zukunft ist längst »da« (die Vergangenheit »noch«) und in den erwähnten Ausnahmezuständen (die nichtsdestoweniger »natürlich« sind!) eben durchaus schon wahrnehmbar. Wenn fromme Ausleger nun gleich wieder vom »gelungenen Nachweis einer unsterblichen Seele« träumen, ist ihnen zu bedeuten, sich lieber auf die Feststellung zu beschränken, daß Raum und Zeit eben wesentlich komplizierter gebaut sind, als unsere vereinfachenden (biologisch ausreichenden) Sinne und

Hirne begreifen. / Wände mit braungelbem Lichtstoff bezogen: der Künstler hat nur die Wahl, ob er als Mensch existieren will oder als Werk; im zweiten Fall besieht man sich den defekten Rest besser nicht: man hektokotylisiert ein Buchstück nach dem andern, und löst sich so langsam auf. / Lieber schon mit dem Koffer nach vorn gehen!: surrten Nebligkeiten vorbei, dunkelgraues Schattenzeug; nur die Bahnhöfe wußten schon Licht. (Und das Münzkabinett des Nachthimmels).

II. Fledermausstunde I (abends ist II) und die Klexographieen der Bäume. Das blasse Katzenauge des Mondes zwinkerte noch hinterm Schornstein, ansonsten prächtig klar und leer. Trotz der Müdigkeit war mir recht flott und akimbo im Gemüt, und ich fing an, aber bürgerlich rücksichtsvoll und nur mir hörbar, zu flöten, Girl of the Golden West, cantabit vacuus, wer müßig geht, hat gut pfeifen; als Scherenschnitt mit Aktentasche in einer Scherenschnittwelt. Und dies also ist Diepholz (kritisch vorm Stadtplan): Lange Straße, Bahnhofstraße, Schloß, ähä. Zwei Bauchfreundinnen stöckelten vom Tanz nach Hause und trällerten schwipsig die Schlager. Baulichste Schönheiten: nischt wie quadratisches Fachwerk und »Gott segne dieses Haus«, aber sehr sauber, das muß man sagen, auch feines Ziegelpflaster. Ein Büro der SRP und ich verzog bedenklich die kalte Gesichtshaut: nich für 1000 Millibar! (befühlen: wächsern, mit Ohren, die Gurgel sandpapierte bereits wieder). Im Grau die Büchertitel kaum zu entziffern, trotz Scheibennase und Lupenaugen: ? – ? – ah, Schmidtbonn, Pelzhändler, gut!: Zerkaulen oh weh und brr! Die plumpe Wasserburg, scheunenmäßig wehrhaft, auf dem Graben Entengrütze, alle Wetterhähne sahen gespannt nach Osten: immer diese Vergangenheiten! Erste Geräusche (und ich schielte eifersüchtig); ein verschlafenes Bauernmädel umringt von belfernden Milchkannen; der Arbeiter, der prüfend sein Rad besichtigt, Tretlager und Gangschaltung; fern im Norden loses Gewebe aus Schall: ein Zug (Taschenuhr: grundsätzlich: 10 nach 4). Der große See schien zarten Qualm und Wolkenkeime zu senden; aber der Himmel blieb noch immer unbeteiligt.

Fledermäuse erschienen noch schnell mit schwarzen Markttaschen und feilschten zwischen Venus und Jupiter, so nahe, daß man es knacken hörte, wenn sie ihre harten Insekten schlachteten. Und endlich wurde auch das hölzerne Wartesälchen geöffnet (nachdem ich die Touropa-Plakate nun wirklich kannte!: »Ja, 'n Helles.«). / Der Frühzug in Richtung Osnabrück sammelte dunkelblaue Arbeiter und höhere Schulkinder; und mitten hinein plapperte endlich von außen das Motorrad: ? : ! : »Erich!!« : Malermeister Erich Kendziak, ein Rest roter Haare im Nacken, sonst kahl wie Ihr Bekannter; jedenfalls war er es, unverkennbar, und wir grinsten, 6 Fuß überm Erdboden, rissen uns auf altdeutsch die Hände aus: »Oba 2 Bier!«, und sahen uns dann, das erste Mal wieder nach gut 8 Jahren, genauer durch: – – :»Mensch, Du wirst ooch schonn grau!«, und ich parierte die Verbindlichkeit unverzüglich: »Leidestu immer noch so stark an vapeurs?«; wir stießen munterer an, und er verbrannte sogleich etwas Tabak zum Wiedersehen: »Roochstu immer noch nich wieder?« (Und ich mußte den Kopf senken: nee, 's reichte immer noch nich: »Wenn ich ma wer' 200 Eier im Monat haben!«). Dann ganz schnell die Kriegserinnerungen: die schnellfingrigen Polen; das flohreiche Hagenau; Norwegen mit seinen gottlosen Granitpolstern: »Haste ma wieder was von Ee'm gehört?«; in halb Europa gab es keine Stelle, wo uns nicht Silbergeränderte zusammengebrüllt hatten: »Oba!«. / Er schwitzte jetzt schon hinter seiner Autobrille, in seiner Lederjacke: »Sieht aber fantastisch aus!« lobte ich, und er nickte überlegen: »Leute, die Dich in' Hintern treten möchten, müssen damit immer noch zugeben, dassde vor ihn' stehst!: Fuffzehn Geselln hab ich im Augenblick arbeiten, Spezialist für größere Flächen, da kommt schonn was ein!« (bekümmerter): »Bloß pollietisch mußte im Augenblick ganz vorsichtig sein – na, ich geb Je'm recht: und wähln tu ich doch, was ich will!« (und vertraulich-neugierig, ganz wie früher, im Flüsterton des Dritten Reiches): »Was hälstn Du davon?«. Ich zuckte die Achseln; war kein Grund, das vor ihm zu verbergen: »Auf Landesliste Gesamtdeutsche Volkspartei; im Kreis SPD: Wer mich proletarisiert, muß damit rechnen, daß ich ooch noch Kommune wähl'!« und er knallte entzückt die flache Hand auf den Tisch: »SPD iss zwa ooch nich mehr, wasse wa: wolln ooch schonn »uffrüsten«: Kinder, wo sind die Zeiten hin, wo se im Reichstag jede Heeresvorlage ablehnten?! Aber 's bleibt ja weiter nischt übrich; denn CDU – lieber fress ich 'n Besen, der 7 Jahre« : »Aber Herr Kendziak!« mahnte ich preziös, und er zeigte geschmeichelt die Zähne: »Oba«!. / »De Ostzone?: Meine Schwester iss drüben,« berichtete er: »und meine kleene Nichte: die Briefe müßt'e ma lesen!: den' gehts nie schlecht! Sekretärin isse: ham sich vorjes Jah alles neue Möbel gekooft; *und* 'n Stückel Land mit 'n Wochenendhaus druff – sonne Wohnlaube eben für sonntags. Ja nie Alles glooben: mögen die drüben schonn Fuffzich Prozent lügen: für den Rest komm' unsre uff! Iss ja nich mehr feierlich, wenn De abends vom NWDR das Gelalle »Hier spricht Berlin« hörst!« / (Überlegene westliche Kultur??: Nanu!!: Wo hat sich Goethe denn schließlich niedergelassen: in der Bundesrepublik, oder in der DDR he?! Von wo nach wo floh Schiller? Und Kant hats in Kaliningrad so gut gefallen, daß er sein ganzes Leben lang nicht rausgekommen iss!) / Dann Familienstand: »Das Wölfel?!: Hachdu, der zerwetzt schonn alle 14 Tage 'n Paa Schuhe beim Fußball!« (War Erichs Sohn von der verstorbenen Frau). – Wieder heiraten? Er sah mich fromm an: »Da wär ich ja nich wert, daß Gott mir 's Weib genomm' hat!: Du warst ja überhaupt noch nie verheirat': erst bistû dran! – Kellner!« Und erinnerte sich bei der Abrechnung schon wieder: »Was haste damals immer gesagt?: »Es ist unnatürlich, daß ein Dichter für seinen Cocacola bezahlen soll« – Neenee: Lassen Se gutt sein: aber geem Se 'ne kleene Rechnung: »Für Frühstück« und der Ober nickte, weise, gütig lächelnd: Friede den Hütten, Krieg den Finanzpalästen! / Draußen: Papierhell und leer: das Zeichenblatt des Himmels. Geräte aus klarem Dunst darauf: 1 rotes Lineal, 1 grauer Winkelmesser; links unten die blitzende Reißzwecke: »NSU mein Lieber: genau wie früher!« und winkte verständig ab: »verstehst ja doch nischt davon.« Wrumm, wrummwrumm: ein stolzer Blick zu mir hinter, Meister im Daumensprung,: wrumm na?!! / So früh waren eigentlich nur erst die Fernlastzüge unterwegs, und wir wiegten uns bürgerlich räsonabel um die Ecken. Die breite Reichsstraße 51 wurde allerdings eben schwer ausgebessert, und rotweiße Hürden sperrten zehnmal Dreiviertel der Fahrbahn; brüllen »Äu-ßerstmerkwürdich!!« (dazu hatte ihn nach eigenem Geständnis seine Frau erzogen: dies statt des ihm früher allzu geläufigen »Verfluchte Scheiße« zu sagen; aber Eingeweihte wußten, was er meinte!). Hübsch, das völlig ebene Land, Gras und Moor, sehr geschickt mit Nebeln aller Art verziert, breite stille Gräben, sowjetischrote Wolkentransparente im Osten, bis zum Kilometerstein 44,6 am Scheidewege: »Tja?...« Wir standen. / Ein anderes Motorrad heulte von hinten vorbei (aber bedeutend weniger regelmäßig als wir vorhin, und Erich betrachtete verächtlich die Marke): »Also sehn wa uns erstama Lembruch an« und wir prasselten wieder vorwärts. / Lembruch: das Neue Kurhaus, modern mit Stromlinie und flachem Dach: »Die Dinger wer'n doch immer tankstellenähnlicher!«: »Sint ja ooch welche.« – Eine Wiese mit zahllosen Zelten (beschliefen natürlich noch alle die wehrlose Erde; vornehme Affen mit Autos, arme mit Fahrrädern: »Könn' ihr plattes Gesicht nich oft genug sehn!«). Aber vom gelbgrünen Deich der erste Anblick des Sees: hellblau und zitternd vor Frische; im Südwesten sah man kein Ufer, Dallada, dallada (Alde Leude wärn äm ginsch!). Und auch Erich wies stolz drüber hin: na, wer hat 'n entdeckt und Dich eingeladen?! Leider waren die Bänke noch klitschnaß vom Tau (und die 10 Fennje fürs Fernrohr schmiß ich diesmal). / Wieder eine große Wiese, ein Restaurant dahinter, und der Besitzer suchte uns hiermit zum Bleiben aufzumuntern: heute Abend kämen noch 200 Zelte her! Das gab allerdings den Ausschlag: »Komm bloß raus hier, Erich! Die andere Seite, sagtest Du?«. Er stand sehr da, unschlüssig, nichts als Skrupel auf dem Gesicht: einerseits wollten wir 'n bissel Ruhe; andrerseits sah er im Geist endlose Zeltreihen voll blanker Mädchen, die ihn, den Geldmann, unterwürfig anäugelten: »Stehste da wie Karl der Nackte! Äußerst merkwürdich!« und wir bürgerten verdrossener vor uns hin, wieder zum Motorrad: 7 Uhr 50. – »Eene Möglichkeit iss drüben: aber da iss gaa nischt los!« / Schon die Straße sah wirklich doll aus: halbrund gewölbt die Teerdecke: ? : »Das iss der Moorgrund,« erklärte er, noch immer ungehalten: »sackt nach beeden Seiten ab: iss 'n ganz blödes Fahren!« Drüben floß ein Zug flink durch Wolluft und Felderglanz, stutzte kurvenscheu, pfliff erstaunt auf und verschwand Vorbehalte murmelnd in sich selbst. Erich wandte um 160 Grad in die warzige Dorfstraße, schon schien uns die Sonne ins Gesicht, das leinölfarbene Schild »Dümmerlohausen«, wrummwrumm: halten: ein hübsches, ziemlich neues Gebäude, groß und sauber: »Holkenbrinks Pensionshaus«, Blumen um die Fenster, ein Garten: »Sieht gar nich dumm aus?!« (hoffnungsvoll). »Ich kenns,« sagte Erich kurz: »hab schonn ma uff Geschäftsreise hier übernachtet. – Blaib aber sitzen; ich frag,« und ging hinein. Umsehen: alles Bauernhäuser; Sprüche am Balken, und Namen wie Enneking, Schockemöhle, Kuhlmann; ein dicker brauner Hund tummelte wild gradaus, heraus aus dem Haus, auf mich zu: »Wissu rainkomm', Tell?!« und auch Erich erschien wieder in der gleichen Tür. »Na, que tal?: Iss was frei? –«. (Es war was frei!).

Friedrich Dürrenmatt
Theaterprobleme

Doch die Aufgabe der Kunst, soweit sie überhaupt eine Aufgabe haben kann, und somit die Aufgabe der heutigen Dramatik ist, Gestalt, Konkretes zu schaffen. Dies vermag vor allem die Komödie. Die Tragödie, als die gestrengste Kunstgattung, setzt eine gestaltete Welt voraus. Die Komödie – sofern sie nicht Gesellschaftskomödie ist wie bei Molière –, eine ungestaltete, im Werden, im Umsturz begriffene, eine Welt, die am Zusammenpacken ist wie die unsrige. Die Tragödie überwindet die Distanz. Die in grauer Vorzeit liegenden Mythen macht sie den Athenern zur Gegenwart. Die Komödie schafft Distanz, den Versuch der Athener, in Sizilien Fuß zu fassen, verwandelt sie in das Unternehmen der Vögel, ihr Reich zu errichten, vor dem Götter und Menschen kapitulieren müssen. Wie die Komödie vorgeht, sehen wir schon in der primitivsten Form des Witzes, in der Zote, in diesem gewiß bedenklichen Gegenstand, den ich nur darum zur Sprache bringe, weil er am deutlichsten illustriert, was ich Distanz schaffen nenne. Die Zote hat zum Gegenstand das rein Geschlechtliche, das darum, weil es das rein Geschlechtliche ist, auch gestaltlos, distanzlos ist, und, will es Gestalt werden, eben Zote wird. Die Zote ist darum eine Urkomödie, ein Transponieren des Geschlechtlichen auf die Ebene des Komischen, die einzige Möglichkeit, die es heute gibt, anständig darüber zu reden, seit die Van-de-Veldes hochgekommen sind. In der Zote wird deutlich, daß das Komische darin besteht, das Gestaltlose zu gestalten, das Chaotische zu formen.

Das Mittel nun, mit der die Komödie Distanz schafft, ist der Einfall. Die Tragödie ist ohne Einfall. Darum gibt es auch wenige Tragödien, deren Stoff erfunden ist. Ich will damit nicht sagen, die Tragödienschreiber der Antike hätten keine Einfälle gehabt, wie dies heute etwa vorkommt, doch ihre unerhörte Kunst bestand darin, keine nötig zu haben. Das ist ein Unterschied. Aristophanes dagegen lebt vom Einfall. Seine Stoffe sind nicht Mythen, sondern erfundene Handlungen, die sich nicht in der Vergangenheit, sondern in der Gegenwart abspielen. Sie fallen in die Welt wie Geschosse, die, indem sie einen Trichter aufwerfen, die Gegenwart ins Komische, aber dadurch auch ins Sichtbare verwandeln. Das heißt nun nicht, daß ein heutiges Drama nur komisch sein könne. Die Tragödie und die Komödie sind Formbegriffe, dramaturgische

Verhaltensweisen, fingierte Figuren der Ästhetik, die Gleiches zu umschreiben vermögen. Nur die Bedingungen sind anders, unter denen sie entstehen, und diese Bedingungen liegen nur zum kleineren Teil in der Kunst.

Die Tragödie setzt Schuld, Not, Maß, Übersicht, Verantwortung voraus. In der Wurstelei unseres Jahrhunderts, in diesem Kehraus der weißen Rasse, gibt es keine Schuldigen und auch keine Verantwortlichen mehr. Alle können nichts dafür und haben es nicht gewollt. Es geht wirklich ohne jeden. Alles wird mitgerissen und bleibt in irgendeinem Rechen hängen. Wir sind zu kollektiv schuldig, zu kollektiv gebettet in die Sünden unserer Väter und Vorväter. Wir sind nur noch Kindeskinder. Das ist unser Pech, nicht unsere Schuld: Schuld gibt es nur noch als persönliche Leistung, als religiöse Tat. Uns kommt nur noch die Komödie bei. Unsere Welt hat ebenso zur Groteske geführt wie zur Atombombe, wie ja die apokalyptischen Bilder des Hieronymus Bosch auch grotesk sind. Doch das Groteske ist nur ein sinnlicher Ausdruck, ein sinnliches Paradox, die Gestalt nämlich einer Ungestalt, das Gesicht einer gesichtslosen Welt, und genau so wie unser Denken ohne den Begriff des Paradoxen nicht mehr auszukommen scheint, so auch die Kunst, unsere Welt, die nur noch ist, weil die Atombombe existiert: aus Furcht vor ihr.

Doch ist das Tragische immer noch möglich, auch wenn die reine Tragödie nicht mehr möglich ist. Wir können das Tragische aus der Komödie heraus erzielen, hervorbringen als einen schrecklichen Moment, als einen sich öffnenden Abgrund, so sind ja schon viele Tragödien Shakespeares Komödien, aus denen heraus das Tragische aufsteigt.

Nun liegt der Schluß nahe, die Komödie sei der Ausdruck der Verzweiflung, doch ist dieser Schluß nicht zwingend. Gewiß, wer das Sinnlose, das Hoffnungslose dieser Welt sieht, kann verzweifeln, doch ist diese Verzweiflung nicht eine Folge dieser Welt, sondern eine Antwort, die er auf diese Welt gibt, und eine andere Antwort wäre sein Nichtverzweifeln, sein Entschluß etwa, die Welt zu bestehen, in der wir oft leben wie Gulliver unter den Riesen. Auch der nimmt Distanz, auch der tritt einen Schritt zurück, der seinen Gegner einschätzen will, der sich bereit macht, mit ihm zu kämpfen oder ihm zu entgehen. Es ist immer noch möglich, den mutigen Menschen zu zeigen.

Dies ist denn auch eines meiner Hauptanliegen. Der Blinde, Romulus, Übelohe, Akki sind mutige Menschen. Die verlorene Weltordnung wird in ihrer Brust wieder hergestellt, das Allgemeine entgeht meinem Zugriff. Ich lehne es ab, das Allgemeine in einer Doktrin zu finden, ich nehme es als Chaos hin. Die Welt (die Bühne somit, die diese Welt bedeutet) steht für mich als ein Ungeheures da, als ein Rätsel an Unheil, das hingenommen werden muß, vor dem es jedoch kein Kapitulieren geben darf. Die Welt ist größer denn der Mensch, zwangsläufig nimmt sie so bedrohliche Züge an, die von einem Punkt außerhalb nicht bedrohlich wären, doch habe ich kein Recht und keine Fähigkeit, mich außerhalb zu stellen. Trost in der Dichtung ist oft nur allzubillig, ehrlicher ist es wohl, den menschlichen Blickwinkel beizubehalten. Die Brechtsche These, die er in seiner Straßenszene entwickelt, die Welt als Unfall hinzustellen und nun zu zeigen, wie es zu diesem Unfall gekommen sei, mag großartiges Theater geben, was ja Brecht bewiesen hat, doch muß das meiste bei der Beweisführung unterschlagen werden: Brecht denkt unerbittlich, weil er an vieles unerbittlich nicht denkt.

Endlich: Durch den Einfall, durch die Komödie wird das anonyme Publikum als Publikum erst möglich, eine Wirklichkeit, mit der zu rechnen, aber die auch zu berechnen ist. Der Einfall verwandelt die Menge der Theaterbesucher besonders leicht in eine Masse, die nun angegriffen, verführt, überlistet werden kann, sich Dinge anzuhören, die sie sich sonst nicht so leicht anhören würde. Die Komödie ist eine Mausefalle, in die das Publikum immer wieder gerät und immer noch geraten wird. Die Tragödie dagegen setzt eine Gemeinschaft voraus, die heute nicht immer ohne Peinlichkeit als vorhanden fingiert werden kann: Es gibt nichts Komischeres etwa, als in den Mysterienspielen der Anthroposophen als Unbeteiligter zu sitzen.

BERTOLT BRECHT
Kann die heutige Welt durch Theater wiedergegeben werden?

Mit Interesse höre ich, daß Friedrich Dürrenmatt in einem Gespräch über das Theater die Frage gestellt hat, ob die heutige Welt durch Theater überhaupt noch wiedergegeben werden kann.

Diese Frage, scheint mir, muß zugelassen werden, sobald sie einmal gestellt ist. Die Zeit ist vorüber, wo die Wiedergabe der Welt durch das Theater lediglich erlebbar sein mußte. Um ein Erlebnis zu werden, muß sie stimmen.

Es gibt viele Leute, die konstatieren, daß das Erlebnis im Theater schwächer wird, aber es gibt nicht so viele, die eine Wiedergabe der heutigen Welt als zunehmend schwierig erkennen. Es war diese Erkenntnis, oder sollen wir sagen, dieser Verdacht, der einige von uns Stückeschreibern und Spielleitern veranlaßt hat, auf die Suche nach neuen Kunstmitteln zu gehen.

Ich selbst habe, wie Ihnen als Leuten vom Bau bekannt sein wird, nicht wenige Versuche unternommen, die heutige Welt, das heutige Zusammenleben der Menschen in das Blickfeld des Theaters zu bekommen.

Dies schreibend, sitze ich nur wenige hundert Meter von einem großen, mit guten Schauspielern und aller nötigen Maschinerie ausgestatteten Theater, an dem ich mit zahlreichen, meist jungen Mitarbeitern manches ausprobieren kann, auf den Tischen um mich Modellbücher mit Tausenden von Fotos unserer Aufführungen und vielen mehr oder minder genauen Beschreibungen der verschiedenartigsten Probleme und ihrer vorläufigen Lösungen. Ich habe also alle Möglichkeiten, aber ich kann nicht sagen, daß die Dramaturgien, die ich aus bestimmten Gründen nichtaristotelische nenne, und die dazu gehörende epische Spielweise *die* Lösung darstellen. Jedoch ist mir eines klar geworden: Die heutige Welt ist den heutigen Menschen nur beschreibbar, wenn sie als eine veränderliche Welt beschrieben wird.

Für heutige Menschen sind Fragen wertvoll, aber nur der Antworten wegen. Die heutigen Menschen interessieren sich für Zustände und Vorkommnisse, denen gegenüber sie etwas tun können.

Vor Jahren sah ich ein Foto in einer Zeitung, das zu Reklamezwecken die Zerstörung von Tokio durch ein Erdbeben zeigte. Die meisten Häuser waren eingefallen, aber einige moderne Gebäude waren verschont geblieben. Die Unterschrift lautete: Steel stood. Vergleichen Sie diese Beschreibung bitte mit der klassischen Beschreibung des Ätnaausbruchs durch den älteren Plinius, und Sie verstehen, was ich meine.

Es wird Sie kaum verwundern, von mir zu hören, daß die Frage der Beschreibbarkeit der Welt eine gesellschaftliche Frage ist. Ich habe dies viele Jahre lang behauptet und lebe jetzt in einem Lande, wo eine ungeheure Anstrengung gemacht wird, die Welt zu verändern. Sie mögen die Mittel und Wege verurteilen – ich hoffe übrigens, Sie kennen sie wirklich, nicht aus Zeitungen –, Sie mögen dieses besondere Ideal einer neuen Welt nicht akzeptieren – ich hoffe, Sie kennen auch dieses –, aber Sie werden kaum wohl bezweifeln, daß an der Änderung der Welt, des Zusammenlebens der Menschen in dem Land, in dem ich lebe, gearbeitet wird. Und Sie werden mir vielleicht darin zustimmen, daß die heutige Welt eine Änderung braucht.

Für diesen kleinen Aufsatz, den ich als einen freundschaftlichen Beitrag zu Ihrer Diskussion zu betrachten bitte, genügt es vielleicht, wenn ich jedenfalls meine Meinung berichte, daß die heutige Welt auch auf dem Theater dann wiedergegeben werden kann, wenn sie als veränderbar aufgefaßt wird.

WALTER BENJAMIN
Das Kunstwerk im Zeitalter seiner technischen Reproduzierbarkeit

Nachwort

Die zunehmende Proletarisierung der heutigen Menschen und die zunehmende Formierung von Massen sind zwei Seiten eines und desselben Geschehens. Der Faschismus versucht, die neu entstandenen proletarisierten Massen zu organisieren, ohne die Eigentumsverhältnisse, auf deren Beseitigung sie hindrängen, anzutasten. Er sieht sein Heil darin, die Massen zu ihrem Ausdruck (beileibe nicht zu ihrem Recht) kommen zu lassen*. Die Massen haben ein Recht auf Veränderung der Eigentumsverhältnisse; der Faschismus sucht ihnen einen *Ausdruck* in deren Konservierung zu geben. *Der Faschismus läuft folgerecht auf eine Ästhetisierung des politischen Lebens hinaus.* Der Vergewaltigung der Massen, die er im Kult

---

* Hier ist, besonders mit Rücksicht auf die Wochenschau, deren propagandistische Bedeutung kaum überschätzt werden kann, ein technischer Umstand von Wichtigkeit. *Der massenweisen Reproduktion kommt die Reproduktion von Massen besonders entgegen.* In den großen Festaufzügen, den Monstreversammlungen, in den Massenveranstaltungen sportlicher Art und im Krieg, die heute sämtlich der Aufnahmeapparatur zugeführt werden, sieht die Masse sich selbst ins Gesicht. Dieser Vorgang, dessen Tragweite keiner Betonung bedarf, hängt aufs engste mit der Entwicklung der Reproduktions- bzw. Aufnahmetechnik zusammen. Massenbewegungen stellen sich im allgemeinen der Apparatur deutlicher dar als dem Blick. Kaders von Hunderttausenden lassen sich von der Vogelperspektive aus am besten erfassen. Und wenn diese Perspektive dem menschlichen Auge ebensowohl zugänglich ist wie dem Apparatur, so ist doch an dem Bilde, das das Auge davonträgt, die Vergrößerung nicht möglich, welcher die Aufnahme unterzogen wird. Das heißt, daß Massenbewegungen, und so auch der Krieg, eine der Apparatur besonders entgegenkommende Form des menschlichen Verhaltens darstellen.

eines Führers zu Boden zwingt, entspricht die Vergewaltigung einer Apparatur, die er der Herstellung von Kultwerten dienstbar macht. *Alle Bemühungen um die Ästhetisierung der Politik gipfeln in einem Punkt. Dieser eine Punkt ist der Krieg.* Der Krieg, und nur der Krieg, macht es möglich, Massenbewegungen größten Maßstabs unter Wahrung der überkommenen Eigentumsverhältnisse ein Ziel zu geben. So formuliert sich der Tatbestand von der Politik her. Von der Technik her formuliert er sich folgendermaßen: Nur der Krieg macht es möglich, die sämtlichen technischen Mittel der Gegenwart unter Wahrung der Eigentumsverhältnisse zu mobilisieren. Es ist selbstverständlich, daß die Apotheose des Krieges durch den Faschismus sich nicht *dieser* Argumente bedient. Trotzdem ist ein Blick auf sie lehrreich. In Marinettis Manifest zum äthiopischen Kolonialkrieg heißt es: »Seit siebenundzwanzig Jahren erheben wir Futuristen uns dagegen, daß der Krieg als antiästhetisch bezeichnet wird ... Demgemäß stellen wir fest: ... Der Krieg ist schön, weil er dank der Gasmasken, der schreckenerregenden Megaphone, der Flammenwerfer und der kleinen Tanks die Herrschaft des Menschen über die unterjochte Maschine begründet. Der Krieg ist schön, weil er die erträumte Metallisierung des menschlichen Körpers inauguriert. Der Krieg ist schön, weil er eine blühende Wiese um die feurigen Orchideen der Mitrailleusen bereichert. Der Krieg ist schön, weil er das Gewehrfeuer, die Kanonaden, die Feuerpausen, die Parfums und Verwesungsgerüche zu einer Symphonie vereinigt. Der Krieg ist schön, weil er neue Architekturen, wie die der großen Tanks, der geometrischen Fliegergeschwader, der Rauchspiralen aus brennenden Dörfern und vieles andere schafft ... Dichter und Künstler des Futurismus ... erinnert Euch dieser Grundsätze einer Ästhetik des Krieges, damit Euer Ringen um eine neue Poesie und eine neue Plastik ... von ihnen erleuchtet werde!«

Dieses Manifest hat den Vorzug der Deutlichkeit. Seine Fragestellung verdient von dem Dialektiker übernommen zu werden. Ihm stellt sich die Ästhetik des heutigen Krieges folgendermaßen dar: wird die natürliche Verwertung der Produktivkräfte durch die Eigentumsordnung hintangehalten, so drängt die Steigerung der technischen Behelfe, der Tempi, der Kraftquellen nach einer unnatürlichen. Sie findet sie im Kriege, der mit seinen Zerstörungen den Beweis dafür antritt, daß die Gesellschaft nicht reif genug war, sich die Technik zu ihrem Organ zu machen, daß die Technik nicht ausgebildet genug war, die gesellschaftlichen Elementarkräfte zu bewältigen. Der imperialistische Krieg ist in seinen grauenhaftesten

Zügen bestimmt durch die Diskrepanz zwischen den gewaltigen Produktionsmitteln und ihrer unzulänglichen Verwertung im Produktionsprozeß (mit anderen Worten, durch die Arbeitslosigkeit und den Mangel an Absatzmärkten). *Der imperialistische Krieg ist ein Aufstand der Technik, die am »Menschenmaterial« die Ansprüche eintreibt, denen die Gesellschaft ihr natürliches Material entzogen hat.* Anstatt Flüsse zu kanalisieren, lenkt sie den Menschenstrom in das Bett ihrer Schützengräben, anstatt Saaten aus ihren Aeroplanen zu streuen, streut sie Brandbomben über die Städte hin, und im Gaskrieg hat sie ein Mittel gefunden, die Aura auf neue Art abzuschaffen.

»Fiat ars – pereat mundus« sagt der Faschismus und erwartet die künstlerische Befriedigung der von der Technik veränderten Sinneswahrnehmung, wie Marinetti bekennt, vom Kriege. Das ist offenbar die Vollendung des l'art pour l'art. Die Menschheit, die einst bei Homer ein Schauobjekt für die Olympischen Götter war, ist es nun für sich selbst geworden. Ihre Selbstentfremdung hat jenen Grad erreicht, der sie ihre eigene Vernichtung als ästhetischen Genuß ersten Ranges erleben läßt. *So steht es um die Ästhetisierung der Politik, welche der Faschismus betreibt. Der Kommunismus antwortet ihm mit der Politisierung der Kunst.*

BERTOLT BRECHT
Leben des Galilei

2
GALILEI ÜBERREICHT DER REPUBLIK VENEDIG
EINE NEUE ERFINDUNG.

Das große Arsenal von Venedig, den Hafen überblickend. Ratsherren, an ihrer Spitze der Doge. Seitwärts Galileis Freund Sagredo und die fünfzehnjährige Virginia Galilei mit einem Samtkissen, auf dem ein etwa sechzig Zentimeter langes Fernrohr in karmesinrotem Lederfutteral liegt. Auf einem Podest Galilei. Hinter ihm das Gestell für das Fernrohr, betreut von dem Linsenschleifer Federzoni.

GALILEI Euer Exzellenz, Hohe Signoria! Als Lehrer der Mathematik an Ihrer Universität in Padua habe ich es stets als meine Aufgabe betrachtet, nicht nur meinem hohen Lehrauftrag zu genügen, sondern auch durch nützliche Erfindungen der Republik

Venedig außergewöhnliche Vorteile zu schaffen. Mit tiefer Freude und aller schuldigen Demut kann ich Ihnen heute ein vollkommen neues Instrument vorführen und überreichen, mein Fernrohr oder Teleskop, entstanden in Ihrem weltberühmten Großen Arsenal, gebaut nach den höchsten wissenschaftlichen und christlichen Grundsätzen, Frucht siebenzehnjähriger geduldiger Forschung Ihres ergebenen Dieners. *Er verläßt das Podest und stellt sich neben Sagredo. Händeklatschen. Galilei verbeugt sich, dann leise zu Sagredo.* Zeitverlust!

SAGREDO *leise.* Du wirst deine Fleischer bezahlen können, Alter.

GALILEI Ja, es wird ihnen Geld einbringen. *Er verbeugt sich wieder.*

KURATOR *betritt das Podest.* Euer Exzellenz, Hohe Signoria! Wieder einmal bedeckt sich ein Ruhmesblatt im großen Buch der Künste mit venezianischen Schriftzeichen. *Höflicher Beifall.* Gleichzeitig übergibt ein Gelehrter von Weltruf Ihnen, und Ihnen allein, hier ein höchst verkaufbares Rohr, es herzustellen und auf den Markt zu werfen, wie immer Sie belieben. *Stärkerer Beifall.* Aber ist es Ihnen beigefallen, daß wir vermittels dieses Instruments im Kriege die Schiffe des Feinds nach Zahl und Art volle zwei Stunden früher erkennen werden als er die unsern, so daß wir, seine Stärke wissend, uns zur Verfolgung, zum Kampf oder zur Flucht zu entscheiden vermögen? *Sehr starker Beifall.* Und nun, Euer Exzellenz, Hohe Signoria, bittet Herr Galilei Sie, dieses Instrument seiner Erfindung, dieses Zeugnis seiner Intuition, aus der Hand seiner reizenden Tochter entgegenzunehmen. *Musik. Virginia tritt vor, verbeugt sich, übergibt das Fernrohr dem Kurator, der es Federzoni übergibt. Federzoni legt es auf das Gestell und stellt es ein. Doge und Ratsherren besteigen das Podium und schauen durch das Rohr.*

GALILEI *leise.* Ich kann dir nicht versprechen, daß ich den Karneval hier durchstehen werde. Die meinen hier wieder, sie kriegen einen einträglichen Schnickschnack, aber es ist viel mehr. Ich habe es gestern nacht auf den Mond gerichtet.

SAGREDO Was hast du gesehen?

GALILEI Der Rand zwischen der hellen Sichel und dem runden dunklen Teil ist nicht scharf, sondern ganz unregelmäßig, zackig und rauh. Und von eignem Licht keine Spur, du. Verstehst du, was das bedeuten kann?

RATSHERREN Ich kann die Befestigungen von Santa Rosita sehen, Herr Galilei. – Auf dem Boot dort essen sie zu Mittag. Bratfisch. Ich habe Appetit.

GALILEI Wenn der Mond eine Erde wäre, und er sieht aus wie eine Erde, durch das Instrument kann man es sehen, deutlich, was ist dann die Erde, frage ich?
SAGREDO Man wendet sich an dich.
RATSHERR Mit dem Ding sieht man zu gut. Ich werde meinen Frauenzimmern sagen müssen, daß das Baden auf dem Dach nicht mehr geht.
SAGREDO Was schließt du daraus, daß der Sichelrand nicht scharf und glatt ist?
GALILEI Der Mond hat Gebirge.
RATSHERR Für so ein Ding kann man seine zehn Skudi verlangen, Herr Galilei.
Galilei verbeugt sich.
VIRGINIA *bringt Ludovico zu ihrem Vater.* Ludovico will dir gratulieren, Vater.
LUDOVICO *verlegen.* Ich gratuliere, Herr.
GALILEI Ich habe es verbessert.
LUDOVICO Jawohl, Herr. Ich sah, Sie machten das Futteral rot. In Holland war es grün.
GALILEI *wendet sich zu Sagredo.* Ich frage mich sogar, ob ich mit dem Ding nicht eine gewisse Lehre nachweisen kann.
SAGREDO Nimm dich zusammen.
KURATOR Ihre fünfhundert Skudi sind unter Dach, Galilei.
GALILEI *ohne ihn zu beachten.* Bedenke: Lichtpunkte auf dem dunklen Teil der Scheibe, dunkle Stellen auf der hellen Sichel! Es stimmt, fast zu genau. Ich bin natürlich sehr mißtrauisch gegen jede vorschnelle Folgerung.
Der Doge, ein dicker bescheidener Mann, hat sich Galilei genähert und versucht mit unbeholfener Würde, ihn anzusehen.
KURATOR Herr Galilei, Seine Exzellenz der Doge.
Der Doge schüttelt Galilei die Hand.
GALILEI Richtig, die Fünfhundert! Sind Sie zufrieden, Exzellenz?
DOGE Unglücklicherweise brauchen wir immer einen Vorwand für unsere Stadtväter, um unseren Gelehrten etwas zukommen lassen zu können.
KURATOR Andrerseits, wo bliebe sonst der Ansporn?
DOGE *lächelnd.* Wir brauchen den Vorwand.
Der Doge und der Kurator führen Galilei zu den Ratsherren, die ihn umringen. Virginia und Ludovico gehen langsam weg.
VIRGINIA Habe ich es richtig gemacht?
LUDOVICO Ich fand es richtig.

VIRGINIA Was hast du denn?

LUDOVICO Oh, nichts. Ein grünes Futteral wäre vielleicht ebensogut gewesen.

VIRGINIA Ich glaube, alle sind sehr zufrieden mit Vater.

LUDOVICO Und ich glaube, ich fange an, etwas von Wissenschaft zu verstehen.

3

9. JANUAR 1610: VERMITTELS DES FERNROHRS ENTDECKT GALILEI AM HIMMEL ERSCHEINUNGEN, WELCHE DAS KOPERNIKANISCHE SYSTEM BEWEISEN. VON SEINEM FREUND VOR DEN MÖGLICHEN FOLGEN SEINER FORSCHUNGEN GEWARNT, BEZEUGT GALILEI SEINEN GLAUBEN AN DIE MENSCHLICHE VERNUNFT.

Studierzimmer des Galilei in Padua. Galilei und Sagredo am Fernrohr.

SAGREDO *durch das Fernrohr schauend, halblaut.* Der Sichelrand ist rauh. Auf der dunklen Hälfte, in der Nähe des leuchtenden Rands, sind leuchtende Punkte. Sie treten einer nach dem anderen hervor. Von ihnen aus ergießt sich das Licht wachsend über immer weitere Flächen, wo es zusammenfließt mit dem größeren leuchtenden Teil.

GALILEI Wie erklärst du dir diese Punkte?

SAGREDO Es kann nicht sein.

GALILEI Doch. Es sind Riesenberge.

SAGREDO Auf einem Stern?

GALILEI Berge. Deren Spitzen die aufgehende Sonne vergoldet, während rings Nacht auf den Abhängen liegt. Du siehst das Licht von den höchsten Gipfeln in die Täler niedersteigen.

SAGREDO Aber das widerspricht aller Astronomie von zwei Jahrtausenden.

GALILEI So ist es. Was du siehst, hat noch kein Mensch gesehen, außer mir. Du bist der zweite.

SAGREDO Aber der Mond kann keine Erde sein mit Bergen und Tälern, sowenig die Erde ein Stern sein kann.

GALILEI Der Mond kann eine Erde sein mit Bergen und Tälern, und die Erde kann ein Stern sein. Ein gewöhnlicher Himmelskörper, einer unter Tausenden. Sieh noch einmal hinein. Siehst du den verdunkelten Teil des Mondes ganz dunkel?

SAGREDO Nein. Jetzt, wo ich darauf achtgebe, sehe ich ein schwaches, aschfarbenes Licht darauf ruhen.

GALILEI Was kann das für ein Licht sein?
Sagredo sieht ihn fragend an.
GALILEI Das ist von der Erde.
SAGREDO Das ist Unsinn. Wie soll die Erde leuchten, mit ihren Gebirgen und Wäldern und Gewässern, ein kalter Körper.
GALILEI So wie der Mond leuchtet. Weil die beiden Sterne angeleuchtet sind von der Sonne, darum leuchten sie. Was der Mond uns ist, das sind wir dem Mond. Und er sieht uns einmal als Sichel, einmal als Halbkreis, einmal voll und einmal nicht.
SAGREDO So wäre kein Unterschied zwischen Mond und Erde?
GALILEI Offenbar nein.
SAGREDO Vor noch nicht zehn Jahren ist ein Mensch in Rom verbrannt worden. Er hieß Giordano Bruno und hatte eben das behauptet.
GALILEI Gewiß. Und wir sehen es. Laß dein Auge am Rohr, Sagredo. Was du siehst, ist, daß es keinen Unterschied zwischen Himmel und Erde gibt. Heute ist der 9. Januar 1610. Die Menschheit trägt in ihr Journal ein: Himmel abgeschafft.
SAGREDO Das ist ein wunderbares Ding, dieses Rohr.
Es klopft.
GALILEI Ich habe noch eine Sache entdeckt. Sie ist vielleicht noch erstaunlicher.
Es klopft wieder. Es ist der Kurator der Universität.
KURATOR Entschuldigen Sie die späte Stunde. Ich wäre Ihnen verpflichtet, wenn ich mit Ihnen allein sprechen könnte.
GALILEI Herr Sagredo kann alles hören, was ich hören kann, Herr Priuli.
KURATOR Aber es wird Ihnen vielleicht doch nicht angenehm sein, wenn der Herr hört, was vorgefallen ist. Es ist leider etwas ganz und gar Unglaubliches.
GALILEI Herr Sagredo ist es gewohnt, in meiner Gegenwart Unglaublichem zu begegnen, wissen Sie.
KURATOR Ich fürchte, ich fürchte. *Auf das Fernrohr zeigend.* Da ist ja das famose Ding. Das Ding können Sie gradesogut wegwerfen. Es ist nichts damit, absolut nichts.
SAGREDO *der unruhig umhergegangen war.* Wieso?
KURATOR Wissen Sie, daß man diese Ihre Erfindung, die Sie als Frucht einer siebzehnjährigen Forschertätigkeit bezeichnet haben, an jeder Straßenecke Italiens für ein paar Skudi kaufen kann? Und zwar hergestellt in Holland? In diesem Augenblick lädt im Hafen ein holländischer Frachter fünfhundert Fernrohre aus!

GALILEI Tatsächlich?
KURATOR Ich verstehe nicht Ihre Ruhe, Herr.
SAGREDO Was bekümmert Sie eigentlich? Lassen Sie sich erzählen, daß Herr Galilei vermittels dieses Instruments in eben diesen Tagen umwälzende Entdeckungen die Gestirnwelt betreffend gemacht hat.
GALILEI *lachend.* Sie können durchsehen, Priuli.
KURATOR So lassen Sie sich erzählen, daß mir die Entdeckung genügt, die ich als der Mann, der für diesen Schund Herrn Galilei eine Gehaltsverdoppelung verschafft hat, gemacht habe. Es ist ein reiner Zufall, daß die Herren von der Signoria, die im Glauben, in diesem Instrument der Republik etwas zu sichern, was nur hier hergestellt werden kann, nicht beim ersten Durchblicken an der nächsten Straßenecke siebenmal vergrößert einen gewöhnlichen Straßenhändler erblickt haben, der eben dieses Rohr für ein Butterbrot verkauft.
Galilei lacht schallend.
SAGREDO Lieber Herr Priuli, ich kann den Wert dieses Instruments für den Handel vielleicht nicht beurteilen, aber sein Wert für die Philosophie ist so unermeßlich, daß ...
KURATOR Für die Philosophie! Was hat Herr Galilei, der Mathematiker ist, mit der Philosophie zu schaffen? Herr Galilei, Sie haben seinerzeit der Stadt eine sehr anständige Wasserpumpe erfunden, und Ihre Berieselungsanlage funktioniert. Die Tuchweber loben Ihre Maschine ebenfalls, wie konnte ich da so was erwarten?
GALILEI Nicht so schnell, Priuli. Die Seewege sind immer noch lang, unsicher und teuer. Es fehlt uns eine Art zuverlässiger Uhr am Himmel. Nun habe ich Grund zu der Annahme, daß mit dem Fernrohr gewisse Gestirne, die sehr regelmäßige Bewegungen vollführen, deutlich wahrgenommen werden können. Das müßte der Schiffahrt Millionen von Skudi ersparen, Priuli.
KURATOR Lassen Sie's. Ich habe Ihnen schon zuviel zugehört. Zum Dank für meine Freundlichkeit haben Sie mich zum Gelächter der Stadt gemacht. Ich werde im Gedächtnis fortleben als der Kurator, der sich mit einem wertlosen Fernrohr hereinlegen ließ. Sie haben allen Grund zu lachen. Sie haben Ihre fünfhundert Goldskudi. Ich aber kann Ihnen sagen, und es ist ein ehrlicher Mann, der Ihnen das sagt: mich ekelt diese Welt an! *Er geht ab, die Tür hinter sich zuschlagend.*
GALILEI In seinem Zorn wird er geradezu sympathisch. Hast du gehört: eine Welt, in der man nicht Geschäfte machen kann, ekelt ihn an!

SAGREDO Hast du gewußt von diesen holländischen Instrumenten?
GALILEI Natürlich, vom Hörensagen. Aber ich habe diesen Filzen ein doppelt so gutes konstruiert. Wie soll ich arbeiten, mit dem Gerichtsvollzieher in der Stube? Und Virginia braucht wirklich bald eine Aussteuer, sie ist nicht intelligent. Und dann, ich kaufe gern Bücher, nicht nur über Physik, und ich esse gern anständig. Bei gutem Essen fällt mir am meisten ein. Ein verrottetes Zeitalter! Sie haben mir nicht soviel bezahlt wie einem Kutscher, der ihnen die Weinfässer fährt. Vier Klafter Brennholz für zwei Vorlesungen über Mathematik. Ich habe ihnen jetzt fünfhundert Skudi herausgerissen, aber ich habe auch jetzt noch Schulden, einige sind zwanzig Jahre alt. Fünf Jahre Muße für Forschung, und ich hätte alles bewiesen! Ich werde dir noch etwas anderes zeigen.
SAGREDO *zögert, an das Fernrohr zu gehen.* Ich verspüre beinahe etwas wie Furcht, Galilei.
GALILEI Ich werde dir jetzt einen der milchweiß glänzenden Nebel der Milchstraße vorführen. Sage mir, aus was er besteht!
SAGREDO Das sind Sterne, unzählige.
GALILEI Allein im Sternbild des Orion sind es fünfhundert Fixsterne. Das sind die vielen Welten, die zahllosen anderen, die entfernteren Gestirne, von denen der Verbrannte gesprochen hat. Er hat sie nicht gesehen, er hat sie erwartet!
SAGREDO Aber selbst, wenn diese Erde ein Stern ist, so ist es noch ein weiter Weg zu den Behauptungen des Kopernikus, daß sie sich um die Sonne dreht. Da ist kein Gestirn am Himmel, um das ein andres sich dreht. Aber um die Erde dreht sich immer noch der Mond.
GALILEI Ich frage mich. Seit vorgestern frage ich mich: Wo ist der Jupiter? *Er stellt auf ihn ein.* Da sind nämlich vier Sterne nahe bei ihm, die man durch das Rohr sieht. Ich sah sie am Montag, nahm aber nicht besondere Notiz von ihrer Position. Gestern sah ich wieder nach. Ich hätte schwören können, sie hatten ihre Position geändert. Was ist das? Sie stehen wieder anders. *In Bewegung.* Sieh durch!
SAGREDO Ich sehe nur drei.
GALILEI Wo ist der vierte? Da sind die Tabellen. Wir müssen ausrechnen, was für Bewegungen sie gemacht haben können.
Sie setzen sich erregt an die Arbeit. Es wird dunkel auf der Bühne, jedoch sieht man weiter am Rundhorizont den Jupiter und seine Begleitsterne. Wenn es wieder hell wird, sitzen sie immer noch, mit Wintermänteln an.

GALILEI Es ist bewiesen. Der vierte kann nur hinter den Jupiter gegangen sein, wo man ihn nicht sieht. Da hast du eine Sonne, um die kleinere Sterne kreisen.
SAGREDO Aber die Kristallschale, an die der Fixstern Jupiter angeheftet ist?
GALILEI Ja, wo ist sie jetzt? Wie kann der Jupiter angeheftet sein, wenn die andern Sterne um ihn kreisen? Da ist keine Stütze im Himmel, da ist kein Halt im Weltall! Da ist eine andere Sonne!
SAGREDO Beruhige dich. Du denkst zu schnell.
GALILEI Was, schnell! Mensch, reg dich auf! Was du siehst, hat noch keiner gesehen. Sie hatten recht!
SAGREDO Wer? Die Kopernikaner?
GALILEI Und der andere! Die ganze Welt war gegen sie, und sie hatten recht. Das ist was für Andrea! *Er läuft außer sich zur Tür und ruft hinaus.* Frau Sarti! Frau Sarti!
SAGREDO Galilei, du sollst dich beruhigen!
GALILEI Sagredo, du sollst dich aufregen!
SAGREDO *dreht das Fernrohr weg.* Willst du aufhören, wie ein Narr herumzubrüllen?
GALILEI Willst du aufhören, wie ein Stockfisch dazustehen, wenn die Wahrheit entdeckt ist?
SAGREDO Ich stehe nicht wie ein Stockfisch, sondern ich zittere, es könnte die Wahrheit sein.
GALILEI Was?
SAGREDO Hast du allen Verstand verloren? Weißt du wirklich nicht mehr, in was für eine Sache du kommst, wenn das wahr ist, was du da siehst? Und du es auf allen Märkten herumschreist? Daß da eine neue Sonne ist, um die sich andere Erden drehen!
GALILEI Ja und daß nicht das ganze riesige Weltall mit allen Gestirnen sich um unsere winzige Erde dreht, wie jeder sich denken konnte!
SAGREDO Daß da also nur Gestirne sind! – Und wo ist dann Gott?
GALILEI Was meinst du damit?
SAGREDO Gott! Wo ist Gott?
GALILEI *zornig.* Dort nicht! Sowenig wie er hier auf der Erde zu finden ist, wenn dort Wesen sind und ihn hier suchen sollten!
SAGREDO Und wo ist also Gott?
GALILEI Bin ich Theologe? Ich bin Mathematiker.
SAGREDO Vor allem bist du ein Mensch. Und ich frage dich, wo ist Gott in deinem Weltsystem?
GALILEI In uns oder nirgends!

SAGREDO *schreiend.* Wie der Verbrannte gesagt hat?
GALILEI Wie der Verbrannte gesagt hat!
SAGREDO Darum ist er verbrannt worden! Vor noch nicht zehn Jahren!
GALILEI Weil er nichts beweisen konnte! Weil er es nur behauptet hat!
SAGREDO Galilei, ich habe dich immer als einen schlauen Mann gekannt. Siebzehn Jahre in Padua und drei Jahre in Pisa hast du Hunderte von Schülern geduldig das Ptolemäische System gelehrt, das die Kirche verkündet und die Schrift bestätigt, auf der die Kirche beruht. Du hast es für falsch gehalten mit dem Kopernikus, aber du hast es gelehrt.
GALILEI Weil ich nichts beweisen konnte.
SAGREDO *ungläubig.* Und du glaubst, das macht einen Unterschied?
GALILEI Allen Unterschied! Sieh her, Sagredo! Ich glaube an den Menschen, und das heißt, ich glaube an seine Vernunft! Ohne diesen Glauben würde ich nicht die Kraft haben, am Morgen aus meinem Bett aufzustehen.
SAGREDO Dann will ich dir etwas sagen: ich glaube nicht an sie. Vierzig Jahre unter den Menschen haben mich ständig gelehrt, daß sie der Vernunft nicht zugänglich sind. Zeige ihnen einen roten Kometenschweif, jage ihnen eine dumpfe Angst ein, und sie werden aus ihren Häusern laufen und sich die Beine brechen. Aber sage ihnen einen vernünftigen Satz und beweise ihn mit sieben Gründen, und sie werden dich einfach auslachen.
GALILEI Das ist ganz falsch und eine Verleumdung. Ich begreife nicht, wie du, so etwas glaubend, die Wissenschaft lieben kannst. Nur die Toten lassen sich nicht mehr von Gründen bewegen!
SAGREDO Wie kannst du ihre erbärmliche Schlauheit mit Vernunft verwechseln!
GALILEI Ich rede nicht von ihrer Schlauheit. Ich weiß, sie nennen den Esel ein Pferd, wenn sie ihn verkaufen, und das Pferd einen Esel, wenn sie es einkaufen wollen. Das ist ihre Schlauheit. Die Alte, die am Abend vor der Reise dem Maulesel mit der harten Hand ein Extrabüschel Heu vorlegt, der Schiffer, der beim Einkauf der Vorräte des Sturmes und der Windstille gedenkt, das Kind, das die Mütze aufstülpt, wenn ihm bewiesen wurde, daß es regnen kann, sie alle sind meine Hoffnung, sie alle lassen Gründe gelten. Ja, ich glaube an die sanfte Gewalt der Vernunft über die Menschen. Sie können ihr auf die Dauer nicht widerstehen. Kein Mensch kann lange zusehen, wie ich – *er läßt aus der Hand einen*

Stein auf den Boden fallen – einen Stein fallen lasse und dazu sage: er fällt nicht. Dazu ist kein Mensch imstande. Die Verführung, die von einem Beweis ausgeht, ist zu groß. Ihr erliegen die meisten, auf die Dauer alle. Das Denken gehört zu den größten Vergnügungen der menschlichen Rasse.

FRAU SARTI *in Nachtkleidung tritt ein.* Brauchen Sie etwas, Herr Galilei?

GALILEI *der wieder an seinem Fernrohr ist und Notizen macht, sehr freundlich.* Ja, ich brauche den Andrea.

FRAU SARTI Andrea? Er liegt im Bett und schläft.

GALILEI Können Sie ihn nicht wecken?

FRAU SARTI Wozu brauchen Sie ihn denn?

GALILEI Ich will ihm etwas zeigen, was ihn freuen wird. Er soll etwas sehen, was noch wenige Menschen gesehen haben, seit die Erde besteht.

FRAU SARTI Etwa wieder etwas durch Ihr Rohr?

GALILEI Etwas durch mein Rohr, Frau Sarti.

FRAU SARTI Und darum soll ich ihn mitten in der Nacht aufwecken? Sind Sie denn bei Trost? Er braucht seinen Nachtschlaf. Ich denke nicht daran, ihn aufzuwecken.

GALILEI Bestimmt nicht?

FRAU SARTI Bestimmt nicht.

GALILEI Frau Sarti, vielleicht können dann Sie mir helfen. Sehen Sie, es ist eine Frage entstanden, über die wir uns nicht einig werden können, wahrscheinlich weil wir zu viele Bücher gelesen haben. Es ist eine Frage über den Himmel, eine Frage, die Gestirne betreffend. Sie lautet: ist es anzunehmen, daß das Große sich um das Kleine dreht, oder dreht wohl das Kleine sich um das Große?

FRAU SARTI *mißtrauisch.* Mit Ihnen kennt man sich nicht leicht aus, Herr Galilei. Ist das eine ernsthafte Frage, oder wollen Sie mich wieder einmal zum besten haben?

GALILEI Eine ernste Frage.

FRAU SARTI Dann können Sie schnell Auskunft haben. Stelle ich Ihnen das Essen hin, oder stellen Sie es mir hin?

GALILEI Sie stellen es mir hin. Gestern war es angebrannt.

FRAU SARTI Und warum war es angebrannt? Weil ich Ihnen die Schuhe bringen mußte, mitten im Kochen. Habe ich Ihnen nicht die Schuhe gebracht?

GALILEI Vermutlich.

FRAU SARTI Sie sind es nämlich, der studiert hat und der bezahlen kann.

GALILEI Ich sehe. Ich sehe, da ist keine Schwierigkeit. Gute Nacht, Frau Sarti. *Frau Sarti belustigt ab.* Und solche Leute wollen nicht die Wahrheit begreifen können? Sie schnappen danach!
Eine Frühmettglocke hat zu bimmeln begonnen. Herein Virginia, im Mantel, ein Windlicht tragend.
GALILEI Warum bist du schon auf?
VIRGINIA Ich gehe mit Frau Sarti zur Frühmette. Ludovico kommt auch hin. Wie war die Nacht, Vater?
GALILEI Hell.
VIRGINIA Darf ich durchschauen?
GALILEI Warum? *Virginia weiß keine Antwort.* Es ist kein Spielzeug.
VIRGINIA Nein, Vater.
GALILEI Übrigens ist das Rohr eine Enttäuschung, das wirst du bald überall zu hören bekommen. Es wird für drei Skudi auf der Gasse verkauft und ist in Holland schon erfunden gewesen.
VIRGINIA Aber du hast nichts Neues mehr am Himmel mit ihm gesehen?
GALILEI Nur ein paar kleine trübe Fleckchen an der linken Seite eines großen Sterns, die niemand wird sehen können, nicht einmal durch das Rohr. Ich habe mir etwas ausdenken müssen, daß man sich Mühe gibt, sie zu sehen. *Mehr und mehr über seine Tochter hinweg zu Sagredo sprechend.* Vielleicht werde ich sie die »Mediceischen Gestirne« taufen, nach dem Großherzog von Florenz. Es wird dich interessieren, Virginia, daß wir vermutlich nach Florenz ziehen. Ich habe einen Brief dorthin geschrieben, ob der Großherzog mich als Hofmathematiker brauchen kann.
VIRGINIA *strahlend.* Am Hof?
SAGREDO Galilei!
GALILEI Mein Lieber, ich brauche Muße. Und ich will die Fleischtöpfe. Und in diesem Amt werde ich nicht Privatschülern das Ptolemäische System einpauken müssen, sondern die Zeit haben, Zeit, Zeit, Zeit, Zeit! – meine Beweise auszuarbeiten, denn es genügt nicht, was ich jetzt habe. Das ist nichts, kümmerliches Stückwerk! Damit kann ich mich nicht vor die ganze Welt stellen. Da ist noch kein einziger Beweis, daß sich irgendein Himmelskörper um die Sonne dreht. Aber ich werde Beweise dafür bringen, Beweise für jedermann, von Frau Sarti bis hinauf zum Papst. Meine einzige Sorge ist, daß der Hof mich nicht nimmt.

VIRGINIA Sicher wird man dich nehmen, Vater, mit den neuen Sternen und allem.
SAGREDO *liest laut das Ende des Briefes, den ihm Galilei gereicht hat.* »Sehne ich mich doch nach nichts so sehr, als Euch näher zu sein, der aufgehenden Sonne, welche dieses Zeitalter erhellen wird.« Der Großherzog von Florenz ist neun Jahre alt.
GALILEI So ist es. Ich sehe, du findest meinen Brief zu unterwürfig? Ich frage mich, ob er unterwürfig genug ist, nicht zu formell, als ob es mir doch an echter Ergebenheit fehlte. Einen zurückhaltenden Brief könnte jemand schreiben, der sich das Verdienst erworben hätte, den Aristoteles zu beweisen, nicht ich. Ein Mann wie ich kann nur auf dem Bauch kriechend in eine halbwegs würdige Stellung kommen. Und du weißt, ich verachte Leute, deren Gehirn nicht fähig ist, ihren Magen zu füllen. *Zu Virginia.* Geh in deine Messe.
Virginia ab.
SAGREDO Geh nicht nach Florenz, Galilei.
GALILEI Warum nicht?
SAGREDO Weil die Mönche dort herrschen.
GALILEI Am Florentiner Hof sind Gelehrte von Ruf.
SAGREDO Lakaien.
GALILEI Ich werde sie bei den Köpfen nehmen und sie vor das Rohr schleifen. Auch die Mönche sind Menschen, Sagredo. Auch sie erliegen der Verführung der Beweise. Der Kopernikus, vergiß das nicht, hat verlangt, daß sie seinen Zahlen glauben, aber ich verlange nur, daß sie ihren Augen glauben. Wenn die Wahrheit zu schwach ist, sich zu verteidigen, muß sie zum Angriff übergehen. Ich werde sie bei den Köpfen nehmen und sie zwingen, durch dieses Rohr zu schauen.
SAGREDO Galilei, ich sehe dich auf einer furchtbaren Straße. Das ist eine Nacht des Unglücks, wo der Mensch die Wahrheit sieht. Und eine Stunde der Verblendung, wo er an die Vernunft des Menschengeschlechts glaubt. Von wem sagt man, daß er sehenden Auges geht? Von dem, der ins Verderben geht. Wie könnten die Mächtigen einen frei herumlaufen lassen, der die Wahrheit weiß, und sei es eine über die entferntesten Gestirne! Meinst du, der Papst hört deine Wahrheit, wenn du sagst, er irrt und hört nicht, daß er irrt? Glaubst du, er wird einfach in sein Tagebuch einschreiben: »10. Januar 1610: Himmel abgeschafft«? Wie kannst du aus der Republik gehen wollen, die Wahrheit in der Tasche, in die Fallen der Fürsten und Mönche, mit deinem Rohr

in der Hand? So mißtrauisch in deiner Wissenschaft, bist du leichtgläubig wie ein Kind in allem, was dir ihr Betreiben zu erleichtern scheint. Du glaubst nicht an den Aristoteles, aber an den Großherzog von Florenz. Als ich dich vorhin am Rohr sah und du sahst diese neuen Planeten, da war es mir, als sähe ich dich auf brennenden Scheiten stehen, und als du sagtest, du glaubst an die Beweise, roch ich verbranntes Fleisch. Ich liebe die Wissenschaft, aber mehr dich, meinen Freund. Geh nicht nach Florenz, Galilei!

GALILEI Wenn sie mich nehmen, gehe ich.

CARL ZUCKMAYER
Das kalte Licht

Es tritt ein plötzliches, unbeabsichtigtes Schweigen ein, in das hinein man das Dröhnen eines Flugzeugmotors von draußen hört.
ROY B-29. Zirka dreitausend Fuß hoch.
Alle lauschen einen Moment auf das Geräusch des sich rasch entfernenden Flugzeugs.
LEE Ein Geschwader?
ROY Nein, das war eine einzelne. Die werden seit Wochen auf Einzelflug trainiert. Für besondere Zielmission.
KETTERICK Hm. Was für Art von Mission?
ROY Das weiß man nicht.
KETTERICK Es ließe sich denken. Oder hoffen.
ROY Sie meinen, der Kleine Junge?
PRECIOUS Was für ein Kleiner Junge?
MERMINOD Nicht der Ihre, Precious.
KETTERICK Es ist kein Geheimnis, in diesem Kreis. Das Nähere versteht sie doch nicht. *Zu Precious, aber Löwenschild anschauend.* Eine gewisse Sache, die wir hier konstruiert haben, wird von den Armeeleuten, die damit zu tun haben, der »Kleine Junge« genannt. In der Hoffnung, daß er sich als ein kleiner Herkules bewährt.
LÖWENSCHILD Ich schlage vor, das Thema zu wechseln.
KETTERICK Warum? Alle Väter reden gern von ihren Babies, und können es nicht erwarten, bis sie sie laufen sehn. Wir brauchen uns des unseren nicht zu schämen. Es ist überraschend viril und hat eine Bullenstimme.

LÖWENSCHILD *ruhig*. Ich protestiere.
KETTERICK Wogegen?
LÖWENSCHILD Gegen die Frivolität, mit der Sie von einer Sache sprechen, die für uns alle der Gegenstand schwerster Sorgen und Befürchtungen ist.
KETTERICK Finden Sie es frivol, den Sieg zu wünschen?
LÖWENSCHILD Darauf habe ich keine Antwort.
WOLTERS *ist mit den Flaschen hereingekommen, stellt sie auf den Tisch, öffnet eine und schenkt sich ein hohes Glas voll, ohne mit Wasser zu mischen.*
KETTERICK Ich habe nur eine Befürchtung: daß man auch höheren Orts zu feige ist.
LEE Ich glaube nicht, daß man Professor Löwenschilds Standpunkt als Feigheit bezeichnen darf. Es ist kaum einer unter uns, der ihn nicht teilt. Aber es sind einige unter uns, die im Feuer gestanden haben.
LÖWENSCHILD Danke, Fred. Ich nehme das nicht persönlich. Und ich zweifle nicht, daß jeder anständige Mensch so denken muß wie ich.
KETTERICK Können Sie das präzisieren, – was jeder anständige Mensch zu denken hat?
LÖWENSCHILD Ich proklamiere hier keinen Gedankenzwang. Ich halte es nur für natürlich, daß jeder, der an unserm Experiment teilgenommen hat, und sich daher über die Folgen klar sein muß, von ganzem Herzen wünscht, es möge nicht zur Verwendung kommen.
FILLEBROWN *sehr bleich, aber nicht mehr betrunken.* Das darf nicht sein! Es wäre ein Verbrechen.
KETTERICK *herrisch.* Schweigen Sie! – Ich halte das für vollkommen unnatürlich. Für mich sind das pfäffische Skrupel, verantwortungslos und verlogen.
LÖWENSCHILD Erklären Sie das, bitte.
KETTERICK Wem eine Waffe in die Hand gegeben ist, mit der er auf einen Schlag die Welt ins rechte Lot bringen kann, und er zögert, sie anzuwenden, der ist nicht wert, daß er am Leben bleibt.
LÖWENSCHILD Sie denken, das rechte Lot kann durch eine Massenvernichtung hergestellt werden?
KETTERICK Wodurch sonst? Die Menschheit hat von jeher nur Gesetze respektiert, die mit Blut geschrieben waren. Jeder bedeutende Einschnitt in der Weltgeschichte ist durch eine Massenvernichtung markiert.

LÖWENSCHILD Weshalb waren Sie dann gegen Hitler? Nur weil er ein Deutscher war?
KETTERICK Nein, weil er ein Narr war. Ein Derwisch, ein wild gewordener Schwätzer. Der alte Heide im Kreml ist keiner. Wenn der das Ei in den Krallen hielte, das wir hier gebrütet haben, – dann hätten *wir* ausgeschwätzt.
LÖWENSCHILD Deshalb müssen wir Gott danken, daß es nicht in solchen, sondern in behutsameren Händen ist.
KETTERICK Dieser hypokritische Dank war immer nur Zeitverschwendung. Im Gebet, im Schlaf, und in der Liebe ist der Stärkste wehrlos. Es wäre besser, zu handeln.
LÖWENSCHILD Man handelt oft stärker, wenn man eine Tat unterläßt.
KETTERICK Nein. Man muß sie doppelt tun. Wenn Sie mich fragen –
LÖWENSCHILD Ich frage Sie nicht.
KETTERICK Ich antworte trotzdem, nicht Ihnen, sondern den stummen Fragen der jüngeren Leute, die man durch antiquierte Humanität verwirrt. Ihr habt das Leben noch vor euch. Soll das Gemantsche und Genudel ewig weitergehn, dem ihr schon eure besten Jahre geopfert habt?
MERMINOD Und was ist Ihr Rezept dagegen?
KETTERICK Wenn ich die Macht hätte, – aber ich habe sie nicht.
LEE Was wäre dann Ihre Devise?
KETTERICK Das will ich Ihnen sagen. Die erste auf Tokio. Die zweite auf Moskau. Heute noch. Und dann – reiner Tisch. *Schweigen.*
PRECIOUS *nach einem Augenblick.* Aber wieso –
FILLEBROWN *legt ihr die Hand auf den Arm.* Bitte –
PRECIOUS *verstummt.*
LÖWENSCHILD Möchte einer der Herren etwas darauf erwidern?
FILLEBROWN Ich – nein. Es hat keinen Sinn.
KETTERICK *lacht.*
ROY *langsam, jedes Wort überlegend.* Ich bin Armeepilot. Ich führe Befehle aus, ohne zu fragen. Das versteht sich von selbst. Aber nur innerhalb eines von der Volksvertretung gebilligten Krieges. Hier hat die Befehlsmacht ihre Grenzen. Sir Elwins Devise, ob gut oder schlecht, scheint mir die eines Diktators zu sein. Das gibt es nicht, bei uns.
KETTERICK Nein, das gibt es nicht. Wir sind lammfromm und fingerzahm. Deshalb kann sich der alte Heide eins grinsen und uns bequem in die Tasche stecken. Leider ist er der einzige, heutzutag, der seiner Stunde gewachsen ist. Gestern hatten auch wir in

England noch einen starken Mann. Er hat seinen Krieg gewonnen, zum Dank hat man ihn abgesetzt. Aber selbst er hat eine zentrale Schwäche. Er glaubt an die Zivilisation.

LÖWENSCHILD Nicht nur das. Er hat Herz und Gewissen. Darum gehört ihm die Liebe und die Verehrung, die Ihnen, Sir Elwin, trotz all Ihrer Verdienste, versagt werden muß.

KETTERICK Sie sprechen ein verfrühtes Epitaph. Auf Liebe und Verehrung lege ich keinen Wert. Ich habe nicht die Macht, den Gang der Dinge zu bestimmen. Ich kann auch eure Gehirne nicht umkrempeln. Aber in meinem Bereich lasse ich nicht locker. Ich spüre da eine Aufweichung, die unsere Grundlagen zerstört. Ich rieche Verrat!! – und ich werde jeden, der sich der Subversion schuldig macht, um Hals und Kragen bringen!

LÖWENSCHILD Ich bedaure, daß Sie diese Drohung für nötig halten. Mir scheint sie hier, im Kreis meiner Gäste, ebenso überflüssig wie abgeschmackt.

KETTERICK Wollen Sie mich zurechtweisen?

LÖWENSCHILD *zuckt die Achseln.*

HJÖRDIS *steht auf.* Ich möchte gehen.

KETTERICK Ja, es ist spät. *Mit einer knappen Verbeugung ins Leere.* Gute Nacht. *Zu Hjördis.* Ich lasse den Wagen an. *Er geht rasch hinaus, ohne jemanden anzuschauen. Niemand rührt sich.*

HJÖRDIS *tritt zu Löwenschild.* Leben Sie wohl, Nikolas, und seien Sie von Herzen bedankt für den Abend. *Sie streckt ihm die Hand hin.*

LÖWENSCHILD *ihre Hand küssend.* Ich hoffe, Sie kommen bald wieder. Sie wissen ja, mein Klavier ist nie abgesperrt, und meine Haustür auch nicht.

HJÖRDIS *lächelnd.* Auf Wiedersehn. *Sie geht, den andern zunickend.*

WOLTERS *der sein Glas geleert hat und es wieder füllt, nach einer Weile, mit belegter Stimme.* Jetzt hab ich die Flaschen gebracht und muß alles allein trinken.

LÖWENSCHILD *wie aus Gedanken auffahrend.* Ja bitte, Miss Fitch, – ich denke, wir haben jetzt etwas nötig.

PRECIOUS Also ich verstehe nicht –

FILLEBROWN *legt ihr wieder die Hand auf den Arm.* Bitte –

PRECIOUS *seine Hand abschüttelnd.* Nein, ich sehe nicht ein, warum ich nicht mitreden soll, ich gehöre ja schließlich auch zur intellektuellen Jugend. Weshalb will Sir Elwin Moskau vernichten? Die Russen sind doch unsere Verbündeten – und der Kommunismus ist hochmodern. Ich war neulich auf einer Gesellschaft in Beverly Hills, ich kann sagen, soziale Auslese, bis auf die Filmstars natürlich, und auch von denen keiner unter mindestens zehntausend die Woche – also lauter Leute von Rang. Und was meinen Sie, außer ein oder zwei Langweilern waren wir alle begeisterte Kommunisten!

LEE Ein kindliches Vergnügen!

PRECIOUS *beleidigt.* Sagen Sie das nicht. Man gibt sogar Geld dafür aus.

LEE Schlimm genug.

FILLEBROWN *mit verlegenem Lachen.* Nun, das führt uns nicht weiter. Unser Problem hat weniger mit Politik zu schaffen, mehr mit Menschlichkeit. Die Frage ist: sind wir, als die geistigen und technischen Urheber, nicht verpflichtet, etwas zu tun? Ich meine – den Militärs entgegenzuwirken, bevor eine Entscheidung gefallen ist, – durch – durch ein Manifest an unsre Regierungen zum Beispiel, eine gemeinsame Proklamation, ein Telegramm an den Präsidenten oder so – *zu Löwenschild.* Darüber wollten wir gern Ihre Meinung hören.

LÖWENSCHILD So lang wir im Krieg stehen, hätte das keinen Sinn, und käme uns auch nicht zu.

ROY Richtig. Wer die Jungens hat sterben sehen, will nur, daß es rascher aufhört. In die höchste Verantwortung können wir uns nicht einmischen. Wenn es geschehen muß, muß es geschehen. Wir müssen dann alle bereit sein, es durch Leistungen wieder gut zu machen.

LÖWENSCHILD *nickt.* Durch Leistungen. Vielleicht auch durch Leiden.

MERMINOD Ist das nicht alles Sache der force majeure?

FILLEBROWN Das ist wohl immer die bequemste Entschuldigung.

MERMINOD Sie verstehen mich nicht. Ich kann es auch schwer verständlich machen. Aber als ich bei jenem Experiment, auf das wir hier anspielen, und das seltsamerweise den Decknamen Dreifaltigkeit trug, der Vorschrift gemäß auf den Knien lag, um das Gesicht gegen Explosionsdruck und Blendung zu schützen, konnte ich nicht unterlassen, den Kopf etwas früher als erlaubt aus den Armen zu heben und hinaufzuschauen. Da hatte ich – bitte lachen Sie jetzt nicht – so etwas wie eine Erscheinung. Inmitten einer farbigen Aura, die ich genau zu kennen glaubte, nämlich von Grünewalds Isenheimer Altar, – barst eine Flut von Licht aus dem Himmel, die – die nichts mehr Irdisches hatte.

Und wir alle – Generäle, Monteure, Naturforscher, Technologen, – lagen davor im Staub, wie die Jünger bei der Verklärung. Seit diesem Augenblick – habe ich den Verdacht, daß hier Kräfte im Spiel sind, die außerhalb unserer Lenkung stehn. Auch wenn wir selbst es waren, die den Verschluß der Geisterflasche aufgeschraubt haben. Das – meinte ich mit der force majeure.

FILLEBROWN Ich wußte nicht, daß Sie Mystiker sind. Ich jedenfalls könnte mich – angesichts einer Weltgefahr – bei einer poetischen Deutung nicht beruhigen. Ich muß gestehen, daß ich – *zu Löwenschild* – darf ich ganz offen reden?

LÖWENSCHILD Das wissen Sie doch.

FILLEBROWN *plötzlich in großer Erregung, immer noch sehr bleich –* daß ich schon früher – schon in England drüben – manchmal auf die Idee gekommen bin, – ob man nicht eigentlich die Pflicht hätte, – ich meine, falls es nicht gegen jeden Ehrbegriff ginge, ein Spion zu sein, – ob man nicht Rußland hätte von unseren Plänen unterrichten müssen – um – um des Wohles der Menschheit willen –. *Er zittert fast, wischt sich den Schweiß.* Mit diesem Gedanken hab ich mich sehr geplagt –

WOLTERS *sitzt auf sein Glas gebeugt, als höre er nicht zu. Trinkt häufig.*

LÖWENSCHILD Das waren schlechte Träume, Fillie. Es ist gut, daß Sie sich ihrer entledigt haben. Sie sollten sie vergessen.

WOLTERS *ohne aufzuschauen.* Der Ehre wegen?

LÖWENSCHILD Ob eine Handlung ehrenhaft ist oder nicht, hängt nur davon ab, ob sie gut oder schlecht ist. Diese aber wäre nicht nur schlecht gewesen, sondern verrucht.

FILLEBROWN Und warum?

LÖWENSCHILD Wenn das geschähe, – dann wäre uns die letzte Hoffnung genommen, den Umfang unseres Wirkens zu beschränken, und nach Beendigung des Krieges in friedliche Bahn zu leiten. So lang eine solche Geißel nur in einer Hand ist, mag es gelingen, diese Hand zu besänftigen, das heißt: durch Kontrolle zu binden. Schwingt man sie auf zwei Seiten – wird sie zum Gegenstand des Wettrüstens und der mutuellen Bedrohung –, dann wächst die Gefahr ins Unaufhaltsame. Dann hätte man wirklich den bösen Geist aus der Flasche gelassen.

MERMINOD Glauben Sie denn, daß eine solche Entwicklung auf die Dauer geheim bleiben kann?

LÖWENSCHILD Es bleibt nichts geheim, was gedacht und gewußt wird auf der Welt. Aber welcher Mensch dürfte den Zeitpunkt bestimmen? Ein Jahr, zwei, oder drei – sie können eine Brücke bauen oder einen Abgrund aufreißen. Da einzugreifen, vorzugreifen, – das wäre ein Schicksalsfrevel, wie er seit Urzeiten den Fluch auf Geschlechter herabrief.

ROY Außerdem wäre es ganz einfach ein gemeiner Verrat. Selbst in Gedanken wird man nicht zum Judas.

FILLEBROWN *entsetzt.* Zum Judas?

WOLTERS Der hat doch seinen Herrn wohl um des schnöden Lohnes willen verraten.

LÖWENSCHILD Er trug den Verrat in der Seele – und widerstand ihm nicht. Er brach das Vertrauen, damit verwarf er sich selbst. Den Lohn, die Silberlinge, mußte er dann nehmen, wie das Siegel auf einen Pakt. Und damit kaufte er sich den Strick.

WOLTERS *vor sich hin.* Wie das Siegel auf einen Pakt.

FILLEBROWN Sie hatten recht. Es waren schlechte Träume. Ich möchte sie wegscheuchen – aber jetzt sind sie aufgestört wie ein Dohlenschwarm. Das Vertrauen – gewiß, man darf es nicht brechen. Aber darf man denn Vertrauen *haben* – in eine Welt, die sich vor lauter Gegensätzen selbst nicht kennt?

LEE *ist aufgestanden, lehnt sich leicht und lässig an die seitliche Wand.* Ich will Ihnen etwas erzählen, das beruhigt Sie vielleicht. Ich heiße Frederick Schiller Lee. Mein Großvater war als Sklave geboren. Bis zur Befreiung lebte er im Besitz eines Tonnage-Barons, der Voltaire und Rousseau las, und die Marotte hatte, seine Sklaven, die für ihn zur Familie gehörten, humanistisch zu bilden. Mein Großvater arbeitete bei ihm als Bibliothekar. Nach seiner Freilassung durfte er sich einen Namen wählen, und er nannte sich nach den Männern, die er am höchsten verehrte: dem deutschen Freiheitsdichter Frederick Schiller, und dem amerikanischen General Lee, der gegen die Sklavenbefreier gekämpft hatte. Für Europäer ist das wohl paradox. Für Amerikaner vermutlich gar nicht so unverständlich. Der Name wurde traditionell in unserer Familie. Auch mein ältester Sohn heißt wieder so. Denn wir glauben an das Paradox Amerika, wir lieben es, und wir haben das Vertrauen, daß aus dem freien Spiel der Gegensätze das Schöne und Fruchtbare geboren wird in dieser Welt. Und dafür lohnt es sich, grade zu stehn, – auch wenn man manchmal vor Wut oder Schmerz aus seiner farbigen Haut fahren möchte. Ja – das war alles. *Er langt eine Gitarre hinter sich von der Wand herunter und beginnt, leise Akkorde zu schlagen.*

LÖWENSCHILD *ist aufgestanden, tritt zu Lee, ihn kurz umarmend.*
Dank, Freddy. Nein, hören Sie nicht auf, was ich noch sagen möchte, geht nur mit Musik. Fillie hat uns hier die Vertrauensfrage gestellt – Frederick hat sie beantwortet. Es gibt etwas, woran wir glauben, worauf wir vertrauen dürfen – auch in unserer Welt der erschütterten Fundamente – das ist die Lauterkeit eines Menschen. Ihr Namenspatron, Frederick Schiller, hat es »die Treue« genannt. Bescheiden wir uns damit – versuchen wir das, in unsrem kleinen Kreis –, zu leben. Es ist ein gutes, warmes Licht, am Ende eines abgekühlten Festes. Und jetzt – bitte – *mit einer weiten, einladenden Bewegung.*
PRECIOUS – wollen wir tanzen! *Sie klatscht in die Hände.*
LÖWENSCHILD *mitklatschend.* Jawohl!
MERMINOD Freddy! The Nuclear Blues!
LEE Aber mitmachen, bitte!
Er schlägt einen Akkord über alle Saiten und beginnt, von Merminod assistiert, der auf einer leeren Flasche die Blasinstrumente markiert.

»Pi-Meson, My-Meson,
Positron, Zyclotron,
Diffusion, Explosion –
    Was bleibt davon –
    Was bleibt davon?
Ein – klei – ner
Massenrest,
Der sich nicht fassen läßt.
Ein kleiner Massenrest
Beim Elektronenfest –
Ein kleiner Massenrest
Und gar kein Sinn –
    Ja gar kein Sinn
Steckt da noch drin –
    Steckt da noch drin.
Ja – gar – kein – Sinn,
Daß ich ein Kern – o – Kern – o – Kern – o – Kern – o
Kernbeißer
    bi – i – in.«

LEE und MERMINOD *abwechselnd, mit Stakkatobegleitung und Schlagzeugparodie.*

»Denn – fragst – du – als – Po – si – ti – vist,
So – schimpft – man – dich – gleich – Ni – hi –list,

Fragst – du – gar – me – ta – phy – sisch,
So – sagt – man – was – fragt – der – so – müs – sig!
    Drum:
Pi – Meson, My – Meson,
Positron, Zyclotron –«
MISS FITCH und PRECIOUS *haben einander tanzend umfaßt und singen mit.*
»Pi – Meson, My – Meson – «
MISS FITCH *läßt Precious los und springt Löwenschild an, während Precious zu Roy übergeht.*
»Positron, Zyclotron – «
Achtung auf die Gläser! Im Nebenzimmer ist ausgeräumt!
»Diffusion, Explosion – – «
Sie tanzt mit ihm hinaus. Alle verschwinden, von Lee mit der Gitarre begleitet, in den Nebenraum, von wo Musik und Stimmen gedämpft weitergehen. Nur Wolters und Fillebrown bleiben zurück.
WOLTERS *tritt zu Fillebrown, der auf einen Stuhl gesunken ist.* Ist Ihnen schlecht, Fillie? Kann ich was für Sie tun?
FILLEBROWN Nein, danke, nur ein bißchen schwindlig. Ich sollte wohl noch etwas frische Luft schöpfen. Gehen Sie ruhig hinüber.
WOLTERS Warten Sie, ich komme mit.
FILLEBROWN Es ist aber wirklich nicht nötig. Löwenschild wird Sie vermissen. Er will alle um sich haben.
WOLTERS *sein Glas füllend.* Er hat alle ins Paradies eingeladen, aber wer den verbotenen Apfel schon gefressen hat, – – der trinkt besser noch was. *Zu Fillebrown.* Scotch, Bourbon oder Wodka?
FILLEBROWN Um Gottes willen, für mich nur noch Sodawasser! Ich glaube, ich war vorher nicht ganz nüchtern. Ich habe eine dunkle Erinnerung, als hätte ich ein Glas Wodka ins Aquarium gegossen ... Ob das den Fischen schadet?
WOLTERS Nicht anzunehmen bei der Wassermenge. *Trinkt.*
FILLEBROWN Seien Sie vorsichtig, Wolters. Sie sind das auch nicht gewohnt. Plötzlich kippen Sie um. Sie wollten uns heimfahren.
WOLTERS Keine Sorge. Es hilft mir nichts.
FILLEBROWN Wie meinen Sie das?
WOLTERS Es macht mich höchstens klarer.
FILLEBROWN Seien Sie froh. Bei mir genügen zwei Schluck, und alles versinkt im Nebel.
WOLTERS Nebel. Das wäre gut. Aber das Licht, das Licht geht nicht aus. Ich glaube, in der Hölle wird es nie dunkel.

FILLEBROWN Das verstehe ich nicht ...
WOLTERS Da muß einer in mir sein, der trinkt nicht mit. Der kann nicht betrunken werden. Der schläft auch nicht. Der sitzt hellwach am Steuer und fährt euch alle heim.
FILLEBROWN Und der, der all das Zeug gesoffen hat?
WOLTERS Das ist ein anderer. Vielleicht ist er betäubt, vielleicht wird er morgen krank sein. Ich kenne ihn kaum.
FILLEBROWN *etwas beunruhigt.* Das würde einen Psychiater interessieren ...
WOLTERS Danke. Das fehlt mir noch.
FILLEBROWN Finden Sie nicht, daß Löwenschild recht hat? Es wäre verrucht gewesen. Das mit dem Judas, das hat mir zugesetzt ... Gottseidank hab ich es nicht getan.
WOLTERS Es wird schon hell draußen.
FILLEBROWN Ja, bald kommt die Sonne.
Sie gehen auf die Terrasse. Miss Fitch und Precious kommen vom Nebenraum, wo die Gitarre aufgehört hat.
PRECIOUS *zum Radio laufend.* Ich probiere es, jetzt muß etwas kommen –. *Sie dreht dran herum, zu Miss Fitch.* Hören Sie? Da kommt was! Das muß New York oder Chicago sein! Da kommt doch Musik!
MISS FITCH Klingt eher wie Mexico.
PRECIOUS Nein, nein, das ist New York!
Das Radio schrillt plötzlich auf und wird von ihr sofort eingestimmt, man hört jetzt einen Bariton zu tropischer Musikbegleitung. »Ay – ayay – ahh –!«
MISS FITCH La Conga! *Sie klatscht in die Hände, ruft.* Hereinkommen! Alle hereinkommen!
PRECIOUS *während von nebenan Löwenschild und alle andern, von der Terrasse her Wolters und Fillebrown erscheinen, trällernd.* »La Conga La Conga La Conga!« Come on, boys! Wir machen die Liebesschlange und kriechen durchs ganze Haus! Ich führe! *Sie drängt sich mit rhythmischen Schoßbewegungen vor die Männer.* Hinten anschließen, bitte!
MISS FITCH Nein, ein Herr muß führen, sonst kommen wir vor lauter Gewackel nicht vom Fleck!
LÖWENSCHILD Nicht ich! – sonst kommt es auf, daß ich mein Haus nicht kenne. Kristof! Zur Strafe für unentschuldigte Abwesenheit!
WOLTERS *mit forcierter Lustigkeit.* Vorsicht, ich bin der Sündenbock, ich renne mit euch in die Wüste!

Miss Fitch Nein, in den Keller hinunter und unterm Haus hindurch!

Wolters Meine Damen und Herren! Haben Sie Mut? Ich führe Sie den Pfad, von dem's keine Umkehr gibt! Wer mir nachfolgt – lasciate ogni speranza!

Er hat sich an die Spitze gesetzt, die ganze Gesellschaft schließt sich ihm an, wobei jeder die nächst vordere Person mit beiden Händen an der Taille hält. Miss Fitch ist die erste hinter ihm und dirigiert die Richtung.

Stimmen *mit der Musik singend.* Ay – ayay – ahh –!

Alle entfernen sich im Tanzschritt. Der Raum bleibt leer. Das Radio schmettert weiter. Mitten im Takt bricht es plötzlich ab. Nach einer kurzen Stille hört man:

Die Stimme eines Ansagers Achtung. Achtung. Wir unterbrechen die Sendung. Bleiben Sie an Ihrem Empfangsgerät. Wir bringen eine wichtige Nachricht.

Achtung. Achtung. Wir bringen eine Meldung aus Washington. Wir unterbrechen die Sendung. Verlassen Sie nicht Ihr Gerät.

Es bleibt eine Sekunde still. Die Bühne ist immer noch leer.

Achtung. Achtung. Der Presse-Sekretär des Weißen Hauses meldet aus Washington: Präsident Truman, der auf dem US-Kreuzer Augusta von der Konferenz in Potsdam zurückkehrt, hat soeben durch Funkspruch vom mittleren Atlantik folgende Nachricht bekanntgegeben:

Vor sechzehn Stunden wurde von einem amerikanischen Flugzeug eine einzelne Bombe auf die Stadt Hiroshima, ein bedeutendes japanisches Armeezentrum, abgeworfen.

Diese Bombe hat mehr Explosivkraft als 20 000 Tonnen TNT. Ihre Zerstörungsgewalt ist über zweitausendmal so groß als die der stärksten bisher angewandten Sprengbomben. Es handelt sich um eine Atombombe.

Die Stadt Hiroshima ist unter einer mehr als zehntausend Meter hohen Rauchwolke verschwunden. Man rechnet mit ihrer vollständigen Vernichtung.

Peter Hacks
Eröffnung des indischen Zeitalters
Ein Schauspiel um Christoph Columbus

Patillas Wirklich, es handelt sich nicht um die Frage, ob die Erde rund sei. Es handelt sich um die Frage, ob die Erde rund sein darf. Es handelt sich um Spanien. Es ist eine gewaltige Zeit, in der wir leben, eine Zeit des Triumphes. Wir erobern Granada, wir vertreiben die Mauren aus ihren Häusern und lassen sie auf ihren heidnischen Schriften öffentlich verbrennen. Juda ist weggewaschen allsamt, das Parlament ist aufgelöst und gezähmt die Städte, Tag für Tag, um des Glaubens willen, steigt der Weihrauch der geistlichen Hinrichtungen. Und alle diese Errungenschaften sollen zunichte werden: durch einen lumpigen Professor, drei Karavellen und sechstausend Dukaten. Das, meine Herren, ist die Frage, über die ihr zu entscheiden habt.
Hernando Sorgt Euch nicht um unseren Entscheid. *Er zieht eine Urkunde hervor und entrollt sie.*
Sant Angel Erlaubt. Erlaubt, daß ich ebenfalls ... nur einige Worte. *Er erhebt sich schnaufend und mühevoll.* Ich möchte, daß Herr Christoph Columbus auf diese Rede noch etwas erwidert. *Er setzt sich wieder.*
Columbus Ja, ich will noch etwas erwidern. Ich werde meine Erwiderung ungeordnet und, mag sein, in ungeschickter Form vorbringen. Denn es sind schwierige Überlegungen, die mein Gehirn bewegen, oder jedenfalls solche, die mir schwierig scheinen. Don Ronco Patillas und auch die anderen Herren haben über Dinge gesprochen, an die ich nie gedacht, und Gründe in die Wissenschaft eingeführt, die ich nie darin gesucht hätte. Was mich wundert, ist, daß ich diese Dinge sehe und diese Gründe begreife. Ich glaube, daß sie wirklich in die Wissenschaft gehören und daß meine gegenteilige Meinung voreilig war.
Für alle Zeit gilt: die Wahrheit der Mathematik kann nicht angezweifelt werden. Aber ich habe trotzdem heute an zwei Beispielen verschiedener Art gesehen, daß Mathematik und Entdeckung der Wahrheit nicht einfach Worte für eine Sache sind, wie ich doch bis zu diesem Tage angenommen. Es gibt offenbar mehrere Arten, zu richtigen Ergebnissen zu gelangen, und mehrere Arten von Mathematik. Es gibt Erkenntnisse, die nicht aus der Mathematik folgen, und Mathematik, die nicht zu Erkenntnissen führt. Meinem Freund Martin Alonso Pinzon, dem ich so bitter unrecht getan, war es möglich, in völliger mathematischer Verblendung

richtig zu handeln, und diesem Doktor Ferrer mit aller Mathematik falsch. Das muß ich mir nun zurechtlegen. Die Wissenschaft, so hat es den Anschein, erleuchtet nur den, der von ihr erleuchtet werden will. Es gehört zu der Mathematik noch eine moralische Sache, noch etwas wie: der Wille zur Wirklichkeit. Oder der Wille zur Welt. *Er betrachtet Ferrer und sagt.* Die Mathematik selbst hat nämlich keinen Willen. *Er weist auf das Tor, durch das Pinzon wegging, und fährt fort.* Auf der anderen Seite finden wir das Ergreifen der Wahrheit bloß aus der einfach angemessenen Lage zum Gegenstand heraus. Das ist die Art der Leute, die nicht recht haben, sondern recht sind. Ich beschreibe das so. Wenn ich schräg vor einem Haus stehe, sehe ich ein schiefes Gebilde mit spitzen Winkeln; nichts anderes ist, was ich sehe. Erst denkend erblicke ich es als einen Würfel mit rechteckigen Wänden. Der aber gerade davor steht, wird nicht denken und kann doch nicht irren. Der Mensch ist auf einem Platz klug und ist auf dem anderen Platz dumm. Ich weiß nicht, an welchem Platz Don Roncos Lehen liegen.
Hieraus folgt mit aller Deutlichkeit: weder Klugheit noch Bildung eines Mannes sind Hinweise auf die Richtigkeit seiner Meinung. Die Bildung ist eine Mörtelkelle, mit der man Häuser bauen kann oder auch Mauern um die Lehen des Don Ronco. Die Gelehrsamkeit ist willfährig und der Scharfsinn nicht mehr als ein gehorsamer Diener.
Es trifft mich nun minder schwer der Vorwurf, ich hätte versagt, die Wissenschaft habe mich abgelehnt. Gewiß, ich habe mich dem Urteil der Gelehrten unterworfen. Der Grund war aber nur: ich kannte sie nicht.
Verwunderung unter den Hörern.
COLUMBUS Als mir jene Herren zu verstehen gaben, daß ich ein Ausländer sei, schwerfällig und ohne Demut, ließ mich dies jedesmal einer Tatsache gedenken, die ich sonst leicht vergesse, daran, daß ich von Haus aus ein Weber bin. Ein Weber, also einer, der seine besten Jahre mit Wollekämmen und Wollekrempeln und Schafvlieswaschen und Tuchprüfen verbracht hat; ein Mann, der einem Rock ansieht, ob sein Garn vom Schulterblatt stammt oder bloß von Schwanz und Füßen; ein Mann, der kurze und lange Fäden unterscheidet oder die vom Merino, die kurz sind, aber von edler Qualität.
HERNANDO Ah, ah, ah! Ein Weber.
COLUMBUS Wenn ich allerdings nun fortfahre, die Wolle meiner Gedanken zu kämmen, erklärt sich mir vieles. Es erklärt sich vor

allem meine Ehrfurcht vor spanischen Universitäten. Ich kannte sie nicht. Es erklärt sich, daß ich so viel klüger bin als diese Leute. Mein Vater hat mich gelehrt, redlich Buch führen und die großen Gedanken nicht denken, ehe ich die kleinen gedacht. Er pflanzte mir einen kräftigen Sinn für das Neue ins Herz, welches keine Laune ist, sondern eine geschäftliche Notwendigkeit. Er erfüllte mich mit unendlichem Zutrauen zu der Vernunft, unter der ich verstehe, was ich vorhin Mathematik zuzüglich Willen zur Welt genannt habe. Ich habe der Rede des Don Ronco entnommen, daß er die Vernunft nicht liebt. Aber ich sage: was vernünftig ist, ist liebenswürdig.

Isabella gähnt.

COLUMBUS Don Ronco hat die Frage aufgeworfen, ob die Erde rund sein solle. Meine Meinung ist: sie soll rund sein.

Isabella gähnt.

COLUMBUS Hohe Gnaden Eure Majestät: es ist eine kühne und gerechte Sache, für die ich bitte. Seid immerhin einsichtig.

HERNANDO Abgelehnt. Schon abgelehnt.

PATILLAS Abgelehnt in der Tat. Das Gutachten, meine Herren.

HERNANDO *seine Urkunde nun endlich zum besten gebend.* Gutachten über Christoph Columbus aus Genua, gegeben von drei Doktoren der Universität Salamanca im Februar vierzehnhundertzweiundneunzig. Christoph Columbus wurde geprüft und mündlich angehört. Er legte der Kommission eine Menge Vermutungen vor von dem Anschein der Weisheit. Im Namen der Weisheit erklärt die Kommission: Christoph Columbus ist in Widerspruch mit aller überkommener Lehrmeinung, mithin nicht weise. Christoph Columbus ist in der Lage, tatsächliche Verhältnisse zu beeinflussen, mithin nicht weise. Christoph Columbus ist im Begriff, seine Kenntnisse unbedenklich zu verbreiten, mithin nicht weise. Er ist als grober Scherzmacher und Unfläter erkannt, ich füge aus dem Stegreif hinzu: sowie als Weber; der Sache nach ist er ein Schwärmer und bloßer Phantast. Er ist nicht sorgfältig und denkt mit dem Herzen. Seine Anträge sind ohne Sinn. Seine Anträge müssen aus Gründen der Gelehrsamkeit, der geistigen Gesittung und der Vernunft abgelehnt werden. Unterzeichnet: Dr. Hernando de Talavera. Dr. Ambrosio Maldonado. Dr. Viscente Ferrer.

MALDONADO *tritt vor, die Königin anredend.* Allerweiseste Herrscherin …

SANT ANGEL *unterbrechend.* Es ist genug geredet worden.

7. Bild

Palast in Santa Fé. Gemach der Königin.

Isabella steht in einer Ecke, eine Hofdame schnürt ihr das Korsett auf. Sant Angel arbeitend.

ISABELLA Ein Stück weiter, Herzogin. Bitte. Seid nicht immer so streng. Laßt mir doch noch ein bißchen Luft.
EINE HOFDAME *kommt.* Herr Christoph Columbus.
ISABELLA Ah, kommt Ihr her. Helft mit.
Columbus kommt. Sant Angel empfängt ihn, verdeckt Isabella und die Hofdamen.
COLUMBUS Ich soll Euch danken. Ihr wolltet mir helfen. Aber ich dank Euch nicht, denn Ihr konntet mir nicht helfen.
SANT ANGEL Rasch im Hoffen, rasch im Verzagen, Ihr kennt keine Behörden.
COLUMBUS Was nennt Ihr rasch?
Die Hofdamen sind fertig und gehen ab.
SANT ANGEL Hört, was ich Euch mitteile. Euer Plan ...
ISABELLA ... hat den ganzen Beifall der Königin. *Sich entsetzlich rekelnd.* Gute Botschaft bringt man gern selbst.
COLUMBUS Gute Botschaft. Dreibeiniger Kompaß, wieso?
ISABELLA Ihr habt hinreißend geredet, mein Lieber. Hinreißend.
COLUMBUS Majestät haben zu gähnen geruht.
ISABELLA Ich hab nicht Euretwegen gegähnt, mein Lieber. Ich hab gegähnt, weil ich steif saß, viel zu eng geschnürt und mit eingeschlafenem Hinterteil. Etikette, mein Lieber. Mein Dasein ist ein Gähnen.
COLUMBUS Ihr führtet diese Etikette ein.
ISABELLA Oh, ich achte darauf, daß man sich an sie hält. Ihr müßt mich verstehen. Dies sind die Lebensgewohnheiten meiner edlen Granden. Es schmeichelt ihnen bis in ihr ausgetrocknetes Mark, wenn ich mich ihnen unterwerfe. Unser Abkommen ist so: ich bestimme die politischen Regeln, dafür lasse ich sie die gesellschaftlichen bestimmen. Das ist Politik. Den Leuten liegt oft mehr an ihren Hüten als an ihren Köpfen.
SANT ANGEL Nur die Königin regiert in Spanien.
ISABELLA Er lügt, ach, wie er lügt. Es gibt niemanden, der hier nicht regiert, das ist eine feine Monarchie. Oder irre ich mich, mein guter Sant Angel? Er hat mir dutzendmal in den Ohren gelegen

wegen Eurer Sache. Aber wie es oft geht, man hat nicht immer Zeit. Übrigens mußte ich erst die Mauren besiegen. Der Krieg ist der Vater der Wissenschaft.

SANT ANGEL Sein Tod macht sie reich.

ISABELLA Nun gebt Euch zufrieden. Euer Antrag ist so gut wie genehmigt.

COLUMBUS Ich frag fortwährend, was, wie ein Knabe. Warum, wenn Ihr ihnen nicht folgt, brachtet Ihr mich vor die Doktoren?

SANT ANGEL Ihr verlangtet es.

COLUMBUS Das war nicht klug.

SANT ANGEL Doktoren sind Staatsweise. Sie dürfen nicht mehr sehen als der Staat, das heißt weniger als fast alle anderen Leute. Ihre Herzen sind die Ruinen, in denen die Eule der Weisheit wohnt.

ISABELLA Nebenbei, Don Ronco war sehr gut. Ich kann ihn auf den Tod nicht ausstehn.

SANT ANGEL Durch Doktoren allein entsteht nichts.

COLUMBUS Wie denn?

SANT ANGEL Hierfür erlaubt mir eine kleine ökonomische Abhandlung. Eine Rede nach meiner Art, eine Rede ohne schöne Stellen. Spanien führt seit siebenhundert Jahren einen Krieg gegen die Mauren, Wiedereroberung genannt. Es gibt in diesem Lande zwei Sorten von tätigen Leuten: Ritter, um die Mauren zu überwältigen, und Kleriker, um sie zu bekehren oder zu verbrennen. Siebenhundert Jahre Heldenzeit, deren Erbe wir antreten müssen.

ISABELLA Hyazinthen, Hyazinthen, Hyazinthen und kein Kohl. Ich hasse Spanien.

SANT ANGEL Aus bestimmten, sehr dringenden Gründen haben wir uns entschließen müssen, zuerst die Juden und demnächst auch die Mauren des Landes zu verweisen. Das bedeutet: es wird nichts hergestellt. Nun hat aber vor einem Menschenalter der türkische Sultan Mehmed dem Kaiser Konstantin Konstantinopel weggenommen. Seither versperren die Türken den östlichen Weg nach Indien, sie kapern jedes zweite oder dritte Schiff. Das bedeutet: es wird nichts gehandelt. Und selbst wenn wir bis Alexandria durchkommen, sind wir auf die Dauer übel dran. Orientwaren sind gut und teuer, unsere sind schlecht und billig. Wir haben, kurzum, einen Überschuß an Ehre und einen großen Mangel an Geld.

COLUMBUS Und wie weiter?

SANT ANGEL Ihr könnt mir glauben, die wirtschaftliche Lage unseres ruhmreichen Gemeinwesens ist verzweifelt. Es gibt nur ein Gegenmittel.
ISABELLA Gold.
SANT ANGEL Gold ins Land gepumpt in ungeheuren Mengen.
COLUMBUS Was versprecht Ihr Euch davon?
SANT ANGEL Eine ungeheure Preissteigerung. Verbilligung des Geldes, Verteuerung aller Waren bis auf das Vierfache. Große Hilflosigkeit bei den Ungefügen, große Bewegung bei den Beweglichen. Geld verdienen werden die Seidenspinner in Andalusien, die Messerschmiede von Toledo, die Kaufleute zu Sevilla. Das sind Leute, die nützlich sind. Kein Geld verdienen werden die Hidalgos, die Grundherren, die Pfaffen. Das sind die Leute, die nicht nützlich sind. Es kann sein, daß es von den unnützen zu viele gibt und von den nützlichen zu wenig. Dann ist Spanien verloren. Dann wird das große Spanien ein Reich sein, in dem die Sonne nicht aufgeht, Ihr versteht, in dem es nie aufhört, Nacht zu sein. Aber kein Gedanke an morgen. Dem Heute dient eine enorme finanzielle Transaktion. Hierfür brauche ich Euch und Euern Plan. Man muß das Genie kommerzialisieren.
COLUMBUS *mißtrauisch.* Was verlangt Ihr?
ISABELLA Ihr sollt Indien erobern und Gold holen, mein Lieber.
COLUMBUS Ich bin kein Eroberer.
SANT ANGEL Ihr seid ein Entdecker, also seid Ihr ein Eroberer.
COLUMBUS Ich verachte Gold.
SANT ANGEL Was wollt Ihr von mir?
COLUMBUS Sechstausend Dukaten.
SANT ANGEL Spanien ist ein sehr armes Land. *Er wühlt in seinen Dokumenten.* Wenn es Euch beliebt: wir ernennen Euch zum Professor für Eure wissenschaftliche Leistung, wir machen Euch zum Herzog von Veraguas, weil Eure Rede die Königin erheiterte, wir befördern Euch zum Admiral der See, weil Ihr Euch auf Fragen der Schiffahrt trefflich versteht. Aber wofür sollten wir Euch sechstausend Dukaten geben? *Er nimmt einen bestimmten Zettel, den er geschrieben.* Im Ernst, Herr, Ihr müßt Euch denen unterwerfen, deren Ziele den Euren ähneln. Keine Fackel trägt sich selber. Verlaßt Ihr Euch auf die Engel des Herrn? Die Engel sind uns keine Bundesgenossen, wie könnten Bundesgenossen Engel sein? Bedient Euch der Mittel, die Ihr findet. Laßt die Euch helfen gute Männer sein. Wollt. Ihr fordert Gold für Schiffe, wir ...

COLUMBUS Ihr?
SANT ANGEL Schiffe voll Gold.
COLUMBUS *schüttelt heftig den Kopf und sagt.* Ihr sollt sie haben.
SANT ANGEL *übergibt einen Zettel an Isabella.* Eure Majestät, Ihr verfügt über sechstausend Dukaten aus den Einkünften der heiligen Polizei. *Ab.*
COLUMBUS *glücklich.* Eine neue Welt bring ich Euch her, jung und von feuchten Farben.
ISABELLA *bricht in ein trockenes Schluchzen aus.*
COLUMBUS Gnädige Frau.
ISABELLA Weg. Wollt Ihr mich erdrücken? Wer hieß Euch eine Welt ins Zimmer hereinbringen? Seht Ihr nicht, daß es zu eng ist? Spanien ist nicht groß genug, um Eure fürchterliche Last zu ertragen. O mein Spanien, wie ich es liebe.
COLUMBUS Ihr liebt es?
ISABELLA Bin ich nicht seine Königin? Es ist ungeheuer, was Ihr Euch herausnehmt, mir vorzuschlagen. Die Verantwortung ist mein, nicht wahr? Meine.
COLUMBUS Ja. Das ist Eure Verantwortung.
ISABELLA Ihr sagt es frech heraus. Ihr wollt mich erschrecken durch die Unverschämtheit Eures Plans. Es geht nicht um Geographie, nicht um Finanzen. Eine neue Zeit denkt Ihr aus dem Meer zu ziehen mit einer goldenen Angel. Don Ronco hat es ausgezeichnet dargelegt, und auch der Baron weiß es. Aber wie klingt das Wort Spanien in einer neuen Zeit?
COLUMBUS Ihr seid bereits ein neuer Mensch, Majestät.
ISABELLA Eine Patriotin, ihr Land verderbend.
COLUMBUS Ihr seid eine Patriotin der neuen Zeit.
ISABELLA Ach, mein Lieber. Ich habe die Etikette angenommen wegen der Granden, die Inquisition zugelassen wegen der Kardinäle, die Juden vertrieben wegen der Kaufleute und die Mauren wegen der Grundbesitzer. An meinem Hof werden die Charaktere geknackt wie die Flöhe. Und Don Ronco ist mein Sekretär. Ich bin die Königin von Spanien. Oh, ich wünschte, ich könnte in dieser neuen Zeit leben wie alle Länder, England, Frankreich, Italien auch. Ich hab eine englische Großmutter. Aber ich bin die Königin von Spanien. Ich kann's nicht. *Sie bekommt zu wenig Luft und macht daraus folgende Szene.* Die Stände, die Sitten, die Tugenden, die Gebräuche, die Ehre, der Glaube, die Tradition. Fischbein und immer Fischbein, bis sich der Busen rückentwickelt.

COLUMBUS Eure Gedanken, Majestät ...
ISABELLA ... erweisen sich als undurchführbar. Meine Taten erweisen sich als unrecht. Mein Verstand ist Engländer, mein Gewissen Spanier, sie schämen sich voreinander. Ich bin außer der Ordnung. Ich bin nicht ich. Dämmert es schon wieder? Gebt mir die Kerze herüber.
Columbus tut es.
ISABELLA Ah, wie habt Ihr das gemacht? Wie habt Ihr das gemacht, was Ihr eben gemacht habt? Sagt, wie?
COLUMBUS Ich nahm die Kerze und stellte sie hierher.
ISABELLA Beneidenswerter. Ihr nahmt sie und stelltet sie hierher. Man kann kein Licht von einem Tisch auf den anderen setzen, ohne sich zu einem Weltbild zu bekennen. Wie will ich Neues tun! Wie, solange ich eine Kerze noch so herübersetze? *Sie macht es, mit Grandezza.* Ich bin die Königin von Spanien.
COLUMBUS Wir gehen alle mit alten Schuhen ins neue Leben.
ISABELLA *weint wieder.* Rettet mich, mein Lieber. Versprecht, daß Ihr mich rettet: vor der Geschichte. Ihr sollt mich loskaufen vor ihrem harten Spruche. Die spätern Zeiten werden nicht sagen: Isabella von Spanien, die die Mauren austrieb, oder Isabella, die mit der Inquisition begann. Sondern: die den Columbus geschickt hat, eine neue Zeit zu entdecken. Christoph Columbus' Isabella. Ihr seid nach Indien entlassen, Don Christoph.
COLUMBUS Ich dank Euch, Majestät.

RICHARD HEY
Thymian und Drachentod

Dritte Szene

PREMIER Ohne Umschweife, Herr Jussam. Sie wissen, daß Sie hier willkommen sind. Sehr willkommen. Unsere Gegner wissen es allerdings auch. Aber ich habe alles getan, um eine Wiederholung des Entführungsversuchs unmöglich zu machen. Die Täter sind in den Kreisen der alten Regime-Anhänger zu suchen, wir werden sie bald gefaßt haben. Nehmen Sie doch Platz, Sie müssen Ihre Beine schonen.
JUSSAM Ebenfalls ohne Umschweife, Exzellenz: Ich danke Ihnen für Ihre Gastfreundschaft. Aber ich wollte gar nicht zu Ihnen kommen. Ich wollte Ihr Land so schnell wie möglich wieder verlassen.

Premier Ach. Verlassen? Aber Herr Jussam.
Jussam Nur wußte ich nicht recht, wohin denn nun schon wieder. Außerdem habe ich den Morgenzeitungen gelesen, daß Sie mich zum Berater in allen Regime-Angelegenheiten machen wollen. Da dachte ich mir, ich müßte Sie wenigstens noch fragen – *Er bricht ab.*
Premier Ja? *Da Jussam ihn nur ansieht und nicht fortfährt.* Hm. In der Tat, wir möchten, daß Sie uns in sämtlichen Regime-Angelegenheiten beraten. Wir legen großen Wert auf Ihre Erfahrungen. Ja, wir möchten, daß Sie hierbleiben.
Jussam Gut. Versuchen wir, ob es geht.
Premier *etwas erstaunt, nicht ohne eine gewisse Strenge.* Es wird uns gar nichts anderes übrig bleiben, Herr Jussam, als daß es geht. Ich weiß, Sie haben da einige persönliche Ansichten... Vorbehalte... Ich bin über Ihr Gespräch mit Herrn Nepomuk unterrichtet. Ihr Vater – Ihre Freunde – Ihre, hm, Frau – schön. All das ehrt Sie natürlich. Aber: wofür hätten Sie drüben denn gekämpft, wenn nicht letzten Endes für die Sache, die auch ich vertrete. So oder so, Sie haben für diese Sache gekämpft. Deshalb sind Sie jetzt bei mir. Deshalb werden wir uns verständigen.
Jussam Ihre Sache interessiert mich nicht.
Premier Interessiert Sie nicht?
Jussam Ich weiß nicht einmal genau, welche Sache Sie denn vertreten. Irgendeine zwischen Kultur, Vaterland und Religion, wahrscheinlich. Oder das alles zusammen. Mich interessiert nur der Raum, den Sie mit Ihrer Sache noch nicht ausfüllen konnten. Der schmale Raum, den auch das Regime von Anfang an beseitigen wollte – und inzwischen ja schon vollständig beseitigt hat, die Freiheit also. *Der Premier macht eine unwillige Bewegung.* Exzellenz, wenn Ihnen das Wort unangenehm ist, werde ich versuchen, es zu umschreiben. Sagen wir, die Freiheit, die von Ihrer Sache umschlossen ist wie der letzte kümmerliche Grasfleck im Hinterhof von düsteren Hochhäusern. Drüben gibt es zwar überhaupt kein Gras mehr im Hinterhof, und die Häuser, die nur noch eine kahle Asphaltfläche umschließen, sind mehr als düster. Aber hätte ich den Menschen drüben, die hungrig nach hellen Wohnungen und großen Wäldern sind, hätte ich ihnen zumuten dürfen, den Umzug aus den finstern Häusern des Regimes in die düsteren Häuser Ihrer Sache zu wagen, einen Umzug auf Leben und Tod, nur wegen der paar Grashalme im Hinterhof?

Jetzt, wo ich hier bin, könnte ich Ihnen allerdings behilflich sein, die Asphaltspezialisten von drüben nicht auch hierher gelangen zu lassen. Vorausgesetzt natürlich, daß Sie währenddessen nicht schon selber mit dem Asphaltieren beginnen.

PREMIER *nach einer Pause.* Asphaltieren ... Grashalme ... wie Sie meinen. Nur übersehn Sie wohl einiges. Sie finden unser Gebäude düster. Ihnen passen die neuen Gesetze nicht. Sie sind Ihnen ein Ärgernis, nicht wahr. Ihnen wie zunächst noch vielen anderen hier. Aber warum? Sie erfordern den glaubenden Menschen. Jawohl, Herr Jussam: den glaubenden Menschen. Ohne Kompromisse. Den Menschen, dem die Gebote Gottes heilig sind. Nur dieser Mensch hat Aussicht, dem Regime widerstehn zu können. Man weiß es hier noch nicht, man will es noch nicht wissen, man redet von Freiheit, Herr Jussam, und kostbare Zeit geht verloren, die Mörder steigen schon durchs Fenster. Aber ich habe die Verantwortung. Ich weiß, nur der Glaube kann uns retten. Der allein wahre Glaube, der unsere Armee unüberwindlich machen wird. Man sagt gelegentlich, ich sei ein Reaktionär. Im Gegenteil. Es gehört in unsrer glaubensschwachen Zeit der Mut eines Revolutionärs dazu, sich mit diesen neuen Gesetzen lächerlich zu machen. Aber ich weiß, daß der Glaube zunächst eine Sache der Suggestion ist. Die persönliche Überzeugung kommt erst danach. Wenn ich die Menschen zwinge, in die Kirche zu gehn, gemeinsam die Hände zu falten, eine reine Ehe zu führen – dann mögen sie noch so sehr protestieren – unvermerkt, während sie die Gebärden des Glaubens vollziehen und seine Gebote befolgen lernen, wird der Glaube selber von ihnen Besitz ergreifen, und sie werden die Hände nicht mehr unter Zwang falten, sondern aus innerstem Bedürfnis. *Er zuckt zusammen, wendet sich schnell um.* Haben Sie nichts gesehn? Ging da nicht jemand vorbei? *Jussam schüttelt den Kopf.* Mir war, als träfe mich ein Luftzug in den Nacken. *Er eilt umher, blickt nach verschiedenen Seiten hinaus.* Man weiß nie ... Überall können Agenten des Regimes lauern, nicht wahr? Überall. *Plötzlich sehr persönlich, fast hilflos.* Und ich habe niemand, auf den ich mich verlassen könnte. Der König haßt mich, ich bin von Schwachköpfen und Karrieremachern umgeben, im besten Fall von braven, phantasielosen Beamten ... Nachts, wenn ich ganz still liege, setzt mein Herz manchmal aus, zwei, drei Sekunden lang. Helfen Sie mir, Herr Jussam. Helfen Sie meiner Sache.

Jussam Alles, was Sie eben sagten, habe ich schon einmal gehört, Exzellenz. Vom Glauben, der erzwungen werden muß, weil die Mörder bereits durchs Fenster steigen, von den Agenten, die überall lauern ... Nur habe ichs drüben gehört. Statt Gott hieß es Geschichte, statt Kirche Klubhaus des Regimes, statt gemeinsames Händefalten gemeinsames Fäusteballen. Sonst war kein Unterschied.
Premier *leise.* So. Kein Unterschied.
Jussam Außer, daß der hohe Funktionär des Regimes, der mich um das gleiche bat wie Sie eben, die Wassersucht hatte, und das hinderte ihn, als ich ablehnte, mich rechtzeitig umzubringen.
Premier *sieht Jussam einen Augenblick an. Dann sehr kühl.* Ja, kein Unterschied, wie? Aber haben Sie nicht immerhin, um es sehr vorsichtig zu sagen, für die Erhaltung einer Gemeinschaft gekämpft?
Jussam Ja.
Premier Nun sehen Sie.
Jussam Diese Gemeinschaft bestand aus meiner Frau, meinen Freunden und mir.
Premier Ich meine eine höhere Gemeinschaft.
Jussam Eine höhere Gemeinschaft kenne ich nicht.
Premier Nein? Und die Madonna über meinem Schreibtisch – auch die bedeutet Ihnen nichts?
Jussam *ruhig.* Exzellenz, Sie können Ihre Pensionsansprüche oder Ihre Ansichten über den lieben Gott verteidigen; mit Kanonen, Weißbüchern, Bibelzitaten, ferngesteuerten Bombenflugzeugen. Die Madonna können Sie nur lieben. Das ist alles, was sich zu deren Verteidigung unternehmen läßt. Das wissen Sie auch genau. Und Sie wissen ebenfalls, daß manche Leute nur wenig Lust haben werden, für Ihre Pensionsansprüche und Ihre Ansichten über den lieben Gott zu sterben. Wollen Sie aber wirklich versuchen, diesen Leuten zu beweisen, wie süß und ehrenvoll der Tod für eine gotische Madonna oder eine vierhändige Klaviersonate ist?
Premier *leise.* Soll hier also ruhig alles zum Teufel gehn? Meinen Sie es so? Also garnichts, für dessen Erhaltung Sie sich einsetzen würden? Garnichts? Ihre Grashalme, ich weiß, ich weiß. Aber wie wollen Sie das machen? Wie wollen Sie Ihre Grashalme schützen? Sie mögen meine Gesetze nicht. Gut. Aber was würden Sie denn tun? Ja, was würden Sie tun?
Jussam Ich würde versuchen, mehr Mut zu haben.

PREMIER Mehr Mut zu haben?
JUSSAM Ich weiß, was Sie sehn, Exzellenz, wenn Sie die ganze Nacht gearbeitet haben und morgens ans Fenster treten. Sie sehn die Leute, für die Sie gearbeitet haben. Eine ungeheure Herde von Feiglingen und Schaumschlägern, die hetzend und selber gehetzt über die Straßen in Fabriken und Büros geschwemmt werden. Die nichts kennen außer ihrem Schaum, den sie unaufhörlich hinter Schreibtischen, auf Kathedern, zwischen Präzisionsmaschinen hervorbringen. Die nur ein einziges Bestreben haben: ihr Leben möglichst schnell einigen gut funktionierenden Apparaturen zur Aufbewahrung zu überlassen, damit sie das Risiko los sind. Sie sehn diese verwaltete, versicherte, organisierte Menge von kaum noch lebendigen Wesen, und Sie denken, das einzige, was ihnen helfen kann, was sie am Leben halten kann, das ist der starke Panzer Ihrer neuen Gesetze. Aber Sie unterschätzen diese Menschen, Exzellenz. Auf dem Grund ihrer gepeinigten und verkümmerten Seelen haben sie noch eine letzte kühne Hoffnung: sie warten darauf, daß sie wieder mutig sein dürfen. Daß sie mit ihrem Leben wieder selber was anfangen dürfen. Die neuen Gesetze würden diese Hoffnung fast auslöschen. Exzellenz, beginnen Sie damit, mutig zu sein. Fürchten Sie sich nicht vor den Tausenden von Gedanken, die trotz allem immer noch gedacht werden. Helfen Sie, daß sie weitergedacht werden. Aus ihnen allen, nicht nur aus dem, was Sie den Glauben Ihrer Väter nennen, ist das Haus gebaut worden, das Sie jetzt schützen wollen.
PREMIER Sie sind ein Idealist, Jussam.
JUSSAM Ich bin ein Realpolitiker wie Sie, in diesem Fall. Bloß konsequenter.
PREMIER Aber das geht nicht, Jussam. Glauben Sie mir, ohne die neuen Gesetze geht es nicht. *Nach einer Pause.* Immerhin sieht es jetzt so aus, als könnten wir uns verständigen. Ich würde Sie zum höchsten Beamten unseres Staates ernennen. Sie würden keinen Vorgesetzten haben außer mir. Nun? Ist das ein Angebot? *Jussam schweigt. Der Premier fährt leise fort.* Es ist natürlich nicht leicht, ein solches Amt zu haben und seine Freunde zu behalten. Oder eine gute Ehe zu führen. Sie sind Tag und Nacht beschäftigt, Konferenzen, Reisen, politische Entscheidungen … Ihre – hm – Frau fühlt sich vernachlässigt, macht Ihnen erst Vorwürfe, spricht schließlich nicht mehr mit Ihnen, kein Wort …
JUSSAM Halten Sie mich für bestechlich?
PREMIER Unsinn.

Jussam Aber Sie irren sich. Sie haben zwar hoch geboten, mit Gott, mit der Macht, mit der Schönheit der Madonna, mit Ihrem alten, kranken, einsamen Herzen – nur nicht hoch genug für mich. Sie können es wohl auch nicht. Sie haben nichts für mich.

Premier *leise.* Ach. Ich habe nichts für Sie. Sagten Sie vorhin, Sie wollten eigentlich nicht zu mir kommen? Warum sind Sie doch gekommen? Was erwarteten Sie denn von mir?

Jussam Ich weiß es nicht genau. Eine Bewegung, eine Betonung, ein Zeichen jedenfalls ... Vielleicht, daß Sie gelegentlich nachts, wenn Sie ganz still liegen und Ihr Herz zwei, drei Sekunden aussetzt, daß Sie sichs dann eingestehn –

Premier Eingestehn? Was?

Jussam Daß Sie Angst haben – nicht vor dem Tod, nein, weiterzuleben nach den drei Sekunden. Weiterzuleben ohne Gewißheit. Daß Sie Angst haben, es könnte niemals Gewißheit geben.

Premier *kühl.* Ich habe mir nichts Derartiges einzugestehn.

Jussam Natürlich nicht. Ich erwarte es ja auch nicht mehr. Nur, es wäre vielleicht sehr menschlich gewesen, es wäre ein wirklicher Unterschied zum Regime gewesen, ein Zeichen von Größe und Überlegenheit: sich einzugestehn, daß man Angst hat.

Premier Ich habe keine Angst.

Jussam Natürlich nicht. Drüben habe ich auch niemanden getroffen, der es sich eingestanden hätte.

Premier Drüben, drüben ... was geht mich Ihr drüben an. Meine Gewißheit ist von anderer Art. Aber Sie glauben ja wohl nicht an Gott.

Jussam Ich bin jedenfalls nicht so sicher wie Sie, daß er ausschließlich Ihrer Konfession angehört. Ich bin auch nicht so sicher wie das Regime, daß der Sinn der Geschichte ausschließlich darin liegt, das Regime hervorgebracht zu haben. Sehn Sie sich den jungen Mann an, Exzellenz.

Premier Welchen jungen Mann?

Jussam Er liegt hier zwischen uns. Er ist tot.

Premier Was soll das.

Jussam Er hat einen Bauchschuß bekommen. Da liegt er, halb unter Ihrem Schreibtisch, Exzellenz. Ziehn Sie ihm ruhig das Tuch vom Gesicht. Warum zögern Sie? Das Gesicht ist unversehrt, der Schmerz, den es ausdrückt, durch den Tod geglättet. Sehn Sie das Gesicht an, Exzellenz. Was sehn Sie diesem Gesicht an? Wofür ist der junge Mann gestorben? Sehn Sies nicht? Für die Plansollerfüllung oder die gotische Madonna? Für welchen allein wahren Glauben? Für Ihren? Oder für den des Regimes? Im Namen Gottes oder im Namen der Geschichte? Nein? Sehn Sies dem Gesicht nicht an? Sie bemerken gerade die Andeutung eines friedlichen Lächelns in den erstarrten Mundwinkeln? Sie meinen, so kann nur ein Kämpfer der wahrhaft gerechten Sache im Tode lächeln? Aber welcher wahrhaft gerechten Sache denn? Hat der junge Mann, als er noch lebte, drüben Bibeln zerrissen und Priester bespitzelt? Oder hat er hier Bücher, die von Ihren neuen Gesetzen verboten werden, aus den Läden auf die Straße geworfen und die Autoren ins Gefängnis schleppen helfen? Was denn nun? Auf welcher Seite hat er also gekämpft? Nichts zu sehn? Keine Gewißheit? Keine Gewißheit, Exzellenz. Das ist es, wovor Sie Angst haben. Und wovor man drüben Angst hat. Keine Gewißheit! Es ist die Angst der Kreuzfahrer, drüben wie hier, die Angst, daß es möglicherweise doch nicht die einzige, die allein wahre Lehre ist, die sie predigen, die verzehrende Angst, die nur betäubt werden kann mit der Vernichtung der Andersgläubigen, drüben wie hier, die Angst, die blutige irdische Beweise braucht für das Reich, das nicht von dieser Welt ist, die Angst vor dem Leben, vor allem, was die Dogmen nicht erreichen, drüben wie hier, die Angst vor dem Liebespaar, das auf der Wiese liegt, ohne sich um die Dogmen zu kümmern, drüben wie hier, die fürchterlichste aller Ängste, daß es immer mehr Menschen geben könnte, die kein Dogma und keine Lehre brauchen und die Funktionäre in ihren kalten, düsteren Gebäuden allein lassen, drüben wie hier – *er ist aufgestanden und dabei, sich zu entfernen.*

PREMIER *leise*. Ich habe keine Angst. Ich kenne diese Ängste nicht, von denen Sie reden. Aber Sie scheinen sie zu kennen, Sie scheinen Sie sehr gut zu kennen. Was ist also, wenn die Armeen des Regimes Sie hier oder anderswo erreichen? Was dann? Sie kluger, toleranter, freiheitsliebender Ängstekenner? Was dann?

JUSSAM Dann habe ich diesen Armeen vorher wenigstens nicht noch die Wege glatt gemacht. Ich habe mein Leben und die paar Grashalme drumherum verteidigt. Wenn ich Angst hatte, versuchte ich nicht, mir einzureden, daß ich keine Angst habe, sondern ich versuchte möglichst, sie zu umarmen. Manchmal gelang es, manchmal nicht. Mehr kann ich nicht tun. An Kreuzzügen beteilige ich mich nicht. Ich will nichts beweisen, ich will da sein, nichts weiter.

PREMIER Das könnte in Ihren Memoiren stehn.

Jussam Wenn ich schreibe – würden Sie mir garantieren, daß sie unter Ihre neuen Gesetze fallen und verboten werden? Dann hätte ich einen sorgenfreien Lebensabend.
Premier *lächelnd.* Ich werde mein möglichstes tun, Herr Gerber.

Hans Scholz
Am grünen Strand der Spree

»Kann man denn so ohne weiteres in die Ostzone?« fragte Lepsius nach einer Weile, »Babsy schreibt, sie habe die Geschicke dieser Zehdenitze an Ort und Stelle erkundet.«
»Man konnte!« gab ich Bescheid. »In den ersten Jahren wenigstens. Die Bestimmungen ändern sich alle naselang, und für Ausländer war es immer kitzlig. Aber Babsy könnte das durch ihre charitativen Vereine zuwege gebracht haben. Zur Zeit geht's wiedermal gar nicht, es sei denn im Interzonenhandel oder wenn man Verwandte besucht.«
»Wieso?« fragte Arnoldis. »Du Insulaner warst doch auch erst drüben bei unserm Freunde Koslowski, im November oder wann. Seid ihr neuerdings verwandt?«
»Keine Bohne!«
»Na und? Wieso sitzt du nicht im Zuchthaus?«
»Ich habe gemogelt.«
»Gemogelt?« verwunderte sich der Major, der ja nicht Bescheid wissen konnte. »Erzähl doch mal! Wie sieht's denn überhaupt in der DDR aus?«
»Ach, in der DDR«, seufzte ich, »schade, daß besagter Koslowski uns, entgegen seiner telephonischen Ankündigung von vorhin, im Stich läßt. Der wohnt ständig draußen und kann Bände erzählen. Ich hingegen könnte höchstens versuchen, meinen letzten Besuch in Markgrafpieske zu schildern, wo wieder einiges fällig war.«
»Tue also, mein Sohn, und leiste etwas für Mummis Geld!« entschied Arnoldis. »Lepsius hat seinen Beitrag geliefert, Hesselbarth mehr als das getan – dein Spezielles, Hessel, und dollen Erfolg morgen! Den Ettore spiele ich. Muschle das als Klausel in deinen Vertrag – so, und jetzt ist Schott dran und dann ich, und dann geh'n mer. Ich habe morgen Drehtag ab zwei Uhr. Das heutige Nachtprogramm steht.«
»Bob, du wirst alt«, tadelte Hesselbarth, »seit wann kündigst ausgerechnet du den allgemeinen Aufbruch an?«

»Sei getrost, mein Sokrates!« beruhigte der Schauspieler. »Vorläufig harrt dein Alkibiades noch getreu an deiner Seite und ist ganz Ohr.«

Darauf sagte ich: »Also ich fange an!« und erzählte, wenn auch nicht wortwörtlich, etwa folgendes:

»So bedeutungslos heute Markgrafpieske im großen Weltgeschehen ist – wer kennte es schon auch nur dem Namen nach? – so sah es vormals doch glänzendere Tage und war, wie der Name sagt, markgräflicher Sitz. Unser Freund Koslowski wohnt dort, Amputierter und ehemaliger Schauspieler – wir sprachen schon von ihm – und um ihn her eine Reihe von Leuten, die mir ganz so bedeutungslos nicht vorkommen wollen wie ihr einigermaßen gottverlassenes Dörfchen. Arnoldis wird's bestätigen.

Da ist zum Beispiel ein gewisser Schorin, der armseligste Teufel von der Welt, ein Studienrat a. D.; der fristet dort seine alten Tage und hütet einen Hort vermotteter Bildungsraritäten und vor allem wendischer Folklore möglicherweise eigener Erfindung. Aber stocknärrisch, wie er ist, und mit greisenhafter Hartnäckigkeit wähnt er lebendig zu sehen, was seit Jahrhunderten schon nicht mehr zu sehen ist. Ist jetzt leider verhaftet, aber war ein Born der Erquickung. Da war im vorigen Jahre noch das Evchen, FDJ-Mitglied, zweiundzwanzig Jahre und Bürgermeisterin, die unsern Bühnenmann, unter Hintansetzung unüberbrückbarer ideologischer Differenzen freilich, zärtlich liebte, was sein Schade gewiß nicht war. Da ist Dr. Brose, der Arzt, und jemand namens Bärbel Kroll, ein Hütemädchen, mit dem es seltsam bestellt ist und welches Koslowski die Ziegenprinzessin getauft hat. Da sind die Bauern und Fischer, die ich wohl alle kenne, und Herr Henselmann, der Wirt und Vorsitzende der ›Nationalen Front‹, der mir auf Befragen sagte: ›Na ja, jetz' jeht's ja schon so sachten. Det war ooch bloß die erste Wut. Wenn ick mal 'n Schulungsabend ansetze oder 'ne Sitzung oder wat, denn komm'n so zwee'e, dreie ... na, ooch viere. Denn erzähl' ick se 'n bisken wat und jeb' 'ne Lage aus. Det kost't mir nich ville. Na, und denn jeh'n se wieder nach 'ner Weile und sin' janz scheen bedudelt ... Nee nee, det lejt sich alles. Det schläft alles so sachten ein.‹

In diesen Ort zu gelangen, ist umständlich, und das war es auch beim letzten Besuch.

Der Omnibus stand. Sein Lärm hatte laut zu sprechen gestattet. Nun war er verstummt. Daß die Fahrgäste sich umsahen, ehe sie mit gedämpften Stimmen die Köpfe zusammensteckten, geschah dennoch nur aus alter, mehr als zwanzigjähriger Gewohnheit und in Art gedankenloser Bekreuzigungen. Beinahe ebensogut hätte man frei sprechen können. Als Spiel. Als Spiel vor der Staatsgewalt. Als Spiel der Maus vor der Katze. Die Katze weiß es zu schätzen. Und es hülfe der Maus doch nichts, wenn sie sich's verkniffe. So war jedes Wort zu verstehen, außer wenn zu viele Gesprächsfäden einander durchschossen.

›Wann sind wer los?‹

›Von Fürstenwalde? Nach Neune war det wieder. Und nu liejen wer feste. Und denn wieder alle Mann raus bei den ollen Wind. Viel Vergnüjen!‹

›Er konnte sämtliche Quittungen vorweisen vom Postamt Königswusterhausen, wo er allet hatte einjezahlt. Mit Unterschrift und Stempel und so. Aber wat hab'n die auf'm Finanzamt jemacht? ... Nich anerkannt hab'n se se. Bei sie wär'n die Beträje nich einjegangen und folglich nich verbucht. Und wat nich verbucht is, is ooch nich bezahlt. Und er hat dajestanden mit seine Postabschnitte und hat se sich immer bloß anjekiekt.‹

›Regnet det?‹

›Bei Wind aus die Buchholzer Ecke nich.‹

›Nee, nee, wenn die een'n fertig machen woll'n, denn machen se't auf die eene oder andere Tour ... Sein Laden jing soweit nich schlecht ... Privatwirtschaftlich! ... Sowat würjen se ab, früher oder später.‹

›Wat hab'n se ihn denn bewilligt?‹

›Ach Jott, et jing. Zwee Jahre. Wejen Steuerhinterziehung und ‚Jefährdung des friedlichen Aufbaus im Jahr der großen Initiative'. Aber sein scheenet Sämereijeschäft is hin ... Die Frau soll jetürmt sein mit die Kinder.‹

›Nee! Se is in Bugk bei ihre Jroßtante.‹

›Habt ihr die Rüben schon drin?‹

›Ja, allet.‹

›Ohne MTS?‹

›Ohne!‹

Der Fahrer bearbeitete die Saugluftanlage des Holzgas-Generators. Lust schien ihn wenig zu bewegen. Aber man konnte ihn im Drehrost stochern hören.

Ein paar Regentropfen zerplatzten an den Scheiben.

›Und ick hab die Wäsche draußen.‹

›Und ick sage, det wird nischt mit Regen.‹

›Det faßt de einfach nich. Det krie'ste jar nich in dein Kopp rin.

Wenn de det een'n von drüben erzählen tust, der hält dir noch für komisch ... Mit mein'n Cousin sein'n Chef war doch ooch sowat. Der, wo die janzen Brücken wieder aufjebaut hat.‹

›Die janzen ja nu nich.‹

›Na, die über den Gröbener Kanal, die nu fertig is, und die jroße in Reetz ooch bei die Schleuse, wat allet die Sprengungen waren. Staatsaufträge, det meiste vorfristig erfüllt. Sogar in de Zeitung stand der Betrieb, obwohl't 'ne Privatfirma war. Aber denn wollt'n se'n doch wohl erledigen und schickten wejen Steuerrückstände. Stimmte. Er hatte welche. Aber nu kommt det Aber: aus seine Bücher jing hervor, daß det ›Sekretariat für Straßenwesen‹ oder wie det heeßt, selber is säumig jewesen jegenüber ihn und hat'n mit Tausende sitzen lassen. Nu hat er die Finanzfritzen natürlich vorjeschlagen, se soll'n bei die Staatsstelle selber abkassieren, weil se schließlich derselbe Verein sind und ooch Staat, und soll'n det verrechnen! Aber denkste! Weder hab'n die jezahlt, noch hab'n ihn die andern wat jestundet.‹

›Na und nu? Wat is nu?‹

›Ja, wat is nu? ... Heute is et 'n volkseigener Betrieb.‹

›Und er?‹

›Zehn Jahre. Waldheim. Zuchthaus vonwejen Sabotage.‹

›Denn muß er ja Otto'n treffen. Der hat fünfundzwanzig.‹

›Otto hat Tbc. Aber nich offen, hat eener erzählt, der raus is.‹

›Hat aufjehört mit Regnen.‹

›Se hab'n't soweit jebracht, det 'n oller Jewerkschaftler wie ick sich durch'n Kopp jehn läßt, wat aus'n Unternehmer wird. Det is zum Lachen is det.‹

›Sag' ick doch, Karl, dat du noch wirst mal umlernen auf deine alten Tage. Wat soll eener ooch dazu sagen, wenn se 'n Bauern für'n Jroßagrarier verbrauchen, bloß weil er bisken wat um hundert Morgen hat mit vier Pferde druff und is nich uff die MTS anjewiesen. Aber det stinkt denen schon. Denn is er ›Schädling am sozialistischen Aufbau‹ oder ›Diversant‹ oder irgendwat is er.‹

›Laß man! Mit 'n ›neuen Kurs‹ wird allet besser.‹

›In Buchholz hab'n se zwee'e ihre Höfe wiederjegeben, die schon aus'm Westen wieder retour sind ... Aus ›Adenower‹ sein' joldenen Westen.‹

Eine Böe sprang den Omnibus an und veranlaßte eine der Fensterscheiben, mit einem Ruck in ihrer Versenkung zu verschwinden. Die Weiber schrieen auf. Es stiebte kalt in die Behaglichkeit. Bis das Fenster wieder dicht war, dauerte es eine Weile. Die überlärmte Unterhaltung mußte sich unterdessen anderen Begebenheiten und Personen zugewandt haben, denn es wurde ausdrücklich gedämpften Tones gefragt: ›Wie? den ollen Zauberkünstler?‹ und sehr leise geantwortet: ›Ja, vor'gte Woche. Er soll wat jedruckt haben, wat Illejalet.‹

›Jedruckt? Wie soll er denn dat hinjekriegt haben?‹
›Weeß ick ooch nich. Jedenfalls hab'n se'n abjeholt.‹
›War der Schlecht'ste nich.‹
›Na, det möcht' ick nu nich sagen. Zu trau'n war ihn nich.‹

Dann schwiegen alle zugleich und schienen nachzudenken. Man konnte dem Fahrer draußen zusehen, wenn man seine beschlagene Scheibe abwischte, wie er den Schürhaken sinken ließ und den Sitz der völlig abgegriffenen Afrika-Corps-Mütze verbesserte, wobei er möglichst viel Haar unter den Mützenrand zu stecken bemüht war. Er summte das Lied vom Egon, Egon, Egon und betrachtete den Generator.

Dem festliegenden Omnibus kamen zwei Lastwagen entgegen. Über deren Ladeflächen knatterten und wogten blaue, rote und schwarz-rot-gelbe Fahnen zu Häupten und Schultern junger Burschen und Mädchen, von denen etliche Kleinkalibergewehre mit sich führten. Windwirbel tanzten um die offenen Wagen. Immer wieder schlug und schlang sich Fahnentuch um ein rotnasiges Gesicht oder eine Gestalt, der es dann nur mit Mühe gelang, sich der gewaltigen Umhüllung zu erwehren. Die jungen Leute in Windjacken hingen dichtgedrängt und miteinander untergehakt über die Bordwände. Sie sahen blaugefroren aus, hatten zerzauste Haarschöpfe und lachten.

Die Lastwagen gaben Hupzeichen. Unser Fahrer räumte die Fahrbahn, die das Schüreisen versperrt hatte. Eine Fanfare wurde zu blasen versucht. Der Wind riß die Töne über die Chausseebäume fort. Das Instrument war entschieden zu kalt. Es wurden aber frische und unternehmende Weisen angestimmt. Der Anblick des schadhaften Gefährts schien dazu angeregt zu haben. Der Gesang des ersten Wagens zog machtvoll über den rostnarbigen Omnibus hin. Jubelnd fiel schon der des zweiten mit einem anderen Liede ein. Die Windrichtung hinderte hinten zu hören, was vorn begonnen worden war.

›Rührt die Trommeln! Fällt die Bajonette! Vorwärts! Marsch!‹ erscholl im Vorüberrollen das Lied vom Thälmann-Bataillon.

›Vom Amur bis fern zum Donaustrande‹, triumphierte es dahinter über Motorendröhnen. Es waren Benzinmotoren.

›Der Sieg ist unser Lohn!‹ verklang es vom vorderen Wagen, einem nagelneuen, dunkelgrünlackierten. Die Besatzung des zweiten, gleichartigen Fahrzeugs konnte sich nicht enthalten, auf unser beuliges Verdeck zu schlagen. Übermütig polterten Faustschläge über den verstummten Fahrgästen entlang. Ein kurzes, stämmiges Mädchen, das erregt lachte, trug einen Orden auf der Brust.

›Von der Taiga bis zum Kaukasus‹, schmetterten die jungen Kehlen, ›schreitet frei der Mensch in weitem Lande, ... ward das Leben Wohlstand und Genuß, ... schreitet frei der Mensch ...‹ Windesbrausen erstickte den Refrain. › ... Und Genuß ...‹ hörte man noch einmal. Vor dem ansteigenden Walde links der Straße zerflatterten einzelne Fanfarentöne, die besser geglückt waren.

Eine Frau bemerkte: ›Unsre Jung's hab'n det eene Lied ooch müssen lernen in de Schule.‹ Und jemand sagte: ›Als wer noch »von der Etsch bis an den Belt« jesungen haben, da sollte det nich sin. Und nu sing'n se von andre Flüsse und sagen, se wär'n ‚Patrioten'. Als wenn se reene müßten sich wegschmeißen.‹

›Det sagst du, Paul, und dir hab'n se zu'n Zirkelleiter jemacht.‹

Jemand lachte.

›Zirkelleiter in Bulganin'n sein'n Sinne, det bin ick. Jib mir mal Feuer! ... In de Zeitung schreiben se zu sowat ‚Frohes Jugendleben auf Massenbasis' ... Die Brüder!‹

Der Fahrer rief in den Wagen, daß es nur noch Minuten dauern könne. Schwelen täte es schon.

›Siehste! Schwelen muß et.‹

›Der soll machen! Ick will heut' noch 'n Streuselkuchen abbacken. Uff Sonntag. Er wird besser, wenn er 'n paar Tage alt is. Durchjezogener.‹

›War ja bloß eener von die vorjeschriebenen Texte, die wer haben jenommen: Wir, die Hofgemeinschaft vier, Klein-Beesten, begrüßen, daß die Außenminister-Konferenz der vier Großmächte ...‹

›Hör uff, Mann! Wenn ick det schon höre. Schriftverkehr Kleinkleckersdorf, Landkreis Beeskow-Storkow, mit die jroßen Vier! Davon kannste dir aber wat versprechen! Und wenn de an die Kreisleitung schreiben tust um hundertfuffzig Meter Bindegarn, denn sagen se dir höchstens bei die nächste Kreisdelegierten-Konferenz, du bist 'n Stänkerer und keen ‚Friedensfreund'. Mann! Sind wir denn alle bekloppt!‹ ...

›Marjarine? ... Marjarine hör ick immer. Die sprang aus de Pfanne und innen war se janz jrün.‹

›Komm! Wir steigen aus und jeh'n zu Fuß. Det wird ja doch wieder nischt mit die olle Klamotte.‹

Übers Schwelen war die Gaserzeugung noch nicht hinausgekommen. Einige erhoben sich, schlossen die Joppenkragen und griffen zu Rucksäcken und Körben. Unter einer Bankreihe kam ein Airedale-Terrier hervor. Eine Frauenstimme verkündete soeben: ›Nee, wir nennen ihr Frieda. Und sie hat ooch nischt dajegen ... Gudrun?! ... In de Familie Schwochow hat noch nie eener Gudrun jeheeßen, solange wie die in Rieplos is anjesessen, und det war se schon bevor'n ollen Fritzen. Und ooch bei dem in Storkow hießen se richtig, trotzdem der ja nu 'ne Druckerei hatte. Nee, det is noch von Adolfen seine Faxen mit die ollen Jermanen. Gudrun?! ... Jut, se kommt aus de Stadt und kann nischt dafor, dat se ihr hab'n so jetauft. Aber sowat jibt es nich und Schluß!‹

›Und die hat nu Zwillinge jekriegt, det spacke Ding?‹

›Na, jewiß doch! Die Spacken sind zähe. Dokter Brose hat ihr entbunden. Die Hebamme darf et bei Zwillinge sowieso nich und is ooch die Tage zu'n Lehrgang jewesen. Mitt'n in de Nacht um de zweete Stunde kam'n se, und is'n Junge und 'n Meechen. Und det soll selt'ner vorkomm'n, hat der Dokter jesagt.‹

›Und, Lisbeth, davon sagste nischt, dat ooch'n Fohlen is anjekommen dieselbe Nacht?‹ fragte einer und setzte eine listige Miene auf.

›Nee, davon sag' ick freilich nischt!‹ antwortete die Angeredete mit Festigkeit. ›Wo soll'n det sint, du Schlauberger? Und aus wat for'n Ferd?‹

›Na, bei deine Schwochows in Rieplos. Den' ihre Fuchsstute und dieselbe Nacht.‹

›Nu wird's verrückt! Det Tier? Wo't schon vor zwee Jahre faul war mit, weil er se hat vor't Abfohlen könn'n nischt Extra't verfuttern? Luzerne oder wat. Nee! Det kannste glauben, det würd' ick als Tante wissen. Die wird er woll nich hab'n decken lassen. Zwillinge ja, Fohlen nich! Vielleicht dat't bei Morjensterns war oder Stippekohls. Die müssen 'ne trächt'je Stute haben von de letzte künstliche Befruchtung.‹

›Aber in Rieplos war det, det hab'n se erzählt‹, beschied sich der Fragesteller, und jemand sagte: ›Erzähl'n tun se viel. Und nu müßte noch wer komm'n und sagen, 't war 'n Hengstfohlen. Det wär wat!‹

Die Fahrgäste lachten über diese Bemerkung und schwatzten durcheinander, als einer, der schon aufgestanden war, winkte und rief: ›Weil er ebend jrade Hengstfohlen sagt: wißt ihr schon det Neu'ste? Dat se 'ne Spur jefunden haben?‹

›'Ne Spur?‹

Alles nahm wieder Platz. Der Fahrer auch, der wortlos eingestiegen war, weil er seine Versuche offenbar als aussichtslos aufgegeben hatte. Man übersah das.

›Sie haben 'ne Spur‹, wiederholte der Sprecher und setzte sich wie die anderen, ›mir sagte vorhin eener in Ketschendorf, dem sein Junge bei die Vopo is, se setzen schon 'n Artikel für de ‚Volksstimme': ‚Atomstrategen des Pentagon am Werk' oder wie ebend so die Schlagzeilen jeh'n: ‚US-Gangster hinterließen Taschentuch am Tatort'. Denn tatsächlich hab'n se 'n Taschentuch jefunden.‹

›Mal sagen se: Kartoffelkäfer, mal: Schnupptuch‹, nörgelte einer.

›Nee, nee‹, eiferte der Sprecher, ›se hab'n't janz regulär als Indizie jefunden, 'n regelrechtet Damentaschentuch, 'n bedrucktet. Und mit 'n einjestickt'n Buchstaben: 'n jroßet B ... anjeblich. Und, se sagen, auf alle Fälle is sicher, daß't amerikanischen Ursprungs is.‹

›Alfred, dir hab'n se janz scheen verkohlt, Mann!‹

›Quatsch doch nich! Der Vopo hat et doch erzählt, daß et hat oben auf'm Balken jehangen. Nur, det se't übersehen haben det erste Mal! ... War ja Zufall, det janze. Denn wenn nich die jesamte kasernierte Volkspolizei wär' auf die Beene jewesen und fünf Brigaden Rote Armee ooch noch, wie se September die tschechischen Flüchtlinge jejagt haben, quer durch de friedliebende DDR, denn wär'n se jar nich auf die Idee verfallen, in die olle Bude an de Lippawiese nachzukieken. Wer kommt ooch schon in die verwunschene Jegend?‹

›Die letzten Kriegstage hab'n se sich janz scheen verkrochen in die Ecke, und in meine Jugend sind wer hin, Osterwasser schöpfen.‹

›Wat heeßt Jugend, Lisbeth? Meenste, die Meechen jeh'n heut nich hin in die Osternacht? Die jeh'n jenauso, wie du und icke sind jegangen und durften nischt reden den janzen Weg. Erst auf'm Rückweg wieder. Und die seh'n die Sonne jenauso tanzen, wie wir det wollt'n jeseh'n haben, bloß sagen tun se't nich vonwejen Fortschritt und FDJ.‹

›Laßt man Alfred'n erzählen!‹

›Jedenfalls dort is nie eener hinjekommen, det steht feste. Und die hab'n vielleicht komisch jekiekt, wie se hab'n de Türe uffjestoßen mit Wer-da und Hände-hoch, und steht mit'n Mal 'n kleener Hengst da und schnaubt se an.

Na, nu hatt'n se aber wat jefunden! Und nu det übliche Tremoli! Aber denn, letzthin bei Besichtigung mit Hunde und weeß ick wat, hab'n se wirklich det olle Schnupptuch aufjetan. Und nu sind't ebend Amis jewesen.‹

›Also ick will mal sagen‹, meldete sich der Mann, dem offenbar der Terrier gehörte, ›versteh'n tu' ick die janze Chose nich, trotzdem dat det nu schon in die sechste Woche jehn tut mit. Wat könn'n denn Amis oder wer kann überhaupt 'n Int'resse haben, in die olle Bude 'n Ferd unterzustellen? Früher hätt'n wer jesagt, det war'n Zijeuner.‹

Jemand bemerkte: ›Zijeuner jibt's keene mehr. Die hat Adolf verjast.‹ Und eine gewichtige Stimme setzte sich durch: ›Zijeuner nich und Amis nich, det sag' ick! Und dat du aus Reetz bist und bloß 'ne Hundezucht hast, det merkt man, Fritze. Als ob die Bauern keen Int'resse hätten, wenn se woll'n Ferde halten ... Unser Boden konnt' nie Hengste ernähren, selbst uff die Queiß'sche Jüterverwaltung nich. Aber brauchte ooch nich. Wieso? Weil't staatliche Hengstdepots jab. Und det für de Zone war in Kyritz. Die Hengste wurden in jeden Kreis verteilt uff sojenannte Stationen, wo de deine Stuten hinbracht'st. So jing det, und det dürft'ste eijentlich wissen. ... Aber nu kommt det dicke Ende, wo de mal seh'n kannst, wie se een'n allet aus de Hand winden: det Depot in Kyritz is abjebaut bis auf Stücker dreißig Tiere. Und den Rest von vierhundert ab Richtung Moskau! ... Praktisch: det Ferd in de DDR ihre Landwirtschaft is zum Aussterben verurteilt. Ick weeß, wat du sagen willst: Motore! Klar jibt et Motore und soll't ooch. Aber wo und an welche Stelle kann sich 'n einzelner Landwirt 'n Traktor koofen? Willst mir det verraten? Und nu weeß ick wieder, wat in dein'n Hundezüchterverstand vorjeht: dafor hab'n wer ebend nu die Motoren-Traktoren-Stationen, die MTS, nach dem Vorbilde der ruhmreichen Sowjetunion ... Jawoll! Hab'n wer ooch. Und wär' ooch keen Schade. Aber überlejet mal janz jenau! ... Wenn du eigne Bespannung hast jehabt – drei, vier Ferde, wie schon vorher Paule jesagt hat – und du warst mit dein' Soll klarjekomm'n, denn konnste dein Hoftor zumachen nach Feierabend, und der janze Staat konnte dir mal. Du warst immer noch so'n bisken wat wie'n freier Mann. – Und die stören! Die müssen weg!

Aber wie nu? Privateijentum jarantiert die Verfassung. Also: kalter Schnitt von hinten: Verordnungsweg! Uff dem jeht allet. Und in zehn, zwölf Jahre looft hier keen Zosse mehr über'n Acker. Aber du kannst dafür bei die MTS betteln jeh'n; und wenn se dir nich jrün sind und woll'n dir liquidieren, denn brauch'n se dir bloß keenen Traktor zu bewilligen und sagen, is jrade ebend einer ausjefallen oder wat, und dein Feld bleibt liejen, deine Ablieferung ooch, und det Ende?

Der Staat hat dir verjewaltigt und det will er!

Merkste wat? Wie? Ick dachte ooch erst, 't wär'n Verrückter, aber jetzt sage ick, irgendeener hier in de Jegend, der hat den Kniff erfaßt und hat woll'n auf eigene Faust 'n Hengst-Depot begründen. Kannst sagen, det sind unzulängliche Mittel und konnte nie wat werden – is ja ooch nich –, aber ick sage, der sich det ausjedacht hat, is uff eene Art janz, aber janz helle und in Ordnung. Vor sowat nehm' ick die Mütze ab, det kannste glooben.‹

›Und wer denkste, wer det sein kann?‹

›Von Eisenhower keener, der noch extra 'n Schnupptuch an'n Balken hängt, ... wat aus jeden Jeschenkpaket sein kann und bloß sollte Leim sein für die Polizei ... 't weeß ebend keener. Aber unser Schade is et nich.‹

›Der aus Ketschendorf erzählte, die Polizeihunde soll'n erst 'n Stücke auf'n Beestensee zu sein, aber denn hab'n se alle nach'nander verweigert und sind nich weiter, hab'n woll jejachert und jemiepst und jeschnuppert und jejault, aber sonst? Wie festjenagelt! Erzähl der.‹

Da rief eine Frau: ›Kiek mal an, det Viechzeug det! Und ihr werd't ooch noch 'zu kommen, dat der Olle aus Markgrafpieske seine Pfoten drinne hat. Denn den hab'n se sich wejen die Hengstjeschichte vorjeknöppt, da freß' ick 'n Besen, den Zausel den!‹

›Wat du immer reden tust, Mutter! Haste nich jehört, wat Karl vordem erzählt hat, dat er heimlich soll wat jedruckt haben, wat Illejalet? Hat det wat mit Hunde zu schaffen?‹

›Vielleicht noch mit janz wat anderes! Du mit dein'n aufjeklärtem Mater'alismus! ... Siehste, nu regnet' doch!‹

Eine kurze Frist war es im Wagen ganz still. Die Generator-Ofenwärme hatte sehr nachgelassen. Alle horchten auf einige Tropfen, die trommelnd übers Verdeck huschten. Der Hundezüchter sagte: ›'n Verbrechen is et eigentlich nich, wat die Polizei müßte verfolgen.‹ Und der mit der gewichtigen Stimme antwortete: ›Jott! Verbrechen? Mal von die unjeklärte Herkunft von det Tier und von't Futter abjeseh'n: 'n Paragraphen mit'n Verbot, 'n Hengstfohlen an'n Lippawiesen zu stationieren, jibt et nich. Aber erlaubt is et ooch nich. Und denn: du kannst dir uff eens verlassen, wat Verbrechen is oder nich, bestimmt der Staat nach sein'n Jeschmack, lieber mal eens mehr wie eens weniger. Von den sein'n Standpunkt sieht det, wat wir vielleicht prima finden, duster aus und allet andre ooch.‹

›Ick denke, nu is jenug jeredet‹, entschied die Frau, die Lisbeth genannt worden war, ›hier wird et unjemütlich.‹

Das wurde allerseits als Zeichen zum Aufbruch aufgefaßt. Und einer, der einen Spaß machen wollte, stellte fest: ›Lisbeth'n paßt wat nich‹, was wieder einen anderen Spaßvogel zu der Bemerkung veranlaßte: ›Meechen, Meechen, mach dir nich verdächtig!‹

Da drehte sich, schon im Rahmen des vorderen Ausgangs, die Angeredete um, eine kräftige Frau um die Fünfzig. Sie trug einen halblangen, abstehenden Rock aus blauem Tuch mit einem schwarzen Samtband handbreit über dem Saum. Ihr Kopftuch, das auch Hals und Schultern bedeckte, die miederartige Jacke und die dikken, handgestrickten Strümpfe waren aus schwarzer Wolle. Fältchen auf den Backenknochen und um die hellen, kleinen Augen schienen dauernd ein Lächeln festzuhalten. Vielleicht lächelte sie aber wirklich, als sie sagte: ›Nee! ... Amitücher? ... Icke? ... So vornehm is Lisbeth Pausin, jeborene Schwochow, nich. Ick simuliere schon und simuliere die janze Zeit, wer det könnte sein, dem seine Sachen wär'n mit 'n B jezeichnet. Aber weeß ick det? ... Ne! Ick weeß nämlich jrundsätzlich nie wat. Seit über zwanzig Jahren. Und halte 't mit Pausin, der sagt – wie 'n Fisch – keen Ton von sich jeben, kaltet Blut und immer hibsch unter de Oberfläche! So und Schluß!‹

›Ick hab' deinen Ollen janz munter singen hör'n, wenn er eenen jezwitschert hatte‹, sagte einer.

›Det war einmal!‹ antwortete die Frau.

Damit brach alles endgültig auf, nicht ohne einigen harmlosen Spott über den Fahrer zu ergießen, der sich eine Zigarette drehte und den im übrigen nichts zu rühren schien. Himmel! An ihm lag's ja schließlich wirklich nicht, daß alles so jammervoll war, wie es war, sondern an dem verdammten Mangel an Ersatzteilen, dem elenden Generatorholz, das immer zu naß geliefert wurde, und ... na ja! Es wußten ja sowieso alle, woran es einzig und allein lag.

Man überließ das Omnibuswrack dem Abschleppdienst und ging, allein oder in kleinen Gruppen, schief gegen den Wind gelehnt seiner Wege.

(...)«

Franz Fühmann
Die Seefahrer

Zwischen den Wolken und Wogen
ist Raum kaum für eine Faust,
Stürme kommen geflogen,
um Stirn und Schläfe saust
Salzschaum, die Wasser, böse,
schlagen die Schiffe mit Macht,
unerhörtes Getöse
durchrollt die sternleere Nacht.

So sind sie hinausgefahren,
zu finden die neue Welt.
Von der Flotte, die sie waren,
jedes zweite Schiff ist zerschellt.
Im Maalstrom der Masten und Planken
treibt nachbarlich nah der Tod,
aber immer gehn ihre Gedanken
nach dem Land hinterm Abendrot.

Sie haben sich mit Riemen gebunden
in die Runden an Ruder und Rad,
sie haben zu ruhn keine Stunde,
Kapitän, Matrose und Maat,
doch sie haben sich selbst verboten
zu denken, die Fahrt fänd' kein End;
sie senken ins Meer ihre Toten
und spähen zum Firmament,

ob nicht durch das furchtbare Dunkel,
das ihnen vom Haupt nicht mehr weicht,
einmal das milde Gefunkel
eines Sternes reicht,
zu klären das Ungewisse,
dahin sich die Flotte verlor,
oder daß gar die Risse
der Küste träten hervor,

der Küste, der so ersehnten,
die jeder sich herrlicher malt,

mit Wäldern, von Stille durchtönten,
mit Flüssen, sonnenbestrahlt,
mit nie verfluchten Städten,
durchbraust vom weißen Wind,
mit Menschen, die ohne Ketten,
ohne Arg und Elend sind ...

Doch nichts ist als Dunkel und Tosen
des Sturms und der Menschen Geist,
der durch die gnadenlosen
Gefahren vorwärts reißt,
das sind die Hände, zerfressen,
das sind die Gesichter, zerstört,
doch die Blicke durchs Dunkel messen
das All, das ihnen gehört.

Sie trotzen den Elementen
einen Traum noch ab:
Aus den Lüften Adler senden
schmetternde Schreie herab,
es lichtet sich ferne das Finster,
ein Leuchten liegt vor Lee,
Büsche aus blühendem Ginster
treiben schräg über die See ...

Sie schrecken auf aus dem Traume,
doch da ist wahrhaftig ein Schrei,
am schwarzen Himmelssaume
der Adler zieht vorbei,
man sieht seine Flügel und Krallen
fahl aus der Finsternis,
wo die Wolken fallen,
wo der Vorhang der Nacht zerriß.

O welche ungeheure
Masse muß sein an Licht,
daß sie das Dunkel befeure,
zu erhellen ein einzges Gesicht;
nun dies: In den Raum zu reißen
die Zeit, die einst sein wird,
die Mannschaft zum Ziel zu weisen:
Sie haben sich doch nicht verirrt.

Und sie sehn: Eine solche Flottille,
Schiff auf Schiff auf Fahrt,
der unermeßne Wille
zur fordernden Gegenwart,
im Sturm die guten Gefährten,
der Adler, der kreist und schreit,
Nächte, die heller werden,
das sind die Zeichen der Zeit.

Der Adler ist schon verflogen,
Küsten sieht man noch nicht,
doch zwischen Wolken und Wogen
dauert des Menschen Gesicht,
dauern seine zwei Hände,
dauert das hohe Lied
von der Fahrt, von ihrem Ende,
das keiner, das jeder sieht.

GÜNTER KUNERT
Erwacht, aber noch nicht wach

Glücklich war der Verschonte und zufrieden
Der Lebende.
Wohl hatte der Tod nach ihnen gegriffen, doch
Entgangen waren sie ihm – nicht aus eignem
Verdienst. Auch ohne Gedanken war zu jener Zeit
Jeder. Brachte kein elektrischer Blitz eine
Nachricht, brachte kein Bote Botschaft über das
Schicksal, gutes und böses, von Freunden in
Anderen Städten. Jedem war's jedoch recht,
Nach seinem Leid
Von keinem fremden noch zu vernehmen.
Ausgelaufen wie Krüge, umgeworfene, waren die
Menschen; auch im Magen war nichts, da längst das
Vieh und der Weizen,
Milch und Käse, Fahrzeug, Maschine und Geld in die
Schlachten gezogen und waren verbraucht für die
Schlachten.

Heiner Müller
Wohin?

Dein Vater sollt marschieren.
Dein Vater ist marschiert.
Dein Vater – er ließ sich führen.
Sie haben ihn sterben geführt.

Und heut sollst du marschieren.
Dein Vater – der ist marschiert.
Weißt du, wohin sie dich führen?!
Ihn haben sie sterben geführt.

Adolf Endler
Flugblattlied

Tragt unsre Zettel weiter
heut in der Früh.
Mit vielen Händen
Aussaat!
Mein Flugblatt, blüh!

Dies ist der Flugblattfrühling,
tausendfach: »Nie,
brichts schwarz durch weiß,
nie Söldner!«
Mein Flugblatt, blüh!

»Tut Söldnerhelm und -stiefel
zum Abfallhauf,
zu Disteln und Scherben!«
Aussaat!
Flugblatt, blüh auf!

Heinz Kahlau
Das Lied von den Männern im Steinbruch

I

Ihre Hände brachen die Steine
für den Mann, der ihr Herr war.
Ihre Hände brachen viel Steine – –
weil ihr Magen sonst leer war.

War der Meißel Diener dem Schlägel
und zerbrach unter Schlägen den Stein,
waren die Männer die Meißel des Herren
und mußten ihm Diener sein.

Und der Berg war wie die Gesichter –
und die waren müde und grau.
In den Augen verblaßten die Lichter,
sie vergaßen des Himmels Blau.

Brachen die Männer die Steine
für eines Schlosses Bau,
froren in kalten Stuben
den Kindern die Füße blau.

Gingen die Männer zum Sterben,
brachen die Frauen den Stein.
Weinten die Kinder beim Spielen.
Schliefen die Frauen allein.

Sprangen die Meißel in Scherben –
wurden die Herzen zu Stein.
Klagten die Männer im Sterben:
Muß es denn immer so sein!

II

Da kamen über die Berge
die Sieger der gräßlichen Schlacht –
Sie haben den Herren vertrieben
und haben zum Ende der Nacht

die Männer, die übriggeblieben,
den Frauen nach Hause gebracht.

III

Die Männer brachen die Steine
für die Stadt, die verbrannt war.
Ihre Hände brachen viel Steine,
weil viel Schaden im Land war.

Ist der Meißel Diener dem Schlägel
und zerbricht unter Schlägen den Stein,
sind die Männer jetzt Herren der Meißel
und werden auch Schlägel sein!

RENÉ SCHWACHHOFER
Im Park von Wiepersdorf

Ihr wogenden Zweige,
ihr dunklen Sonnen –
o Traum und Schweigen ...
Bin ich der Strauch, der Baum?
Bin ich Laub, Atem, Wind?
Bin ich das stumme Auge des Wassers?

Wer verwandelt, wer tröstet mich so?

Ich kam, den Pfeil in der Brust,
mit gebrochenen Schwingen.
Ich senkte mich nieder
voll Blut und voll Trauer.
Ich streifte mit sterbendem Leibe
die Wange der steinernen Göttin. –
Heller schimmert die Nacht;
bin ich das Rauschen der Frühe?

Wer verwandelt, wer tröstet mich so?

UWE BERGER
Gewitter am Kochelsee

Schwärzlich überschattet,
harter Fels, der schweigt.
Baum und Kraut ermattet
sich zur Erde neigt.

Scheu die erste Böe
übers Wasser bebt.
Starr am Pfad zur Höhe
sich das Kreuz erhebt.

Rauschend kommt es nieder,
und die Dürre trinkt.
Donner tönt, hallt wider.
Eine Sonne sinkt.

Alles bald entschwunden.
Nur der Bergbach rennt.
Und in Schlehdorf drunten
eine Scheune brennt.

PETER HUCHEL
Der Heuweg

Wo bin ich? Hier lag einst die Schoberstange.
Und schüttelnd die Mähne auf Leine und Kummet
graste die Stute am wiesigen Hange.
Denn Mittag wars. Bei Steintopf und Krug
ruhten die Mäher müde im Grummet.
Am Waldrand, wo schackernd die Elstern schrien,
stand halb in der Erde ein Mann und schlug
mit Axt und Keil aus Stubben den Kien.
Wann war dieser Sommer? Ich weiß es nicht mehr.
Doch fahren sie Grummet, der Sommer weht her
vom Heuweg der Kindheit, wo ich einst saß,
das Schicksal erwartend im hohen Gras,
den alten Zigeuner, um mit ihm zu ziehn.

Ingeborg Bachmann
Anrufung des Großen Bären

Großer Bär, komm herab, zottige Nacht.
Wolkenpelztier mit den alten Augen,
Sternenaugen,
durch das Dickicht brechen schimmernd
deine Pfoten mit den Krallen,
Sternenkrallen,
wachsam halten wir die Herden,
doch gebannt von dir, und mißtrauen
deinen müden Flanken und den scharfen
halbentblößten Zähnen,
alter Bär.

Ein Zapfen: eure Welt.
Ihr: die Schuppen dran.
Ich treib sie, roll sie
von den Tannen im Anfang
zu den Tannen am Ende,
schnaub sie an, prüf sie im Maul
und pack zu mit den Tatzen.

Fürchtet euch oder fürchtet euch nicht!
Zahlt in den Klingelbeutel und gebt
dem blinden Mann ein gutes Wort,
daß er den Bären an der Leine hält.
Und würzt die Lämmer gut.

's könnt sein, daß dieser Bär
sich losreißt, nicht mehr droht
und alle Zapfen jagt, die von den Tannen
gefallen sind, den großen, geflügelten,
die aus dem Paradiese stürzten.

Erich Arendt
Über Asche und Zeit dein Lächeln

   Für K. H.

I

Und öffnete
im Silbernetz der Unermeßlichkeit
seine Hand der Tag ... licht
oder schwer, immer in ihr
– o Aschenfeld unsrer Stunden! – lag
für die Saat des Traums bereitet
das Korn der Nacht.
Und in seinen Fingern
ein leises Zögern war: nicht immer
sahst du ihn, des Todes feinen Staub, der
die Rose der Freude
zu erniedrigen suchte
und, rätselhaft,
wie eine Spur von Glück
die Linien durch die Stirn uns zog.
Alles aber war gehalten, wie
am Felsenrand der Baum, von deinem Lächeln,
das dem Fall der Schatten
wehrte und des Himmels Lanzenflut
an meiner Stirn
die Waage hielt.

   *

Und wir hoben
im Atmen zephirener Himmel – aufsang
in Pappeln und dunklen Zypressen
die Zärtlichkeit –
an den Mund die zerbrechliche
Schale: Achatene Monde, ihr
über der zitternden Flut! Augensterne
in deinem Gesicht! Unwirklich
alles und
innerste Helle uns.
Und wir lasen am Grund der Stunde
vorgezeichnet die Geschichte

unserer Liebe: O Mund,
Blüte des Südens der Welt.
Im roten Wald unserer Herzen
wiegten, heimlicher Sonnen voll,
Wipfel
die unerschöpfliche Nacht.

Ihr singenden
Räume, o Stresa! Zaubrischer
Herzschlag, entblößter,
am staunenden Herzen
unsrer Umarmung. Gambisch
tönende Welt du: Nähe
von Pflanze und
unwiderstehlichem Stern.
Vertraut uns,
wuchsen die Steine, weltengesichtig,
der Alpen. Und ein Leuchten
endlos war: die augenhaft träumende
Fläche des Sees, aufschimmernd
ein Tropfen
unserer Innigkeit.

II

Nähe Nähe! ... eben geboren
und schon – von Traum und Erde
welche Vergängnis! – stand
um uns knochenweiß
die Nacht.
Hielten wir
zwischen verwirktem Gestirn
uns noch umfangen
im röhrenden Grund? Oben
das Schwanken der Masten: stummes
schattengroßes Pendeln
einer Totenuhr!
... und das Schreien ... das Grauen.
Wo
war deines Lächelns da,

unzerstörbar, ein Schein? – Zugeschüttet
die Horizonte der Helle. Asche
und Blut war und Asche
und um uns und in uns
das Erstarren, das Enden. Ausgerissen
die Wurzel, dorrend am Weg,
die regenblaue, unserer Sehnsucht
zertreten ... ach, der liebenden Hände!

Und aus der Wolke des Todes brach
Leichenglanz nieder, kalt
über unser Land.

Und im Dornenwind der Fremde,
Vertriebene, irrten wir.
Nesseltuch der Trauer,
Haut unsres Herzens, unlösliche! Ihm
rang dein Lächeln ein erstes
Leuchten ab, und wie verwandt
dem roten Fels im Schwalbenmeer!
Und später, über den Delphinen, schwesterlich
den Bläuen, die dem
zerbrochnen Säulenwald
Jugend und scheuen Klang verliehn:
Ihr götterlos versunknen Himmel!
Und da
der Vorgebirge silberne Musik
einsam
im Takt der Schritte sang,
die fort uns trugen
in ewige Wanderschaft, war
alles wie beschlossen und
vollendet: wie ein Ring.

III

Brücken des Lebens
über den Flüssen der Zeit.
In euren Schoß das Auge
sah, rollende Schatten, nachttief

gelichtete Flut: O Arno
der Freiheit und goldnen Reife
des Menschen! Bildgewordene
Erde von Mensch und Baum!
Und nun
in Blättern und Spitzen
der erstarrende Wind. Ach,

»... uns ist gegeben,
auf keiner Stätte zu ruhn ...« Neckar,
du denkender Strom
im Verstummen der Berge des Herzens
treuer, der deinen Namen, Liebe,
früh und erwählt,
der schmerzlichen Strophe
verwob: ihr hellstes Metall.

Und du, eisernes
Fluten, Seine:
Blitz
von Guillotine und Augenblau!
Kai
der Schüsse Morgenlichts
unter dem menschlichen Himmel
der Zukunft, da wir schritten,
das Vermächtnis der Stille,
die Toten in uns.

Weißblutende Rose des Abschieds,
über die Wege gestreut
und in das Netz der Trauer endlos
unserer Augen.
Und wieder das Drohen
der Türme: Ebro Ebro
des Jammers, des Zorns: schwarze
Spiegeltiefe der Grausamkeit ... fernes
Funkeln des Stolzes auch ... Geranienlippen,
unbeugsame, des Lebens, ihr
grüßtet uns, ihr am Rand
der erschlagenen
Nacht.

Und dann –
Unbesungener, du!
geheimnisvoll Treibender, Urwaldfluß,
zeitenloser: erstes Flüstern
der Erde, ein ungehörtes: wir
hörten es
und unser Herzschlag war,
smaragden,
das Flügelpaar des Schmetterlings
über den Wassern
der Schöpfung.

*

Einzog,
da unter unserm Fuß
die Ströme verhielten,
in uns
der alte Kummer der Welt.
Doch in der Wirrnis, steinern
der Städte und Mauern
wir fanden die Hand,
die tilgen sollte vom Baum des Unrechts
die giftige Frucht:
das Leid
und die Menschenarmut.

Gangbar geworden
unter deinem Lächeln waren
Wasser, Wolken, Winde und
die Erdenferne erdennah,
aufgetan,
ein Atmen von Lippen,
die rauschenden Tore
dem Einsamen: mir.

IV

Und nicht schlummern mehr
wollte der Marmor
der weißen Morgenröte (du Verführung

des Todes und Schmerzes,
Vergänglichkeit!), die
wie die schönste Geliebte lag
im wissenden Schlaf nackter Sterne, in jener
unsäglichen Schwermut, die
– o vergeblicher Sand
der flüchtgen Küsse all! –
die Hand der Ewigkeit
Buonarrotis geführt. Denn
den Mond deines Bluts,
durch die hohlen Dunkel Sterbens wehend,
ihn spürte, das meine Lippen streiften,
aufsingend in der stummen
Zwiesprache Liebender,
ihr nachtweißes Herz.

Doch, der auf unvergänglichem Meer
das Purpursegel der Schönheit,
herztiefes Erschrecken, trieb,
Unaufhaltsamer,
du, der Jahrtausende Wind,
ließest das Glas erklingen, aus dem
wir tranken
den schwierigen Wein des Glücks,
inmitten des Hasses ...
Tau der Gestirne
auf deine Wimper gelegt! daß
sie dauerten
in unserm Anschaun, die fernsten
und die erloschenen schon ...
Weltgefüge, unfaßbar,
der Musik: aus der träumenden
Geige einer Stille stieg
der Kolibri auf zum Nieversiegenden, Licht
deines Herzens, das
die leibliche Anmut der Erde,
die gehütete, pries.

*

Erster Lidschlag in meinem, ach,
wanderfernen Gesicht:

Vor ihrem Aufgang wie Erinnern schon
die namenlosen Bilder zogen: welten-
tragende Nacht, die unser Mund
noch nennen sollte
im Räderwerk, dem zerstörerischen,
der Tage! Hängender
Berg des Todes, das Eisen
erhob sich, weltenlos ein Gesetz,
über den Menschen. Und
an der sinnenden Bucht nur
der Einsamkeit, früchteschwer, und
der Rebenrandung uralter See wuchs
die goldene Stille wieder
des Menschen, uns die Reife,
die besiegen wird
das Eisengraue, das Tötende ...

O Kreuz des Südens, meerhafte
Weite: Wellenschlag
unsres Lebens! Und du, hoher
polarer Stern, Scheitelpunkt
der irrenden Fahrt, dir
und der freiheit-
atmenden Woge
wir blieben die Getreuen.

Sinnlos,
zwischen ungesichtigen Mauern
und Stirnen zu leben,
wär es gewesen
in der hautlosen Kälte der Welt, ohne,
ja ohne die Wolkenverschwiegenheit
deiner Zärtlichkeit,
ohne dein Lächeln, das,
öffnet der Tag seine Hand,
immer in ihr ist,
zwischen dem Kornsturz Leben
und blindem Tod,
sonnenhaft und gemäß:
Brot
unendlichen Verstehens.

Friedrich Sieburg
Napoleon. Die hundert Tage

Waterloo. Der Kaiser weint

Auf den Feldern von Quatre-Bras liegen noch unbeerdigt die Leichen des Gefechtes von vorgestern. Die meisten von ihnen haben nicht einmal mehr ein Hemd auf dem erstarrten Körper, so gründlich sind sie von den Brabanter Bauern ausgeraubt. Über ihre nackten Glieder wandert das Licht des Mondes, dem der Schatten der hastig am nächtlichen Sommerhimmel dahinziehenden Wolken folgt. Der Wechsel von Hell und Dunkel verwandelt diese armen, ausgeplünderten Körper in Gespenster, die sich geheimnisvoll zu bewegen scheinen. Schaudernd schreiten die fliehenden Franzosen über sie hinweg und wenden den Blick von den aschenfarbenen Gesichtern, deren versteinerte Augen weit offenstehen. Der Bach von Gemioncourt ist durch eine Masse von Leichen hochgestaut, die halbverschmachteten Soldaten werfen sich auf die Wiese und schlürfen gierig das übergetretene Wasser.

Die Straße nach Charleroi ist ein reißender Strom von Flüchtenden. Bagagewagen und Protzen fahren rücksichtslos in die Haufen hinein, die Kavalleristen bahnen sich mit Lanzenhieben ihren Weg und schlagen mit der flachen Klinge drein. Andere biegen auf die verwüsteten Äcker aus und verbreitern so den Strom. Zwischen den wenigen Häusern von Quatre-Bras hält eine kleine Abteilung Reiter mit ihren Offizieren, sie stehen mit ihren ermüdeten Pferden dicht an die Wände der Bauernhütten gedrückt, um nicht von der kopflosen Bewegung der Fliehenden mitgerissen zu werden.

Plötzlich geht es wie ein Schauer durch den Trupp der Reiter, eine Stimme flüstert: »Der Kaiser!«

Inmitten der stumpfsinnig dahintrabenden Infanteristen, der roh vorwärtsdrängenden Kürassiere und Jäger zu Pferd erscheint im zarten Mondlicht ein Geist im grauen Rock, auf einem weißen Pferdchen sitzend. Nur noch drei hohe Offiziere, die ihre finsteren Gesichter in dem ungeheuren goldbestickten Kragen verbergen, sind bei ihm. Der Kaiser ist wachsbleich, fast gelb. Er scheint wieder seine Krämpfe zu haben. Er hält sein Pferd an und krümmt sich, mit einem Griff nach dem Unterleib, im Sattel zusammen. Sein Gesicht ist feucht, es glitzert von Schweiß und Tränen. Verloren schweift sein Blick über die Gesichter der abgesessenen Reiter. Da steht Lallemand, da steht Colbert. Er erkennt sie nicht. »Wer seid ihr?« fragt er.

Colbert tritt einen Schritt vor. Er grüßt mit seiner verbundenen Hand. Das Mondlicht fällt auf sein schönes, gespanntes Gesicht.

»Die Lanzenreiter Ihrer Garde, Sire.«

»Ach so, ja natürlich, die Lanzenreiter meiner Garde ... und wo ist Piré?«

Schweigen. Warum fragt er nach Piré? Zwar hat Piré noch zwei heile Regimenter, aber damit ist das Unglück doch nicht mehr aufzuhalten. Was will er nur von Piré?

»Sire«, sagt Colbert mit erstickter Stimme, »wir haben keine Ahnung, er war ja nicht bei uns.«

»Ja, ja, das ist schon richtig, aber wo ist Piré?«

Aus dem Schatten, in dem die Reiter halten, ertönt ein Schluchzen, das wilde ungewohnte Schluchzen einer Männerstimme. Es ist ein Soldat, der plötzlich vom Unglück überwältigt wird. Das ist er also, der Halbgott von Austerlitz, von Jena, von Wagram!

Der Kaiser blickt plötzlich, als sei er aufgewacht, Colbert scharf in die Augen und sagt: »Wer sind Sie eigentlich, Sie?«

»Sire, ich bin Colbert ... und das hier sind die Lanzenreiter Ihrer Garde.«

»Also vorwärts denn«, sagt der Kaiser, und sie reiten ein Stück auf der Straße nach Süden. In einer Waldlichtung flammt ein Lagerfeuer. Der Kaiser lenkt darauf zu, steigt ab und tritt an die Glut. Starr hält er sich aufrecht, die Arme über der Brust gekreuzt, über sein verfallenes Gesicht laufen die Tränen.

Soult unterhält sich flüsternd mit Bertrand. Von Marschall Grouchy ist immer noch keine Nachricht da, er mag hübsch in der Klemme sein, wenn es ihm auch erspart geblieben ist, in dieser Katastrophe dahinzutaumeln und ums liebe Leben reiten zu müssen. Die Division des Obersten Matis, die jetzt hier am Straßenkreuz stehen sollte, ist nicht gekommen. Man wird schon allein durchkommen. Der nächste Punkt, der erreicht werden muß, damit einige Pläne gefaßt werden können, ist die kleine Festung Philippeville. Der Kaiser taucht aus seiner Erstarrung auf, betrachtet mit Befremden seine Umgebung, als ob er sie zum ersten Mal sehe, und wendet sich zu Colbert:

»Ja, die leichten Lanzenreiter, nicht wahr? Colbert, nicht wahr? Aber Piré ... wo ist Piré ...?«

In diesem Augenblick ertönen Gewehrschüsse, das Feuer nimmt schnell zu, die Pferde werden unruhig, eine Gruppe Reiter galoppiert die Straße entlang, der Offizier, der sie führt, ruft ein alarmierendes Wort, das im Lärm unverständlich bleibt. Aber der Sinn ist klar, Marschall Soult tritt hastig zum Kaiser und sagt, während sich ferner Trommelwirbel in das anschwellende Gewehrfeuer mischt:

»Sire, um Himmels willen, wir müssen weiter, schnell, die Preußen kommen, und hier ist niemand mehr ... Niemand ist mehr hinter uns, um uns zu decken.«

Langsam schiebt der Kaiser den Fuß in den Steigbügel, läßt sich schwer in den Sattel fallen und setzt sein Pferd in Trab, nach Süden zu.

Noch bevor das letzte Karree der kaiserlichen Garde zersprengt worden war, hatten sich Wellington und Blücher am Gasthaus Belle-Alliance getroffen und sich die Hände gereicht. Die Musik der preußischen Kavallerie spielte »God save the king«, und Bülows Infanteristen, die sich gerade auf der Straße in Marschordnung formierten, stimmten ein frommes Danklied an. Der Alte in seiner Landwehrmütze und seiner alten Uniform, deren roter Besatz ganz verwaschen war, konnte gegen den eleganten Engländer nicht aufkommen. Aber auch Wellingtons äußere Erscheinung war recht mitgenommen. Beide waren zum Umfallen müde, der schmucke Vierziger nicht minder als der stürmische Greis. Ihren Soldaten erging es nicht besser, die Truppen des Herzogs hatten nach fast schlafloser Nacht im Biwak über zehn Stunden in ununterbrochenem Kampf gestanden, die Preußen waren viele Stunden auf furchtbaren Wegen marschiert, »ein jeder mit zehn Pfund Lehm an den Stiefeln«, und hatten dann von Frichermont bis Plancenoît mit zähester Erbitterung gegen einen nicht minder hartnäckigen Feind gefochten. Trotzdem erbot sich Blücher, die Verfolgung aufzunehmen und die Auflösung der Napoleonischen Armee zu vollenden. Wellington kehrte in sein Hauptquartier nach Waterloo zurück, er bestand darauf, die Schlacht nach diesem Ort zu benennen, obwohl er vom Kampf in keinem Augenblick berührt worden war. Blücher hätte die Bezeichnung Belle-Alliance vorgezogen, da dieser Punkt die Mitte des Schlachtfeldes angab und da ihm die freundliche Doppeldeutigkeit des Namens gefiel. Aber der Engländer war für dergleichen Gefühle nicht zu haben, und so blieb es bei seinem Waterloo.

Blücher ordnet die Verfolgung an und betraut Gneisenau mit ihrer Führung. Bis Genappe, dem kleinen Dorf an der Dyle, reitet er trotz seiner schmerzenden Glieder selbst mit. Die Franzosen versuchen noch einmal, Widerstand zu leisten, der Ort hat nur eine enge Straße, an deren Ende die Brücke über den Fluß führt. Hier stauen sich die fliehenden Truppen, versperren sich gegenseitig den

Weg und bemühen sich, mit Gewalt durchzukommen. Die Reiter hauen mit der blanken Waffe auf ihre Kameraden ein, die mit Bajonettstößen und sogar mit Schüssen antworten. Endlich gelingt es einem beherzten Häuflein, die schmale Straße mit einer Barrikade von zerbrochenen Fahrzeugen und Pferdekadavern zu sperren, so daß wenigstens für die Flucht des Kaisers einige Minuten gewonnen werden. Dieser hat fast eine Stunde gebraucht, bis ihm die Reiter Colberts durch das tobende Chaos einen Weg bahnten. In einem wirren Haufen verlassener Fahrzeuge findet er seinen Reisewagen wieder, jenes musterhafte, wohldurchdachte Fahrzeug, das für lange Strecken eingerichtet ist, Vorräte und Wertsachen birgt und Gelegenheit zur Arbeit und zum Schlafen bietet. Erleichtert aufseufzend läßt er sich in die vertrauten Polster fallen, aber die Pferde sind noch nicht ganz angespannt, als schon das furchtbare Hurra und die Trommelwirbel der Preußen ertönen. Der Kaiser kann sich gerade noch auf sein Pferd schwingen und über die Brücke galoppieren.

Der Wagen fällt den Füsilieren des 15. Infanterieregiments in die Hände; sie erbeuten einen Hut und Degen des Kaisers, mehrere Kleidungsstücke, darunter einen Waffenrock, in dessen Futter ungefaßte Diamanten im Werte von einer Million Franken eingenäht sind. Der Raum unter dem Sitzkissen ist mit Goldmünzen und anderen Kostbarkeiten gefüllt. Geblendet stehen die braven Bauernburschen vor so viel Reichtum, sie stopfen sich die Taschen voll, aber sie verstehen nicht zu wählen und verlieren das meiste in dem Gedränge. Wie Kinder werfen sie ein herrliches Schmuckstück weg, um dafür eine schön glänzende Silberkanne aufzuraffen, die ihnen bald beschwerlich fällt. Für sie ist es wie im Märchen, sie sind verschmutzt und ausgehungert und geben gern diese goldene Tabakdose oder jenes emaillierte Schreibzeug für einen ordentlichen Brocken Brot und eine Kanne Bier. Aber so leben die Großen dieser Erde; ihre Degengriffe sind mit Rubinen eingelegt, ihre Waschschüsseln sind mit gehämmerten Zieraten, tanzenden Genien oder ruhenden Löwen geschmückt – doch ein Stück Wurst, eine Handvoll Zwiebeln, ein frisches Schwarzbrot sucht man vergeblich bei ihnen.

Blücher bleibt in Genappe, quartiert sich in dem Gasthaus »Zum König von Spanien« ein und läßt sich schleunigst einen Stuhl unter sein von dem Sturz bei Lipny schmerzendes Bein schieben. Gneisenau übernimmt die Verfolgung. »Nehmen Sie mit, was Sie finden«, sagt ihm Blücher, »kümmern Sie sich um niemanden, der zurückbleibt, und kehren Sie sich nicht an die Klagen der Kavallerie.« Aber niemand klagt, weder die brandenburgischen Dragoner und Ulanen noch die pommerschen und schlesischen Infanteristen; sie folgen, so gut sie können, dem General Gneisenau, der an ihrer Spitze reitet und, mit Tränen der Erschütterung in den Augen, an jene furchtbare Oktobernacht des Jahres 1806 denkt, als »die größte Verfolgung der Weltgeschichte« einsetzte und die Trümmer der ruhmreichen preußischen Armee von Murat, Soult und Bernadotte zu Tode gejagt wurden.

Nun treibt sein kleiner Haufen mehr als dreißigtausend Franzosen vor sich her, und wenn auch immer mehr Infanteristen zurückbleiben, die Reiter sind noch mit ihm und scheuchen die Fliehenden erbarmungslos auf. Siebenmal werden sie hochgejagt. Der letzte Trommler, der Gneisenau geblieben ist, wird auf ein Beutepferd gesetzt und muß trommeln, daß die Nacht widerhallt; die Trompeter der Kavalleristen lassen immer wieder das Angriffssignal ertönen. Wo ein Trupp der Geschlagenen sich erschöpft niederläßt, da wird er auch sogleich wieder durch die drohenden Klänge der Verfolger vertrieben und taumelt weiter, um nicht zusammengehauen zu werden. Vergeblich versucht die leuchtende Sommernacht mit ihrem Duft über Not und Wut der Menschen zu triumphieren, aber die Jagd kommt erst an der alten Römerstraße zum Stehen. Gneisenau schwankt im Sattel, aber er ist glücklich, vor ihm, nach Süden zu, ist kein Feind mehr zu sehen. Die Nacht ist zu Ende, der Himmel beginnt sich im Osten sanft zu färben. Im ersten Licht des Tages hält der General vor einem Wirtshaus am Wege und klopft mit zitternder Hand den tief zu Boden hängenden Hals seines Pferdes. Das Wirtshaus hat ein schönes vergoldetes Schild mit der Inschrift »Zum Kaiser«.

Arno Schmidt
Das steinerne Herz

Ein Nachbar von links: Eisendecher junior. (Hatte gegrüßt, mit dem, allen Westbesuchern gegenüber scheinbar vorgeschriebenen Pli; und enterte dann – worauf ich, aus Rücksicht auf Line, einging. Erst mal lud er mich zu einer Schachpartie, damit ich die Überlegenheit des Ostens erführe; denn er war Jugendmeister in einem FDJ-Bezirk.)

Schach : » Ach, ich hab 20 Jahre keine Figur mehr in Händen gehabt ! « log ich die boshaftvorgeschriebene, für den Gegner in jedem Fall besonders fatale, Entschuldigung : wenn er gewann, wars nischt wert; verlor er, konnte er sich selbst nicht mehr achten ! (Stimmte diesmal aber ausnahmsweise fast : 1935 hatte ich noch die ‹Slawische Ablehnung› von der ‹Meraner Variante› unterscheiden können.) Ich erloste mir sogar Weiß; zuckte scheinheilig bedrückt sämtliche Achseln, probierte erst in der Luft über zwei anderen Knöpfen – und zog dann fade murmelnd *b 2 – b 4 :* (mit anschließendem b 4 – b 5 : meine Spezialeröffnung !) : Der Kerl spielte wie Botwinnik & Smyslow zusammen; war aber in der Schnelligkeit nicht auf die korrekte Erwiderung geaicht; baute sich triumphierend ein Zentrum wie die Wartburg (immer unterstützt von meinem scheuen mißvergnügten Gesilbel : ein undisziplinierter Alter bin ich, gelt ? !). Umging ich ihn also, wie vorgesehen, hinterwärts, und nagelte ihn auf seinen Mieses-Dufresne. (Dennoch langte es im abschließenden Endspiel nur zu einem *so* faulen Remis ! – War auch viel zu nervös : einmal wegen Ringklib. Dann Lines Berichte !).

Immerhin : er war leicht geknickt; und berichtete, abgesägten Blicks, zum Ausgleich hastig (und etwas offenherzig) von dem hiesigen Schachbetrieb : – (und ich lauschte, immer bedenklicher sich teilenden Mundes : das Entsetzliche wurde mir klar !)

: Die benützten hier im Osten das Schachspiel zur Abstumpfung der Geister ! ! Systematisch wurden die, trotz aller Aufbauschichten und Leistungswettbewerbe, noch vorhandenen Energien in dieses sterilste aller künstlichen Sackgäßchen abgelenkt ! ! Zum selben Zweck, wie in den Jesuitenschulen Sprachen und niedere Mathematik übermäßig gepflegt wurden : dadurch verhindert man Gedanken (und züchtet noch zusätzlich den grundlosesten starren Hochmut auf die herrliche eigene ‹Bildung› ! Mensch, deswegen stellen natürlich auch die Russen sämtliche Weltmeister ! Ich kriegte einen richtigen Widerwillen gegen das Spiel : also einen Spiegel an der Wand, und n Schachbrett uffm Tisch : dann ist die Kultur erreicht, was ? ! – Er merkte nichts; und begann schon mit il Selbstbewußtsein und la Weltanschauung.)

Wenn mir ein Gespräch langweilig oder bodenlos zu werden beginnt, nehm' ich grundsätzlich die Brille ab : Alles entfernt sich dann, inclusive moi. – Soso. – : Waren die Marxisten doch naiv ! Er zitierte einen sicheren Ölsner, der als philosophisches Grundpostulat hatte : ‹Es giebt nichts prinzipiell Unerkennbares;

nur Nochnichterkanntes› ; und sah mich erwartungsvoll an : ? !
(Hier wurde mir klar, warum Schopenhauer den Materialismus
immer › Bestialismus ‹ nannte).

» *Leider giebt es ‹prinzipiell Unerkennbares›* : der Weltraum hat
ja zumindest 4 Dimensionen « (astronomisch-mathematisch
kurz andeuten) » – : *also* übersteigt sogar der Versuch einer
bloßen ‹richtigen Anschauung› der simpelsten Körper die
Fähigkeit unseres dreidimensionalen Sinnesapparates – « (» bio-
logisch-ausreichend, gewiß « bestätigte ich; und hämisch-neu-
gierig) » ist das hier nicht bekannt ? «. » Dochdoch « log er
verblüfft; nichteuklidische Geometrien zählten aber wohl nicht
zu den hiesigen Unterrichtsgegenständen. (Also noch das Beispiel vom Fisch im Meer, der sich einbildet, ein Handbuch der
Astronomie herausgeben zu können : sein optischer Apparat ist
für eine Entfernung von höchstens 30 trüben Metern zuständig –
obwohl er natürlich ‹feststellen› könnte, daß es am Tage von
oben hell, in der Nacht regelmäßig abwechselnd bleicher wird :
» Für den gäbe es also durchaus ‹Unerkennbares›, so Sterne
16. Größe, oder den Ringnebel in der Leier; schon über die
Mondoberfläche würde ich nicht raten, ihm zu trauen. Und
dabei liegt die Schwierigkeit *bei ihm* noch nicht einmal an dem
fundamentalen Hindernis unzureichender Gehirnstruktur, wie
in unserem Falle ! « Er brauchte sichtlich Zeit, um so viel kapi-
talistisch-verrückte Unfruchtbarkeit abzutun. – Die Salonathe-
isten ! : Atheismus ist schon gut und recht : aber aus *der* dürftigen Begründung hier nicht !).

Irgend ein ‹Accelerationen-Walzer›, und die strickende Mom
Eisendecher wiegte bald den Kopf; mit jenem idiotisch-sinnigen
Lächeln der Generation von 1890, wenn sie zu verstehen geben
wollte, daß sie vom Zauber der Töne nicht unangerührt bliebe. –
Er war der Ansicht, daß sie künstlerische Leistungen doch mas-
senhaft, ja überflüssig, hätten (lohnt also nicht).

» *Freie Wahlen zur Wiedervereinigung ? !* « fragte ich scharf : » die
können *Sie* doch gar nicht ehrlich wünschen ! « (dämpfte auch
sein Aufbrausen mit der Hand) : » Schadet auch gar nicht : der
Westen wills ja auch nicht ! « Und : » Konkurrenz muß sein; das
ist ganz gut. « Er widersprach erneut : nach seiner Darstellung
ersehnte die SED nichts brünstiger ! » Haben Sie sich auch dabei
überlegt, Herr Eisendecher, daß bei solchen Wahlen die westdeutsche Bundesrepublik *durch ihre bloße dreifache Stimmen-
zahl* Alles hier bei Ihnen überfahren würde, was Sie sich an

Ostmustern aufgebaut haben ? : denn selbst vorausgesetzt, *daß* Alle hier SED wählten – was ja bekanntlich nicht der Fall sein würde ! – : vom Westen erhielten Sie lediglich die 4% Stimmen der KPD ! *Ihnen* bliebe nur die Rolle einer bedeutungslosen, stets mühelos überstimmten und ständig abschmelzenden Splitterpartei. Oder, wenn Sie vernünftig wären, der bedingungslose Anschluß an die SPD : da müßten Sie aber *auch* noch ganz schön drum bitten ! «. Er war der Ansicht, daß die Wahlplakate der SED sich im Handumdrehen alle Westherzen erobern würden (kann man nichts machen; jetzt trat noch der Senior neugierig hinzu).

Grundsatzfrage : ‹Freie Wahlen› ? : Qu'est ce que c'est que ça ? Hier kamen erst Wahlmänner in die Wohnungen, und klärten die Bevölkerung durch Diskussionen auf. (» Was passiert, wenn man sie rausschmeißt ? « er lachte schallend über mich phlegmatischen Witzbold, auch ich, angesteckt, mit; und er schilderte weiter mit Leuchtaugen) : Morgens um halb Fünf marschierten die Hausgemeinschaften geschlossen zum Wahllokal, fiebernd vor sportlicher Begier, die Ersten zu sein (und als solche abends im Rundfunk genannt zu werden !). Die Wahlkabinen verachtete man; hob vielmehr öffentlich seinen Zettel in den Wind, machte das Kreuz, und gabs triumphierend dem Urnenwächter : ‹Ich habe nichts zu verbergen !›. (Und ohne Umschlag : den gabs erst gar nicht !). » Es steht natürlich Jedem frei, in die Zelle zu treten ! « fügte's Eisendecherlein sieghaft hinzu. (Sieht aber nun schon zwangsläufig verdächtig aus : im Vergleich mit den biederen Andern !)

» *Bei der letzten Wahl* .... « : die hatte 3 Tage gedauert. Man meldete sich am Tisch, zwecks Kontrolle der Stimmberechtigung : » Wer am ersten Tage kam, kriegte einen senkrechten Strich, so : /. Am zweiten Tage gabs das Kreislein : O. Am dritten ein Kreuz : +. « (Er hatte selbst ‹ehrenamtlich› dabei mitgewirkt. und erzählte's als Selbstverständlichkeit.)

» *Was ? !* « – er öffnete erstaunt das Gesicht, à la ‹Was hat der Unbeschnittene ?›. » Na hörn Sie mal « sagte ich stirnrunzelnd : » Also – : Lieber Freund ! *das* werd ich um der guten Sache willen *nicht* im Westen weitererzählen ! : Sind Sie sich denn nicht klar darüber, daß Sie dadurch die Schüler in Sehr Gute, Genügende, und Unzuverlässige eingeteilt haben; und künftig bloß noch in der Liste nachzusehen brauchen ? ! « (Er wollte empört unterbrechen : an so was dächte *hier* Keiner : » Ein rein optisches

Hilfsmittel zur schnelleren Feststellung der täglichen prozentualen Wahlbeteiligung ! «)

» Aber man *kann* es machen : was hätte Sie denn gehindert, am zweiten Tage den gleichen senkrechten Strich zu machen, wie am ersten? – : Um jeden Tag die ‹Wahlbeteiligung› melden zu können ? : das hätte sich ja schließlich auch simpel aus der Differenz der Strichzahlen ergeben : erster plus zweiter : minus erster ! – Das Ganze nennen Sie also ‹Freie Wahlen› ?! « (Aber den 18jährigen das Stimmrecht zu verleihen wäre nicht uneben : dadurch würde ein Element der Reinheit und des Idealismus in unsere Politik gelangen, dessen sie dringend bedürfte).

The other way round : » Giebt es denn bei Ihnen im Westen : freie Wahlen ?! « Ich mußte mißmutig am Zaun klauben; nee; : im Grunde ooch nich. (Wenn einer Partei Unsummen, und der gesamte Apparat einschließlich Rundfunk zur Verfügung stehen, und die Großindustrie finanziert sie aus nur allzu begreiflichen Gründen. Und eine andere hat zwar Recht, aber kein Geld : da ist das eben auch schon einseitige, unfaire Bearbeitung des Volkes, dem man somit den Weg zur Objektivität verlegt.) » Ja, leider : die 5-Prozent-Klausel ist natürlich auch verwerflich « (und umgehbar, wie die ‹Wahlbündnisse› beweisen; wenn eine Partei, gleichviel ob KPD oder Centrum, für 700 000 Wähler – also immerhin für 2 Millionen Menschen – spricht : so ist es unverantwortlich, sie damit mundtot zu machen, man stehe zu ihnen, wie man wolle.)

(*Traum von der idealen ‹Freien Wahl›* – ungefähr so wie Wielands ‹Gesicht von einer Welt unschuldiger Menschen›, oder ‹Philander von Sittewald› : Jeder müßte mit 21 (bzw. 18) Jahren eine kleine historisch-geographische Prüfung bestehen (die dann alle 5 Jahre wiederholt wird); und ein Zeugnis darüber beibringen, abgestempelt von den 4 bedeutendsten Parteien (das dann am Wahltag, zusammen mit der Legitimation, vorzulegen wäre). Mit 65 erlischt das Wahlrecht unerbittlich, aktiv wie passiv : *es giebt keine Altersweisheit !!* – 4 Wochen vor der Wahl erhält jeder Wähler von staatswegen eine Broschüre : darin stehen jeder zugelassenen Partei (Bedingung 100 000 Wähler) 3 Seiten zur Verfügung, um nach Belieben ihr Programm zu entwickeln (und das der Konkurrenz zu zerpflücken). Ansonsten nichts : keine Wahlmänner, Versammlungen, Plakate, Rundfunkansprachen; der Pfarrer, der in der Kirche Andeutungen macht, erhält sofort 50 auf den nackten Hintern (von dem notorischen Dorfatheisten aufgezählt !); ebensowenig Beeinflussung durch die Gewerkschaften. – Na ja.)

» *Die ‹Kampfgruppe gegen Unmenschlichkeit› ? :* hat demnach wohl den Kampf gegen die westliche Wiederaufrüstung auf ihre Fahnen geschrieben ? « fragte er scheinheilig. Ich würdigte den Witz mit einem Zähne-Fletschen (na, bei Euch sterben die Minister meist auch nicht eines natürlichen Todes, ‹La tyrannie, tempérée par l'assassinat›).

Résumé : Bildung eines neuen deutschsprachigen Teilstaates (wie zur Zeit schon Schweiz, Österreich, Luxemburg), mit eigener handfester Halbkultur; eigener Begriffs- und Akü-Welt; eigenem (anerkennenswerten) starken Arbeitsethos; und völliger Orientierung nach Rußland. » War doch recht interessant, Herr Eisendecher –« tröstete ich den Burschen noch; machte mein Gesicht bestürzt und nachdenklich, nickte murmelnd, und wir verließen unsere Zaunseiten. –

KARL KROLOW
Scharade

Flußarm und Baumleib: Scharade,
Die leicht man zusammensetzt
Wie hüpfende Brüste im Bade
Des Himmels, Zitronen aus Licht.

Die schwarzen Früchte im Korbe
Nacht mit dem flüssigen Mund
Vergingen zum Schlag der Theorbe
Bei arithmetischem Ton.

Das willige Rätsel Wärme
Mit maurischem Weiß im Haar:-
Vom Mittag der Taubenschwärme
Als schnelle Gleichung gelöst,

Gelöst von Lippen, die raunen
Das Alpha des Laubes, erfüllt
Vom leisen Rascheln der braunen
Und grauen Wimpern der Zeit!

Die Zeit verändert sich

Es gibt niemanden mehr,
Der die Denkmäler der Zärtlichkeit
Mit blauer Farbe anstreicht.
Die Liebkosungen blonder Frisuren
Und Strohhüte sind vergessen.
Die Kinder, die den ermüdeten Singvögeln
Im Park ihre Schulter hinhielten,
Wuchsen heran.

Die Zeit veränderte sich.

Sie wird nicht mehr von jungen Händen
Gestreichelt.
Die Lampen tragen nun andere Glühbirnen.
Die Tennisbälle kehrten aus dem Himmel
Nicht wieder zurück
Die gelben Badeanzüge
Sind den Schmetterlingstod gestorben;
Und alle Briefumschläge
Zerfielen zu sanftem Staub.

Aber dafür sind die Straßen voller Fremder
Mit Fahrkarten in den Taschen!

Auf verlorenem Posten

Ich habe die Vernunft
Nach ihm ausgeschickt,
Denn er steht
Auf verlorenem Posten.
Nachtigallen habe ich nach ihm
Aufsteigen lassen
Und ein Fenster in der Richtung geöffnet,
Aus der ich ihn vermute.
Seinen Namen habe ich
Ins Oval des Wassers geschrieben,
Das sich mit treibenden Lichtern
Auf die Suche macht.

Ich locke ihn mit Frauentorsen,
Die ich ihm in den Weg stelle.
Manchmal lasse ich nachts
Seine Stimme von denen wiederholen,
Die sich ihrer erinnern.

Doch er bleibt
Auf verlorenem Posten.
Seine beharrliche Muse
Hat ihren schwarzen Scheitel
Auf seine Augen fallen lassen.

Ich werde ihn aufgeben müssen,
Denn er achtet nur
Auf das Standrecht,
Das sie über ihn verhängte.

Jeden Augenblick
Kann er tot sein!..

Peter Rühmkorf
Song deiner Niederlagen

Mit unsern geretteten Hälsen

Mit unsern geretteten Hälsen,
Immer noch nicht gelyncht,
Ziehn wir von Babel nach Belsen
Krank und karbolgetüncht.

Fraßen des Daseins Schlempe,
Zelebrierten in gleitender Zeit
Unter des Hutes Krempe
Das Hirn, seine Heiligkeit.

Tätowiert mit des Lebens Lauge.
Doch von erstaunlichem Bestand
Das Weiße in unserm Auge,
Das Warme in unserer Hand.

Wir haben gelärmt und gelitten,
Wir schrieben Pamphlete mit Tau und mit Teer –
Worte schöpfen, Worte verschütten,
In ewiger Wiederkehr.

Nachts im Güterwaggon

Nachts im Güterwaggon
Irgendwo hingetragen:
Nun sing den phantastischen Song
Deiner Niederlagen.

Zeit und Luft geschlemmt
In panischen Zügen; –
Nicht über den Arsch unterm Hemd
Kannst du verfügen.

Untröstlichkeit fließt
Durch deine rachitischen Knochen.
Wo du deine Träume beziehst,
Ist alles zusammengebrochen.

Der Engel, der dich schaßt,
Malt morgen den Himmel kobalten.
Was du noch auf der Zunge hast,
Kannst du bei dir behalten.

Fromms Gummischwamm, Wasser im Haar

Fromms Gummischwamm, Wasser im Haar,
Der Spiegel neigt sich nach rechts.
Ich fühle, was ist und war
Im Sieb des Sonnengeflechts.

Koffer und Kruzifix
Drängen sich im Geviert,
Wenn der Dotter des Blicks
Gerinnt und härter wird.

Knistern im Fingerglied,
Wenn sich die Hand bewegt,
Die den goldenen Schnitt
Schräg durch die Kehle legt.

Schwere an Bein und Sterz,
Gäas Gastgeschenk.
Die Zeit treibt sternenwärts
Durch Stein und Kniegelenk.

WERNER RIEGEL
Feldweg hinter Sodom

Wir gehen weiter vor

Wir gehen weiter vor
Im Ufergebüsch.
Juli und Fruktidor
Streifen uns träumerisch.
Tief strömt und schwingt der reife
Sattgrüne Südsüdwest –
Wir singen, weil der Steife
Vorn an die Hose stößt.

So unabänderlich
Abendlich auf und davon,
Durch Lorbeer- und Luzernenstrich
Im Delta des Acheron.
Und leuchten die Hagebutten,
Das späte phrygische Rot,
In den Septemberfluten –
Dann ist alles im Lot.

Im schwarzen Bayou verscholl
Weithin der Tag.
Warm und verheißungsvoll
Spürt man die Hand am Sack.
Ehe wir niederblühten,
Eh die Furcht uns schwächt,
Treiben neue Mythen
Aus unserm Gemächt.

Aus der Hand was zu fressen

Aus der Hand was zu fressen
Und etwas Taschengeld.
Doch irgendwo einer, dessen
Kopf in das Sägemehl fällt.

Sich auf den Sack zu hauen
Von zwei bis zehn nach zwei.
Doch einige gehn irgendwo in der blauen
Stunde und gelten für vogelfrei.

Sich die Gedrehte ins Maul zu hängen.
Und man läßt einen Furz.
Doch irgendwo sacken vier oder fünf zusammen
Unter den fünfzig Schuß eines Patronengurts.

Eine Nummer zu schieben
Hinter dem Bretterverschlag.
Doch irgendwo einer keucht, den sie trieben
Durch diesen Nachmittag.

Sich nach hinten verdrücken,
Wenn wer im Abendrot schreit.
Irgendwer hängt in den Stricken,
Nur einen Steinwurf weit.

Abendlaub, ein Dunkelblau

Abendlaub, ein Dunkelblau,
Stunden voll Zeit.
Ich rauche, ich dichte auf deutsch.
Was bin ich in Wirklichkeit?
Der Wind und was ewig ist.
Geht uns durch die Lappen.
O Zikadengesang, der uns den Tag versüßt,
Eh wir zusammenklappen!

Atem, ein Vers, ein Fatum
Dahinten hochgeweht.

So wenig, so wundervoll
Hängt der Duft im Staket.
In Gras und Größe gekrallt
Die Hand, die uns gehörte.
Die Hamadryade im Hürtgenwald
Steigt aus der feuchten Erde.

Späte Zeit, späte Frucht,
Hora des Hesperus.
Ach, wie ist's möglich dann,
Daß ich dich lassen muß!
Schon treiben Leier und Schwan
In die verlöschenden Streifen.
Du darfst den schwarzen Päan
Auf den Fingern pfeifen.

ASTRID CLAES
Der Rabe

Ein Vogel ist,
den ich vor langen Jahren
bei jenem grauen Turm
in London sah.
Er habe, sagten sie,
zuviel erfahren.
Nun saß er schwarz
und ohne Anteil da.
Doch heißt es,
daß er stumm bei Tag und Nacht
den alten Königsschatz im Turm
bewacht.

Es ist ein Traum,
den ich heut' nacht erfahren:
Nach allem Leid
lag ich verloren da.
Verloren, sagten sie,
so jung an Jahren:
Weil ich den schwarzen Vogel
wiedersah.

Nun weiß ich,
welchen Schatz er stumm bewacht –:
Ich sah den Turm von innen
in der Nacht.

Der Schwan

Von dem Turm, in dem ich bin, dem grauen,
rings von Rosen giftigrot bewacht,
kann man weit auf schwarze Wasser schauen,
Bäume bücken sich in Wind und Nacht.

In Gebüschen blitzen Schlangenleiber,
leise lauert überall Gefahr.
Herrisch halten bunte Pferdetreiber,
und sie rufen: »Laß herab dein Haar!«

Hoch am Fenster neig' ich mich mit Tücke.
Golden glänzt die Schere im Gemach.
Vor die Füße werf' ich ihnen Stücke.
Lange läuft mein Lachen ihnen nach ...

Immer sinnen sie, wie sie mich schwächten,
denn sie glauben mich im Turm allein.
Doch ich lasse heimlich in den Nächten
einen silberblauen Vogel ein.

Samt- und schattenschwer sind seine Schwingen,
ach, sein Blick kommt tief aus anderm Land,
bittet müdeglühend: Laß mich schlingen
meinen Hals um deine Kinderhand ...

Morgens starr' ich auf die stumme Mauer,
und der Tag beginnt sein dunkles Spiel.
Glück ist ein Kristall aus Traum und Trauer,
ist ein Trank, von Tränen schwer und kühl.

CHRISTINE BUSTA
Verfinsterung

Nach Mitternacht kamen schwarze Hähne geflogen.
Sie fraßen die Sterne und hockten sich stumm auf die Dächer.
Kein Schrei verriet die Verräter, also weinte auch keiner.
Unauffindbar der Trauer der Verratenen blieben
sie hinter verschworenen Mauern
gnadlos allein mit sich selber.

Die böse Nacht

In der verrufnen Kummermühle
mahlt sie den Schlaf zu Gram und Grind,
sie legt dir Nesseln auf die Pfühle,
sie setzt Gespenster auf die Stühle
und huscht als Maus und ächzt als Wind.
Sie nimmt den Mond als Diebslaterne,
sie kräht zu falscher Stund als Hahn
und zählt dir lauter Kindersterne
ganz langsam vor, die du vertan.

Frühling in der Ebene

Nichts rollt hier als das goldne Rad der Zeit.
Du siehst nicht, wer die Winde dreht an den Zisternen
und Löwenzahn aus vollen Eimern schwappt.

Nimm deinen Schatten dir als Weggefährten:
verschwistern wird er dich den frommen Mythen
von Saat und Gras, den grünen Totenfahnen,
und süßer blüht am Weißdorn dir das Licht.

Ernst Kreuder
Vergänglichkeit

Heb den Vorhang, was erglänzt, vergeht.
Wind ist unter uns aus vielen Tagen,
Nächte, Träume und die Schwermut weht
Blind und dunkel aus den Sarkophagen.

Namenlos die Wege, Ausgang, Ende,
Erde streut uns weiter in die Zeit,
Wanderung, die Stirne in die Hände,
Leid und Trauer, tiefe Einsamkeit.

Manchmal wird es heller, leichter,
Ferne glänzt und Meere grüßen weit,
Dann versinkt's mit allen Küsten, unerreichter,
Bricht die Spieglung, stürzt Vergänglichkeit.

Der Dichter

Lauschend in Jahr und Welt hinaus,
Rauscht ihm ein tieferes Lauschen entgegen,
Lange verließ er das Unmutshaus,
Folgte den Wassern und Windpappelwegen,
Dem Trauermantel folgte er weit,
Erkundet war noch nie der Schattenwasser Zeit.

Treibend durch die Alleen der Welt,
Unter Platanen abends traf ihn die Spur,
Die durch die schweigenden Fenster der Fernen fällt,
Er hörte das Schlagen der Äolsuhr,
Totenkäfern gab er Geleit,
Erkundet war noch nie der Abendfernen Zeit.

Verschollen in den Mondwasserwäldern,
Suchte er hinter den Farnen nach phosphoreszierenden Zeichen,
Grub er in den verfallenden Fingerhutfeldern
Nach Urnenaltären aus Nachtuferreichen,
Eulengewese umfing sein Kleid,
Erkundet war noch nie der Bittermächte Zeit.

Mit den fahrenden Strömen unter ergrünenden Weiten
Zog er dem Weltwasserrauschen zu,
Lauschend durchschwamm er das Hallen himmlischer
                                          Unhörbarkeiten,
Da widerfuhren ihm die Geheimnisse der Seerosenruh.
In den zerfließenden Inschriften der Wasserreiter
Liest er nun die wandelnden Sinnbilder der Tiefen weiter.

KUNO RAEBER
Der tote Vogel

Der Flügelfrühling und die zerstreuten
Federblätter liegen unter dem schwarzen
Ameisenschnee ihres Winters,
der auch dies flache Bild auf dem Boden
– vom Herbstrad des Autos schnell
aus dem Stoff und der Farbe des Vorbilds gebildet –
noch schmölze: Wenn nicht das vom Rand
der Straße aufgeworfene Blicknetz des Knaben
es zöge hinein in den Teich
der Augen, die jetzt noch blinzeln über
dem Schmatzen, dem Apfelkauen des Mundes:
weit noch vom Traum und vom gewittrigen
Sommer, der das Bild vom Grund, wo es lange
bleibt, wenn es hin und her auf der Fläche
geschaukelt und endlich hinab
gesunken, künftig einmal von neuem
deutlich und schwarz überwimmelt heraufspült.

Am Flußhafen

Wenn sie sähn, wie die spanische Fahne als letzte die Dockwand
                                          entlang schwebt,
äßen die Damen dann noch Kuchen zum Tee
und läse, den steifen Hut neben sich auf dem Sims, der Bucklige
                                          die Illustrierte?

Als ob nicht die Schiffe die Stadt ins Meer zu tragen begonnen hätten:
Und nur solang man aus den Werften das Schwatzen und
                                          Rascheln laut überhämmert,

um auch das letzte Schiff fertig zu machen,
ist für Kuchen und Tee und fürs Blättern in Illustrierten noch Zeit.
Doch wenn sie die spanische Fahne als letzte die Dockwand
                              entlang schweben sähen,
rüsteten sie sich schnell zur Abfahrt wie deine Augen, die mich
                                            schon ließen
und der schwarzen Dockwand entlang schwimmen im mittleren
                              Feld der spanischen Fahne.

RAINER M. GERHARDT
fragmente

der wind bricht auf diese nacht
                    quirrt   weint
habe die nacht gesehn
                  kann nicht schlafen
    der bruder ist fortgegangen
                    ich höre
    die tür hat geknarrt
                  nun ist sie verschlossen
ich habe fußtapfen gesehen
                in frischer erde
CATULLUS
    CATULLUS
                  keine kraft
wenn nicht diese: eine geschichte von dir und mir
keine kraft wenn nicht diese
                  von dir und mir
    hat kein auge sich aufgetan
    hat kein vogel berichtet
    hat der wind nicht geschrien
                keine kraft
wenn nicht du und ich
                eine passage
metaphysik   oder liebe
    CATULLUS
                CATULLUS
pauper amavi
                CATULLUS

Peter Gan
Ein Traum

Mir träumte diese Nacht, es wäre Krieg.
Dies träum' ich oft; es liegt wohl in der Luft.
Es war in einem Wald; der stand und schwieg,
und bös wie das Gewölbe einer Gruft

hing drohend in die Dämmernacht hinein
neugierig nah ein Himmel voller Hohn
und drückte schwefelfarben und gemein
das Licht zu Boden. Und da kam auch schon

das erste Regiment. Schildkröten sind's,
am langen, dürren Hals das greise Haupt
ins Leere reckend hilflos mit Geblinz,
krummbeinig, lasterdrückt und wegbestaubt.

Und wie sie torkeln, geht im gleichen Schritt
ein Gitterregiment von Stäben stumm
zur Seite ihnen schatteneilig mit,
und sieht kein Stab und sieht kein Tier sich um.

Dann folgen hastig, zänkisch zeternd und
bemüht der strengen Straße zu entgehn,
Meerkatzen flink mit Augen groß und rund,
und springen jäh und bleiben jählings stehn.

Und mit dem Gitter weiterhastend drängt
ein kleiner Eulenkopf sich durch und fleht,
der sich vergebens durch die Stäbe zwängt:
wo denn der Weg nach Otakumi geht?

Nach Otakumi ... o wie lieblich klang
dies Wort aus Laub und Glück, und o wie bang!

Max Hölzer
Ein Schatten liegt neben mir

> Für André und Elisa Breton

Ein Schatten liegt neben mir er hat eine Türe
In seinen Keller führt die winzigste Wendeltreppe
Unten wartet die Rotte auf meine Füsilierung
Blaue Turbane die sich drehn
Und Arme verschnürter Rauch

Der Schlaf ist voll blauer Wolken die ich aufstechen möchte
Ein Tag wirft mit einer Stadt nach mir
Auf den Altären tanzen Glieder aus Wachs
Aus kleinen Rissen rinnt mein Blut

Die Predigt eine weiße Maus
Errötet und versinkt in Ansichtskarten
Ich blättere in einem Buch aus Wasser

Die Herde der Wünsche reibt sich an meinen Füßen
Wie Menschen blicken sie Tiere in gläsernem Fell
Aus dem ein Wirbelwind steigt
Und der Duft eines fernen Körpers
In fliegendem Fenster erscheint zwischen Wolken
Auf einer Spindel aus Turmalin mein Herz

Ich bin der Hirt der Steine
Ich habe schon ihre unbeweglichen Augen
Ich werde das Schicksal hetzen
Bis mich die Hirtin den Speeren preisgibt
In den Fäusten des Meeres

Mein Leben begann als Aufbahrung
Schwarzer Krepp war die Nahrung des Feuers
Später ein Fesselballon
Das Wunder kam in der Frau und im Wort
O bewaffneter Traum in den Zimmern des Wildbachs

JOCHEN KLEPPER
Unter dem Schatten deiner Flügel
Aus den Tagebüchern der Jahre 1932 – 1942

9. November 1938 / Mittwoch

> Ich breite meine Hände aus zu dir; meine Seele dürstet
> nach dir wie ein dürres Land. Herr, erhöre mich bald.
> Tue mir kund den Weg, darauf ich gehen soll; – denn
> ich bin dein Knecht. *Psalm 143, 6. 7. 8. 12*

Um mich wieder ganz dem Film zuwenden zu können, habe ich noch die »Las Casas«-Besprechung gleich nach dem »Lennacker«-Aufsatz geschrieben, da ich sie weder den »Weißen Blättern« noch Schneiders wegen absagen kann. Allen anderen schreibe ich nun aber ab; auch, wo Aufsatzaufträge vorliegen, bitte ich um neue Termine im neuen Jahr.

Nach Saarbrücken und Weimar hat Hitler nun schon wieder in München gesprochen; auch hier wieder tief beunruhigend, doch gebe ich einem Passus seiner Rede recht, wenn er von unseren Gegnern im Ausland sagt: »1918 haben die gleichen Kreise erklärt, es handele sich nur um die Beseitigung des ›preußischen Militarismus‹, ›nur um die Beseitigung der Dynastie, nur um das Haus Hohenzollern, aber nicht um das deutsche Volk‹. Heute sagen sie: ›Die Diktaturen, nicht aber das deutsche Volk und das italienische Volk, sollen vernichtet werden‹«.

Wieder spricht Hitler für das ganze nächste Jahrtausend. –

10. November 1938 / Donnerstag

> Willst du uns denn nicht wieder erquicken, daß sich
> dein Volk über dich freuen möge? Herr, erzeige uns
> deine Gnade und hilf uns! *Psalm 85, 7. 8*

Der junge Gesandtschaftssekretär vom Rath ist an den Folgen des Attentats gestorben. – Heute sind alle Schaufenster der jüdischen Geschäfte zertrümmert, und in den Synagogen ist Feuer gelegt, doch ungefährlich. Daß die Bevölkerung wieder nicht dahintersteht, lehrt ein kurzer Gang durch jüdische Gegenden; ich habe es selber gesehen, denn ich war heute morgen gerade im Bayerischen Viertel. Was wird man an Maßnahmen wieder aus diesem neuen »Aufflackern der Volkswut« ableiten? Es ist ein neuer, furchtbarer Schlag. Viele glauben, daß es bei der wachsenden Wohnungs- und

Geschäftsnot nun an die jüdischen Wohnungen und Läden geht, wie bei den Anwälten und Ärzten, und daß der Gedanke eines Barackenghettos immer näher rückt. – Im Reiche mehrere Synagogen niedergebrannt. –

Es ist so schwer, unter dieser ständigen Ungewißheit und Beunruhigung immerzu produzieren zu müssen. –

Leichter aber, daß es noch nicht »Das ewige Haus« ist, so sehnsüchtig wir auf das neue Buch warten.

Aus den verschiedenen »jüdischen« Gegenden der Stadt hören wir, wie ablehnend die Bevölkerung solchen organisierten Aktionen gegenübersteht. Es ist, als wäre der 1933 noch reichlich vorhandene Antisemitismus seit der Übersteigerung der Gesetze in Nürnberg 1935 weit-, weithin geschwunden. Anders steht es aber wohl bei der alle deutsche Jugend erfassenden und erziehenden Hitler-Jugend. Ich weiß nicht, wieweit die Elternhäuser da noch ein Gegengewicht sein können. –

Nach einer Auswahl, die unergründlich ist, werden jüdische Männer aus ihren Wohnungen von der Geheimen Staatspolizei weggebracht.

Wie man im Schlafe aufschrickt – als würden Hanni, Brigitte, Renerle abgeholt –, das sagt genug.

Hanni ist in der Vermögensangabeangelegenheit nun für diesen Sonnabend aufs Polizeiamt bestellt.

11. November 1938 / Freitag

> In der Angst rief ich den Herrn an, und der Herr erhörte mich und tröstete mich. *Psalm 118, 5*

Heute ist es nun durch Goebbels angekündigt: »Die Antwort auf das jüdische Attentat wird auf dem Wege der Gesetzgebung erteilt.« Nun warten die Juden wieder voller Bangigkeit, was über sie hereinbrechen wird. –

Die Arbeit geht weiter, und auch die gute Frau M. klammert sich geradezu daran, daß sie weitergeht, weil sie die Stimmung unter ihren jüdischen Angehörigen kaum noch erträgt. Nach der Kriegserwartung Anfang Oktober ist dies, schon einen Monat nach dem »Frieden von München«, eine sehr, sehr schwere Belastung. – Kein schwerer Gedanke, kein banges Gefühl, durch die man in diesen Tagen nicht hindurch muß. Und wo sie an das letzte Geheimnis rühren, wird zur größten Frage der Judenchrist. In unserem Umkreis, obwohl der Staat Unterschiede nicht macht, sahen wir nämlich noch keinen so leiden wie die anderen Juden, fanden sie alle noch immer wieder unfaßlich geschützt. – Der 91. Psalm: der Psalm der großen Zuversicht. –

Auch das, was Hanni heute von dem Verhalten selbst der recht nationalsozialistischen Südender und Steglitzer von der Marineoffiziersfrau bis zu den Frauen im Bäckerladen, von den Männern am Zeitungsstand bis zum kleinen Nachbarn des – wohl letzten – jüdischen, demolierten Geschäftes hier zu sagen hat, bestätigt, daß man am deutschen Volke nach wie vor nicht zu verzweifeln braucht. Das Volk ist ein Trost, seine moralische Ohnmacht eine furchtbare Sorge.

12. November 1938 / Sonnabend

> Ihr Erlöser ist stark, der heißt Herr Zebaoth; der wird ihre Sache ausführen. *Jeremia 50, 34*

Die Morgenzeitung. Dr. Goebbels: »Deutschland wird auf die Schüsse Grünspans legal, aber hart antworten.« Waffenbesitz für Juden bei schwerer Strafe verboten. Die Abendzeitung: »Juden dürfen kulturelle Veranstaltungen nicht mehr besuchen. Verordnung von Dr. Goebbels untersagt Zutritt zu Theatern, Kinos, Konzerten, Vorträgen und Ausstellungen ...« »eine der weiteren Maßnahmen, die mit Schärfe gegen die Juden durchgeführt werden.«

Brief von Toni Milch und Renerle, das ihr solchen Beistand bedeuten soll: auch Werner Milch weggebracht, und niemand weiß, wohin.

Mit welchen Gefühlen zu Besprechungen auf dem Bau! Zum ersten Mal stiegen wir auf Leitern im Hause hoch, sahen die Umrisse der künftigen Tochtermansarden und der oberen Wohnung; die Massivdecke zwischen dem Keller und unserer Erdgeschoßwohnung fehlt noch. Vom Fenster der Bodendiele der einzigartige schöne Blick auf den Kirchturm über Birken und Kiefern – wie ein Wald – und eine mächtige Tanne im sanften Lichte einer nach strahlendem Tage sinkenden Sonne. –

Auch in Italien die Ehe mit Juden verboten. Schrecklich die Ohnmacht der beiden Kirchen, die den Judenchristen nicht helfen können; die Ohnmacht der Frontkämpfer, die das furchtbare Unrecht an ihren Kameraden mitansehen müssen.

Eben Anruf Ilse: auch August weggeholt, das Geschäft (das mit arischer Kundschaft nach vorgestrigem Brief »wie Weihnachten« ging) demoliert. Hanni soll doch kommen.

So furchtbar: das Leiden der Juden, das ohne ein »für«, eine Idee, einen Glauben ist. –

13. November 1938 / Sonntag

> Alle eure Sorge werfet auf ihn; denn er sorgt für euch.
>
> *1. Petrus 5, 7*

»Eine Milliarde Mark Buße für das Pariser Attentat den Juden auferlegt. Ab 1. Januar keine jüdischen Geschäfte, Handwerker und Betriebsführer mehr. Weitere Verordnungen und Gesetze sind für die nächste Zeit in Aussicht gestellt.

Alle Schäden, welche durch die Empörung des Volkes (ja, das Volk ist empört; aber gegen wen –!) über die Hetze des internationalen Judentums gegen das nationalsozialistische Deutschland am 8./9. und 10./11. November 1938 an jüdischen Gewerbebetrieben und Wohnungen entstanden sind, sind von dem jüdischen Inhaber sofort zu beseitigen.

Die Kosten der Wiederherstellung trägt der Inhaber der betroffenen jüdischen Gewerbebetriebe und Wohnungen. Versicherungsansprüche von Juden deutscher Staatsangehörigkeit werden zugunsten des Reiches beschlagnahmt.«

Diese Meldungen füllen die erste Seite der Zeitungen.

Renerle – was beunruhigend ist – stellt ihre und Frau Milchs Ankunft in Aussicht. Telefonisch waren sie weder für Milchs Schwester noch für uns gestern abend und heute zu erreichen.

Die Juden dürfen für keine »Idee« leiden. Aber den Judenchristen bleibt, was keinem von uns genommen wird: Glaube will unter allen Umständen bezeugt sein. –

14. November 1938 / Montag

> Er ist dein Ruhm und dein Gott. *1. Mose 10, 21*

Gestern neue Goebbelsrede: Die Judenfrage wird endgültig gelöst. –

»Es ist eine Entwürdigung unseres deutschen Kunstlebens, daß einem Deutschen zugemutet werden soll, in einem Theater oder Kino neben einem Juden zu sitzen! – Jede Aktion des internationalen Judentums in der Welt fügt den Juden in Deutschland nur Schaden zu. – Die Judenfrage wird in kürzester Frist einer das deutsche Volksempfinden befriedigenden Lösung zugeführt! Das Volk will es so (!!), und wir vollstrecken nur seinen Willen!« Ich weiß in diesen schweren Tagen nur, daß es Gott anheimgestellt sein muß, wie er den Glauben in uns bewähren will. Aber in der Welt haben wir Angst. –

Hanni und ich wollen alles mit uns abmachen und das Haus – Brigittes wegen, Renerles wegen – von allem Bedrückenden zu entlasten suchen, wo das Leben ihnen so furchtbar hart begegnet und so frühe sie auf so schweren Ernst verweist. Das treibt Hanni, die doch nie weint, immer wieder die Tränen in die Augen. – Die Nächte sind wieder so schwer.

Und daß man ebensoviel Ekel wie Schmerz empfinden muß.

(...)

31. August 1939 / Donnerstag

Ach, daß du den Himmel zerrissest und führest herab!
Jesaja 64, 1

Dieses Wort hat man von Jahr zu Jahr mehr begreifen lernen. Gesamtmobilmachung in Polen befohlen.

In Deutschland Ministerrat für die Reichsverteidigung gebildet. Und alles soll wirklich nur psychologisches Druckmittel von Nation zu Nation sein?

In Berlin wieder nächtliche Besprechung mit dem englischen Botschafter. Es geht ja um den ganzen Rest des Versailler Vertrages. Die Völker werden in völliger Unklarheit gelassen – und hoffen, hoffen. – Chamberlain in der gleichen Nacht beim König von England.

1. September 1939 / Freitag

Suchet den Herrn, solange er zu finden ist; rufet ihn an, solange er nahe ist.
Jesaja 55, 6

Der zweite Spruch der Losung heute ist: »Sehet, jetzt ist die angenehme Zeit, jetzt ist der Tag des Heils.« 2. Korinther 6, 2.

Wie die Stunden dieses schweren Tages ablaufen, soweit es die große Politik betrifft, das halten Zeitungen und Dokumente fest.

Uns erreicht die Nachricht von dem Beginn der Kämpfe gegen Polen über Dr. Panick frühzeitig, da für sechs Uhr er als Arzt, um sieben sie als Ärztin an ihre schon vorher bezeichneten Kriegsdienststellen berufen wurden.

Um zehn Uhr hörten wir in der Zimmermannschen Wohnung die Übertragung der Reichstagssitzung mit der Führerrede. Selbst das junge Renerle erschrak: Kein Wort von Gott in dieser Stunde. – Das ist der stärkste Eindruck dieses bitterschweren Tages. Es mag ehrlicher so sein; aber nun wird erst allen bewußt werden, was mit Deutschland ist. – Die Rede klang sehr ernst. Der Anfang der Kämpfe soll eine Apotheose des Willens sein.

In den Tagesbefehlen an die drei Wehrmachtsteile heißt es nur in dem von Brauchitsch unterzeichneten an das Heer: »Mit Gott«. Für die Marine (Raeder) und die Luftwaffe (Göring) hat man es unterlassen; dabei gilt Raeder als besonders kirchlich.

Um halb acht abends der erste Fliegeralarm, nachdem wir gerade – was vor kurzem noch Übungssache war, nun Ernst – das Haus verdunkelt hatten. Er wurde bald beendet.

Aus den Abendmeldungen erfuhr man, daß die deutschen Truppen auf der ganzen Linie in Polen eingedrungen sind und die ersten Bombardements stattgefunden haben.

Kriegsfreiwillige dürfen sich nicht melden. Doch gilt dies bis jetzt nur für die Nationalsozialistische Partei, die für ihre Angehörigen Sonderaufträge bereithält. Es war ein lähmender Abend. An den künftigen Abenden, an denen die Verdunkelung aufrechterhalten bleibt, wollen wir nach der Verbesserung unserer Maßnahmen in den abgedunkelten Zimmern arbeiten wie immer.

Die allgemeine Mobilmachung, die mich wegriefe, ist noch nicht erfolgt.

Alles wartet auf Englands Entschlüsse.

Ein Stimmungsbericht der DAZ sucht lauter schöne Gründe dafür, daß die Berliner heute gar so ernst und still waren und es zu patriotischen Kundgebungen nicht kam.

2. September 1939 / Sonnabend

> Er nahm sie auf und trug sie allezeit von altersher.
>
> *Jesaja 63, 9*

Ich zeichne nur auf, was nicht in den Zeitungen steht. Die Menschen sind abgehetzt und bedrückt.

In den enger zusammenlebenden Gruppen sucht man ganz besonders freundlich zueinander zu sein.

Trotz der Erwartung nächtlicher Fliegerangriffe haben wir, wie erschöpft, geschlafen; selbst ich zum ersten Mal seit langem, gerade diese Nacht. Wir empfinden es als ein großes Glück, gerade in den ersten Tagen der Umstellung noch nicht voneinander getrennt zu sein. Renerle ist besonders zärtlich. Hanni sieht wieder so schlecht aus wie im November. Wir tun alles weiter wie immer. Ich glaube, die meisten halten es so.

Die Sondergenehmigung zwei Jahre her.

Zwischen Mann und Frau rühren Blicke, Worte, Gesten jetzt ans letzte.

3. September 1939 / Sonntag

O du Kleingläubiger, warum zweifeltest du?
Matthäus 14, 31

Mit Hanni in der Kirche, die heute sehr voll und sehr ernstgestimmt war. Gott kann von diesem Volke nicht lassen.

Es kommen jetzt zu viele Besuche, die ein Symptom der erregten Tage sind. Uns bedeuten sie ein Negativum. Wir wollen keine Prognosen, die der furchtbaren deutschen Zwiespältigkeit entspringen. Wir können nicht aus Bitterkeit gegen das Dritte Reich Deutschland den Untergang wünschen, wie viele es tun. Das ist ganz unmöglich. Wir können auch in dieser von außen so bedrohten Stunde nicht hoffen auf Rebellion und Putsch. – Nur Pagels Besuch tat uns wohl. Mit ihm und Ihlenfeld stimmen wir am meisten überein. Auch darin, daß man sich den Blick nicht trüben lassen darf für das, was wirklich für die Nation ausgetragen wird. Pagel hoffte noch nach einer interneren Nachricht auf eine Begrenzung des Polenkrieges auf Grund von Mussolinischen Vermittlungsaktionen, die Fristen bis zum heutigen Abend, elf Uhr, vorsahen. – Kaum war er heimgefahren, da brachte Fräulein L. die eben am Rundfunk gehörte Sondermeldung: England greift in den Krieg ein –.

An diesem fast verklärt zu nennenden ersten Septembersonntag nun diese furchtbare Entscheidung, um die alles noch in Hangen und Bangen war – und in letztem Hoffen.

Ein strahlender, herrlicher Tag ist's in klarem Glanze, weichem Winde, tiefer Verwobenheit der reifenden, noch in voller Buntheit blühenden Gärten, in denen die efeu- und geißblattumwachsenen Kiefern so ernst und feierlich wirken. Es ist die vollendete Stille, Friede, der unverlierbar scheint.

Der dritte so herzliche Brief vom »Deutschen Pfarrerblatt«, das mich ja durch meine ganze Jugend begleitete und in dem meine allerersten Veröffentlichungen, noch aus meiner Studienzeit, erschienen und das nun – was mich doch bewegt – das Bild meines Hauses für die Pfarrhäuser bringen will.

Das Bibelwort, das diesen Tag bestimmt, ist Römer 14, 8: »Leben wir, so leben wir dem Herrn; sterben wir, so sterben wir dem Herrn. Darum, wir leben oder sterben, so sind wir des Herrn.« Die Aufgabe ändert sich nie und heißt immer: Glauben bezeugen.

Aufrufe an Ost- und Westarmee, Partei, Volk: in den beiden letzteren taucht nun der »jüdische Weltfeind« wieder sofort auf. –

Nun ist von »jenem Herrgott« die Rede, der »denen hilft, die sich zu helfen entschlossen sind«.

Keine nationalen Kundgebungen und, was am meisten auffällt: Danzig ist deutsch, und es wird nicht geflaggt, weil diesmal das »spontane Flaggen« nicht befohlen wurde; beides wohl, um die Stimmung zu erkunden. Erst heute wartende Mengen auf dem Wilhelmsplatz.

Strahlender, stiller, klarer Sternenabend. Groß und herrlich leuchtend der Mars. Auch er ist Gottes Gestirn. So ist es nun doch im Zeichen der nahen Marsbewegung geschehen.

Wie deutlich steht der Moment vor einem, in dem einen die Kriegsnachricht 1914 erreichte: Wir wohnten damals am Markt; Vater und ich standen auf dem Balkon; Baumeister Walter kam vom »Dreiviertelsieben-Zug« und rief die Kriegsnachricht, die er aus Glogau mitbrachte, herauf. Bald fiel er. Diesmal geht der Krieg nicht ins Bewußtsein ein.

4. September 1939 / Montag

    Es stehe Gott auf!   *Psalm 68, 2*

Auch heute ist es bei allen so, die man spricht: Man begreift die Wirklichkeit des Krieges nicht, er scheint fern, widerruflich. – Nur Niedergeschlagenheit, nur Ernst, nur Sorge – von einigen törichten Äußerungen alten, allgemeinen, chauvinistischen Stiles abgesehen. –

Seit gestern 17 Uhr befindet sich auch Frankreich mit uns im Kriege. Die Publizistik verzichtet nach wie vor auf Angriffe gegen Frankreich. – Italiens Haltung wird in der Bevölkerung nun bereits als unklar empfunden. –

Die Menschen aller Schichten ernst, still, gefaßt, unheimlich ruhig. Ein Krieg ohne Kriegserklärung, ohne Mobilisation. In der Stille werden die Männer geholt. Ein Tag Krieg mit Frankreich: und nichts an der Westfront vorgefallen, als könne man sich nicht zum Kampf entschließen. –

Die Seltsamkeit des Kriegsbeginnes lastet wie ein Rätsel, ein schicksalschweres, auf allen – erfüllt manche mit einer verzweifelten, manche mit einer gläubigen Hoffnung.

5. September 1939 / Dienstag

> In der Zeit meiner Not suche ich den Herrn; meine Hand ist des Nachts ausgestreckt und läßt nicht ab; denn meine Seele will sich nicht trösten lassen.
> *Psalm 77, 3*

Auch diese Nacht war wieder ruhig. Wie man das gelernt hat, dafür zu danken. Wir haben es freilich schon im November begriffen, als soviel Leid über die jüdischen Häuser kam. –

Nun ist's ein neues Seufzen, über die hohen Kriegssteuern für die, die nicht im Felde sind. Der Schritt von der Einschränkung zur Entbehrung scheint bereits nahe zu sein. Aber alles gilt nichts gegen die nur scheu vorgebrachten Gefallenennachrichten.

Ich arbeite weiter, kann aber keine lobenswerte Haltung darin erblicken, auch ist's eine gänzlich kraftlose Leistung; und doch sehne ich mich nur nach ihr.

Es ist so furchtbar, daß es nach allen Kämpfen um die Arbeit nun gleichgültig geworden ist, ob man arbeitet oder nicht. Es ging mir durch und durch, als Hanni heute »noch einmal« nach Potsdam wollte. Es war ein Tag voll immer reinerer Klarheit, immer reinerem Glanze, von wunderbaren Beleuchtungen. Potsdam war sehr verändert. Das Leben der vitalen Stadt so reduziert. Die Dampfer auf der Havel lagen still; auch kein Boot war zu sehen; und fast nur Militärautos und requirierte Wagen; endlose Reihen von Lastautos zur Soldatenbeförderung und übende Truppen am Rande der Stadt und der stillen Parks, die man sonst kaum einmal ohne Scharen von Menschen sah. Wir gingen durch den Park von Sanssouci, mit Renerle, durchs Paradiesgärtlein, übers Belvedere und kamen zu Hans Pflugs Haus am Waldrand; wir sprachen aber nur Frau Pflug, er ist schon eingezogen; er ist vier Jahre älter als ich und körperlich sogar schwächer. – Dann gingen wir nach Bornim zu Koenigswalds. Friede, Friede über dem paradiesisch reich blühenden Garten, aus dem wir mit riesigen, bunten Sträußen heimkehrten in die gleiche Stille, den gleichen Frieden. –

Gerd Gaiser
Revanche

Einmal habe ich – erzählte der spätere Unteroffizier Martin – einem Kameraden eine Wache abgenommen, und der Mensch sagte damals zu mir: Dafür werde ich mich bei dir revanchieren.

Ich hatte mir nichts damit ausgedacht, als ich ihm die Wache abnahm; wir lagen in Ruhe in einer kleinen Stadt an der Warthe und stellten den Mädchen nach, wie es in Garnison der Brauch war. Es war gerade ein Sonnabend, und niemand mochte gerne von Sonnabend zu Sonntag auf Wache ziehen, mir kam es aber damals nicht darauf an. Einen Augenblick vorher hatte ich selbst nichts von einer solchen Absicht gewußt, dann aber bot ich es ihm plötzlich an, wie ich den Kerl so stehen sah, als die Einteilung herauskam. Ich kann mir den Burschen noch mehr als genau vorstellen, ihr werdet auch bald begreifen warum, einer von den linkischen Vögeln, die beim Kommiß Pech haben und zu den Diensten eingeteilt werden, vor denen jeder sich drückt. Übrigens war er nicht übel anzusehen, er konnte sogar für einen forschen Kerl gelten, solange er bloß den Mund nicht auftat. Er litt nämlich an einem Sprachfehler, so daß seine Laute unartikuliert herauskamen und alles, was er sagte, von einem absonderlichen, heulenden Unterton begleitet war. Begann er einen Satz, so zuckte es ihm in der Hand, solang er ansetzte, endlich, wenn dann der Satz kam, schlenkerte er die Hand heftig, hob sie mit einem Ruck hoch und ließ sie fallen. Das sah verwunderlich aus, und die Korporale machten sich einen Spaß damit, den Menschen anzureden und dabei jene Hand ins Auge zu fassen, die ihm an der Hosennaht zuckte und sich mühte stillzuhalten, wie es die Vorschrift befahl.

Das versteht sich, daß er so bei Mädchen nicht viel gelten konnte, die Spötter, die ihn auf vorgebliche Liebschaften ansprachen, glaubten an ihre Erfindungen selber nicht. Aber nun hatte grade damals der Pechvogel eine gefunden, die bereit war, an einem Gartenzaun auf ihn zu warten, wahrscheinlich seine erste, bei ihm ging das ja nicht wie bei den flotten Korporalen, die jeden Tag einer die Schürze aufziehen konnten, wenn sie bloß wollten. Kein Wunder, daß ihm die Welt einfiel, als er jetzt hörte, er müsse gerade jetzt auf Wache ziehen. Also die Wache nahm ich ihm ab, und das war sein Glück. Jetzt habe ich auch einmal Glück gehabt, gestand er mir am anderen Tag und rückte mir ganz nah auf den Leib dabei. Seine Hand tat den Ruck, er schlenkerte sie und ließ sie schnell fallen; ich weiß nicht, weshalb mir so albern grauste dabei, als er mir so ins Gesicht blickte und seine Stimme sich abmühte und er sich dann noch einmal nach mir umwandte und die Hand hob: Dafür, mein Lieber, werde ich mich noch bei dir revanchieren.

So erzählte es Martin, und Martin wurde nach seinem Unteroffizierslehrgang versetzt zu einer anderen Kompanie damals, als der neue Feldzug begann. Eines Tages war er mit drei Leuten seiner Gruppe unterwegs nach vorn, das Gelände lag unter einem schwachen planlosen Feuer. Links hinauf hatten sie einen mäßigen Hang, rechts den Wald, mit dem der Nachbarabschnitt anfing. Da lag am Waldrand, mit einer Zeltbahn zugedeckt, ein Toter.

Ich möchte wissen, wer's ist, sagte Martin und spähte hinüber, aber den Leuten stand der Kopf nicht danach, sie mochten sich nicht aufhalten und stapften zu, und nur einer sagte: Soll ich nachsehen gehen, Herr Unteroffizier? Nein, sagte Martin, bleibt ihr auf dem Weg, ich hole euch ein, seht zu, daß ihr weiterkommt. – Denn er konnte nicht dagegen an, es zwang ihn, unter der Zeltbahn nachzusehen, wer darunter läge. Und er war eben daran, einen Zipfel aufzuheben, da fauchte es seitwärts, und blitzschnell warf er sich hin. Wie er aber den Kopf hob, da hatte ein Doppeleinschlag seine drei Leute zerrissen im Augenblick, als sie die Höhe des Hanges erreichten. Er wollte vorstürzen und hinlaufen, doch plötzlich kam es ihm wieder, was ihn zu dem Umweg bewogen habe, jetzt hob er den Zipfel vollends auf und spähte hinunter, da lag der Mann drunten, dem er damals die Wache abgenommen und der zu ihm gesagt hatte: Dafür werde ich mich noch revanchieren.

JENS REHN
Feuer im Schnee

Sieben Jahre alt ist das Mädchen. Vor einer Woche hatte es Geburtstag gehabt. Er war jedoch kein schöner Geburtstag gewesen. Und sie hatte sich so sehr auf ihren Geburtstag gefreut. Trotzdem ist sie nun sieben Jahre alt und schon ein großes Mädchen.

Zwei Tage nach ihrem Geburtstag waren sie von zuhause weggefahren. In Autos und mit Pferd und Wagen. Viele Leute.

Mutter hatte geschimpft und geweint, als sie losgefahren waren. Sie hatte früher ja auch manchmal geweint und war böse gewesen. Aber nicht so wie bei der Abfahrt. Sie waren immerzu gefahren,

Tag und Nacht, und es wurde sehr kalt. Die Leute auf den Wagen schimpften gar nicht mehr. Sie waren ganz still. Mutter weinte auch nicht mehr.

Dann waren die Leute aus den Autos auch auf die Wagen gekommen, obwohl es doch schon so eng war. Die Autos blieben einfach im Schnee stecken. In der einen Nacht hatte es plötzlich einen Aufenthalt gegeben, weil ein Pferd umgefallen war. Der Mann mit dem Gewehr schoß dem armen Pferd in den Kopf, und sie waren weiter gefahren. Tag und Nacht und Tag und Nacht. Und immer kälter wurde es. Die Mutter zitterte nicht mehr unter den vielen Decken. Das Mädchen fror trotz der vielen Decken und obwohl es ganz eng auf dem Schoß der Mutter saß.

Die Leute sagten noch nicht einmal etwas, als die eine Frau ihr Baby aus dem Wagen warf. Sie hatte es einfach in den Schnee geworfen. Das Baby weinte gar nicht, sonst weinen Babys doch immer. Die Leute hatten vorher manchmal auf das Kindergeschrei geschimpft. Jetzt sahen sie nur zu und schimpften nicht. Auch der Mann mit dem Gewehr, der dem Pferd in den Kopf geschossen hatte, guckte bloß. Nun war er gewiß froh, daß das Kindergeschrei aufgehört hatte.

Die Nacht war so furchtbar kalt gewesen, daß dem Mädchen die Beine sehr weh taten. Die Mutter hatte den Mann mit dem Gewehr gerufen, doch der hatte nur gesagt: »Wenn es noch weh tut, ist es in Ordnung.«

Am Tage waren einige Male Flugzeuge gekommen. Dann hielt der Zug, und alle Leute mußten fortlaufen, in einen Graben oder in den Wald. Die Flugzeuge hatten sie aber nicht entdeckt. Immer, wenn ein Flugzeug gekommen war, hatte die Frau, die ihr Baby in den Schnee geworfen hatte, furchtbar gelacht. Sie hatte sogar vergessen, ihrem anderen Kind Essen zu geben. Der Mann mit dem Gewehr hatte ihrem Kind dann ein Stück Brot gegeben, weil es so weinte.

Am Mittag waren sie dann in einen Wald gekommen und hatten Rast gemacht. Die Männer zündeten ein Feuer an und die Frauen kochten. Als sie weiter fuhren, redeten die Leute wieder ein wenig, doch bald war alles wieder wie vorher, und niemand sagte etwas.

Die Nacht wurde so kalt, daß das Mädchen wieder nicht richtig schlafen konnte. Die Mutter rieb ihr fortwährend die Beine und stöhnte. Mitten in der Nacht fing die Frau an zu singen, die Frau, die ihr Baby im Schnee hatte liegen lassen. Der Mann mit dem Gewehr kam wieder, und das Mädchen dachte schon, er würde der

Frau in den Kopf schießen, wie dem Pferd von damals. Doch er sah sich nur das andere Kind von der Frau an. Die Frau wiegte ihr anderes Kind und sang. Der Mann schrie die Frau an, doch er konnte ihr das Kind nicht wegnehmen. Sie sang und hielt ihr Kind fest. Sie hatte sogar noch gesungen, als die Wagen anhielten und ein paar Leute abluden. Der Mann mit dem Gewehr versuchte zu graben, doch dann ließ er die Leute im Schnee liegen, und die Wagen fuhren weiter. Als es hell geworden war, fing es plötzlich an zu schießen. Der Mann mit dem Gewehr schoß auch und hatte ein ganz rotes Gesicht. Überall knallte es schrecklich, und sie versuchten fortzulaufen. Die Pferde fielen um, und manche Leute blieben im Schnee liegen. Dann kamen ihnen Soldaten entgegen, und einer von ihnen schlug mit dem Gewehr, und dann tat es weh und wurde dunkel.

Als es wieder hell geworden war, wußte das Mädchen nicht, wo es war, versuchte aufzustehen, doch es war ganz steif vor Kälte, und nur die Schulter brannte sehr. Mutter war auch nicht da, soviel das Mädchen auch rief. Das Mädchen rief und weinte. Manchmal wurde es dann wieder dunkel. Und kalt blieb es immer. Wenn es wieder hell wurde, blieb alles ganz still. Nicht einmal das Rumpeln der Wagen war zu hören. Wenn es dunkel wurde, träumte das Mädchen von seinem Geburtstag, so, wie es ihn sich gewünscht hatte. Vater hatte eine Käthe-Kruse-Puppe versprochen. Doch Vater hatte nicht kommen können. Immer, wenn er gekommen war, früher, hatte er auch Schokolade mitgebracht.

Später hörte das Mädchen auf zu weinen. Denn die Schulter schmerzte nicht mehr. Es wurde immer schneller abwechselnd hell und dunkel.

Als es wieder einmal hell geworden ist, sieht das Mädchen einen Mann. Der Mann geht ganz nahe vorbei und kümmert sich nicht um das Mädchen. Das Mädchen ruft. Doch dann wird es schon wieder dunkel, und der Mann ist weg. Und es wird wieder hell, und sie ruft noch einmal. Sie ruft sehr laut, Mutter müßte sie doch nun endlich hören. Doch Mutter kommt nicht. Nur der Mann von vorhin kommt. Er ist groß und verschneit, wie Rübezahl. Sein Gesicht ist ganz alt. Er hat aber keinen Bart. Das Mädchen hat keine Angst vor dem Mann. Sie will ihm die Hand geben und etwas sagen, als es schon wieder dunkel wird, und aus dem Dunklen kommt ihr die Käthe-Kruse-Puppe entgegen, sie nimmt die Puppe in den Arm und freut sich, welch ein schöner Geburtstag, und schläft ein. Der Mann klopft und rüttelt das Mädchen, er hält sein Gesicht ganz nah vor ihren Mund und horcht am Herzen. Er wartet und horcht wieder. Doch es ist viel zu dunkel für das Mädchen.

Der Mann nimmt das Mädchen auf die Arme und trägt es seitab, fort von den anderen Leuten, die überall herumliegen.

Er schabt den Schnee beiseite und legt das Mädchen in die Mulde. Ehe er den Schnee über das Kindergesicht häufelt, betet er ein Vaterunser. Er betet ein wenig wirr, die Sätze wollen nicht in der richtigen Reihenfolge bleiben. Auch als das Vaterunser schon längst beendet ist, redet er noch weiter, was ihm gerade so einfällt und was er in der Bibel gelesen hat, früher einmal.

»Ich bin die Liebe und das Leben«, sagt er. »Und der Mond ward rot wie Blut und der Himmel ein härener Sack«, betet er, er betet alles, was er weiß, und am Schluß vergißt er das ›Amen‹, so daß seine letzten Worte unter dem Himmel hängen und nicht aufhören wollen: »Ich bin die Liebe und das Leben.«

Er versucht nachzudenken, blickt auf den kleinen Schneeberg vor sich, und plötzlich lacht er. Es ist jedoch kein richtiges Lachen.

Er geht zurück zu seinem Pferd.

Das Pferd hat zinnoberrote Augen. Es keilt aus, als er aufsteigen will. So nimmt er es am Zügel und führt es langsam fort.

Der Mann lacht nun nicht mehr. Es ist wieder still und schweigsam rundum wie vorher.

Horst Lange
Verlöschende Feuer

VII

Plötzlich, in einem Augenblick, da man es am wenigsten erwartet hatte, zerbarst die Stille; der ganze Himmel heulte vor Angst und Verzweiflung, in langhin hallenden Intervallen, vom Echo wieder zurückgeworfen, und, wenn es hier ausgeschrien hatte, in den Vorstädten von neuem beginnend, bis die letzten Sirenentöne in einem tiefen Summen ausklangen und einer neuen Stille Platz machten, die noch entsetzlicher war als das rhythmisch auf- und absteigende Brüllen über den Dächern, das bis in den verborgensten Winkel der großen Stadt drang und alle Schlafenden wachrüttelte. Diese Stille nämlich konnte nicht sehr lange dauern, sie wußten es alle, die jetzt aus den Betten sprangen, die sich mit fliegenden Händen ankleideten, schlafbefangen noch und vor Furcht fast gelähmt. Einige bereiteten sich zum Sterben vor, vergebens, denn sie wurden verschont; andere, die leichtfertig blieben, ihre eigenen Sünden verleugneten und nicht daran glaubten, daß es sie treffen könnte, weil es sie ja damals, vor Wochen, beim letztenmal auch nicht getroffen hatte, gingen zugrunde.

Es war so, als würde aus dieser riesigen, unübersehbaren Stadt in den Minuten, nachdem die Sirenen ausgeheult hatten, ein einziges Lebewesen, das sich vor lauter Angst eng an den Boden schmiegte. Es war, als flösse die Angst der Hunderttausende zusammen, als geränne sie gallertartig und dünstete zum Himmel empor wie der Schweißgeruch des Opfers, der seinen Mörder erst mutig macht und ihn dazu bringt zuzuschlagen; die gleiche Angst, die schon seit einem Jahrzehnt die Menschen beherrscht hatte, die immer wieder abgeleugnet, verhohlen und unterdrückt worden war, – nun machte sie sich Luft in dem rattengleichen Huschen derer, die rechtzeitig in die Bunker gelangen wollten, im atemlosen Keuchen der abgehärmten Frauen, im Jammern und Weinen der schlaftrunkenen Kinder und in den Flüchen der wenigen Männer, die den Strom der Flüchtenden zu leiten versuchten, die den Gestürzten wieder aufhalfen, damit sie nicht zu Tode getrampelt wurden, die jeglichen Ausbruch von Hysterie schon im Keim erstickten, die sich, obwohl sie selbst zitterten, dazu zwangen, besonnen und kaltblütig zu bleiben ... Aber es gab auch andere, die schon längst außerhalb dieses Bannkreises der Angst lebten; sie schwangen sich auf ihre Fahrräder, die Rucksäcke voller Flugschriften, mit denen die Nachrichten über den wirklichen Verlauf des Krieges und über die schlecht vertuschten Niederlagen verbreitet werden sollten, mit Aufrufen zum Widerstand gegen die Machthaber, zur Fahnenflucht und zur Sabotage; diese Männer fuhren von einem Viertel ins andere, geschickt und vorsichtig wichen sie den Polizeistreifen aus, und dann hetzten sie, während die Bomben zu fallen begannen, treppauf und treppab und streuten ihre Saat in die offenen Wohnungstüren ...

Lotti hatte, als die Sirenen zu heulen begannen, die Arme um Hans geworfen und ihren Kopf an seiner Brust geborgen, als könnte er das, was sie beide bedrohte, mit einer einzigen Handbewegung zum Verschwinden bringen. Sie hatte ihm leid getan, er wunderte sich darüber, welch ein Gefühl von einfältiger Zärtlichkeit in ihm von all den Umarmungen übrig geblieben war. Sie zitterte und jammerte leise, und er versuchte, sie zu beruhigen.

»Steh auf«, redete er ihr zu, »geh in den Keller. Ich komme gleich nach. Es wird schon nicht schlimm werden, diese Nacht ...«

Aber bereits während er es aussprach, wußte er, daß er gelogen hatte. Er sog die Luft ein, sie hatte einen metallischen Geschmack, so, als nähme man eine grünspanige Kupfermünze auf die Zunge. Es riecht sauer ... stellte er bei sich fest, aber die drohende Gefahr machte ihn beinahe fröhlich; da er wußte, was ihnen bevorstand, konnte er sich darauf gefaßt machen, daß in der nächsten Stunde eine große Besonnenheit von ihm verlangt wurde. Er half ihr beim Ankleiden, er redete ihr gut zu wie einem Kinde, dem eine Prüfung bevorsteht und das solche Fragen erwartet, auf die es keine Antworten geben kann. Er küßte sie noch einmal.

»Ich komme gleich nach«, wiederholte er, obwohl er jetzt schon entschlossen war, nicht in den stickigen Keller zu gehen. Langsam machte er sich fertig, aufmerksam nach draußen lauschend. Noch war alles still, keine Bahn mehr, kein Auto, nur irgendwo, in der Ferne und dann näher, die hallenden Rufe von Männerstimmen, wie sinnlose Kommandos, die von der Mannschaft nicht befolgt werden, weil sie schon längst ihre Disziplin verlor und sich nicht mehr unterzuordnen vermag, denn das wachsende Entsetzen erteilt ihr unhörbare Kommandos, hinter denen eine unerbittliche Macht steht, der man Gehorsam schuldet.

Er hatte das Licht gelöscht und das Fenster geöffnet. Er beugte sich weit über die Brüstung, im Leeren hängend. Hier und da in den Haustüren glommen die Funken von brennenden Zigaretten, und wenn man genau hinhörte, konnte man das gedämpfte Murmeln vernehmen, in dem die Männer, die dort standen, sich unterhielten. Er hatte seine Uniform angezogen und den blauen Anzug und die wenigen Schmucksachen seiner Mutter, die Papiere, einige Bücher und die Kolleghefte in einen kleinen Handkoffer getan. Er sah dem Glimmen der Zigaretten zu und lauschte auf das Gemurmel, von dem er kein Wort verstehen konnte. Genau wie wir – sagte er sich – bevor wir einen Nachtangriff fuhren, genau so haben wir gestanden und geraucht und geredet, nur deswegen, um das Schweigen nicht aufkommen zu lassen, das uns die Kehlen zugepreßt hätte...

Die Stille dauerte schon so lange, daß man die Hoffnung haben konnte: die Bombengeschwader hätten einen anderen Kurs eingeschlagen. Aber dann begann am Horizont das rhythmische Dröhnen, das immer lauter wurde und näher stampfte; die Batterien fingen zu feuern an, in immer kürzeren Abständen und immer heftiger, während hoch oben das gewaltige dunkle Brausen, das nicht mehr aufzuhalten war, in zwei, drei breiten Strömen durch den bebenden Himmel herbeifuhr.

Hans war unschlüssig, was er tun sollte; es widerstrebte ihm, fünf Stockwerke über sich zu wissen. Ohne daß er sagen konnte, warum es ihn eigentlich dorthin trieb, nahm er sich vor, das Dach zu erklettern; als er oben war und durch die Luke ins Freie trat, auf die Plattform hinaus, die mit Kaminen vollgestellt war, beruhigte es ihn, allein zu sein, den weiten Raum um sich zu haben, vergessen von allen, die ihn kannten, wie damals, in all den fremden und unwirtlichen Einöden, die er in seinem Panzer durchquert hatte. Seine Angst hatte nachgelassen, er setzte sich auf den Rahmen eines Oberlichts und stellte sich vor, wie denen zumute sein mochte, die in den Bombern flogen, jenen Soldaten, die ihm selbst glichen und die ohne sonderliche Begeisterung aufgestiegen waren, um ihre Befehle zu erfüllen; sicherlich mußten sie, während sie durch ein Gestöber von Granatsplittern flogen, ihren Mut zusammennehmen, sicherlich waren sie, eng beieinander hockend, halb betäubt vom Gebrumm ihrer Motoren, wie er, wenn er Stunden um Stunden im Panzer gefahren war; sicherlich hatten sie Schweißtropfen auf der Stirn, ihr Leib krampfte sich zusammen, und das Ziel, über dem sie ihre Bombenlast abluden, bedeutete ihnen nichts weiter als einen strategischen Punkt auf der Landkarte; an die Menschen, die dort unten eine oder zwei Stunden lang verzweifelten, die zerfetzt wurden, die erstickten, die unter den Trümmern begraben wurden, die verbrannten, – vermochten sie nicht zu denken, sonst hätten sie es nicht über sich gebracht, den Hebel herunterzudrücken, der die Bombenschächte öffnete; der eine dachte an seine Braut, der andere stellte sich vor, wie es sein könnte, bei seiner Geliebten im Bett zu liegen, dieser hatte Visionen von äußerster Unzüchtigkeit, jener erinnerte sich an die beschwichtigende Stimme seiner Mutter und die Gebete seiner Kindheit und bemühte sich vergeblich, ihren Wortlaut zusammenzubekommen; jeder hatte seine Aufgabe, die er erfüllen mußte, aber keiner war mehr imstande, das Ganze zu überblicken und zu erkennen, sonst hätten sich viele geweigert, auch nur den mindesten von jenen Handgriffen zu tun, die die Vernichtung beschleunigten.

Der Krieg hatte dazu beigetragen, die Verblendung der Völker zu vervollkommnen; der Untergang von Städten, die Verwüstung weiter Landstriche, die Ausrottung ganzer Nationen und Rassen – all das, was unerträglich war, wenn man das Schicksal des einzelnen bedachte – all das, wovor man sich entsetzt hätte, wenn man es von einem anderen Stern aus hätte betrachten können, es war schon längst eine Angelegenheit der Statistik geworden; die Generalstäbler in ihren fleckenlosen, gutgebügelten Uniformen verzeichneten das große Sterben mit gepflegten, bleichen Bürohänden auf Kurven und Tabellen, sie zogen rote, grüne und blaue Linien auf die Landkarten, die sich über ihren Tischen aufrollten, sie strichelten Pfeile, Schraffuren, Quadrate und Dreiecke, die über ganze Provinzen eine schonungslose Vernichtung heraufbeschworen, die Dörfer in Flammen aufgehen ließen, Städte zum Untergang verurteilten, Flüchtlingskolonnen in Bewegung setzten, Seuchen entfesselten und die Menschen nach dahin und dorthin hetzten ... Sie addierten und subtrahierten und bemerkten die Fehler nicht, die sich in ihre Rechenkunststücke einschlichen, sie verglichen die Ergebnisse, sie hatten witzige Redewendungen parat, mit denen sie sich über ihre Erfolglosigkeit hinwegsetzten, und wenn sie sich ins Kasino begaben, während die Ordonnanzen ihnen den Wein eingossen und die Speisen vorlegten, hatten sie das Gefühl, ein gutes Tagewerk vollbracht und Leistungen hinter sich zu haben, denen Anerkennung gebührte, Orden, Beförderungen und ein Ansehen, wie es Ehrenmänner, die überall geachtet waren, sehr wohl beanspruchen durften.

Eigentlich wurde der Krieg gar nicht mit Kanonen, mit Maschinengewehren, Panzern, Handgranaten und Minen, *sondern mit Zahlen geführt,* die das, was beim ersten Anblick völlig chaotisch zu sein schien, dadurch ordneten, daß sie es mit Nennern versahen. In der Zahl verbarg sich der Haß, der die Völker dazu brachte, sich zu zerfleischen; *in der Zahl, die die Welt deswegen beherrschte, weil sie so leicht zu handhaben war und alles unanschaulich machte, war der Ursprung jenes Elends verborgen, das über die Erdteile gekommen war, die in Flammen aufgingen* ... Wenn ich mit einem von denen, die dort oben fliegen – überlegte sich Hans – zusammensitzen könnte, wenn wir die Gelegenheit hätten, ruhig miteinander zu reden und unsere Erfahrungen auszutauschen, so wüßten wir am Ende beide nicht mehr, warum jener in seinem Bomber sitzen muß, während ich hier unten hocke, dem Zufall preisgegeben und davon abhängig, ob jener den Bruchteil einer Sekunde früher oder später nach seinem Hebel faßt.

Die erste Welle war vorüber. Im Osten blitzte es auf. Die Luft wurde vom dumpfen Nachhall der Detonationen geschüttelt, er merkte bis hier die Vibrationen, die durch die Erde gingen. Dann loderte am Horizont ein bräunlicher Lichtschimmer auf, der höher und höher zuckte, mit dem sich der Dunst, der über der Stadt lag, vollsaugte, – der von einer oberen Wolkenschicht reflektiert wurde und ein teuflisches, schattenloses Zwielicht über die Dächer ausgoß.

Jetzt begannen die Geschütze von neuem zu feuern, Batterien fielen ein, die bisher geschwiegen hatten, und nun pflügte es sich heran, auf breiter Front, zwei, drei Geschwader, vielleicht noch mehr, ruhig, unbeirrbar, mit einer unerbittlichen Hartnäckigkeit. Ringsum zuckte es am Himmel auf, grellweiß herabschwebend, daß die scharfen Schlagschatten in die Höfe fielen, daß in allen Fensterscheiben der Widerschein zerschmolz; Kirchtürme stießen aus der Finsternis, Fabrikschornsteine, Giebel, die mit Vasen, Pyramiden und allegorischen Figuren gekrönt waren, die sich wollüstig in diesem Höllenlicht räkelten.

Hans war aufgesprungen, sein Instinkt riet ihm, sich hinzuwerfen, doch er konnte sich von diesem Anblick nicht losmachen. Er sah, wie sein Schatten um ihn herumtanzte, als wollte er sich von seinen Füßen wegreißen. Er sah die grünen, roten und gelben Kugeln, die in die Höhe stiegen und wieder herabkamen, in anmutigen, weitgeschwungenen Bögen. Und dann, ohne daß er gehört hatte, wie die Sprengbomben gefallen waren, schlugen die ersten Detonationen zu wie harte Fäuste, aus Luft geballt; der Sog hob ihn hoch und hätte ihn beinahe in die Tiefe geholt, wenn er sich nicht rechtzeitig an irgendeinem Vorsprung festgeklammert hätte; der Druck schleuderte ihn gegen die Brandmauer des Nachbarhauses, und nun konnte er auch das Sausen vernehmen, das, einem Glissando ähnlich, welches vom Diskant bis in den Baß fährt, sämtliche Töne aneinanderreihend, das Fallen der Bomben hörbar werden ließ, die auf allen Seiten aus dem Himmel stürzten; jenes infernalische Geräusch, dessen Tiefpunkt von einer kurzen Pause markiert wurde, nach der dann endlich die Erde erschauerte und die Häuser auseinanderbarsten. Alle bekannten Naturgesetze schienen aufgehoben, dafür waren andere wirksam geworden, die im Inferno Geltung haben mochten.

GERT LEDIG
Vergeltung

Mitteleuropäische Zeit: 13 ^{01}
Lasset die Kindlein zu mir kommen. –
 Als die erste Bombe fiel, schleuderte der Luftdruck die toten Kinder gegen die Mauer. Sie waren vorgestern in einem Keller er-

stickt. Man hatte sie auf den Friedhof gelegt, weil ihre Väter an der Front kämpften und man ihre Mütter erst suchen mußte. Man fand nur noch eine. Aber die war unter den Trümmern zerquetscht. So sah die Vergeltung aus.

Ein kleiner Schuh flog mit der Bombenfontäne in die Luft. Das machte nichts. Er war schon zerrissen. Als die emporgeschleuderte Erde wieder herunterprasselte, begann das Geheul der Sirenen. Es klang, als beginne ein Orkan. Hunderttausend Menschen spürten ihr Herz. Die Stadt brannte seit drei Tagen und seitdem heulten die Sirenen regelmäßig zu spät. Es war, als würden sie absichtlich so in Betrieb gesetzt, denn zwischen dem Zerbomben brauchte man Zeit zum Leben.

Das war der Beginn.

Zwei Frauen auf der anderen Seite der Friedhofsmauer ließen den Handwagen los und rannten über die Straße. Sie dachten, die Friedhofsmauer sei sicher. Darin hatten sie sich geirrt.

In der Luft dröhnten plötzlich Motoren. Ein Pfeilregen von Magnesiumstäben bohrte sich zischend in den Asphalt. In der nächsten Sekunde platzten sie auseinander. Wo eben noch Asphalt war, prasselten Flammen. Der Handwagen wurde von der Luftwelle umgeworfen. Die Deichsel flog in den Himmel, aus einer Decke entrollte sich ein Kind. Die Mutter an der Mauer schrie nicht. Sie hatte keine Zeit dazu. Hier war kein Spielplatz für Kinder.

Neben der Mutter stand eine Frau und brannte wie eine Fackel. Sie schrie. Die Mutter blickte sie hilflos an, dann brannte sie selbst. Von den Beinen herauf, über die Unterschenkel bis zum Leib. Das spürte sie noch, dann schrumpfte sie zusammen. Eine Explosionswelle barst an der Friedhofsmauer entlang und in diesem Augenblick brannte auch die Straße. Der Asphalt, die Steine, die Luft.

Das geschah beim Friedhof.

In ihm sah es anders aus. Vorgestern hatten die Bomben ausgegraben. Gestern wieder eingegraben. Und was heute geschehen würde, stand noch bevor. Selbst die Verfaulten in den Soldatengräbern wußten es nicht. Und die hätten es wissen müssen. Auf ihren Kreuzen stand: Ihr seid nicht umsonst gefallen.

Vielleicht wurden sie heute verbrannt.

Dem Leutnant hatte man die linke Hand amputiert. Die Hand lag zweitausendvierhundert Kilometer von der Stadt entfernt in der Kalkgrube des Feldlazarettes von El Alamain. Dort war sie verrottet. Jetzt verfügte der Leutnant über eine Prothese, acht Flakgeschütze hinter dem Friedhof, zehn gediente Soldaten und die Oberprima des Humanistischen Gymnasiums.

Drei Meilen kamen die Brandbomben durch die Luft geflogen. Sie zerplatzten auf seinem Betonbunker. Ausgelöst hatte sie Sergeant Strenehen, von dem es später hieß:

ein Mensch.

Menschen gab es viele. Als Strenehen die Feuerwoge über dem Friedhof sah, war er eine Sekunde lang zufrieden. Er hatte dieses Ziel gewählt, in der Hoffnung, dort träfe es nur Tote. Daß sie deswegen sechzig Minuten später einen der ihren mit Schaufeln erschlagen würden, wußte er nicht.

In dieser Stunde oder nach dieser Stunde wurden noch mehr erschlagen. Ein ungeborenes Kind im Mutterleib von einer Hausmauer. Der französische Kriegsgefangene Jean Pierre von einem Gewehrkolben. Sechs Schüler des Humanistischen Gymnasiums am Flakgeschütz von einem Rohrkrepierer. Ein paar hundert Namenlose auch.

Nennenswert war das nicht. In diesen sechzig Minuten wurde zerrissen, zerquetscht, erstickt. Was dann noch übrigblieb, wartete auf morgen.

Später behauptete jemand: So schlimm wäre das nicht gewesen. Es blieben immer welche übrig.

In der Maschine der US-Air-Force gab es keinen Abort, aber Sergeant Strenehen hatte sich erbrochen. Er war durch manchen Orkan geflogen, ohne sich zu erbrechen. Wenn sich die Klappen der Bombenschächte öffneten, erbrach er sich immer wieder.

Dabei war das Öffnen der Schächte ein mechanischer Vorgang. Er wurde ausgelöst vom Automaten des Zielgerätes. Das Präzisionsinstrument errechnete Aufsatzwinkel, Zielstrahl, Rücktrift, ballistischen Vorhalt. Es betätigte die Zünderkästen, das Magazin. Die Erfindung der Guillotine war dagegen primitiv.

Sergeant Strenehens Staffel flog Spitze und markierte die Ziele. Siebzig Meilen hinter ihr folgte die erste Welle. Vierhundert Bomber trugen die Ladung von zwei Güterzügen voll Sprengstoff durch die Luft.

Die Sonne spiegelte sich auf den Tragflächen. Wolken hingen am Horizont. Die Motoren summten, und dreißig Meilen hinter der ersten Welle folgte die zweite.

(...)

Mitteleuropäische Zeit: 14 ¹⁰

Gott mit uns.

Aber mit den anderen war er auch. In der siebzigsten Minute des Angriffs lösten die Zielgeräte der dritten Welle vierzig Luftminen aus.

Steine schossen zum Himmel wie Raketen. Die Holzkreuze auf dem Friedhof waren bereits verbrannt. Im zertrümmerten Wartesaal des Bahnhofes krochen blutende Kinder über Steintreppen. Bomben rissen in einer Kirche Christus vom Kreuz, im Keller des Entbindungsheimes den Säuglingen die weiche Haut vom Kopf, irgendwo einer Frau die gefalteten Hände auseinander und im Freigehege des Tierparks Affen von den Bäumen, in die sie sich geflüchtet hatten.

Das Bildnis einer Madonna wurde aus dem Rahmen gefetzt, die Handschrift eines Heiligen verweht und das Bein eines Lebendigen angesengt.

Der Fortschritt vernichtete Vergangenheit und Zukunft. Innerhalb einer Stunde verloren Kinder ihre Mütter und Maria Erika Weinert das Leben.

Sie erhielt dafür keinen Orden. Jemand fand das unrecht.

Dafür bekam eine Mutter, die ihren für immer verschwundenen Sohn suchte, in dieser Stunde ihr Kreuz.

Sie suchte ihren Sohn zehn Jahre, dann starb sie.

Ein Geistlicher besuchte eine Woche später die Familie Strenehen auf ihrer Tankstelle zwischen Dallas und Fort Worth. Der Mann behauptete: »Was Gott gibt und nimmt, geschieht zu seinem Wohlgefallen.« Übrigens werde sich alles zum Besten wenden. Wer vermißt ist, sei noch nicht getötet.

Nach dieser Stunde wurden etwa dreihundert Menschen vermißt. Davon fand man zwölf.

Sam Ohm fanden sie noch am Nachmittag. Von ihm behaupteten sie, seine Haut sei verkohlt. Jemand sah die rosa Flächen im Inneren seiner Hände und bezeichnete ihn als Nigger. Ein Junge mit Pickeln am Kinn stellte ihm sofort seinen Fuß auf den Kopf.

Ein Offizier meldete einer Frau: Ihr Sohn ist in Ausübung seiner Pflicht als Held gefallen.

Drei Tage später schrieb der Tote: Nein, wir liegen nicht in der Stadt, Mutter. Muß ich das immer wiederholen?

Eine Stunde genügte, und das Grauen triumphierte. Später wollten einige das vergessen. Die anderen wollten es nicht mehr wissen. Angeblich hatten sie es nicht ändern können.

Nach der siebzigsten Minute wurde weiter gebombt. Die Vergeltung verrichtete ihre Arbeit.
Sie war unaufhaltsam.
Nur das Jüngste Gericht. Das war sie nicht.

Wolfgang Weyrauch
Lidice und Oradour

Mein Kind, frag Deinen Vater, wo
er war, als Lidice und Oradour
im Brand sich krümmten, lichterloh.
Frag nach dem falschen Schlag der Uhr

bei Dir zuhaus und anderswo.
Den Lehrer frag: die Angelschnur
schlägt nach ihm aus. Der Wolf im Zoo
erschrickt vor Lidice und Oradour.

Dein Nachbar, der Geranien froh,
vergaß Euch, Lidice und Oradour,
das Feuerkind im Feuerstroh,
das Messer bei der Menschenschur.

Vom Hut aus Filz, vom Korb aus Stroh
kein Pflaster schluckt die rote Spur.
Mein Kind, mach es nicht ebenso,
geh, lies von Lidice und Oradour.

Wolfgang Koeppen
Schön gekämmte, frisierte Gedanken

Göttingen ist, wie jedermann weiß, eine Musenstadt. Tafeln aus Marmor und Erz ehren berühmte, verstorbene und vergessene Bewohner, aber für Heinrich Heine, glaube ich, gibt es auch in Göttingen kein Denkmal.

Ein rothaariges Mädchen. Verirrte, verlorene Seele. Im chinesischen Märchen ins Haus genommen. Durch das Schlüsselloch beobachtet. Plättet in der Bügelkammer ihre schöne Haut. Gräßlicher, nackter Oger. Das rothaarige Mädchen verschwand hinter der schwarzen Tür eines christlichen Zimmertheaters. Ich ging über die Weender Straße zum Weender Tor, was unvermeidlich ist, wenn man unter den Musen wohnt und sich langweilt. Hier begann die »Harzreise«. Seit 1824 hat sich kaum was geändert, abgesehen von den Automobilen, den Rollern und den Betriebsausflügen. In Göttingen gibt es wieder gute Würste und Studenten, die Hunger oder einen Vater haben. Vor dem Ratskeller saßen sie und tranken einander zu, Vandalen, Teutonen, Cherusker, alte Herren zum Stiftungsfest gekommen und werte Lieben miteingeschlossen, das kahle, das graue Haupt närrisch geziert, Salamanderreiber, Leichenbeschauer, Versorgungsärzte, Bundesstaatsanwälte, Farbenverflechtungsidylliker und Oberkriegsgerichtsräte aus zwei großen Zeiten siegreich beendeter Kämpfe gegen friedliche Deserteure, die sanft in molligen Pantoffeln auf Asphodeloswiesen wandeln mögen, von guten Engeln gestreichelt. Ich wollte nicht zum Harz. Ich glaubte nicht mehr an die Hexen auf dem Blocksberg. Die Hexen waren in die Stadt gezogen. In jeder Villa spaltete man Atome, und verhärmt gekleidete Doktorandinnen der theoretischen Physik grübelten in möblierten Zimmern aus rilligem Plüsch und gedrechseltem Nußbaum und dem Kranz zum fünfundzwanzigsten Hochzeitstag der Wirtinnenwitwe unter dem Glassturz Tag und Nacht bei Nes- und Malzkaffee der endgültigen Formel nach, den Erdball in die Luft zu sprengen, während in der Wöhlerstraße (Wöhler, Göttinger Mystagog, Chemiker, 1800 – 1882, er entdeckte die Bildung des Harnstoffes aus cyansaurem Ammoniak) freundliche Herren am runden Tisch unterm rauschenden Blutbuchenbaum ein Filmmanuskript prüften, das sie bei mir bestellt hatten und in dem ich Gott im Himmel und den Menschen heil lassen sollte. Es war ein schöner Sommertag, und ich schlenderte zum Friedhof hinaus, um mich von den Depressionen zu befreien, die Göttingen, die das Filmmanuskript, die diese Sonne mir schenkte, Sonne auf Schindeldächern, Sonne in altem Fachwerk, Sonne auf den Linzer Schnitten im Schaufenster der Konditoreien, Sonne, die schon den Harz und den Blocksberg für diesmal hinter sich hatte.

Der Gaskessel war mir vertraut. Er erinnerte mich an meine Jugend. Das war in Masuren, an den masurischen Seen, in den masurischen Wäldern. Es gab grimme Kälte und grimme Wölfe, später des Untiers Schanze, und in den verlassenen, den zur Sage gewordenen, den unerreichbaren Städten lecken spitze Zungen Rotkäppchens bleiche Wangen. Auch in Masuren stand hinter dem

Friedhof, schwarz und rund, ein Gasometer, und wenn wir im Weltkrieg Nummer eins als Schüler zur Beerdigung eines im Lazarett verstorbenen Soldaten kommandiert waren und an der offenen Gruft sangen »kein schönrer Tod ist in der Welt, als wer vom Feind erschlagen«, wehten süßlich verwesende Schwaden vom Gaswerk her über der Gräber Immergrün, und es war, als habe sich der tote Held in Leuchtgas aufgelöst, um an düsteren Schneemorgen die muffigen Räume des Tannenberggymnasiums milchig zu erhellen. Hellas strahlende Sonne war leider lange schon untergegangen. Ich hätte auf dem masurischen Friedhof liegen können, kein toter Held zwar, aber doch ein Schlachtopfer des Krieges, von der Statistik erfaßt, der nichts entgeht, ein Gefallener der Grippe, der echten spanischen, an der Millionen starben. Der alte Landarzt hatte es eilig, den Totenschein zu schreiben; doch in derselben Nacht noch verließen Kaiser Wilhelm und Feldherr Ludendorff das Heer, der Krieg schien aus zu sein, und die Sterbenden klammerten sich ans Leben. Seine Majestät und die treuesten der Paladine hingen über meinem Bett, schmückten ein Dokument für fleißiges Brennesselsammeln, das mir gewidmet war mit stolzem Spruch und kaiserlichem Namenszug. Was wollten sie mit den Brennesseln? Sie beugten sich über eine Generalstabskarte und hatten große Dinge mit mir vor. Von den roten Aufschlägen ihrer Mäntel entzündete sich im Fieber die Szene. Auch ich wollte vom Feind erschlagen werden. Hindenburg, der dritte im Bilde, stand wie ein Fels im Feuer. Er sah genau wie unser Deutschlehrer aus, oder der Deutschlehrer sah wie Hindenburg aus: markig und streng. Erst viel später entdeckte man, daß dieser rocher de bronze – ich meine Hindenburg – hohl war.

Auf dem Friedhof in Göttingen las ich die Grabschriften der toten Professoren. Ich suchte die Göttinger Sieben, und ich fand sie nicht und auch nicht den Machandelbaum, unter dem ich sie mir begraben dachte. Der Geruch vom Gaswerk her stieg mir angenehm in die Nase. Die Göttinger Hausfrauen kochten, und ich lebte. Wäre ich in Masuren gestorben, hätten mich die Granaten des Weltkrieges Nummer zwei wieder ausgegraben. Einen hungrigen Hund hätte ich enttäuscht. Aber ein Wolf hätte vielleicht mein Gebein zum See geschleppt. Mit fünfzehn Jahren träumte ich im Schilf. Ich las Frank Harris' Wilde-Biographie und richtete meine Augen auf den Père Lachaise. Nichts schien mir erstrebenswerter als das Armenbegräbnis eines verrufenen Dichters, doch meine Klassenkameraden wollten weiterhin General werden und für das Vaterland sterben. Einige sind General geworden, andere sind für die

Hybris des Vaterlandes gestorben, aber der Père Lachaise blieb fern, fern der Hügel unsichtbaren wilden Lorbeers, und nah waren Prügelstab, Beil, Strick, Bomben, das Kellergrab, das Haus drüber hingesunken, die Delinquentengrube, schaftstiefelentweiht.

Die rothaarige, verirrte Seele kam aus dem Bühneneingang des christlichen Zimmertheaters, wiegte sich über den Rathausmarkt, Teutonen, Vandalen, Cherusker, das Commersbuch war aufgeschlagen, sie ging zur Fischhalle, kaufte einen kleinen geräucherten Aal, der nicht an der Georgia Augusta immatrikuliert war. Die freundlichen Herren in der Wöhlerstraße gaben mir einen Cognac, einen Scheck und mein Drehbuch zurück. Ich eilte zum Bahnhof. Was ließ ich hinter mir? Ein geleertes Glas, einen nicht gefundenen Machandelbaum, geatmetes Gas, eine nicht gegessene Linzer Schnitte, die Jugend und ihre Betrachtung, die alte Burschenherrlichkeit, unwiederbringlich verlorene Stunden und eine rote Seele auf christlicher Bühne, von einem kleinen geräucherten Aal ernährt.

Ich löste den Scheck ein. Ich fuhr nach Paris.

Der Blaue Expreß. Er heißt Mozart. Auf der Brücke bei Kehl pfeift er die Zauberflöte. Das Münster, sein Schatten, als ich auf deinem Grabe herumwandelte, edler Erwin, die bunten Häuser am Ufer wie müde Alte in der Abendsonne, und der duftende Rum von den westindischen Inseln, alle die kreolischen Verhältnisse, Kaiserin und Tänzerinnen und nackt in den Bordellen und das Baccalaureat am Gymnasium Henri Quatre und die Vorlesungen des Collège de France, hinter Straßburg verlangt der Schaffner ein Supplément und der Speisewagen ist zum Abendessen Wollust und Raub, und jeder Schluck aus Burgund ist schon auf der Ile de la Cité getrunken, er kannte Balzac, der begleitete ihn, oh Rue St.-Honoré, das alte Taxi fuhr durch die Rue de la Harpe zur Rue de Cluny, es war der Heimweg Lucien de Rubemprés, das alte Hotel de Cluny, die alten morschen Stufen, die alten klugen Mäusegeschlechter, und da sind die Weinhändler der beneideten Bettler, die wie der alte Verlaine aussehen, die Kochtöpfe der Chinesen, die Herdfeuer der Anamiten, die Speisestuben der Afrikaner, heimtückische Schüsse aus dem Atlasgebirge und über die Wüste und die Straßen der Kolonisatoren, und auf dem Boulevard St.-Michel drängt sich die Jugend, die Jugend der Sorbonne, die ehrgeizbesessene Jugend der Ecole Normale Superieur, die Jugend der Revolution, die Jugend der Bastille irgendwo in der Welt, Jugend vom Islandschnee bis zum schwarzen Niger, Jugend voll Neugier, Jugend voll Wissen, Jugend voll Trotz und Hochmut und Verbrechen und Fluch und

Tränen in allen Kammern des Quartiers, Jugend, die die Welt verändern wird! In fünfzig Jahren – was wird hier in fünfzig Jahren sein – Pompeji? Wir sind vor Entscheidungen gestellt.

Am Morgen das milde Licht. Das milde Licht war Gaukelei. Bitternis, flimmernde freundliche Bitternis über den Bäumen des Ufers, über den sanft geschwungenen Brücken, über dem glitzernden Wasser der Seine, über dem Glockenschlag der Kathedrale. Das Gebäck bröckelte wie Asche, wie müde Lava aus einem toten Vulkan, der Kaffee war Spülicht, gestohlen aus dem Abflußrohr eines geschlossenen Altersheims. Ja, ich war in Paris, saß am geliebten Platz, saß auf dem wackligen Stuhl, streichelte die Katze. Es war zwanzig Jahre her, daß ich hier gewesen war. Warum war ich jemals weggegangen? Ich war zwanzig Jahre zu spät zurückgekommen, und alles war verfehlt, und alles war falsch geworden, das Leben war gerettet, aber das Leben war vertan, versäumt, vergeudet, wie Sand aus eines Narren Hand gegen die Sterne geworfen.

Das Ballett der Autobusse. Ligne 85 Gare du Luxembourg-St. Denis über den Pont des Arts, ligne 95 Gare Montparnasse-Porte de Montmartre über den Pont du Carrousel, die Ausflugdampfer bewimpelt und mit Musik, Maupassantsche Ruderpartien, Brigitte Bardot, erblüht auf den Plakaten des Cinema, ich flog mit ihr zum Turm von Notre Dame, band ihr Haar ins Maul der Ungeheuer, mich hatten Dirnen ausgehalten, ich hatte die Ratten der großen Oper an den Gesandten des Königs von Preußen verkuppelt, in den Plüschsesseln der Logen der kleinen Theater fanden mich am Morgen die Reinmachefrauen, mein Stück war durchgefallen, sie schenkten mir Brot und den Schlag einer derben Hand, ich hatte mit Vautrin gestohlen, ich war mit Rastignac ins Palais Royal gegangen, ich hatte das Chagrinleder besessen, die tödlichen Wünsche, Baudelaires Blumen, Rimbauds Vokale, Verlaines Tränen, ich hatte mit den Goncourts gespeist, mit Herrn von Charlus war ich in eines Westenmachers Werkstätte gegangen, aus den Fenstern der Pension Vedel sah ich auf die Baumgipfel des Jardin du Luxembourg, folgte den Gymnasiasten, den hübschen kleinen Dieben, wie Gerard de Nerval hing ich an einem Morgen am Gitter eines verrufenen Hauses in der Rue de la Vieille Lanterne. Zu spät. Ich war zu spät zurückgekommen. Ich löste Brigittes Haar vom Maul des Ungeheuers. Sie fiel in die Seine, trieb den Sonnenuntergängen nach, Millionen Kerzen glorifizierten sie, Scheinwerfer, die morgen, von ihren Dynamos gerissen, Fossilien gleichen werden aus vorgeschichtlicher Zeit.

Ich ging über den Platz St.-Michel. Gedenktafeln klagten mich an. Ungekannte Freunde waren gefallen. Noch einmal jung sein! Ich würde in Paris bleiben. Ich würde Medizin studieren, das Herz untersuchen, Gehirne wiegen, ich gewönne Freunde, den Sohn eines Häuptlings von Kukawa am Tschad-See, der von einem Lehrstuhl für Philosophie im russischen Königsberg träumt, den Sohn des Präsidenten und das bürgerliche Frankreich bei Tisch, einen jungen Beischlafdieb, der ein Traktat über die Sinnlosigkeit aller Lyrik schreibt, Verschwörer jeglicher Hautfarben, minderjährige Unzufriedene aus Diktaturen und Demokratien, ich hätte Freundinnen, eine Chinesin aus Saigon, eine Kommunistin aus Clignancourt, eine Kleiderträgerin vom Platz Vendôme mit einem vor tausend Linsen erstarrten Gesicht. Ich würde Schiffsarzt werden, Negerarzt im Wald, der Psychiater verzweifelter Mörder in New York, ich praktiziere in einem chinesischen Dorf. Wo ich's vermag, verrate ich meine weißen Brüder. Die Sehnsucht treibt mich zurück. Ich werde Armenarzt in Paris. Jeder Bettler kennt mich. Die Huren sind meine Schwestern. Jeder Gesetzesbrecher traut mir. Ich kenne den Untergrund des Lichts. Und erst nach all den Jahren, reif an Erkenntnissen und Erfahrungen und voll Verachtung für die Praktiken der Verleger und Kritiker, schreibe ich ein Buch.

Glückliches Leben, schönes Ende, die Praxis verlassen, den Stuhl am Schreibtisch umgestoßen. Ich schlafe unter den Brücken, ein alter Mann, wirres graues Haar und noch immer der gierige Blick nach den Beinen der Mädchen. Ich bettele, dies ist die edelste Haltung des Menschen. Die Weinflasche wird gefüllt. Das milde Licht über den Bäumen, über der Seine, über dem Glockenschlag der Kathedrale, nun ist es ohne Bitternis. Ich sehe purpurfarbene Wolken. Paris ist schön! Aber der Père Lachaise ist für immer geschlossen. Ein illustrer Club. Ich verliere die Ballotage: lauter schwarze Kugeln.

Schön gekämmte, frisierte Gedanken. Ein Wort von Heine, wie jedermann weiß.

Günter Kunert
Du kannst nicht entfliehen

Lauf in dein Haus und verriegle
Mit bebenden Fingern das Tor

Eile die Treppe hinauf
In dein Zimmer und dreh herum
Den Schlüssel im Schloß

Den Schrank, schwarz und schwer
Von Büchern, Papieren, verschlissenen Hemden
Rück vor die Tür

Das Fenster, zu durchsichtig
Verhäng mit der Decke, der wollenen, dichten

Mit Lumpen und Lampen
Verstopfe die Ritzen und Risse

Mit dem Messer zerschneide
Die Drähte zum Licht und zum Telefon
Somit zur Welt

Danach verkriech dich
Ins Bett unter das Kissen
Bohre den Schädel

Doch wird durch die Steine, durch Mörtel
Und Steine
Dringen ein Hauch

Doch wird im Dunkel
Aufglimmen ein Licht

Und doch in der Stille
Wird sprechen eine Stimme

Von der betrogenen Unschuld
Von der beschmutzten Güte
Von der mißbrauchten Liebe
Von der gelobten Lüge
Vom begrüßten Betrug

Und wird sprechen die Wahrheit und
Nichts andres als Liebe
Wird sie sprechen von dir

Der Wahrheit kannst du nicht entkommen
Denn sie ist in dir
Gegen deinen Willen

Die dir furchtbar
Willst du sie löschen
Vergehst du mit ihr

Erich Fried
Logos

Das Wort ist mein Schild
und das Wort schilt mich

Das Wort ist mein Schwert
und das Wort beschwert mich

Das Wort ist fest
und das Wort ist lose

Das Wort ist mein Fest
und das Wort ist mein Los

Friedrich Dürrenmatt
Die Panne. Hörspiel

Traps Ich rede die Wahrheit, ich schwöre es. Glauben Sie mir doch!
Staatsanwalt Ich glaube Ihnen ja aufs Wort, liebster Freund Alfredo. Ich will nur gewisse Widersprüche auflösen, die sich bei der Wahrheit herausgestellt haben, nichts weiter. Sie brauchen mir nur zu erklären, was Sie mit der Mitteilung über Ihren Ehebruch bei Gygax bezweckten, und alles ist in Ordnung. Es geschah nicht aus Wahrheitsliebe, es geschah nicht aus Liebe zu Frau Gygax, warum geschah es denn?

TRAPS Es geschah – ich wollte ihn schädigen.
STAATSANWALT Das ist eine Antwort. Jetzt sind wir schon ein Stück weiter. Wie schädigen?
TRAPS *mühsam.* Einfach irgendwie –
STAATSANWALT Geschäftlich?
TRAPS Ja, geschäftlich – das heißt, eigentlich nicht, mit Geschäft hatte diese Affäre ja nichts zu tun.
STAATSANWALT Also gesundheitlich?
TRAPS Eher. Das vielleicht auch.
STAATSANWALT Einen schwerkranken Mann gesundheitlich zu schädigen versuchen, heißt doch eigentlich, ihn zu töten versuchen, finden Sie nicht?
TRAPS Aber Herr Staatsanwalt, das ist doch nicht möglich, das können Sie mir doch nicht zutrauen?
STAATSANWALT Es war aber möglich.
TRAPS Ich habe mir doch dabei nichts überlegt!
STAATSANWALT Sie gingen völlig planlos vor?
TRAPS Nein, das auch nicht.
STAATSANWALT Also planvoll?
TRAPS Mein Gott, warum quälen Sie mich denn?
STAATSANWALT Ich quäle Sie doch nicht. Sie quälen sich. Ich will Ihnen nur zur Wahrheit verhelfen. Es ist für Sie wichtig zu wissen, ob Sie gemordet haben oder nicht. Man mordet oft, ohne es zu wissen. Das muß ich aufklären; oder fürchten Sie sich vor der Wahrheit?
TRAPS Nein, ich habe ja schon gesagt, daß ich mich nicht davor fürchte.
STAATSANWALT Nun? Was ist nun die Wahrheit?

Schweigen.

TRAPS *langsam.* Ich dachte manchmal, daß ich Gygax am liebsten den Hals umdrehen, daß ich ihn töten möchte, aber das tut man doch nun einmal so, das denkt doch jeder hin und wieder.
STAATSANWALT Aber Sie haben es ja nicht nur gedacht, Angeklagter, Sie haben auch gehandelt.
TRAPS Das schon – aber er starb doch an einem Herzinfarkt, und daß er einen kriegt, war doch nicht sicher.
STAATSANWALT Sie mußten aber mit der Möglichkeit rechnen, daß er einen erleiden würde, wenn er von der Untreue seiner Frau erführe.
TRAPS Damit mußte man ja immer rechnen.

STAATSANWALT Und trotzdem haben Sie gehandelt.
TRAPS *verzweifelt.* Geschäft ist doch Geschäft.
STAATSANWALT Und Mord ist Mord. Sie gingen gegen Gygax vor, auch als Sie wußten, daß Sie ihn töten könnten.
TRAPS Nun ja –
STAATSANWALT Gygax ist tot. Also haben Sie ihn getötet.
TRAPS Na ja – indirekt schon.
STAATSANWALT Sind Sie nun ein Mörder oder nicht?
TRAPS Ich sehe es ein – ich bin ein Mörder.
STAATSANWALT Der Angeklagte gesteht. Es liegt ein psychologischer Mord vor, auf eine derart raffinierte Weise ausgeführt, daß außer einem Ehebruch scheinbar nichts Gesetzwidriges passierte, scheinbar, weshalb denn, da dieser Schein nun zerstört ist, ich als Staatsanwalt unseres privaten Gerichts die Ehre habe – und damit komme ich zum Schluß meiner Würdigung – die Todesstrafe für Alfredo Traps zu fordern.
TRAPS *wie erwachend.* Ich habe getötet.
SIMONE Torte, meine Herren, Mokka, Cognac aus dem Jahre 1893!
PILET Fein.
VERTEIDIGER Da haben wir das Unglück! Wieder einmal ein Angeklagter zusammengebrochen, wieder einmal gesteht einer. Da soll ich Verteidiger sein. Halten wir uns an die Schönheit der Stunde, an die Erhabenheit der Natur vor den Fenstern. Die Buchen rauschen. Zwei Uhr nachts, das Fest im ›Bären‹ verstummt, nur noch das Schlußlied trägt uns der Wind herüber, ›Unser Leben gleicht der Reise‹.

Ferner Männergesang.

RICHTER Der Verteidiger hat das Wort.
VERTEIDIGER Ich habe mit Vergnügen der erfindungsreichen Rede zugehört, die unser Staatsanwalt eben hielt, meine Herren. Gewiß, der alte Gangster Gygax ist tot, mein Klient hatte schwer unter ihm zu leiden, steigerte sich auch in eine wahre Animosität gegen ihn hinein, versuchte ihn zu stürzen, wer will das bestreiten, wo kommt das nicht vor, phantastisch nur, diesen Tod eines herzkranken Geschäftsmannes als Mord hinzustellen.
TRAPS Aber ich habe doch gemordet!
VERTEIDIGER Im Gegensatz zum Angeklagten halte ich den Angeklagten für unschuldig, ja, nicht zur Schuld fähig.
TRAPS Aber ich bin doch schuldig!

VERTEIDIGER Daß er sich selbst zu dem vom Staatsanwalt so raffiniert fingierten Mord bekennt, ist psychologisch leicht zu begreifen.
TRAPS Aber es gibt doch nur zu begreifen, daß ich ein Verbrechen begangen habe.
VERTEIDIGER Man braucht den Angeklagten nur zu betrachten, um seine Harmlosigkeit zu erkennen. Er genießt es, in unserer Gesellschaft geliebt, gewürdigt, verehrt zu sein, bewundert auch ein wenig dank seinem roten Studebaker, so daß der Gedanke, einen richtigen, perfekten, durchaus nicht stümperhaften Mord begangen zu haben, ihm zu gefallen beginnt, schwer vom Neuchâteller, vom Burgunder, vom wundersamen Cognac aus dem Jahre 1893. So ist es denn natürlich, daß er sich nun wehrt, sein Verbrechen wieder in etwas Gewöhnliches, Bürgerliches, Alltägliches zurückverwandelt zu sehen, in ein Ereignis, das nun eben das Leben mit sich bringt, das Abendland, unsere Zivilisation, die den Glauben, das Christentum, das Allgemeine mehr und mehr verlor, chaotisch geworden ist, so daß dem einzelnen kein Leitstern blinkt, Verwirrung, Verwilderung als Resultate auftreten, Faustrecht und Fehlen einer wahren Sittlichkeit, so daß denn unser guter Traps eben nicht als ein Verbrecher, sondern als ein Opfer unserer Zeit anzusehen ist.
TRAPS Das ändert doch nichts daran, daß ich ein Mörder bin.
VERTEIDIGER Traps ist ein Beispiel für viele. Wenn ich ihn als zur Schuld unfähig bezeichne, so will ich damit nicht behaupten, daß er schuldlos ist: im Gegenteil. Er ist vielmehr verstrickt in alle möglichen Arten von Schuld, er ehebrüchelt, schwindelt, gaunert sich durchs Leben, aber nicht etwa so, daß sein Leben nur aus Ehebruch, Schwindel und Gaunerei bestände, nein, er hat auch seine guten Seiten, durchaus, seine Tugenden, er ist ein Ehrenmann, nehmt alles nur in allem, nur ist er von Unkorrektem, Schuldigem wie angesäuert, leicht verdorben, wie dies eben bei jedem Durchschnittsleben der Fall ist: doch gerade deshalb wieder ist er zur großen, reinen, stolzen Schuld, zur eindeutigen Tat, zum entschlossenen Verbrechen nicht fähig und träumt nun aus diesem Mangel heraus, es begangen zu haben.
TRAPS Aber es ist doch gerade umgekehrt, Herr Verteidiger. Vorher träumte ich, unschuldig zu sein, und nun bin ich wach geworden und sehe, daß ich schuldig bin.
VERTEIDIGER Betrachten wir den Fall Gygax nüchtern, objektiv, ohne den Mystifikationen des Staatsanwalts zu erliegen, kom-

men wir zum Resultat, daß der alte Gangster seinen Tod im wesentlichen sich selbst zu verdanken hat, seinem unordentlichen Leben, seiner Konstitution – was die Managerkrankheit bedeutet, wissen wir zur Genüge: Unrast, Lärm, zerrüttete Ehe und Nerven. Dies gilt es nun zu beweisen. Ich will meinem Klienten eine bestimmte Frage stellen. Angeklagter, wie war denn das Wetter an jenem Abend, als Gygax starb?

TRAPS Föhnsturm, Herr Verteidiger. Viele Bäume wurden entwurzelt.

VERTEIDIGER Sehr schön. Damit dürfte wohl auch der äußere Anlaß gegeben sein, der zum Tode führte, häufen sich doch erfahrungsgemäß bei starkem Föhn die Herzinfarkte, Kollapse, Embolien.

TRAPS Darum geht es doch nicht!

VERTEIDIGER Nur darum geht es, lieber Herr Traps. Es handelt sich eindeutig um einen bloßen Unglücksfall, aus dem man uns einen Mord konstruieren will, als sei es durch teuflische Berechnung zum Tode Gygaxens gekommen, als hätte der Zufall keine Rolle gespielt. Das sind begreifliche Wünsche, doch keine Realitäten. Natürlich hat mein Klient rücksichtslos gehandelt, doch er ist nun eben den Gesetzen des Geschäftslebens unterworfen, natürlich hat er oft seinen Chef töten wollen, was denken wir nicht alles, was tun wir nicht alles in Gedanken, aber eben nur in Gedanken; eine Tat außerhalb dieser Gedanken ist nicht vorhanden, nicht feststellbar. Daß der Angeklagte durch seine unglückliche Mitteilung über den Ehebruch Gygax ärgern wollte, mein Gott, ist schließlich begreiflich, Gygax war ja selbst rücksichtslos, brutal, nützte seinen Untergebenen aus. Und weshalb unseren guten Traps nun auch damit belasten, daß er nicht mehr zur Witwe geht? Es war ja schließlich auch keine Liebe! Nein, meine Herren, es ist absurd, meinen Klienten damit zu behaften, noch absurder, wenn er sich nun selber einbildet, einen Mord begangen zu haben, er hätte gleichsam zu seiner Autopanne noch eine zweite, eine geistige Panne erlitten, und somit beantrage ich für Alfredo Traps den Freispruch.

TRAPS *außer sich.* Meine Herren, ich habe eine Erklärung abzugeben.

RICHTER Der Angeklagte hat das Wort.

TRAPS *leise.* Ich habe die ungeheuerliche Rede meines Verteidigers mit Entrüstung vernommen, diejenige des Staatsanwalts mit tiefster Erschütterung. Zur Rede des Verteidigers möchte ich mich nicht äußern, sie stellt eine einzige Verleumdung dar, zur Rede des Staatsanwalts sind jedoch einige leise Berichtigungen am Platz, nicht, daß sie wichtig wären, doch, glaube ich, könnten sie dienen, der Wahrheit ganz zum Durchbruch zu verhelfen. So hat mich Frau Gygax nicht in einem Bademantel empfangen, sondern in einem dunkelroten Kimono, auch hat der Infarkt Herrn Gygax nicht im Korridor getroffen, sondern in seinem Lagerhaus, noch eine Einlieferung ins Spital, dann Tod unter dem Sauerstoffzelt, doch dies ist, wie gesagt, unwesentlich. Ich bin ein Mörder. Ich wußte es nicht, als ich dieses Haus betrat, wollte es wohl nicht wissen, nun weiß ich es. Ich wagte nicht daran zu denken, ich war offenbar zu feige, ehrlich zu sein, nun habe ich den Mut dazu. Ich bin schuldig. Ich erkenne es mit Entsetzen, mit Staunen. Die Schuld ist in mir aufgegangen, kommt es mir vor, wie eine Sonne, erhellt mein Inneres, verbrennt es. Mehr habe ich nicht zu sagen. Ich bitte das Gericht um das Urteil.

RICHTER Lieber Alfredo Traps. Sie stehen vor einem Privatgericht. Es ist daher in diesem feierlichen Moment meine Pflicht, an Sie die Frage zu richten, ob Sie das Urteil unseres nicht staatlichen, sondern privaten Gerichts auch anerkennen?

TRAPS Ich nehme dieses Urteil an.

RICHTER Sehr schön. Sie anerkennen unser Gericht. Ich erhebe mein Glas, gefüllt mit braungoldenem Cognac aus dem Jahre 1893. Du hast gemordet, Alfredo Traps, nicht mit einer Waffe, nein, allein durch die Gedankenlosigkeit der Welt, in der du lebst; denn daß alles Absicht war, wie der Staatsanwalt uns glauben machen will, scheint mir nicht so ganz bewiesen. Du hast getötet, allein dadurch, daß es dir das Nützlichste war, jemand an die Wand zu drücken, rücksichtslos vorzugehen, geschehe, was da wolle. In der Welt, die du mit deinem Studebaker durchbrausest, wäre dir nichts geschehen, aber nun bist du zu uns gekommen, in unsere stille weiße kleine Villa, zu vier alten Männern, die in deine Welt hineingeleuchtet haben mit dem reinen Strahl der Gerechtigkeit. Sie trägt seltsame Züge, unsere Gerechtigkeit, ich weiß, ich weiß, sie grinst aus vier verwitterten Gesichtern, spiegelt sich im Monokel eines greisen Staatsanwalts, im Zwicker eines dichterischen Verteidigers, kichert aus dem zahnlosen Munde eines betrunkenen, schon etwas lallenden Richters, leuchtet rot auf der Glatze eines dicken, abgedankten Henkers, es ist eine verkehrte, groteske, schrullige, pensionierte Gerechtigkeit, aber auch als solche eben *die* Gerechtigkeit, in deren Namen ich nun, mein armer, lieber Alfredo, dich zum Tode verurteile.

TRAPS *leise, gerührt*. Hohes Gericht, ich danke. Ich danke von ganzem Herzen.
RICHTER Henker, führen Sie den Verurteilten in das Zimmer für die zum Tode Verurteilten.
PILET Fein.
STAATSANWALT Ein schöner Abend, ein lustiger Abend, ein göttlicher Abend.
RICHTER Haben gut gespielt.
VERTEIDIGER Habe einfach eine Pechsträhne.
STAATSANWALT Unsere Arbeit wäre erledigt.

ERICH KÄSTNER
Die Schule der Diktatoren. Eine Komödie

Das vierte Bild

Arbeitszimmer des Professors. Bücher, Akten, Telefone, elektrisches Schaltbrett, vergitterte Fenster. Anwesend sind: PROFESSOR, PREMIER, KRIEGSMINISTER *und* LEIBARZT.

PROFESSOR *telefoniert*. Ich will, bis auf Widerruf, nicht gestört werden. *Legt auf. Händereibend.* Ich freue mich, daß Sie mir wieder einmal die Ehre Ihres Besuches zuteil werden lassen. Man sieht einander zu selten. Das legendäre Panzerauto, das zwischen der Hauptstadt und Schloß Belvedere hin- und herrast, ist ein kümmerlicher Kontakt. Ein leeres Auto, worin angeblich ein Präsident sitzt!
KRIEGSMINISTER Wir sind ziemlich beschäftigt.
PREMIER *am Fenster*. Herrliche Baumgruppen. Frische Luft. Abendfrieden zu jeder Tageszeit. Sie sind zu beneiden.
PROFESSOR Ich habe Sie erwartet. Unser braver Schuhmacher ist also gestorben.
PREMIER An den Folgen einer leichtsinnigen Amnestie-Erklärung.
LEIBARZT Die ärztliche Kunst versagte.
PROFESSOR Damit muß man immer rechnen.
KRIEGSMINISTER *blickt auf die Armbanduhr*.
PROFESSOR Sie können, wenn es Ihre kostbare Zeit zuläßt, dem Unterricht beiwohnen.
KRIEGSMINISTER Wir *können*? Wir *werden!*
PREMIER *zum Professor*. Sie haben sich nur versprochen.
KRIEGSMINISTER Sie können! Ums Haar hätte er gesagt: Sie *dürfen!*

PROFESSOR Vorsicht! *zeigt auf den Zuschauerraum.* Man hört uns zu.
DIE DREI ANDEREN *mustern die Zuschauer. Überrascht, aber kaltblütig.*
KRIEGSMINISTER Die Leute sehen aus, als seien sie lange nicht eingesperrt gewesen. Vollgefressen und unverschämt.
PREMIER *taxiert.* Zehn Lastwagen genügten.
KRIEGSMINISTER Ein paar Baracken. Elektrisch geladener Stacheldraht. Eine Latrine. Ein paar Scheinwerfer. Ein paar Maschinengewehre.
PREMIER Staatlich gelenkte Sterblichkeit.
LEIBARZT Die Herrschaften wissen noch nicht, wie fidel es sich ohne Rückgrat lebt.
KRIEGSMINISTER Pack! *Zum Professor.* Aber es wird Ihnen nicht gelingen, uns mit alten Theatertricks abzulenken. So leicht zaubern Sie uns die Wirklichkeit nicht aus dem Zylinder!
DIE VIER *wenden sich wieder vom Zuschauerraum ab, als existiere er nicht mehr.*
PREMIER Der Kriegsminister nahm an Ihrer Formulierung Anstoß.
KRIEGSMINISTER »Sie können, wenn es Ihre kostbare Zeit zuläßt!« *Haut auf den Rollstuhl.* Ironie vertrag ich nicht, verstanden?
PROFESSOR *zum Leibarzt.* Sie sollten unserm Kasernenhofcholeriker eine Beruhigungsspritze geben. Aber, bitte, keine zu starke Dosis. Kriegsminister möchte ich nicht auch noch züchten. *Zum Kriegsminister.* Kommandieren Sie, wen Sie wollen. Mich nicht. Diese Schule war *mein* Gedanke. Ohne sie könnten Sie jetzt in Ihrer hübschen Uniform hinterm Schalter Briefmarken verkaufen. Oder in irgendeinem abgelegenen Dschungel wilden Völkerstämmen den Gebrauch des Zündnadelgewehrs beibringen. Daß Sie stattdessen einer der modernsten Armeen befehlen, daß Ihnen die Waffenlieferanten Blankoschecks, für jeden Betrag und in jeder Valuta, zustecken und daß Sie harmlose Senatorentöchter in die Geheimnisse der Liebe einweihen können, »wenn es Ihre kostbare Zeit erlaubt«, verdanken Sie mir! Erinnern Sie sich gelegentlich daran.
PREMIER Wir haben miteinander auszukommen. Der Staat hat Platz für vier Männer. Zwist wäre Selbstmord.
LEIBARZT Im Quartett.
KRIEGSMINISTER Gut. Erledigt. – Ist das kleine Luder schon eingetroffen?
PROFESSOR Vor einer Stunde.

KRIEGSMINISTER *blickt auf die Armbanduhr.* Ich werde mich mit ihr ein wenig unterhalten. Nur so lange, bis sie mich auf den Knien bittet, hierbleiben zu dürfen. Sie weint allerliebst.
PROFESSOR Ihr Besuch im Pavillon widerspräche der Hausordnung.
KRIEGSMINISTER Schade, Herr Lehrer.
PROFESSOR Sie brauchen einen neuen Präsidenten, Exzellenz. Das ist im Augenblick wichtiger. *Nimmt einen Stoß großformatiger Fotografien vom Schreibtisch.* Zunächst ein paar Worte zum Thema Ähnlichkeit. Links sehen Sie den echten Präsidenten. Rechts die erste Fälschung.
LEIBARZT Den Kriminalinspektor, durch den er sich manchmal vertreten ließ.
PROFESSOR Ganz recht.
KRIEGSMINISTER Hätte der am Tag des Attentats keine Gallenkolik gekriegt, lebte der echte womöglich heute noch.
LEIBARZT Ein Glück, daß es Kriminalinspektoren mit Gallensteinen gibt.
PREMIER Die Ähnlichkeit ist frappierend.
PROFESSOR Ich lege den echten Präsidenten beiseite und konfrontiere den Kriminalinspektor mit dem Falsifikat Nummer Zwei.
PREMIER Dem ersten Abiturienten Ihrer Anstalt.
LEIBARZT Dem Damenfriseur, der in einem fort den Kopf unserer verehrten Präsidentin bearbeitet. *Summt* »Figaro, Figaro, Figaro!«
PROFESSOR Er hing sehr an seinem Beruf. Und starb eines natürlichen Todes.
KRIEGSMINISTER Was es alles gibt!
PREMIER Die Ähnlichkeit ist frappierend.
PROFESSOR Ich lege den Kriminalinspektor beiseite und zeige Ihnen neben dem Friseur den gewerkschaftlich organisierten Schuhmacher, der an seiner Amnestieerklärung erstickte.
PREMIER Die Ähnlichkeit ...
LEIBARZT ... ist frappierend.
PROFESSOR Was läßt sich daraus schließen?
KRIEGSMINISTER Sehr einfach. Daß alle vier einander zum Verwechseln ähnlich sahen.
PROFESSOR Falsch! *Hantiert.* Ich halte, beispielsweise, das Original neben den Schuster. Wie steht's jetzt mit der Ähnlichkeit?
LEIBARZT Man sieht Unterschiede. Zweierlei Kinnladen. Auch die Schläfenpartie.

PREMIER Tatsächlich.
KRIEGSMINISTER Kartenkunststückchen.
PROFESSOR Ergo?
PREMIER Die Ähnlichkeit zwischen jedem Vorgänger und seinem Nachfolger überzeugt eher als die zwischen weiter auseinanderliegenden Fällen.
KRIEGSMINISTER Klingt wie'n geometrischer Lehrsatz.
PROFESSOR Der Premier hat nicht unrecht. Doch ich wollte Ihnen etwas anderes demonstrieren. Eine noch fundamentalere Beobachtung. Deshalb mußte ich manipulieren. Sie haben soeben den echten Präsidenten für den Friseur gehalten. Den Friseur für den Schuhmacher. Den Schuhmacher für den Kriminalinspektor. Und den Kriminalinspektor für den echten Präsidenten. Der eben formulierte, stichhaltig scheinende Lehrsatz über die Ähnlichkeit erleidet eine erstaunliche Einbuße in der Dimension der Zeit.
LEIBARZT Großartig! Wenn also der echte Präsident noch lebte, sich bei Ihnen versteckt hielte und Sie ihn uns nachher vorführten, wäre es möglich, daß wir ihn als eine schlechte Imitation seiner selbst abtäten?
PROFESSOR Durchaus.
LEIBARZT *schlägt sich lachend auf den Schenkel.*
KRIEGSMINISTER Endlich weiß ich, wozu ich meine Haxen verloren habe. Damit ich beschwören kann, daß die alte und echte Kanaille wirklich mausetot ist.
PROFESSOR Wir wissen es noch besser. Denn wir haben ihn ja in aller Stille »beerdigt«. Ihr Verdienst liegt auf einem anderen, quasi physikalischen Gebiet. Wenn Sie, Exzellenz, infolge Ihrer Verwundung nicht auf seinen Kopf gefallen wären, hätte die berittene Polizei merken müssen, daß er mausetot war. Und nicht nur schwer verletzt, wie wir der Welt mit gutem Erfolg einreden konnten.
KRIEGSMINISTER Ich danke für die liebenswürdige Belehrung.
LEIBARZT Es bleibt Ihr historisches Verdienst, auf seinen, statt auf Ihren Kopf gefallen zu sein. *Lacht.* Es gibt keine Gerechtigkeit.
PROFESSOR Der vorlaute Schuster hätte uns Kopf und Kragen kosten können. Der Nuntius ist kein Dummkopf. Meine Methoden, Menschen in Werkzeuge umzubauen, sind noch immer verbesserungsbedürftig. *Zum Leibarzt.* Medizin und Chemie müßten der Pädagogik energischer beispringen. Der Mensch als dressiertes Meerschweinchen genügt den Ansprüchen nicht

mehr. Wozu haben wir staatliche Forschungsinstitute? Wir müssen ihn weiterentwickeln. Zur ferngesteuerten Maschine, die exakt funktioniert und paarweise neue Maschinen liefert.
LEIBARZT Curae posteriores, Teuerster! Spendieren Sie uns lieber einen brauchbaren Herrscher. Es eilt.
PREMIER Er muß die Exportmesse eröffnen. Unser Devisenfonds sieht erbärmlich aus.
KRIEGSMINISTER Die Auslandsagenten fressen uns die Haare vom Kopf.
PROFESSOR Die Bilanz der Exportbank muß sowieso plausibler aufgemacht werden. Sonst halten sich die Fachleute bei der Eröffnungsrede den Bauch. Ich habe das Nötige veranlaßt.
LEIBARZT Die Erbfolge! Die Hauptsache!
PROFESSOR In die engere Wahl kommen zwei. Der eine, Nummer Sieben, ist sehr aufgeweckt. Er hilft mir seit einiger Zeit bei diesem und jenem. Die heutige Geburtstagsrede stammt von ihm.
KRIEGSMINISTER Bloß keinen Gescheiten!
PROFESSOR Ich gäbe ihn auch nicht gerne her.
PREMIER Unter Ihren Augen ist er nützlich *und* unschädlich. Der andere?
PROFESSOR Nummer Sechs. Er war schwierig. Aus familiären Gründen. Nach der – Beseitigung der »familiären Gründe« scheint er mir der geeignetste Kandidat zu sein. Er ist seitdem lenkbar wie ein Damenfahrrad.
KRIEGSMINISTER Intelligenz?
PROFESSOR Nicht überm Durchschnitt. Außerdem: Sein Herz ist verödet. So etwas lähmt den Verstand. Überdies hat er sich im Imitationskursus gut bewährt. Besonders in der Phonetik. Auch seine Ähnlichkeit mit dem Schuhmacher ...
Telefon klingelt.
PROFESSOR *nimmt den Hörer.* Ich wollte nicht gestört werden. – So. – Man soll sie bis auf weiteres nicht allein lassen. Sentimentale Schachfiguren sind denkbar unbequem. Sie wird sich an den neuen Beruf gewöhnen. Zeit bringt Rosen. *Legt auf und erhebt sich.* Sie werden sich über Nummer Sechs Ihre eigne Meinung bilden wollen.
KRIEGSMINISTER *aufs Telefon zeigend.* Was ist passiert?
PROFESSOR Ihre kleine Senatorentochter hat versucht, sich umzubringen.
KRIEGSMINISTER Das könnte ihr so passen! *Schwenkt den Rollstuhl türwärts.* So einfach ist das Leben nicht!

LEIBARZT Was haben Sie gegen den Selbstmord?
KRIEGSMINISTER Selbstmord ist Sabotage.
PREMIER Mutwillige Zerstörung von Volkseigentum.
KRIEGSMINISTER Stellen Sie sich vor, jeder Verzweifelte ginge hin und hängte sich auf!
LEIBARZT Schrecklicher Gedanke! Wen sollten Sie regieren?
PROFESSOR Ein Glück, daß auch die Kirche gegen den Selbstmord ist.
PREMIER Und daß wir das Konkordat unterschrieben haben.
LEIBARZT Die Kirche hat populärere Argumente als wir.

Vorhang.

KARL WITTLINGER
Kennen Sie die Milchstraße? Komödie

Der Zuschauerraum ist noch hell; der Arzt betritt die Vorderbühne – mit einem Zettel in der Hand.
ARZT Meine Damen und Herren! Ehe wir den Vorhang öffnen, darf ich für eine Minute um Ihre Aufmerksamkeit bitten: Einige Mitteilungen der Anstaltsleitung – sie stehen natürlich auch am schwarzen Brett. Zunächst: *Er schaut auf den Zettel.* Ja – Der Gottesdienst für die Altkatholiken, der findet nächsten Sonntag neun Uhr dreißig statt – nicht, wie gewöhnlich, um zehn Uhr. – Wer noch am diesjährigen Schachturnier teilnehmen will, der melde sich morgen oder übermorgen abend bei Dr. Isegrimm zu einer Probepartie – zwischen zwanzig und zweiundzwanzig Uhr. – Freitag, den fünfzehnten, kommen »Die sieben literarischen Cowboys« zu uns herauf – das ist ein Kabarett, dem ein ausgezeichneter Ruf vorausgeht; Sie sind selbstverständlich alle eingeladen – und außerdem die Patienten von den Stationen zwei und drei. *Zu einem Herrn im Zuschauerraum.* Herr Doktor Kahl – würden Sie vielleicht dort nochmals besonders darauf hinweisen? – Danke! – Tja: Unser Chor braucht noch Tenöre! *Ermunternd.* Na – wo sind die hehren Sänger einer großen Zeit? Wie es scheint – leider nicht bei uns hier oben! – – Ich glaube, das wäre alles. *Er steckt den Zettel ein.* Und nun zu unserm heutigen Abend, der eine Veranstaltung ganz besonderer Art zu werden verspricht! Verehrter Herr Professor, sehr geehrte Kollegen und Schwestern, meine lieben Gäste von den Stationen eins, vier, acht

elf und vierzehn! Ich glaube, es hat noch nie ein Theaterpublikum gegeben, das so unvorbereitet zu einer Uraufführung gekommen ist – wie Sie heute abend: Sie haben ein kleines Plakat gelesen: »Kennen Sie die Milchstraße?« – weiter nichts. Einem solchen Publikum gegenüber ist es mehr als eine bloße Redensart, wenn man ihm zunächst einmal für sein Erscheinen dankt. Und das möchte ich hiermit tun: in meinem eigenen Namen, und im Namen des Autors. *Zu einem Zuschauer – als ob damit ein Zwischenruf beantwortet würde.* Wer das ist? Tja – das soll für Sie die erste Überraschung sein: Der Verfasser des Stückes, das wir heute abend vor Ihnen spielen werden, ist der Mann, den Sie alle kennen, weil er Ihnen jeden Morgen eine große Kanne Milch vor die Tür stellt: unser Freund aus einer andern Welt – von einem fremden Stern. Darf ich vorstellen? *Er zieht den Vorhang einen Spaltweit auf; der Mann tritt vor und verbeugt sich; der Arzt wendet sich ihm zu.* – und darf ich Sie vielleicht bitten, nun selbst eine kurze Einführung in Ihr Stück zu geben; ich kann mich inzwischen schon für den ersten Auftritt zurechtmachen.
Er geht zwischen den Vorhängen ab – das Licht im Zuschauerraum ist inzwischen unmerklich ausgegangen. Der Mann, der einen billigen Straßenanzug trägt und einen Krückstock in der Hand hat – auf den er sich jedoch noch nicht stützt – steht zunächst etwas hilflos im Scheinwerferlicht. Er legt aber seine Hemmungen ab, sobald er zu sprechen angefangen hat.
MANN Guten Abend! – – Ja – *Er hält den Stock nun waagerecht in beiden Händen.* Ich könnte mir denken, daß Sie zunächst einmal wissen möchten, was das für eine Geschichte ist, die wir Ihnen jetzt erzählen – und ein paar Szenen daraus vorspielen – wollen: Nun – es ist ganz einfach die Geschichte meines Lebens: Wie ich aufgewachsen bin – auf einem Stern, dann meine große Fahrt zur Erde, dann: wie es mir dort ergangen ist – und schließlich, wie ich hierher kam – : Das sollen Sie heute abend erfahren. – Natürlich können wir nicht alles zeigen – nicht mein ganzes Leben ablaufen lassen. Wir haben deshalb einen Abschnitt davon herausgegriffen – meine Erlebnisse auf der Erde – und zwar deshalb, weil Sie, meine Damen und Herren, selber Menschen sind – und Ihnen das, was mir auf diesem – kuriosen Himmelskörper – zugestoßen ist, am verständlichsten sein wird. – – Ich glaube, mehr braucht man nicht zu sagen. – Mit der Bühne machen wir uns nicht viel Mühe – und mit den Kostümen auch nicht. Wir haben herausgefunden, daß auf der Erde in fast allen Zimmern ungefähr das

gleiche Zeug herumsteht, und daß auch die Menschen kaum voneinander zu unterscheiden sind: Eine Brille – ein Bart, dunkle oder helle Jacke – mehr ist es meistens nicht. *Er schaut in die Bühne, wendet sich zurück.* So – ich glaube, wir sind soweit.
(...)
Der Vorhang geht auf. Man blickt in ein modern eingerichtetes Büro. Auf einem Reklamekarton an der Wand sind ein Schlüssel und das Wort »Versicherung« zu erkennen. – Der Arzt spielt den Direktor, einen undurchsichtigen Typ mit ölig zurückgekämmtem Haar. Er sitzt hinterm Schreibtisch und telefoniert.

DIREKTOR Festhalten, den Mann! Vielleicht kann er uns Angaben machen!? – – Oder – schicken Sie ihn doch zu mir: in ungefähr zwei Minuten! *Er legt auf und wählt.* Ja – ist dort die Kriminalpolizei? – Kann ich Herrn Kommissar Dittry sprechen: hier Doktor Tresser – Direktor der Versicherung ... richtig! Danke! – – – Hallo, hier Tresser; guten Morgen, Herr Dittry! Herr Dittry, Sie haben doch seinerzeit diesen Einbruch bei uns bearbeitet – ganz recht: Johannes Schwarz hieß der Bursche – konnte leider nicht gefaßt werden. – – Aber Herr Dittry, glauben Sie, das war nur für Sie unangenehm? Uns hat diese Affaire damals mehr geschadet als tausend Kündigungen! – Eben deswegen rufe ich an: Da taucht vor zehn Minuten ein Mann bei uns auf und erkundigt sich nach diesem Johannes Schwarz; seinen eigenen Namen will er nicht sagen: eigenartig – finden Sie nicht auch? – Er ist noch hier. – Ich dachte, ich lasse ihn mal kommen und fühle ihm ein bißchen auf den Zahn; und wenn er verdächtig scheint, rufe ich an, und Sie schicken dann bitte sofort einen Beamten – ist ja nur über die Straße. Ganz Ihrer Meinung, Herr Dittry! – O danke, und Ihnen, wie gehts der Frau Gemahlin und den Kinderchen? – Ach ist ja reizend! Grüßen Sie, Herr Dittry! – *Er legt auf – es klopft.* Herein!

Der Mann tritt ein. Er benützt noch den Stock, aber seine Verletzung ist inzwischen fast ausgeheilt. Er wendet sich unter der Tür zurück und spricht hinaus: »Danke« *– und macht hinter sich die Tür zu.*

DIREKTOR *ist halb aufgestanden.* Dr. Tresser! – – *Da der Mann nicht antwortet.* Bitte nehmen Sie doch Platz!
MANN *setzt sich.* Danke.
DIREKTOR – Hm – mein Prokurist hat mich eben angerufen: Sie wollen sich bei uns nach einem gewissen Johannes Schwarz erkundigen.

MANN Ja.

DIREKTOR – – Darf ich einmal – ohne Umschweife – die Gegenfrage stellen: Was wissen Sie von diesem – Herrn?

MANN Ich – kenne nur seinen Namen – und den Geburtsort. Dort war ich – auf dem Bürgermeisteramt. Aber man sagte mir nichts, außer, daß er zuletzt hier – bei Ihnen – gewesen sei.

DIREKTOR Ja – leider – ich meine: leider können auch wir Ihnen keine erschöpfende Auskunft geben: Herr Schwarz hat sich bei uns nur wenige Stunden – beschäftigt und ist dann spurlos verschwunden. Wohin – –?

MANN Das kann ich Ihnen sagen: in die Fremdenlegion! Ich habe ihn dort getroffen – das heißt: er war tot. Gefallen.

DIREKTOR Ach interessant! Könnten Sie das – gegebenenfalls – bezeugen?

MANN Bezeugen – warum?

DIREKTOR Ich meine: Zu Protokoll geben – der Polizei. *Er lächelt.* Soweit mir bekannt ist, hat es Herr Schwarz versäumt, sich hier polizeilich abzumelden. Und da wäre es doch wohl angebracht –

MANN Was?

DIREKTOR Nun – seinen Tod auch – zu bestätigen. *Erklärend.* Denn solange das nicht geschieht, – wie soll ich mich ausdrücken –: ist der Mann biologisch gestorben – und lebt statistisch weiter. Verstehen Sie das?

MANN O ja – gut! Bei mir ist es ja genau umgekehrt!

DIREKTOR Wie bitte?

MANN Ich bin statistisch tot und lebe biologisch weiter.

DIREKTOR – Ach!

MANN Ja. Und da lege ich natürlich keinen Wert darauf, den biologischen Tod des Johannes Schwarz zu bestätigen. Denn damit beginge ich sozusagen –: statistischen Selbstmord!

DIREKTOR *hält ihn für verrückt.* Statistischen Selbstmord – so so! – Tja, mein lieber Freund, was tut man in einem solchen Fall? Haben Sie eine Idee?

MANN Es gibt für mich nur eines: Das Leben dieses Johannes Schwarz weiterzuführen. Und deshalb bin ich zu Ihnen gekommen. Ich dachte, er sei vielleicht Angestellter gewesen – in Ihrer Versicherung –

DIREKTOR Und?

MANN Da wollte ich fragen, ob ich nicht für ihn – an seiner Stelle – unter seinem Namen –

DIREKTOR Nein, also das geht leider nicht. – Schon deshalb, weil Sie sich ja gar nicht auf den Namen Johannes Schwarz ausweisen können!
MANN Doch! *Er reicht ihm seinen Ausweis.*
DIREKTOR Hören Sie mal: Wo haben Sie denn diese Papiere her?
MANN Die waren in seiner Uniform.
DIREKTOR Das sind – Entlassungspapiere aus der Fremdenlegion!
MANN Ich sagte Ihnen doch – –
DIREKTOR Ja aber dann kann er doch nicht tot gewesen sein: wenn er vor vier Wochen entlassen wurde!
MANN Biologisch war er tot. Statistisch wurde er entlassen.
DIREKTOR – Also ich schlage vor: Wir lassen doch lieber die Statistik und die Biologie beiseite, und Sie beantworten mir mal ganz einfach ein paar Fragen: Wer wurde mit diesen Papieren entlassen?
MANN Ich.
DIREKTOR Gut. Und Sie hatten die Papiere dem toten Johannes Schwarz abgenommen. – Warum eigentlich?
MANN Weil meine eigenen verloren waren – und ich wollte heim!
DIREKTOR Ah – jetzt verstehe ich: damit Sie überhaupt wieder welche hatten – und entlassen werden konnten –
MANN Ganz recht!
DIREKTOR So – ja! – Aber Sie *sind* doch jetzt entlassen!? Warum werden Sie nicht wieder – Sie selber?
MANN Ich selber?
DIREKTOR Na ja: Sie können doch nicht – zwei Menschen sein!
MANN Zwei? Ich selber bin – *Erklärend.* Man hat mich, während ich fort war, daheim für tot erklärt.
DIREKTOR Ach so! – Aber dann geben Sie sich doch einfach wieder zu erkennen!
MANN Wie? Wenn ich nicht mehr beweisen kann, daß ich am Leben bin!
DIREKTOR Aber Sie selber sind ja der lebendige Beweis!
MANN Aber nicht der schriftliche!
DIREKTOR Den bekommen Sie doch, wenn Sie – *weil* Sie am Leben sind: Von jeder Behörde bekommen Sie den!
MANN Eben nicht! Das menschliche Leben und die Behörden – das hat überhaupt nichts miteinander zu tun. – Probieren Sie's doch mal, Herr Doktor: Legen Sie einem Gestorbenen seinen Geburtsschein aufs Grab – ob der Tote davon wieder lebendig wird! Oder stellen Sie einen Lebenden auf seinen Totenschein, ob der

Totenschein davon wieder zu einer Geburtsurkunde wird! Ich habe darüber so viel nachgedacht –

Direktor Aber das ist doch alles Unsinn: Jeder Mensch hat das Recht auf einen Namen – und zwar auf seinen eigenen. Und dieses Recht kann er auch durchsetzen. Haben Sie's denn überhaupt versucht?

Mann Mit Gewalt – nicht.

Direktor Aber ich bitte Sie – wer spricht denn von Gewalt! Das ist ein Unrecht, das wieder gut gemacht wird!

Mann Vielleicht – aber: Ich denke immer, ein Unrecht kann nur wieder gut gemacht werden: freiwillig – von dem, der es begangen hat. Wenn man ihn dazu zwingen muß – das ist so, wie wenn man einem Dieb den gestohlenen Rock wieder vom Leib reißt: Dabei geht immer was kaputt. Und ich möchte nicht mein ganzes Leben lang in so einem geflickten Rock herumlaufen. – Nein – für mich ist es schon am besten, ich fange – hier unten – ganz neu an.

Direktor Und da wollen Sie ausgerechnet – ich meine: allen Ernstes – das Leben dieses Johannes Schwarz – übernehmen? – Also da würde ich Ihnen doch sehr abraten!

Mann Warum?

Direktor Warum? – Nun – ich finde die Idee an sich so unglücklich! – Sie wissen ja gar nicht, was das für ein Leben war!

Mann Ich muß eben was draus machen! Aber das muß man schließlich aus jedem!

Direktor – Also ich fürchte, Sie unterschätzen die Gefahr, in die Sie sich da begeben! – Wer gibt Ihnen die Gewißheit, daß dieser Mann nicht – zum Beispiel Schulden hat, die man eines Tages von Ihnen zurückfordern könnte! Oder – vielleicht hat er sogar irgendwas angestellt – dann würde man Sie dafür einsperren! Überlegen Sie mal – das wäre doch alles möglich!

Mann Und wenn schon. Ein Leben ist ja so groß! – Ich glaube, ein einziges Leben könnte alle Schulden der Welt abzahlen und alle Strafen der Welt absitzen – und wäre immer noch was wert!

Direktor *überlegt.* Tja – einer solchen Philosophie kann man eigentlich nicht mehr viel entgegensetzen.

Mann Sie würden mich also – vielleicht doch –

Direktor Sie meinen: als Johannes Schwarz – – ?

Mann Ja!

Das Telefon läutet.

Direktor *erleichtert.* – – Herr Dittry? Schön, daß Sie anrufen! Kleinen Moment bitte! *Zum Mann.* Würden Sie mich vielleicht einen Augenblick entschuldigen: ein Privatgespräch! Nehmen Sie doch einen Augenblick Platz – nebenan! *Nachdem er den Mann hinauskomplimentiert hat.* – Also Herr Dittry – ohne Umschweife: Der Mann ist nicht Johannes Schwarz, will es aber werden! – Sie lachen, aber das stimmt sogar: Er *ist* verrückt! – – Laufen lassen – meinen Sie wirklich? – Nun, ich spreche ganz offen: Mir – das heißt der Versicherung – hat die Tatsache, daß Sie den Johannes Schwarz damals nicht fassen konnten, weit mehr geschadet als – der Einbruch selbst. Und ich könnte mir denken, daß nicht nur wir an einer Rehabilitierung interessiert sind. – Ganz recht, Herr Dittry – ich glaube, wir haben uns vollkommen verstanden. – Aber ich bitte Sie – natürlich wissen Sie von nichts – genau so wenig wie ich: Wir müßten uns ja zeitlebens die schwersten Vorwürfe machen! – Ja – genau das: Ich benachrichtige Sie, weil hier ein Mann aufgetaucht ist, der steckbrieflich gesucht wird – weiter nichts! – Schön, bleiben wir also dabei: Sie schicken einen Beamten, und ich halte den Burschen noch so lange fest! *Er legt auf und holt den Mann wieder herein.* – So – ist schon erledigt! – – Tja, ich habe mir Ihren Fall noch einmal kurz überlegt und muß sagen: Zigarette? *Er bietet an.*

Mann Danke.

Direktor – Und muß zugeben, daß mir Ihr Schicksal schon etwas an die Nieren gegangen ist – wie man so sagt.

Mann Und – Sie glauben, daß Sie mir helfen könnten, vielleicht irgendwo unterzukommen – wenigstens für die erste Zeit?

Direktor Doch doch, Herr – Schwarz: Ich darf Sie jetzt wohl so nennen –

Mann Gern!

Direktor Da läßt sich bestimmt was machen.

Hans Magnus Enzensberger
konjunktur

ihr glaubt zu essen
aber das ist kein fleisch
womit sie euch füttern
das ist köder, das schmeckt süß

(vielleicht vergessen die angler
die schnur, vielleicht
haben sie ein gelübde getan,
in zukunft zu fasten?)

der haken schmeckt nicht nach biscuit
er schmeckt nach blut
er reißt euch aus der lauen brühe:
wie kalt ist die luft an der beresina!
ihr werdet euch wälzen
auf einem fremden sand
einem fremden eis:
grönland, nevada, fest-
krallen sich eure glieder
im fell der nubischen wüste.

sorgt euch nicht! gutes gedächtnis
ziert die angler, alte erfahrung.
sie tragen zu euch die liebe
des metzgers zu seiner sau.

sie sitzen geduldig am rhein,
am potomac, an der beresina,
an den flüssen der welt.
sie weiden euch. sie warten.

ihr schlagt euch das gebiß in die hälse.
euch vor dem hunger fürchtend
kämpft ihr um den tödlichen köder.

FRIEDRICH DÜRRENMATT
Der Besuch der alten Dame. Eine tragische Komödie

Blasmusik ertönt, feierlich getragen. Der Wirtshausapostel senkt sich wieder herunter. Die Gülleder tragen Tische herein, die Tischtücher erbärmlich zerfetzt. Gedeck, Speisen, ein Tisch in der Mitte, einer links und einer rechts, parallel zum Publikum. Der Pfarrer kommt aus dem Hintergrund. Weitere Gülleder strömen herein, einer im Turnerleibchen. Der Bürgermeister, der Lehrer, der Polizist erscheinen wieder. Die Gülleder klatschen Beifall. Der Bürgermeister

kommt zur Bank, wo Claire Zachanassian und Ill sitzen, die Bäume sind wieder zu Bürgern geworden und haben sich nach hinten begeben.
DER BÜRGERMEISTER Der Beifallssturm gilt Ihnen, verehrte, gnädige Frau.
CLAIRE ZACHANASSIAN Er gilt der Stadtmusik, Bürgermeister. Sie bläst vortrefflich, und vorhin die Pyramide des Turnvereins war wunderschön. Ich liebe Männer in Leibchen und kurzen Hosen. Sie sehen so natürlich aus.
DER BÜRGERMEISTER Darf ich Sie zu Tisch geleiten?
Er führt Claire Zachanassian zum Tisch in der Mitte, stellt ihr seine Frau vor.
DER BÜRGERMEISTER Meine Gattin.
Claire Zachanassian betrachtet die Gattin durch ihr Lorgnon.
CLAIRE ZACHANASSIAN Anettchen Dummermuth, unsere Klassenerste.
Nun stellt er eine zweite Frau vor, wie die seine ausgemergelt, verbittert.
DER BÜRGERMEISTER Frau Ill.
CLAIRE ZACHANASSIAN Mathildchen Blumhard. Erinnere mich, wie du hinter der Ladentüre auf Alfred lauertest. Mager bist du geworden und bleich, meine Gute.
Von rechts stürzt der Arzt herein, ein fünfzigjähriger untersetzter Mensch mit Schnurrbart, borstigen schwarzen Haaren, Schmisse im Gesicht, alter Frack.
DER ARZT Noch zur rechten Zeit hergeflitzt mit meinem alten Mercedes.
DER BÜRGERMEISTER Doktor Nüßlin, unser Arzt.
Claire Zachanassian betrachtet den Arzt durch ihr Lorgnon, der ihr die Hand küßt.
CLAIRE ZACHANASSIAN Interessant. Verfertigen Sie die Totenscheine?
DER ARZT *stutzt.* Totenscheine?
CLAIRE ZACHANASSIAN Kommt jemand um?
DER ARZT Allerdings, gnädige Frau. Meine Pflicht. Von der Behörde angeordnet.
CLAIRE ZACHANASSIAN Stellen Sie in Zukunft Herzschlag fest.
ILL *lachend.* Köstlich, einfach köstlich.
Claire Zachanassian wendet sich vom Arzt ab und betrachtet den Turner in seinem Leibchen.
CLAIRE ZACHANASSIAN Turnen Sie noch mal.

Der Turner beugt die Knie, schwingt die Arme.
CLAIRE ZACHANASSIAN Wundervoll diese Muskeln. Haben Sie schon jemand erwürgt mit Ihren Kräften?
DER TURNER *in Kniebeuge, starr vor Verwunderung.* Erwürgt?
CLAIRE ZACHANASSIAN Schwingen Sie jetzt noch einmal die Arme nach hinten, Herr Turner, und dann gehen Sie in die Liegestütz.
ILL *lachend.* Einen goldenen Humor besitzt die Klara! Sind zum Totlachen diese Bonmots!
Der Arzt ist immer noch bestürzt.
DER ARZT Ich weiß nicht! Solche Späße gehen durch Mark und Bein.
ILL *heimlich.* Millionen hat sie versprochen!
Der Bürgermeister schnappt nach Luft.
DER BÜRGERMEISTER Millionen?
ILL Millionen.
DER ARZT Donnerwetter.
Die Milliardärin wendet sich vom Turner ab.
CLAIRE ZACHANASSIAN Nun habe ich Hunger, Bürgermeister.
DER BÜRGERMEISTER Wir warten nur auf Ihren Gatten, gnädige Frau.
CLAIRE ZACHANASSIAN Sie brauchen nicht zu warten. Er angelt, und ich lasse mich scheiden.
DER BÜRGERMEISTER Scheiden?
CLAIRE ZACHANASSIAN Auch Moby wird sich wundern. Heirate einen deutschen Filmschauspieler.
DER BÜRGERMEISTER Aber Sie sagten doch, Sie führten eine glückliche Ehe!
CLAIRE ZACHANASSIAN Jede meiner Ehen ist glücklich. Aber es war mein Jugendtraum, im Güllener Münster getraut zu werden. Jugendträume muß man ausführen. Wird feierlich werden.
Alle setzen sich. Claire Zachanassian nimmt zwischen dem Bürgermeister und Ill Platz. Neben Ill Frau Ill und neben dem Bürgermeister dessen Gattin. Rechts hinter einem andern Tisch der Lehrer, der Pfarrer und der Polizist, links die Vier. Weitere Ehrengäste mit Gattinnen im Hintergrund, wo das Spruchband leuchtet: Willkommen Kläri. Der Bürgermeister steht auf, freudestrahlend, schon die Serviette umgebunden, und klopft an sein Glas.
DER BÜRGERMEISTER Gnädige Frau, meine lieben Güllener. Es sind jetzt fünfundvierzig Jahre her, daß Sie unser Städtchen verlassen haben, welches vom Kurfürsten Hasso dem Noblen gegründet, so freundlich zwischen dem Konradsweilerwald und der Niede-

rung von Pückenried gebettet liegt. Fünfundvierzig Jahre, mehr als vier Jahrzehnte, eine Menge Zeit. Vieles hat sich inzwischen ereignet, viel Bitteres. Traurig ist es der Welt ergangen, traurig uns. Doch haben wir Sie, gnädige Frau – unsere Kläri – *Beifall* – nie vergessen. Weder Sie, noch Ihre Familie. Die prächtige, urgesunde Mutter – *Ill flüstert ihm etwas zu* – leider allzufrüh von einer Lungenschwindsucht dahingerafft, der volkstümliche Vater, der beim Bahnhof ein von Fachkreisen und Laien stark besuchtes – *Ill flüstert ihm etwas zu* – stark beachtetes Gebäude errichtete, leben in Gedanken noch unter uns, als unsere besten, wackersten. Und gar Sie, gnädige Frau – als blond – *Ill flüstert ihm etwas zu* – rotgelockter Wildfang tollten Sie durch unsere nun leider verlotterten Gassen – wer kannte Sie nicht. Schon damals spürte jeder den Zauber Ihrer Persönlichkeit, ahnte den kommenden Aufstieg zu der schwindelnden Höhe der Menschheit. *Er zieht das Notizbüchlein hervor.* Unvergessen sind Sie geblieben. In der Tat. Ihre Leistung in der Schule wird noch jetzt von der Lehrerschaft als Vorbild hingestellt, waren Sie doch besonders im wichtigsten Fach erstaunlich, in der Pflanzen- und Tierkunde, als Ausdruck Ihres Mitgefühls zu allem Kreatürlichen, Schutzbedürftigen. Ihre Gerechtigkeitsliebe und Ihr Sinn für Wohltätigkeit erregte schon damals die Bewunderung weiter Kreise. *Riesiger Beifall.* Hatte doch unsere Kläri einer armen alten Witwe Nahrung verschafft, indem sie mit ihrem mühsam bei Nachbarn verdienten Taschengeld Kartoffeln kaufte und sie so vor dem Hungertode bewahrte, um nur eine ihrer barmherzigen Handlungen zu erwähnen. *Riesiger Beifall.* Gnädige Frau, liebe Güllener, die zarten Keime so erfreulicher Anlagen haben sich denn nun kräftig entwickelt, aus dem rotgelockten Wildfang wurde eine Dame, die die Welt mit ihrer Wohltätigkeit überschüttet, man denke nur an ihre Sozialwerke, an ihre Müttersanatorien und Suppenanstalten, an ihre Künstlerhilfe und Kinderkrippen, und so möchte ich der nun Heimgefundenen zurufen: Sie lebe hoch, hoch, hoch! *Beifall.*
Claire Zachanassian erhebt sich.
CLAIRE ZACHANASSIAN Bürgermeister, Güllener. Eure selbstlose Freude über meinen Besuch rührt mich. Ich war zwar ein etwas anderes Kind, als ich nun in der Rede des Bürgermeisters vorkomme, in der Schule wurde ich geprügelt, und die Kartoffeln für die Witwe Boll habe ich gestohlen, gemeinsam mit Ill, nicht um die alte Kupplerin vor dem Hungertode zu bewahren, son-

dern um mit Ill einmal in einem Bett zu liegen, wo es bequemer war als im Konradsweilerwald oder in der Peterschen Scheune. Um jedoch meinen Beitrag an eure Freude zu leisten, will ich gleich erklären, daß ich bereit bin, Güllen eine Milliarde zu schenken. Fünfhundert Millionen der Stadt und fünfhundert Millionen verteilt auf jede Familie.

Totenstille.

DER BÜRGERMEISTER *stotternd.* Eine Milliarde.

Alle immer noch in Erstarrung.

CLAIRE ZACHANASSIAN Unter einer Bedingung.

Alle brechen in einen unbeschreiblichen Jubel aus. Tanzen herum, stehen auf die Stühle, der Turner turnt usw. Ill trommelt sich begeistert auf die Brust.

ILL Die Klara! Goldig! Wunderbar! Zum Kugeln! Voll und ganz mein Zauberhexchen!

Er küßt sie.

DER BÜRGERMEISTER Unter einer Bedingung, haben gnädige Frau gesagt. Darf ich diese Bedingung wissen?

CLAIRE ZACHANASSIAN Ich will die Bedingung nennen. Ich gebe euch eine Milliarde und kaufe mir dafür die Gerechtigkeit.

Totenstille.

DER BÜRGERMEISTER Wie ist dies zu verstehen, gnädige Frau?

CLAIRE ZACHANASSIAN Wie ich es sagte.

DER BÜRGERMEISTER Die Gerechtigkeit kann man doch nicht kaufen!

CLAIRE ZACHANASSIAN Man kann alles kaufen.

DER BÜRGERMEISTER Ich verstehe immer noch nicht.

CLAIRE ZACHANASSIAN Tritt vor, Boby.

Der Butler tritt von rechts in die Mitte zwischen die drei Tische, zieht die dunkle Brille ab.

DER BUTLER Ich weiß nicht, ob mich noch jemand von euch erkennt.

DER LEHRER Der Oberrichter Hofer.

DER BUTLER Richtig. Der Oberrichter Hofer. Ich war vor fünfundvierzig Jahren Oberrichter in Güllen und kam dann ins Kaffiger Appellationsgericht, bis mir vor nun fünfundzwanzig Jahren Frau Zachanassian das Angebot machte, als Butler in ihre Dienste zu treten. Ich habe angenommen. Eine für einen Akademiker vielleicht etwas seltsame Karriere, doch die angebotene Besoldung war derart phantastisch ...

CLAIRE ZACHANASSIAN Komm zum Fall, Boby.

Der Butler Wie ihr vernommen habt, bietet Frau Claire Zachanassian eine Milliarde und will dafür Gerechtigkeit. Mit anderen Worten: Frau Claire Zachanassian bietet eine Milliarde, wenn ihr das Unrecht wieder gut macht, das Frau Zachanassian in Güllen angetan wurde. Herr Ill, darf ich bitten.
Ill steht auf, bleich, gleichzeitig erschrocken und verwundert.
Ill Was wollen Sie von mir?
Der Butler Treten Sie vor, Herr Ill.
Ill Bitte.
Er tritt vor den Tisch rechts. Lacht verlegen. Zuckt die Achseln.
Der Butler Es war im Jahre 1910. Ich war Oberrichter in Güllen und hatte eine Vaterschaftsklage zu behandeln. Claire Zachanassian, damals Klara Wäscher, klagte Sie, Herr Ill, an, der Vater ihres Kindes zu sein.
Ill schweigt.
Der Butler Sie bestritten damals die Vaterschaft, Herr Ill. Sie hatten zwei Zeugen mitgebracht.
Ill Alte Geschichten. Ich war jung und unbesonnen.
Claire Zachanassian Führt Koby und Loby vor, Toby und Roby.
Die beiden Kaugummi kauenden Monstren führen die beiden blinden Eunuchen in die Mitte der Bühne, die sich fröhlich an der Hand halten.
Die Beiden Wir sind zur Stelle, wir sind zur Stelle!
Der Butler Erkennen Sie die beiden, Herr Ill?
Ill schweigt.
Die Beiden Wir sind Koby und Loby, wir sind Koby und Loby.
Ill Ich kenne sie nicht.
Die Beiden Wir haben uns verändert, wir haben uns verändert.
Der Butler Nennt eure Namen.
Der Erste Jakob Hühnlein, Jakob Hühnlein.
Der Zweite Ludwig Sparr, Ludwig Sparr.
Der Butler Nun, Herr Ill.
Ill Ich weiß nichts von ihnen.
Der Butler Jakob Hühnlein und Ludwig Sparr, kennt ihr Herrn Ill?
Die Beiden Wir sind blind, wir sind blind.
Der Butler Kennt ihr ihn an seiner Stimme?
Die Beiden An seiner Stimme, an seiner Stimme.
Der Butler 1910 war ich der Richter und ihr die Zeugen. Was habt ihr geschworen, Ludwig Sparr und Jakob Hühnlein, vor dem Gericht zu Güllen?

DIE BEIDEN Wir hätten mit Klara geschlafen, wir hätten mit Klara geschlafen.
DER BUTLER So habt ihr vor mir geschworen. Vor dem Gericht, vor Gott. War dies die Wahrheit?
DIE BEIDEN Wir haben falsch geschworen, wir haben falsch geschworen.
DER BUTLER Warum, Ludwig Sparr und Jakob Hühnlein?
DIE BEIDEN Ill hat uns bestochen, Ill hat uns bestochen.
DER BUTLER Womit?
DIE BEIDEN Mit einem Liter Schnaps, mit einem Liter Schnaps.
CLAIRE ZACHANASSIAN Erzählt nun, was ich mit euch getan habe, Koby und Loby.
DER BUTLER Erzählt es.
DIE BEIDEN Die Dame ließ uns suchen, die Dame ließ uns suchen.
DER BUTLER So ist es. Claire Zachanassian ließ euch suchen. In der ganzen Welt. Jakob Hühnlein war nach Kanada ausgewandert und Ludwig Sparr nach Australien. Aber sie fand euch. Was hat sie dann mit euch getan?
DIE BEIDEN Sie gab uns Toby und Roby. Sie gab uns Roby und Toby.
DER BUTLER Und was haben Toby und Roby mit euch gemacht?
DIE BEIDEN Kastriert und geblendet, kastriert und geblendet.
DER BUTLER Dies ist die Geschichte: Ein Richter, ein Angeklagter, zwei falsche Zeugen, ein Fehlurteil im Jahre 1910. Ist es nicht so, Klägerin?
Claire Zachanassian steht auf.
CLAIRE ZACHANASSIAN Es ist so.
ILL *stampft auf den Boden.* Verjährt, alles verjährt! Eine alte, verrückte Geschichte.
DER BUTLER Was geschah mit dem Kind, Klägerin?
CLAIRE ZACHANASSIAN *leise.* Es lebte ein Jahr.
DER BUTLER Was geschah mit Ihnen?
CLAIRE ZACHANASSIAN Ich wurde eine Dirne.
DER BUTLER Weshalb?
CLAIRE ZACHANASSIAN Das Urteil des Gerichts machte mich dazu.
DER BUTLER Und nun wollen Sie Gerechtigkeit, Claire Zachanassian?
CLAIRE ZACHANASSIAN Ich kann sie mir leisten. Eine Milliarde für Güllen, wenn jemand Alfred Ill tötet.
Totenstille. Frau Ill stürzt auf Ill zu, umklammert ihn.
FRAU ILL Fredi!

ILL Zauberhexchen! Das kannst du doch nicht fordern! Das Leben ging doch längst weiter!
CLAIRE ZACHANASSIAN Das Leben ging weiter, aber ich habe nichts vergessen, Ill. Weder den Konradsweilerwald, noch die Petersche Scheune, weder die Schlafkammer der Witwe Boll, noch deinen Verrat. Nun sind wir alt geworden beide, du verkommen und ich von den Messern der Chirurgen zerfleischt, und jetzt will ich, daß wir abrechnen beide: Du hast dein Leben gewählt und mich in das meine gezwungen. Du wolltest, daß die Zeit aufgehoben würde, eben, im Wald unserer Jugend, voll von Vergänglichkeit. Nun habe ich sie aufgehoben, und nun will ich Gerechtigkeit, Gerechtigkeit für eine Milliarde.
Der Bürgermeister steht auf, bleich, würdig.
DER BÜRGERMEISTER Frau Zachanassian: Noch sind wir in Europa, noch sind wir keine Heiden. Ich lehne im Namen der Stadt Güllen das Angebot ab. Im Namen der Menschlichkeit. Lieber bleiben wir arm denn blutbefleckt.
Riesiger Beifall.
CLAIRE ZACHANASSIAN Ich warte.

HEIMITO VON DODERER
Die Dämonen

Das Haus, in welchem die Gürtzner-Gontards wohnten, lag an jenem Platz, wo die ›Unsrigen‹ damals vor dem Ausflug ins Grüne zusammengetroffen waren, beim Justizpalast, und dessen einer Seitenfront gegenüber. Das Gebäude hatte sich nun freilich weder um Grete Siebenscheins seinerzeitige Kritik, noch um deren etwas heftige Ablehnung durch Doktor Körger im allergeringsten gekümmert, es war gänzlich unverändert geblieben und so schön oder so häßlich wie nur immer zuvor, jedenfalls aber sehr ausgedehnt. Der Sonne wollte es nicht gelingen, ihren vormittäglichen Durchbruch zu befestigen. Beim Fortgehen draußen von zuhause hatte ich schon alles Licht wieder gedämpft gefunden. Der Frühling lag mit angehaltenem Atem um die starren roten und weißen Dreiecke in den Kastanienwipfeln, in der stillen Feuchtigkeit, welche nur dann und wann ein langer Vogelpfiff aus den Gärten belebte und gleichsam schlitzte. Sonst um diese Zeit am Sonntag gab es viel Spaziergänger, aber heute befürchteten sie offenbar kommenden Regen, denn die Luft war warm. Ich liebte meine Wohngegend dort draußen doch gar sehr, trotz der längeren Fahrten zur Inneren Stadt, welche sie freilich mit sich brachte. Und heute besonders ging ein stummer Anruf von mir an alle stummen Dinge, an die feuchten Blätter hinter den Gartenzäunen, den leeren Asphalt, die Einfahrtsgitter, Wege und Ecken: daß sie sich auftun möchten gleichsam, um mir etwas zu sagen, zu verraten. Denn das Tendenziöse der schweigenden Welt rundum – Zimmer, Straßen, Gerüche, Lichter – ist der gedrängteste Ausdruck der jeweiligen Gesinnung des Lebens, für oder gegen uns.

Einfahrt und Treppe waren mir vertraut geblieben, ich bemerkt' es mit angenehmer Verwunderung (so sehr also, muß ich heute sagen, war ich damals bereits gejagt, gleichsam unter Druck gesetzt von den ›Unsrigen‹, daß mein geschärfter Instinkt schon jede kleinste, kaum benennbare Hilfe zum Gleichgewicht wahrnahm). Als ich dem Mädchen im Vorzimmer meinen Mantel gelassen hatte und eintrat, sah ich den alten Herrn mit langsamen, jedoch langen Schritten mir entgegenkommen, und hinter ihm, draußen, hinter den fast bis zur Decke reichenden Fenstern, die weite Aussicht aufgehängt mit all ihren zahllosen Einzelheiten, wie einen Wandteppich aus alter Zeit, der Grund von gedämpftem Taubengrau in der Tiefe erfüllt, in welche sehr entfernte Stadt-Teile hineinwanderten mit ihrem Übermaß von gleichzeitigen und genauen Aussagen über Gestalt und Umriß der Häuser vor dem Himmelsrande. Diese Vorstädte, auf welche der Blick hier hinausfiel – die Gontardsche Wohnung lag im höchsten Stockwerk des Hauses – stiegen im rückwärtigen Teile, gegen die sogenannte ›Mariahilf‹, stark an, und dort schienen sie gleichsam senkrecht übereinander geschichtet zu stehen.

Er machte mir in herzlicher Weise Vorhaltungen, der alte Gürtzner-Gontard, weil ich so lange nicht bei ihm gewesen war, und ganz ungeniert auch deswegen, weil ich mich vorzeitig hatte pensionieren lassen: »Bis zum Ministerialrat hätten Sie schon noch aushalten können.« Wenn zwei dasselbe sagen, ist es nicht dasselbe, dachte ich, denn Levielle hatte sich damals am ›Graben‹ zu Mariä Verkündigung genau so vernehmen lassen; und im übrigen war der gute Sektionschef gerade unter jenen gewesen, die sehr bald schon nach der Einführung republikanischer Zustände kein Behagen mehr an ihrem Schreibtisch im Ministerium zu empfinden vermochten ... »In Döbling draußen«, antwortete ich auf die Frage, wo ich denn jetzt wohne? »Richtig, das hab' ich sogar gewußt«, sagte er, »Sie haben dort auch eine Menge Bekannte, nicht wahr? Das weiß ich von Ihrem Cousin, dem Orkay, der war erst vor ein paar Tagen wieder bei mir.« (›Was geht da hinter meinem Rücken vor?‹, dachte ich sogleich argwöhnisch, und: ›Auf wieviel Hochzeiten tanzt eigentlich dieser Géza?!‹)

Eine Minute später sprachen wir bereits von den ›Unsrigen‹.

Dabei erging es mir sehr merkwürdig. Um deutlich zu machen, was mich innerhalb dieses Menschenkreises in Unruhe versetzte, blieb mir zunächst nichts anderes übrig (oder es fiel mir eben kein besseres Mittel ein), als jenen überall vorgeschobenen Gegensatz, der schon mehr als genug dargestellt worden ist, herauszuschärfen und vielleicht etwas zu übertreiben, schon deshalb, weil ich diese Sache für eine solche hielt, die doch dem Lebenskreise Gürtzner-Gontard's eher fern liegen mußte, die also dem alten Herrn erst etwas näher zu bringen und als erheblich darzustellen war – denn ich wollte ja eben darüber von ihm eine Äußerung hören, aus jener Distanz gesprochen, die ihm hier glücklich eignete. Mir aber fehlte jeder wirkliche Standpunkt (das fühlt' ich während meines eigenen Redens), und zugleich wollt' ich mich vom Gegenstande möglichst weit zurückziehen, nämlich ›in die Zeit, welche vor alledem gewesen war‹. Sie stand in meiner Vorstellung jetzt als schräge Sonnenbahn, die sich, wie ein deutender Finger aus den Wolken, auf die Wiese vor meinen Fenstern stützte. Sie bewohnte mich als hohes Einfahrtsgitter mit Fliederbüschen und einem dahinter seitwärts sich wegwendenden Parkweg. Sie floh durch mich hindurch als leerer, feucht spiegelnder Asphalt der Straßen; sie begleitete diese Flucht hinter einem Gartenzaun mit den vom Regen glänzenden Blättern der Sträucher. Sie öffnete sich, rasch vorbeigedreht, wie eine mündende Gasse, an welcher man vorüberfährt, dann wieder als Zimmerflucht, und rückwärts schien das Licht, welches ich suchte, nur für einen kleinen Augenblick. Sie wehte gegen mein dunkles Innen-Gesicht und brachte den intakten Duft einer heileren Welt, kühler tiefer Räume kleiner Palais' im Herrenviertel unserer Innenstadt, ein Duft, der heute noch in vielen Dingen war, die ich besaß, in Ledertaschen steckte, an einem Sattel hing, kaum feststellbar und doch anwesend ein Möbelstück bewohnte.

Und während alledem redete ich – als wär' ich Eulenfeld oder Schlaggenberg oder gar der Doktor Körger selbst; nicht ganz so gejagt und aufgehetzt und jeden Einwand ausschließend wie diese Herren, aber ich drückte doch mein Steuerruder vergeblich gegen ihre Strömung, ich sagte, was ich nicht sagen wollte, mit Worten, die gestellt waren wie die Weichen, ich fuhr im Zwang dieser

Schienen, mochte ich gegen jede Biegung drücken wie nur immer: ich sprang doch nicht heraus. Da ich eigene Worte im Augenblick nicht hatte, aber nun einmal reden mußte, bekamen die fremden über mich Gewalt. So nagelte ich mich gleichsam an einem Punkte fest, hinter den ich ja zurück wollte, eben um ihn genauer ausnehmen und bestimmen zu können; und jedes weitere Wort mußte ein fundamentales Mißverständnis noch besser fundieren; schon gar, als ich gehabte Gedanken jetzt gleichsam zitierte und von der ›Trennung‹ sprach, die es da ›einmal geben müsse, ohne Verständnis und ohne Tugenden und ohne gute Eigenschaften. ...‹ Das letzte war bereits von gestern und aus dem Nebel, wahrhaft. »So kann's nicht weitergehen«, schloß ich, damit schon geradezu und durchaus meine eigene Rede meinend. Es war der Punkt auf dem i, der noch gefehlt hatte. Ich schwieg verwundert, mir war, als wär' ich irgendwo heruntergefallen. Eben noch im ersten Stock, jetzt schon zu ebener Erde. Ich sah auf das Muster eines sehr schönen türkischen Teppichs an der Wand und vergaß auf das Teebrett, welches das Mädchen neben mich hingestellt hatte.

»Sie sind ja ein Revolutionär geworden, lieber G-ff«, sagte Gontard lachend. »Übrigens hat vor ein paar Tagen hier der kleine Orkay dem Sinne nach ungefähr das gleiche gesprochen wie Sie, aber der ist kein Revolutionär, sondern – eben ein ›basci‹, wie wir in Wien die Ungarn oft nennen ...« (Géza hatte also hier sozusagen vorgespurt und ich war dann in seine Trasse geraten.)

»Warum sagten Sie, Herr Hofrat«, warf ich ein, »daß ich ein Revolutionär sei?«

»Ja – nichts für ungut, lieber G-ff, aber Sie wollen doch augenscheinlich etwas an der Welt ändern, wenn ich Sie recht versteh'. ›So kann's nicht weitergehen‹, sagen Sie, mit Bezug auf die dargelegten Zustände. Das sagen alle Revolutionäre.«

Ich nahm das Joch eines Mißverständnisses, das ich selbst geschaffen hatte, jetzt auf mich. Im Augenblick wurde mir auch schon besser und leichter zu Mute. Ich lächelte sogar, ich schwieg. Dieser volle Verzicht darauf, die Vorstellungen eines anderen Menschen von mir und meiner Denkungsweise zurechtzusetzen, befreite mich außerordentlich und schien mir für Augenblicke wie durch einen Schlitz fast etwas zu zeigen, wie eine neue Art zu leben, eine neue Magie. Da ich alles unverändert ruhig liegen ließ, wie es war, wie es sich selbst zurecht gelegt hatte – und das wohl mit guten Gründen! – konnte ich es viel deutlicher sehen; und ich bemühte mich nur, einen Weg zur Verallgemeinerung solcher Haltung und Wissenschaft zu finden, die mir in diesen Augenblicken damals höchst erleuchtend und notwendig erschien und als etwas von mir durchaus neu entdecktes.

»Glauben Sie's nicht, Herr G-ff?« sagte Gontard lachend und hielt mir die geöffnete Zigarettentasche hin.

»Ich muß wohl«, sagte ich, »und das macht mich begreiflicherweise nachdenklich. Revolutionär wäre also jeder, der irgendetwas an der Welt ändern will?«

»Na, diese Definition befriedigt Sie augenscheinlich noch nicht, so kommt's mir vor. Sie ist auch ungenügend. Wenn ein Bauer zum Beispiel im Jungwald oder ›Jungmeis‹, wie wir sagen, jeden zweiten Baum heraushackt, damit die übrig bleibenden sich besser entwickeln können, ist er noch kein Revolutionär, obgleich er an seiner Umwelt etwas ändern will und das sogar tatsächlich durch einen Eingriff tut. Oder ein Müller, der das Bachbett verlegt und reguliert, um besseren Zufluß für sein ›Fluder‹ zu schaffen. Diese arbeiten doch unter den von der Natur hier und jetzt gegebenen Bedingungen auf einen konkreten Zweck hin und verbessern solche Bedingungen nur, um in ihrem Einzelfalle jenen zu erreichen. Das bedeutet aber keinen Protest gegen den zu eng wuchernden Baumwuchs durch Samen-Anflug ganz im allgemeinen, oder gegen die Natur der Wildbäche, was beides überhaupt zu ändern und abschaffen zu wollen dem Bauer wie dem Müller gänzlich ferne liegt, ihnen auch als völlig unanschaulich und lächerlich erscheinen würde.«

Ich betrachtete ihn, während er sprach, und fand, wie immer schon, daß er etwas Theologisches an sich habe: ein sazerdotaler Typ. Die Größe und Schlankheit seiner Erscheinung, das Gleitende seiner Handbewegungen, die hohen Augenbrauen wie Spitzbogen von Kirchenfenstern und eine lange Nase dazwischen als Pfeiler, darauf diese Spitzbogen ruhten – es paßte zu den einfachen und gewissermaßen predigtartigen Vergleichen, die er eben aufgestellt hatte; was zu diesem sazerdotalen Typus weniger passen wollte, war ein türkischer Fez mit Troddel, den er auf dem kurzgeschorenen Haupte trug, das sonst eine durch natürlichen Haarausfall entstandene kleine Tonsur zeigte. Diesen Fez daheim zu tragen, war zum Teil wohl eine Koketterie mit altmodisch-spießbürgerlichen Gewohnheiten, teils war dem alten Herrn vielleicht wirklich kalt am Kopfe (man heizte freilich nicht mehr, und in diesen hohen und tiefen Räumen hing es wie ein Rest des Winters, die neue Jahreszeit hatte sich im Freien noch nicht ganz durchsetzen können und drang erst spät durch solche Mauern); drittens aber deutete dieser Fez tatsächlich in die Türkei; sein Vater hatte es dort bis zum Bey oder Pascha gebracht, ohne daß er dem Christenglauben entsagen hätte müssen, ein seltener Fall, um so erstaunlicher, weil der alte Hamdi-Bey (dies war sein türkischer Name gewesen) die Pforte als Gesandter an ausländischen Höfen durch viele Jahre repräsentierte. Mit diesem alten Diplomaten – der übrigens den Jahren nach gar nicht alt geworden war, nur der alten Schule hatte er eben angehört – hingen viele und bemerkenswerte türkische Sachen hier im Zimmer zusammen. Hamdi-Bey selbst überblickte es, mit einem bleichen und seltsam schönen wild-abenteuerlichen Gesicht aus dem Goldrahmen des großen Porträts hervorschwebend, das über dem Schreibtisch hing.

Er war als blutjunger Offizier desertiert, weil er ein Hinrichtungs-Peloton hätte kommandieren sollen. Die zu Erschießenden waren dabei von dem späteren Hamdi-Bey gleich über die türkische Grenze gebracht worden. Viele Jahre danach ist in dieser Sache, wenn ich mich recht entsinne, ein kaiserlicher Gnaden-Akt erflossen; mir hat ein älterer Verwandter einmal davon erzählt. Die Verurteilten sollen unschuldig oder minder schuldig gewesen sein. Kurz, Hamdi-Bey hatte österreichischen Boden wiederum betreten können, ist auch in Wien gestorben.

»Demnach wär' es die Verallgemeinerung, was den Revolutionär ausmacht, und man wird's, wenn man sich auf solche Weise vom Anschaulichen entfernt«, sagte ich als Replik auf die früheren pastoral-ländlichen Vergleiche. Ich sagte es ganz beiläufig, die Worte blieben gleichsam in meiner eigenen Mitte ruhen, wie bei einem Selbstgespräch. Ich hatte Abstand gewonnen, und zwar wie durch Faszination oder eine Art Tingierung und Durchsetzt-Werden, nicht nur von seiten meines guten Sektionschefs, sondern aus dieser ganzen Umgebung hier. Mit meiner inneren Situation, die ich für überaus kompliziert und neuartig hielt, sah ich mich hier unvermutet unter ein vereinfachendes Maß gestellt; und, abgesehen von einer schwachen Meuterei, die sich jetzt am Ende noch einmal dagegen erhob – Verständnis heischend und die Unzuständigkeit solchen Maßes behaupten wollend – empfand ich's als Wohltat: seltsamerweise auch den Umstand, daß wir mein ursprüngliches Thema, wegen dessen ich ja eigentlich gekommen war, ganz verlassen zu haben schienen. Und damit seinen schmalen Boden. Während mein Blick auf dem Bildnis des ›alten Türken‹ ruhte (so wurde dieser Großvater in der Familie kurz bezeichnet), begann mir der

Sinn einfacher und unverrückbarer Maßstäbe aufzugehen, das muß ich wohl sagen.

»Mein Vater, zum Beispiel«, bemerkte Gontard, wie durch meinen Blick gelenkt, und sah nun ebenfalls auf das Bild, »war kein Revolutionär, sondern ein Meuterer und Abenteurer. Er blieb durchaus innerhalb des Nächsten und Anschaulichen. Er hätte die Füsilierung jener Burschen damals nicht zu ertragen vermocht und ging mit ihnen durch. Aber er ist in seinem späteren Leben kein notabler Bekämpfer des Militarismus oder ein überzeugter Gegner der Militärgerichtsbarkeit geworden. Er hat niemals irgendetwas derartiges geschrieben, und Sie wissen ja wohl, daß er mehr als reichlich geschrieben und veröffentlicht hat. Im Burgtheater erinnert man sich noch seiner Kalifen-Dramen mit mehr oder weniger großem Genuß.«

»Revolutionär wäre demnach jeder, der wegen Unmöglichkeit und Unhaltbarkeit der eigenen Lage die Allgemeinheit verändern möchte«, sagte ich.

»Sagen Sie gleich: die Grundlagen des Lebens überhaupt. Finden sich genug Leute in gleicher Unmöglichkeit und Unhaltbarkeit, so macht das denjenigen, der hier sozusagen den lockenden Weg zeigt – nämlich am Leben, wie es einmal ist, vorbeizukommen, obendrein mit sittlichem Pathos – zum revolutionären Führer. Revolutionär wird, wer es mit sich selbst nicht ausgehalten hat: dafür haben ihn dann die anderen auszuhalten. Die stehengelassene sehr anschauliche Aufgabe des eigenen Lebens, mit welcher einer auf persönliche und einmalige Weise nicht fertig zu werden vermochte, muß natürlich in Vergessenheit sinken, und mit ihr die Fähigkeit zum Erinnern überhaupt, das Gedächtnis als Grundlage der Person. Hier schlägt dann die Geburtsstunde der Schlagworte und zugleich die Sterbeglocke der Anschaulichkeit, der konkreten Nähe, der augenblicklichen Abhilfe, der unmittelbaren Beziehung zu feindlichen oder freundlichen Personen. Diese Beziehung hat man jetzt weniger auf Grund physiognomischer Wahlverwandtschaft und weit mehr über den Umweg einer Doktrin, die gleichsam als Beziehungs-Regulator zwischen alle Menschen eingeschaltet ist. Immer wieder geschieht es daher, daß der Revolutionär sich in einer Reihe findet mit wesentlich ihm feindlichen Personen – die gleichfalls irgendwo und irgendwann auf ihre Weise ihren Anschaulichkeiten entlaufen sind – und von da her könnte man es vielleicht erklären, daß in solchen Reihen der Mord umgeht wie ein Plumpsack.«

Ich betrachtete ihn erstaunt, und es schien, als bemerke er das.

»Sie wundern sich, G-ff«, warf er lachend ein, »nämlich darüber, von wannen mir wohl diese ganze Anschauungsweise und Weisheit kommen mag – na, ich will Ihnen den Schlüssel bald reichen, den Schlüssel der Theorien des alten Gürtzner. Aber vorher müssen Sie noch was anhören. Ich sage: das Maß des Handelns reißt in der Panik und Revolte gleichsam ab. Wenn jemand in eine Lage, in welche er gerät, seinen Maßstab nicht mitbringt – seinen Maßstab in bezug auf das Menschliche und auf das innerhalb der Menschlichkeit und Menschenwürde Zulässige – sondern ihn irgendwo dahinten liegen läßt und jetzt sein Maß nur mehr aus den gegebenen Umständen selbst gewinnt, so ist das zumindest die profundeste Treulosigkeit, welche man denken kann, wenngleich falsch vergoldet von einem Strahle der Lebendigkeit und Wendigkeit, der ›Lebens-Nähe‹, oder sonst so was. Es produziert aber der Mensch, wenn er nur das allerprimitivste Stadium hinter sich gelassen hat, dieses Manöver ungern ohne eine vernünftige oder gar rationale Rechtfertigung, ungern ohne irgendeine Art Theorie, sowohl im einzelnen Leben wie in der Gesamtheit. Hier beginnt dann jene ›Umwertung aller Werte‹, die wir nach 1918 praktisch erlebten. Der Mensch, unter den Notwendigkeiten der Umstände und jetzt obendrein unter seinem neuen, eben aus jenen Umständen gewonnenen Maße, fühlt sich da ganz unbedingt im Recht und daher bei gehobenem Selbstbewußtsein. Man könnte es das euphorische Stadium jeder Revolution nennen, und es fehlt bei keiner von den bisher abgelaufenen.«

Mir schien, als habe sich indessen die Tonart seines Sprechens und der Rhythmus seiner Sätze geändert. Das Predigthafte, das Ölige, das Lubricans war jetzt fast ganz verschwunden und abgerieben, eine körnigere Schicht wurde fühlbar.

»Revolutionär wird«, setzte er fort, »wer von Anfang an durch sein eigenes unscharfes Sehen die Wirklichkeiten so blaß nur in sich aufnimmt – sie führen daher in ihm das herabgekommene, unanschauliche Dasein von Untertatsächlichkeiten – daß keine als nicht änderbar, als nicht vom Orte zu rücken, als nicht in irgendeiner Weise zu verbessern erscheint, daß keine für ihn definitiv ist und keine ein Ausdruck bleibender Gesetze, denen das Leben stets spontan folgt. Unter solchem Gesichtswinkel muß aber dieses Leben lediglich mehr als eine Frage des Arrangements, der richtigen Umstellung, der zweckentsprechenden Einteilung, der Willenskraft, Ordnung (wie er sie sieht) und der Leistung erscheinen. Damit hängt der rationale Zug aller revolutionären Programme und Menschen zusammen – wodurch sie bestechen – und der Mangel an

Wissen um die Zähigkeit, die Wucht, den Zwang der Lebenszusammenhänge, auch der geistigen, deren Gewicht diese Menschentypen nie empfunden haben, weil solche Bahnen in ihnen längst verödet und erstorben sind. So ist eine sozusagen apriorische Unanschaulichkeit die Mutter aller Revolutionäre. Der Revolutionär flieht vor dem, was am schwersten zu ertragen ist, vor der ziellosen Vielfältigkeit des Lebens nämlich, in die Richtung der Vollkommenheit, was in der Welt seiner Untertatsächlichkeiten jedoch bestenfalls Vollständigkeit bedeuten könnte. Volk, soweit es das noch ist, wird wohl augenblicklich rebellieren, revoltieren gegen unerträglich gewordenen gegenwärtigen Druck der Herrschenden; nie aber wird dieses Volk revolutionär sein: eben wegen seiner allzu großen Vertrautheit mit der Zähigkeit, der Wucht, dem Zwang der organischen Lebenszusammenhänge. Deshalb kommt auch hier etwas ganz anderes bei ihm bald zum Vorschein, nämlich seine natürliche Skepsis. Damit endet das euphorische Stadium jeder Revolution.«

Ich nahm eine Zigarette und ging zweimal im Zimmer hin und her, mich gleichzeitig deshalb entschuldigend. Er nickte nur, die Troddel des Fez flog nach vorne: ich blieb am Fenster stehen, und er begann bald wieder zu sprechen. Draußen zerfloß der weiträumige Prospekt im Lavendelblau beginnender Dämmerung. Vom Rande des Gehsteiges unten ragte eine Bogenlampe mit ihrem grauen Schwanenhalse bis etwa zur Höhe des zweiten Stockwerks herauf, und jetzt flammte plötzlich der gläserne Ballon; das Licht aber blieb um ihn zusammengedrückt, da noch die Tageshelle herrschte; überall in Schnüren sah ich die frühen Kugeln der eingeschalteten Straßenbeleuchtung. Mein Blick blieb nicht draußen in der weiten Aussicht liegen – merkwürdig war's, wie in einer bereits undeutlichen Ferne noch da und dort ein grüner Baum wie ein Büschel oder Besen zwischen den grauen Häusern steckte – sondern er senkte sich auf den Hals der Bogenlampe herab und verweilte dort. Im Zuhören kehrte ich dann wieder zu meinem Armsessel zurück.

»Das besondere Verhältnis der Jugend zum Revolutionären übrigens, ihre Neigung dazu, geht freilich auch auf Lebensschwäche zurück, im tiefsten Grunde, wenigstens im Sinne der ganzen Anschauungsweise, die ich Ihnen heute dargelegt habe. Erfunden hab' ich sie ja nicht selbst. Der junge Mensch wehrt sich einfach dagegen, unter den dargebotenen Bedingungen ins Leben einzutreten, er will diese Bedingungen nicht einmal ganz auffassen, er will sich die Augen zuhalten und die Hände vor's Gesicht, was man merkwürdigerweise als Kind im Mutterleibe wirklich tut ...«

Er sagte dann noch einiges, endigte aber bald. Unter anderem dies:

»Wer irgendwo und irgendwie zu schwach ist, um in der Welt, wie sie eben ist, zu leben, der verabsolutiert gern ›idealistisch‹ einen Zustand, der sein soll, gegenüber dem tatsächlich seienden. In welcher Richtung immer solch ein ›Idealist‹ sich die Sache nun denkt: jener ersehnte Zustand wird doch stets ein und dasselbe Grundmerkmal haben – daß nämlich die Schwäche, um die es hier jeweils geht, innerhalb seiner als Stärke werde auftreten können. In einer ›rassenreinen‹ Gesellschaft wird jeder Simpel und Brutalist, der nicht vorwärtsgekommen ist, mindestens einen ›Arier‹ vorstellen; die gleiche Auszeichnung kann, bei anders gerichtetem ›Idealismus‹, darin liegen, für einen Prolet-arier zu gelten. Dort eine vermeintliche Gemeinsamkeit der Rasse, hier eine der Klasse, es ist gehupft wie gesprungen. Klassen können ja zu Rassen werden, und umgekehrt. Das war schon da. Hier in Wien ist aus einem reinen Berufsstand sogar eine Art Rasse geworden: die der Hausmeister. Das weiß jeder Wiener. In Paris ist das ähnlich. Genug. Man bezieht also das Selbstgefühl für seine Schwachheit in beiden angeführten Fällen aus einem gemeinsamen Depot, so Rassenbewußtsein wie Klassenbewußtsein. Beide geben auch animalische Wärme ab. Aber Gemeinschaft kann für die Dauer nicht auf einem Fundus gründen, den man gemeinsam hat, sondern sie muß auf dem Ungemeinen gründen, auf dem, was jeder an Einzigartigem, Persönlichem, Nicht-Mitteilbarem besitzt, auf dem, was ihn unersetzlich macht. Anders hat die Gemeinschaft keine Dauer, sondern artet zur Gemeinheit aus. Wir sind auf dem Wege.«

Ich hatte ihm zuletzt schon in einer innerlich sozusagen weit ausgelegten Haltung zugehört, wie um das Gleichgewicht zu bewahren; ich trachtete, mir sein Alter vorzuhalten, seine Herkunft, seine Vergangenheit innerhalb der burgundisch-spanischen, zeremoniösen Hierarchie und der ähnlich beschaffenen Ordnung eines hohen Ministeriums. Aber doch war es ihm eben gelungen, wie mit einer feinen Sonde tief in mich einzudringen.

Günther Anders
Die Antiquiertheit des Menschen

§ 21
Die Bombe und der Nihilismus bilden ein Syndrom

(...)

Vor etwa zehn Jahren hat der Nihilismus ein vollkommen neues Stadium erreicht, nämlich dasjenige Stadium, in dem er, aus seiner Esoterik heraustretend, zum ersten Male das Vulgärbewußtsein der Epoche zu prägen bzw. zu zersetzen begann und zur Massenphilosophie, mindestens zur Massen-Mentalität wurde. Kurz darauf konnte man ja die zwischen 1940 und 50 geschriebenen Nihilismusdokumente sogar als Taschenbücher kaufen, und ein paar Jahre lang »ging« nichts besser als das Nichts.

Daß dieses neue Massenstadium des Nihilismus im gleichen Geschichtsaugenblick erreicht wurde, in dem die Bombe zum ersten Male hergestellt und eingesetzt wurde; daß die den Sinn der Menschheit verneinende Philosophie und das menschenvernichtende Gerät; daß der *Massen-Nihilismus* und die *Massen-Annihilation* geschichtlich zusammenfielen, das ist äußerst frappant. War das reiner Zufall? Oder bestand da ein Zusammenhang?

Nach einer direkten Ursache-Wirkung-Beziehung zwischen den beiden Zeiterscheinungen zu suchen, also eine Brücke zu schlagen zwischen der (dem Bau der Bombe zugrundeliegenden) Äquivalenzformel Einsteins und der (den Nihilismus definierenden) »alles ist eins« – Formel, das wäre natürlich müßig. Aber Beziehungen anderer Art gibt es schon. Auf bloße Koinzidenz läuft diese geschichtliche Gleichzeitigkeit nicht heraus. Wir sehen zweierlei Zusammenhänge:

1. liegt beiden eine und dieselbe geschichtliche Tatsache zugrunde: nämlich die des *Nationalsozialismus*.

Daß dieser selbst eine Spielart des Nihilismus gewesen ist, das nachzuweisen, erübrigt sich ja. Tatsächlich war er nihilistisch nicht nur in dem vagen Sinne, in dem man ihn gewöhnlich so nennt; sondern im strikten Sinne, da er jene naturalistische Monismus-Bedingung, die wir als die Quintessenz des Nihilismus kennengelernt haben, erfüllte; das heißt: weil er, als erste politische Bewegung, Menschen, ja Menschenmassen *als* Menschen verneinte, um sie als bloße »Natur«, als Rohmaterial oder Abfall effektiv zu vernichten. In einem Ausmaße, das den klassischen Nihilisten vor

Neid bleich gemacht hätte, hatte er Philosophie des Nichts und Vernichtung, Nihilismus und Annihilierung bereits so verschmolzen, daß man ein Recht hätte, von »*Annihilismus*« zu sprechen.

Und Auseinandersetzungen mit diesem »Annihilismus« waren nun sowohl die Atombombe wie die neue Spielart des (französischen) Nihilismus. Die Atombombe, weil mit deren Herstellung ursprünglich kein anderes Ziel verfolgt wurde als das, der Ausbreitung des nationalsozialistischen »Annihilismus« zuvorzukommen. – Und der französische Nihilismus, weil die »absurde Existenz«, die er schilderte, mehr oder minder auf eine Schilderung des Daseins unter dem nationalsozialistischen Terror herauslief, also auf eine Darstellung des Menschen, der sich als ein »Nichts«, als »zu nichts da« und als mir nichts dir nichts vernichtbar erfahren hatte. – In beiden Fällen handelte es sich also um Antworten auf ein und dasselbe geschichtliche Ereignis; und insofern waren sie geschichtlich nicht bloß gleichzeitig. –

2. Aber diese gemeinsame, diese gemeinsam polemische Herkunft des Annihilationsgerätes und des philosophischen Nihilismus ist vielleicht noch nicht einmal die wichtigste Beziehung, die zwischen diesen beiden besteht. Wichtiger, weil folgenreicher ist, daß die beiden, gleich ob ihnen dieses Gemeinsame zugrunde liegt oder nicht, *zueinandergefunden* haben; daß sie heute nun ein »*Syndrom*« bilden. Was heißt das?

Das heißt, daß sie psychologisch zusammengewachsen sind; daß für das Vulgärbewußtsein der Epoche (und mehr noch als für die Vulgärphilosophie, für das Vulgärgefühl) seit etwa einem Jahrzehnt Nihilismus und Bombe einen einzigen Komplex bilden; und zwar einen so unauflöslichen, daß es dem Zeitgenossen, der über die Dinge der Zeit unkontrolliert daherredet, und der durch dieses sein Daherreden die Glaubensstücke der Epoche ausspricht, vollkommen gleichgültig ist, ob er die Existenz der Bombe als Zeugnis für die Sinnlosigkeit des Daseins oder umgekehrt die Sinnlosigkeit des Daseins als Legitimationsgrund für die Existenz der Bombe verwendet; ja daß er sich im jeweiligen Reden überhaupt nicht darüber im klaren ist, ob er gerade so herum rechtfertigt oder andersherum. Diese beliebige Vertauschbarkeit von Voraussetzung und Behauptung, die Tatsache, daß das Argumentieren, wie vor einem Bilde, ebensogut von rechts nach links wie von links nach rechts vor sich gehen kann, ist *das* Kriterium für die »Echtheit« eines »Syndroms«; wobei »Echtheit« nicht etwa bedeutet, daß die Stücke einer gemeinsamen Wurzel entstammen, sondern daß es ihnen, wie zwei Pfropfstücken, nachträglich gelungen ist, in organischen Zusammenhang zu treten. Gleichviel, wo Voraussetzung und Behauptung reversibel sind, handelt es sich um ein unauflösbares, nicht mehr argumentativ widerlegbares, sondern nur noch im ganzen zerstörbares, emotional gültiges Ideologie-Stück des Zeitalters.* Und in diesem Reversibilitätsverhältnis stehen bereits seit Jahren Bombe und Nihilismus.

Ein kleines Gespräch, dessen Zeuge ich 1952 auf einer Eisenbahnfahrt in Deutschland war – eigentlich nur der Fetzen eines Gesprächs, aber er reichte mir, und als Beispiel reicht er auch hier – wird deutlich machen, daß im Vulgärbewußtsein der Epoche Nihilismus und Bombe wirklich Eines sind. Und in diesem Gespräch war es, wo jenes nihilistische Lächeln der Bedrohten auftrat, von dem ich gesprochen habe.

*

Tagebucheintragung 1952

»Pah«, machte einer, als ich kurz vor Frankfurt aus dem Schlaf auffuhr (es war der Knochige, der gestern abend über seine »Erlebnisse« in Polen kein Blatt vor den Mund genommen hatte), »warum sollen sie denn das Ding nicht schmeißen?« Mit »sie« meinte er, wie sich sofort herausstellte, die »Amis«; mit dem »Ding« die Atombombe.

Sein Gegenüber, die Schwedin neben mir, beschränkte sich auf eine »Aber ich bitte Sie«-Handbewegung.

»Können *Sie* mir denn vielleicht verraten«, fuhr er lächelnd fort, »wozu die da-sind?«

»Wer – *die*?« fragte die Schwedin.

Mit einer Kopfbewegung nach rückwärts: »Na *die* natürlich.«

»Die Russen«, erläuterte einer.

»Und *Sie*?« fragte die Schwedin mit einer Zornesfalte, »wozu Sie da-sind, das wissen Sie so genau?«

»Hab ich nicht gesagt. Dasselbe in grün.«

»In was?« erkundigte sie sich höflich.

»Na was denn sonst!« meinte er. »*Die* oder *wir*! Jacke wie Hose!« Und nachdem er sich im Kreise umgeblickt und sich lächelnd der Mitfahrenden versichert hatte: »Zu was sind *Sie* denn schon da?«

---

* Solche »reversiblen« Gleichungen, die des Nationalsozialismus, habe ich zusammengestellt in »Studies in Philosophy and Social Research«, N. Y. 1940, S. 464 ff.

Da die Schwedin nicht in Metaphysik reiste, sondern in internationalen Kinderhort-Angelegenheiten, konnte sie mit keiner Antwort dienen. »Sehen Sie«, meinte der Kerl, nun siegreich grinsend. Und da geschah das Unglaubliche (das außer mir freilich niemandem auffiel), daß er sein Argument plötzlich am Schwanz aufzäumte. »Ja glauben Sie denn«, fuhr er nämlich fort, »daß wir noch etwas taugen, wo es das Ding gibt? Oder die Kinderchens, für die Sie da rumgondeln?« Und warf sich nach hinten, als sei damit das letzte Wort gesprochen und die Dame aus Schweden ein für alle Male blamiert. Niemand im Abteil machte ihm seinen Triumph streitig. Er lächelte.

In diesem vulgärnihilistischen Gespräch, das vermutlich nur ein zufälliges Exemplar eines täglich in tausenden von Exemplaren stattfindenden Gespräches war, sind also das »zu nichts dasein« des Menschen und dessen Vernichtbarkeit, Nihilismus und Bombe eines und dasselbe. –

Da wir eh zu nichts da sind, ist die Bombe zurecht gekommen, und da die Bombe da-ist, taugen wir ja doch zu nichts, und da wir zu nichts taugen, kann die Bombe ja auch nichts mehr schlimmer machen, da, da, da ... Übelkeit erregend und Betäubung, Ohnmacht und falschen Triumph, nicht verratend, wo vorn ist und wo hinten, was Voraussetzung sein soll und was Behauptung, kreist das Karussell dieses Scheinargumentes um die Achse des Nichts. Und wer nicht herausspringt, und wer es nicht zerschlägt, der wird lebend nicht davonkommen.

GÜNTER EICH
Einige Bemerkungen zum Thema »Literatur und Wirklichkeit«

Alle hier vorgebrachten Ansichten setzen voraus, daß wir wissen, was Wirklichkeit ist. Ich muß von mir sagen, daß ich es nicht weiß. Daß wir hierher nach Vézelay gekommen sind, dieser Saal, dieses grüne Tischtuch, dies alles erscheint mir sehr seltsam und wenig wirklich.
    Wir wissen, daß es Farben gibt, die wir nicht sehen, daß es Töne gibt, die wir nicht hören. Unsere Sinne sind fragwürdig; und ich muß annehmen, daß auch das Gehirn fragwürdig ist.
    Nach meiner Vermutung liegt das Unbehagen an der Wirklichkeit in dem, was man Zeit nennt. Daß der Augenblick, wo ich dies

sage, sogleich der Vergangenheit angehört, finde ich absurd. Ich bin nicht fähig, die Wirklichkeit so, wie sie sich uns präsentiert, als Wirklichkeit hinzunehmen.

Ich will mich auf der andern Seite nicht als einen Narren hinstellen, der nicht weiß, daß man sich an einem Tisch stößt. Ich bin bereit, mich in diesem Raum einzurichten. Aber ich habe etwa die Schwierigkeiten wie ein taubstummer Blinder.

Nun gut, meine Existenz ist ein Versuch dieser Art, die Wirklichkeit ungesehen zu akzeptieren. Auch das Schreiben ist so möglich. Aber ich versuche, noch etwas zu schreiben, was anderswo hinzielt. Ich meine das Gedicht.

Ich schreibe Gedichte, um mich in der Wirklichkeit zu orientieren. Ich betrachte sie als trigonometrische Punkte oder als Bojen, die in einer unbekannten Fläche den Kurs markieren.

Erst durch das Schreiben erlangen für mich die Dinge Wirklichkeit. Sie ist nicht meine Voraussetzung, sondern mein Ziel. Ich muß sie erst herstellen.

Ich bin Schriftsteller, das ist nicht nur ein Beruf, sondern die Entscheidung, die Welt als Sprache zu sehen. Als die eigentliche Sprache erscheint mir die, in der das Wort und das Ding zusammenfallen. Aus dieser Sprache, die sich rings um uns befindet, zugleich aber nicht vorhanden ist, gilt es zu übersetzen. Wir übersetzen, ohne den Urtext zu haben. Die gelungenste Übersetzung kommt ihm am nächsten und erreicht den höchsten Grad von Wirklichkeit.

Ich muß gestehen, daß ich in diesem Übersetzen noch nicht weit fortgeschritten bin. Ich bin über das Dingwort noch nicht hinaus. Ich befinde mich in der Lage eines Kindes, das Baum, Mond, Berg sagt und sich so orientiert.

Ich habe deshalb wenig Hoffnung, einen Roman schreiben zu können. Der Roman hat mit dem Zeitwort zu tun, das im Deutschen mit Recht auch Tätigkeitswort heißt. In den Bereich des Zeitwortes aber bin ich nicht vorgedrungen. Allein für das Dingwort brauche ich gewiß noch einige Jahrzehnte.

Für diese trigonometrischen Zeichen sei das Wort »Definition« gebraucht. Solche Definitionen sind nicht nur für den Schreibenden nutzbar. Daß sie aufgestellt werden, ist mir lebensnotwendig. In jeder gelungenen Zeile höre ich den Stock des Blinden klopfen, der anzeigt: Ich bin auf festem Boden.

Ich behaupte nicht, daß die Richtigkeit der Definitionen von der Länge oder Kürze der Texte abhinge. Ein Roman von vierhundert Seiten enthält möglicherweise ebensoviel an Definition wie ein

Gedicht von vier Versen. Ich bin bereit, diesen Roman zu den Gedichten zu zählen.

Richtigkeit der Definition und Qualität sind mir identisch. Erst wo die Übersetzung sich dem Original annähert, beginnt für mich Sprache. Was davor liegt, mag psychologisch, soziologisch, politisch oder wie immer interessant sein, und ich werde mich gern davon unterhalten lassen, es bewundern und mich daran freuen – notwendig ist es mir nicht. Notwendig ist mir allein das Gedicht.

ILSE AICHINGER
Befehl des Baumeisters beim Bau der Prinz-Eugen-Straße

Gleich zu Beginn
Ein breiter Streifen Wind,
An seinem Rande pflanzt den Essigbaum.
Vergeßt die Tauben nicht,
Und bald – ich schwör es –
Geht der Staub
An euren Türmen hoch,
Wenn diese Wolken
Sich zu den helleren am Himmel schlagen,
Kennt ihr das Muster,
Findet ihr den Plan.
Gegeben am –

INGEBORG BACHMANN
Landnahme

Ins Weideland kam ich,
als es schon Nacht war,
in den Wiesen die Narben witternd
und den Wind, eh er sich regte.
Die Liebe graste nicht mehr,
die Glocken waren verhallt
und die Büschel verhärmt.

Ein Horn stak im Land,
vom Leittier verrannt.
ins Dunkel gerammt.

Aus der Erde zog ich's
zum Himmel hob ich's
mit ganzer Kraft.

Um dieses Land mit Klängen
ganz zu erfüllen,
stieß ich ins Horn,
willens im kommenden Wind
und unter den wehenden Halmen
jeder Herkunft zu leben!

Erklär mir, Liebe

Dein Hut lüftet sich leis, grüßt, schwebt im Wind,
dein unbedeckter Kopf hat's Wolken angetan,
dein Herz hat anderswo zu tun,
dein Mund verleibt sich neue Sprachen ein,
das Zittergras im Land nimmt überhand,
Sternblumen bläst der Sommer an und aus,
von Flocken blind erhebst du dein Gesicht,
du lachst und weinst und gehst an dir zugrund,
was soll dir noch geschehen –

Erklär mir, Liebe!

Der Pfau, in feierlichem Staunen, schlägt sein Rad,
die Taube stellt den Federkragen hoch,
vom Gurren überfüllt, dehnt sich die Luft,
der Entrich schreit, vom wilden Honig nimmt
das ganze Land, auch im gesetzten Park
hat jedes Beet ein goldner Staub umsäumt.

Der Fisch errötet, überholt den Schwarm
und stürzt durch Grotten ins Korallenbett.
Zur Silbersandmusik tanzt scheu der Skorpion.
Der Käfer riecht die Herrlichste von weit;
hätt ich nur seinen Sinn, ich fühlte auch,
daß Flügel unter ihrem Panzer schimmern,
und nähm den Weg zum fernen Erdbeerstrauch!

Erklär mir, Liebe!

Wasser weiß zu reden,
die Welle nimmt die Welle an der Hand,
im Weinberg schwillt die Traube, springt und fällt.
So arglos tritt die Schnecke aus dem Haus!

Ein Stein weiß einen andern zu erweichen!

Erklär mir, Liebe, was ich nicht erklären kann:
sollt ich die kurze schauerliche Zeit
nur mit Gedanken Umgang haben und allein
nichts Liebes kennen und nichts Liebes tun?
Muß einer denken? Wird er nicht vermißt?

Du sagst: es zählt ein andrer Geist auf ihn …
Erklär mir nichts. Ich seh den Salamander
durch jedes Feuer gehen.
Kein Schauer jagt ihn, und es schmerzt ihn nichts.

Reklame

Wohin aber gehen wir
ohne sorge sei ohne sorge
wenn es dunkel und wenn es kalt wird
sei ohne sorge
aber
mit musik
was sollen wir tun
heiter und mit musik
und denken
heiter
angesichts eines Endes
mit musik
und wohin tragen wir
am besten
unsre Fragen und den Schauer aller Jahre
in die Traumwäscherei ohne sorge sei ohne sorge
was aber geschieht
am besten
wenn Totenstille

eintritt

Günter Grass
An alle Gärtner

Warum wollt ihr mir verbieten Fleisch zu essen?
Jetzt kommt ihr mit Blumen,
bereitet mir Astern zu,
als bliebe vom Herbst nicht Nachgeschmack genug.
Laßt die Nelken im Garten.
Sind die Mandeln doch bitter,
der Gasometer,
den ihr den Kuchen nennt –
und ihr schneidet mir ab,
bis ich nach Milch verlange.
Ihr sagt: Gemüse, –
und verkauft mir Rosen im Kilo.
Gesund, sagt ihr und meint die Tulpen.
Soll ich das Gift,
zu kleinen Sträußchen gebunden,
mit etwas Salz verspeisen?
Soll ich an Maiglöckchen sterben?
Und die Lilien auf meinem Grab, –
wer wird mich vor den Vegetariern schützen?

Laßt mich vom Fleisch essen.
Laßt mich mit dem Knochen alleine,
damit er die Scham verliert und sich nackt zeigt.
Erst wenn ich vom Teller rücke
und den Ochsen laut ehre,
dann erst öffnet die Gärten,
damit ich Blumen kaufen kann –
weil ich sie gerne welken sehe.

Sophie

Papieraugen und kleine Silberwinkel
auf Trompeten durch die Allee reiten,
alle Schubladen auf
und aus der letzten
die vielen behaarten Dreiecke nehmen
und eines vermissen, das weiß ist.
Sophie, böse Sophie.

Nun streift der Herbst seine Handschuhe ab,
nun scheucht er deine Blicke,
ruckartig lebende Hühner,
über den Spiegel zum Stall,
nun alle Schubladen auf,
Dreiecke, Schenkel, Knoten,
neunundneunzig gebündelte Kehlen, –
Sophie, böse Sophie.

Prophetenkost

Als Heuschrecken unsere Stadt besetzten,
keine Milch mehr ins Haus kam, die Zeitung erstickte,
öffnete man die Kerker, gab die Propheten frei.
Nun zogen sie durch die Straßen, 3800 Propheten.
Ungestraft durften sie reden, sich reichlich nähren
von jenem springenden, grauen Belag, den wir die Plage nannten.
Wer hätte es anders erwartet. –

Bald kam uns wieder die Milch, die Zeitung atmete auf,
Propheten füllten die Kerker.

HANS MAGNUS ENZENSBERGER
fremder garten

es ist heiß. das gift kocht in den tomaten.
hinter den gärten rollen versäumte züge vorbei,
das verbotene schiff heult hinter den türmen.

angewurzelt unter den ulmen. wo soll ich euch hintun,
füße? meine augen, an welches ufer euch setzen?
um mein land, doch wo ist es? bin ich betrogen.

die signale verdorren. das schiff speit öl in den hafen
und wendet. ruß, ein fettes rieselndes tuch
deckt den garten. mittag, und keine grille.

call it love

jetzt summen in den nackten häusern die körbe
auf und nieder
        lodern die lampen
                      betäubend
schlägt der april durchs gläserne laub
springen den frauen die pelze im park auf
ja über den dächern
            preisen die diebe
                        den abend
als hätte wie eine taube aus weißem batist
als hätte unvermutet und weiß und schimmernd
die verschollene hinter den bergen, den formeln,
die ausgewiesne auf den verwitterten sternen,
ohne gedächtnis
        verbannt
                ohne paß ohne schuhe
sich niedergelassen auf ihre bittern
todmüden jäger
        schön ist der abend

security risk

wirf den hut, wirf das concerto fort,
wenn du kein visum hast.
der himmel ist für drachen gesperrt,
der eremit steuert ein taxi,
das paradies ist emeritiert.
die tränen fassen sich kurz,
nur bis der fahrstuhl hält,
bedient von den henkern.
die snobs irren durch den wald,
in den salons raufen katzen.
im laub der viola d'amore rauscht
ein funkspruch, gezwitscher, geil,
zwischen den stäben. naß von geheul
schlingert der fahrstuhl. verlaß
ist allein auf den taxameter,
doch die spesen sind hoch.

die schupos pfeifen. das visum,
es ist verfallen, es malt dir
vier zoll tief unter das schlüsselbein
einen winzigen runden fleck violett.

KARLHEINZ DESCHNER
Die Nacht steht um mein Haus

Ich habe mich vorhin im Spiegel betrachtet. Ich habe mich noch nie so im Spiegel betrachtet. Ich habe in mein Gesicht gesehn. Ich war so voll Haß, voll Wut, voll Scham, voll Enttäuschung, Enttäuschung, ENTTÄUSCHUNG. Ich hätte mich anspucken können, ich hätte weinen können, ich hätte in den Spiegel schlagen können, mitten hinein die Faust in die Visage, die ich hasse, die ich liebe, die ich hasse. Ja, ich hasse sie. ICH HASSE SIE. Aber ich kann es mir nicht leisten. Der Spiegel kostet Geld, und meine Nerven kosten Geld. Und ich habe kein Geld. Ich habe keinen Beruf. Ich habe keinen Namen. Aber ich habe eine Familie. Ich habe eine Frau. Ich habe eine Tochter. Und ich habe in mein Gesicht gesehn. In das Gesicht einer Niete, eines Versagers, eines Idioten. Ich war ein Hampelmann vor mir selbst. Seit zwanzig Jahren habe ich mir etwas vorgespielt, habe ich andern etwas vorgespielt, habe ich mich berufen geglaubt, auserwählt geglaubt. Und ich habe in mein Gesicht gesehn. Es war nicht rasiert, es war blaß. Falten waren um den Mund, blaue Schatten unter den Augen. Die Augen waren wäßrig. Die Tränen standen hinter der Stirn. Die Augen glänzten. Ich war verzweifelt. VERZWEIFELT. Mein ganzes Leben stand hinter meinem Gesicht, hinter dem Schädel, der schon kahl wird. Ich habe geglaubt, ein Dichter zu sein. Ich habe geglaubt, schreiben zu können. Ich wollte den Ruhm zwingen. Aber ich bin ein Hysteriker, ich bin ein Scharlatan. Ich habe die Leute angeschmiert, ich habe mich selbst angeschmiert. Ich habe nicht gelogen, und ich war doch ein erbärmlicher Lügner. Ja, ich habe Aufzeichnungen gemacht, Skizzen gemacht, Pläne gemacht, eine ganze Mappe voll. Aber es sind bloß Fragmente, Fetzen, Stimmungsfetzen, Gesprächsfetzen, lauter Fetzen. Sie sind gar nicht schlecht, aber es sind bloß Fetzen.

Dieser Psychiater, dieser Idiot, was ist das eigentlich für ein Mensch gewesen. Ich dachte an ihn, als ich vorhin in den Spiegel sah, und ich habe oft an ihn gedacht in den letzten Wochen. Ich glaube, meine Frau haßt ihn. Ich habe ihr von ihm erzählt. Er wirkt wie ein Hypnotiseur aus dem Hintergrund auf mich. Ich glaube, er hat auch noch einen Brief meiner Frau. Ich vermisse ihn seitdem. Ich habe ihm den Brief gezeigt, weil er ihre Schrift beurteilen sollte. Ich war gespannt. Ich sah ihm ins Gesicht. Er las, er las die ganze Seite, er sagte, der Text sei natürlich nicht wichtig, aber er las die ganze Seite, und dann wendete er und las weiter, schamlos, bis zum Schluß. Es war ein Verzweiflungsbrief meiner Frau. Er hat mich damals erschüttert, und das Schwein sagte: naiv, manches ist gar nicht dumm. Und er hatte vielleicht recht, obwohl der Brief erschütternd war, und meine Frau ein Prachtkerl ist, jawohl, ein Prachtkerl, ich sage das, obwohl meine Frau sich sehr wundern würde, wenn sie es hörte, denn ich quäle sie oft, und dabei könnte ich mich ankotzen, ich hänge mir selbst zum Halse heraus.

Und dann fällt mir natürlich ein, wie ich mich um sie gerissen habe damals, wie ich einen Narren aus mir gemacht habe, einen leibhaftigen Narren, einen Hysteriker, einen in Liebe gewickelten Hysteriker, das Blaue vom Himmel habe ich ihr versprochen, ich habe ihr Briefe geschrieben, die unwiderstehlich waren, wenn auch ihre Eltern meinten, und ihre Schwiegereltern meinten, und ihre Eltern meinten es vielleicht nur, weil es ihre Schwiegereltern meinten, ich habe sie bloß sexuell beherrscht. Und vielleicht habe ich sie auch sexuell beherrscht. Welche Frau wird nicht schamlos, wenn sie mit einem schamlosen Schwein zusammenlebt. Oh, es gibt tolle Dinge, es gibt tolle Dinge. Es gibt sie, auch wenn sie nicht in den Büchern stehen. Man sieht Frauenhände und denkt daran, man sieht Frauenbewegungen und denkt daran, man glaubt, das Leben entschwindet einem, ohne daß man es gesehen, gekostet, erfahren hat.

Ach was, ich habe genug gesehen, es reicht mir, was ich gesehen habe, aber ich wollte es festhalten, und es gelang mir nicht. Ich habe es versucht, ansatzweise, ich habe Jahre gewartet, ich habe es wieder versucht, ich habe noch einmal gewartet, und es ist wieder mißlungen. Zwei Seiten in einem Monat, und sie taugen nichts, sie sind konstruiert, gesucht, gescheit, sie schmecken nach Joyce, nach Dos Passos, nach Wolfgang Koeppen, es ist nicht dumm, aber es ist kein Leben, es ist nicht echt, ich müßte von mir schreiben, wenn es etwas werden sollte, ich spüre es ganz genau, nur von mir, von meinem verfluchten Ich, um das es mir ganz allein gegangen ist, seit ich lebe. Ich habe immer nur in mich hineingeguckt, und ich müßte es jetzt herausholen, aber vielleicht ist nichts drin, oder ich schäme mich, ich schäme mich zu zeigen, wie ich bin, schaut her, das bin ich, Reiher, das Schwein, das Erzschwein, der Hurenbock, der Mörder, der

Ehebrecher, die Niete, die nach Unsterblichkeit trachtet, die Null, die sich ein Denkmal bauen möchte.

Er möchte sich halt ein Denkmal bauen, hat dieser Kerl zu meiner Frau gesagt. Ich habe daran gedacht, als ich in den Spiegel sah, als ich mein Gesicht sah, dieses lächerliche weibische Gesicht, das dem Weinen nahe war, dem Weinen nahe aus Scham über seine Unfähigkeit, aus Scham über die Hoffnungen, die es sich und anderen vorgegaukelt hat, ich habe daran gedacht, wie es dieser Kerl, dieser Schwinn, zu meiner Frau sagte. Er wird es ihr gesagt haben, als er ein Buch in der Hand hielt, den Krull vielleicht, er hat ihr aus dem Krull vorgelesen, und ich kann mir denken, wie er das gemacht hat, wie ein Schauspieler, mit Grimassen, mit Öl in der Stimme, und das Französisch, sagt meine Frau, sei ihm auf den Lippen zerflossen, und dabei kann er gar kein Französisch. Und er wird Professor, er habilitiert sich, er hat alles das geschafft, was ich nicht geschafft habe. Vielleicht bin ich neidisch. Ja, ich bin neidisch, aber nicht auf ihn, nur auf seine Möglichkeiten. In seiner Haut möchte ich sie nicht haben, weißgott nicht. Und vielleicht möchte ich sie überhaupt nicht haben, ich weiß nicht. Und jedenfalls ist er irgendwie auch neidisch auf mich, ich habe es mir lange eingebildet, ich habe gedacht, er ist neidisch auf meine Möglichkeiten, meine Möglichkeiten als Schriftsteller, ich habe gedacht, er sieht es mir an, daß etwas in mir steckt, was er nicht hat, daß er es ahnt, daß er es nicht zugeben will, aber daß er darum weiß, daß er es fürchtet, daß er darum betet, daß ich eine Niete bleibe, daß ich versage. Und natürlich ist er immer freundlich, wenn er mich sieht, betont freundlich, ach Paul, sagt er, komm herein, und sein Gesicht zerfließt in der Tür, und ich freue mich manchmal wahrhaftig, wenn ich ihn sehe, und doch denke ich auch über ihn siehe oben.

Wir sind alle so verlogen, in Grund und Boden verlogen, wir wollen es vielleicht gar nicht anders haben, wir wollen mit der Lüge existieren, wir sind wahrscheinlich gar nicht existenzfähig ohne die Lüge. Ich habe es ja an mir gesehen. Seit fast zwanzig Jahren lebe ich mit der Lüge. Seit fast zwanzig Jahren will ich schreiben, und im letzten Jahr hatte ich beschlossen, es endgültig zu tun. Ich wurde dreißig in diesem Jahr, und ich hatte mir den ganzen Sommer frei gehalten. Aber dann wurde ich krank, im Winter vorher wurde ich krank. Ich habe oft an diese Krankheit gedacht. Es *war* eine Krankheit, eine böse Sache, es war ein völliger Zusammenbruch. Ich habe oft geglaubt, sterben zu müssen oder verrückt zu werden. Es war eine Krise, eine böse Krise, und doch habe ich mir manchmal gedacht, habe ich mir manchmal in der letzten Zeit gedacht, ob ich mir nicht alles vorgemacht habe, ob es nicht bloß die Angst vor dem Schreiben war, die mich zusammenbrechen ließ, das Wissen um die Unfähigkeit, die Furcht vor der Enttäuschung. Vielleicht habe ich deshalb beschlossen, krank zu werden. Vielleicht wollte ich nur mein Versagen hinausschieben.

Ich habe alles in meinem Gesicht gesehen vorhin, in diesem widerlichen unfähigen weibischen Gesicht.

FRIEDERIKE MAYRÖCKER
Die Sphinx tötet

Sie hat Flügel wie ein Fürsprecher, riesige und runde. Wenn er sie von vorne betrachtet, er wagt es, weil er glaubt, daß sie mit halboffenen Augen träume, ist sie ein mächtiges Weib mit kindlich abstehenden Flechten, er denkt: was für ein Widersinn, mit sehr vollen beweglichen Wangen. Sie hebt die Lider und blickt mit einem wasserhellen Blick, der sich mit einer großen Träne füllt, die nicht austritt. So mit riesig angeschwelltem grünem Auge schaut sie ihn an, ihr hoher Hals, der in den breiten Nacken des Tiers verläuft und zugleich einstürzt in die Abgründe der warmen Brüste, hält das königliche Haupt. Während er gebannt wird durch ihren fast schon sprechenden Mund, geht hinter ihr die Nacht auf, blau, tief, mit Sternen und einem gelben Rand Horizont. Sie öffnet die Lippen, und ihre Augen sind jetzt bernsteingelb; wie er erschauert! Eine graue Falte zieht sich durch die gewölbte Stirn. Er lauscht, löst rasch und ängstlich den Rätselspruch und sinkt. Ihre Flanke rührt sich ein wenig. Wie ein einziger Ton geht der Mondschein durch den Himmel.

Die Sirenen des Odysseus

Bindet mich fest, sagte Odysseus zu seinen Gefährten, denn am Sonnenstand kann ich erkennen, daß die Sirenen nahen. Während er sprach, fühlte er jedoch große Beschämung. Denn sie hatten das Seil herbeigeholt, und es geschah nun schon die achtzehnte Woche immer dasselbe: um die fünfte Stunde mußten sie ihn binden. Er stellte sich mit einem Lächeln gegen den Mast seines Schiffes. Obwohl ihm die Getreuen angeboten hatten, seine Ohren mit Wachs zu ertauben, für die Zeit der singenden Frauen, verlangte er, jeden Tag alle Qualen neu zu empfangen. Bindet mich fest, rief er, schon kräuselt sich die Oberfläche des Meeres vom Tanzschritt ihrer Füße. Schon werden die Lüfte sanfter. Bindet mich! Die Töne kommen schon auf mich zu: o Lust des zerrissenen Fleisches, o Wollust der Peinigung. Singt, ihr Münder, o halbgeöffnete Engelsmünder, o wassergrüne Augen, Engelszungen. Ich will sein, wo es singt, wo es versunken aus wunderbaren Augen schaut, wo es mich einsingt, wo es mein Herz hochschlagen läßt. Bindet mich los, bindet mich los, hört ihr, bindet mich los, ihr Schurken, hört ihr, bindet mich los! Wie ein einziges mitleidvolles Wesen stehen die zehn Männer hinter ihm. Bewegungslos und mit geballten Fäusten.

PETER HAMM
Wehen fort

Mit Schiffbruch gehn
von Schiffen

Das hohe Wälderland   Die Griechensee
Der Blinde mit der Melodie an Bord
Rotbartmatrosen überm Dänenbier
Ich dreh die Möwen überm Aug
stumm
wehen fort
Die Plankenwogen stehn
an Riffen

Das hohe Einmannland   Die Wehensee
Der Blinde dreht die Ufer fort
Matrosen Mädchen in die Augen mir
Frag' Möwen was es taug!

Stumm
wehen fort
den Meeren Nimmerwieder zu

Albert von Schirnding
Die Wiederkehr

Verflog die Frühe,
die ich durchstreifte?
Ins Dickicht sank ich,
der Mittag reifte.

Im dunklen Gefieder
schlug ich mich ein.
Aus heißem Schlummer
kehre ich wieder.

Hoch auf der roten
Stute des Abends
siehst du mich kommen
mit allen Toten.

Durch deine Türen
dringe ich mühlos.
Wo du nur atmest,
wirst du mich spüren.

In Tränken und Speisen
wirst du mich schmecken.
Wohin du ausweichst,
werde ich stecken.

Es tönt meine Stimme
aus deinem Schrei.
Im heimlichsten Seufzer
klagen noch zwei.

Christoph Meckel
Tarnkappe

Da ich mich in den Nächten verlor,
Samt meinem kalten Tod, meiner unsteten Spur,
Meutert mein riesiger Schatten, er kann mich nicht finden,

Raunt mein lautloser Schatten, er möchte mich küssen,
Murmelt mein schwarzer Schatten, er will mich verdunkeln,
Ich soll zu ihm unter die Tarnkappe kommen.

Doch geborgen unter dem Schirm verfinsterter Monde
Gehe ich auf Abenteuer und habe viel zu tun,
Ich muß mit meinem Namen leben lernen
Und mit meinem Alter hausieren gehn,
Ich muß für mein leeres Zimmer Blumen stehlen,
Denn mein Schutzengel kommt zu mir zum Abendessen.

GÜNTER BRUNO FUCHS
Zigeunertafel

Mutschka, alt bist du wie unser Pferdchen Esau.
Schritt und Humpelschritt. Mutschka, alte Klagefrau,

klage: Lummja, der beim Vogeltanz die Wolken fing,
Lämmerwölkchen, Regenwolken schwarz und grau –
klage: König Lummja, der für Esau betteln ging,
ist gestorben. Klage, Mutschka, alte Frau.

Mutschka, alte Klagefrau,

singe: Lummja stahl ein Kopftuch für mein weißes Haar,
warmes Kopftuch, wenn der Winter böse lacht –
klage: König Lummja, der ein Kind des Karrens war,
liegt erschlagen. Jossub hat ihn tot gemacht.

Mutschka, alte Klagefrau,

Jossub wirft das Feuer in dein Kleid,
Teufel Jossub, der auch mich ins Feuer drängt –
aus den Wolken sickert Dunkelheit
und kein Lummja kommt, der jetzt die Wolken fängt!

Schweige, Mutschka. Müde ist dein Schritt.
Steig auf deinen Karren, nimm die Klage mit.

Der Zigeuner singt

Weit in den Wäldern
warten
Barosh und Lummja, tote
Brüder der Grillen, Esaus
tote Brüder.

Vogelkarawanen senden sie aus.
Im Tausendgüldenkraut finde ich ihre Wächter.

An allen Ufern
warten Barosh und Lummja, tote
Brüder der Straße, Mutschkas
tote Brüder.

Im Gebell
der Schlittenhunde Alaska, in den
Wellen der Wolga, die ein
doppeltes Herz hat, tönt die ruhlose
Klage.

Weit in den Wäldern warten Barosh und Lummja.

In den großen Monsun, der sie
heimkehren läßt, halte ich
meine Geige.

CYRUS ATABAY
Mohnweg

Tröstliche Gegend,
wo die Straßen Namen von Blumen
tragen.
Alle diese holden Lettern,
gestiefelt und gespornt –
im Gegensatz zu den kaiserlichen Alleen,
in keine Topographie einfügbar.

Wir wohnten im Mohnweg,
und das Heimchen war die Sanduhr
unserer Nächte.

Never come back liner

Überall kurzfristig
anlegen
Ladungen –: Rauschgift
entfrachten
Aufträge für unabsehbare Meere
bekommen –
doch inmitten der Festlichkeiten,
stürmischen Gitarren und Kastagnetten
von dannen gehn,
matt vom Solera.
Durch das Gewirr der Boote
manövrieren –
bis einmal, fern der Häfen
und ohne Konvoi,
das Schiff, von der Bürde
der Talismane,
sinkt.

Paar

Golden Gate der Blicke
tauschen die Liebenden aus,
auch Zeichen auf einem Stück Papier,
getragen in die Nacht,
die an den Saum der Stadt führt,
wo ihr euch wiederfindet,
herverschlagen.

Beide schweifend und allein
zurückgegeben den Schatten,
der geheimen Order der Meerfahrt.

Helmut Heissenbüttel
Tagesklammern

Geräusche die den Horizont umreiten:
den unsichtbaren: hier in meiner Zelle
vereint. Ich liege wach. Die Stunden gleiten
vorbei. Im Fenster schon die erste Helle

des Tags. Die Straßenbahn. Ein Auto. Laut
von Schiffen: fern: wie eine Flut gestaut
und wieder ebbend. Atmend.
Und der Tag ist weit.

*

Und Abend: bleicher Wolkenkamm
und Sichelmond. Ein Ufer wie ein Schwamm
mit Stimmung vollgesogen. Möwentanz
im Aufwind. Rauch und stumpfer Glanz.

Mit langen Lichterketten kommt die Nacht
und funkelt. Blickt mich an.
Ich kann mich nicht erinnern wann's
begann.

Starnberger See

Erinnerung an welche Tage?
Die Decke Schlaf zerbricht.
Der Wind fragt seine Flüsterfrage.
Die blasse Scheibe steigt ins Licht.

Ein Glasball schwebend in der Frühe.
Die Wellen reden Monolog.
Gleichmütig hängt der Wald am Ufer.
Ein Ruf der durch die Stille flog.

Ein Ast gekrümmt vom Gift der Träume,
Mein Monogramm. Die Sonne fleckt.
Ich bin im Muster das die Bäume
aufs Wasser malen und versteckt.

Hans Magnus Enzensberger
Die Kunst und das Meerschweinchen oder:
Was ist ein Experiment?

Der Ruf nach dem Experiment ist das ceterum censeo der fortschrittlichen deutschen Literatur-, Theater- und Kunstkritik, soweit von etwas Derartigem die Rede überhaupt gehen kann. Das Echo auf diese Forderung schallt mit gleicher Beharrlichkeit und Monotonie aus den kritischen Wäldern der Restauration, die mit Eifer brandmarkt, was jene preist.

Als Vorschlag weniger zur Güte als zur Vernunft möge die Aufforderung dienen, den Begriff der Rumpelkammer zu überantworten. Er ist zu verräterisch, als daß er weiter für die Prägung von Kulturslogans in Betracht käme: ebenso unüberlegt wie die vielberufene »Avantgarde«, ebenso leer wie das beliebte »legitime Nachvollziehen des Rein-Menschlichen«, ebenso welk wie der Blütenkranz, der sich um die graumelierte Schläfe des »Jungen Autors« rankt ... : solche Ausdrücke bezichtigen den, der sie gebraucht, der Denkfaulheit. Die Destruktion hülsenhafter Redensarten gehört zu den Vorbedingungen einer Kritik, die der Unterscheidung fähig ist.

Experimentum (vom lat. experiri) bedeutet »das Erfahrene«. Da die deutschen Wörterbücher nicht zu knappen Bestimmungen neigen, sei das ›Concise Oxford Dictionary‹ herangezogen:

»experiment, n. Test, trial, (of): procedure adopted on chance of its succeeding or for testing hypothesis etc. experimental, a. Based on experience, not authority or conjecture; based on experiment.«

Die ›Encyclopedia Britannica‹ äußert sich unter dem Stichwort »Scientific Method« wie folgt:

»Experiment, that is, the observation of phenomena under conditions controlled by the investigator ... The great advantage of experiment over bare observation is that it renders possible a more reliable analysis of complex phenomena, and more reliable inferences about their connections, by the variation of circumstances which it effects.«

Das heißt: ein Experiment kann gelingen oder scheitern, aber immer nur im Hinblick auf ein bestimmtes Ziel, auf eine Theorie oder eine Hypothese. Es muß nachprüfbar sein und zu einem Resultat führen, mindestens zu einem Ausgangspunkt zu weiteren Experimenten. Es setzt Überlegung voraus und beinhaltet eine Erfahrung. Keineswegs kann es Selbstzweck sein: sein inhärenter Wert ist Null. Halten wir noch fest, daß ein echtes Experiment mit

Kühnheit nichts zu tun hat. Es ist ein sehr einfaches und unentbehrliches Verfahren zur Erforschung von Gesetzlichkeiten. Es erfordert vor allem Geduld, Scharfsinn, Umsicht und Fleiß.

Bilder, Gedichte und Aufführungen genügen diesen Bedingungen nicht. Das Experiment ist ein Verfahren zur Herstellung wissenschaftlicher Erkenntnis, nicht zur Herstellung von Kunst. (Selbstverständlich kann jede Veröffentlichung als ökonomisches und soziologisches Experiment betrachtet werden. Unter diesem Aspekt lassen sich Gelingen und Scheitern exakt feststellen, und die meisten Verleger zögern nicht, daraus die Theorie und Praxis ihres Profits abzuleiten. Freilich ist, so betrachtet, Marlitt ebenso experimentell wie Ezra Pound. Der Unterschied beider Experimente liegt im Resultat, d. h. in den Auflageziffern. Daß solche Experimente künstlerisch relevant sind, darf vielleicht bezweifelt werden.)

Das Experiment als Bluff kokettiert zwar mit der wissenschaftlichen Methode und deren Ansprüchen, denkt aber nicht daran, sich mit ihr ernstlich einzulassen. Es ist voraussetzungslos und wird als eine Übung betrachtet, die an sich lobenswert bzw. verwerflich ist. Irgendwelche Absichten sind ihm nicht zu unterschieben. Methode, Nachprüfbarkeit und Stringenz spielen keine Rolle. Je weiter sie sich von Erfahrung irgendwelcher Art entfernen, desto »experimenteller« sind Experimente dieser Art. Das übliche Adjektiv für sie ist »kühn«; Geduld und Fleiß liegen ihnen fern.

Wo die Bezeichnung Experiment auf Mißverständnis beruht, seien die betroffenen Künstler hiermit zu Verleumdungsklagen ermutigt. Ein Biolog, der ein Meerschweinchen zwingt, ihm Auskünfte zu erteilen, hat mit dem Ergebnis nichts zu tun. Er ist für es unverantwortlich. Ein Autor, der die Sprache zu einer Äußerung zwingt, übernimmt für das Resultat die Verantwortung, indem er es veröffentlicht. Er legt Ergebnisse, nicht Experimente vor, und lehnt es ab, sich hinter einen pseudowissenschaftlichen Versuchsbegriff zurückzuziehen. Ja und Nein sind nicht Experimente: sie sind Entscheidungen. Wird ein geometrischer Ort der Kühnheit gesucht? Hier ist er.

Helmut Heissenbüttel
Topographien

das Sagbare sagen
das Erfahrbare erfahren
das Entscheidbare entscheiden
das Erreichbare erreichen
das Wiederholbare wiederholen
das Beendbare beenden

das nicht Sagbare
das nicht Erfahrbare
das nicht Entscheidbare
das nicht Erreichbare
das nicht Wiederholbare
das nicht Beendbare

das nicht Beendbare nicht beenden

ankommen
ankommen in
vorbeigehen an
übergehen zu
teilhaben an
stattfinden
teilnehmen
vorkommen
vorkommen in
übergehen auf zu
vorbeigehen auf zu
imstandesein

imstandesein

a (Tautologismen)

der Schatten den ich werfe ist der Schatten den ich werfe
die Lage in die ich gekommen bin ist die Lage in die ich
                                                                      gekommen bin
die Lage in die ich gekommen bin ist ja und nein
Situation meine Situation meine spezielle Situation
Gruppen von Gruppen bewegen sich über leere Flächen
Gruppen von Gruppen bewegen sich über reine Farben
Gruppen von Gruppen bewegen sich über ein reines Soundso
der Schatten den ich werfe ist ein reines Soundso
Gruppen von Gruppen bewegen sich über den Schatten den ich
                                                   werfe und verschwinden

b

die Schwärze des Wassers und das Punktuelle der Lichter
die Schwärze des Wassers und das Gelegentliche der Reflexe
Gegenden und Gegenden und Gegenden und Landschaften
Landschaften die ich gefärbt habe und Landschaften die ich nicht
                                                        gefärbt habe
das Gelegentliche der Schatten und die Chromatik des Hellen
die Schwärze des Schwarzen und die Chromatik der hellen Flecke
gelb rot rotgelb und rot rot rot
Gegenden und Landschaften und oder oder
und oder oder

GISELA ELSNER / KLAUS ROEHLER
Triboll. Lebenslauf eines erstaunlichen Mannes

Der Dumme

Sie standen beieinander, und sie wußten alle das gleiche, und sie glaubten, daß es viel sei, was sie wußten. Einen aber gab es unter ihnen, der wußte nicht das gleiche wie sie, und sie nannten ihn dumm. Es war Triboll. Der wurde bescheiden, als er hörte, daß er dumm sei, und verkroch sich, damit ihn niemand mehr sah. Aber die anderen hatten kein Mitleid mit ihm und krochen ihm nach und sahen ihn an und redeten über das, was er nicht verstehen konnte.

Sie sahen, wie sehr Triboll litt, und waren befriedigt, daß sie es waren, die ihn leiden machten. Da änderte sich die Welt, und plötzlich war Triboll klug, und die anderen waren dumm, weitaus dümmer als er, und Triboll wollte sich rächen für das, was ihm die anderen vorher angetan hatten. Er redete so zu ihnen, daß sie ihn nicht verstanden, weil sie nicht wußten, was er wußte. Aber sie bewunderten ihn, und niemand schämte sich dafür, daß er nicht wußte, was Triboll wußte, und Triboll hatte Mitleid mit ihnen und konnte sie nicht quälen. Er wußte, daß er immer anders gewesen und allein war, und er erwartete mit Angst die Zeit, die, das wußte er genau, einmal wiederkehren würde, die Zeit, in der sich die Welt wieder änderte und ihn die anderen wieder quälen würden.

Herausragen

Triboll ragte aus der Straße heraus, er ragte schon länger, plötzlich jedoch hatte das Ragen ein Ende. Ein Baum kam, und als Triboll danebenstand, mußte er zugeben, daß der Baum rage und er nicht mehr. Weil Triboll aber weiterragen wollte, nahm er eine Axt und machte aus dem Baum eine Leiche. Der Tod durch Abhacken war schmerzhafter als etwa durch Erschießen. Triboll war zwar nun ein Mörder, aber er ragte wieder. Da kam ein Haus, das ganz nahe an der Straße stand. Es war ein neues Haus, ein Haus mit weißen Wänden, einem spärlichen Eingang und einem sehr spärlichen Fenster. Im Fenster hing die Fantasielosigkeit und schrie, und eine hohe Mauer, betont konservativ, umgab das Bauwerk. Aber das Haus ragte, und es war schwerer, ein Haus als einen Baum zu ermorden. Triboll ließ es einfach unter sich. Er stieg über die konservative Gartenmauer und setzte sich, es hatte ihn viel Anstrengung gekostet, auf den Giebel des Hauses. Nun ragte er wieder, hatte eine weitaus bessere Sicht als jemals zuvor, und er sah, daß andere ebenso ragten wie er, doch er ragte mit Freuden in dieser Gesellschaft und lächelte herablassend, als er einen Jugendragenden auf der Straße einherstelzen sah. Triboll war ein erwachsener Ragender geworden.

Der konservative Knochen

Triboll hatte einen Roboter zum Freund, einen neuzeitlichen, kühlen und kantigen Roboter mit glatten Flächen, und Triboll war sehr stolz auf diese Freundschaft. Um sich mit ihm zu vergleichen, lud er ihn zu sich ein. Als sie vor dem Spiegel standen und sich kritisch maßen, war Triboll entsetzt darüber, wie rund, quallig und warm er sich ansah. Er schämte sich und griff zur Nagelfeile. So glatt wie sein Freund, so kantig und so schön kühl anzufassen wollte er auch sein. Er ließ die Feile an sich rasen, drehte und wendete sich, um Kanten zu erzielen, glättete und zähmte Hervorstehendes, und sein Roboterfreund kehrte die Späne zusammen und schnaubte aus seinen Nasenöffnungen kühlende Flüssigkeiten auf den erhitzten Triboll, daß es zischte und dampfte. Als Triboll endlich ausgeglüht war, wollte er sich im Spiegel mustern. Aber das Glas war vom Dampf beschlagen, und Triboll erkannte sich nicht. Sein Roboterfreund versicherte ihm jedoch, er sei glatt und kantig und kühl anzufassen und überhaupt rundherum neuzeitlich geschliffen. Nur ein konservativer Knochen, der sich nicht schleifen lassen wollte, war übriggeblieben. Um an seiner fortschrittlichen Gesinnung keinen Zweifel mehr zu lassen, stieß Triboll mit dem Fuß den Knochen so demonstrativ hinter den Spiegel, daß es der Roboter sehen mußte, und pfiff einem Hund. Der wackelte mit dem Schwanz, schnupperte erfreut, nahm den Knochen zwischen die Zähne und wedelte altmodisch und traditionsgebunden von dannen.

HEINRICH BÖLL
Es wird etwas geschehen

Zu den merkwürdigsten Abschnitten meines Lebens gehört wohl der, den ich als Angestellter in Alfred Wunsiedels Fabrik zubrachte. Von Natur bin ich mehr dem Nachdenken und dem Nichtstun zugeneigt als der Arbeit, doch hin und wieder zwingen mich anhaltende finanzielle Schwierigkeiten, – denn Nachdenken bringt so wenig ein wie Nichtstun –, eine sogenannte Stelle anzunehmen.

Wieder einmal auf einem solchen Tiefpunkt angekommen, vertraute ich mich der Arbeitsvermittlung an und wurde mit sieben anderen Leidensgenossen in Wunsiedels Fabrik geschickt, wo wir einer Eignungsprüfung unterzogen werden sollten.

Schon der Anblick der Fabrik machte mich mißtrauisch: die Fabrik war ganz aus Glasziegeln erbaut und meine Abneigung gegen helle Gebäude und helle Räume ist so stark wie meine Abneigung gegen die Arbeit. Noch mißtrauischer wurde ich, als uns in der hellen, fröhlich ausgemalten Kantine gleich ein Frühstück serviert wurde: hübsche Kellnerinnen brachten uns Eier, Kaffee und Toast, in geschmackvollen Karaffen stand Orangensaft; Goldfische drückten ihre blasierten Gesichter gegen die Wände hellgrüner Aquarien. Die Kellnerinnen waren so fröhlich, daß sie vor Fröhlichkeit fast zu platzen schienen; nur starke Willensanstrengung, – so schien mir –, hielt sie davon zurück, dauernd zu trällern; sie waren mit ungesungenen Liedern angefüllt, wie es Hühner gibt, die mit ungelegten Eiern angefüllt sind.

Ich ahnte gleich, was meine Leidensgenossen nicht zu ahnen schienen: daß auch dieses Frühstück zur Prüfung gehöre; und so kaute ich hingebungsvoll, mit dem vollen Bewußtsein eines Menschen, der genau weiß, daß er seinem Körper wertvolle Stoffe zuführt; ich tat etwas, wozu mich normalerweise keine Macht dieser Welt bringen würde: ich trank auf den nüchternen Magen Orangensaft, ließ den Kaffee und ein Ei stehen, den größten Teil des Toastes liegen, stand auf und marschierte handlungsschwanger in der Kantine auf und ab.

So wurde ich als erster in den Prüfungsraum geführt, wo auf reizenden Tischen die Fragebogen bereit lagen. Die Wände waren in einem Grün getönt, das Einrichtungsfanatikern das Wort »entzückend« auf die Lippen gezaubert hätte. Niemand war zu sehen, und doch war ich so sicher, beobachtet zu werden, daß ich mich benahm, wie ein Handlungsschwangerer sich benimmt, wenn er sich unbeobachtet glaubt: ungeduldig riß ich meinen Füllfederhalter aus der Tasche, schraubte ihn auf, setzte mich an den nächstbesten Tisch und zog den Fragebogen an mich heran, wie Choleriker Wirtshausrechnungen zu sich hinziehen.

Erste Frage: Halten Sie es für richtig, daß der Mensch nur zwei Arme, zwei Beine, Augen und Ohren hat?

Hier erntete ich zum ersten Male die Früchte meiner Nachdenklichkeit und schrieb ohne Zögern hin: selbst vier Arme, Beine, Augen, Ohren würden meinem Tatendrang nicht genügen. Die Ausstattung des Menschen ist kümmerlich.

Zweite Frage: Wieviel Telefone können Sie gleichzeitig bedienen?

Auch hier war die Antwort so leicht, wie die Lösung einer Gleichung ersten Grades: wenn es nur sieben Telefone sind, schrieb ich, werde ich ungeduldig, erst bei neun fühle ich mich vollkommen ausgelastet.

Dritte Frage: Was machen Sie nach Feierabend?

Meine Antwort: Ich kenne das Wort Feierabend nicht mehr, – an meinem fünfzehnten Geburtstag strich ich es aus meinem Vokabular –, denn am Anfang war die Tat.

Ich bekam die Stelle. Tatsächlich fühlte ich mich sogar mit den neun Telefonen nicht ganz ausgelastet. Ich rief in die Muscheln der Hörer: »Handeln Sie sofort!« oder »Tun Sie etwas«; »Es muß etwas geschehen«; »Es wird etwas geschehen«; »Es ist etwas geschehen«; »Es sollte etwas geschehen.« Doch meistens, – denn das schien mir der Atmosphäre gemäß –, bediente ich mich des Imperativs.

Interessant waren die Mittagspausen, wo wir in der Kantine, von lautloser Fröhlichkeit umgeben, vitaminreiche Speisen aßen. Es wimmelte in Wunsiedels Fabrik von Leuten, die verrückt darauf waren, ihren Lebenslauf zu erzählen, wie eben handlungsstarke Persönlichkeiten gerne ihren Lebenslauf erzählen. Ihr Lebenslauf ist ihnen wichtiger als ihr Leben, man braucht nur auf einen bestimmten Knopf zu drücken, und schon erbrechen sie ihn in Ehren.

Wunsiedels Stellvertreter war ein Mann namens Broschek, der seinerzeit einen gewissen Ruhm erworben hatte, weil er als Student sieben Kinder und eine gelähmte Frau durch Nachtarbeit ernährt, zugleich vier Handelsvertretungen erfolgreich ausgeübt und dennoch innerhalb von zwei Jahren zwei Staatsprüfungen mit Auszeichnung bestanden hatte. Als ihn Reporter gefragt hatten: »Wann schlafen Sie denn, Broschek?«, hatte er geantwortet: »Schlafen ist Sünde.«

Wunsiedels Sekretärin hatte einen gelähmten Mann und vier Kinder durch Stricken ernährt, hatte gleichzeitig in Psychologie und Heimatkunde promoviert, Schäferhunde gezüchtet und war als Barsängerin unter dem Namen »Vamp 7« berühmt geworden.

Wunsiedel selbst war einer von den Leuten, die morgens, wenn sie kaum erwacht sind, schon entschlossen sind, zu handeln. »Ich muß handeln«, denken sie, während sie energisch den Gürtel des Bademantels zuschnüren. »Ich muß handeln«, denken sie, während sie sich rasieren, und sie blicken triumphierend auf die Barthaare, die sie mit dem Seifenschaum von ihrem Rasierapparat abspülen: diese Reste der Behaarung sind die ersten Opfer ihres Tatendranges. Auch die intimeren Verrichtungen lösen Befriedigung bei diesen Leuten aus: Wasser rauscht, Papier wird verbraucht: es ist etwas geschehen. Brot wird gegessen, dem Ei wird der Kopf abgeschlagen.

Die belangloseste Tätigkeit sah bei Wunsiedel wie eine Handlung aus: wie er den Hut aufsetzte, wie er, – bebend vor Energie –, den Mantel zuknöpfte; der Kuß, den er seiner Frau gab: das alles war Tat.

Wenn er sein Büro betrat, rief er seiner Sekretärin als Gruß zu: »Es muß etwas geschehen!«, und diese rief frohen Mutes: »Es wird etwas geschehen!« Wunsiedel ging dann von Abteilung zu Abteilung, rief sein fröhliches »Es muß etwas geschehen!«, alle antworteten: »Es wird etwas geschehen!«, und auch ich rief ihm, wenn er mein Zimmer betrat, strahlend zu: »Es wird etwas geschehen!«

Innerhalb der ersten Woche steigerte ich die Zahl der bedienten Telefone auf elf, innerhalb der zweiten Woche auf dreizehn, und es machte mir Spaß, morgens in der Straßenbahn neue Imperative zu erfinden, oder das Verbum »geschehen« durch die verschiedenen Tempora, durch die verschiedenen Genera, durch Konjunktiv und Indikativ zu hetzen; zwei Tage lang sagte ich nur den einen Satz, weil ich ihn so schön fand: »Es hätte etwas geschehen müssen«, zwei weitere Tage lang einen anderen: »Das hätte nicht geschehen dürfen.«

So fing ich an, mich tatsächlich ausgelastet zu fühlen, als wirklich etwas geschah. An einem Dienstagmorgen, – ich hatte mich noch gar nicht richtig zurechtgesetzt –, stürzte Wunsiedel in mein Zimmer, rief sein »Es muß etwas geschehen!« – doch etwas Unerklärliches auf seinem Gesicht ließ mich zögern, fröhlich und munter, wie es vorgeschrieben war, zu antworten: »Es wird etwas geschehen.« Ich zögerte wohl zu lange, denn Wunsiedel, der sonst selten schrie, schrie mich an »Antworten Sie! Antworten Sie, wie es vorgeschrieben ist!«, und ich antwortete leise und widerstrebend, wie ein Kind, das man zu sagen zwingt: ich bin ein böses Kind; nur mit großer Anstrengung brachte ich den Satz heraus: »Es wird etwas geschehen«, und kaum hatte ich ihn ausgesprochen, da geschah tatsächlich etwas: Wunsiedel stürzte zu Boden, rollte im Stürzen auf die Seite und lag quer vor der offenen Tür. Ich wußte gleich, was sich mir bestätigte, als ich langsam um meinen Tisch herum auf den Liegenden zuging: daß er tot war.

Kopfschüttelnd stieg ich über Wunsiedel hinweg, ging langsam durch den Flur zu Broscheks Zimmer und trat dort, ohne anzuklopfen, ein: Broschek saß an seinem Schreibtisch, hatte in jeder Hand einen Telefonhörer, im Mund einen Kugelschreiber, mit dem er Notizen auf einen Block schrieb, während er mit den bloßen Füßen eine Strickmaschine bediente, die unter dem Schreibtisch stand: auf diese Weise trägt er dazu bei, die Bekleidung seiner Familie zu vervollständigen.

»Es ist etwas geschehen«, sagte ich leise. Broschek spuckte den Kugelstift aus, legte die beiden Hörer hin, löste zögernd seine Zehen von der Strickmaschine.

»Was ist denn geschehen?« fragte er.

»Herr Wunsiedel ist tot«, sagte ich.
»Nein«, sagte Broschek.
»Doch«, sagte ich, »kommen Sie!«
»Nein«, sagte Broschek, »das ist unmöglich«, aber er schlüpfte in seine Pantoffeln und folgte mir über den Flur.

»Nein«, sagte er, als wir an Wunsiedels Leiche standen, »nein, nein!« Ich widersprach ihm nicht, vorsichtig drehte ich Wunsiedel auf den Rücken, drückte ihm die Augen zu und betrachtete ihn nachdenklich: ich empfand fast Zärtlichkeit für ihn, und zum ersten Mal wurde mir klar, daß ich ihn nie gehaßt hatte. Auf seinem Gesicht war etwas, wie es auf den Gesichtern der Kinder ist, die sich hartnäckig weigern, ihren Glauben an den Weihnachtsmann aufzugeben, obwohl die Argumente der Spielkameraden so überzeugend klingen.

»Nein«, sagte Broschek, »nein« –
»Es muß etwas geschehen«, sagte ich leise zu Broschek.
»Ja«, sagte Broschek, »es muß etwas geschehen.«
Es geschah etwas: Wunsiedel wurde beerdigt, und ich wurde ausersehen, einen Kranz künstlicher Rosen hinter seinem Sarg herzutragen, denn ich bin nicht nur mit einem Hang zur Nachdenklichkeit und zum Nichtstun ausgestattet, sondern auch mit einer Gestalt und einem Gesicht, die sich vorzüglich für schwarze Anzüge eignen: offenbar habe ich, – mit dem Kranz künstlicher Rosen in der Hand hinter Wunsiedels Sarg hergehend –, großartig ausgesehen. Ich erhielt das Angebot eines eleganten Beerdigungsinstitutes, dort als berufsmäßiger Trauernder einzutreten.

»Sie sind der geborene Trauernde«, sagte der Leiter des Instituts, »die Garderobe bekommen Sie gestellt. – Ihr Gesicht – einfach großartig!«

Ich kündigte Broschek, mit der Begründung, daß ich mich dort nicht richtig ausgelastet fühle, daß Teile meiner Fähigkeiten trotz der dreizehn Telefone brach lägen. Gleich nach meinem ersten berufsmäßigen Trauergang wußte ich: hierhin gehörst du, das ist der Platz, der für dich bestimmt ist.

Nachdenklich stehe ich hinter dem Sarg in der Trauerkapelle, mit einem schlichten Blumenstrauß in der Hand, während Händels Largo gespielt wird, ein Musikstück, das viel zu wenig geachtet wird. Das Friedhofscafé ist mein Stammlokal, dort verbringe ich die Zeit zwischen meinen beruflichen Auftritten, doch manchmal auch gehe ich hinter Särgen her, zu denen ich nicht beordert bin, kaufe aus meiner Tasche einen Blumenstrauß und geselle mich zu dem

Wohlfahrtsbeamten, der hinter dem Sarg eines Heimatlosen hergeht. Hin und wieder auch besuche ich Wunsiedels Grab, denn schließlich verdanke ich es ihm, daß ich meinen eigentlichen Beruf entdeckte, einen Beruf, wo Nachdenklichkeit geradezu erwünscht und Nichtstun meine Pflicht ist.

Spät erst fiel mir ein, daß ich mich nie für den Artikel interessiert habe, der in Wunsiedels Fabrik hergestellt wurde. Es wird wohl Seife gewesen sein.

Editorische Notiz

Als Vorlage für die Textwiedergabe dienten, wenn irgend möglich, die Fassungen der Erstdrucke (deshalb konnte ich auch einige wenige mir wichtige Texte vor 1945 verstorbener Autorinnen und Autoren aufnehmen, die nach 1945 aus Nachlässen publiziert wurden).

Im Anhang sind der Erstdruck und die abweichend verwendete Vorlage verzeichnet. Zuerst in Zeitschriften gedruckte Gedichte wurden in der Regel nach dem Erstdruck wiedergegeben. Dort, wo Gedichte als Repräsentanten eines Gedichtbandes anzusehen sind, wurde dieser Gedichtband als Vorlage herangezogen. Wenn Autoren auf dem Abdruck späterer Fassungen bestanden, wird dies in den Nachweisen vermerkt.

Es wurden möglichst nur abgeschlossene Texte (Gedichte, Erzählungen usw.) gedruckt. Aus umfangreicheren Texten (Romanen, Dramen, Hörspielen usw.) wurden in sich geschlossene Sinneinheiten aufgenommen. Auslassungen zu Beginn und am Ende eines Textes wurden nicht gekennzeichnet. Auslassungen im Text sind durch (...) markiert. Leerzeilen vor und nach dem Auslassungszeichen bedeuten, daß nicht nur Absätze, sondern ganze Kapitel ausgelassen wurden. Vom Herausgeber eingesetzte Haupt- und Gedicht-Titel sind kursiv.

Offensichtliche Druckfehler wurden stillschweigend korrigiert. Hervorhebungen, in den Vorlagen gesperrt und kursiv, erscheinen hier kursiv. Wo die Vorlage einer typographischen Konvention folgend für das scharfe s »ss« bietet, wurde stillschweigend in »ß« korrigiert. In den Kolumnentiteln stehen Jahreszahl und Autorennamen. Eine Ausnahme bilden hier nur die Titel von Anthologien, die in ihrer Gesamtheit vorgestellt werden.

Als ich die Arbeit an dieser Anthologie 1982 begann, haben mir Ingrid Laurien und Angelika Machinek, später hat Michael Töteberg bei der Besorgung von Texten und bibliographischer Gewißheit geholfen. Jan Strümpel hat für den Druck die Nachweise hergestellt und überprüft. Dafür danke ich ihnen.

Schließlich danke ich den Lizenzgebern, daß sie diese Dokumentation möglich gemacht haben – und dem Deutschen Taschenbuch Verlag dafür, daß er dieses umfängliche Unternehmen an die Öffentlichkeit bringt.

H. L. A.

Nachweise 1953 – 1956

Bei einigen Texten waren die Rechteinhaber nicht zu ermitteln. Da diese Texte für die Anthologie unerläßlich waren, sind sie dennoch aufgenommen worden. Wir bitten dafür um Verständnis. Rechteinhaber solcher Texte mögen sich bitte beim Verlag melden.

ADLER, H[ANS] G[ÜNTHER] (1910-1988)
»Die jüdische ›Selbstverwaltung‹ in Theresienstadt«. Erstveröffentlichung: »Merkur«. 1955. H. 9. S. 828-833. Vorabdruck aus: »Theresienstadt 1941-1945. Das Antlitz einer Zwangsgemeinschaft«. © by Jeremy D. Adler. *Seite 298*

AHLSEN, LEOPOLD (* 1927)
»Philemon und Baukis«. Hörspiel. Erstsendung: BR, Mai 1955. Erstveröffentlichung: Hamburg (Hans Bredow-Institut) 1956. S. 31-34. © by Leopold Ahlsen. *Seite 292*

AICHINGER, ILSE (* 1921)
– »Knöpfe«. Hörspiel. Erstsendung: SDR, 16.2.1953. Erstveröffentlichung: »Hörspielbuch 1954«. Frankfurt/M. (Europäische Verlagsanstalt) 1954. S. 180-187, 201-204. © 1954 by Europäische Verlagsanstalt, Frankfurt/M. Abdruck mit Genehmigung des S. Fischer Verlags, Frankfurt/M. *Seite 104*
– »Befehl des Baumeisters beim Bau der Prinz-Eugen-Straße«. In: »Transit. Lyrikbuch der Jahrhundertmitte«. Hg. von Walter Höllerer. Frankfurt/M. (Suhrkamp) 1956. S. 140. © 1978 by S. Fischer Verlag, Frankfurt/M. *Seite 508*

AMERY, CARL (* 1922)
»Der Wettbewerb. Roman«. Erstveröffentlichung: München (Nymphenburger Verlagshandlung) 1954. S. 21-28. © by Paul List Verlag im Südwest Verlag, München. *Seite 209*

ANDERS, GÜNTHER (1902-1992)
»Die Antiquiertheit des Menschen«. Bd. 1: »Über die Seele im Zeitalter der zweiten industriellen Revolution«. Erstveröffentlichung: München (Beck) 1956. Hier aus der 5., durch ein Vorwort erweiterten Auflage 1980. S. 303-306. © by C.H. Beck Verlag, München. *Seite 503*

ANDRES, STEFAN (1903-1969)
»Der Knabe im Brunnen. Roman«. Erstveröffentlichung: München (Piper) 1953. S. 39-46. © 1953 by R. Piper Verlag, München. *Seite 76*

ARENDT, ERICH (1903-1984)
- »Hiddensee«. Erstveröffentlichung: »Sinn und Form«. 1954.
H. 3. S. 437-438. © by Insel Verlag, Frankfurt/M. *Seite 169*
- »Über Asche und Zeit dein Lächeln«. Erstveröffentlichung:
»Sinn und Form«. 1956. H. 3. S. 437-444. *Seite 409*

ATABAY, CYRUS (* 1929)
»Mohnweg«; »Never come back liner«; »Paar«. Erstveröffentlichung: »Einige Schatten«. Wiesbaden (Limes) 1956. S. 4-5.
© by Cyrus Atabay. – In einer späteren Fassung des Gedichts »Never come back liner« wurde in der dritten Zeile das Wort »Rauschgift« durch »Konterbande« ersetzt. *Seite 521/522*

BÄCHLER, WOLFGANG (* 1925)
»Lichtwechsel«. Erstveröffentlichung: »Sinn und Form«. 1954.
H. 5/6. S. 766-767. © 1955, 1960 by Bechtle Verlag, Esslingen, München. Aufgenommen in: Ders.: »Ausbrechen. Gedichte aus 30 Jahren«. © 1976 by S. Fischer Verlag, Frankfurt/M. *Seite 171*

BACHMANN, INGEBORG (1926-1973)
- »Fall ab, Herz«; »Alle Tage«. Erstveröffentlichung: »die gestundete zeit. gedichte«. Frankfurt/M. (Frankfurter Verlagsanstalt) 1953. S. 10, 26. © 1978 by R. Piper Verlag, München. *Seite 94*
- »Anrufung des Großen Bären«. Erstveröffentlichung: »Merkur«. 1955. H. 1. Hier aus: Dies.: »Werke«. Bd. 1: »Gedichte, Hörspiele, Libretti, Übersetzungen«. Hg. von Christine Koschel, Inge von Weidenbaum und Clemens Münster. München, Zürich (Piper) 1978. S. 95. © 1978 by R. Piper Verlag, München. *Seite 408*
- »Die Zikaden«. Hörspiel. Erstsendung: NWDR, 25.3.1955.
Erstveröffentlichung: »Hörspielbuch 1955«. Frankfurt/M. (Europäische Verlagsanstalt) 1955. S. 140-144, 152-156. © 1978 by R. Piper Verlag, München. *Seite 285*
- »Landnahme«; »Erklär mir, Liebe«; »Reklame«. Erstveröffentlichung: »Anrufung des Großen Bären«. München (Piper) 1956. Hier aus: Dies.: »Werke«. Bd. 1: »Gedichte, Hörspiele, Libretti, Übersetzungen«. Hg. von Christine Koschel, Inge von Weidenbaum und Clemens Münster. München, Zürich (Piper) 1978. S. 98, 109-110, 114. © 1978 by R. Piper Verlag, München. *Seite 508 – 510*

BELZNER, EMIL (1901-1979)
»Der Safranfresser«. Erstveröffentlichung: Hamburg (Rowohlt) 1953. S. 74-78. © by Wolfgang Belzner. *Seite 70*

BENDER, HANS (* 1919)
- »Der junge Soldat«. Erstveröffentlichung: »Konturen«, Frankfurt/M. 1953. H. 2. S. 18. © by Hans Bender. *Seite 90*
- »›Forgive me‹«. Erstveröffentlichung: »Die Hostie. Vier Stories«. Frankfurt/M. (Eremiten-Presse) 1953. S. 31-34. © 1969 by Carl Hanser Verlag, München, Wien. – Auf Wunsch des Autors wurde die Schreibweise von Eigennamen korrigiert. *Seite 91*
- »Die Wölfe kommen zurück«. Erstveröffentlichung: »Akzente«. 1954. H. 3. S. 198-203. © by Hans Bender. – Auf Wunsch des Autors wurde die Schreibweise von Eigennamen korrigiert. *Seite 161*

BENJAMIN, WALTER (1892-1940)
- »Kleine Kunststücke«. Erstveröffentlichung: »Schriften«. Hg. von Theodor W. Adorno, Gretel Adorno und Friedrich Podszus. Frankfurt/M. (Suhrkamp) 1955. Hier aus: Ders.: »Illuminationen. Ausgewählte Schriften«. Frankfurt/M. (Suhrkamp) 1961. S. 334-335. © by Suhrkamp Verlag, Frankfurt/M. – Der Text »Gut schreiben« erschien unter dem Titel »Der gute Schriftsteller« bereits in »Denkbilder«, die Benjamin unter dem Pseudonym Detlef Holz am 15.11.1933 in der »Frankfurter Zeitung und Handelsblatt« publizierte. *Seite 222*
- »Das Kunstwerk im Zeitalter seiner technischen Reproduzierbarkeit«. Nachwort. Zweite Fassung. Erstveröffentlichung: »Schriften«. Hg. von Theodor W. Adorno, Gretel Adorno und Friedrich Podszus. Frankfurt/M. (Suhrkamp) 1955. Hier aus: Ders.: »Gesammelte Schriften«. Bd. I.2: »Abhandlungen«. Hg. von Rolf Tiedemann und Hermann Schweppenhäuser. Frankfurt/M. (Suhrkamp) 1974. S. 506-508. © 1974 by Suhrkamp Verlag, Frankfurt/M. *Seite 351*

BENN, GOTTFRIED (1886-1956)
- »Schmerzliche Stunde«; »Nur zwei Dinge«. Erstveröffentlichung: »Destillationen. Neue Gedichte«. Wiesbaden (Limes) 1953. S. 16, 19. © 1986 by Verlag Klett-Cotta, Stuttgart. *Seite 96/97*
- »Teils-Teils«: Erstveröffentlichung: »Merkur«. 1954. H. 9. S. 831-832. © 1986 by Verlag Klett-Cotta, Stuttgart. *Seite 221*
- »Eure Etüden«; »Menschen getroffen«; »Aprèslude«. Erstveröffentlichung: »Aprèslude«. Wiesbaden (Limes) 1955. S. 25, 34, 40. © 1986 by Verlag Klett-Cotta, Stuttgart. *Seite 238/239*

BERGER, UWE (* 1928)
»Gewitter am Kochelsee«. Erstveröffentlichung: »Neue Deutsche Literatur«. 1955. H. 11. S. 59. © by Aufbau-Verlag, Berlin. *Seite 407*

BLOCH, ERNST (1885-1977)
»Das Prinzip Hoffnung«. Bd. 1. Erstveröffentlichung: Berlin (Aufbau) 1954. S. 52-53. © by Suhrkamp Verlag, Frankfurt/M. *Seite 132*

BOBROWSKI, JOHANNES (1917-1965)
»Die Spur im Sand«; »Pruzzische Elegie«; »Ode auf Thomas Chatterton«. Erstveröffentlichung: »Sinn und Form«. 1955. H. 4. S. 497-501. © by Buchverlag Union, Berlin. *Seite 275 – 278*

BÖLL, HEINRICH (1917-1985)
– »Und sagte kein einziges Wort. Roman«. Erstveröffentlichung: Köln, Berlin (Kiepenheuer & Witsch) 1953. S. 35-40. © 1977, 1987 by Verlag Kiepenheuer & Witsch, Köln. *Seite 24*
– »Es wird etwas geschehen«. Erstveröffentlichung: »Texte und Zeichen«. 1956. H. 1. S. 76-80. © 1994 by Verlag Kiepenheuer & Witsch, Köln. *Seite 529*

BRECHT, BERTOLT (1898-1956)
– »Der Rauch«; »Bei der Lektüre eines sowjetischen Buches«. Erstveröffentlichung: »Sinn und Form«. 1953. H. 6. S. 120-121. © by Suhrkamp Verlag, Frankfurt/M. *Seite 97*
– »Der kaukasische Kreidekreis«. Uraufführung: Theater am Schiffbauerdamm Berlin, 7.10.1954. Regie: Bertolt Brecht. Erstveröffentlichung: »Versuche«. 1954. H. 13. Hier aus: Ders.: »Gesammelte Werke«: »Stücke 5«. Frankfurt/M. (Suhrkamp) 1967. S. 2095-2104. © by Suhrkamp Verlag, Frankfurt/M. *Seite 125*
– »Kann die heutige Welt durch Theater wiedergegeben werden?« Erstveröffentlichung: »Sinn und Form«. 1955. H. 2. S. 306-307. © by Suhrkamp Verlag, Frankfurt/M. *Seite 349*
– »Leben des Galilei«. Uraufführung (1. Fassung): Schauspielhaus Zürich, 9.9.1943. Regie: Leonard Steckel. Deutsche Erstaufführung (3. Fassung): Kammerspiele Köln, 16.4.1955. Regie: Friedrich Siems. Erstveröffentlichung (Szene 1-3): »Sinn und Form«. 1955. H. 3. S. 400-413. © by Suhrkamp Verlag, Frankfurt/M. *Seite 353*

BREDEL, WILLI (1901-1964)
»Die Enkel. Roman«. Erstveröffentlichung: Berlin (Aufbau) 1953. S. 679-686. © by Aufbau-Verlag, Berlin. *Seite 18*

BUSTA, CHRISTINE (1915-1987)
»Verfinsterung«; »Die böse Nacht«; »Frühling in der Ebene«.
Erstveröffentlichung: »Merkur«. 1956. H. 10. S. 965-966. © by
Otto Müller Verlag, Salzburg. *Seite 433*

CELAN, PAUL (1920-1970)
»Der Gast«; »Abend der Worte«; »Inselhin«. Erstveröffentlichung: »Von Schwelle zu Schwelle. Gedichte«. Stuttgart
(Deutsche Verlags-Anstalt) 1955. S. 26, 41, 65. © by Deutsche
Verlags-Anstalt, Stuttgart. *Seite 296/297*

CLAES, ASTRID (* 1928)
»Der Rabe«; »Der Schwan«. Erstveröffentlichung: »Der Mannequin«. Wiesbaden (Limes) 1956. S. 3, 10. © »Der Rabe« by
Joh. van Acken Verlag, Krefeld; © »Der Schwan« by Astrid
Claes. *Seite 431/432*

DESCHNER, KARLHEINZ (* 1924)
»Die Nacht steht um mein Haus«. Erstveröffentlichung: München (List) 1956. S. 12-17. © by Karlheinz Deschner. *Seite 514*

DODERER, HEIMITO VON (1896-1966)
»Die Dämonen. Nach der Chronik des Sektionsrates Geyrenhoff. Roman«. Erstveröffentlichung: München (Biederstein)
1956. S. 478-488. © by Biederstein Verlag/C.H. Beck Verlag,
München. *Seite 493*

DÜRRENMATT, FRIEDRICH (1921-1990)
- »Theaterprobleme«. Erstveröffentlichung: Zürich (Arche) 1955.
S. 45-50. © 1980 by Diogenes Verlag, Zürich. *Seite 347*
- »Die Panne«. Hörspiel. Erstsendung: BR, 17.1.1956. Erstveröffentlichung: Zürich (Arche) 1961. Hier aus: Ders.: »Die
Panne. Ein Hörspiel und eine Komödie«. Zürich (Diogenes)
1980. (= detebe 250/16). S. 44-52. © 1980 by Diogenes Verlag,
Zürich. *Seite 468*
- »Der Besuch der alten Dame. Eine tragische Komödie«. Uraufführung: Schauspielhaus Zürich, 29.1.1956. Regie: Oskar
Wälterlin. Erstveröffentlichung: Zürich (Arche) 1956. S. 28-35.
© 1980 by Diogenes Verlag, Zürich. *Seite 486*

EGGEBRECHT, JÜRGEN (1898-1982)
»August«. Erstveröffentlichung: »Akzente«. 1954. H. 4. S. 301.
© by Elfi Eggebrecht. *Seite 171*

EICH, GÜNTER (1907-1972)
- »Rede vor den Kriegsblinden«. Erstveröffentlichung: »Gestalt
und Gedanke. Ein Jahrbuch«. Hg. von der Bayerischen Akademie der Schönen Künste. 2. Folge. München 1953. Hier aus:

Ders.: »Gesammelte Werke«. Bd. 4: »Vermischte Schriften«. Hg. von Axel Vieregg. Frankfurt/M. (Suhrkamp) 1991. S. 609-612. © by Suhrkamp Verlag, Frankfurt/M. *Seite 101*
- »Wacht auf, denn eure Träume sind schlecht!« Aus: »Träume«. Erstveröffentlichung: »Träume. Vier Spiele«. Berlin, Frankfurt/M. (Suhrkamp) 1953. S. 185-186. © by Suhrkamp Verlag, Frankfurt/M. *Seite 99*
- »Ende eines Sommers«; »Tage mit Hähern«. Erstveröffentlichung: »Botschaften des Regens. Gedichte«. Frankfurt/M. (Suhrkamp) 1955. S. 7, 8. © by Suhrkamp Verlag, Frankfurt/M. *Seite 274/275*
- »Einige Bemerkungen zum Thema Literatur und Wirklichkeit« Erstveröffentlichung: »Akzente«. 1956. H. 3. S. 313-315. (Späterer Titel: »Der Schriftsteller vor der Realität«.) © by Suhrkamp Verlag, Frankfurt/M. *Seite 506*

ELSNER, GISELA (1937-1992) / ROEHLER, KLAUS (* 1929)
»Der Dumme«; »Herausragen«; »Der konservative Knochen«. Erstveröffentlichung: Diess.: »Triboll. Lebenslauf eines erstaunlichen Mannes«. Olten, Freiburg i.Br. (Walter) 1956. S. 24-26, 27-28, 32-34. © by Klaus Roehler. *Seite 527*

ENDLER, ADOLF (* 1930)
»Flugblattlied«. Erstveröffentlichung: »Neue Deutsche Literatur«. 1955. H. 10. S. 94. © by Rotbuch Verlag, Hamburg. *Seite 404*

ENZENSBERGER, HANS MAGNUS (* 1929)
- »lock lied«; »erinnerung an die schrecken der jugend«. Erstveröffentlichung: »Akzente«. 1955. H. 5. S. 397-398. © by Suhrkamp Verlag, Frankfurt/M. *Seite 340*
- »Die Kunst und das Meerschweinchen oder: Was ist ein Experiment?« Erstveröffentlichung: »Texte und Zeichen«. 1956. H. 2. S. 214-215. © by Suhrkamp Verlag, Frankfurt/M. *Seite 524*
- »konjunktur«. Erstveröffentlichung: »Texte und Zeichen«. 1956. H. 4. S. 380. © by Suhrkamp Verlag, Frankfurt/M. *Seite 485*
- »fremder garten«; »call it love«; »security risk«. Erstveröffentlichung: Hans Bender (Hg.): »Junge Lyrik 1956. Eine Auslese«. München (Hanser) 1956. S. 35, 36, 39. © by Suhrkamp Verlag, Frankfurt/M. *Seite 512/513*

FRIED, ERICH (1921-1988)
»Logos«. Erstveröffentlichung: »Texte und Zeichen«. 1956. H. 1. S. 8. © by Claassen Verlag, Hildesheim. *Seite 468*

FRISCH, MAX (1911-1991)
- »Herr Biedermann und die Brandstifter«. Hörspiel. Erstsendung: BR, 26.3.1953. Erstveröffentlichung: Hamburg (Hans Bredow-Institut) 1955. S. 16-17, 19-22. © by Suhrkamp Verlag, Frankfurt/M. *Seite 114*
- »Stiller. Roman«. Erstveröffentlichung: Frankfurt/M. (Suhrkamp) 1954. S. 9-18, 83-86. © by Suhrkamp Verlag, Frankfurt/M. *Seite 213*

FUCHS, GÜNTER BRUNO (1928-1977)
- »Fischlegende«. Erstveröffentlichung: »Die Wiederkehr des Heiligen Franz. Tierlegenden«. Stuttgart (Quell) 1954. Hier aus: »Das Lesebuch des Günter Bruno Fuchs«. München (Hanser) 1970. S. 86-87. © 1970 by Carl Hanser Verlag, München, Wien. *Seite 167*
- »Zigeunertafel«; »Der Zigeuner singt«. Erstveröffentlichung: »Zigeunertrommel. Gedichte und Holzschnitte«. Halle/Saale (Mitteldeutscher Verlag) 1956. Hier aus: »Das Lesebuch des Günter Bruno Fuchs«. München (Hanser) 1970. S. 18, 19. © 1970 by Carl Hanser Verlag, München, Wien. *Seite 520/521*

FÜHMANN, FRANZ (1922-1984)
»Die Seefahrer«. Erstveröffentlichung: »Sinn und Form«. 1955. H. 6. S. 869-871. © 1978 by Hinstorff Verlag, Rostock. *Seite 401*

GAISER, GERD (1908-1976)
- »Die sterbende Jagd«. Erstveröffentlichung: München (Hanser) 1953. S. 124-131. © 1953 by Carl Hanser Verlag, München, Wien. *Seite 85*
- »Revanche«. Erstveröffentlichung: »Einmal und oft. Erzählungen«. München (Hanser) 1956. S. 68-70. © by Verena Förster. *Seite 448*

GAN, PETER (1894-1974)
»Ein Traum«. Erstveröffentlichung: »Schachmatt. Gedichte«. Zürich, Freiburg i.Br. (Atlantis) 1956. S. 71-72. *Seite 437*

GERHARDT, RAINER MARIA (1927-1954)
»fragmente«. (Aus dem Nachlaß). Erstveröffentlichung: »Akzente«. 1956. H. 3. S. 197. © by Marlies Gerhardt im Auftrag der Erbengemeinschaft. *Seite 436*

GOES, ALBRECHT (* 1908)
»Das Brandopfer. Eine Erzählung«. Erstveröffentlichung: Frankfurt/M. (Fischer) 1954. S. 42-55. © 1954 by S. Fischer Verlag, Frankfurt/M. *Seite 149*

GOMRINGER, EUGEN (* 1925)
»ping pong«; »möv«; »das schwarze geheimnis«. Erstveröffentlichung: »konstellationen«. Bern (spiral press) 1953. Hier aus: Ders.: »worte sind schatten. die konstellationen 1951-1968«. Reinbek (Rowohlt) 1969. S. 25, 26, 29-32. © by Eugen Gomringer. *Seite 95*

GRAF, OSKAR MARIA (1894-1967)
»Und doch«. Erstveröffentlichung: »Sinn und Form«. 1953. H. 1. S. 35. © by Paul List Verlag im Südwest Verlag, München. *Seite 84*

GRASS, GÜNTER (* 1927)
- »Polnische Fahne«. Erstveröffentlichung: »Akzente«. 1955. H. 6. S. 535. © 1994 by Steidl Verlag, Göttingen. *Seite 273*
- »An alle Gärtner«; »Sophie«; »Prophetenkost«. Erstveröffentlichung: »Die Vorzüge der Windhühner«. Berlin, Neuwied (Luchterhand) 1956. S. 8, 18, 45. © 1994 by Steidl Verlag, Göttingen. *Seite 511/512*

GUESMER, CARL (* 1929)
»Mond im September«. Erstveröffentlichung: »Akzente«. 1954. H. 6. S. 573. © by Carl Guesmer. *Seite 172*

HACKS, PETER (* 1928)
»Eröffnung des indischen Zeitalters. Ein Schauspiel um Christoph Columbus«. Uraufführung: Münchner Kammerspiele, 17.3.1955. Regie: Hans Schweikart. Erstveröffentlichung: »Neue Deutsche Literatur«. 1955. H. 2. S. 41-48. © by Peter Hacks. *Seite 376*

HAGELSTANGE, RUDOLF (1912-1984)
»Das Wort«. Erstveröffentlichung: »Zwischen Stern und Staub. Gedichte«. Wiesbaden (Insel) 1953. S. 23. © by Regine Stoltzke. *Seite 84*

HAMM, PETER (* 1937)
- »Katja vor dem Spiegel«. Erstveröffentlichung: »Akzente«. 1954. H. 6. S. 574. © by Peter Hamm. *Seite 173*
- »Wehen fort«. Erstveröffentlichung: Hans Bender (Hg.): »Junge Lyrik 1956. Eine Auslese«. München (Hanser) 1956. S. 46. © 1956 by Carl Hanser Verlag, München, Wien. *Seite 518*

HARTLAUB, GENO (* 1915)
»Die Geschichte vom letzten Soldaten«. Erstveröffentlichung: »Texte und Zeichen«. 1955. H. 2. S. 203-207. © by Geno Hartlaub. *Seite 329*

HÄRTLING, PETER (* 1933)
»Fluß aus Yamin«. Erstveröffentlichung: »Yamins Stationen. Gedichte«. Esslingen (Bechtle) 1955. S. 34-35. © 1989 by Luchterhand Literaturverlag, München. *Seite 334*

HECKMANN, HERBERT (* 1930)
»Memoire involontaire«. Erstveröffentlichung: »Akzente«. 1954. H. 6. S. 575. © by Herbert Heckmann. *Seite 173*

HEINRICH, WILLI (* 1920)
»Das geduldige Fleisch. Roman«. Erstveröffentlichung: Stuttgart (Deutsche Verlags-Anstalt) 1955. S. 195-204. © by Willi Heinrich. *Seite 311*

HEISSENBÜTTEL, HELMUT (* 1921)
- »Geräusche der Stille:«; »Einfache Sätze:«. Erstveröffentlichung: »Kombinationen. Gedichte 1951-1954«. Esslingen (Bechtle) 1954. unpag. © »Geräusche der Stille« by Helmut Heißenbüttel; © »Einfache Sätze« 1980 by Verlag Klett-Cotta, Stuttgart. *Seite 175*
- »Tagesklammern«; »Starnberger See«. Erstveröffentlichung: »Sinn und Form«. 1956. H. 4. S. 598-599. © by Helmut Heißenbüttel. *Seite 523*
- »das Sagbare sagen«; »ankommen imstandesein«; »a (Tautologismen)«; »b«. Erstveröffentlichung: »Topographien. Gedichte 1954/55«. Esslingen (Bechtle) 1956. S. 13, 14, 41-42. © 1980 by Verlag Klett-Cotta, Stuttgart; »ankommen imstandesein« © by Helmut Heißenbüttel. *Seite 526*

HELWIG, WERNER (1905-1985)
»Auf der Knabenfährte«. Erstveröffentlichung: Bad Godesberg (Voggenreiter) 1953. S. 11-19, 25-32. © by Voggenreiter Verlag, Bonn. *Seite 32*

HERMLIN, STEPHAN (* 1915)
»Die Kommandeuse«. Erstveröffentlichung: »Neue Deutsche Literatur«. 1954. H. 10. S. 19-28. © by Verlag Klaus Wagenbach, Berlin. *Seite 191*

HEY, RICHARD (* 1926)
»Thymian und Drachentod. Ein Stück in zwei Teilen«. Uraufführung: Württembergisches Staatstheater Stuttgart, 26.3.1955. Regie: Gerhard F. Hering. Erstveröffentlichung: München (Hanser) 1956. S. 50-58. © by Gustav Kiepenheuer Bühnenverlag, Berlin. *Seite 383*

HILDESHEIMER, WOLFGANG (1916-1991)
»Paradies der falschen Vögel«. Erstveröffentlichung: München, Wien, Basel (Desch) 1953. S. 75-84. © by Suhrkamp Verlag, Frankfurt/M. *Seite 54*

HÖLZER, MAX (1915-1984)
»Ein Schatten liegt neben mir«. Erstveröffentlichung: »Akzente«. 1956. H. 2. S. 138. © by Rimbaud Verlag, Aachen. *Seite 438*

HUCHEL, PETER (1903-1981)
- »Eine Herbstnacht«. Erstveröffentlichung: »Sinn und Form«. 1953. H. 5. S. 77. © 1963 by S. Fischer Verlag, Frankfurt/M. *Seite 98*
- »Der Heuweg«. Erstveröffentlichung: »Aufbau«. 1955. H. 11/12. S. 1046. © by Suhrkamp Verlag, Frankfurt/M. *Seite 407*

JAHNN, HANS HENNY (1894-1959)
- »Vor der eisernen Gittertür des Parks«. Erstveröffentlichung: »Die Spur des Menschen«. Jahrbuch 1954 der Freien Akademie der Künste in Hamburg. o.J. (1955). Hier aus: Ders.: »Über den Anlaß und andere Essays«. Frankfurt/M. (Europäische Verlagsanstalt) 1964. S. 125-129. © 1986 by Hoffmann und Campe Verlag, Hamburg. *Seite 269*
- »Thomas Chatterton. Eine Tragödie«. Uraufführung: Deutsches Schauspielhaus Hamburg, 26.4.1956. Regie: Gustaf Gründgens. Erstveröffentlichung: Berlin, Frankfurt/M. (Suhrkamp) 1955. S. 41-48. © 1993 by Hoffmann und Campe Verlag, Hamburg. *Seite 280*

KAHLAU, HEINZ (* 1931)
»Das Lied von den Männern im Steinbruch«. Erstveröffentlichung: »Neue Deutsche Literatur«. 1955. H. 7. S. 65-66. © by Aufbau-Verlag, Berlin. *Seite 405*

KÄSTNER, ERICH (1899-1974)
»Die Schule der Diktatoren. Eine Komödie«. Uraufführung: Münchner Kammerspiele, 25.2.1957. Regie: Hans Schweikart. Erstveröffentlichung: Zürich (Atrium) 1956. Hier aus: Ders.: »Gesammelte Schriften für Erwachsene«. Bd. 5. München, Zürich (Droemer) 1969. S. 32-37. © by Atrium Verlag, Zürich. *Seite 474*

KIRST, HANS HELLMUT (1914-1989)
»Null-acht fünfzehn. Die abenteuerliche Revolte des Gefreiten Asch. Roman«. Erstveröffentlichung: Wien, München, Basel (Desch) 1954. S. 47-53. © by Autoren- und Verlags-Agentur, Herrsching-Breitbrunn. *Seite 144*

KLEPPER, JOCHEN (1903-1942)
»Unter dem Schatten deiner Flügel. Aus den Tagebüchern der Jahre 1932-1942«. Hg. von Hildegard Klepper. Erstveröffentlichung: Stuttgart (Deutsche Verlags-Anstalt) 1956. S. 674-678, 796-800. © by Deutsche Verlags-Anstalt, Stuttgart. *Seite 439*

KOEPPEN, WOLFGANG (* 1906)
- »Das Treibhaus. Roman«. Erstveröffentlichung: Stuttgart (Scherz & Goverts) 1953. S. 29-31, 39-42, 62-65. © by Suhrkamp Verlag, Frankfurt/M. *Seite 13*
- »Der Tod in Rom. Roman«. Erstveröffentlichung: Stuttgart (Scherz & Goverts) 1954. S. 25-36. © by Suhrkamp Verlag, Frankfurt/M. *Seite 202*
- »Schön gekämmte, frisierte Gedanken«. Erstveröffentlichung: »Texte und Zeichen«. 1956. H. 2. S. 120-124. © by Suhrkamp Verlag, Frankfurt/M. *Seite 461*

KRAFT, WERNER (1896-1991)
»Zwischen den Zeiten«. Erstveröffentlichung: »Figur der Hoffnung. Ausgewählte Gedichte 1925-1953«. Heidelberg (Lambert Schneider) 1955. S. 125. *Seite 297*

KREUDER, ERNST (1903-1972)
»Vergänglichkeit«; »Der Dichter«. Erstveröffentlichung: »Sommers Einsiedelei. Gedichte«. Hamburg (Christian Wegner) 1956. S. 11, 30-31. © by Erika Kreuder. *Seite 434*

KROLOW, KARL (* 1915)
- »Orte der Geometrie«. Erstveröffentlichung: »Wind und Zeit. Gedichte 1950-1954«. Stuttgart (Deutsche Verlags-Anstalt) 1954. S. 49. © by Suhrkamp Verlag, Frankfurt/M. *Seite 174*
- »Scharade«; »Die Zeit verändert sich«; »Auf verlorenem Posten«. Erstveröffentlichung: »Tage und Nächte. Gedichte«. Düsseldorf, Köln (Diederichs) 1956. S. 19, 23, 62. © by Suhrkamp Verlag, Frankfurt/M. *Seite 425/426*

KUNERT, GÜNTER (* 1929)
- »Erwacht, aber noch nicht wach«. Erstveröffentlichung: »Unter diesem Himmel«. Berlin (Verlag Neues Leben) 1955. S. 44. © by Carl Hanser Verlag, München, Wien. *Seite 403*
- »Du kannst nicht entfliehen«. Erstveröffentlichung: »Sonntag«, Berlin, 16.9.1956. © by Carl Hanser Verlag, München, Wien. *Seite 467*

LANGE, HORST (1904-1971)
»Verlöschende Feuer. Roman«. Erstveröffentlichung: Stutt-

gart (Scherz & Goverts) 1956. S. 111-118. © by Dr. Eberhard
Horst. *Seite 452*
LE FORT, GERTRUD VON (1876-1971)
»Du kennst das Geheimnis – – –«. Erstveröffentlichung: »Gestalt und Gedanke. Ein Jahrbuch«. 2. Folge. Hg. von der Bayerischen Akademie der Schönen Künste. München 1953. S. 109-110. © by Eleonore von La Chavalliere. *Seite 81*
LEDIG, GERT (* 1921)
– »Die Stalinorgel. Roman«. Erstveröffentlichung: Hamburg (Claassen) 1955. S. 27-40. © by Claassen Verlag, Hildesheim. *Seite 321*
– »Vergeltung. Roman«. Erstveröffentlichung: Frankfurt/M. (Fischer) 1956. S. 7-10, 203-204. © by Brigitte Ledig. *Seite 457*
LENZ, SIEGFRIED (* 1926)
»Füsilier in Kulkaken«. Erstveröffentlichung: »So zärtlich war Suleyken. Masurische Geschichten«. Hamburg (Hoffmann und Campe) 1955. S. 15-24. © 1955 by Hoffmann und Campe Verlag, Hamburg. *Seite 248*
LOEST, ERICH (* 1926)
»Einladung von drüben. (Juli 1952)«. Erstveröffentlichung: »Sportgeschichten«. Halle/Saale (Mitteldeutscher Verlag) 1953. S. 284-290. © by Linden-Verlag, Leipzig. *Seite 40*
LUKÁCS, GEORG (1885-1971)
»Über den Irrationalismus der Nachkriegszeit«. Nachwort zu: »Die Zerstörung der Vernunft«. Erstveröffentlichung: Berlin (Aufbau) 1954. S. 617-621. © 1962 by Hermann Luchterhand Verlag, München. *Seite 133*
MAURER, GEORG (1907-1971)
»Feuer«; »Flammen«; »Gluten«; »Schmelze«. Erstveröffentlichung: »Die Elemente. Freie Rhythmen«. Leipzig (Insel) 1955. S. 13-14, 23-24, 33-34, 43-44. © by Insel Verlag, Frankfurt/M. *Seite 240 – 243*
MAYRÖCKER, FRIEDERIKE (* 1924)
»Die Sphinx tötet«; »Die Sirenen des Odysseus«. Erstveröffentlichung: »Larifari. Ein konfuses Buch«. Wien (Bergland) 1956. Hier aus: Dies.: »Gesammelte Prosa 1949-1975«. Frankfurt/M. (Suhrkamp) 1989. S. 28-29. © by Suhrkamp Verlag, Frankfurt/M. *Seite 517*
MECKEL, CHRISTOPH (* 1935)
»Tarnkappe«. Erstveröffentlichung: »Tarnkappe«. München (Unverhau) 1956. unpag. © by Christoph Meckel. *Seite 519*

MEISTER, ERNST (1911-1979)
»Im Traume übersprang ich meinen Tod«. Erstveröffentlichung: »Unterm schwarzen Schafspelz. Gedichte«. Stierstadt/Ts. (Eremiten-Presse) 1953. Hier aus: Ders.: »Dem Spiegelkabinett gegenüber. Gedichte«. Stierstadt/Ts. (Eremiten-Presse) 1954. S. 18. © by Rimbaud Verlag, Aachen. *Seite 99*

MÜLLER, HEINER (* 1929)
»Wohin?« Erstveröffentlichung: »Neue Deutsche Literatur«. 1955. H. 2. S. 98. © by Heiner Müller. *Seite 404*

MUSIL, ROBERT (1880-1942)
»Vermächtnis II. (Nachwort. Abgebrochen.)«. Erstveröffentlichung: »Tagebücher, Aphorismen, Essays und Reden«. Hg. von Adolf Frisé. Hamburg (Rowohlt) 1955. S. 801-806. © 1978 by Rowohlt Verlag, Reinbek. *Seite 224*

NEUMANN, ROBERT (1897-1975)
- »An den Wassern von Babylon. Roman«. Erstveröffentlichung in England unter dem Titel »By the Waters of Babylon«: London (J.M. Dent) 1939; deutsche Erstausgabe in England: Oxford (East and West Library) 1945; Erstveröffentlichung in Deutschland: München, Wien, Basel (Desch) 1954. Hier aus: Stuttgart (Deutsche Verlags-Anstalt) 1987. S. 17-35. © by Deutsche Verlags-Anstalt, Stuttgart. *Seite 176*
- »Mit fremden Federn«. Erstveröffentlichung der erweiterten Ausgabe von 1927: München, Wien, Basel (Desch) 1955. Hier aus: Frankfurt/M., Berlin (Ullstein) 1961. (= Ullstein Buch 340). S. 20-22. © by Deutsche Verlags-Anstalt, Stuttgart. *Seite 266*

NICK, DAGMAR (* 1926)
»Wir«. Erstveröffentlichung: »Deutsche Rundschau«. 1954. H. 7. S. 695. © 1994 by Rimbaud Verlag, Aachen. *Seite 175*

NOSSACK, HANS ERICH (1901-1977)
»Spätestens im November. Roman«. Erstveröffentlichung: Berlin (Suhrkamp) 1955. S. 7-10, 13-17. © by Suhrkamp Verlag, Frankfurt/M. *Seite 233*

OTTO, HERBERT (* 1925)
»Weg in die Gefangenschaft«. Erstveröffentlichung: »Neue Deutsche Literatur«. 1955. H. 6. S. 57-63. Vorabdruck aus: »Die Lüge«. © by Herbert Otto. *Seite 304*

PIONTEK, HEINZ (* 1925)
- »Wenn die Nacht kommt«; »Unablässiges Gedicht«. Erstveröffentlichung: »Die Rauchfahne. Gedichte«. Esslingen (Bechtle) 1953. S. 11, 54. © by Heinz Piontek. *Seite 53*

– »Oberschlesische Prosa«. Erstveröffentlichung: »Vor Augen. Proben und Versuche«. Esslingen (Bechtle) 1955. S. 147-152. © by Heinz Piontek. *Seite 260 – 264*

PLIEVIER, THEODOR (1892-1955)
»Berlin. Roman«. Erstveröffentlichung: Wien, München, Basel (Desch) 1954. S. 95-101. © 1985 by Verlag Kiepenheuer & Witsch, Köln. *Seite 138*

RAEBER, KUNO (1922-1992)
»Der tote Vogel«; »Am Flußhafen«. Erstveröffentlichung: »Merkur«. 1956. H. 8. S. 762-763. © by Felicitas Graf. *Seite 435*

REHN, JENS (1918-1983)
»Feuer im Schnee«. Erstveröffentlichung: Darmstadt, Berlin, Neuwied (Luchterhand) 1956. S. 63-67. © by Luchterhand Literaturverlag, München. *Seite 449*

REZZORI, GREGOR VON (* 1914)
»Maghrebinische Geschichten«. Erstveröffentlichung: Hamburg (Rowohlt) 1953. Hier aus: Reinbek (Rowohlt) 1958. (= rororo 259). S. 143-145. © 1953 by Rowohlt Verlag, Hamburg. *Seite 59*

RIEGEL, WERNER (1925-1956)
»Wir gehen weiter vor«; »Aus der Hand was zu fressen«; »Abendlaub, ein Dunkelblau«. Aus: »Feldweg hinter Sodom«. Erstveröffentlichung: Werner Riegel / Peter Rühmkorf: »Heiße Lyrik«. Wiesbaden (Limes) 1956. S. 19, 23, 26. © by Lilo Riegel. *Seite 429/430*

ROEHLER, KLAUS s. Elsner, Gisela.

RÜHMKORF, PETER (* 1929)
»Mit unsern geretteten Hälsen«; »Nachts im Güterwaggon«; »Fromms Gummischwamm, Wasser im Haar«. Aus: »Song deiner Niederlagen«. Erstveröffentlichung: Werner Riegel / Peter Rühmkorf: »Heiße Lyrik«. Wiesbaden (Limes) 1956. S. 5, 10, 11. © by Peter Rühmkorf. – Unter dem Pseudonym Leslie Meier zuvor in der hektographierten Zeitschrift »Zwischen den Kriegen« (Nr.10/1953, Nr. 20/1954 und Nr. 13/1954) erschienen. *Seite 427/428*

SCHAEFER, ODA (1900-1988)
»Mitleiden«. Erstveröffentlichung: »Gestalt und Gedanke. Ein Jahrbuch«. 2. Folge. Hg. von der Bayerischen Akademie der Schönen Künste. München 1953. S. 134. © 1985 by R. Piper Verlag, München. *Seite 83*

SCHALLÜCK, PAUL (1922-1976)
»Ankunft null Uhr zwölf. Roman«. Erstveröffentlichung: Frankfurt/M. (Fischer) 1953. S. 343-353. © by Else Keller. *Seite 45*
SCHIRNDING, ALBERT VON (* 1935)
»Die Wiederkehr«. Erstveröffentlichung: Hans Bender (Hg.): »Junge Lyrik 1956. Eine Auslese«. München (Hanser) 1956. S. 47-48. © 1956 by Carl Hanser Verlag, München, Wien. *Seite 519*
SCHMIDT, ARNO (1914-1979)
- »Aus dem Leben eines Fauns. Kurzroman«. Erstveröffentlichung: Hamburg (Rowohlt) 1953. S. 50-58. © 1953 by Rowohlt Verlag, Hamburg. Abdruck mit Genehmigung des S. Fischer Verlags, Frankfurt/M. *Seite 65*
- »Seelandschaft mit Pocahontas«. Erstveröffentlichung: »Texte und Zeichen«. Hg. von Alfred Andersch. 1955. H. 1. S. 9-16. © 1959 by Stahlberg Verlag, Karlsruhe. Abdruck mit Genehmigung des S. Fischer Verlags, Frankfurt/M. *Seite 341*
- »Das steinerne Herz. Historischer Roman aus dem Jahre 1954«. Erstveröffentlichung: Karlsruhe (Stahlberg) 1956. S. 162-169. © 1956 by Stahlberg Verlag, Karlsruhe. Abdruck mit Genehmigung des S. Fischer Verlags, Frankfurt/M. *Seite 420*
SCHNEIDER, REINHOLD (1903-1958)
»Verhüllter Tag«. Erstveröffentlichung: Köln, Olten (Hegner) 1954. S. 92-99. © by Insel Verlag, Frankfurt/M. *Seite 157*
SCHNURRE, WOLFDIETRICH (1920-1989)
»Kassiber«. Erstveröffentlichung: »Texte und Zeichen«. 1955. H. 2. S. 208-212. © by Südwest Verlag, München. *Seite 335*
SCHOLZ, HANS (1911-1988)
»Am grünen Strand der Spree. So gut wie ein Roman«. Erstveröffentlichung: Hamburg (Hoffmann und Campe) 1955. S. 175-185. © 1955 by Hoffmann und Campe Verlag, Hamburg. *Seite 390*
SCHWACHHOFER, RENÉ (1904-1970)
»Im Park von Wiepersdorf«. Erstveröffentlichung: »Neue Deutsche Literatur«. 1955. H. 8. S. 51. © by Peter Schwachhofer. *Seite 406*
SCHWEDHELM, KARL (1915-1988)
»Blau wilden Schwalbenschreis«. Erstveröffentlichung: »Akzente«. 1954. H. 3. S. 273. © by Rimbaud Verlag, Aachen. *Seite 174*

SEGHERS, ANNA (1900-1983)
»Die Umsiedlerin«. Aus: »Friedensgeschichten. 1950«. Erstveröffentlichung: »Der Bienenstock«. Berlin (Aufbau) 1953. S. 6-12, 25-26. © 1994 by Aufbau Taschenbuch Verlag, Berlin. *Seite 27*

SEIDEL, INA (1885-1974)
»Elegie auf Schmetterlinge«. Erstveröffentlichung: »Gestalt und Gedanke. Ein Jahrbuch«. 2. Folge. Hg. von der Bayerischen Akademie der Schönen Künste. München 1953. S. 124-125. © by Rainer Schulte Strathaus. *Seite 82*

SIEBURG, FRIEDRICH (1893-1964)
»Napoleon. Die hundert Tage«. Erstveröffentlichung: Stuttgart (Deutsche Verlags-Anstalt) 1956. Hier aus: Berlin (Ullstein) 1987. (= Ullstein-Buch 37054). S. 391-397. © by Deutsche Verlags-Anstalt, Stuttgart. *Seite 416*

STRITTMATTER, ERWIN (1912-1994)
»Katzgraben. Eine Verskomödie«. Uraufführung: Deutsches Theater Berlin, 23.5.1953. Regie: Bertolt Brecht. Erstveröffentlichung: Berlin (Aufbau) 1954. S. 111-118. © by Eva Strittmatter. *Seite 119*

TAU, MAX (1897-1976)
»Denn über uns ist der Himmel. Roman«. Erstveröffentlichung: Hamburg (Hoffmann und Campe) 1955. S. 12-19. © 1955 by Hoffmann und Campe Verlag, Hamburg. *Seite 253*

THELEN, ALBERT VIGOLEIS (1903-1989)
– »Die Insel des zweiten Gesichts. Aus den angewandten Erinnerungen des Vigoleis«. Erstveröffentlichung: Amsterdam (G.A. von Oorschot) 1953. Hier aus: München (Deutscher Taschenbuch Verlag) 1970. Bd. 2. (= dtv 704). S. 395-399. © by Claassen Verlag, Hildesheim. *Seite 61*
– »Fremd in Fels und Feme«; »Abendsegen«; »Der Mond«. Erstveröffentlichung: »Der Tragelaph. Gedichte«. Düsseldorf, Köln (Diederichs) 1955. S. 11, 27, 39. © by Claassen Verlag, Hildesheim. *Seite 268/269*

WALSER, MARTIN (* 1927)
»Ein Flugzeug über dem Haus«. Erstveröffentlichung: »Ein Flugzeug über dem Haus und andere Geschichten«. Frankfurt/M. (Suhrkamp) 1955. S. 7-17. © by Suhrkamp Verlag, Frankfurt/M. *Seite 244*

WEINERT, ERICH (1890-1953)
»In meinem Element«. Erstveröffentlichung: »Neue Deutsche Literatur«. 1955. H. 8. S. 52-55. © by Aufbau-Verlag, Berlin. *Seite 229*

WEISKOPF, FRANZ CARL (1900-1955)
»Die Geschwister von Ravensbrück«. Erstveröffentlichung: »Das Anekdotenbuch«. Berlin (Aufbau) 1954. S. 150-154. © by Aufbau-Verlag, Berlin. *Seite 154*

WEYRAUCH, WOLFGANG (1904-1980)
- »Beim Häherstrich«. Erstveröffentlichung: »Texte und Zeichen«. 1955. H. 1. S. 72. © by Margot Weyrauch. *Seite 274*
- »Lidice und Oradour«. Erstveröffentlichung: »Gesang um nicht zu sterben. Neue Gedichte«. Hamburg (Rowohlt) 1956. S. 53. © by Margot Weyrauch. *Seite 461*

WITTLINGER, KARL (1922-1994)
»Kennen Sie die Milchstraße? Komödie«. Uraufführung: Köln, 26.11.1956. Erstveröffentlichung: Emsdetten (Lechte) 1959. S. 14-17, 34-41. © by Karl Wittlinger Erben. *Seite 479*

ZUCKMAYER, CARL (1896-1977)
»Das kalte Licht. Drama in drei Akten«. Uraufführung: Deutsches Schauspielhaus Hamburg, 3.9.1955. Regie: Gustaf Gründgens. Erstveröffentlichung: Frankfurt/M. (Fischer) 1955. S. 98-110. © 1955 by S. Fischer Verlag, Frankfurt/M. *Seite 365*

Wilfried Barner (Hrsg.)
Geschichte der deutschen Literatur von 1945 bis zur Gegenwart

1994. XXVI, 1116 Seiten. Leinen
Das Buch ist zugleich Band XII der von Helmut de Boor und Richard Newald begründeten „Geschichte der deutschen Literatur".

Mit Recht gilt de Boor/Newalds Literaturgeschichte in Wissenschaft und Pädagogik als maßgeblich; auch der hier vorgelegte Band wird, was Benutz- und Lesbarkeit anlangt, diesem Anspruch gerecht. Schon bald wird er als Standardwerk rangieren.
Frankfurter Rundschau

Sinnvoll gegliedert und wesentliche Tendenzen darstellend, ist das die derzeit umfassendste, fundierteste und „aktuellste" Geschichte der deutsch-deutschen Nachkriegs- und Gegenwartsliteratur.
Focus

Das Buch unternimmt den ehrgeizigen Versuch einer ersten gesamtdeutschen Literaturgeschichte nach dem Fall der Mauer, ohne freilich der Fiktion einer deutschen Nationalliteratur zu huldigen ... Entstanden ist ... ein klar strukturierter Überblick, der respektable Versuch, nahezu ein halbes Jahrhundert literarischer Geschichte zu besichtigen und zu bewerten.
Neue Zürcher Zeitung

Günter Blamberger/Volker Wehdeking
Erzählliteratur der frühen Nachkriegszeit (1945–1952)

1990. 239 Seiten. Broschiert

Verlag C. H. Beck München

Beck'sche Reihe „Autoren"

Ingeborg Bachmann
Von Peter Beicken (BsR 605)

Heinrich Böll
Von Jochen Vogt (BsR 602)

Heimito von Doderer
Von Dietrich Weber (AB 45)

Friedrich Dürrenmatt
Von Jan Knopf (BsR 611)

Max Frisch
Von Alexander Stephan (AB 37)

Franz Fühmann
Von Uwe Wittstock (BsR 610)

Uwe Johnson
Von Walter Schmitz (AB 43)

Wolfgang Koeppen
Von Martin Hielscher (BsR 609)

Siegfried Lenz
Von Hans Wagener (AB 2)

Martin Walser
Von Anthony Waine (AB 18)

Christa Wolf
Von Alexander Stephan (BsR 603)

„Man darf nicht versäumen, auf diese Reihe immer wieder aufmerksam zu machen.
Die Bände sind eine große Hilfe für Schüler, für Studenten, für Liebhaber der Literatur.
Es sind keine literaturkritischen Unternehmungen: es sind handfeste Bücher für den Gebrauch." *FAZ*

Verlag C. H. Beck München